孔庆东◎主编

世界文明大观

希腊文明　罗马文明

（中）

吉林出版集团股份有限公司

序

古人说："刚日读经，柔日读史。"本来说的是什么时间读什么书，从侧面看来，我们的前辈多么勤奋，每日读书，并不留空闲。

在一个号召"全民阅读"的时代，如何阅读，阅读什么，成为新常态下的新课题。数千年来的文化传统和我们祖先的经验告诉我们，那就是"阅读经典"。这套"品读经典"丛书，其旨趣、其志向，大概就是"打通"这样一个目标。

我也经常说，只有阅读经典著作，建立了平衡的知识结构，才能做到"风吹不昏，沙打不迷"。

古人又说，一日不读书，心源如废井。

在我看来，读书应该是日常生活的组成部分，就像呼吸空气那样。

我在北大附属实验学校的一次报告会上曾经谈过，要读书，读好书，也只有那些有独创思想的著作才能称为"书"，才可能成为经典。

经典书，也就是我们常说的"真正的书"，它应具有独特性、原创性、思想性。独特性就是与众不同，是自己独立思考的东西；原创性就是"我手写我心"；思想性就是必须加入自己个体的思考。

另外，经典书均为文史哲范围，因为这些书属于上层书，其思想辐射至其他专业。今天我们有几百个专业，它们并不是在一个平面上展开的。

我们要每天读点儿书，滋润自己的心灵。读书不是立竿见影之事，不能立马改变生活，它是个慢功夫。几天不读好像没什么，其实你已经落后了，而当你水平提高了又不容易下去。

对于个人来讲，我们把学到的知识用到实践当中，用到一点儿就足够我们享用一辈子了。表里不一对于国家来说是毁国家前途，对于个人来说是毁自己前途。很多人总是发明新道理，但是我觉得旧道理够用。

知道了之后再实践了，这才是真正的读书人。

古人言："读万卷书，行万里路。"

"读万卷书"是前提，"行万里路"是实践，把知识实际地运用。孔子讲的"忠、恕、仁"这几个概念，你能把它实践好就很不错了，懂了这些道理你读书就很快乐。有了这种精神状态之后，你就会持一个乐观的心态。读书最后还是为了自己，使自己成为一个乐观快活的人，让自己活在这个世界上特别有劲。

我们既要"行万里路"，也要"读万卷书"，更要读好书，读经典书。

著名学者汤一介先生说，一本好的经典，"可以启迪人们的思考，同时也告诉我们应该重视经典"，面对先贤的智慧，面对我们两千余年来的诸子百家、孔孟老庄，"我们必须谦虚，向经典学习"，也许这就是"品读经典"丛书出版的意义。

前　言

　　希腊与罗马时代的辉煌是世界的极致之美在这些地方汇聚而成的。无论是散落在荒草间的片片瓦砾中，还是埋没在夕阳下的断壁残垣里，它们的存在都使文明碰撞出一首首自然与人文的交响诗，编织出一个个穿越时空的梦幻之谜。它们留给后人的不仅仅是深深的叹息，更有着启迪和鼓舞世人重新创造的勇气。

　　希腊，在漫长的发展过程中，从一个单一的农业社会转变为多元的文明社会，在科学、艺术、哲学与政治领域都取得了非凡的成就，为西方文明的发展夯实了基础。希腊神话有着丰富的想象和生动的情节，它以充满浪漫气息的故事把人们带入群岛环绕、海陆交错的爱琴海之古代文明。希腊的城邦政治高度发达，众所周知的雅典和斯巴达城邦，即古希腊刀光剑影、杀声震天的古战场。希腊"围柱式"的建筑风格和充满理想主义色彩的雕塑，则投射出庄重典雅、和谐壮丽的崇高之美，成为西方艺术丰厚的灵感土壤。

　　古罗马文明起源于意大利中部台伯河入海处。公元前27年，罗马进入帝国时代。尽管它是地中海地区最晚出现的帝国，却创造了空前的文明。作为古代地中海地区文明的集大成者和希腊、东方文明的传播者，古罗马文明的成就对后世的欧洲有着深远的影响。

　　不论是希腊，还是罗马，都是文明最为彰显的凝聚之地。本书从广阔的视角出发，将灵动的叙述和极富洞察力的解说融为一体，使读者对希腊和罗马文明能有更深刻的了解和认识。本书还以新颖的现代编排方式，图文并重，生动地再现了人类文明进程的恢弘画卷，一定可以给读者带来全新的阅读体验。

　　　　　　　　　　　　　　　——《品读经典》编委会

目　录

世界文明大观——希腊文明

世界文明大观——罗马文明

希腊

腊

世界文明大观

欧洲文明起源于希腊，而到了拜占庭以及中世纪的时候，东西方的文化又在希腊这个地方交融到了一起。这久远的文明为后世留下了极为瑰丽丰富的文化遗产，这既是属于希腊的，也是属于全世界的宝贵财富。那些包含着智慧的文化殿堂，时至今日，也依然让人们为之折服。

文

明

欧洲文明的曙光
——爱琴文明

一直以来，古代欧洲所有的光荣和辉煌、痛苦和沧桑，都包含在爱琴海湛蓝色的海水里，神秘地解释着古老的含义。爱琴海岸这片古老的土地何以能承载人类历史上如此绚烂的文明？究竟是什么赋予了它强大而又神奇的力量？

文明的海岸线

希腊人把他们所生活居住的地区称为"希腊"。在古代，希腊并不是一个国家的名称，而是指希腊半岛中部偏北的地区，传说那里是希腊人始祖的居住地。后来，"希腊"的范围被拓宽，泛指包括希腊半岛、爱琴海诸岛、小亚细亚半岛西岸、意大利南部及西西里岛东部沿岸地区在内的所有希腊人集聚区。

东部希腊由小亚细亚沿岸及位于古代希腊东部爱琴海中的众多岛屿组成。希腊本土则位于版图的中央部分，东接爱琴海，西邻爱奥尼亚海和亚得里亚海，北连欧洲大陆。从半岛东部的港口出发，经由爱琴海，向东可航行到小亚细亚西岸，从东北可横穿达达尼尔海峡和博斯普鲁斯海峡而直抵黑海，往南经过克里特岛可达位于东北非的埃及，向西经过爱奥尼亚海可达意大利和西西里岛。如此优越的地理位置，有利于希腊航海业的发展，为希腊文明的海洋之旅提供了便利。

希腊半岛依地势分为北、中、南三部分。北希腊由伊庇鲁斯山地和狄萨利亚平原组成，由北希腊到中希腊，要经由一条险要的关口——温泉关；中希腊被群山划分成若干小块，其中以古代著名城邦雅典所在地——阿提卡最为重要，从中希腊到南希腊，则要经过科林斯地峡，地峡附近的迈加拉和科林斯是两个重要的城邑；南希腊指"伯罗奔尼撒半岛"，最重要的两个地区是东边的亚哥里斯和南部的拉哥尼亚。爱琴文明就是以亚哥里斯的迈锡尼和太林斯以及拉哥尼亚的斯巴达（古代希腊最大城邦之一）为中心发展起来的。

如此与众不同的地理环境、支离破碎的地区分割和不便的陆路交通，是造成古希腊城邦割据、不易统一的重要原因。

从地理上看，希腊紧邻世界两大文明中心——尼罗河流域的埃及和两河流域的美索不达米亚，便于吸收它们的先进文明成果。换句话说，地理环境是古希腊文明产生和发展必不可少的因素之一。

温泉关

希腊文明在古风时期中期以东方化风格著称，这表明希腊文明在其形成过程中吸收和融合了许多东方元素。比如，当时的希腊艺术家吸收并运用了埃及和腓尼基的青铜像、石料建筑和雕刻石像的方法，建造出了希腊神庙，雕塑出了希腊神像。正因为这样，在以雕像为代表的古风时期，艺术起点较低的希腊才能发展得如此之快。同样，希腊哲学和史学也曾深受东方的影响。当时，希腊许多哲学家和史学家通过周游埃及、巴比伦、印度等东方国家，从而实现兼收并蓄、去粗取精。此外，希腊还曾向东方学习过天文、地理、数学、物理、医学等自然科学方面的知识。到公元前5世纪时，希腊在这些方面的研究已开始进入理论的系统化发展时期，并且很多学科的研究成果已超过当时的东方。

当然，希腊文化的发展与其自身具有的自然环境是息息相关的。例如，雅典利用自己出产陶土的优势，在古风时期就曾制造了大量外销的精美陶器。

西方文明的源头

爱琴海处于地中海东部西北隅，其东面是小亚细亚，西边是希腊半岛，南面与埃及、利比亚一海相隔。爱琴文明也称"克里特-迈锡尼文明"，是指公元前20—前12世纪间出现在爱琴海上，以克里特岛和希腊半岛上的迈锡尼两地为中心的上古青铜文明。当爱琴文明形成以后，爱琴海与希腊构成了一个统一的文化圈，即世界历史上著名的古希腊文化区。爱琴文明既是古希腊文明的开端，又是西方文明之源。

爱琴海素有"多岛海"之称，海上岛屿数量众多，大小岛屿共计400余个。克里特岛是其中最大的岛屿，好似爱琴海的

爱琴海

门户，东西长约250千米，南北宽12—60千米。该岛对外交通便利，是爱琴文明的发源地，爱琴海地区最早的奴隶制国家就诞生在这座岛上。

在南希腊亚哥里斯地区的福朗荷提洞穴中发现了约公元前7000年的中石器时代遗址，这说明爱琴海地区早在旧石器时代就已经出现了人类的踪迹。爱琴海地区约在公元前6000年开始步入新石器时代，其农业技术极有可能是从西亚经小亚细亚，经由海路和陆路传过来的。该地区的原始居民并不是希腊人，而是那些被后来的希腊作家称为卡里亚人、勒勒吉人、皮拉斯基人的非希腊语居民。据说他们可能是克里特文明的创造者。

从公元前3000年开始，爱琴海地区步入早期青铜时代。该时期内，曾有两种文化活跃于爱琴海地区。一个分布在爱琴海东北部，例如利姆诺斯岛、列斯堡岛、开俄斯岛、萨摩斯岛和特洛伊所在的半岛；另一个是活跃于中部爱琴海诸岛的基克拉迪文化。到公元前2000年的青铜时代中晚期，先后在克里特岛和迈锡尼出现了最早的文明和国家，即后来所称的"克里特–迈锡尼文明"。

克里特文明

一枚印章带来的远古文明

在迈锡尼文明被德国考古学家谢里曼发现之前，许多人认为古希腊文明是欧洲史的开端。然而，19世纪70年代，谢里曼发现了古希腊人的祖先迈锡尼人建造的迈锡尼古城，这一发现使得这种认识发生了改变。欧洲历史也因迈锡尼文明的发现而提前了至少1000年。在19世纪的最后几年里，考古学家们对迈锡尼遗址的研究越来越深入，他们中的有些人开始寻找另一个问题的答案：迈锡尼人的祖先是谁？

在《奥德赛》里有这样的描述："在远处暗蓝色的大海上，浮现着一个岛屿，那就是克里特……米诺斯王住在岛上的克诺索斯城。"《奥德赛》中所描写的这个谜一样的国家很可能就是迈锡尼文明的前身。这到底是真的还是假的呢？英国考

克里特岛

古学家阿瑟·伊文思揭开了这个谜底。

1851年，伊文思生于英国的一个村庄，家境殷实。伊文思的父亲是造纸商，对历史和文物情有独钟，他将这一爱好传给了自己的儿子。从伊文思7岁开始，他的父亲就支持他收集和钻研古币。伊文思青年时代就读于英格兰的牛津大学和德国的哥廷根大学，毕业后，他前往东欧旅游，写了数本与该地区有关的书，并在那里结婚、居住。后来，他在牛津大学的阿什莫尔博物馆做了25年的馆长。在这期间，伊文思凭着自己饱满的热情和过人的才干，把这座艺术品上堆满灰尘、陈列物几乎被人遗忘的博物馆变成了在全世界博物馆中排名领先的高水平博物馆。此外，他也利用工作中大量的空闲时间，继续自己的旅行，从事研究工作。

1883年，借去希腊旅行之机，伊文思夫妇参观了学者谢里曼在雅典的家。谢里曼拿出自己在迈锡尼找到的引以为傲的文物给伊文思夫妇看。这些文物中有很多雕石印章，有的呈环状，有的成块状，还有的在黏土或者石蜡表面刻有图案。伊文思用他那双好奇而又渴望的眼睛细细地审视着那些雕石印章。虽然他高度近视，但是他却拥有能鉴别物体每一个细节的高超本领。在审视迈锡尼出土的印章时，伊文思注意到这些印章上的很多符号和图画与迈锡尼和希腊文物珍品中所见到的不太一样！印章上的那些图案是某些海中生物的形象，如小章鱼，有的符号类似于埃及的象形文字。另外他还发现在一些迈锡尼坛罐上的符号，更是晦涩难懂，充满神秘色彩。

伊文思很快想起，考古学家们也曾指出迈锡尼文物上的某些设计及其特点好像与典型的"迈锡尼风格"迥异。他们表示，这些标志属于一种未知文化的遗迹，并且这种文化曾深深影响过迈锡尼人的文化或者说两种文化曾经相互影响。因此，伊文思觉得，这种未知文化的线索可能就在谢里曼收藏的印章里。他甚至还推断，那些印章上的印记展现了欧洲书写文字的源头！

此后数年里，伊文思从地中海东部的那些遗址中收集了很多相似的印章。他从希腊、埃及的商人那里知道，这些印章来自克里特岛。这个岛屿非常大，距希腊本土130千米。伊文思还了解到，坐落在克里特岛北边海岸附近的一个大型遗址——克诺索斯曾发现过陶器碎片，传说中的克里特岛的克诺索斯王宫遗址就在那里。

伟大的发现

一些颇有作为的考古学家依靠坚持不懈的挖掘，短则数月，长则几年，最终都会得到应有的回报。但伊文思却有些不一样，他和他的工人在动手挖掘的第一天就挖到了建筑物的墙和部分艺术品。第二天，又挖到了一面绘有壁画的墙和一些印有图形的石膏作品，尽管它们已经褪了色，但还是能够辨认。第五天，他们发现了一片遗址，里面埋满了石器，好像每锄下去都会挖出来一件古董。该王宫遗址掩埋得非常浅，发掘出来的文物多如牛毛，有大量雕刻印石、花瓶、陶罐和泥版。泥版上面有两种从未见过的文字，因为这些文字皆是由直线组成，所以伊文思便以"线形文字A"与"线形文字B"来命名它们。

刚开始，伊文思就已意识到，他将翻开历史新的一页，因为他挖

出土于克诺索斯的线形文字泥板

掘出来的文物与他以前见过的大相径庭！在发掘了4天之后，他写道："这是一种异乎寻常的现象，不像古希腊，也不像古罗马……也许，它的全盛时期至少可以追溯到迈锡尼时期之前。"随着又一组壁画的出土，一个缠着白色条纹腰布、优美高雅、黑发的人像面世了。人像绘在一幅真人大小的图画上。伊文思曾在埃及见过此类图画，在那里，法老统治期间的壁画上的一些人物就穿着这种类型的衣服，埃及人称其为"岛人"。伊文思深信，"岛人"和克诺索斯王宫的建造者渊源颇深。后来的证据表明伊文思的判断是对的，克里特人与埃及人曾是亲密的伙伴，有着密切的贸易往来。

挖掘工作历时1个月之后，伊文思和他的工人觉察到，这片遗址并不是一些单个存在的建筑物，它们共同组成了一个巨大的建筑群，也就是后来考古学家所说的"宫殿群"。最初的3个月，伊文思在宫殿群的遗址上挖掘了约8 000平方米，最后他挖了至少24 000平方米，发现了总计1 500多个房间，其中包括不同层次的住房、庭院、通道、楼梯、地窖和阳台。如此巨大的宫殿群像一座迷宫，行走其间稍不注意，便会迷路。伊文思认定，这就是迷宫传说的原型。他甚至认为自己找到了王宫的正殿——遗址的西面是精心装饰过的正厅，里面靠墙放着很长的石凳，其中一张石椅比别的都高。

伊文思将他的重大发现公之于世。之后，他以当地国王米诺斯的名字把当地人命名为"米诺斯人"。伊文思的发现引起了强烈反响。英国伦敦的《泰晤士报》曾报道说："克诺索斯的发掘，在重要性上若不能说是超过，也至少不逊色于谢里曼的发现。"考古学家们认为，伊文思发现的不只是一座遗址，还是一个全新的文明。考古学家们从各个大学和博物馆急急忙忙奔向克里特岛并开始工作，只要是与传说有关的任何地方，他们都绝不放过，全部掘开。当时，克里特岛上热闹非凡，随处都可以见到考古学家。

在伊文思的带领下，克诺索斯的发掘一直有条不紊地进行着。1901年，他又在大型中央庭院一侧的楼梯间发掘出大量壁画，壁画上绘有宗教仪式和民间生活场景。此外，伊文思还在这里发掘出一块由象牙、银、金、水晶石嵌合而成的游戏板。该板的出土表明古米诺斯人也玩游戏，并用它测试技艺和运道。伊文思后来评价这块游戏板是克诺索斯遗址中所发现的考古学上最具价值的单件工艺品。

1906年，伊文思在遗址附近盖了间住所。这样既可以使自己住得舒适些，也方便客人的到访，还不会影响他的工作。他在克诺索斯不知疲倦地干了30年，赢得了全世界学者的敬佩和尊重。1911年，他因在考古学上的突出贡献而被授予爵士称号。

依据伊文思及后来的考古发现，人们了解到，大约在公元前3000年，克里特岛就进入了铜器和石器并用的时代，原始社会慢慢解体。考古发掘成果证实，在当时克里特岛上的某些地区已出现城邦，并有了阶级分化的现象。

公元前2000年，克里特岛步入青铜器时代，这时出现了最早的国家，它是由农村公社结合而成的，克里特文明由此逐步形成。

迈锡尼文明

谢里曼的发现

德国考古学家谢里曼从小就对《荷马史诗》十分着迷。

1870—1890年，谢里曼以《伊利亚特》中所描述的特洛伊战争为依据，发掘出位于土耳其境内的特洛伊遗址，震惊全世界，以此证明了《荷马史诗》中关于特洛伊战争的记载是真实可信的。依据他的猜测，阿伽门农、欧里默登等古希腊英雄的墓地应该就位于迈锡尼——史诗中阿伽门农国王的都城。

1876年2月，谢里曼抵达希腊古城迈锡尼。同年7月末，发掘工作正式开始。与特洛伊遗址不同，迈锡尼遗址并不是深埋在地下的，而是矗立在山巅上，仅剩残留下来的一片瓦砾。用巨石修筑的城墙任凭风吹雨打，依旧雄伟而庄严。正门位于城墙的西北，由4块巨石构成门框、门槛和拱顶，拱顶上有三角形石板，上面刻着两只凶猛的狮子，这就是闻名于世的"狮子门"。

和挖掘特洛伊一样，谢里曼手捧《荷马史诗》，仔细勘探，认定阿伽门农的墓地极有可能是在迈锡尼卫城的内部。事实证明，谢里曼的直觉再次准确。

几天以后，工人们挖出了一个由竖立的石板围成的大圆圈。谢里曼在这个圆圈中央略低的地方发现了一些刻有古代浮雕画的墓碑。浮雕上描绘了驾着战车作战的人像、狩猎场面等

迈锡尼卫城的狮子门

各种图案。谢里曼认为这个用石板围成的怪异圆圈是长椅，是这个城市的尊长们议事或审案时坐的，而其他考古学家猜测，这个石板圆圈最初可能是墓地，后来才改为议事场所。

最后，谢里曼总共发现了6座陵墓。这些陵墓中的死者衣着华丽，从大量金面罩、金杯、金叶、青铜的长矛、匕首、战斧以及白玉花瓶等陪葬品不难看出，这些陵墓的主人生前是王室成员。一具女性尸身上以700块嵌有花、蛇、蝴蝶的金叶和大量金银珠宝作为装饰。此外，陵墓中有具尸身十分特殊，他头上戴有一顶王冠，身旁放有银杖。而且，尸身上的那个金面罩与《荷马史诗》中的描写完全相符。谢里曼据此认为，它一定就是阿伽门农的面罩，这个墓穴也一定就是阿伽门农的葬身之所，而那具尸身毫无疑问就是这位当年叱咤风云的希腊英雄。

竖井墓和圆顶墓代表的王朝

对谢里曼和后来考古学家的发现进行总结后我们可知，迈锡尼文明因位于伯罗奔尼撒半岛的迈锡尼城而得名，属于希腊青铜时代晚期的文明。公元前20世纪左右，在希腊半岛的迈锡尼、太林斯、派罗斯等地出现的青铜文化已十分发达。在公元前1600年前后或更早，阿凯亚人由巴尔干半岛北部南下，到达希腊半岛中部和南部，慢慢建立了一些奴隶制国家。阿凯亚人和克里特的米诺斯人并非相同的民族，其语言属于印欧语系，是最早到达该处的希腊人。他们受克里特文明的直接影响，开始向较高文明过渡，从而开创了迈锡尼文明。此时，埃及的金字塔已矗立了1 000年，巴比伦的杰出帝王汉谟拉比已去世数个世纪之久，而当时克里特岛上的克里特文明也已十分发达。

陵墓是迈锡尼文明的主要文化遗迹，分为两种类型，即竖井墓和圆顶墓。竖井墓与圆顶墓是迈锡尼文明前后两个不同时期的代表，考古学家也因此将这两个时期称为"竖井墓王朝"和"圆顶墓王朝"。

"竖井墓王朝"只延续了100多年，位于迈锡尼城堡内外的两座墓园是该王朝的主要文物遗址。墓园内贵族陵墓很多，金银陪葬品的数量庞大，举世罕见。其中一个墓葬的随葬品就多达870件，有青铜剑、金面具、金银杯和珠宝等。这些工艺精湛的制品大部分产自克里特，也有部分出自埃及和小亚细亚、叙利亚等地，这表明迈锡尼王族和贵族也许曾以雇佣兵头领的身份为克里特和埃及等国服务。由于与海外发达文明地区的交往日益频繁，迈锡尼的经济和文化开始蓬勃发展，国力蒸蒸日上。

100多年后，迈锡尼已由克里特的跟随者成长为能与之抗衡的强国。此时，迈锡尼正处于由原始社会向奴隶社会的过渡时期。公元前1500年左右，在迈锡尼出现了奴隶制国家。受克里特文明的影响，迈锡尼人的墓葬形式也由竖井墓变成圆顶墓，因此当时统治迈锡尼的王朝也被称为"圆顶墓王朝"。一些规模宏大的圆顶墓后来在伯罗奔尼撒半岛的迈锡尼、太林斯、派罗斯，中部希腊的底比斯、格拉斯和雅典，以及帖撒利亚的约尔科斯等地陆续被发现。

竖井墓只需在地下构筑简单的竖穴墓室，而圆顶墓却工程繁杂，它需要在地面开凿岩石，并筑成圆形状的墓室，前设墓道，上覆高冢，墓室内用叠涩法将屋顶砌成圆锥

迈锡尼的圆顶墓

状，就好像蜂巢一样，所以又称为"蜂巢墓"。这种墓穴对石砌工程技术的要求较高，其建筑形式虽然起源于克里特，但在迈锡尼的建筑规模却越来越宏大。目前世界上现存的最大的一座圆顶墓墓内高达13.2米，墓门高达10米，门内过道以一块重达120吨的巨石作为顶盖，由此可见其工程之巨。

迈锡尼文明在圆顶墓王朝时期得到了新的发展。生产力的提高促使金属冶炼和手工业品制造追上并超越了克里特的技术水平。迈锡尼人制作的陶器行销埃及、腓尼基、塞浦路斯和特洛伊等地。

不管是竖井墓王朝时期还是圆顶墓王朝时期，迈锡尼文明的发展一直欣欣向荣，大有取代克里特文明的势头。公元前1450年，迈锡尼人也许是利用联姻继承等非暴力方式入主克诺索斯王宫，成为迈锡尼文明发展至关重要的一步。迈锡尼人接手克里特之后，不仅得到了克里特对爱琴海商业贸易网的控制权，而且将克里特文明的遗产全盘接收。他们将米诺斯人以前所用的线形文字用于迈锡尼语言的书写，从而产生了迈锡尼人自己的文字——"线形文字B"。此后，从公元前1400年至公元前1200年，迈锡尼文明步入鼎盛时期。

在迈锡尼文明的繁荣时期，整个爱琴海地区都是迈锡尼人的势力范围，他们很可能和小亚细亚人一起灭亡了赫梯王国。到迈锡尼文明晚期（约公元前12世纪初期），著名的特洛伊战争爆发了。

迈锡尼文明的衰落

公元前1200年之后，迈锡尼文明逐渐开始衰落。古希腊的神话传说中曾经提到当时战乱连连，王朝更替是家常便饭。考古资料也表明，当时陶器的质量不如以前，产业日渐萎缩，海

特洛伊战争

外贸易因"海上诸族"的滋扰而大受影响。各国执政者可能迫于经济衰落的压力，开始以武力抢掠别国，于是国家与国家、城邦与城邦间的战争越来越激烈，其中最有名的便是发生于希腊同盟与小亚细亚城市特洛伊之间的大战。

通常认为，特洛伊战争爆发于迈锡尼文明的末期。但是该时期留下的相关史料非常少，因此描述那时历史状况的《荷马史诗》便成了主要参考依据。此次大战历时10年之久，希腊联军虽然最终获胜，但事实上双方都损失巨大。获胜的希腊各国（以迈锡尼为首）元气大伤，战后，国力一直未能恢复，这给北方的多利安人创造了千载难逢的良机。他们大举南侵，攻占城池、掠夺土地，渐渐统治了除雅典以外的中希腊地区和伯罗奔尼撒各国。由目前的研究得知，公元前12世纪，位于迈锡尼文明地区的聚居地曾多达320个。但到后来，这些聚居地或被毁，或被弃，仅剩下约40个，许多地方甚至荒无人烟。所有迹象都显示，迈锡尼文明已走上了衰亡之路。

这个漫长的衰亡过程大约结束于公元前12世纪的最后几年。迈锡尼文明的灭亡也宣告了整个古代爱琴海文明的彻底消亡。公元前11世纪，历史翻开了新的篇章，漫长的黑暗时代——荷马时代来临。

爱琴海边的脚印
——民族寻踪

在世界文明史上，古希腊文明凭借其独特的魅力和杰出的贡献为后世所称赞，有"言必称希腊"的说法。英国著名诗人雪莱曾在他的诗中写道："我们都是希腊人。"希腊孕育了欧洲文明，当今西方世界中仍可见到古希腊文明的影子。失去希腊，难以想象欧洲文明会如何发展。然而，抛开原本生活在希腊半岛上自称希腊人的居民，很少有人能像雪莱一样从文化的角度定义自己是希腊人。那希腊人究竟是何方神圣呢？

神话中的民族起源

在古希腊的神话传说中，有一个关于创世之说的神话：主神宙斯因对人类不满，所以利用一场洪水溺死了全人类。丢卡利翁是普罗米修斯的儿子，他因提前知道了这一消息，造了一艘方舟，才和妻子幸免于难。大水9天以后才退去，丢卡利翁和妻子皮拉成为人类世界仅有的两名幸存者。后来，他们根据神谕的指示，捡起石头往自己身后扔。丢卡利翁所扔的石头全部变成男人，而皮拉所扔的石头全部变成女人，因此古希腊人认为他们二人就是全人类的祖先。

丢卡利翁和皮拉育有两子：大儿子赫楞和小儿子安菲克提昂。大儿子赫楞有三子：爱奥鲁斯、多罗斯、许修斯。许修斯有阿凯修斯和伊昂两子。后来的希腊人认为希腊4个民族的祖先就是这些神话人物：阿凯亚人是阿凯修斯的后代，伊奥利亚人是伊昂的后代，爱奥尼亚人是爱奥鲁斯的后代，多利安人则是多罗斯的后代。从他们的名称就可以看出这种联系。由于这4位祖先都是赫楞的后代，这4个希腊民族便被统称为"赫楞人"，而我们现在所称的"希腊人"，就是由"赫楞人"演化而来的。这个神话认为，赫楞是全希腊民族共同的始祖，也可以说，希腊民族就是因赫楞而得名。

至于丢卡利翁的小儿子安菲克提昂，则被看做非希腊民族的先祖。古希腊人称这些非希腊民族为"土生人"，意即土著居民。

希腊民族的形成

说希腊语的后来者

神话里将4个希腊民族全都说成赫楞的后代，明显是为了提升希腊各民族间的凝聚力。事实上，希腊民族和中华民族的形成过程一样，是十分漫长而复杂的。以下就对希腊民族的形成过程作一个梳理。

所谓的包括阿凯亚人等在内的4个希腊民族，事实上指的是古希腊4个说不同方言的民族。这4个民族的主要方言分别是阿凯亚方言、伊奥利亚方言、爱奥尼亚方言和多利安方言。而当时的非希腊民族指的是没有说古希腊语的民族。由此可知，在希腊人眼中，民族问题首先就是语言问题。

这里以barbaros（拉丁语）为例作补充说明。Barbaros是英语单词barbarian（野蛮人）的词源，该词在希腊文中最初使用的时候是没有贬义色彩的，其意只是"吧吧地说话的人"。希腊人听不懂对方的语言，只能用拟声词来描述对方，所以就有了"吧吧地说话"一词。Barbaros原意为"听不懂他们的语言的人"，也就是代表非希腊语民族。然而到了后来，随着希腊人的民族自豪感增强，尤其是希波战争和亚历山大东征之后，他们将这个词的词义进行了扩充，增加了"轻视、看不起对方"的意思。公元前4世纪以后，该词才被译做"野蛮人"。

古希腊人十分在意语言问题，加之他们称非希腊民族的祖先安菲克提昂为"土生人"。我们可以推断：说希腊语的这4个民族才是后到达这块土地（现在的希腊）的人。而那些非希腊民族，在这4个民族来到这里以前，早已定居在这块土地上了。因此，他们才是希腊真正的原住民。

阿凯亚人入主希腊

尽管早在公元前3000年，希腊大地上就有了文明的踪迹，但是说古希腊语的民族要在约750年后（公元前2250年左右）才踏上这片土地。他们很可能是由北方的帖撒利亚南下，到达希腊本土的。除神话以外，显而易见的地理证据是他们心中的圣山——奥林匹斯山正好处于帖撒利亚的北面，这里可能是他们

奥林匹斯山

南下前的聚居地。因为非希腊语的克里特文明是不信仰宙斯等奥林匹斯山众神的。

这些南下的民族是首批说希腊语的，伯罗奔尼撒半岛东部的迈锡尼文明就是他们文化的典型代表。在《荷马史诗》中提到希腊联军时，用得最频繁的词是"阿凯亚人"。换句话说，这些说古希腊语阿凯亚方言的民族正是迈锡尼文明主要的创建者。而我们由传说可知，那时候帮助阿凯亚人从帖撒利亚向南进军的正是爱奥尼亚人。因此，在当时那片土地上，最通用的语言是古希腊语中的阿凯亚方言，其次是爱奥尼亚方言。而丢卡利翁-赫楞神话又暗示：阿凯亚人的祖先阿凯修斯和伊奥利亚人的祖先伊昂是同根，都由许修斯所生。这表明阿凯亚人和伊奥利亚人之间的关系比他们与另外两个希腊民族的关系更加亲密。事实上，我们可以认为伊奥利亚人就是《荷马史诗》中的阿凯亚人的旁系后代。

多利安人的出现

多利安人登上希腊历史舞台的时间，比阿凯亚人晚了不少。考古学研究表明，多利安人到达希腊是在公元前1100年左右，证据就是迈锡尼文明的许多古城都在这时毁于一旦。据说，多利安人屡次出兵，最终在特洛伊战争结束60年后征服了这里。当时这些处在原始社会茹毛饮血的多利安人，摧毁了阿凯亚人的城市，将迈锡尼文明和克里特文明一起毁灭，做工精致的手工艺品不知所终，宫殿陵墓灰飞烟灭，连线形文字都被人们淡忘了，爱琴文明从此衰落。

摧毁迈锡尼文明的多利安人，在文明程度上与自己的其他希腊语同胞相差甚远。在他们的统治下，包括建筑、绘画风格，阶级构成等方面在内，整个希腊进入了一个新风格的时代。该新风格以简单化为特征，迈锡尼时期华美、富于变化、珠光宝气的风格成为历史。这也暗示着多利安人是文明程度相对较低、社会财富相对较少的一个民族。

多利安人占领希腊并灭亡了迈锡尼文明，缔造了古希腊历史上历时300年之久的"黑暗时代"。直到公元前8—前9世纪，希腊文明才再次焕发生机。

"希腊"的由来

赫楞——英雄的故乡

迈锡尼时代的希腊各民族在《荷马史诗》中基本上被统称为"阿凯亚人"，但也有一次例外，史诗中用了"赫楞人"这个称呼，也就是后来的"希腊人"。在此处，"赫楞人"代表的是一个非常小的部族，主要聚居在今帖撒利亚南部名叫弗西亚（后来的希腊人称为弗提奥提）的小镇。荷马并没有对这个名称给予足够的重视，因此这可能是丢卡利翁-赫楞神话出现以前"赫楞人"一词的本义。

对于"赫楞人"的最初含义，修昔底德的《伯罗奔尼撒战争史》里有很详细的叙述："在丢卡利翁的儿子赫楞以前，希腊的名称根本还没有，各地区以各种不同的部落名号来称呼……他（荷马）只用这个名称（赫楞人）来指阿喀琉斯部下的弗提奥提人。事实上，他们就是原始的赫楞人……在他（荷马）的那个时候，希腊人还没有一个统一的名称，以和希腊以外的世界区别开来。"

那么，为何"赫楞人"一词后来能够脱颖而出，逐渐将4个说古希腊语的民族全都纳之于自己名下，并最终转化为我们现在所称的"希腊人"呢？原因非常简单，因为阿喀琉斯的家乡

浮雕上的赫楞人

就是弗提奥提，即赫楞。阿喀琉斯是《伊利亚特》中所称颂的
最伟大的英雄。因此，当有人想将这4个相互能懂对方语言的古
希腊民族统一为一个整体，并且有别于其他非希腊语民族的时
候，自然而然地就冠之以阿喀琉斯家乡人的名字，因为这4个
部族都崇拜这位英雄。于是，赫楞（希腊各民族共同的始祖）
的神话随之诞生。他们开始称呼彼此为"赫楞人"（荷马没能
理解这种含义），称自己所说的语言为"希腊语"，并把各自
部族的语言作为"希腊语"旗下的不同方言。"赫楞"这个名
称在统一的希腊民族产生过程中起到了"黏合剂"的功效。发
展到以后，"赫楞人"甚至包括了不说希腊语，但吸纳了希腊
文化的民族，如马其顿人，他们的语言不在4种古希腊语方言
之列，但依然被称为"赫楞人"。这是因为为数众多的马其顿
人曾参加过只属于"赫楞人（希腊人）"的古代奥林匹克运动

会，虽然这一说法还导致了许多争议。

当"赫楞人"一词的外延不断被拓展，所含民族日益增多的时候，希腊的地域范围也日趋扩大，包括巴尔干半岛南部和爱琴海东岸，最后发展到马其顿国王亚历山大大帝创立的"希腊化"时代。至此，我们就可以说"赫楞"一词是一个文化范畴了。

"赫楞"到"希腊"的转变

"希腊"的英文是Greece，貌似与"赫楞（Hellen）"无关。其实该词源于拉丁文Graecia，是古罗马人对希腊的叫法。因为罗马人第一次与希腊人来往是在公元前8世纪，正逢希腊"第二次大移民运动"之时。这次移民并非是因躲避多利安人入侵而导致的逃难潮，而是各希腊城邦自发并有目的地往东地中海周围地区迁移人口。罗马人最开始碰到的希腊移民者，是从希腊本土中部波奥提亚地区的小城Graea来的。该城的部分居民在今那不勒斯周围修建的新城也叫Graea，因此古罗马人就以这些人的名字来代称全部希腊人。在希腊人往南意大利和西西里岛迁移人口的高峰期，罗马人甚至统称亚平宁半岛的南部和西西里岛为"大希腊"。至今，意大利南部地区还有9座小城的居民不说意大利语，而沿用古希腊语的多利安方言，他们认为自己是希腊人的后代。

创造拼音文字

腓尼基王子带来的文字

在使用文字方面，希腊人受东方文化影响颇深。

迈锡尼文明时代，多利安人发明了"线形文字B"。迈锡尼文明灭亡后，线形文字也随之消亡，希腊人就失去了自己的文字。

在"黑暗时代",就荷马所描述的情况来看,当时的社会并没有使用过文字。希腊字母文字现身于东方化时期,在出土于公元前750至公元前700年之间的陶器上发现了最早的字母文字,该种文字起源于腓尼基人的音节文字。希腊文中有一个代表"字母"的古词Phojnikeia,它的字面意思就是"腓尼基的东西"。希罗多德曾对此作过叙述,称腓尼基人在卡德摩斯王子

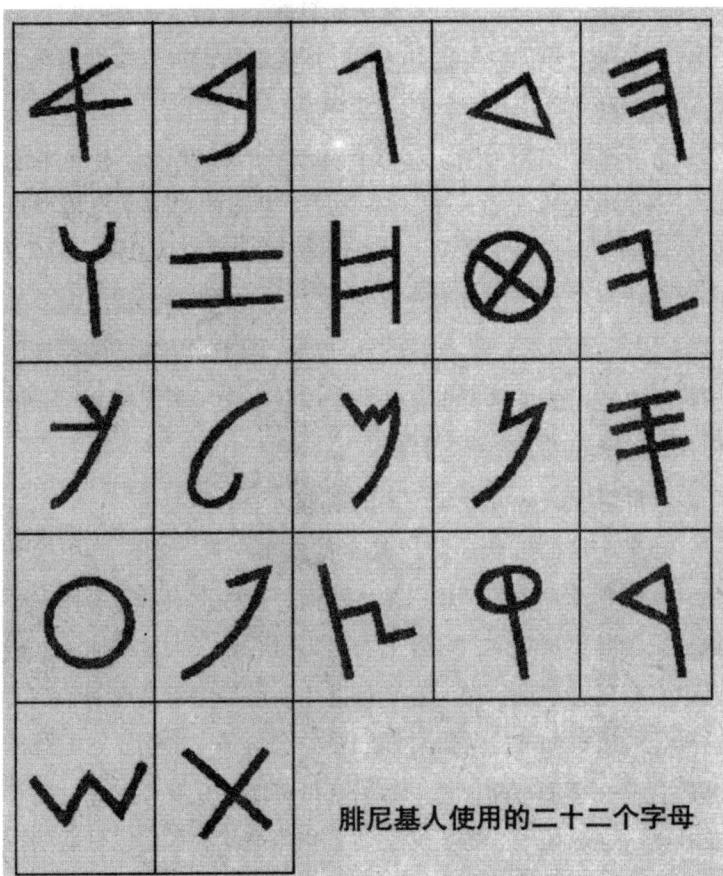

腓尼基人使用的二十二个字母

腓尼基字母

的带领下，抵达希腊的底比斯，并定居于此。他写道："他们带来了一些东西，包括文字。而我认为在这之前，希腊人还没有文字。"

卡德摩斯是古希腊神话故事中的英雄、腓尼基国王阿革诺耳之子、欧罗巴公主之兄。宙斯骗走欧罗巴后，国王命令卡德摩斯和另外三个儿子一起出去寻找，并对他们说："找不到妹妹不准回来。"卡德摩斯找不到妹妹，于是在太阳神阿波罗的谕示下到达了希腊，创建了底比斯。希罗多德认为希腊字母是卡德摩斯带来的，尽管毫无证据，但起码表明希腊字母起源于腓尼基字母。

腓尼基文字类似于其他的闪米特文字，属于一种音节文字，不同之处在于它没有元音字母，主要由辅音字母构成单词，这样做的结果是单词意思含糊不清。腓尼基文字构词所用的字母很少，总计运用了22个字母，而同属闪含语系的阿卡德语字母却达285个之多，就连迈锡尼的"线形文字B"的字母也超过80个。可能希腊人正是钟情于腓尼基文字的简练，因此他们几乎完全沿用了这种文字。

希腊字母——欧洲文字的源泉

希腊字母的形状同腓尼基字母如出一辙，顺序也相差无几，甚至其读音也源于腓尼基。然而，这并不表示希腊人完全地复制了腓尼基文字，实际上希腊人对它做了大量的加工，将其中有些辅音字母改做元音字母之用，最后终于出现了希腊文这种元音字母和辅音字母总计24个的全新字母文字。它与腓尼基的音节文字不一样，每个希腊字母都能独立发音，并且能够单独体现在单词中。希腊文字体系相当简练和务实，日后的拉丁字母就是由希腊字母演化而成，而拉丁字母又是英文字母、法文字母、德文字母等欧洲文字的基础。换句话说，希腊字母是欧洲文字之母。

文字的出现，对希腊社会和文化影响深远，最直接的影响反映在文学上。古风时代是希腊历史上诗歌创作的繁荣期。该时期内，《荷马史诗》被以文字的形式固定下来，希西阿德也许是首个直接书写荷马著作的诗人。另外，还有为数众多的抒情诗人，其中包括女诗人萨福，她被誉为"希腊历史上最杰出的女诗人"、"第十位缪斯女神"。1963年，人类学家古迪和瓦特联合发表了一篇题为《文字及其应用的后果》的著名论文，指出古风时代社会和文化的变革是文字应用的结果，民主政治的诞生、逻辑与理性思维的开始以及批评史学的出现也都是因为文字的应用。虽然其理论对文字的作用推崇过多，忽略了别的影响因素，但是由此可见，文字的出现对希腊文化的影响非同小可。

光辉的历程
——城邦的兴衰

一个王朝就是一座历史的纪念碑，其上镌刻着与文明有关的全部历史。遗憾的是，古希腊文明最光彩夺目的时刻，并不是以一个天下一统的帝国形式存在的，而是以群雄并立、城邦割据的形式存在。这种状态一直延续到了亚历山大帝国时期。

每一个古希腊城邦，都曾为显赫的历史贡献了自己最璀璨的一刻。它们背负着与文明有关的记忆，在历史的长河中独自前行，奏出了一段扣人心弦的乐章。

荷马时代

文明的暗夜

多利安人于公元前12世纪左右攻占了希腊。从民族构成来说，他们与迈锡尼人同为希腊族。多利安人聚居在北部内陆山区的伊庇鲁斯，生产力低下，当时正处于原始社会末期的军事民主制阶段。他们最先攻占了狄萨利亚和彼阿提亚，随后征服了伯罗奔尼撒半岛，消灭了阿凯亚人创建的迈锡尼、太林斯等城邦国，摧毁了迈锡尼文明。

根据古希腊神话故事，多利安人与著名英雄赫拉克勒斯的后代结伴南侵，借口是要帮助英雄的后代夺回原属赫拉克勒斯的伯罗奔尼撒王位，这或多或少说明多利安人的南侵与迈锡尼各城邦国内乱有一定联系。当时的多利安人尚处在军事民主制阶段，他们攻下迈锡尼诸城邦国之后并没有创建自己的国家，希腊的文明传承因此中断了两三百年。公元前11世纪—前8世纪，希腊又倒退回原始社会时期，那是一个相对愚昧的黑暗时期。描述该时期历史状况的文字资料主要是《荷马史诗》，因此这一时期又被称为"荷马时代"。

多利安人在征服过程中损毁了伯罗奔尼撒和中希腊的很多城市，致使这些城市贸易绝迹、文化荒芜，迈锡尼时期的宫殿、陵墓全部灰飞烟灭，做工精致的手工艺品也不知所踪，而在这之后的两三百年间也再没人修筑宫室城郭，市面上也再不见金银珠宝的流通，连线形文字也被遗弃在历史的角落里，因此荷马时代又被称为古希腊的"黑暗时代"。

由于多利安人的南侵，狄萨利亚和彼阿提亚的伊奥利亚人大部分迁到了列斯堡岛和小亚细亚沿岸北部，中希腊的爱奥尼亚人则大部分移居到基克拉迪群岛和小亚细亚沿岸中部，生活于伯罗奔尼撒半岛的部分阿凯亚人迫于无奈迁往偏远的山地或边区。多利安人征服伯罗奔尼撒半岛东南部以后，跨海攻取了克里特岛、罗德岛和小亚细亚的西南角。

当时在希腊半岛、爱琴海诸岛和小亚细亚沿岸地区开始盛行氏族部落制。其中一部分地区实行的氏族部落制是由征服者多利安人带来的，而有些地区因为在迈锡尼文明时代就一直实行氏族部落制，没有随大流发展成阶级社会，所以这些地区的居民在移居他地后，仍然沿用了过去的制度。此外，那些在迈锡尼文明时代组成城邦的居民在被迫迁移的过程中是按照氏族部落组织行动的，他们也保有残存的氏族部落制。遍及希腊各地的氏族制度湮没了前一时期少数地区的文明，致使希腊历史的发展经历了暂时、局部的曲折过程。

暗夜中的曙光

与迈锡尼文明时代相比，荷马时代在社会制度上的确有所退步，但生产力发展程度还是有明显的提高。

公元前12世纪初，希腊从青铜时代开始进入铁器时代。考古发掘出公元前12世纪的铁剑，公元前11世纪的铁斧、铁锄、铁矛头、铁刀等，公元前10世纪的铁器文物数量就更多了。铁器的发明和使用是荷马时代社会生产力进步的一个显著标志。

农业和畜牧业是荷马时代主要的生产部门。在农业上，希腊人采用深耕细作的农耕方式，并已开始使用天然肥料，当时使用的农用器具有犁、鹤嘴锄、镰刀和铲等。在畜牧业上，希腊人已开始对马、牛、羊、猪等牲畜进行人工饲养。

这一时期，手工业从农业中分离出来，虽然它的发展程度有限，但其内部已出现了木匠、皮革匠、陶器匠和铁器匠等粗略的专业化分工。在《荷马史诗》中，对"手工业者"一词的定义，除手工工匠外，还包括巫师、医生和行吟诗人等。当时的贸易往来以物物交换为主，但也开始有以铜、铁、皮革和牲畜等作为等价交换物的互换方式出现。

由史诗可知，该时期的土地所有制以公社所有和氏族贵族所有为主。前者体现为公社成员拥有小块土地，后者体现为大地主拥有大片领地。当时已经有了私有财产和阶级分

荷马时代的铁器匠

化现象。在氏族内部，普通成员仅靠自己的小块土地生活，氏族贵族则拥有成片土地。很多氏族成员生活清贫，有的被迫给贵族打工，也有的沦为乞丐。

氏族贵族和部落领袖拥有大量的土地，并且可以使用雇佣工人和奴隶为自己干活。奴隶主要来源于战俘和海盗掠劫贩卖的人口，他们的处境非常悲惨，可以被随意驱使。当时，氏族贵族和王族家中皆养有奴隶。史诗写到奥德修斯家养有女奴50人，外加很多男奴，女奴负责纺织，男奴从事耕牧。主人对奴隶有生杀予夺大权，把奴隶当成牲口看待。然而，在军事民主制之下，虽然军事首领和贵族已转变成奴隶主，但是他们没有完全退出生产活动。奥德修斯就曾吹嘘说自己结婚用的床是自己亲手所制，而且还曾跟人比试割草犁田的本事。也许正是由于原始社会这些质朴气息的存在，才让史诗所塑造的英雄形象长期为人们所津津乐道。

希腊城邦国家的形成

希西阿德时期

公元前8至公元前6世纪是希腊奴隶制城邦的成型期，该时期被称为"早期希腊"或者"古风时代"。

古风时代是继希腊爱琴文明终结之后，国家再次大量出现的时期。当时的国家都是由某个城市或者村镇，连同附近的农村构成。一个城市就是一个邦国，因此被称为"希腊城邦"。目前与该时期有关的文献资料绝大多数存于诗人希西阿德（约生活于公元前750—前700年间）的作品中，于是学术界就以"希西阿德时期"来命名这一时期，它是希腊城邦的初始期。

当时，希腊地区的社会经济水平有了提高。铁器的使用已经普及，农业用具包括配置铁铧的重犁和铁锄、铁斧、铁锹，希腊的土地因此而得到开发和精耕细作。各国除栽种葡萄、橄榄这两种经济作物外，粮食作物的产量也大幅提高。就手工业来说，制陶、造船、冶金业均发展迅速。

对希腊城邦的发展有重要意义的因素则是与东方的交流。当时希腊和东方的贸易往来已经重建，甚至超越了爱琴文明时期的水平，尤以小亚细亚各邦和埃维亚岛最积极。希腊本土和东方的往来并不仅仅局限于贸易，希腊对东方文明优秀成果的吸纳也成绩斐然，这个文明的后起之秀很快就吸纳了东方文明耗费数千年才取得的大量优秀成果。这足以说明希腊城邦诞生的起点已经很高，与几千年前东方文明古国最早建国时有天壤之别。

铁制工具的普及加速了希腊社会的发展。从公元前9世纪末期到公元前8世纪初，雅典和希腊中部的埃维亚岛上已出现很奢华的贵族（甚至可称为"王族"）陵寝。铁器和青铜器制造业发展很快，埃维亚岛的勒夫康迪且在位于叙利亚的阿尔·米纳设立了贸易站，重建了与东方的海外贸易和文化关系。

就希腊社会内部而言，阶级分化日益严重，奴隶不断增加，最终满足了建立城邦——早期奴隶制国家的条件。最先创建城邦的是与东方文明毗邻的小亚细亚沿岸和爱琴海诸岛以及雅典、埃维亚岛等发展程度最高的地区，随后是多利安人统治的伯罗奔尼撒半岛和克里特岛等地，最后是中希腊和北希腊。大量城邦如雨后春笋涌现在希腊大地上，人

希西阿德头像

类文明之光绚丽夺目。

与此同时，代表璀璨辉煌的希腊文明的一系列事件在希腊出现了：希腊人借用腓尼基字母发明了自己的文字；首届奥林匹克运动会在公元前776年成功举办，从此希腊各城邦拥有了共同的传统节日；继荷马之后，一位伟大的农民诗人希西阿德横空出世，他掀开了希腊文学创作的新序幕，也给世界文学宝库留下了经典的传世之作。

别具特色的城邦文明

古风时代，在荷马时代划分的各民族的居住区内，相继形成了奴隶制城邦，总数超过300个。伊奥利亚人在北希腊、中希腊西部、南希腊北部和小亚细亚西岸的北部创建了许多城邦，其中以底比斯、德尔斐较为重要；爱奥尼亚人则在中希腊东部的阿提卡半岛、埃维亚岛、爱琴海中部的岛屿以及小亚细亚西岸的中部成立了许多城邦，其中出名的有米利都、爱菲斯、卡尔息斯和雅典；多利安人在南希腊的南部和东部、克里特岛与小亚细亚西岸的南部创建了斯巴达、阿戈斯、科林斯和麦加拉等城邦。

在古希腊，从政治上来说，城邦是指地位在家庭、村落、部落之上的特定人群的集合体，也就是公民集体。城邦常常是以某个城市为中心，连同周围的村落构成，其特点之一是人少国小。希腊城邦中较小的如厄齐那，仅有100平方千米，大一些的如斯巴达，领土也不过8 400平方千米。雅典为2 550平方千米，在鼎盛时期，人口一度达到40万人。

希腊各城邦建立之初，氏族贵族独揽大权。他们为了巩固自己的特权地位，利用和改造氏族部落机构：从上层阶级中挑选执政官或者作用相似的官员；极力弱化民众会的权力，让它变成官员选举、提议表决的形式性机构；所有权力都集中到贵族会议（它是从议事会演化来的）。氏族贵族掌权阶段，社会的方方面面都还残留着氏族制度的痕迹：氏族部落机构、氏族亲缘关系的影响还一直存在着；农村公社或者氏族公社土地所有制仍然死而不僵；氏族制度的影子还残留在习俗和宗教上。氏族贵族经常借这些残余巩固自己的统治，也因此妨碍了国家的进一步发展。

贵族政治在部分城邦中持续时间并不太久，某些城邦如雅典，由于平民成功地推翻了贵族的统治，所以贵族政治变成了僭主政治，最终转变为奴隶主民主政治。还有一些城邦则是从贵族政治经僭主政治演化为寡头政治。仅有斯巴达一直维持在贵族政治阶段。

一般来说，世界各民族由原始社会步入文明社会，都是由类似城邦的小国开始的，继而小国变成大国甚至帝国。但希腊民族却不是这样，它的城邦小国林立的时间远比别的民族长久，其文明的全盛时期也是在城邦体制下出现的。

斯巴达的兴起

斯巴达国家的形成

公元前1100年前后，一部分由多利安人构成的希腊部族从希腊半岛北部攻入了伯罗奔尼撒半岛，后来他们中的一支侵入拉哥尼亚，摧毁了迈锡尼时代的城市文明。征服拉哥尼亚的多利安人属于3个不同部落，他们把5个村落整合起来建立了一个新的城邦，即"斯巴达城"。它虽然叫做城，但是不仅没有城墙，而且连正规的街道也没有。聚居在附近的多利安人，就被称为"斯巴达人"。

公元前800至公元前730年，斯巴达人逐渐占领了整个拉哥尼亚地区，要求被统治者向他们进贡。这些被统治者生活在斯巴达人的周围，被叫做皮里阿西人（意为周围地区的居民）。后来，生活在南部沿海城市希洛斯的人因忍受不了斯巴达人的暴政而发起暴动。斯巴达人很快平息了这次动乱，并把参加动乱的人变成奴隶，命名为"希洛人"。

公元前8世纪中期，斯巴达人内部分化加剧，人口持续增长。为了缓解人地矛盾，斯巴达人一边对外殖民，一边进攻美塞尼亚，历史上称为"第一次美塞尼亚战争"（约公元前740—前720年）。最后，斯巴达人获胜，占领了整个美塞尼亚，并把那里的居民变为奴隶。斯巴达人和皮里阿西人一起瓜分了抢来的土地，斯巴达人得到平原地区，皮里阿西人得到山区。公元前640至公元前620年，美塞尼亚人起义反抗斯巴达人的统治，史称"第二次美塞尼亚战争"。尽管这次起义沉重打击了斯巴达人，但仍以失败告终。

斯巴达对外侵略的过程，正是其国家日渐形成的过程。原本开始解体的氏族制度，在这一过程中瓦解得更快了，最终斯巴达人的氏族机构演化成镇压起义者的暴力机关。到公元前7世纪时，斯巴达已具有国家的雏形。

国王统治下的军事王国

斯巴达属于奴隶主贵族专政性质的政权，是少数人占统治地位的寡头政治。其国家机构包括国王、公民大会、长老会议和监察官。

斯巴达有两名国王，分别被两个家族垄断。他们平时负责主持国家祭祀和裁决与家族法有关的案件，但权力有限，只有在战争来临时才拥有无上的权力。一个国王率军出征，另一个国王留守国内，有些军国大事由长老会议负责办理。

公民大会由年满30岁的斯巴达男性公民构成。公民大会没什么实质性作用，对长老会议的提案没有权利发表意见，仅有表决权，表决的时候由公民呼声的高低决定结果，声音大就表明提案通过了。

长老会议的成员由公民大会选出，其选举方式也是凭公民呼声的高低来决定是否当选。长老

斯巴达国家遗址

会议属于最高权力机关，由30名成员组成，除两名国王外，余下的28人皆是年龄超过60岁的贵族。其成员实行终身制，假如有缺额产生，仍然从年满60岁的贵族中补选。所有军国大事先由长老会议讨论，然后再由公民大会表决。如果公民大会没有通过，长老有权宣布暂停会议。长老会议同时也是最高司法机关，所有民事案件、刑事案件和国事案件都由它负责审理。

监察官由5人组成，由公民大会每年选举一次，年逾30岁的公民都有权竞选。其职责是监督国王、审查国王的违法行为、监视公民生活和镇压希洛人的叛乱。从公元前5世纪开始，监察官的权力日益增大，取代国王拿到了长老会议和公民大会的主持权，就连原本属于长老会议的民事审判权也被他们攫取。

斯巴达人的重要任务是维持一支战斗力一流的军队，也就是修筑一道"人墙"，用来预防奴隶起义。斯巴达的一名当权者曾说："一座由人墙代替砖墙的城市就是设防很好的城市。"

斯巴达人在建造"人墙"上不遗余力。为了维系一支强大的军队，斯巴达在其公民中颁布了严格的军事训练制度。在斯巴达，婴儿一出生就会由长老检视一遍，羸弱畸形者被淘汰，只有健康的才会被抚养长大。男孩由7岁开始被送到国办军事学校，住集体宿舍，接受严格的军事训练。他们每日操练，学习使用武器，参加行军拉练，学习自己做饭，有时还会做苦活儿。斯巴达人以此来强健他们的体魄，培养他们勇猛无畏、吃苦耐劳的精神。此外，他们还经常进行军事预演，趁夜间偷袭希洛人。这种军事训练的目的就是让斯巴达随时拥有一支反应迅速、能打硬仗的军队。

斯巴达人的兵役从20岁开始，到60岁结束，30岁时允许结婚。可以说，斯巴达人一生中大部分的时间都是在军营里度过的。

斯巴达的妇女也参加体育锻炼。斯巴达人认为，只有身体强健的母亲，才能养育出健康壮硕的战士。

雅典的民主进程

雅典国家的形成

雅典位于阿提卡半岛上。最早在此地生活的是非希腊语民族——佩拉斯基人。公元前1600年左右，爱奥尼亚人来到阿提卡，他们与佩拉斯基人杂居，过着氏族部落制生活。400年后，多利安人南侵的时候并没有进攻阿提卡。然而，多利安人的南侵，却迫使迈锡尼等地的部分居民逃到雅典，他们与氏族内部分化出来的一部分穷困潦倒的氏族成员共同成为非氏族组织成员。氏族成员包括氏族贵族在内，拥有氏族土地，这些土地分布在土质较好的平原地区。而那些不属于氏族组织的人只能拥有土质较次的土地，或者在沿海地带从事工商业。由于杂居的缘故，氏族血统逐渐被破坏。因此，阿提卡出现了传说中的忒修斯改革。

据说忒修斯是雅典第十代"巴赛勒斯"，他用以雅典城为中心的中央议事会和行政机构取代了阿提卡各个村镇的议事会和行政机构。他还将阿提卡的氏族部落成员划分成贵族、农民和手工业者三个不同的等级，并宣布公职只能由贵族出任。这个以阶级分化为基础，从氏族部落发展为国家的过程，显然要通过长期的发展，而不可能一个人通过改革就能一蹴而就。

公元前8世纪末期，阿提卡诸部落以雅典为中心慢慢融合在一起，雅典国家形成。执政官代替了雅典原来的头领"巴赛勒斯"。执政官最开始只设1名，实行终身制，后来变成10年一任，在大约公元前683年改成了1年一任。公元前7世纪中期，执政官增设至9人，包括1名首席执政官、1名王者执政官、1名军事执政官和6名司法执政官。

执政官在贵族中选举产生，任期结束后加入贵族会议。贵族会议权力非常大，是最高监察和审判机关，有权举荐和弹劾执政官、审理刑事案件。它的成员全是贵族，实行终身制。

雅典同样有公民大会，只要能自己提供武器装备参与作战的人就可以加入，权力有限，只可以在贵族中举荐官员。

在雅典具有国家雏形以后，手握大权的氏族贵族开始疯狂地盘剥农民和手工业者。在他们的高利贷压榨下，农民的境况日渐恶劣。拥有氏族土地的农民无力还债，就拿劳动成果抵债，变成"六一汉"，即收成的5/6交给债主，剩下1/6留下维持自家生计。如果那些耕种氏族土地的农民无力还债，他们的土地和家人就被当做担保品，债主有权把债务人和其家人作为奴隶在国内或者国外贩卖。氏族贵族专制独裁、横征暴敛，农民苦不堪言，这种境况使得雅典国内统治阶级与以农民、手工业者为主的平民阶级之间矛盾激化，平民号召废除债务奴隶制，一连串的政治事件由此引发。

公元前六七世纪，雅典的工商业得到了较快发展，涌现出一个新兴工商业奴隶主阶层，他们因从事海外贸易、贩卖奴隶而发家。这些新兴的奴隶主当中不少人是平民出身，在经济上，他们与下层平民不一样，但是政治上，他们也备受贵族阶层欺压。随着经济实力的不断增强，他们渴求政治权利，为此需要拉拢平民，所以他们赞成平民废除债务奴隶制的意见，以获得平民的支持。公元前6世纪初期，平民已联合起来，准备发动起义，在此形势下，执政官梭伦实施了改革。

诗人改革家

公元前6世纪初，雅典的阶级关系严重恶化，平民为了废除债务奴隶制，正在准备武装暴动。公元前594年，在平民的施压下，梭伦出任执政官并被指定为"调停人"。

梭伦是古代雅典的政治家、立法者、诗人，是古希腊七贤之一。他出生于没落的贵族家庭，家境属中产阶级水平，因十分同情平民的处境，所以创作了很多刻画、批判贵族贪婪、自私的作品。梭伦因赞成并参加了从麦加拉手里夺回萨拉米岛的战争而声望大增，出任执政官后着手开始了一连串改革。

梭伦关于经济的一项重要改革措施就是发布"解负令"，废除"六一汉"制，同时将卖到国外做奴隶的人赎回，废除用土地作保的债务，禁止用自由公民的人身作保，从而终结了债务奴隶制。除"解负令"以外，梭伦还采取了很多经济举措：为了预防土地集中化，规定了拥有土地数额的上限；鼓励每个雅典人都学一门手工业技术，并鼓励其他国家的手工业者迁居雅典。

公元前592—前591年，梭伦修订了宪法，规定全部雅典自由公民，不论出身，一律根据财产的多少来划分级。土地年所得达500麦斗者属于第一等级，叫做"五百麦斗级"，可以做高级官吏；年所得达300麦斗者属于第二等级，叫做"骑士级"，可以做高级官吏；年所得达200麦斗者属于第三等级，叫做"双牛级"，可以做低级官吏；年所得在200麦斗以下者属于第四等级，叫做"日佣级"，不允许做官。与4个等级对应的是4种不同的兵役义务：各个等级的公民皆有自己准备武器提供服兵役的义务；第一、第二等级组成骑兵，第三等级组成重装步兵，第四等级组成轻装步兵或者海军。

梭伦也改革了政治机构。他削减贵族会议的权力，提升公民大会的地位，规定每个等级都有权参加公民大会、讨论战争与议和等军国大事，并参与选拔官吏。另外，他还成立了两个新机构，即四百人会议和陪审法庭。四百人会议由每个部落选出100人构成，第一、第二、第三等级都有资格参选，主要负责为公民大会制定议程，预审提交公民大会讨论的决议草案。陪审法庭的成员从4个等级的公民中产生，参与审判，

梭伦头像

还接受上诉申请。

这些政治经济改革表明雅典平民反抗贵族统治的斗争获得了成功。推行的部分积极举措，既有利于小农经济的发展，也为奴隶制民主共和国的产生打下了基础。此后100多年间，雅典一直按照梭伦确立的思路，不停地实行民主政治改革，最终成为国力雄厚、文化繁荣的希腊城邦。

梭伦改革也有其局限性。受历史条件和其工商业奴隶主身份的限制，梭伦一方面渴望提高平民的经济水平，另一方面又要维护贵族阶级的政治特权。他的改革未实现底层平民对土地的要求，也没有赋予他们平等的政治权利。这样的结果是既无法满足底层平民对土地的要求，又导致贵族阶层因利益受损而不满，而得到好处最多的是工商业奴隶主。因此，梭伦改革没有彻底化解贵族和平民间的矛盾。

梭伦向克罗伊斯王提改革意见

平民领袖克里斯提尼

希腊执政官克里斯提尼是一位平民首领，公元前508年，他通过公民大会推行了一系列民主改革。

梭伦改革以后，4个有血缘关系的部落在国家的政治生活中依然发挥着重要作用，执政官和四百人会议成员皆是以部落为单位推举的，贵族在部落中优势明显，经常控制选举。克里斯提尼为了扭转这种政治态势，新成立了10个地区部落，以取代4个有血缘关系的部落。他将阿提卡划成30个区，其中10个区在雅典城及其附近，10个区在沿海，10个区在内地。每一个地区部落由一个城郊区、一个沿海区和一个内地区组成。

地区部落的成立孤立了氏族贵族的势力，瓦解了氏族制度的残余。当时，划分区域后每个区由数个自治村社构成（雅典全国大概有100多个村庄），村庄拥有各种政治、军事职能，其中一个职能便是登记自己村社的人口。从此，公民权的赋予由所居住的村社机构决定，而不再由氏族族谱决定。此外，还有很多丢失了族谱的自由民和外来人口也得到了公民权，这样就壮大了民主力量。

克里斯提尼还用五百人会议取代了四百人会议。五百人会议由每个地区部落各选出50人构成，为公民大会起草决议，并且负责公民大会决议的推行。五百人会议根据部落划分成小组，一组50人，按次序来处理国家日常事务，一个小组的任期是一年时间的1/10。

在克里斯提尼改革期间，雅典还成立了十将军委员会，确定了《陶片放逐法》。十将军委员会由10个地区部落各出一人组成，每人任期一年，轮流掌管军队，当中一人作为首席将军。《陶片放逐法》规定公民大会有权通过投票决定是否放逐危害国家的人，表决的时候公民将应当被放逐的人的名字写在陶片上，法律规定，如果一个人得票在6 000张以上，他就必须被放逐，10年后才有权回来。

克里斯提尼的改革扫清了氏族制度的残余，化解了雅典平民和贵族间的长期矛盾，消除了他们之间的斗争，最终使雅典由氏族社会成功转型为奴隶制国家，建立了奴隶主民主政治。

希腊城邦的黄金时期

空前繁荣的社会经济

希波战争结束后，希腊诸邦的经济发展水平参差不齐。很大一部分城邦经济发展缓慢，手工业进步甚微，基本不在海上贸易之列；另一部分城邦的手工业和商业相对比较发达，如雅典、科林斯、麦加拉、米利都、叙拉古等，它们的社会经济在希波战争以后步入了兴盛期。

在农业上，农业技术有所进步，人们发明了3种作物（黍、蔬菜、小麦）轮种法，使有限的耕地面积能够地尽其用。当时人们已经掌握了绿肥（禾茎、草和菜根）和人工肥料（灰烬、石灰石）的使用方法。此外，园艺业（橄榄、葡萄）在雅典、米利都等城邦发展很快。葡萄酒是日常饮料，橄榄油被用来食用、制造化妆品和照明。园艺作物已经进入了商品化阶段，成为重要的出口贸易品。

希波战争结束后，手工业也进步明显。科林斯的纺织业，米利都的纺织业、家具业，雅典的冶金业、造船业、制陶业和建筑业都十分发达。当时，雅典制作的"红花"瓶十分出名，它是在洁白的质地上饰以黑色釉料，并绘上陶土色的人像和花纹，色泽亮丽，精致高雅。雅典还能建造排水量达220吨的商船，这种船上挂有一张很大的帆，以一根牢固的船桅和帆桁来支撑。

希腊的采矿业也相当发达，其中以劳里昂的银矿、潘加优斯的金矿和塞浦路斯的铜矿尤为出名。

随着生产力的进步，希腊的商业也渐渐兴旺起来。各个城邦皆有自己的集市，各种商品在专门的区域销售，一部分城邦的海外商贸也非常发达。雅典称霸于爱琴海上，其贸易网辐射范围非常广。公元前5世纪中期，雅典的比雷埃夫斯港成为知名的贸易港，输入的商品包括埃及、西西里、黑海的谷物、牲畜和皮革，米利都的羊毛，波斯和迦太基的毛毯，阿拉伯的香水，马其顿和色雷斯的亚麻衣料和造船木材，另外还有各个地区运进来的奴隶；输出的商品包括橄榄油、葡萄酒、铜、铅、银、大理石、金属制品和陶器等。比雷埃夫斯港是一个贸易中转站，对于运进来的商品，雅典仅仅留下小部分供应本国市场，剩下的全部转售出去。

一方面由于商业的发展，另一方面由于各个城邦使用的货币不一样，市场上因此诞生了货币兑换摊，后来它们慢慢发展成金融业，开始从事借贷、抵押和汇兑等业务。那时，抵押借款利息是12%，商业借款利息是16%—18%，海上贸易借款利息是30%。

尽管工商业在某些城邦发展迅速，但是总体上来说，农业依然是当时社会经济的支柱。农业人口在总人口中的比例依然较大，比如雅典在伯罗奔尼撒战争爆发前有2/3的居民生活在农村，3/4的城市居民在农村拥有土地，大部分公民以农业和出租房屋为生。

奴隶制度的发展

希腊社会经济的发展和奴隶制的发展相互促进。一方面，社会经济的发展很大程度来源于奴隶们的辛勤劳动，奴隶制使农业和手工业间、脑力劳动和体力劳动间规模更大的分工变得可能，而这种分工反过来又促进了生产力的进步和交换的扩大。另一方面，社会经济的发展又推动了奴隶制的发展，生产、贸易的迅速发展，社会财富的迅速增加，为大规模使用奴隶劳动奠定了基础，从而使奴隶劳动成为整个社会中居于主导地位的生产方式。

公元前5世纪中期，希腊各个城邦拥有大批奴隶。比如在雅典，奴隶的总数已经大于雅典自由公民人数的总和。据推测，公元前431年，雅典人口总数为40万人，其中包括自由公民16.8万人、异邦人3.2万人、奴隶20万人。此外，在其他工商业发展程度较高的城邦，比如科林斯、米利都、叙拉古，奴隶在总人口中的比例也和雅典大致相当。

希腊奴隶产生的途径有很多种，除了债务奴隶，战俘也是奴隶的重要来源之一，另外还有部分奴隶来源于拐卖、海盗抢劫等方式。这种奴隶主要源于黑海沿岸、色雷斯和伊里利亚的一些部落，他们在希腊诸城邦的市场上被买卖。开俄斯、萨摩斯、以弗所、提洛岛和雅典等城邦都设有规模很大的奴隶市场。

此时，希腊的各个生产领域已经普遍使用奴隶。在斯巴达，奴隶大部分被用于农业生产，斯巴达人的土地全部是希洛人负责耕种。在别的城邦中，不仅仅大地主使用奴隶耕种土地，连有钱的小农也使用奴隶劳作。在雅典，普通平民也会用一两名奴隶帮忙做工。在工商业发展程度较高的城邦，奴隶劳动在手工业生产中使用更多，大一些的手工业作坊使用20—30个奴隶，最多的可达100人左右，这给奴隶主带来了丰厚的利润。矿山是使用奴隶最多和最集中的地方。矿山的工作最为辛苦，工作条件最恶劣，这里的大多数工作都由奴隶来做。

在古希腊，奴隶被当做能说话的工具、奴隶主的财产。著名哲学家亚里士多德曾说："奴隶是一种最好的财产，是一切工具中最完善的工具。"主人有权随意虐待、惩罚奴隶，比如鞭笞、绞刑、火烧、吊脚、剥皮、拧松关节、从鼻子里灌醋、在肚子上压砖等。

希腊城邦的危机

希腊城邦的末路

公元前478年底至公元前477年初，雅典联合中希腊、爱琴海诸岛和小亚细亚的部分城邦结成海上同盟，即"提洛同盟"。该同盟最初的目的是为了联合起来共同对抗波斯，后来变成雅典称霸的工具。希波战争后，雅典是希腊诸城邦中实力最强的，提洛同盟演变成雅典帝国，这引起了斯巴达及其领导的伯罗奔尼撒同盟的仇视。

在伯利克里掌权期间，雅典帝国的政策从来没有松弛过，反而越来越紧，与斯巴达的对抗也越来越激烈，最终导致了持续20余年的伯罗奔尼撒战争（公元前431—前404年，其中公元前421—前415年间曾经停战）。两个国家争霸，必然会导致一场战争，这是奴隶制国家对外关系的定律，但这次伯罗奔尼撒战争除了带有一般意义上的奴隶制大国争霸性质外，还暗示了希腊城邦制面临着危机。希腊城邦无力阻止战争的发生，战后也无力稳定局势，这说明城邦制已很难满足希腊奴隶制发展的要求。

这次战争以雅典战败而告终，在这之后，希腊历史迈入了

伯罗奔尼撒战争

城邦危机时期，希腊文明也由盛转衰。

从根本上来说，城邦危机是奴隶制发展的必然结果。奴隶制经济发展到一定阶段，就要求出现大国甚至是帝国，而国小民少的希腊诸城邦与这一要求南辕北辙，城邦体制被奴隶制的进一步发展所淘汰，因此出现了城邦危机。在危机中，奴隶制经济依然继续发展。尽管危机导致的战争阻碍了生产力的发展，却有益于奴隶制的发展，因为战争带来了源源不断的奴隶，很多奴隶主借机狠狠地捞了一笔。此外，奴隶制的发展摧毁了城邦的经济基础，公民中的小农和手工业者在乱世之中接连破产，进一步加剧了城邦危机。

火上浇油的内战

伯罗奔尼撒战争之后，斯巴达成为希腊霸主，引发了新的矛盾。一方面是因为原提洛同盟的诸邦，特别是战败的雅典心有怨言，伯罗奔尼撒同盟内的科林斯、底比斯等有实力的城邦也反对斯巴达的专政独裁；另一方面是因为波斯从中作梗、搬弄是非。原本波斯在伯罗奔尼撒战争中是站在斯巴达一边的，但战后斯巴达实力大增，波斯又打算削弱斯巴达以期能够控制希腊。在这样的形势下，公元前395年发生了科林斯战争，雅典、科林斯、底比斯、麦加拉等城邦在波斯的暗中帮助下联合起来对斯巴达宣战。这次战争让斯巴达难以招架，于是只得向波斯求和，由波斯出面组织双方签订和约。雅典借机重建了海军，实力有所回升，但波斯的介入却让小亚细亚地区的希腊各城邦重新被纳入波斯的统治之下，小亚细亚的希腊人在希波战争中获得的利益荡然无存。

斯巴达是以牺牲小亚细亚各城邦的利益，献媚于波斯才得以继续维持霸权的，因此被各城邦所鄙视，但是它对诸城邦内政的干预却丝毫不减，反而变本加厉，最终招致了底比斯的再次反对。当时底比斯民主派首领佩罗庇达和伊帕密南达先后掌权，国力日强，并且重建了以它为中心的彼奥提亚同盟。公元前371年，底比斯军在留克特拉之战中痛击斯巴达军，第二年攻入伯罗奔尼撒，瓦解了伯罗奔尼撒同盟。斯巴达虽然没有亡国，其霸权地位却已经不复存在。

但是底比斯的霸权也没能长期持续，当时在科林斯战争后建立第二次海上同盟的雅典对底比斯的强大十分忌惮，因而与斯巴达联合起来对抗底比斯。在公元前362年的曼丁尼亚战役中，底比斯统帅伊帕密南达战死，底比斯的霸权很快化为乌有。随后，雅典又故态复萌，对第二次海上同盟的加盟邦摆出霸主的架子，导致了同盟战争（公元前357—前355年），最终雅典战败，第二次海上同盟也宣告瓦解。在这几十年里，城邦间的混战和同盟的分分合合屡见不鲜，却一直没有找到消除战乱、化解危机的方法。城邦体制已经到了穷途末路，而城邦危机为马其顿王国的壮大及其征服希腊提供了有利条件。

希腊化时代

马其顿的崛起

马其顿位于希腊东北部边缘，南靠帖撒利，中隔奥林匹斯山，西邻伊利里亚，东邻色雷斯。西部的上马其顿面积广大，多山脉和森林，适合发展畜牧业，是马其顿人的基本聚居区；东部的下马其顿是紧靠爱琴海的沿海平原，适合发展农业。

马其顿人起源不详，也许是伊利里亚人、色雷斯人、希腊人共同的后代。由于偏居一隅，他们长时间处于落后状态，基本与希腊城邦生活无关。然而，马其顿人生性剽悍、尚武好斗，被认为是非严格意义上的希腊人，很多希腊人甚至把他们叫做"异族蛮人"。

马其顿国家形成的过程十分模糊。它发展非常晚，又长时期被排除在希腊世界之外，没有史学家专门把它作为记载对象。公元前5世纪末期，马其顿逐渐插手邻国的事务，并把首都迁到下马其顿的派拉。公元前4世纪，马其顿国内出现权力之争，国家四面受敌，危如累卵。摄政王腓力二世受命于危难之际，将危机一一化解。后来他罢黜幼王，自己登基称王，经过其悉心经营，马其顿国力日强。

腓力二世掌权以后，在政治、军事和经济领域开展了大刀阔斧的改革。他强化王权，削减贵族会议和公民大会的职权，将它们变为受其控制的工具。他革新币制，规定了金、银币的兑换价格，带动了商业的繁荣。他还组建了一支只效忠于自己的常备军，发明了拥有很强战斗力的马其顿方阵。该方阵的核心是由贵族充当的重装骑兵，它的重装步兵每人配备一杆长达

6.3米的长矛，排列的阵形纵深最多可达32列。步兵的作用是抵挡敌人的进攻，战斗的胜败则由骑兵对敌军两翼的进攻情况决定。

公元前355年，与马其顿接壤的中希腊城邦爆发内乱。腓力二世趁机南征，征服了希腊中北部地区。

马其顿的兴起使部分与北希腊存在利益关系的城邦如芒在背。雅典四处奔走，牵线搭桥，建立了反马其顿联盟，致使腓力二世的扩张计划难以施展。此后，雅典人在坚决反马其顿的政客德摩斯提尼的呼吁下，将看戏补助用在军事开支上，并把有钱人划分为若干捐献组，负责建造舰船。

马其顿国王腓力二世

这样，雅典成为希腊人反马其顿扩张的中流砥柱。

但是，在雅典人中也有一些人期望借腓力二世之手度过笼罩整个希腊的城邦危机，把祸水引向波斯。这种观点的代表人物是修辞家伊索克拉底。但当时对抗思想依然在雅典政策中占据主导地位。

公元前338年夏，马其顿军和以雅典、底比斯军为主的反马其顿联军在中希腊的克罗尼亚展开决战，联军大败。战后，希腊诸邦迫于无奈，只得承认马其顿的霸主地位，仅有斯巴达保存了自己最后一点颜面，没有参与第二年腓力二世在科林斯召开的希腊和会。

在希腊和会中，成立了以马其顿为主导的科林斯同盟，确立了马其顿对希腊诸城邦的控制。这次会议满足了希腊大奴隶主的要求，会议规定各城邦严禁内战，城邦内部严禁重新划分土地，没收有钱人的资产，废除债务，禁止为政治目的解放奴隶。

马其顿军在和会后驻扎于希腊各个战略要地，以巩固自己的统治。

亚历山大东征

公元前336年，腓力二世被刺而亡，他的儿子亚历山大继承王位。亚历山大首先镇压了希腊人反马其顿的暴动。叛乱的底比斯国破城灭，其公民有的变成奴隶，有的被杀或流放，土地也被分给了其他城邦。马其顿国内的异己势力被剿灭后，亚历山大迅速确立了自己在全希腊的统治地位，并且在公元前335年带领一支由3万步兵、5 000骑兵组成的远征军，于次年春穿越达达尼尔海峡，拉开了东征的序幕。

当时的波斯处于大流士三世当政期间，内政废弛，危机四伏。马其顿军和波斯军在小亚细亚的格拉尼库斯河畔进行了第一次大战，马其顿军全胜，不久即攻下了小亚细亚。公元前333年，亚历山大领兵在叙利亚的伊苏斯平原大败大流士三世亲自指挥的10万余波斯军，俘获了大流士三世的母亲、妻子和两个女儿。随后，亚历山大接连攻下腓尼基和巴勒斯坦，又不费一兵一卒征服了上埃及和下埃及。公元前331年春天，亚历山大领兵攻入两河流域的北部地区，10月再次与号称百万的波斯大军在高加美拉进行决战。战斗中，大流士三世丢下军队自己跑了，波斯大败，此后再无抵抗力。

接着，马其顿军攻下波斯首都巴比伦和苏萨，获得了丰厚的战利品。公元前330年，亚历山大攻下波斯古都波斯波利斯，得到12万塔兰特（1塔兰特≈25.5千克，用做货币单位时，1塔兰

亚历山大大帝攻进巴比伦城

特指1塔兰特重的黄金或白银）巨款，然后放火烧了波斯王宫，波斯帝国至此覆亡。没过多久，亚历山大又沿里海东进，追杀大流士三世。进军至安息，亚历山大得知大流士三世已被他的部将所杀，但是亚历山大并没有因此而退兵。公元前329年，亚历山大率军翻过兴都库什山，打到中亚锡尔河一带。

公元前327年，亚历山大垂涎印度的财富，率领军队翻过开伯尔山口，进入印度河上游和五河流域，计划打到"大地终端"。在行军途中，亚历山大没有尽头的征服欲与战士们厌战思乡之情产生了冲突，于是他不得不沿印度河南下，退回巴比伦。

公元前324年年初，亚历山大回到曾为波斯四首都之一的苏萨，耗时10年的东征结束。

亚历山大帝国的崩溃

在东征的时候，马其顿军行军几万里，上百次渡江作战、围攻城池，还在平原、沙漠地带与敌人拼杀。为了巩固东征成果，亚历山大四处部署驻军，修筑城池，仅仅以亚历山大命名的新城就超过70座。

亚历山大还四处委任希腊人做总督，任用波斯投降的官员做地方官，从而创建了古代史上从来没有过的大帝国。它西起巴尔干半岛，南接尼罗河流域、利比亚，东达中亚、印度河流域，北邻多瑙河和黑海。要有效统治这么多的民族、如此幅员辽阔的土地，保留希腊城邦特色的马其顿君主制已经过时了，亚历山大只得沿袭已经在东方具有初步形态的君主专制制度。他返回苏萨后便以专制君主的身份统治帝国，委任波斯人做官，学习波斯人的生活方式，将马其顿贵族与波斯中央、地方的贵族联合起来，成为自己的统治基础。为了进一步拉拢波斯民心，亚历山大举办了万名马其顿军官和波斯贵族女子的结婚仪式。

公元前323年，亚历山大在准备攻打阿拉伯半岛时暴病身亡，终年33岁。

由于帝国初创，制度还不完善，亚历山大又正值壮年，没有考虑和交代王位继承的问题，因此他遗留的权力真空没有人可以填补。中央集权很快瓦解，各个地方总督拥兵自重，为抢夺亚历山大帝国的权力进行殊死搏斗。到公元前301年的时候，亚历山大建立起的这个庞大的帝国已经四分五裂成一些独立的国家，其中以亚历山大旧部将创立的托勒密王国（公元前305—前30年）、塞琉古王国（公元前312—前64年）和马其顿王国实力最强。因为这段时期是希腊文化在北非、西亚广为播撒的时期，也是希腊文化同东方文化的交融期，所以从亚历山大帝国瓦解到最后一个希腊人政权——托勒密王国覆亡为止，史学家称这一时期为"希腊化时代"。

不朽的丰碑
——古希腊建筑

假如说文明有生命，那么建筑就是其生命的载体。金字塔使古埃及文明深受世人敬仰；长城让悠久的华夏文明以另一种高度接受世人的"顶礼膜拜"；空中花园的倒塌令世界唏嘘不已，但它也让全世界的人对两河流域孕育的古巴比伦文明心生向往。在古希腊，帕特农神庙把古希腊文明带入了辉煌的顶峰。希腊卫城的顶端，笼罩着令世界为之心跳的神圣之光。

欧洲建筑艺术之母

古希腊的纪念性建筑大致形成于公元前8世纪，到公元前5世纪的古典时代已达到非常高的水平。它的某些建筑物的形式、石质梁柱结构的构件和组合的特定艺术形式、建筑物和建筑群设计的艺术原则，极大地影响了后来欧洲2 000多年的建筑史，可以说，它是欧洲建筑艺术的开拓者。

古希腊建筑的主要成就是利用纪念性建筑和建筑群表现出完美的艺术形式。这种艺术形式绝大部分体现在公共建筑上。公共活动的需要是公共建筑大行其道的重要原因，保存至今的建筑物遗址，比如神庙、剧场、竞技场都在很大程度上体现了古希腊人的艺术品位。古希腊建筑用得最多的建筑词汇是建筑中的4种柱式，即多利克柱式、爱奥尼亚柱式、科林斯柱式和女

雅典卫城的酒神剧场

郎雕像柱式。它们使古希腊建筑留下了独一无二的风姿。

　　古希腊建筑风格的特点是和谐、完美、崇高。神庙建筑是这些特征最集中的表现，它对古希腊甚至全欧洲建筑形式影响最深远，对世界建筑艺术也产生了重大而深远的影响。如果说古希腊文化是欧洲文化之母，那么古希腊的建筑艺术则是欧洲建筑艺术之母。

巧夺天工的建筑艺术

　　古希腊人推崇人体美，这让古希腊建筑无论从比例还是外形上都具有一种充满生机和活力的崇高美。如果研究古希腊的艺术发展史，那么古希腊建筑就是研究所有艺术的关键。因为它囊括的并不只是如何建造一座让后世惊异的建筑物，还包括了古希腊人的审美观念、雕刻艺术。

众神降临的圣地——神庙

　　由于宗教在古代社会地位崇高，所以古代国家的神庙通常就是该国建筑艺术的最杰出代表，希腊也是如此。古希腊人认为各个城邦、各种自然现象都受不同的神灵管辖，所以他们修建了数不胜数的神庙以供奉不同的神灵。

古希腊神庙建筑的总体特点是肃穆雅致，拥有和谐、雄壮、崇高之美。在古希腊人眼中，神庙是神的住所，而神是更高级的人，因此神庙就是更高级的人的住所。最开始建造的神殿，仅仅模仿贵族所住的高级长方形厅堂，在外面增建门廊，后加入柱式，并从初期的"端柱门廊式"慢慢演变成"前廊式"，后又演变成"前后廊式"。到公元前6世纪的时候，"前后廊式"最终发展成古希腊神庙建筑的标准形式——"围柱式"，就是用立柱将长方形神庙的四面都围起来。

神庙是古希腊人心中的圣地，它既是宗教活动中心，也是城内公民社交和贸易活动的场所，而且还是存放集体财富的地方。由于人们在此活动频繁，古希腊人又逐渐在这些神庙周围修建了竞技场、会堂旅舍等公共建筑。

西西里岛的古希腊神庙遗迹

柱子撑起来的广厦——柱式建筑

古希腊柱式建筑的建筑规则是灵活多变的，不存在一成不变的情况。这些规则只用于表现部分原型或者抽象理念，当它们被运用到真实的建筑物中时，它们的形式也一直在变化。

浪漫主义（指18世纪末—19世纪初盛行于欧洲的文艺思潮）时期的评论家认为，不同柱式的出现事实上与人们的特性有关系。他们注意到，多利克柱式与男性特征存在着联系，而差不多在相同时期出现的爱奥尼亚柱式则与女性特征有联系。

多利克柱式质朴笔挺，没有柱础，柱体粗壮，朝上慢慢变小，上面凿有凹槽，槽间是凸出的棱角，在日光下柱身会因此出现明暗起伏的光影效果。柱头没有装饰，而是一圆盘状的柱颈。

爱奥尼亚柱式均匀轻巧，下有柱础，柱体纤细秀美，上下变化不大，上面的凹槽相对深些，槽间没有棱角。柱头有旋涡形装饰，旋涡下饰有图案。爱奥尼亚柱式和多利克柱式最大的差别是对柱顶的处理。爱奥尼亚柱式的柱顶做得更加复杂，而且正面和背面的外形不同于两侧。从神庙的正面看，柱顶比别的建筑部件都显眼，各个柱顶皆呈由线连接起来的两个旋涡形或螺旋形，样子与一个从中间展开的卷纸十分相似，其两端都有同样的卷曲。每个柱顶皆由一个装饰精美的柱环支撑。然而，尽管总体表现很优美，但是爱奥尼亚柱式的柱顶在结构上远远没有多利克柱式的柱顶实用。

古希腊建筑艺术早在公元前17世纪就产生了极为精致巧妙的建筑艺术形式，从公元前9世纪开始，经过长期的发展，直到公元前5世纪才出现了代表其成就的巅峰之作——雅典卫城。大概在这一时期，第三种柱式——科林斯柱式问世。它可以看成是爱奥尼亚柱式的一种衍生体，除了比例差异之外，科林斯柱式在很多方面与爱奥尼亚柱式完全相同。这两种柱式的差别在于对圆柱柱基，尤其是对柱顶的处理。在科林斯柱式的柱顶上，虽然爱奥尼亚柱式的旋涡形装饰依然存在，而且4个侧面皆有，但是此时这一装饰已经变成相对次要的构成部分了。科林斯柱式的柱顶呈倒扣的钟状，其上围有两排叶状装饰，它们像一簇浓密的叶子装饰在高高的柱顶上部。此种柱式比前两种更加花哨，显而易见，叶子装饰主要是作装饰之用，而并非是具有实际功用的部件。

在科林斯柱式出现前不久，曾有过一种更具装饰性的爱奥尼亚柱式的变体，即女郎雕像柱式。这是一种别具一格的柱式，就是将妇女形象雕刻在立柱上，目的是为了纪念小亚细亚卡里亚地区的妇女们。据说她们曾因不堪忍受一位波斯总督的压迫而竭力反抗。

古希腊人对艺术尽善尽美的追求，最终弱化了柱式在建筑结构中的应用。正因为如此，柱式的概念和功用一直在改进，这也推动了部分服从总体观念的应用。

登峰造极的建筑杰作

古希腊建筑艺术可以说令人叹为观止。不管是其巧夺天工的技艺，还是精妙的构思；不管是雄奇神圣的雅典卫城，还是化为废墟的阿耳忒弥斯神庙，无一不深深地打上那个时代的烙印。古希腊的建筑艺术依靠其高贵的单纯和伟大的静穆，以庄重、和谐的美学姿态，矗立于世界建筑艺术之林，让后世无数的艺术大师都惊叹不已，它所表现出的艺术魅力让现代人都难以望其项背。

克诺索斯王宫

王宫是克里特文明最伟大的创造。克诺索斯王宫内楼梯走廊迂回曲折，厅堂错落，天井众多，布局十分巧妙。

克诺索斯王宫是一个规模巨大、结构复杂的建筑群，王宫靠山而建，面积达2.2万平方米，建筑总体呈长方形，大部分是3层建筑，也有的是5层。王宫里大小房间总计1 500多间，宫室间有纵横交错的小走廊、门厅和阶梯。宫室的门均为双扇旋转门，门柱由柏木所制，宫内还有一根根上粗下细的精美廊柱，既为装饰之用，也为承载石天花板之重。

这座结构复杂的王宫，照明系统设计得十分精巧，它利用由上至下贯穿整个建筑物的"光井"来实现。当然，这些狭长的光孔并不会让灼人的阳光和冰冷的寒风进入宫室内，如果碰上雨天，雨水汇集到光孔下面，还能被利用起来冲刷地下完善的排水系统。

克诺索斯王宫的御座之室

排水系统由石头垒成的沟和陶土管道构成，管头互连，以水泥封固；水管具有一定的坡度，以确保排水顺畅；排水沟宽阔，并以活动石板盖住，任何时候皆可揭开进行必要的维护。此外，王宫里的卫生间也十分讲究，是座盆式的。

克诺索斯王宫中部是一个长方形庭院，周围是国王宝殿。王宫内还建有许多手工业作坊和大仓库，仓库中堆满了金银财宝、粮食、酒、油等。王宫南面是陵寝，它的规模丝毫不比王宫小，由打磨得十分方正的巨石构成。

雅典卫城

雅典成就最高的建筑是雅典卫城。从迈锡尼时期开始，卫城就一直是雅典军事、政治和宗教中心。希波战争中，旧城毁于一旦。战争结束重建后，卫城不再具备军事职能，雅典人主要把它作为宗教中心和公共活动场所，也作为实力强大的雅典帝国纪念碑。

雅典卫城修建在城内一个很陡的山顶上，以乱石在周围堆成土墙筑成一个大平台。平台东西长约280米，南北最大直线距离为130米，卫城的主要建筑物就坐落在这一平台上。卫城地势险峻，东、西、北面都是悬崖绝壁，坚固的城墙就筑在这些绝壁之上。因为山体的原因，卫城只在西边设有一条上下通道。

卫城的中心建筑是献给城邦保护神雅典娜的帕特农神庙。卫城北面还有供奉雅典娜与波塞冬的伊列克提乌姆神庙以及南面的战神庙。

卫城建筑物的布置别具匠心，建筑师在修建卫城时，既考虑到了由城下四周向上观望的仰视之美，也考虑到了身在其中之美，而且还完美地利用了地形。

在一年一度的雅典祭祖大典的最后一天，全国的公民都会齐聚在城内西北角陶匠区的广场上，一起前往东边的卫城献祭。

献祭队伍经过卫城北面时，可以仰视伊列克提乌姆神庙那精致而装饰众多的门廊。当人们走到南坡时，还会看见帕特农神庙在头上若隐若现。

转到西南角，迎面而立的是一道高8.6米的石灰石基墙，墙头上是胜利神庙。墙体北面挂着各式各样让雅典公民引以为荣的战利品。在此抬眼一望，可见卫城的大门高耸在山顶的边缘，大门的基墙一直延伸出去，而通往大门的路正被夹在中间。

步入卫城的大门，迎面是一尊高达10米的雅典娜青铜像。她手握金光闪闪的长矛，看护着这座城市。这尊雕像是这组建筑群的点睛之笔，统一了卫城的西面结构，其垂直的体型与建筑物的水平轮廓对比明显，增强了卫城的立体感。

绕过雕像，往上行进，左边就是雄伟庄严的帕特农神庙。它矗立在高高的台阶之上，雄浑的立柱、绚丽夺目的色彩和精美绝伦的雕刻，彰显着雅典人鬼斧神工的技艺。

接着，队伍继续往前走，到达它的东面献祭。此时，左边

雅典卫城的帕特农神庙遗址

橄榄树梢上又露出了俊秀素雅的女郎雕像柱廊。柱廊东面，一片白色大理石墙在日光照射下熠熠生辉。

最后，队伍抵达帕特农神庙的东边，献上祭品，举行大典。仪式结束后，公民们在此纵情歌舞，喜迎佳节。

当初，雅典卫城就是按照以上大典的全过程来规划的。建筑师的目的就是让游行的队伍在每段路上都能欣赏到不同的美景和精美的建筑。

为了方便山下的观看，建筑物基本上沿山边布置；为了便于山上观看，各建筑物并没有单调地呈平行或对称分布，而是依地形之利布局，将最佳的角度展示给人们，并且用雅典娜雕像统一散布四处的建筑群，增加紧凑感。

位于海拔最高处的帕特农神庙占地最多，是卫城中唯一一座围柱式的庙宇，其风格静穆、气势恢弘。除此以外，其他建筑物的装饰性远胜于纪念性，在整个建筑群中仅仅起陪衬作用。

雅典卫城是人类文化的瑰宝之一，它完美地表现出了平民对现实生活的歌颂以及对自我能力的肯定。

凝固时间的经典
——古希腊雕塑

雕塑可以赋予岩石以生命。一切形象生动、造型逼真的古希腊雕塑都因为古希腊人对人体美的竭力追求而拥有了生命。它们的脉搏与古老文明共振，它们的血液里流淌着人类文明的光辉。古代文明因它们的存在而拥有了永恒的生命。

无声的乐章

说起古希腊，许多人不由自主地会想到那些巧夺天工的大理石雕像，它们表现出的现实主义的艺术手法影响了整个西方艺术，形成了与东方装饰风格截然相反的艺术风貌。

古希腊雕塑艺术的总体特点是富于理想主义，质朴，注重共性、雅致，一言以蔽之，就是返璞归真。

在整个西方美术史上，古希腊雕塑地位崇高。西方美术所推崇的典范模式，即端庄的艺术品质和谨慎的现实主义手法，可以说皆是源于古希腊雕塑。一直以来，这种艺术精神养育着西方美术，并使之源远流长。

希腊雕塑重在展现裸体之美。

希腊神话是希腊人对自然和社会的假想，他们认为神和人的形体及性格都是相同的，所以古希腊雕塑以人体为本而勾勒神的形象，并以更理想化、完美化的艺术形式表现出来。

古希腊雕塑又多是以裸体的方式呈现出来的。裸体雕塑可能是该时期艺术创作的基调，差不多全部的雕塑作品都是赤裸的男女，而且多数雕塑缺少眼球和表情。人们在赏析古希腊雕塑艺术的时候，自然对其裸体雕塑风行之谜好奇不已。该谜团曾使数个世纪以来无数的智者、学者和专家、研究者困惑不已，他们的看法又不尽相同，至今也没有一种定论。

形体健美的希腊裸体雕塑

一种观点认为，古希腊的裸体艺术起源于原始社会时期的裸体之风。农耕社会以前的原始人类，格外重视对男女外生殖器的表现。原始人将性看成大自然赋予生命的快乐之源，他们皆崇尚以性为美、以赤裸为美。到古希腊罗马时期，裸体艺术创作进入了一个高峰，举世闻名的断臂维纳斯雕塑就是这一时期的代表作。

还有一种观点认为，古希腊雕塑以裸体为主，与那时战事频发和体育风行密不可分。在古希腊人看来，完美的人应该是血统高贵、发育良好、比例匀称、身手敏捷、集各种运动之长的裸体男女。古希腊男性在从事体育活动时是全身赤裸的，这样不仅利于练出健壮优美的身形，而且能在无意中形成一种以淳朴的观念去看待裸体形象，并自然地、积极地追求人体美的氛围。因而，举国同庆的活动就成了古希腊人展示和夸耀人体美的舞台。正是由于这种独特的社会风气和因此产生的独特的审美观，导致古希腊的人像雕刻常常采用裸体的形式。

古希腊雕塑凭借其气势磅礴、博大精深的美感，展现了人对美的典范和理想生活的向往，它是主动、健康、激励人心的艺术。虽然其诞生在遥远的古代，但是作为榜样，不管是艺术还是精神，皆蕴涵了一定的现实意义。

名传千古的艺术大师

米隆

米隆，古希腊知名雕塑家，著名雕像《掷铁饼者》的创作者，希腊艺术黄金时期——古典时期的开创者。

因为年代遥远，其生平只能依靠有限的史料和传说推测。米隆出生在伊留特拉夷，一生中多数时间待在雅典，主要活动时期在公元前480至公元前440年前后。他率先赋予雕像逼真的表现力，极大地推动了希腊雕塑艺术的发展，引领希腊雕塑艺术迈入了一个全新的阶段。

米隆擅长以写实手法创造性地表现人物在剧烈运动中的姿态。他在雕塑作品中表现出来的炉火纯青的技艺，令日后的很多雕塑家难以望其项背。其作品主题绝大部分是英雄、传说中的神、运动员、动物等，但遗憾的是其原作已全部丢失了，现在我们所见的皆是古罗马时期的仿制品。传说米隆接受过良好的体育训练，是个大力士，可以扛动一头公牛，因此他对体育感受颇深，这为他雕刻高品质的体育类

《掷铁饼者》（复制品）

作品提供了灵感。其代表作为《掷铁饼者》与《雅典娜和玛息阿》等。

菲狄亚斯

如果古希腊艺术可用一个人的名字作为代表，那就是菲狄亚斯。他是雅典知名民主派执政官伯利克里的战友和艺术总顾问，其艺术作品代表了古典鼎盛期的最高成就。

菲狄亚斯生于公元前5世纪初，卒于公元前431年。他曾经在古希腊各个地方进行过艺术创作，20来岁时已享誉艺坛。他的主要创作时期是在雅典度过的，一生最大的成就是主持重建了雅典卫城，创作了为数不少的雕刻装饰佳作。

整个雅典卫城的建筑雕塑艺术，特别是帕特农神庙上的装饰雕塑作品，集中展现了古典时期的雕塑艺术成就，象征着古希腊古典雕塑的顶峰。罗马帝国时代的希腊传记作家普鲁塔克曾说："它们好像年年常春的神物，能够摆脱岁月的折磨；在它们的结构之中，似乎蕴藏着某种永生的活力和不死的精神哩！"

然而，菲狄亚斯的许多作品都未曾遗留下来，我们现在仅能从记载或者一些复制品中略知一二。现藏于雅典的大理石仿制品《雅典娜》是菲狄亚斯的代表作。雅典娜头上戴着头盔，身上穿着铠甲，手捧胜利女神，身形挺立，英姿飒爽。据说他还曾经为奥林匹亚的宙斯神庙创作过高达20米的黄金象牙宙斯神像，可惜早已被毁，现在只有从罗马时代的钱币上方可领略其艺术魅力。此外，考古发现，在宙斯神庙内西面人字形檐饰上的许多雕像，也完全是雅典风格。当时是因为神殿需要雅典式的雕像，还是因为菲狄亚斯名声在外，所以修筑庙宇的人专门聘请他到奥林匹亚负责雕刻工作，现已无从得知。

古代学者认为菲狄亚斯的雕塑艺术风格是姿态宁静而高贵、表情肃穆而温雅。对此，后人赞之曰："神明的静穆。"他创作的奥林匹亚的宙斯神像不只让传统的宙斯形象因此增色，而且也符合神妙的自然之道，这正是其高超技艺的精髓。菲狄亚斯之所以能超过一切古希腊雕刻家，为后人所赞誉和纪念，正是因为他身上表现出来的古希腊艺术的精神实质，即效仿自然，同时又在效仿中发挥想象力，展示理想。菲狄亚斯正是理想化的擎天之柱，在他生前亡后，古典风格一直影响着古希腊雕塑艺术。

波利克里托斯

波利克里托斯是古希腊有名的雕塑家，主要活跃于公元前5世纪后半期，在当时他是和菲狄亚斯一样著名的雕塑大家。

波利克里托斯是阿戈斯的雕塑家，独立成派。关于他生平的史料很少，仅知道他特别擅长塑造年轻运动员的形象，且经常以青铜为材料。相传，他曾经雕塑过能与菲狄亚斯的《雅典娜》和《宙斯》一较高下的黄金象牙雕像《赫拉女神像》，参与过在阿耳忒弥斯神庙举行的雕刻《阿玛宗人》的比赛并夺冠，还著有论述人体比例的书《法式》。

然而，他的绝大多数作品皆已遗失，仅存数件古罗马时期的仿制品，当中最为有名的是《执矛者》和《束发带的青年》（也称《代阿多美纽斯》），从中能够领略他的雕塑风格。波利克里托斯的主要贡献是他对人体结构的剖析，他主张最完美的人体，其头和全身的比例为1：7，他也以此为准则雕塑了很多作品。波利克里托斯还运用力学知识，进一步解决了人体重心和各种姿势间的关系，所以他的作品中人体结构和动作处理十分到位，展现出一种力量之美。虽然和菲狄亚斯比起来，波利克里托斯的作品少了华贵庄重之感和内在美，但是他在人体比例和匀称构图领域的研究，对古希腊雕塑艺术的发展意义深远。

万世流芳的经典之作

奥林匹亚的宙斯神像

在古希腊人常举办奥林匹亚竞技会的地方，有座规模宏大的宙斯神庙。此庙不同于以弗所的月神庙，而是依照古老的多利克式建筑风格所造。宙斯神庙长超过64米，宽超过27米，高达20米，两边各分布着13根大理石柱，前后各6根。东西山墙和12块间板上都雕刻有展现不同神话传说的大理石浮雕，有的是赛车的场景，有的是搏斗的场景。

宙斯神庙里有尊巨型雕像，即被誉为"古代世界七大奇迹之一"的宙斯神像。这是一尊高14米的坐像，宙斯坐在一个杉木所制、嵌有不计其数的宝石和镂有各式花纹的宝座上。宙斯

奥林匹亚宙斯神殿遗址

正身由乌木刻成，皮肤裸露部分和衣物分别以象牙和黄金连接装饰而成。宙斯的眼睛为宝石所嵌，头戴小橄榄枝状的金制花环，发须也是黄金质地的。其右手拿着黄金象牙质地的胜利女神像，左手握有一根精心雕琢的金属权杖，权杖上站立着一只鹰。宙斯的鞋子也为黄金所制，披衫上还雕刻有很多人物和百合花的纹案。宝

奥林匹亚的宙斯神像复原图

座、足台、台基上附着种类繁多的装饰物。台基正面有精美的浮雕，描绘的是美神阿弗洛狄忒破海而出的场景，而足台上的浮雕展现的是一场恶斗的情形。

这座雕像的脚部刻有创作者的姓名，即古希腊最伟大的雕塑家菲狄亚斯——雅典娜神像的创作者。雅典娜神像雕刻完工后，他就开始创作宙斯神像。宙斯神像初步完成之后，他就藏于门后听取参观者对神像的评价，而后又按照大多数人的意见，进行修改加工，耗时8年才最后完成。

公元前3世纪时，宙斯神像被损毁，所饰黄金珠宝被洗劫一空，连正身的乌木也被偷卖到国外。数百年之后，奥林匹亚附近地区发生地震，神像和庙宇与附近的很多建筑一起埋于地下，人们再也无法得见其真容，甚至连它的仿制品也没有见过。后来，人们通过奥林匹亚地区发行的一种货币上的图案和一位名叫波桑尼阿斯的古希腊人的记载，才了解了宙斯神像的大概样子。波桑尼阿斯曾亲眼目睹过神像，所以人们认为他的

记述是真实的。

罗德岛上的太阳神巨像

在爱琴海上临近小亚细亚西南海岸附近，有一名为罗德的大岛，该地贸易频繁、文化昌盛。据说，当年岛上的公共区域是附近地区人们膜拜太阳神阿波罗的圣地。这里矗立着100多尊太阳神像，其中有一尊矗立在海边的巨像尤其引人注目。

相传，这座太阳神巨像的修建与岛上居民反抗外来侵略的故事有关。公元前3世纪时，马其顿人兵临城下，罗德岛上全部能拿武器上战场的居民都披甲上阵，昼夜不停地修建工事，巩固防御。然后，他们与马其顿大军展开了生死大战，以小船撞击敌舰。敌军登陆后，他们又将敌军所占之地化为沼泽，让敌军的攻城器械深陷沼泽，不能发挥作用，还寻机将暗中入城的敌军全部歼灭。罗德岛人最终打跑了马其顿人，收缴了很多武器。为了纪念此次反侵略战争的胜利，他们将收缴的武器熔化，请古希腊著名的雕刻师卡瑞斯创作了矗立在罗德港口的太阳神巨像。当初，卡瑞斯耗时12年才完成这座巨型青铜塑像。

可惜的是，仅仅过了50多年，这尊太阳神巨像就在一场地震中坍塌了，巨像的样式也成为后世未解之谜。中世纪时，在欧洲曾有一种观点广为流传，说太阳神巨像修筑在罗德港口上，高46米，手握火炬，两脚踩在港口两端的石台上，胯下空旷，可由船只随意通过。后来，人们认为这种站姿不正确，又依据部分资料，推测巨像矗立在港口一端的大理石基座上，两脚前后分开，高32米，右手擎火炬，左肩披着衣服，直拖到地面，用于支撑巨像而使之稳固，头往右偏，双目远眺大海。虽然众说不一，但无论如何，此像硕大无比是肯定的。

罗德岛太阳神巨像想象图

灵魂的舞蹈
——古希腊绘画

古希腊不为人熟知的绘画，尘封于历史的角落里，供人们用心去膜拜、去品味、去体验。那用缤纷的色彩搭建的艺术之城，带着厚重的历史使命感，穿越时间和空间的阻隔，以永生的艺术为我们上演了一段灵魂的舞蹈。

弥足珍贵的古希腊绘画

古希腊雕塑作品中有很多重要的原作遗留了下来，而古希腊的绘画艺术却差不多损失殆尽。美术史学家对于古希腊绘画的了解，主要依据三方面的资料。

首先是古罗马的绘画遗迹。根据记载，古罗马绘画深受古希腊绘画的影响，因而由此能够猜测出古希腊绘画的情况。

其次是古代文献。古代作家的著述，可以在某种程度上帮助人们了解古希腊绘画。古罗马著名政治家西塞罗的书中有很多与古希腊绘画相关的叙述。其中有一则关于宙克西斯的故事，千百年来始终被人们传诵：宙克西斯在克罗顿城的赫拉神庙绘画时，为了表现海伦的超凡脱俗之美，而在城中遴选出5位美女，博采众长，集各美女优点于一身，最终创造了一个最完美的形象。该故事映射出古希腊绘画的理想主义倾向——古希腊画家实际上并非完全照搬现实里的人物，而是以原型为基础进行再加工。西塞罗还记述了画家们绘画的不同风格：宙克西斯、波利格诺图斯、提曼西斯等人只用4种色彩作画，他们以轮廓和素描见长；而依雄、尼考马库斯、普罗托格尼斯和阿佩莱斯等人可以随彩作画，任何事物经他们的画笔一挥，就可达浑然天成之境。

　　尽管像这样的与古希腊绘画有关的记述数不胜数，但是我们却无法证实它们的可靠性，因为现在已见不到古代作家书中描绘的那些古希腊绘画作品了。由于战争和自然灾害，现在几乎没有真正意义上的古希腊绘画原作存世，我们仅能按照文献记述和古罗马的遗迹，猜测古希腊绘画的情况。

　　除此以外，我们能够利用的第三种资料，就是发掘出的古希腊陶瓶上的装饰。这种装饰被称为"古希腊瓶画"。因为它们是古代的原品，所以对古希腊绘画的研究便主要依靠它们。

古朴的古希腊瓶画

　　古希腊绘画作品以装饰建筑的壁画和木嵌板画为主，历史上存留下来的作品屈指可数，人们无法只凭数件作品就去研究古希腊的装饰绘画。所幸，现存的为数众多的陶器给人们提供了装饰绘画的真实证据，成为研究古希腊装饰绘画最重要的依据。

　　瓶画就是绘制在陶器上的图画，属于希腊陶器的装饰画，因附之于陶器上而得以保存至今，

古希腊瓶画

代表了古希腊绘画的大致面貌。古希腊瓶画可分为5种，即几何纹样式、东方化纹样式、黑绘式、红绘式和白底彩绘式。瓶画内容包罗万象、寓意深远、形式多样、技艺出众，有很强的装饰性。瓶画的艺术水平非常高，在希腊美术史中的地位也极高。古希腊陶器以盛酒的瓶、罐和饮酒的杯、碗两大类为主。瓶、罐的装饰画多数位于腹部，画面铺开类似方形；杯、碗的装饰画有内外之分，内部为圆形画面，外部为环状画。

古希腊瓶画内容多样，大部分是神话故事和英雄传说。神话故事画是生动的史料，覆盖面非常广，比如战争、狩猎、生产、家庭、娱乐、体育。它们富于戏剧性，生活气息和人情味皆浓厚，画面逼真有趣、精美大方，展现出古希腊人达观自信的精神风貌。

古希腊瓶画上的人物故事画大多有典故来历，多源自史诗、神话以及戏剧，迥异于世界其他古代工艺美术品上的装饰性图案。这些人物故事画能在世界工艺美术史上独树一帜，主要源于古希腊社会人本主义、民主主义思潮风行，并发展成整个民族的共识和传统。人本和民主思想促使古希腊文学（比如神话、史诗、戏剧）讴歌人性，追求人本主义、民主政治、和谐社会。而这些著作中皆有很多人物故事画插图，它们在古希腊社会流传甚广，成为古希腊陶器上人物故事画的来源之一。

古希腊瓶画是古希腊绘画艺术的瑰宝，对古罗马、文艺复兴和近代艺术皆影响深远。

写实的古希腊壁画

爱琴文明时期的壁画

在历史的长河中，古希腊壁画与瓶画步调一致，一起经历了兴衰更替。公元前5世纪以前，也就是东方化时期、古风时期，壁画主要运用平面手法，有很强的装饰性。公元前5世纪以后，也就是古典时期、希腊化时期，希腊人首创了透视法、明暗法等绘画技巧，力求真实刻画社会及人生百态，使绘画走入人们的日常生活。

20世纪初，英国考古学家伊文思来到了克里特岛，他发掘出一片面积达2.2万平方米的宫殿遗址，宫内有很多描写人物和动植物的壁画，其中占比重最大的是妇女壁画。人们认为这就是古希腊神话中的克诺索斯王宫。

克里特文明时期的壁画以线条为主，力求达到天然雕饰、精致美观和逼真的效果。壁画捕获了自然界的瞬息万变，追求和谐高雅的格调，已经具有了戏剧的特征。在这一时期的壁画中，颇负盛名的有《巴黎女郎》、《交谈的妇女》、《侍女图》等。

壁画发展到迈锡尼文明时期，其题材越来越广。有的壁画表现了地方风情，有的内容类似于克里特文明时期的壁画。

古希腊壁画艺术的发展

随着社会的进步，古希腊绘画独有的装饰风格不断发展，到公元前6世纪逐渐定型，同时也涌现出一批非凡的画家。他们灵活地运用自然生动的线条，巧妙地刻画了戏剧性场景、众多人物和真挚的感情。在这段时期，古希腊壁画以描述故事情节为主，多取材于神话传说和日常生活。

古罗马作家普林尼的书中有一个很有名的故事，讲述的是帕拉修斯和宙克西斯比赛画艺。故事是这样的：宙克西斯画了一串串诱人的葡萄，麻雀以为是真的，纷纷飞到画布上叼啄，他得意非凡地叫道："帕拉修斯，快取下你画上的布，让我看

希腊人祭祀仪式壁画

看你的画！"说着去扯那块布，不料一下子呆住了，他发现这是画上去的一块布，不由得心服口服："我欺骗的只不过是麻雀，帕拉修斯却骗过了我。"我们从中便可知道，当时古希腊人评判画作的标准之一就是生动逼真。普林尼还讲了很多关于其他古希腊画家的故事，都收入了《自然史》一书。

公元前5世纪中期的波利格诺图斯是一位有多方面成就的著名画家，他生活在塔索斯岛，也曾在雅典作画，他的密友之一便是闻名遐迩的雅典政治家西门。波利格诺图斯的作品取材广泛，历史、神话皆有。据说，《马拉松战役》、《波斯人》、《特洛伊的陷落》等名作便是他所画。在画中，他完美精确地再现了人体的内部结构，无一纰漏。他尤其擅长在画笔下表现人的喜怒哀乐，这些都影响了奥林匹亚宙斯神庙的壁画。为此，波利格诺图斯被称为当时最杰出的画家。难能可贵的是，他把画酬无私地奉献给了雅典和德尔斐。德尔斐因此准许他免费游览希腊的每个角落，希腊城邦则赋予他公民权。如今，波利格诺图斯的作品早已绝迹。

公元前5世纪后半期，雅典的画家阿波罗多罗斯脱颖而出，他首创了阴影画法，巧妙运用明暗对照的画技把艺术更逼真地展现出来。另外，以弗所的巴尔赫修斯在绘画时力求传神。他是个写实主义者，自认为已到达艺术的巅峰，因而自封为"画家之王"。他有幅画叫《赛跑者》，赛跑者形象极其逼真，连汗珠都仿佛要从画中滴落。这一切表明，古希腊绘画已有了充分发展，写实的技法愈来愈完善。

公元前4世纪，古希腊的绘画家们已能较好地运用光的阴暗手法和透视画法，这使得绘画臻于至善。前者使画面表现了强烈的立体感，后者使画面层次分明。尼基斯、阿佩莱斯等人是这一时期杰出的画家。阿佩莱斯曾经加工过《阿弗洛狄忒与阿尼多斯》，还给普拉克西特列斯完工的雕像着过色。在画中，阿佩莱斯完美地再现了阿弗洛狄忒湿漉漉的身体、半干不干的头发、晶莹剔透的水珠，令同时代人钦佩不已。他曾在亚历山大大帝的宫廷作画，画出的亚历山大肖像栩栩如生、呼之欲出，不但着色恰到好处，而且巧妙地展现了人物的内心世界。亚历山大对此非常满意，赐予他白银20塔兰特，还郑重声明，今后只有阿佩莱斯有权给他作画。传说，在阿佩莱斯的画中，亚历山大的战马活灵活现，就连活马看见了也误以为是真的，忍不住长声嘶鸣。

迄今为止，已经找不到古希腊时期的经典绘画了。公元79年，维苏威火山掩埋了庞贝和赫库兰尼姆古城。人们推测，这两个古城里的壁画就是古希腊时期的原作，大概作于公元前2世纪。其中，壁画《赫拉克勒斯发现特累佛斯》描述了一则神话故事，在这幅壁画的边缘画满了水果，布局精巧，描绘逼真；画中的狮子和山鹰有深刻的象征作用；俊逸的人物肖像，丰富的面部表情，无一不显示出这是希腊化晚期的艺术作品。

文学的符咒
——缪斯语录

那些久远的文字代代相传，是战争的锋芒夯实了它的底蕴，是神话的奇谲成就了它的辉煌。我们为英雄的传奇而激情涌动，我们为神祇的浪漫而心神激荡。是那喃喃低语，是那浅浅吟唱，是那爱琴海上的微风徐徐吹来……

历史悠久的希腊文学

起于《荷马史诗》

享誉世界文学史的有三大文学：中国文学、印度文学和希腊文学。希腊文学大约有3000年的悠久历史，只有中国文学和印度文学可与之媲美。

除了今天的希腊以外，小亚细亚、爱琴海诸岛和意大利南部、西西里岛等地都是古希腊文学的分布范围，可见其影响之深远。古希腊文学分布最广的时期是亚历山大帝国时期和东罗马帝国时期，其疆域囊括西亚和北非。

不朽的《荷马史诗》标志着古希腊文学的开始。或许在《荷马史诗》之前，曾经存在着更简单、更原始的文字史料。倘若能够发现这种文学资料，那么希腊文学的起源或许会推前一两百年。考古界已有研究，从公元前1000年初上溯至公元前2000年或之前，希腊早期的奴隶制文化曾经在地中海东部的爱琴海一带以及克里特岛盛行一时，那个时期所使用的古文字类似于象形文字，与后来的希腊文字息息相关。不过当时的文化已经失传，也没有留下什么文字资料，但是流传至今的《荷马史诗》在创作手法和文字技巧方面已达到相当成熟的阶段。人们推测，它的原始素材是以早期文化为基础，世世代代沉淀下来、口口相传的神话传说和英雄故事。从公元前6世纪起，《荷马史诗》就被奉为"史诗的典范"，而在此之前，《荷马史诗》早已经过了专业乐师几百年的锤炼和字斟句酌。

不朽的诗歌

与世界其他地区的文学相同，古希腊文学最初并无文字记录，而是口口相传，从形式上可分为史诗、神话传说和寓言等。现在已很难考究它的最初形成时间，写于荷马时代的《荷马史诗》就是现今最早的、有据可查的作品。它一开始并非是完整的篇章，荷马大约在公元前9世纪，最迟也在公元前8世纪对它进行了加工，到公元前6世纪希腊字母文字产生后才出现了系统的版本。《荷马史诗》分为两部：《伊利亚特》与《奥德赛》。前者写了阿凯亚人出师特洛伊的始末，故事曲折离奇，扣人心弦。男主角阿喀琉斯的愤怒，引出了一个发人深省的问题——理智与情感的碰撞，这也是西方文学中历年来争议不断的主要问题。后者描述了战场幸存者奥德修斯返回故乡的曲折奇遇。《荷马史诗》有华丽的辞藻、离奇的故事、贴切的描写、细腻的情景，因此它在古希腊文坛上经久不衰，被认

诗人荷马头像

为是最伟大的古代史诗。

公元前8世纪末—前7世纪初，生活在彼奥提亚的诗人希西阿德写下了两部经典佳作，即《神谱》和《工作与时日》。在古希腊，人们有时搞不懂希腊众神祇之间的复杂关系，因此《神谱》详细地介绍了希腊众神的宗谱，并梳理清了诸位神祇的位置与关系。《工作与时日》与其说是诗，倒不如说是一本农业百科全书，它以谆谆告诫的语气向人们介绍了春夏秋冬的农事，完整地再现了古希腊生活原貌。与《荷马史诗》的罗曼蒂克风格迥然不同，希西阿德首开了写实主义的先河，之后，古希腊便涌现出了一个又一个的写实主义诗人。这些诗人的诗作多愁善感、触景伤情，多是表达自己的心情，就研究古风时代新旧交替时期贵族们的心理状态来说，不失为一种珍贵的资料。这些诗歌可分为抒情诗、哀歌、短长格诗等，形式多种多样。它们不但在形式上不同，而且伴奏乐器也不同，抒情诗的伴奏乐器是希腊独有的竖琴，哀歌的伴奏乐器是笛子，短长格诗因有讥笑讽刺的意味，因而乐器限制较少。此外，梭伦、提尔泰奥斯精于写政治诗，女诗人萨福则擅长写爱情诗，他们的作品都脍炙人口、广为流传。

在古代，书写不方便，阅读的素材也受到限制，因此在古希腊文学中，占主流的创作形式是抑扬顿挫、便于记忆的诗歌，即便是文学形式发展的巅峰——戏剧，也采用诗歌这种语言形式作为载体。

散文和戏剧

古希腊文体发展的时代顺序基本上可以说是从史诗开始，发展为抒情诗、戏剧，最后才是散文。古希腊散文概念最初主要是与严格的诗体相对而言的，所包括的范围较广，后来才逐渐产生文学性的散文。

公元前6世纪，古希腊开始有了散文记事家，把口头传播的故事用文字记述下来。他们记述的东西很庞杂，是历史、地理、风俗、神话、传说的大杂烩，但大都毁于灾难，只有一些只言片语得以流传。家喻户晓的讽喻故事集《伊索寓言》大概就是此时编写而成的。

到了古典时代，希腊城邦的繁荣、民主制度的完善，都有利于大众性的文娱体育活动频繁、普遍地举办，以雅典最为典型，其节庆和赛事一场接着一场。由于戏剧能较好地表达古人的喜怒哀乐，因而得到了迅速的发展。古希腊人创造的戏剧有喜剧和悲剧两种。神话传说给悲剧提供了丰富的素材，剧中的角色大都是半人半神的英雄。可是，创作者为了着力描绘人类同命运、邪恶和不公正展开的抗争，便赋予了剧中角色真挚的感情。因为人性也有光明与黯淡之分，所以戏剧实际体现了人们广泛关注的焦点；又因为台词凝练简洁、饱含哲理、琅琅上口，情节曲折跌宕，所以经常能收到振聋发聩的艺术效果。

雅典狄奥尼索斯节的游行与歌咏是古希腊悲剧诞生的摇篮。每年春回大地，田野里鲜花盛开，葡萄绽露出嫩芽，雅典人便要举办隆重的迎接酒神狄奥尼索斯的庆祝典礼。合唱队在游行队伍中绕着祭坛载歌载舞，祭坛上供奉着献给酒神的牺牲——山羊，他们披着羊皮，戴着各式各样的面具，唱起了"山羊之歌"，这就是希腊"悲剧"这一词汇的原生意义。当然，悲剧这个词开始的意义和后来真正的悲剧意义并不相同。在演唱中，有一个人会走出合唱队进行指挥，他带着面具，手脚不停地舞动，口中念叨着酒神的传说，合唱队员与之有问有答。这就是最早的演员，这样的演出也收到了最初的戏剧效果。据说，梭伦的同代人泰斯皮斯首先创作了这样的表演。后来，埃斯库罗斯把悲剧定位成文学艺术的一种形式，才真正地创造了悲剧，因而获得了"悲剧之父"的美誉。

在悲剧问世后，为了欣赏方便，表演场地从空地上挪到了高台上，后又演变成形似半圆的剧场。标准的剧场都倚坡而建，舞台呈圆形，在下面；观众席呈扇形，在上面。在古典时期，希腊的城市就有了缺一不可的组成部分——剧场和体育场。

悲剧受到了公民们的热烈欢迎和雅典城邦的积极推行。雅典城邦一年召开两次戏剧节，大力支持戏剧演出和创作，每次挑出三名最佳作家。每名最佳作家选出自己的三部优秀戏剧，分别上演，最后再由评委会奖励前两名。在城邦鼎盛时期，雅典城邦甚至还发放津贴给看戏的公民。这些都极大地促进了悲剧的兴盛，使悲剧成为戏剧的正剧。

聪明的雅典人创造出悲剧后，又创造了与之相对的另一种戏剧——喜剧。喜剧从现实中取材，具有很强的现实意义，多半是讽刺政治或生活，可以当做历史资料。喜剧的合唱队员有24人，演员却不超过3个。阿里斯托芬是希腊最优秀的喜剧作家，据说他写的剧本多达44部，但遗憾的是，仅有11部流传了下来。这些剧本是古希腊喜剧中仅存的较为完整的几部。阿里斯托芬有很强的政治倾向性，他在作品中对同时代的思想家和政治家直截了当地提出了批评，并抨击社会不公，可以说他的作品就是一幅雅典社会、政

古希腊喜剧演员雕像

治、思想文化的写生图。他写出的喜剧不拘一格、亦庄亦谐、兼有辛辣,不但适合舞台表演,而且个性很强。

随着历史的发展,亚历山大里亚逐渐成为希腊化时代的文化中心,民主的气氛逐渐淡薄,专制的迷雾却越来越浓,夺去了文学家们的个性与独立。文学作品脱离了老百姓,失去了社会生活的气息,着力描述田园之乐、温馨的家庭和爱情故事,矫揉造作大于率直纯真。米南德是这一时期最杰出的剧作家,他的喜剧有105部,流传至今的寥寥无几。

感情飞扬的抒情诗

历史一页页翻过,希腊各个城邦的社会经济文化在不断进步,到公元前7世纪时,一些描述氏族生活和个人生活的抒情诗歌慢慢产生并开始繁荣。如果说原始叙事诗把神话传说和英雄冒险当成主题,用竖琴作为伴奏乐器,表达了整个希腊人民心底的声音,那么抒情诗则以个人主观的感想作为主题,吐露了个人内心的思想感情,将个人的心意及所思所想倾诉出来。抒情诗中又以合唱歌的抒情意味最为浓厚,多歌颂自己城邦以至整个希腊的人物和历史。

抒情诗的产生,离不开全希腊社会经济文化的发展。氏族社会在公元前8世纪—前7世纪逐渐瓦解,阶级分化越来越严重,贫富差距加大,慢慢形成了城邦。人们没有了氏族的庇护,同时也挣脱了氏族的羁绊,经济上自力更生,个人意识逐渐萌生并根深蒂固,因而出现了能直抒个人胸臆的抒情诗。在史诗传统走向衰落之后,希腊悲剧还没有达到巅峰之前,也就是公元前7世纪后期—前6世纪,是抒情诗的鼎盛时期。和史诗一样,抒情诗起初也以爱琴海东部地区作为中心。后来由于女诗人萨福的出现，中心才转移到雅典和西西里岛一带。

抒情诗从民间歌谣发展而来，最初抒情诗通常皆用于歌唱，其形式多种多样，按伴奏的乐器有笛歌和琴歌之分。笛歌的伴奏乐器就是笛子，产生比较早，属于一种双行体，每段有两个部分，即六音步诗行和扬抑抑格的五音步诗行。根据内容，笛歌又可细分为挽歌、战歌和情歌等，一般情况下，后人将其统称为哀歌。琴歌的伴奏乐器是琴。在古希腊，人们用手拿着琴进行演奏，这种琴类似于古代中国的箜篌，最初仅有两三根琴弦，后慢慢增加，变成了五弦和七弦。琴歌有独唱和合唱之分。独唱琴歌主要歌唱个人情感，不过也有一部分是战歌和颂歌。合唱琴歌则伴以音乐和舞蹈，主要表达了多人的情感，结构严谨，组成复杂，一般用在宗教节日庆典中。另外，抒情诗还包括讽刺诗。

生活在公元前700年前后的阿尔基洛科斯和提尔泰奥斯是早期的抒情诗人，他们的作品全是哀歌体。阿尔基洛科斯的作品题材广泛，或者赞美战争，或者抒发个人感情、针砭时弊，体现了个人与集体之间的碰撞，古人评价其"铮铮有声，言简意赅，丰满动人"。在古希腊，阿尔基洛科斯享有很高的声誉。

提尔泰奥斯出生在

卓越不凡的爱情诗人萨福

提尔泰奥斯用战歌激励斯巴达人

爱琴海的一个岛屿上，后来才搬到雅典居住。他的诗歌语言朴素，充满豪言壮语，尤以战歌闻名于世，人们读起来便感觉热血沸腾。公元前7世纪初，为了征服墨萨尼亚，斯巴达人与当地人爆发了多次战争，雅典命令提尔泰奥斯前去支援，提尔泰奥斯用自己的战歌使斯巴达人慷慨激昂、斗志冲天。

之后，生长在小亚细亚的科洛丰人米涅墨斯崭露头角，他最擅长写哀歌，被誉为"最杰出的哀歌诗人"。除了哀歌以外，他也撰写了一些战歌。米涅墨斯的作品语言凄美，有浓郁的浪漫主义色彩，读起来朗朗上口。他的作品深深地影响了后人，在罗马化时代，他的诗歌被奉为楷模。

千古不灭的神话
——宙斯的王朝

一个民族如果拥有了神，就必定会有神的原型，也必定会有神的精神。面对古希腊文明的灿烂辉煌，再审视创造了如此灿烂文明的民族，我们会觉得希腊民族就像他们古老神话中的神，明明知道巨石注定会一次次滚下，还是执著地将它一遍遍推向山顶。这既是一种精神，也是对文明的执著，更是神的品质。正是它，造就了文明，也代表着文明的神，即文明的信仰。

人民创造的神话

希腊神话的形成

和世界其他地区的文学相同，古希腊文学一开始并无文字记录，也是口头上的文学，从形式上可分为神话传说、史诗、寓言等。至于它们是何时形成的，则很难考究了。希腊神话在其诞生以后的几百年间就在各部落之间以口头文学的形式传播。所谓希腊神话，只是大致而言，而不是一个精细的概念，因为它并非一部完整的作品，而是零散地存在于《荷马史诗》、希西阿德的《神谱》以及古典时期的历史、文学和哲学等作品中。人们今天见到的希腊神话故事集，都是后人在古籍的基础上加工和编撰而成的。

公元前8世纪以后，文字出现，希腊神话才相继以文字形式出现。《荷马史诗》最早记述了希腊神话，其后，希西阿德的《神谱》和古希腊的诗歌、戏剧、历史、哲学等作品中，也记载和诠释了希腊神话。它们在内容上五花八门，并具有很强的艺术表现力，因此古希腊文学和艺术作品都将它们当做取之不尽、用之不竭的素材。

马克思曾说："希腊艺术的前提是希腊神话"，"希腊神话不只是希腊艺术的武库，而且是它的土壤"，"任何神话都是用想象和借助想象以征服自然力，支配自然力，把自然力加以形象化"。由于生产落后、知识浅陋，人们觉得很多自然现象都很神奇，所以古代希腊人就把不明白的自然现象解释为神力的影响。因而，他们就依靠丰富的想象，把种种自然力拟人化，于是就出现了许多自然神，比如日神、月神、海神、雷神，也创造出林林总总和神有关的故事。

与此同时，古希腊人期盼征服猛兽，避免它们的伤害，也希望简化繁重的体力劳动，因此就尊奉除暴安良的勇士和创造劳动工具的能工巧匠为神，所以就创造了许多美好动人的英雄传说。于是，希腊神话就有了两个部分：神的故事和英雄传说。

神的故事讲述了天地是怎样形成的、神是如何产生的、神的出身与血缘关系、天上的朝代更替、人类的起源以及神经常从事的事情等。在希腊神话里，众神都接近人的生活，化身于自然万物，太阳月亮、大地山河、树木海洋，甚至彩虹，皆代表他们的身影。神掌管着人类的生老病死、兴衰成败、荣辱祸福，人类无法支配自己的命运，由此可见，古希腊生产力落后、环境恶劣，人们艰难地生存，深深地感到无能为力、力不从心。

古希腊人塑造了众多的神，他们构成一个大家族。众神的领导是宙斯，海神是波塞冬，冥神是哈得斯，太阳神是阿波罗，狩猎女神是阿耳忒弥斯，战神是阿瑞斯，火神是赫淮斯托斯，文艺女神是九个缪斯女神，命运女神是三个摩伊拉女神。此外，赫拉是婚姻的保护神，雅典娜是智慧女神和女战神，赫耳墨斯掌管着商业。

奥林匹斯山是希腊最高的山，上面居住着希腊诸神。众神和凡夫俗子的生活息息相关，大多数神就像氏族中的贵族，为所欲为、贪图享乐、爱慕虚荣、睚眦必报、妒忌心重，喜欢玩弄权术，还经常溜到凡间和俊男美女幽会。大部分神祇特别喜欢戏弄人类，以宙斯最为典型；更有甚者，几次三番想把人类毁灭。用《荷马史诗》的话说："神自己过着无忧无虑的享乐生活，却把惊恐和悲苦带给不幸的人类。"不过，也有泽被苍生的高尚神祇，比如普罗米修斯，他从天上给人类偷来了天火。为此，他受到宙斯的惩罚，被钉在高加索山上，日日有饿鹰飞来，叼啄他的肝脏。

被缚的普罗米修斯

英雄传说起源于人类对祖先的崇拜，是古希腊人对远古历史和对自然界斗争的一种回顾，它相当于回忆录，记载了上古的历史、社会生活以及人类挑战自然等事情。英雄被美化成神和人生下的后裔，他们体力过人、英勇非凡，体现了人类征服自然的豪迈气概和顽强意志，成为古希腊人集体力量和智慧的象征。围绕相同或不同的家族，英雄传说又进一步归类合并，比如赫拉克勒斯立下的12件功勋、忒修斯除暴安良、伊阿宋智取金羊毛和特洛伊之战等。

古希腊人创造了宝贵的人类文化遗产之一——希腊神话，流传至今的希腊神话成型于原始社会和奴隶制社会早期。在世界文学宝库中，希腊神话魅力无穷，像一颗璀璨的明珠，熠熠生辉。

希腊神话的内容

神的故事

原始社会初期，由于生产力低下，人们在征服自然的过程中屡屡遭受挫折。人们不能洞悉自然界的奥妙，对于许多变幻莫测的自然和社会现象一知半解，只能想当然地进行理解，比如生老病死、自然灾害、昼夜更替、日月轮回及风雨雷电。人们明白这些都不以人的意志为转移，而是受控于一种神秘的力量，人们认为是神在操纵一切。自然力有各种各样的表现方式，人们凭空想象的神也千差万别。原始社会在前进的路途上步履蹒跚，神话也慢慢地由简单变复杂、由低级到高级。

希腊神话有三个发展阶段：首先是前奥林匹亚阶段，体现了母系氏族社会的状况。其次是奥林匹亚阶段，描写了父系氏族社会的状况。在这一时期，神话逐渐汇集起来，越来越系统化、艺术化，变成了精彩的英雄神话。最后是后奥林匹亚阶段，在前两个阶段神话的基础上，增添了一些新的内容，比如原始社会的慢慢瓦解、阶级的分化、人类改造自然的能力逐渐增强。原始神话最初表现了原始人的世界观，这时原始神话慢慢变成了一种反映文学艺术、哲学和社会道德思想的载体，而它原来的意义则逐渐消失。换句话说，希腊人在加工整理神话的时候，又增添了许多自创的故事情节和解释，他们保留了原始神话的内核，又给它注入了新的血肉。

英雄传说

在古希腊人披荆斩棘的时候，蛮荒时代即将结束，文明时代的大门在不远处徐徐打开。这时候，生产力提高了，人们的才智得到进一步发展，视野逐渐开阔，信心在增加，人们对美的欣赏水平也大大地提高了。随着社会的前进，希腊神话也日臻完善，一步步从非艺术领域过渡到艺术领域。英雄传说诞生于神人结合，体现了古希腊人在原始社会后期与自然界进行的顽强而伟大的斗争，也体现了古希腊人在军事民主制时期为了拥有更多的财富而进行的社会斗争，反映了古希腊人自爱、正义、坚强、英勇的精神。一系列关于英雄的传说，不仅就整体来看已变为初具雏形的艺术概括形式，而且就其各个部分而言，也变成了在艺术上完整独立的作品。它们像无数枝怒放的鲜花，紧紧地连在一起，连结成了希腊神话的艺术花环，绚丽夺目。

在希腊神话中，英雄传说主要描写了人们与自然界和社会的斗争。事实上，神话中的英雄代表着集体的智慧和团结的力量，可是在神话里却成为神和人的后裔。这些半神半人英雄的本领非凡，不过他们在人间生存，一看到欺压良善的鬼怪、恶兽和坏人，就挺身而出行侠仗义，造福苍生。如阿耳戈英雄们的故事、特洛伊的故事、奥德修斯的故事、忒修斯的故事、伊阿宋取金羊毛和赫拉克勒斯为民除害的故事。古希腊的英雄传说体现了人民大众在征服自然的过程中展示出的英勇坚强、机智勤奋的卓越品质。

酒神的舞蹈
——古希腊戏剧

戏剧是古希腊人创造的艺术瑰宝之一。如今，时光已经跨越了2 000多年，但古希腊戏剧深厚的内涵、精湛的技艺仍令人赞叹不已。在古希腊戏剧发展史上，神话起了至关重要的作用。丰富的古希腊神话，为戏剧注入了源源不断的营养，而众多戏剧大师的佳作接连问世，则将古希腊戏剧带入了"西方戏剧之母"的巅峰。不可思议的是，古希腊戏剧似乎在诞生伊始就成为戏剧史上难以跨越的艺术高峰。

西方戏剧之源

古希腊戏剧是西方戏剧的源头，它起始于何年何月，没有人确切地知道，但通常认为，戏剧的源起和庆典仪式有着密切的关系。古人觉得自然力量神秘莫测、奥妙无穷，往往对其心怀恐惧，后来人们试图掌控自然，于是庆典和仪式慢慢成型。那些盛传不衰的神话传说，则给戏剧提供了取之不尽、用之不竭的素材。

酒神与古希腊戏剧

古希腊人是怎样创造戏剧的呢？在古希腊，每年春回大地，葡萄吐露嫩芽，或者金秋时节，葡萄硕果累累之时，为了向酒神狄奥尼索斯祈祷和庆祝，人们皆会举办大众化的化装歌舞会。

酒神狄奥尼索斯

　　据说，狄奥尼索斯的父亲是天神宙斯，母亲是凡间女子塞墨勒。狄奥尼索斯幼年时屡遭不幸。后来，狄奥尼索斯的一个非常要好的朋友死了，他非常伤心，每天都到朋友的墓地痛哭，泪如雨下，落到坟土上。一天，他看到坟上生出了青翠的长藤，藤上结着串串红色果实，像死去朋友的头发和脸蛋。他心中一动，忍不住亲了亲红果实。谁知不小心弄破了一粒，汁水流了出来，他尝了尝觉得香甜可口，悲痛顿时消失得无影无踪。原来，那果实就是葡萄，汁水便是葡萄酒。此后，他四处传授种植葡萄和酿葡萄酒的技术，成了闻名遐迩的酒神。越来越多的人爱戴他、崇拜他，争相为他建神庙、供祭品。人们经常汇聚一处，饮酒狂欢，载歌载舞，还组成歌咏队，在队长的指挥下唱着赞美酒神的歌，翩翩起舞。参加者总是披着山羊皮，戴着千奇百怪的面具，这种歌舞表演就是悲剧的前身。

　　最初的时候，酒神颂歌由歌咏队提问题，颂歌作者扮成回答者，现场发挥，随口朗诵诗文来回答，这个回答者就是第一个演员。之后，又慢慢增加了第二个、第三个演员，他们都穿着厚底鞋，带着面具，轮换着表演各个角色。歌咏队利用舞蹈和歌曲，对剧中的角色表达怜悯、给予忠告，向观者说明或预告后面的情节，对剧中的人物和事件发出感叹。此时，悲剧算是完全定型了。"悲剧"一词，原是指"山羊之歌"，因歌咏队队员都身披羊皮而得名。假如在表演比赛中获胜，还会获得一只山羊以资鼓励。

喜剧在悲剧之后出现，也是产生于祭祀酒神的仪式。当时，狂舞欢歌已成为庆典中必不可少的一部分，后来又增添了民间滑稽戏的表演，二者结合，共同发展成为喜剧。

后世的西方戏剧，深受古希腊戏剧内容和形式的影响，至今仍有很多古希腊戏剧，经过改编后在世界各地上演。今天，希腊每年都会举办国际戏剧节，戏剧节期间上演的剧目就有古希腊戏剧作品。

酒神节上的戏剧

自悲剧诞生到公元前5世纪前，几乎找不到关于古希腊戏剧演出的文字记录，也没有完好无缺的剧本传世。当时，雅典纪念酒神狄奥尼索斯的庆典，一共有四个节日，其中和戏剧有关的就有三个。

第一个是乡镇狄奥尼索斯神节。每年12月底，狄奥尼索斯神节会依次在乡下各部落间举办，主持者是各村的村长。节日中最重要的活动项目就是阳具游行。游行队列高举着夸大的象征男性生殖器官的东西，一路载歌载舞，并和观众笑骂打趣，村民们借此活动在农闲时放松娱乐，并祈求来年风调雨顺、五谷丰登。除了这个原始的宗教娱乐活动外，在公元前5世纪，富足的城邦还增添了戏剧演出。上演的可能是旧戏，也可能是城市狄奥尼索斯神节不允许演出的戏剧。

第二个是勒纳节。勒纳节上主要演出喜剧，时间是每年1月的月末，持续三四天。勒纳节起源于何时何地，已经无法考究，不过，自从它的演出得到官方认可后，演出的地点就转到雅典城内。但演出的剧场究竟在什么地方，则众说纷纭，莫衷一是。由于绝大多数观众是雅典人，用不着担心"家丑外扬"，所以戏剧能够恣意逗乐，也可以对城邦的人物和事件大加嘲讽。

第三个是狄奥尼索斯节。这一节日通常在每年的3月末举行，持续约6天。公元前5世纪初，大概是为了配合雅典部落的整合，狄奥尼索斯节也开始举办歌舞比赛。喜剧得到官方认可后，也开始在雅典上演。

当时的雅典，大约有20万—30万人口，其中公民不超过4万。为了鼓励市民观看戏剧，雅典执政者尽力给他们提供方便，有一段时间，剧场收取很少的入场费，对于付不起入场费的人，政府还给他们补贴，在伯里克利执政期间，政府在有戏剧表演的公共节日给每个公民发看戏津贴，津贴为一个公民一天的生活费。在狄奥尼索斯节举办期间，不但放假、停工、停业，就是囚犯也可以得到假释。在观众里，以狄奥尼索斯神的祭司最为尊贵，其他还有政府官员及友邦的使者与嘉宾。由于这是一年中最隆重的盛会，因此，同时也会举行一些颁奖典礼，以展览各盟邦的赠馈。从这些活动可知，城市狄奥尼索斯神节集宗教、民事、外交、休闲与艺术等为一体，体现了雅典的经济、文化与国际地位。

在狄奥尼索斯节的最后一天，将进行评奖和颁奖活动，最初只限于评出最优秀的剧本，到了公元前449年以后，演员与赞助人也被包括在内。值得一提的是增设了演员奖，表现了古希腊对演技的重视。最后就是善后事宜，比如说，相关官员开始受理节日期间对公民不当行为的控告等。大约一个月之后，来年的节日筹备工作又开始了。

古希腊戏剧的种类

古希腊悲剧

亚里士多德生活于公元前4世纪，他关于古希腊悲剧的评价只有一句话："狄奥尼索斯神颂的倡导者发展了悲剧。"公元前534年左右，首次悲剧大赛在雅典举行，塞士比斯名列榜首，不过对于此事，尚未发现确切可信的文字资料。

古希腊悲剧演员雕像

　　塞士比斯的职业，大概是专门演唱狄奥尼索斯神颂。通常认为，他对古希腊戏剧的贡献就在于他在歌舞队原有的表演中添加了一个演员，即他自己。过去，狄奥尼索斯神颂的"领队"和歌队是一个整体，塞士比斯则把自己从歌队中独立出来变为"演员"，和歌队对答对唱。尽管演员仅有一个，可是假若这个演员戴上了各种各样的面具，就能扮演很多角色。到"悲剧之父"埃斯库罗斯之时，歌队中又添加了一个演员，变成两个演员，到索福克勒斯时则加进了第三个。从这以后，古希腊戏剧最多就是三个演员，就算一场戏剧的角色不止三个，也全部由这三个演员依次扮演，所以演员通常扮演多个角色。担任主角的演员通常戏份较重，所以只扮演一个角色。

　　希腊悲剧，其演出一般分为五个组成部分：

　　一是开场：通过对话或独白，向观众简要介绍戏剧情节的背景，一般安排在戏剧上演前。不过有些剧本一上来便是进场歌，省去了这一部分。欧里庇得斯创作的作品有时候就以一个角色独白作为开场。

　　二是进场歌：歌队边歌边舞，通过"入口处"步入"歌舞池"。

　　三是场次：这个时候人物入场，开始了正戏。此部分就相当于现代戏的一场、一幕或一景。

　　四是合唱歌：一场过后，歌队在歌舞池中边歌边舞。其歌词的内容可能有多种变化，比如说对前场发生的情节发表看法，或对接着出现的情节表达期望或担忧，亦可添加新的内容，从而增强剧情的可看性。唱完合唱歌之后，接下来又上演另一场。一个悲剧一般都是四场，少则有三场，多则达六场。

　　五是退场：就是歌队退场时进行最后的演唱，借以使整个戏剧圆满结束。

每个悲剧都表达一个完整的故事，是一个独立的单元。但是，有的悲剧则将三个剧本组成三连剧，它们一方面各自独立，另一方面又互相契合，组成一个阵容更大、意义连贯的整体。目前，传世的三连剧仅有一部，就是埃斯库罗斯的《俄瑞斯忒斯》三部曲。

古希腊喜剧

古希腊喜剧出现在悲剧之后。一直到公元前487年，喜剧才被雅典官方纳入城市狄奥尼索斯神节，和悲剧享受相同的待遇。从此，喜剧得到官方的认可，也开始有了文字记载。

"喜剧"的原本意义是"饮酒狂欢歌"。我们并不知道它形成的过程。亚里士多德关于古希腊喜剧的评价仅有其著作《诗学》中的一句话："喜剧则通过阳具歌的引导者……作为民间风俗，目前仍在很多城市存在。"

古希腊喜剧故事瓶画

在古代希腊，阳具崇拜极为普遍，教派林立，庆典仪式也各式各样。在节日庆典的歌舞队中，人们有的扮成野兽，有的扮成半人半兽，还有的扮成大胖子。他们有的走着，有的骑着兽类，有的踩着高跷，还有的手里擎着长竿，上面挂着夸张的象征阳具的塑形。这一列人马，载歌载舞，一边走着，一边和沿途的观众打骂逗乐。不知何时，某个领队一时心血来潮，即兴表演了一番，引得观众哄堂大笑，第一个喜剧演员便这样诞生了，其情形类似于悲剧的源起。

在喜剧发展史上，厄皮卡玛斯有着重大贡献。他是希腊移民，居住在西西里岛，生活与死亡年代待考，不过他在公元前485—前476年间写下了大量剧本，里面有很多闹剧场景，角色大多是厨子、妓女等市井人物。剧本中可有三个演员同场，有时竟多达五个，他们以日常生活为原型，嬉笑怒骂、语言诙谐、妙语横生。我们不清楚这些戏剧里有没有歌舞队，不过根据一些剧名推测，比如《跳舞的人们》，也可能有歌舞队。

喜剧与悲剧相比，最大的不同之处就在于主题。喜剧涉及或处理的是时政或艺术问题、战争与和平问题以及喜剧作家憎恨的人或行为。通常，他们并不取材于神话传说，而是自己创作剧情，并且常常和当时的人物与局势有关，所以在现代人看来，这些故事内容比较含混，令人费解。

撒特剧

在古希腊神话中，撒特是狄奥尼索斯神的跟班，其形象是半人半羊（在古希腊的早期画像里，他们通常是全裸或只遮下体的人形，另外还有着长长的尾巴）。在这些撒特中，有个叫西勒诺斯的，有人认为他是狄奥尼索斯神的顾问和导师，也有人认为他是狄奥尼索斯神的继父。因此，由他们来表演纪念狄奥尼索斯神的歌舞，自然是顺理成章的。人们把他们组成歌队参与的戏剧，称为"撒特剧"。

撒特剧是怎样形成的，至今仍众说纷纭。通常认为，撒特剧在公元前6世纪晚期出现，它和悲剧在形式上一样，通过几个片段或者场次，中间穿插着歌队表演，上演一个完整的故事，主要的角色是神祇或贵族。不同之处在于，撒特剧的主旨在于以嬉笑怒骂的态度、庸俗粗鄙的语言以及轻松不羁的行为，对剧中的主角进行嘲讽或者讥笑。撒特剧从另一个方面来表现神祇或贵族，可以说与悲剧相辅相成。公元前5世纪的戏剧比赛中，规定在三个悲剧后上演一个撒特剧，以放松或平衡观众的情绪。希腊有作品流传下来的三个悲剧大师，皆擅长写撒特剧。这些撒特剧淋漓尽致地表现出这些大师们既有庄严肃穆的一面，也有幽默诙谐的另一面。遗憾的是，他们的作品要么无处寻觅，要么只有残篇碎语，幸存于世的仅仅有索福克勒斯的《追兵》和欧里庇得斯的《独眼巨人》两部剧本。

独特的演出方式

戴着面具的男演员

每个悲剧的演员人数从索福克勒斯起便形成惯例，即不管一个剧本有多少个人物角色，全部由三个演员轮换扮演，而演员都是男性。通常情况下，悲剧主角的戏份很重，便让一个演员专门扮演这个角色，其他的角色则由另外两名演员分别扮演。

希腊戏剧演员还有一个突出的特征，即所有的演员及歌队队员在表演时，都戴着狄奥尼索斯面具。悲剧诞生之前，一些原始宗教的庆典仪式中就使用面具了。到塞士比斯成为首位演员时，他对变脸和易容进行了比较，最后才决定借鉴庆典仪式中的成例。后来增添的第二、第三名演员，必须依次饰演不同的角色，更换狄奥尼索斯面具无疑是最省事、最快捷的途径。当然，演员戴上狄奥尼索斯面具后，观众就不能看到他们的面部表情了，不过古希腊剧场如此之大，即便不戴面具，观众也很难看清演员的面部表情。

　　演员的台词分为说话和朗诵两种，偶尔也需要歌唱。这些台词、唱词都是诗体。诗体有许多格式，据说各有各的情绪和道德属性，很像东方音乐的宫调。演员说、诵、唱的方式也会随着扮演者的不同而有差异，但具体情形怎么样，时隔已久，早已无处查证。我们能够想象到，当时的演员在这方面一定经过刻苦训练，有很高的造诣，观众对他们的声音、音色和情绪的体现也有一定要求。有记录证明，对那些蹩脚的演员，观众们曾以喝倒彩和乱扔东西来表示不满。

狄奥尼索斯面具

对于演员在戏台上的举止，我们更无从可知。在剧本中，人物有时跑得很快，有时跌倒，动作幅度很大，但有人认为，这些动作其实并没有真正做出来，舞台演出的气氛仍然是压抑、凝重。不过根据常识来看，剧中的女性既然也由男演员扮演，而所有的演员又都戴着狄奥尼索斯面具，那么演出就不可能过于逼真。

在戏剧的行头方面，悲剧演员的衣着大致相当于当时的家常便服。他们身穿袍子，脚蹬软鞋或者长筒皮靴，以此为基础，再按照剧情的需要加以调整，比如丧服是黑色的，外地人穿洋装，落难者穿破烂衣服，神鬼身上穿着长袖锦绣长袍等。在道具方面，剧本中也经常涉及，比如国王的令牌、战士的刀矛、求助者手持的树枝，这些东西肯定会在演出的时候使用。喜剧演员穿的是叫做狄奥尼索斯的服装，也大体接近于日常的服装。男性人物的袍子有时故意弄得又紧又短，腿上穿着肉色长裤，紧贴在身上，胯间更配有巨大的阳具，以突出滑稽戏谑的效果，又象征着人丁兴旺。

充当"多面手"的歌队

虽然传统上都认为，悲剧歌队最初有50名队员，后来缩减到12名，再后来又增加到15名，但是要证实歌队确切的人数却又无据可查，缺少文字记录。不管怎么样，通常有个一致的观点，在索福克勒斯生活的时代，歌队的人数是15名。歌队一般情况下行动一致，有时候也会分成两组行动，或依次演出，或分开来轮流念台词。有时候，歌队领袖能够有个人独白，不过歌队通常作为一个整体进行歌唱或朗诵台词。

一般情况下，序幕过后，歌队进场，等到剧终了才会退场，它在整个表演过程中作用颇多。

　　歌队会对戏剧中的某个人物发表评论，提出建议，有时候还会阻挠剧中情节的发展。但是歌队总是和主角立场一致，这简直成了千篇一律的事情。

　　歌队常常搭建剧本的道德构架，能够表达作者的观点，并规定一个标准作为依据，来评判剧中人物的举止是好还是坏。

　　歌队往往是最佳观众。对于剧中的人物与事件，歌队的反应也是剧作家希望观众所作出的反应。

　　歌队有助于营造剧本的氛围，并增强戏剧的效果。比如，歌队表达了犹疑态度，这可以带来灾难来临的效果和作用。歌队也能作出更强有力的逆转，比如，歌队刚刚表达了奋发向上、欢快欣慰的感觉，立即就能表达出大难临头的迹象。

　　歌队使戏剧的色彩、动作和可看性大大地增强。最初，歌队以载歌载舞来穿插表演，所以就尽其声色，刺激观众的感官。

　　歌队具有重要的节律用途。为说明这个问题可以打个比方，一座中规中矩的古希腊神庙，会在外面立着诸多石柱，我们在欣赏神庙时一定会关注到这些美丽的柱子，但它们的存在又不妨碍我们继续欣赏整座神庙，如果拆去这些石柱，神庙外就会只剩下一堵单调乏味的白色墙壁。古希腊戏剧的歌队和神庙的石柱起到的作用一样，如果没了歌队，戏剧的情节就会进行得极为迅速。歌队的存在就像那些柱子的存在一样，使我们可以稍作停顿，却不妨碍我们欣赏和理解整部戏剧。它对于整体的感情效果有很大的贡献，没了这些滞留和停顿，整个剧本可能就有了缺陷，不能让人称心如意。

　　古希腊戏剧音乐幸存于世的不过是一些很零散的片段，古希腊音乐与舞蹈原本的特征和实质早已不可考究，但我们确切地知道，古希腊人认为音乐和舞蹈具有道德的内涵。也就是说，某些类型的音乐与舞蹈是比较道德的，而另一些则是不道德的。那么，既然悲剧表现了明显的道德倾向，我们不妨合理地推测一下，在大多数悲剧中，音乐与舞蹈能体现出某种本质或要素，令希腊人联想到崇高和正义。

不朽的戏剧大师

悲剧之父——埃斯库罗斯

埃斯库罗斯生于公元前525年，卒于公元前456年，有"希腊悲剧之父"的美誉，是古希腊最杰出的戏剧家之一。

埃斯库罗斯出生于雅典，26岁时写出了平生第一个剧本。公元前490年，马拉松战役爆发，他和两位兄弟一起参战，由于作战勇敢，雅典政府为了表彰他们兄弟三人的功勋，特意命人为他们画了一幅画。公元前484年，他第一次荣获酒神节的戏剧奖。公元前476年和前470年，他两次游历西西里岛，得到了国王海厄洛一世的盛情款待。3年后，他写下的《底比斯王室之乱》使他再拔头筹。公元前456年，他创作的悲剧《俄瑞斯忒斯》三部曲为他赢来了最后的也是最辉煌的荣誉。

埃斯库罗斯雕像

　　埃斯库罗斯不愧为戏剧的创始人。在酒神节的祭祀合唱中，他第一次增添了一名演员，使表演从纯粹的歌唱变为戏剧形式。相传，他毕生撰写了90部悲剧，仅有7部流传至今，最有名的是《被缚的普罗米修斯》，最伟大的则是《俄瑞斯忒斯》三部曲。

　　公元前458年，埃斯库罗斯根据古希腊神话，写成了《被缚的普罗米修斯》，讲的是普罗米修斯将天神宙斯的火种从天上偷到凡间，给原始的人类带来了光明，而他自己却遭受宙斯的酷刑。在这场简单而又激动人心的悲剧中，埃斯库罗斯既树立了古希腊戏剧的主题，即人类意志与无法逃避的命运之间的抗争，也树立了公元前5世纪古希腊人生活的主题，即传统信仰与叛逆思想之间的碰撞。

　　埃斯库罗斯的经典佳作首推《俄瑞斯忒斯》，这也是幸存于世的唯一一部完整无缺的古希腊三连剧，故事是以迈锡尼国王阿特柔斯家族的宿仇为背景。其中，《阿伽门农》主要讲述了阿伽门农征服特洛伊后回到故乡，死于王后克吕泰涅斯特拉手上的故事，它还以歌唱的形式叙述了阿伽门农拿女儿祭神的过程。《奠酒人》讲述了阿伽门农的儿子俄瑞斯忒斯回国后，为父报仇的故事。按照阿波罗的指示，他首先杀死了母亲的情人埃吉斯托斯，经过一番思想斗争后，又杀死了自己的母亲。后来，复仇女神一直跟着他，他只好逃走。《报仇神》则讲述了遵照太阳神的谕令，俄瑞斯忒斯来到雅典，请求雅典娜相助。复仇女神指控俄瑞斯忒斯，法庭开始审判，一方认为他有罪，另一方赞成赦免，不料双方的票数持平，最后雅典娜投了赦免票，俄瑞斯忒斯才幸免于难。《俄瑞斯忒斯》的基本主题反映了父权制对母权制的斗争和胜利。

　　埃斯库罗斯的悲剧多取材于神话，思想性极强。他用三连剧形式创作，衔接严谨。整个剧本情节并不复杂，但矛盾冲突激烈，抒情色彩浓厚，风格庄重，人物形象雄伟高大。

　　在艺术手法上，埃斯库罗斯最拿手的不是对人物性格的刻画，而是以千变万化的形式、浪漫细腻的背景闻名。他的文风刚猛雄健，表达生动、辞藻华丽，有很强的表现力。他是最有诗人气质的剧作家，在运用明喻的手法上虽比不上荷马，但他擅长使用隐喻，如信手拈来。他还擅长运用象征手法，通过活灵活现但未必十分清晰的形象烘托戏作的底蕴，配合情节的开展。此外，他特意创造的人物形象鲜明生动，也使作品的感染力得以增强。比如，《波斯人》中，用"轭架"的形象挈领全篇；《七将攻忒拜》中，用代表国家的"海船"的形象做引子。

　　埃斯库罗斯一生多次出访西西里岛，公元前456年，他最后一次来到这里，并长眠于此。关于他的死因，历史上并无记载。据说，埃斯库罗斯最后一次在西西里岛访问时，一只老鹰在空中飞翔，抓着一只乌龟，它误以为埃斯库罗斯的头是块石头，于是松开了乌龟，结果埃斯库罗斯被落到头上的乌龟砸死了。后来，人们把他葬在他倒下的地方。埃斯库罗斯的墓志铭是他自己亲手撰写的，里面回忆了他当年参加马拉松战役的英勇表现，但出人意料的是，对其一生伟大的创作却只字未提：

　　在这块石碑下，埃斯库罗斯长眠
　　马拉松的森林，可证明他的刚强
　　或者长发的波斯人，也了如指掌

喜剧之父——阿里斯托芬

阿里斯托芬（生卒年不详）生活在雅典附近，拥有小片土地，他的喜剧主要反映了自耕农的思想和立场。他立足于自耕农，再现了雅典奴隶主民主制萧条时的社会生活和政治斗争。据说他一生写了44部作品，不过仅有11部流传至今。

阿里斯托芬的作品取材范围非常广，他最关注的是战争与和平问题。这不难理解，因为自耕农在战争中会直接受到损害，他们那点微薄的家产，只有在和平年代才能保住。

阿里斯托芬的反战喜剧中，以《阿卡奈人》最负盛名。雅典与斯巴达之战，带给人民重重灾难，民不聊生，因此战后的第六年，阿里斯托芬写了《阿卡奈人》这部戏。该剧描述了一个荒诞不经的故事，反映了人民渴望和平的强烈心愿。全戏贯穿着一场接一场的闹剧，仔细想来，每个场面寓意深刻，蕴藏着严肃深沉的感情。作者还在剧中郑重指明：战争仅能给统治阶级带来利益与财富，对于老百姓，却是有百害而无一利。

阿里斯托芬的作品绝大多数都是反映现实的，比如《骑士》就直接对当权人物克勒翁进行了嘲笑和抨击，《云》则讽刺了智者学派，但戏剧《鸟》却是一个例外。

在传世的喜剧作品中，《鸟》是唯一一部以神话幻想为题材的作品。在森林中，百鸟共同创建了一个理想社会——"云中鹁鸪国"。在这个社会里，大家一律平等，没有剥削奴役，也没有歧视压迫。在欧洲文学中，它表达了最早的乌托邦思想，这一思想产生于对现实的不满与失望，表现了农民的天真幻想与美好希望。《鸟》有极高的艺术性，情节动人、文字瑰丽，散发着浓郁的抒情气息。

《鸟》的思想在《财神》中得到了进一步发挥，但是作者的矛盾也在《财神》中明显地流露了出来。该剧的故事情节并不复杂：克瑞密罗斯给财神医好了眼睛，所以财神将财富赐予所有穷人，此后穷人过上了安逸的日子。该剧强烈批判了社会贫富不均的不公平现象，指明金钱的强大力量——"有钱能使鬼推磨"。作者还进一步大胆地指出，处于如今这个世界，有钱的人都十恶不赦，一个人假如变富了，"就会毫无节制地干出源源不断的恶事"。所以一个人要富起来，就必须让自己"变成无恶不作、凶邪透顶、贪污受贿的人"。作者在剧中不但揭露了贫富不均的不公平现象，而且还极力表示，穷人的品行好过富人。当时，也仅有立足于自由民的阿里斯托芬才能够提出这一思想。

阿里斯托芬给人们规划了一个理想国的蓝图，可是等待他的却是一个不可能解决的难题，即人人都平等了、富有了，不再受冻饿之苦，奴隶也消失了，那么谁来干活呢？谁来制造财富呢？富人不愿劳动，他们也根本不会。阿里斯托芬非常明白这点，在奴隶制社会里，受时代和阶级的局限，他也不能解答这个难题。

阿里斯托芬的喜剧极具现实主义精神，尽管他运用的手法非常夸张。在作品里，诗人任凭想象力天马行空，勾勒出一幕幕匪夷所思的情节，塑造了一个个个性鲜明的人物。他的语言源于民间，质朴、流畅、幽默、活泼，不但有粗犷的嬉笑怒骂，而且有高雅的抒情诗歌，因此受到广大人民的青睐。他也被后世尊为"喜剧之父"，其作品对后世的喜剧和小说有着深远的影响。

思想的天空
——群星闪耀的哲学

思索是人在历经百般痛楚后学会的。古希腊的思想家们坚持不懈，最终在蒙昧的世界中开启了一扇智慧之门，耀眼的理性之光绽放出来，照亮了人类世界的蛮荒之地。他们盼望生命、向往崇高、敬畏神灵、渴望美好生活的感情都凝聚在这漫长的探索过程之中。

西方哲学的源头

西方哲学都源自于希腊哲学，西方语言中的"哲学"一词就是从古希腊文"菲罗索菲亚（philo-sophia）"而来，有"喜爱智慧"之意。在希腊人看来，智慧是一种知识，而非表象认识，它与事物的起因和原理有关。

古希腊哲学的内容纷繁复杂、形式多种多样，其观念种类之多、规模之大、问题讨论程度之激烈，都是历代所没有的。后世的各种哲学思想都是由这个时期孕育而来的，今天仍然可以从中发现它们之间千丝万缕的联系。

在古风时代，希腊人的哲学思想成形。那时，奴隶制在古希腊得到发展，城邦国家出现，自由、民主之风形成，再加上当时的宗教教派在各方面还不完善，这一切都为哲学的产生和发展创造了条件。那么，究竟具备哪些条件才会产生哲学呢？

古希腊思想家们归纳为三点：惊奇，就是对事物有惊奇感，并能提出问题、追根溯源；空闲时间，这是进行探究的物质条件；无拘无束的思索空间。正是在这三点都具备的条件下，哲学在古希腊这片土壤中生根发芽了。

被称为"西方哲学之父"的泰勒斯、辩证法奠基者之一的赫拉克利特、毕达哥拉斯学派的创始人毕达哥拉斯及芝诺是古希腊当时最有名的四位哲学家。关于万物的本原，他们有着不同的看法。在泰勒斯眼中，水是万物本原，这个观点虽然现在看来荒诞，但在当时却具有划时代的意义，因为它承认了物质的第一性，否定了神是万能的。也许是受到波斯拜火教的熏陶，赫拉克利特把火看成世界本原，并留下了"我们走下而又不走下同一条河流"的名言。毕达哥拉斯和芝诺则是两种思维抽象化观点的代表，前者夸大"数"的定义，认为"数"才是第一性的东西，是世界本原；后者则把抽象的"存在"看成万物本原。这是两种形而上学的观点。

还有一个人不得不提，他就是德谟克利特——古典时期最有名的唯物主义哲学家。古代唯物主义在他这里达到了顶点，因为在那个还没有发明显微镜的时代，他却早已预言，"原子"才是世界本原。自此之后，哲学的研究对象开始由自然转向人，哲学的理论体系也日趋完善。

苏格拉底奠定了欧洲理性主义的基础，他认为人没有力量去认识自然界，因为它隶属于世界之源——神，所以哲学的职责是研究人类自身。苏格拉底的学生柏拉图建立起了欧洲第一个唯心主义体系。在柏拉图看来，世界由两部分组成：真实的"理念"世界和虚无的"现实"世界，其中前者居于第一性。柏拉图的学生亚里士多德则提出了二元论，他认为质料和形式二者构成一个完整的世界，相对而言，形式比质料更重要。

古希腊后期，城邦出现危机，反映在哲学上就是人们日趋悲观。伊壁鸠鲁继承了德谟克利特的原子论后有所发展但又有所区别，他主张人们要清心寡欲、无欲无求、安分守己、庸庸碌碌地生活。斯多葛派虽继承了赫拉克利特的以火为世界之源的观点，但也提倡人应该服从命运的安排，认为贫穷即富有、桎梏即自由、病痛即幸福。犬儒派则把贫贱、穷苦和苦行当成光荣的事，主张人应该返璞归真、回归自然。这些观点充分反映出这一时期哲学的悲观态度。

震古烁今的哲学大师

道德哲学家——苏格拉底

苏格拉底（公元前469—前399年）是古希腊历史上一位具有划时代意义的思想家，他为古希腊的哲学研究开创了新方向。他的研究不再单纯地以自然为研究对象，而是瞄准了社会和人的心灵世界。他深入探究人的心灵智慧和活动能力，关心政治、道德、社会、人生中存在的问题。虽然他的研究是唯心主义的，但却迈出了人类探寻精神世界奥秘的步伐，一座真善美的理想殿堂在西方人的生活中逐渐建立起来。自此之后，哲学开始围绕着人来

苏格拉底画像

进行研究，希腊哲学开始向一个新的高度迈进。

苏格拉底家境贫寒，其父只是雅典的一个雕刻匠，但苏格拉底自幼好学。四处求学之后，他的文化素养得到了全方位的提高，最终成为一名哲学家。我们现在所了解到的苏格拉底的思想都是通过他的学生柏拉图和色诺芬的作品获得的，因为他本人只进行口头传授，从未留下文字记录，也没有作品传世。

在苏格拉底眼中，舍弃人而把自然作为研究对象是一种不守本分的愚蠢行为，因此认识人类自身便成为其哲学研究的重点。人的精神修养是苏格拉底哲学主题的中心，比如幸福、美德、真理、正义的含义是什么，这些命题中始终贯穿着一个严肃的主题，那就是苏格拉底始终告诫人们的一个真正的人应该具备的完善的道德品质。为了实现这一点，人们应该努力去探寻真理和智慧，用它们来改造自己的灵魂，而不应该去过分追逐那些身外之物。

苏格拉底曾在雅典法庭上对同胞大声疾呼："雅典人啊！我尊敬你们，热爱你们。我要教诲和劝勉我遇到的每一个人……你们不能只关心金钱和地位，而不关心智慧和真理。你们不要总想着人身和财产，先要改善你们的心灵。金钱买不到美德，但美德可以创造所有的美好事物。这就是我的教义，不管你们如何制裁我，我绝不改变自己的信仰。"由此可见，他的哲学是道德哲学。虽然他的观点是建立在唯心主义的基础之上，但其中的许多内核都是合理的。例如辩证的认识，真理不但是具体的、相对的，甚至在某种条件下可转化成相反的那一面。又如辩证法最初的含义，在不停的问答中，对话者的自相矛盾之处自然显现出来，人们因此获得了正确的看法。

苏格拉底十分重视知识和理性，他让人们在认识外部事物、探索真理的时候不要忘了要借助于自己的思想和心灵世界。在认识过程中，他还特别说明了概念的作用，并确立了一系列概念范畴。苏格拉底的思想极大地影响了后来的西方哲学。

理想国的设计者——柏拉图

来自雅典贵族家庭的柏拉图（公元前427—前347年）拜苏格拉底为师，并忠实地继承了苏格拉底的思想。由于他生活的年代正赶上希腊城邦开始出现危机，所以他曾经试图借自己的哲学来挽救整个城邦社会。后来，柏拉图把他的精力都投入教学当中，并写下很多著作。他的一些主要著作，如《申辩篇》、《会饮篇》、《理想国》，都采用了对话体的形式，就哲学、政治、伦理、教育等方面的问题进行了阐述。

理念论是柏拉图巨大的哲学思想体系的核心，他的其他理论都建立在理念论的基础之上。柏拉图认为，世界包括感觉中的自然世界和观念中的超自然世界两部分。感知的世界始终处于变化之中，所以在不同的时间、地点、人物及不同的具体情境下，人们对世界的认识也是不同的，这个世界并不真实。理念世界才是真实的，因为它永恒存在，而感知的世界只是理念世界的具体体现。有人说少女和鲜花很美时，判断者心中必定会对美下了一个定义，这个定义肯定符合美的总体概念，所以也一定有个绝对美的理念存在于判断者身外，而真与善也是这样。无论具体还是抽象，万物都有理念，万物以理念为原型，并是临摹理念的产物。

由于柏拉图号召人们去追求永久的真善美，所以此后这种追求纯精神的唯理主义行为就被人们称为"柏拉图式的行为"。他把理念看成人心之外的一种实体，认为真理认识只能去直接感悟。他否定了真实的现实世界和可靠的感觉经验，因而他的哲学是客观唯心论。他设计的理想国便是用这种理念论改造现实社会的产物。西方的唯心主义思想也主要是从他的哲学认识论中衍生出来的。

《理想国》是柏拉图最主要的作品。柏拉图在这部书中不仅对理想中的国家进行了勾画，还就其哲学中的一些基本观点进行了阐述。

当时，希腊各城邦实行的政治制度并不相同，斯巴达和雅典分别是寡头政治和民主政治的代表。此外，还存在贵族政治和僭主政治。城邦之间频频发生战事，发生在雅典和斯巴达这两大城邦之间的伯罗奔尼撒战争使参战各城邦的危机进一步加剧。公元前5世纪的最后10年间，雅典内部的寡头派和民主派展开了激烈的斗争，政变不断发生，这极大地动摇了传统的道德信仰。柏拉图对此情形感到失望，同时其恩师苏格拉底的死也促使柏拉图心中的失望之情转换成了对雅典政治制度的不满。在他看来，希腊没有一个城邦治理得当，必须通过彻底的改革才能改变现状。

柏拉图将人的灵魂看成是理性、激情、欲望的合成，他认为只有当理性通过激情压制了欲望，人统治了自己的灵魂之后，才能成为一个正义的人。而国家是人放大的结果，它由统治者、军人和平民三部分组成。柏拉图借助故事来告诉世人，这三种人是兄弟，因为他们都由土而来。他们肩负的职责和高贵的程度并不相同，是因为神在他们的身上加了不同的东西：统治者身上是金子，军人身上是银子，平民身上则是铁和铜。所以统治者负责统治国家，智慧是他们的美德；军人负责守卫国家，勇敢是他们的美德；国家所需要的东西由平民负责提供，节制是他们的美德。假如这三种人能各司其职，又兼具美德，那么整个国家就是正义的。

为达到让三种人各司其职、养成美德的目的，柏拉图提出，子女公育，妻子公有，财产公管。女人由男人共同享有，所有人都不能构建一夫一妻的小家庭。房子和食物也都共同占有，共同享用。为了实现优生的目的，由统治者来安排男女的结合。孩子从出世起，即被带离自己的父母，这样父母不清楚自己的孩子是谁，孩子也不清楚自己的父母是谁，而这种做法主要在统治者和军人中间实行。没有私有财产，没有家庭，就像过军营生活一般，西方最早的共产主义思想在柏拉图这里诞生了。

柏拉图认为，要想真正把这个理想国的蓝图变成现实，只有两种途径：其一，哲学家成为国王；其二，国王兼具权力与智慧，能对哲学进行严肃认真的研究，所有政治和哲学研究只能搞其中一种的人在国王面前一律站到一边，否则他们只会给国家和人类带来无穷无尽的灾祸，使得国家永无宁日。

柏拉图还专门制定了一套严格的教育制度来培养哲学王。他觉得，体育和音乐应该被列为儿童教育的科目，前者能锻炼身体，增强人们的体质，后者可以创造和谐，净化心灵，陶冶情操；当公民长

柏拉图头像

到18岁时都要接受军事训练，为期两年；20岁时，将其中的优秀者挑选出来，继续进行培养，让他们学习算术、几何学、天文学和声学；30岁时，开始学习辩证法，之后他们将担任一些军事指挥和民事方面的职务，接受进一步的检验；那些在一切考试中，无论是实际工作还是学习知识方面，都取得优异成绩的人，在50岁时要接受的最终考验就是用灵魂的眼睛关注着本身，如果有人通过考验，便由他来接管更高的国家政务。

柏拉图提出的这套理想国家的规划，其中的许多内容来自于斯巴达，所以这个理想国家的基本性质仍然是奴隶制国家。但也有一些看法不在奴隶制的范围之内，就连柏拉图本人也意识到了这一点。就理论而言，柏拉图提出的这些有关哲学、政治学、经济学、教育学等方面的观点极具价值，并有力地推动了这些学科的发展。

理性的思考
——璀璨的自然科学

很早以前，古希腊人就已经开始探寻并思索大自然的奥秘了，他们所秉持的执著精神深深打动了无数的后来人。他们思想中所表现出的理性让上帝露出了羞涩的微笑。这便是科学，使古希腊在古代人类文明的高峰屹立不倒的科学。

物理学

在力学研究方面，成就最高的古希腊科学家是亚里士多德和阿基米德。比如仅受到重力作用的情况下物体的运动和平衡问题是他们主要研究的对象，因为这些课题研究与当时古希腊在生产技术方面的需求息息相关。

公元前212年，位于西西里岛的叙拉古城面临着来自罗马军队的威胁。月亮女神的庆典让叙拉古人放松了对罗马人的警惕，当他们还沉醉在庆典当中时，罗马军队却趁此良机发起了进攻。一天早晨，罗马军队借助云梯爬进了城内。罗马统帅命一个士兵去请城中一位颇有名望的学者，此时，这位学者正专注地画着几何图形，陷入沉思状态而对城池已经沦陷还浑然不觉。他希望论证出眼前的一道难题再随士兵去，没想到却激怒了那个愚蠢的士兵，士兵一怒之下刺死了学者。这位遇害的学者就是阿基米德——古希腊伟大的数学家和物理学家。

叙拉古位于西西里岛，是由希腊人建立起来的一座殖民城邦。公元前287年，阿基米德就出生在此。他在11岁时被送到亚历山大城去学习。亚历山大城由马其顿国王亚历山大在占领埃及后所建。亚历山大的继任者们对希腊文化怀有浓厚的兴趣，愿意提供优厚的待遇和良好的科研条件帮助学者进行研究活动。于是，在很短的时间内，希腊各地有名的哲学家和科学家都被吸引到了这里，亚历山大城很快便成为新的科学文化中心。

阿基米德同其他学者一样也来到这里，他拜欧几里得的两个学生为师，进行多方面学习，学习科目包括哲学、数学、天文学和物理学。不久，阿基米德便在亚历山大城声名鹊起。学习过程中，阿基米德不但留心学习欧几里得对待科学的严谨态度，还想尽一切办法去社会生产和生活中实践他所学到的科学理论知识。求学期间，他常常漫步于尼罗河畔。一遇到旱季，他总能在这里看到人们辛苦地提水浇地的景象，于是阿基米德就发明了一种螺旋抽水机。这个机器以旋转螺杆的方式将水从河里取出来，帮助人们节省了不少力气。直到2 000多年后的今天，埃及还在使用这项发明，而且今天所有用于水中和空中的螺旋推进器都是依据这个原理改进制造出来的。

"给我一个支点，我就能撑起地球！"这句阿基米德的名言将他对科学强大力量的信心充分表达了出来。一次，亥厄洛国王造的一艘大船因为船身太大的缘故，始终无法下水，国王请了很多人都无济于事。后来，阿基米德将这个难题大胆地接了过来。他按照自己的思路制作了一组复杂的滑轮装置，借助它，人们只花不大的力气便可以将沉重的物体挪动。到了操作那天，很多人都来到海边等着看笑话。在人们的注视下，阿基米德只轻轻地摇了摇手柄，船便缓缓地移入了水中。这时，人群中响起了喝彩声，国王也向他竖起了大拇指。

还有一次，亥厄洛国王让人给他做了一顶金王冠。但他总是怀疑金匠用银子充当金子掺入了王冠中，于是他就把阿基米德请来对王冠进行鉴定。他要求阿基米德不但不能损坏金王冠，还必须测出掺假部分的准确分量。那个时候，人们还不懂得不同物体的比重也不同，所以阿基米德运用当时能用上的所有的知识和经验，苦苦思索了很长时间，还是找不到解决问题的办法。一天，他去洗澡，随着他在浴盆中躺下，里面的温水溢到了外面，同时他感觉到自己的身体在慢慢向上浮。他洗完澡后走出浴盆，发现水也少了许多。此刻，一个想法突然在他脑中冒了出来：如果浴盆里不是大人而是一个小孩，水会不会流出得更少呢？想到这里，他异常兴奋，以至于都忘了穿衣服，就赤裸裸地跑回了家。跑的同时他还喊道："尤里卡（尤里卡是'我想出来了'之意）！尤里卡！"回去之后，他立刻在两个盛满水的盆中分别放了分量相同的王冠和纯金，经过对比，他发现盛王冠的盆比盛纯金的盆溢出的水更多，这就表明王冠体积大于纯金体积，由于二者理应分量相等，这证明了王冠中掺入了其他金属成分。依据所学的数学知识，阿基米德测出了混入王冠中的银的准确分量。之后，他又沿着这个发现继续实验，从而发现了各种物体的比重都不相同，一个物体在液体中减少了多少分量，它就排出多少分量的液体。这就是后来的浮力定律，人们又将它称为"阿基米德定律"。今天，阿基米德的浮力原理也成为制造轮船、潜水艇、航空气球和飞艇的科学基础。

医学

公元前7—前6世纪，希腊的社会形态发生了转变，奴隶制社会取代了原始氏族社会。古希腊人一方面将古埃及、古巴比伦的文化精髓尽数吸收，另一方面自己也进行了创造，因而其文化、科学取得了很高的成就。而古希腊医学，则为后来罗马和整个欧洲医学的发展奠定了基础。不少古希腊的医学词汇现在还在使用，从古希腊医神阿斯克勒庇俄斯那里引用来的手杖和蛇，也成为现代欧洲人的医学符号。

公元前5世纪，西西里医学家恩培多克勒对万物的组成提出了新的看法。他认为，万物是由"四大元素"，即火、空气（风）、水和土（地），按照不同的数量比例混合而成的具有各种性质的物体（这种说法近似于中国的五行说）。比如，四种元素等量结合构成肌肉；火、土和两倍的水又混合成神经；骨头则由两分水、两分土和四分火结合而成。

希波克拉底是古希腊医学的代表人物，其贡献颇大，作为现今研究古希腊医学依据的重要典籍《希波克拉底文集》就是以他的名字命名的。此外，"四体液病理学说"也是由他领导的希波克拉底学派从四元素论发展而来的。希波克拉底学派将血液、黏液、黄胆汁和黑胆汁四种体液看成是生命机体的决定性因素。这四种体液建立在四种元素各种不同搭配的基础之上，每一种体液都适合于一定的"气质"。哪种体液在人体内占优势直接决定了一个人属于哪种气质，如建立在血的基础上的热由心而来，假如占优势的是血，多血质就是这个人的气质类型。四种体液处于平衡状态时，人就健康，一旦失衡就会生病。

对于机体的生理过程，希波克拉底学派更偏向于通过统一的整体来进行解析。该学派称："疾病开始于全身……身体的个别部位立刻相继引起其他部位的疾病，腰部引起头部的疾病，头部引起肌肉和腹部的疾病……而这些部分是相互关联的……能把一切变化传播给所有部分。"

希波克拉底学派很关心外界因素对疾病的影响程度，所以该学派对于疾病的预防有着清楚的认识。这个学派在对年轻医师进行指导时告诫他们，一个医生在来到一座陌生的城市后，需要对这座城市的气候、土壤、水及居民的生活方式等方面进行考察，因为提前对城市生活环境作出分析是搞好城市医疗工作的前提条件。

这个学派还提出，医生进行工作应以医学知识为基础，并从"自然"的角度来考虑问题，而不能影响到病理"自然"变化的过程。医学道德是《希波克拉底文集》涉及较多的一个内容，如有名的《希波克拉底誓言》就谈到了这点。后来欧洲人学医时，都要以它为原则来宣誓。

公元前4世纪之后，古希腊医学日趋衰落，已经希腊化的亚历山大城成为新的医学中心。这里一位名叫希罗菲卢斯的医生曾十分关注解剖学，此外这个时期有所发展的还有药学。

希腊人的生活
——休闲中的哲理

"你可以拿走我们的面包，拿走我们的空气，但你不能拿走我们的奥林匹克精神。天之下，地之上，便是我们厮守终生的信念，我们别无选择，我们只有使它更快、更高、更强……"

希腊人崇尚精神的自由，为了保证在精神上的绝对自由，他们把生活需要降到最低。朴实的家庭生活，奥林匹亚竞技会，拼搏的奥林匹克精神，胜利的橄榄花环——这就是希腊人追求的。

胜利的橄榄花环

古希腊人的生活

全民参与的公共生活

古希腊人参加公共生活的途径很多，公民大会、陪审制度、宗教节日、戏剧节和运动会是其中最有代表性的。这些公共生活渗入到城邦生活的各个领域，一同对城邦的正常运转发挥着作用，展示着古希腊城邦的文化魅力。

古希腊人参与政治的最主要形式是公民大会，它产生于荷马时代，之后随城邦制度而建立。雅典规定，凡年龄在20岁以上的男性公民都具备参加公民大会的资格，战争与和谈、官员选举、终审法庭诉讼等城邦重大事项都要由公民大会进行举手表决。虽然公民大会的参加者不可能每次都是全体公民，但通常情况下，会场上都是人山人海。公民大会一般由祈祷、杀猪献祭仪式作为开场，雅典的民主思想在会议过程中得到了完全体现。会上，参加者能自由地表达自己的观点或者展开激烈的争论，再由大部分人作出裁决，这是雅典典型的直接民主制的体现。

雅典公民还可以通过成为陪审官而参与城邦案件的审判来实现他们参与政治活动的愿望。雅典的司法审判并非专业法官的个人行为，而是民众共同参与的集体行为，即由民众组成陪审团来决定被告人是否有罪。按照克里斯提尼的改革，每年会有6 000名30岁以上的公民作为陪审人选而被记录在册，并得到"票证"，票证上面刻有陪审法官的全称和带有雅典猫头鹰符号的正式官印。人们将出任陪审官一职视为一种荣耀，后人从墓葬中找到大量类似的票证，这足以说明人们十分喜欢将能证实自己曾经是陪审官身份的票证用来陪葬。每年新陪审法官上任之前都要宣誓，说自己将只针对诉讼内容进行投票裁决，将以公正无私的原则聆听原告、被告双方的证词，绝不偏袒任何一方。这6 000名陪审官将被派往10处法庭任职，每处一组，每组600名。那时，除了公民大会召开之日和节庆的日子外，法庭都是天天开庭。开庭之日，自黎明时起，诉讼程序就开始了。每天，法庭还要以"先到先进"的原则筛选出陪审员，凡是乐意做陪审官的人都会在入口处排队。审判开始后，在法律限定的时间内，原告、被告双方展开申诉和辩论，最后陪审团在听取了双方的陈诉后，通过秘密投票表决来决定被告是否有罪。当年，苏格拉底便是以这样的方式被处死的。无论苏格拉底的死是否应该，雅典人都觉得，人数众多的陪审法官出错的机会总比少数几个执政官少。这从侧面体现了雅典人意识中的民主和法律平等的观念。

古希腊的宗教是以奥林匹亚诸神为核心的多神教，它既无经典，又非抽象的信仰，而是一个由不同形式的宗教活动组成的宗教派别，具有"仪式、节日、游行、运动会、神谕"等诸多形式的宗教活动成为人们日常生活的内容之一。单在雅典，每年的公共节日就达120天之多，每到这样的节日，人们都会进行规模庞大的游行活动。每年新年举办的泛雅典娜节是雅典的一个十分重要的节日，因为传说雅典城就是在这天建立的。每到这个节日，雅典都会进行圣火传递、向雅典娜献祭的活动，并开展体育比赛，人们会共同品尝用于祭祀的牛羊肉，还要全城出动来迎接雅典娜的神像。在冬去春来的时候，雅典会为酒神狄奥尼索斯举行祭酒仪式。人们先把酒坛运到酒神的祭坛前，调好酒之后开始祭祀。在祭神的同时，人们也会一同分享美酒，并乘着酒兴载歌载舞。在雅典的诸多节日中，还有一些是特意为女性准备的。在斯奇拉节，人们会来到一个叫斯奇隆的地方，妇女不再拘泥于卧房之中，而是出来参加活动。而在为谷物女神得墨忒耳举办的祭祀节日中，妇女们不仅能离开家，参加在得墨忒耳祭坛前举办的各种活动，甚至可以通宵达旦地玩乐。由于公共节日是维持古希腊宗教活动的主要方式，所以每次节日都给古希腊人提供了一次加强团结、达成共识的机会。

戏剧表演也由全体公民集体参加。公民不但担任角色、组成歌队，还会作为观众对戏剧进行评判。公民群体负责这种戏剧表演活动的管理和组织，公民通过抽签选举决定表演戏剧的演员。类似于体育比赛，戏剧表演也以竞赛的方式进行，由全体公民对表演作出评判，所以对所有公民而言，戏剧节是一个盛大节日。戏剧表演一般在每年初春时节举办的狄奥尼索斯节上进行，是祭祀酒神狄奥尼索斯活动的一个重要组成部分。在戏剧正式开始之前，人们还要参加很多活动，包括热闹的游行、杀牛宰羊献祭狄奥尼索斯等。次日剧目正式上演，演出通常持续四天，第一到第三天演悲剧，最后一天改演喜剧。为使戏剧表演能顺利进行，人们会安排专门的剧作者和"制作人"。前者对剧目的彩排、上演负责，后者则承担表演剧目的一切开销，并向演员和合唱队员发放酬劳，其作用有点像赞助商。进行演出的剧场很大，观众最多可达1.7万人，公民观看戏剧的愿望可以在很大程度上得到满足。狄奥尼索斯节还从公元前499年开始为主要演员设立了大奖，由城邦出资来奖励那些赢得大奖的演员。这种奖励制度的建立，不仅使戏剧表演中的竞争气氛变得更为浓烈，而且将人们参与戏剧表演的积极性极大地调动了起来。

运动会更成为公民热情参与、展现自我和带给城邦荣耀的舞台。早在荷马时代和古风时代，不定期的运动会就已出现，当时的体育比赛常常随贵族的葬礼而举行。直到公元前6世纪早期，固定期限的运动会才开始确立。奥林匹克运动会是其中最早创立的，它创立于公元前776年，名称源于其举办地伯罗奔尼撒半岛西北部的奥林匹亚。

　　五花八门的公共活动丰富了人们的生活，人们乐此不疲地投身其中。这不但促进了城邦团结局面的形成，体现了城邦的价值观，还培养了人们平等、竞争的意识。

简朴的家庭生活

　　古希腊人十分懂得生活的价值，他们在最朴实的环境中过着朴素的生活。

　　古希腊人的房屋首先体现出简朴的风格，不但穷人住在土坯房里，富人也是如此。在他们的房子里，现代人觉得古希腊

古希腊人的家庭生活

人应该拥有的那些安逸的生活条件一点痕迹也找不到。四面墙和一个屋顶便构成了他们的房屋，没有窗户，只有一扇门与街道相通。厨房、起居室和卧室置于露天庭院的四周，庭院中间则竖立着一座喷泉或者一些小型雕塑，另外还有一些植物，整个环境给人一种敞亮的感觉。当没雨或者气温适中的时候，庭院就成了全家人的主要生活场所。可以想象一下：庭院中，厨师（奴隶）在一个角落制作食物；孩子们在家庭教师（奴隶）的指导下，在另一角落背诵希腊字母和乘法表；女主人和裁缝（奴隶）拿着男主人的外套在进行缝补（在古希腊，已婚妇女抛头露面被看做是一件很失颜面的事情，所以通常情况下，女主人很少外出）。大门后的一间小办公室里，男主人正在仔细审核着刚从农庄监工（奴隶）手中拿到的账目。

晚饭做好后，一家人就围坐在一起就餐。由于饭菜简单，所以没花太长时间，晚饭就结束了。饮食在古希腊人眼中好像是一种罪恶，想逃避但又无法逃避，而娱乐则不仅能消遣时间，还有怡情益智的作用。面包、葡萄酒及一些量不大的肉类和蔬菜是古希腊人的主食。水只是他们在没有饮料可喝的情况下的一种无奈选择，原因是在他们看来饮水对人的健康不利。虽然希腊人也很享受和友人一同用餐，但完全没有现代宴会中存在的大吃大喝、无节制饮酒等现象，幽默的沟通和品尝美酒才是他们喜爱欢聚一堂的主要原因。因此可以想象，喝得烂醉如泥的人是会遭到人们鄙视的。

古希腊人的服饰也体现出这种朴实的风格。他们的衣物整理得很洁净，头发和胡子也被收拾得"井然有序"。他们经常锻炼，比如到体育馆去游泳、进行田径练习，这能给他们一种强壮的感觉。他们并不盲从于亚洲所风行的衣服款式，从不穿那些明艳、怪异的服饰。男人们一般穿一身白袍，看上去风度翩翩，如同现代披着蓝色披肩的意大利官员。

古希腊人很喜欢珠宝首饰，女主人常在家中佩戴自己钟爱的珠宝首饰，但他们还是把公开显露财富看成是一件十分俗气的事。因此，如果女人出门，她们都会尽可能避免引起别人的注意。

总而言之，古希腊人的生活节俭而素朴。古希腊人认为，人们总会有很多的时间被他们那些"物件"，如椅子、桌子、书籍、房子、马车所占据，并且最后，人们会成为这些"物件"的奴隶，必将耗费大量精力去保护它们——擦拭、打磨、抛光。而古希腊人想拥有的首先就是"自由"，即身心的双重解放。因此，为了保证自己在精神上获得真正的自由，他们便把日常需求降至最低。

古希腊人陶俑

婚恋嫁娶

在古希腊，法律规定的婚姻形式是一夫一妻制，但实际上，生活中流行的却是纳妾制，且这种制度几乎得到了舆论的承认，没有人来批评它。而斯巴达的婚姻制度与其他城邦又略有区别，其城邦中仍存有群婚现象。在雅典，成年公民过独身生活是不被法律允许的，如果你一意孤行而又没有合适的缘由，法律就会视你为犯罪而进行惩处。

当一个希腊女孩年满15岁时，父亲或媒人就会替她选择配偶让她完婚。选择什么样的婚姻是要根据政治和经济条件来决定的，新人或许婚前从未见过面。雅典法律规定，结婚前需要先进行正式的订婚礼，否则无效，因此人们将订婚看成是结婚仪式的首要程序。确定结婚对象后，在女方家先举办订婚典礼，订婚时须有证人在场作证，而女方可以暂不出现。婚礼在订婚后的数日内进行，地点依然在女方家。婚礼前还要行净化礼，男女双方分别在各自家中沐浴。婚礼当天的婚宴由新娘的父亲准备，大都极为丰盛，而参加婚宴的妇女们要围绕在头戴面纱的新娘四周。婚礼还会安排一个父母健在的儿童手提小筐给客人送面包，并送上美好的祝福。男方通常要在迎亲前将一份分量厚重的彩礼送到新娘的父亲手中。公元前5世纪以后，女方的父亲也要送出一份陪嫁的风俗开始流行起来，陪嫁的东西一般是现金、衣服、首饰、家具或生活用品。当生育公民和家庭合法继承人成为结婚的目的后，古希腊人的婚姻中开始出现一种新的趋势，即近亲结婚。这种婚姻方式中，兄弟的子女之间或者叔叔与侄女、舅舅与外甥女之间的联姻受到人们普遍的欢迎。重男轻女的现象在古希腊人中也同样存在，在家庭中通常都是男孩受到更多宠爱。

　　婚后的古希腊妇女要指导女奴看孩子、洗衣服、做饭、纺织，并对她们进行监督，可以说已婚妇女是整天与女奴相伴的。在古希腊人眼中，一个贤妻良母的形象往往应该是坐在织机前低头苦干纺织工作的织工，所以"勤劳"这个词才会常被拿来对妇女进行赞扬。一年中，古希腊妇女只有在参加城邦公共葬礼、斯奇拉节和纪念谷物女神德墨忒耳的地母节时才可以外出，其他时间都只能待在家中。平时妇女只有在得到丈夫的同意后才可以迈出家门，而且要有女仆陪同。古希腊法律允许丈夫随意抛弃自己的妻子，没有子嗣和妻子不贞洁便成为他们最合理的借口。之所以这样，还是与古希腊人的婚姻目标有关，即生育家庭合法继承人和城邦公民，所以，妻子因为无法生育而遭到抛弃就是天经地义的了。在古希腊，妻子也能要求解除婚姻关系，但必须先向执政官提出申请，并对离婚原因进行说明。假如离婚遭到丈夫反对，执政官就可能会对妻子的离婚申请予以拒绝。古希腊提倡子女要孝敬父母。《家庭法》还专门作出规定，儿子必须对穷困潦倒的父母履行赡养义务，否则，子女就很可能以虐待父母的罪名受到指控。

　　前文说过，斯巴达的婚姻制度与其他城邦是有差异的。斯巴达实行的是公有制的社会制度，所以，男女之间具有某种程度的平等性。在古希腊诸城邦中，斯巴达是唯一一个男女待遇几乎相同的城邦。斯巴达的女人们不用被她们的丈夫锁在家中；妻子不完全隶属于丈夫，她们有一定的自由，可以借优生之名提出离婚，转而与他人结合。

　　虽然孩子完全归城邦所有带给她们痛苦，但她们却摆脱了男人或主人的奴役。换言之，斯巴达的男性公民没有权力独自拥有某个女人。如果说控制男人的是战争的话，那么制约女人的就是她们身上的"母性"了。斯巴达与其他地方的区别仅仅在于，这种"成规"在这里被看成是一种公民义务，此外便没有什么可以限制他们的婚姻自由了。

在斯巴达，当一名男子年满18岁时，就要参加士官团进行正规的军事训练。训练内容有兵器的使用、五项运动和有"斯巴达体操"之称的拳击练习，他们还要跟随军官参与到捕杀奴隶的夜袭行动中去。两年的训练结束后，他们将起誓为国家尽忠，开始服兵役，正式成为一名城邦的军人。到30岁时，他们就成为国家的正式公民，具有参加公民会议的权利和资格，并可以开始婚姻生活。但这并不意味着军人生活的终结，他们还得加入公民社团（称"斐迪提亚"），15人组成一团，白天过集体生活，一同训练、一同用餐，晚上才能回家过个人的家庭生活。因此，在斯巴达，结婚多年的夫妻却从未在白天见过面的事情一点儿也不奇怪。另外，由于可以兄弟共妻，再加上结婚方式还是原始的抢婚式，所以斯巴达人只能是婚姻在前、恋爱在后了。

不结婚在斯巴达人眼中等同于一种罪行，将爱情作为结婚的理由在他们看来也是很无知的行为，只有爱情成为战争的祭品才是合理的。因此，斯巴达人的婚姻关系是稳固的，妇女在婚姻关系中具有相对较高的地位。

公元前5至公元前4世纪，古希腊人的婚姻家庭生活逐渐丧失了原有的本色。家境优越的有闲阶层的人将大量的时间消耗在家庭以外的事情上，妻子在家庭生活中退居次席，被迫藏于深闺之中，外邦女子代替她们成为她们丈夫的社会和文化伴侣。其中，来自小亚细亚的爱奥尼亚各个城邦的女人在外邦女子中占多数，她们有着很高的文化水平。古希腊人婚姻中的浪漫成分已彻底消失，只剩下政治和经济因素。

全面发展的雅典教育

雅典的经济形势和政治生活对教育提出了很高的要求，教育不应该仅仅将奴隶主子弟培育成体格强健的武士，更应该将他们培养成有一定学识的上层统治者、具有文化素养的商人以及能够侃侃而谈的政治家。所以，雅典人不单单对儿童进行身体训练，还通过各种手段来促进他们的智力发展。雅典人将美育、德育与体育有机结合，还让歌舞学校承担起培养妇女身心的任务。

在雅典，新生儿的存在与否取决于父母，家庭会对孩子的学龄前教育进行规划。在家中，父母会给孩子讲很久很久之前的神话或英雄传说，陪他们玩各种游戏。

7岁起，儿童便开始参加体育活动，地点在帕列斯特拉（古代雅典体操学校）。大人们将孩子送到那里去，是希望通过体育训练，让他们的身体服从于崇高心灵的指挥，不想看到他们在战争或别的情形下由于体质差而成为一个懦夫。

古代雅典体育训练场遗址

孩子们长到12岁时，所受到的训练就开始正规起来了。这时的训练内容主要有五项：赛跑、跳远、投标枪、扔铁饼及摔跤，其他的还有游泳和舞蹈等。

15—18岁时，家境富足的孩子就能进入国立学校学习，并可以参加成年人的各种社会和文娱活动，以谋求优厚的待遇。从国立学校毕业以后，雅典人既可以服兵役，又可以从事自己所喜爱的职业。

18—20岁时，一些青年要在国家治理、哲学和军事指挥等方面进行学习，这些人都是来自于大富大贵之家的子弟。除了学习，他们还要进行军事训练，为期两年。第一年主要是对军事知识、技能的学习，第二年到边远地区的军队中去进行实践。他们学成毕业之后，不仅能服兵役，还能同时做自己喜欢的工作。

古代奥林匹克运动会

古希腊不但在学术领域获得了极高的成就，体育运动也有很高的水平。不少古希腊城邦都建有专门用来进行体育比赛的运动场、赛马场和角力场。古希腊人从公元前776年起开始举办涵盖全希腊的体育竞赛会，地点在伯罗奔尼撒的奥林匹亚，每四年举办一次。在举行比赛的日子里，全希腊境内都严禁军事行动。在距离竞赛会开始还有数月的时候，奥林匹亚的使者便前往古希腊各城邦，发出参赛邀请。各城邦都积极响应，派遣使节和代表团来参加比赛。此外，来自希腊各地的不计其数的观众也都汇聚于奥林匹亚，他们就在野地上"安营扎寨"；许多小商贩也出现在这里，兜售着饮食和祭神物品；艺术家和诗人则聚集于此进行演出。这时的奥林匹亚喧闹而繁忙。

爱好体育的古希腊人

不断超越自我、超越过去、勇往直前、探求未知领域，并在自己的智力和身体能力方面竭力谋求进步是古希腊人长久以来一直追逐的目标，他们希望无拘无束地生活，希望在所有生活领域中都取得生命中最辉煌的成就。古希腊人身上体现出的这种生活方式，在体育的发展过程中发挥了极为重要的作用。他们认可了体育所具有的社会自我调节功能，认为必须要进行身体锻炼。

约公元前11世纪初期，古希腊的各个部族将整个巴尔干半岛南部及其周围的岛屿据为己有。同时，一种与东方体育相仿的模式正在克里特岛上的克诺索斯一点点地发展着。靠着残酷的武力手段，奴隶主贵族的经济和政治地位变得越来越稳固，之前那种由几个氏族参加的普通比赛，仅仅是为获得名位而举行的庆贺活动，则逐步成为一种具有竞技性质的民族节日。地位显赫的统治者们参加这类比赛，除了竞技的目的，更主要的是向人们显示他们的统治手段、力量和大无畏的精神，从而表明他们比一般人更尊贵。

古希腊跑步者瓶画

此外，还有一些竞赛会是为庆贺丰收而举行的。在这类竞赛会上，还能看到像宗教舞蹈、摔跤、武装赛跑、投掷梭镖、拳击这样的项目，它们的形式也日臻完善。

古代奥运会的举办

公元前884年，一场灾难意外地降临到奥林匹亚所在的伊利斯城邦，瘟疫横行、战事频繁，人民生活苦不堪言。这些突然发生的天灾人祸使伊利斯城邦国王伊斐托斯忧心忡忡。为了使人民摆脱死亡的威胁，他派使臣向太阳神祈福，请求阿波罗将幸福和平安带给人间。

在神谕中，阿波罗告诉伊斐托斯国王："你们不仅要来神殿参拜，还要将牛羊供养起来，并且要服从伊利斯预言者传达给你们的神的旨意，重视先人的传统。"阿波罗还说："你们怠慢奥林匹亚祭典的行为，已经激怒了宙斯神。必须要让奥林匹亚祭典重新兴盛起来，只要做到这一点，神就会满足想停止战争的城邦的心愿，赐予它们和平，人们就能够过上安居乐业的生活了。"就这样，伊斐托斯成为神的意志的发布者。他命

古奥林匹亚体育场入口

人将宙斯神殿重新进行修缮，并以四年为一周期，在奥林匹亚圣地举办祭祀典礼。在祭祀典礼上，他不仅贡献出牲畜以祭奠神灵，还开展了很多竞技活动。

奥林匹亚地处希腊南部伯罗奔尼撒半岛西北部，那里屹立着宙斯神庙。在离神庙不远的地方，有体操场、角力场和赛马场等。一开始，在这里进行的只是一些简单的竞技比赛，目的仅仅是给祭祀宙斯的活动营造一种喜庆氛围。后来，祭祀慢慢演变成了全希腊性的纪念宙斯的宗教节日。

节日来临之时，数不清的人从四面八方汇聚到奥林匹亚，一同祭祀神祇。各城邦使臣在这里开展外交活动，运动员则在赛场上展开激烈的角逐，艺术家进行艺术品的展览，雄辩家进行讲演，另外还举行一些学术活动，比如科学问题的探究、诗歌诵读，商人自然也不会放过这个机会来推销他们的产品。此时的祭神大会已经不再局限于祭祀一项活动了，它还包括了经济贸易、文化体育等内容，其规模十分盛大。

这种盛会的起始时间已经无人知晓，但在有记录的大会中，最早的一次始于公元前776年。这一年也因此被希腊人看成是纪元元年。之后，奥林匹克运动会每4年举办1次。每个城邦都会派他们最杰出的运动员来参赛。第一届奥林匹克运动会上，短跑是唯一的比赛项目，距离是192.27米，比赛进行了整整1天。后来，运动会又加入了中跑和长跑。到第十八届奥林匹克运动会时，摔跤、跳远和投掷等项目也已加入其中。之后，拳击、战车、武装赛跑、赛马等陆续作为比赛项目加入进来。与此同时，大会的时间跨度也慢慢延长到3—5天。

比赛进行过程中，整个希腊采取"神圣休战"的政策：城邦之间的所有军事行动都必须中止（休战时间从开始的1个月延长到了后来的3个月）；无论是谁，都不得将武器带入奥林匹亚地区；希腊的所有道路都必须保证一路畅通；一切人员都不能侵害参赛者。当时，只要违反了"神圣休战"的原则，不管是城邦还是个人，都将受到惩处。公元前420年，斯巴达人由于在"神圣休战"期间调动了军队，不但被罚了款，还失去了参加竞技会的权力。"神圣休战"原则将奥运会和平与友谊的宗旨充分地体现了出来。

悠久的奥林匹克运动会的衰落始于公元前4世纪，即希腊被马其顿人占领之后。后来，罗马将马其顿人从希腊半岛赶走，建立了自己的统治，竞技会则更加被忽视。公元392年，罗马皇帝狄奥多西将基督教定为国教，奥运会由于同祭祀宙斯有关，被当做了异教徒活动。394年，狄奥多西对奥林匹克运动会下达了禁令。

奥林匹克运动会从公元前776年到被狄奥多西禁止，持续时间达1 170年，总计举办了293届。自此之后的1 500年里，奥林匹克运动会始终没能恢复。原来的奥林匹亚竞技场及其四周的附属建筑在后来的一场大地震中化为一片废墟，深埋地下。

古代奥运会举行的程序

古代奥运会开幕式自始至终都表现得庄重而高雅。人们唱着歌、跳着舞，把丰富的祭品抬到宙斯神像前，向宙斯的神像发誓，以此表达对神的忠诚。他们宣誓："我郑重承诺，我将秉持着公平、无私、诚恳的理念，严格恪守章程所规定的各项内容，在比赛过程中决不运用一切违反规定的手段，如有违反，则自愿承受神给予的苛刻制裁。"然后，在浓厚的宗教气氛中，不同类型的祭祀庆典活动和竞技比赛同时展开，来自各城邦的运动员们同时参加到活动中。

随着古代奥运会的发展，无论是参加比赛的个人和城邦，还是比赛项目的种类，在数量上都大大地扩充了，比赛时间也由1天延长到了5天。

第一天，开幕式。游历公共和私人场所及祭祀宙斯的活动花去这天的大部分时间。各城邦的教练员、运动员跟随本邦的体育官员在宙斯神坛前献上祭品，所有人还站在牲畜的内脏上起誓。而大会的工作人员正在为审核运动员的比赛资格等准备工作忙碌着。

第二天，比赛正式开始，同时还进行宗教祭祀活动。上午的比赛是双轮战车竞技和赛马，掷铁饼、投标枪和跳远这3个属于"五项全能"运动项目的竞赛则在下午举行。

第三天，同样既有宗教祭祀活动，也有竞技活动。上午是规模庞大的祭神庆典活动，下午进行3个少年年段（年龄从14—18周岁之间）项目的比赛，即"斯泰德"竞技、摔跤和拳击。

第四天，全天进行比赛，比赛始终被祭祀诸神的气氛所包围。上午的比赛内容包括了"五项全能"中的另外两项——赛跑和摔跤，此外还有200码、400码、4 800码3个跑步项目的比赛。下午则有3个项目进行比赛，即摔跤和拳击以及拳击、摔跤联合运动。

第五天，是奥运会的最后一天，将进行颁奖仪式。这个仪式十分盛大，大会主持者会将一项由橄榄枝制成的花冠戴在比赛获胜者的头上，并同时将获奖者的姓名、生平、父母姓名及所属城邦公之于众。此时，获奖者会听到诗人、演说家和观众为他所唱的颂歌，他们还会对他获得的好成绩表示祝贺。那看似普通的橄榄花环，在希腊人的眼中则比黄金、珍宝更有价值。获胜者在自己的城邦和家乡获得的欢迎更为热烈，道路两旁站立着兴奋的人群，他们共同迎接载誉而归的获胜者；还有些人会用建凯旋门或骑白马的方式来欢迎获胜的英雄；此外，当一个运动员取得3次胜利后，人们就会为他塑像以示纪念。

古代奥运会十分推崇比赛的获胜者，各个城邦也会对他们进行优厚的奖赏。公元前600年，为雅典赢得冠军的运动员从城邦那里得到了500希腊银币的奖励，这相当于当时一名工人1年收入的3倍。

裸体竞技

古希腊人平常的服饰都很简单，几乎不加装饰。希腊男子的服装通常是一件无袖背心或者仅仅是一块用来遮蔽身体的披布；女人则常穿一件单衫，同男人的背心一样也没有袖子，但比较长，一直到脚背，另外肩部的边沿还由别针别着。贵族的衣服大部分是羊毛质地的，上面还配有花纹和图案，色彩十分艳丽。

这样，人们轻而易举就可以将蔽体的披布、单衫脱掉，所以在练功房内、竞技场上，以及一些祭祀舞蹈中，人们索性不穿衣服。于是，古希腊人慢慢养成了赤身裸体的习惯。

在马其顿统治希腊的时代，不仅普通人如此，甚至连国王亚历山大在和伙伴围着阿喀琉斯墓上的柱子跳舞时，身体也是赤裸的，他用这种方式向远古的英雄表达他的虔诚之意和崇敬之情。

在当时的古希腊人看来，将强健而美丽的肉体展现出来是一种对神祇的崇拜活动，它高洁而脱俗。那个时代，还曾出现过一类称为"奥盖斯底克"的学问，它以人体姿态与动作作为研究对象，向人们教授美丽的姿态和用来敬神的舞蹈。

"裸体运动"在古代奥运会上一度盛行，成了当时体育界一道独有、奇特的时尚风景。

罗马

马

世界文明大观

文

明

罗马文明发起于意大利中部地区的台伯河的入海口，据说，公元前753年时，罗马城修建完成，当时只是台伯河边的一座小城，之后渐渐地扩张到占领了意大利以及地中海地区的大部分区域。在罗马时期，哲学、宗教、历史、自然科学、文学艺术等等也都发展到了顶峰，发出了耀眼的光芒。虽然罗马文明已经是久远的过去，但是现在仍然有很多人喜爱着那个时期的文化。

神话与历史之间
——罗马的起源

在古代文明史中，罗马是一个震撼人心的名字，它既指一座城、一段历史，也代表着一种文明、一种传统。西方有句谚语"罗马并非一日建成"，意思是做任何事情都要有个过程，不能急躁。事实也的确如此，被称为"永恒之城"的罗马城当然不可能是在一日之间建成的，而雄踞古代西方世界的罗马帝国之强盛，更不可能是凭一朝一夕之功。面对这样伟大的历史文明，我们不得不追溯其端倪。然而关于罗马文明的起源却始终是一团迷雾，它诞生在哪里？它怎么会与狼有着不解之缘？关于它的那些传说都是真的吗？想揭开这个伟大文明的神秘面纱，就让我们一起翻开记忆中的古代史，去寻找罗马最初的模样……

神秘的传说——罗马的诞生

罗马城建立的日期并不确定，一般认为是在公元前753年，这已经被考古发现广泛地证实，尽管此前可能已经有一部分人居住在那里了。但关于罗马城的诞生，却有着谜一般的传说。到目前为止，没有任何考古资料能证实这些传说的真实与否，于是它们为罗马文明蒙上了一层神秘的面纱。

罗马先祖之谜

罗马的起源是与一段传说分不开的。当罗马破天荒第一次出现于历史舞台时，它还只是台伯河边乱草丛中野兽出没之地的一支小部族。但罗马人迅速对外扩张，将罗马城邦扩大为一个横跨欧、亚、非三大洲的大帝国。和希腊一样，罗马文明也与东方文明交织在一起，与东方文化有着难解之缘。

传说公元前1184年左右，特洛伊城被希腊人奥德修斯利用木马藏兵的计谋攻破之后，有一个名叫埃涅阿斯的神话英雄，带着一些守城的勇士从火海里逃了出来。在特洛伊失陷以后，他带领着本族人沿爱琴海港口出航，一路历尽艰辛，几经周折终于来到了意大利。他们又经过南意、西西里等地，最后到达了拉丁姆海岸。拉丁姆海岸上长满了茂盛的树林，肥沃的土地点缀其间。长期在海上漂泊、疲惫不堪的他们决定结束漂泊生涯，上岸定居在那片平原上。

当地土著居民的国王拉丁努斯对突然到来的特洛伊人最初感到极度恐惧，后来经过双方的友好交往，拉丁努斯决定划地给特洛伊人，准许他们在这里建城，与他们世代友好相处下去。后来，拉丁努斯还把女儿拉维尼亚嫁给埃涅阿斯，并将新

埃涅阿斯带领族人离开特洛伊

建的城命名为拉维尼亚。而原来与拉维尼亚早有婚约的相邻的鲁图林人首领图努斯听说后，愤怒之下前来兴师问罪。埃涅阿斯助战得胜，但拉丁努斯不幸战死。于是埃涅阿斯决定允许手下的特洛伊人和拉丁努斯领导的原本地居民进一步通婚，并把两方的法律、宗教等都结合起来。居民都以国王拉丁努斯之名来称呼自己，统称为拉丁人。

不甘失败的鲁图林人首领图努斯又求助于当时很强盛的埃特鲁里亚人，与之联合出兵，攻打埃涅阿斯。埃涅阿斯率领着拉丁人，与当时住在帕拉丁山上、从阿卡底亚的帕拉但乌母城来的埃万德结盟，共同抵抗埃特鲁里亚人的进攻。拉丁人再次取得了战斗的胜利，但埃涅阿斯却战死了。

此后又过了30年，埃涅阿斯之子阿斯迦尼乌斯考虑到拉维尼亚城太小，地理位置也不好，便决定在阿尔巴山与阿尔巴湖之间另建一座城，称为阿尔巴龙加。阿尔巴龙加地势优越，很快便繁荣起来。埃特鲁里亚人再也不敢来进攻，于是双方讲和，以阿尔巴拉河即后来的台伯河为界，互不侵犯。阿尔巴龙加的拉丁人后来又建立了一些殖民地，都称为古拉丁人。传说拉丁人共建了30座城，大都散布在拉丁平原的北半部。他们共推阿尔巴龙加为首都，有共同的宗教节日，都尊埃涅阿斯和拉丁努斯为祖先。这就是关于拉丁平原上拉丁人起源的传说。

天时地利的神奇之靴——意大利

意大利是古罗马的发祥地，也是其中心地带。它的地理和自然条件对于古罗马国家的形成与发展产生了很大的影响。

意大利位于欧洲南部地中海中央，地形上可分为南北两部分：南部是一个狭长的半岛，形状就像一只长筒靴，直插入地中海；北部则是比较宽广的波河平原，平原向北以高耸的阿尔卑斯山与中欧隔开。

意大利三面临海，半岛的形状窄而长，亚平宁山像一条脊椎贯穿全境。山脊两侧有许多横向的山梁把半岛割成很多丘陵和峡谷。半岛东侧面向亚得里亚海，这里山势陡峭、近海，多悬崖峭壁，河流短而急，十分不利于航行。西侧面向第勒尼安海，山势缓斜，多丘陵，河流较长，便于航行。较大的几条河流如阿诺河、台伯河、伏尔图诺河和利端斯河等形成了埃特鲁里亚、拉丁姆、坎佩尼亚等较大的平原。附近有西西里、科西嘉、撒丁三大岛屿及厄尔巴、卡普里等一些小岛，通往西部地中海的航路比较便利。意大利半岛与希腊半岛有很大不同，希腊半岛是面朝东背朝西的，而意大利则是面朝西背朝东的。地理条件上的这种特点很明显地影响了两个地区历史的发展。希腊各国主要以爱琴海为中心，向东方发展，与西亚、埃及等文明古国接触较多，形成了其特有的希腊文明。而意大利半岛上的罗马则由于没有希腊那样优越的航海条件，只能在意大利本土和西部地中海有限的岛屿上发展，接受东部地中海先进文明

意大利托斯卡纳区葡萄酒庄园

的机会很少，因此发展比希腊要晚。

意大利的气候属于典型的地中海类型，冬季温暖湿润，夏季则较为干燥，但各地区也有差别。雨量随季节变化，冬多夏少，半岛东部不如西部雨量充沛。境内河流较密，最大的河流是波河、台伯河，但大多水流湍急，夏季缺水干涸，无法航行。

意大利多山地，其地形和气候很适合发展农牧业。古代时丘陵和河谷边到处覆盖着茂密的植物，有森林、草坡和灌木林等。那里阳光充足，土壤肥沃，特别是在半岛西部几个较大的平原，农牧业很早就得到了发展。山坡丘陵地带都是良好的牧场，可以繁殖马、牛、羊等牲畜。平原地区宜于种植谷类和豆类，以及葡萄、橄榄等经济作物。

意大利海岸线很长，但是岛屿和港湾较少，所以可用做良港的地方并不多。它没有像希腊那样便利的航海条件，贸易也不甚发达。而另一方面，意大利的膏腴之地则多于希腊。因此，罗马人一直是以务农为主。此外，由于阿尔卑斯山脉无法有效地阻挡中欧民族的涌入，而沿海许多地方海岸低平，因此与希腊相比，意大利半岛更易受到外族的入侵。可以说，几乎从定居意大利开始，罗马人的战事就一刻也未停息过，因为他们不得不保卫自己的所得，抵御那些外来的入侵者。

文明之前的文明——先罗马时代

在罗马城诞生以前，意大利半岛上就住着很多居民，他们的种族语言和文化习俗等都非常复杂。罗马人便是从这些意大利居民中发展起来的，而这些意大利居民的生活方式与传统习俗等也必然对后来的罗马人产生了很大影响。

远古意大利的居民组成非常复杂，根据考古材料，约在旧石器时代，意大利半岛上就已经有人居住了，考古学家们在亚平宁山麓和利古里亚也都发现了他们的穴居遗址。新石器时代（约公元前5000年开始）遗址主要集中在阿普利亚和西西里等地，居民已有原始农业，并驯养家畜，制作陶器，聚居于圆形屋组成的村落中。新石器时代后期，居住人口开始增多，逐渐向北扩散。

公元前1700年左右，在波河流域及其支流地区，考古学家们发现了一个村落，它是仿照湖上的居住形式在陆上垫起土台和木桩修筑的居所，这种文化被称做特拉马拉文化，意思是黑色的肥土堆。这些村落都建在一块四边形的土地上，两个长边平行，周围绕以壕沟，挖沟的土则用来筑成围墙。围墙内是一排排建在木桩和堆起的平台上的房屋，成行成列，直角交叉。据推测，特拉马拉文化的主人可能来自北方，其居民已开始从事农业和畜牧业，种植的农作物主要有麻、豆和麦等，牲畜有马、牛、羊、猪和狗等。此外，他们还制作黑色光滑的陶器、青铜武器，后者包括短剑和双刃的长剑等。这些青铜文化的拥有者可能是最早到达意大利的印欧语系居民。

大约从公元前1000年起，意大利进入了铁器时代。早期铁器文化以维兰诺瓦文化为代表，主要分布在岛的北部和西部平原地区，其特点除了使用铁器外，便是实行火葬，把骨灰置于陶罐中埋葬。居民以经营农牧业为主，并出现了交换，财富的增长导致社会的分化。在维爱的遗址中还发现了一些居民村落围有堡寨并有连成城市的趋向，这些均说明其原始社会已近末期。维兰诺瓦文化究竟是来自中欧的另一批印欧语系部落所创造，或是特拉马拉文化发展的结果，还是北方新移民和本地文化结合而成，迄今史学界尚无定论。

帝国的脚步
——罗马的历史进程

几乎所有的民族、国家都是从蒙昧走向繁荣，再从繁荣滑向衰落的，罗马也不例外。罗马帝国从兴起到强盛，再从强盛到衰落，曾有过四面楚歌的动荡时期，也曾有过长达两个世纪"罗马统治下的和平"的安定与繁荣。从王政时代到帝国时期，罗马一路沧桑；从诞生到消亡，罗马一路跌宕。现在，就让我们一起来聆听罗马帝国沉重而铿锵的脚步声……

罗马初兴——王政时代

从罗马出现在历史舞台上到建立共和国这一历史阶段被称为王政时代。王政时代是罗马由氏族制社会向国家政权过渡的时期。这一时期名义上的最高统治者为王，音译为"勒克斯"。自公元前8世纪中期到公元前6世纪末期，罗马先后共有七个王，其中有拉丁人、萨宾人和埃特鲁里亚人。

勤政的老塔克文

从王政时代的第五王老塔克文开始，罗马的"王"们着力大建罗马，终于使罗马从一个氏族式的部落脱胎成为一个真正的国家。

随着罗马社会经济的发展，罗马渐渐有了贵族与平民的区分，而第五王老塔克文的上台就是依靠平民的支持。

老塔克文（公元前616—前578年）是埃特鲁里亚人，出身于商人家庭。在获取王位后，他建造了埃特鲁里亚式的王宫，还制定了"王"的服饰及仪仗。在他统治时期，王戴金王冠，坐镶有象牙雕饰的宝座，执鹰头节杖，着紫色金线绣的紧身衣，外披绣花长袍，由12名持鞭斧的卫队护卫。为了巩固自己在元老院中的势力，他特意从埃特鲁里亚居民中选出100人加入元老院，使元老院的人数达300人。

老塔克文的政绩比较卓越，他平定了一些一再起来反抗罗马的古拉丁城邦，把它们置于罗马势力之下。他还把罗马的势力推进到了意大利中部。得胜归来后，他建造了举世闻名的凯旋门，举行凯旋仪式，大扬罗马的威风。

此外，他还在罗马修筑排水道，把罗马附近的积水顺水道引入台伯河，并在那里修建了公共场所；他还修筑了罗马第一个有顶棚看台的圆形剧场，并在卡皮托尔修建了朱庇特、朱诺和密涅瓦三座神庙。

老塔克文把埃特鲁里亚人的技术引进罗马，给罗马带来了更发达的物质文明，使罗马的面貌发生了很大变化。罗马渐渐从一个农耕式的粗陋小镇变成了一个初具都市雏形的城市。

然而，这一切使得罗马的元老们感到了不安，后来他们派人暗杀了老塔克文。

塞尔维乌斯的改革

塞尔维乌斯·图利乌斯是王政时期第六位国王，他实行了重大政治与社会改革，史称"塞尔维乌斯改革"。

公元前6世纪时，罗马平民的人数已超过贵族，他们所起的作用也越来越大。罗马的工商业也多由平民经营，税收的很大一部分来自平民。罗马人和周围部落经常发生战争，军事力量不断强化，人数众多的平民成为罗马对外战争中不可或缺的主要力量。一方面，平民中的富有者，随着占有土地和财富的增多，他们深感自己的政治地位同经济状况不相称，对氏族贵族的门阀特权感到了不满，便要求罗马国家机构不再按照氏族门第，而是按照财产多寡来确定权利和义务，以获得同贵族平等的政治权利。此时的平民下层则面临着破产和沦为债务奴隶的危险，因此也要求获得土地和政治权利。另一方面，埃特鲁里亚统治者与罗马人，特别是同罗马贵族之间的矛盾也日益尖锐，他要向"罗马公社"征兵征税，也必须打破罗马人的氏族部落组织。这些矛盾和斗争不断激化，最终促成了塞尔维乌斯的改革。

塞尔维乌斯的改革主要有三项内容：

第一，罗马居民，不论贵族或平民，凡能负担兵役者，一律按财产多少分为五个等级。第一级为10万阿司（阿司是罗马最早的货币单位，大约出现于公元前4世纪，财产等级起初可能是按占有土地的数量划分的，后来以当时流行的货币单位"阿司"折算土地数量，用来标志财产等级）；第二级为7.5万阿司；第三级为5万阿司；第四级为2.5万阿司；第五级为1.1万阿司。没有列入上述五个等级的最贫苦居民，称为普罗列塔里亚，即无产者，这就是西方语言中"无产阶级"一词的由来。每个等级都要提供一定数量的武装人员（当时罗马军队的编制以百

塞尔维乌斯·图利乌斯头像

人队为单位，即由100名战士组成的连队，拉丁文称做"森都利亚"）。要求每个公民必须自备武器，所以，经常是只有最富有者才能自备全套重武装。每个等级出百人队的数量并不是按各级人口的比例，第一等级组成的百人队最多，有80个重装步兵百人队和18个骑兵百人队，总数98个；第二等级有22个重装步兵百人队；第三等级有20个重装步兵百人队；第四等级有22个轻装步兵百人队；第五等级有30个轻装步兵百人队；无产者有1个轻装步兵百人队。轻装步兵没有防御武器，只是弓箭手和投石手。

第二，创设森都利亚大会，即百人队大会，规定凡能服兵役者皆可参加。以财产和地域原则建立的百人队会议，取代了以氏族血缘关系为基础的库里亚大会，获得了宣战、选举官吏、审判等重要职权。森都利亚大会产生后，库里亚大会便形同虚设，它拥有的权力逐渐转归森都利亚大会。

森都利亚大会的组织以百人队为单位实行集体投票制，每个百人队在会上只有一票表决权。投票顺序先是骑兵，后是五个等级依次进行。自第一等级至无产者组建的百人队，总数193个，而无产者仅有1票。森都利亚大会上的决议案赞成票过半数就可以通过，第一级的98票占全部表决票193票的半数以上，控制着大会的多数票。也就是说，如果第一等级的表决全部一致，决议即可通过，其他各级就无需再表决了。因此，富有公民在居民中虽占少数，但他们在森都利亚大会中占统治地位。

第三，建立了新的地域部落。塞尔维乌斯按地域划分了4个城市部落和16个乡村部落（后发展为26个，一说31个），以代替原来以血缘关系组成的3个氏族部落，建立起新的管理居民的行政单位。现有的罗马自由民，不管他们以前属于哪个氏族部落，也不管是本土居民还是外来移民，按住所登记财产和户口后，即可获得公民资格。凡在地区部落登记入册的自由民都将获得公民权，同时承担服兵役及纳税的义务。过去按氏族内外划分公民的做法被取消了，"罗马人民"的范围随之扩大，许多迁居罗马的工商业者、各类外来移民，甚至被释放的奴隶都获得了公民权。这项改革意义颇深，它壮大了罗马公民的力量，为罗马国家提供了充足的兵源。

塞尔维乌斯的改革摧毁了种族和血缘关系的藩篱，从此氏族制度便彻底瓦解，取而代之的是一个新的、以地区划分和财产差别为基础的真正的国家制度。

"傲慢王"统治的终结

小塔克文（公元前535—前509年在位）是罗马王政时代的末代王，也是传说中的暴君。小塔克文杀害了塞尔维乌斯后篡权夺位，是第一位未经元老院许可而通过暴力登上王位的国王。他登基后，漠视元老院和森都利亚大会的意愿，独断专行，滥施暴政。他对身边的人处处猜疑，严加防范，甚至对显贵人物也表现得十分傲慢，被人冠以"高傲者塔克文"的绰号。

对内，小塔克文首先剥夺了元老院的权力，独断专行，用各种方法消灭不支持他的元老。其次，对平民实行高压政策，废除法律，实行一人独断。他改变税制，要求不论贫富一律纳税；强迫平民服各种劳役，如开石、伐木、铁工、木工，兴建各种建筑工程，如在大马戏场修柱廊，修排水沟使之通向台伯河，人民苦不堪言。为防止平民反抗，他禁止大规模集会，并经常派遣特务到处刺探消息并向他汇报。对外，小塔克文采取软硬兼施的策略，诱骗其他拉丁城市与之签订合约。他还对伏

鲁克列提亚事件

尔西人进行抢劫。他的种种恶行，使得他到处树敌。鉴于这样的形势，很多贵族联合起来采取行动，其中还有很多是小塔克文的亲戚，要一起推翻他的残暴统治。

据罗马历史学家李维记载，罗马人早已不满埃特鲁里亚人的统治，而小塔克文横征暴敛，更使罗马人不堪其苦。他的儿子绥克斯都·塔克文也是个荒淫残暴的家伙，因"鲁克列提亚事件"而遗臭万年。传说鲁克列提亚是一位美丽、纯洁而善良的显贵妇女，绥克斯都·塔克文手持宝剑强行奸污了鲁克列提亚，鲁克列提亚愤不欲生，当着丈夫的面自杀了。这一事件成为一根导火索，于是，公元前509年，罗马人发动起义，驱逐塔克文家族，结束了埃特鲁里亚人在罗马的统治。虽然这些只是传说，但埃特鲁里亚人被驱逐的根本原因，确实在于小塔克文的残暴统治。从此，延续了244年的王政时代结束了，罗马进入了一个崭新的历史时期——共和国时期。

跌宕起伏——共和国时期

公元前509—前27年，罗马进入了共和国时期。共和国的建立标志着传统的王权观念遭到了摒弃，并在随后几百年间一直被排除在罗马政治体制之外。

推翻王政建立共和国，是早期罗马发生的一个重要的政治事件。罗马的王被废除以后，取代王执掌国家政权的是执法官，后称为执政官。百人队会议每年从贵族中选出两名执政官掌握行政权力，罗马共和国最高行政权力由这两个权力相等的执政官掌握，任期1年。他们负责指挥军队，召集元老院会议和公民大会。遇到危急关头，可以选出"狄克推多"即独裁者，对付紧急局势。独裁者由元老院提名，由一名执政官正式任命，任期半年。

共和国初期，元老院成为贵族势力的堡垒。元老院在当时还是咨询机构，尚未达到后来那样具有广泛权力的地步；但按照惯例，执政官每逢重要事宜必须提交元老院讨论，听取他们的意见和建议。由于执政官本身即是元老贵族，任期短暂，而元老为终身职位，享有威望，地位显赫，这就决定了执政官听从于元老院的意旨。这期间，森都利亚大会逐渐获得了重要的政治权力，有权决定重大问题，但大会的多数票操纵在少数富有公民手中，表决通过的决议最后还需元老院批准。因此，在

古罗马硬币上的执政官

共和国初期的罗马国家政权机构中，元老院仍处于权力中心的地位。

而共和国时期的政体究竟是什么，谁也无法说清。古希腊历史学家波里比阿曾在罗马生活过16年，他对罗马共和国政治制度的描述，至今仍被奉为典范："我们已知的政体有三种，那就是王政、贵族政体和民主政体。如果有人问罗马人，你们国家的政体是什么？恐怕没有人能回答。只看执政官的话，有点像王政；要是看元老院的职能，那就是一个彻头彻尾的贵族政体；如果你注意到人民大会的作用，大概会说罗马是民主政体……不过，罗马的制度正是这三种制度的混合体。"

西塞罗在他的著名政论著作《论共和国》中也提到这种混合政体，他认为这种"由三种良好的国家体制均衡地混合而成"的政体，包含了"卓越的王政因素"、"显贵们的权威"以及"民众们协商和决定"的多种要素。因此，这种体制具有一定的公平性，如果缺少它，自由的人民是难以长时间地接受的；而且，这种体制具有稳定性，它自身"确实不存在任何引起变更的始因。因为在这种政体下，每种因素都稳定地处于自己的位置，无从崩溃和毁灭"。

19世纪的法国画家热罗姆的画作则这样描述罗马的共和政体：一位健壮的妇女，一手挥舞着橄榄枝，一手持着钢刀，威严的雄狮进一步强化了她的实力。显然，她在向所有人召唤和平，但她也绝不畏惧战争。

奴隶制的雏形

公元前3世纪至前2世纪，随着罗马对外扩张速度的加快和领土的逐渐扩大，罗马先后设立了行省，并委派官员担任总督一职，以管理行省事务，任期1年。行省总督的职务是保卫行省的安全、抵御外侵及平定内乱等。罗马国家对行省地区抽取税金，有的行省还要交纳关税，应该说，罗马国家对行省的统治是专横的，剥削也是无孔不入的。

与此同时，罗马内部也发生了变革。首先表现在政治上，约在公元前241年，罗马在原有基础上又增加了两个特里布斯，至此乡村和城区总共有35个特里布斯。森都利亚大会除18个骑兵百人队、两个技工、两个号兵和一个无产者队以外，其余有产的五个等级一律改为各组70个百人队，平均分布在35个特里布斯中。每个特里布斯再依财产的多少把居民分为五个等级，每级组成两个百人队。如此一来，35个特里布斯的每级共有70个百人队，五级总计350个百人队。这种改革显然增加了中产农民的投票机会。

在权利方面，新贵们凭借他们对高级官职的垄断，逐渐控制了元老院。由于在第二次布匿战争期间元老院领导罗马人度过了最危难的时刻，战胜了最危险的敌人，所以元老院在罗马人的心目中拥有了绝对的权威。后来罗马成了地中海地区的霸主，地域的扩大和事务的复杂更需要元老院来管理，所以官员和公民大会都唯元老院马首是瞻。凡宣战、媾和、缔结条约和设置行省等重大事务都以元老院的法令为准；元老院还控制着行省总督及军事指挥官的任命。此外，元老院还控制着财政，控制着各种赛会的拨款等。

罗马经济方面的变革也是不容忽视的。随着罗马的不断对外扩张，土地问题也越来越尖锐。许多贵族早已利用他们的权势侵吞了大片的罗马"公地"，将其据为私有，同时那些有权势的奴隶主新贵们及属于金融高利贷集团的骑士们则将大量的金钱投资于意大利农村，通过兼并小农的土地，扩大自己的农庄。大土地所有制逐渐形成并占据优势，小农经济则慢慢被瓦解。

另一个变化就是罗马在对外扩张的战争中俘获了数以万计的奴隶，这就为奴隶制的发展提供了条件。而罗马经济的发展，使得奴隶被大批、广泛地应用到农业、手工业以及矿山等各个生产领域中，而且此时的奴隶制带有明显的商品生产的性质，即由一个"家长制的、以生产直接生活资料为目的的奴隶制度，转化为以生产剩余价值为目的的奴隶制度"。这是奴隶制进入发达时期的一个主要特征。奴隶的来源除战俘外，还有海盗掠夺的奴隶、非罗马人的债务奴隶等。由于奴隶数量的激增和剥削奴隶有利可图，大农庄就大批使用奴隶劳动。奴隶们没有"人格"，不被当做人看待，只是"会说话的工具"。伤害或杀死别人的奴隶，只需向奴隶的所有者作一定赔偿，对奴隶本人则不负法律责任。奴隶的婚姻不被法律承认，其所生子女为天生的奴隶。奴隶的处境极其悲惨，因此奴隶反抗奴隶主的斗争也是非常激烈的。他们从毁坏自己憎恨的工具和属于奴隶主的财物，到个别的和集体的逃亡，反抗不断，使奴隶主蒙受损失。到后来他们发动大规模的武装起义，给了奴隶主阶级和整个奴隶制度以沉重的打击。

罗马的手工业，特别是商业和高利贷业也有很大的发展。这时罗马城和意大利的许多城市出现了具有相当规模的手工作坊，这些作坊制造农具、武器和各种生活用品。那些资财雄厚的大商人则在各行省经营包税业务，同时从事高利贷投机活动，年利可高达50％，甚至更多。那些无情的高利贷吸血鬼，把行省居民的血汗榨干，然后将负债者当做奴隶贩卖。商业和高利贷业刺激了货币的需求和货币事业的发展，货币作为交换的媒介，这时也变成了交换的对象。

伴随罗马商业、高利贷业的发展，一个专门从事这项活动的社会阶层——骑士阶层兴起。"骑士"称呼原本得自罗马第一等级组成的骑兵队，后来则失去了它本来的意义，不问是否参加过骑兵，凡是富有的商贾之家，都属于骑士之列。

马略的军事改革

公元前111年，罗马和非洲的努米底亚国王朱古达发生了战争。这次战争充分暴露了贵族将领的腐朽与无能，也暴露了罗马军队的堕落。罗马军队指挥官因接受了朱古达的贿赂，使罗马军队屡遭失败。罗马军队变成了一支软弱、怯懦、毫无战斗力的军队。保民官盖约·墨米尔斯坚决要求把朱古达召到罗马审问。但在公民大会上，他向朱古达提出责问，而一个被朱古达收买了的保民官便处处进行袒护。朱古达在罗马不但未遭任何损害，而且还派人杀害了一个受罗马政府保护的努米底亚王位的觊觎者。对此，元老院大为愤怒，决定把朱古达逐出罗马。当朱古达离开罗马的时候，他曾轻蔑地对旁人说："如果能够找到买主，那么，便可把整座罗马城卖掉！"与此同时，在北方，罗马遭到森布里人、条顿人的袭击，罗马军队被打败，数万人被歼灭，这使罗马统治者大为惶恐。

公元前107年，出身低微的马略在民主派的支持下，当选为执政官。在此之前，马略曾投身行伍，战绩显著。转入政界之后，马略曾出任过保民官、行政长官和行省总督。各种公职锻炼了马略的才能，使他在士兵和平民中都享有一定的威望。马略对罗马军队的堕落和纪律败坏的现象深有了解，因此，他一就任，立即着手军事改革。他一反旧制，放弃了早已难于实行的兵役财产资格的规定，改征兵制为募兵制，不再采取祖先实行的等级征兵的方法，而允许任何公民自愿参军；还规定凡是自愿而又符合服役条件的公民（包括无产的贫民）都可应募入伍，服役期为16年；为保证士兵的基本生活，供给士兵薪饷和武装。普通步兵每年可领薪1 200阿司，百人队长双倍，骑兵则为3倍，退役之后作为"老兵"而分给份地，并可充当后备力量。他还统一武器装备，实行联队制，消除了重装步兵内部的差别，所有重装步兵一律配备杀伤力极大的投枪和短剑。

经过马略一系列的改革，公民兵变成了职业军队，而且军队的编制、装备得到重新调整，罗马军队的战斗力大为提高。公元前106年，马略率领这支新军队进入非洲，战胜了朱古达。此后，他又击败了进犯意大利的森布里人和条顿人。公元前104年，罗马又凭着这支军队镇压了第二次西西里奴隶起义。

马略的军事改革，在当时确实起了广开兵源和提高战斗力的作用，但从长远来说，它也带来了严重的负面影响：军队成为职业兵，就容易成为将军的私有物，"将可私兵"为日后的军事独裁准备了条件。

斯巴达克的悲哀

随着共和国内烽烟四起，越来越多的人破产，沦为奴隶。而奴隶主对奴隶的压迫有增无减，他们之间的仇恨也与日俱增，奴隶的反抗斗争随之不断高涨。终于在公元前73年，爆发了罗马历史上规模最大、影响最为深远的斯巴达克起义。

起义领袖斯巴达克原是色雷斯人，同罗马作战时被俘，被卖为奴隶。由于身体强健，武艺高强，他被送到卡普亚的一家角斗士学校，训练成为角斗士。角斗士的境遇十分悲惨，经常遭受拷打。斯巴达克不甘于这种暗无天日的生活，于是在公元前73年，带领200人密谋逃亡。由于计划泄露，结果只有78名奴隶冲出虎口。

起义奴隶不断袭击附近的大农庄，一再打击从卡普亚城里出来的军队，夺得很多武器。附近的奴隶和破产农民纷纷投奔而来，队伍很快壮大到1万人左右。罗马元老院派遣精锐部队包围维苏威火山，占据了通往山顶的唯一小路。起义者于是用野葡萄藤编成绳梯，在夜间从悬崖攀缘而下，把武器抛到山下，迂回到敌后，再将敌人击溃。接着，斯巴达克又打垮了另一支罗马军队。

斯巴达克不断告捷，鼓舞了士气，来投奔的人不断增多，队伍迅速扩大至7万人，意大利南部遍地燃起了起义的烽火。斯巴达克对队伍进行了整编，组织了骑兵队和步兵队，加强了队伍的纪律。由于起义军的纪律严明，起义士兵个个勇猛善斗，他们越战越强，到公元前72年已经扩大到12万人。

但是，由于起义军来自不同民族，各民族对起义大军的去向产生了分歧。斯巴达克代表外籍奴隶，主张队伍冲过阿尔卑斯山，摆脱罗马奴隶主的奴役，各自返回自己的家乡。但参加起义的破产农民不愿意离开自己的乡土，他们于是拥护另一个领袖克里克斯，要求进攻罗马。意见分歧导致起义大军发生分裂。克里克斯带领1万人独立行动，不久被罗马军队击溃，克里克斯战死。斯巴达克则带领主力部队向北挺进，一路上击败了罗马军队的前堵后追，到达波河流域。可后来斯巴达克突然放弃了北上的计划，再度挥师南下。罗马统治者闻讯一阵恐慌，元老院选定克拉苏为司令官，负责镇压奴隶起义。斯巴达克本想东渡离境，却为被收买了的海盗所欺骗，未能前行，而狡猾的克拉苏早已布兵切断了起义军的后路。公元前71年，斯巴达克起义军与克拉苏的12万大军在阿普里亚展开了决战。战争异常残酷，死伤无数，血流成河。斯巴达克身先士卒，他的大腿被刺伤，摔下了马背，但他仍举剑持盾，拼杀到生命的最后一刻。

斯巴达克起义给了罗马统治者一次深重的打击，起义军在意大利半岛上南征北战，到处解放奴隶，摧毁奴隶主的农庄，打击了奴隶制经济，撼动了奴隶制的基础，也使奴隶的处境有所改善。但奴隶并不是先进生产方式的代表，没能推翻整个王朝。尽管如此，斯巴达克起义无论在规模上，还是在组织性和纪律性方面，都代表了罗马奴隶起义的最高水平，同时也加速了罗马由共和向帝制转化的进程，斯巴达克的光辉形象也成为古代起义英雄的杰出代表。

恺撒大帝

有一天，地中海的一群海盗抓到了一名年轻人，这位年轻人衣着华丽富贵，举止优雅，海盗们喜不自禁，以为要发大

恺撒的胜利

财了，于是向年轻人强取了20块钱的赎金。年轻人发下毒誓："你们一个都别想活！"海盗们哈哈大笑，并没在意，没想到灾祸很快来临。没过几日，海盗们就被抓获，并被送上了断头台，而在断头台前残酷地下命令的那个人就是前几日的那个年轻人。这位从小就凶狠无情的年轻人日后成为一个帝国的最高独裁者，他的帝国版图广大无比，连整个地中海都变成了帝国的一个内湖！

这个年轻人就是后来的恺撒大帝。他是威震欧、亚、非三大洲的罗马统帅，杰出的政治家和军事家，充满着传奇色彩的英雄人物。在世人眼里，恺撒大帝是一种统治力量的象征，代表着强势、权威、成功、荣耀……历史上的恺撒大帝，作为罗马帝国的缔造者，以其辉煌成就被世人所敬仰，自罗马时代起，就被尊为半人半神的圣人。

恺撒全名盖乌斯·尤利乌斯·恺撒，出生于公元前102年，贵族出身，少年时期受过良好的教育。他成长于一个充满政治斗争的环境，16岁时，就已在政治方面有了自己坚定的主见。19岁时，恺撒投身军界，度过了10年的戎马生涯。多年的军营生活不仅增长了他的军事才干，而且磨炼了他的毅力，养成了他吃苦耐劳的精神，这为他后来执掌兵权、施展抱负打下了良好的基础。30岁时，通过积极参加反对残暴统治者苏拉的斗争，恺撒在罗马政界崭露头角，先后出任了罗马财务官、市政官、大祭司长、大法官等职。随后，通过一系列的政治活动，恺撒很快声望大增，并与当时罗马最有权势的庞培、克拉苏结成联盟。不久，恺撒又获得了高卢总督的职位，率军远征高卢。他通过采取分化瓦解和武力征服的策略，历经10年的战争，取得了最后胜利！其间，恺撒还曾率军渡过莱茵河，征服了日耳曼尼亚，一并渡海征服不列颠。战争中，他造就了一支训练有素、能征善战且绝对忠诚于他的军队，并积累了巨额财产，为其日后执政打下了牢固的基础。

公元前53年，克拉苏在战争中战败身亡，恺撒与庞培及元老院的矛盾激化，引发了长达4年的罗马内战。内战中，恺撒先后发兵西班牙、埃及，消灭了庞培的军队，并征服埃及，将其纳入罗马的版图。经过连年征战，恺撒获得了罗马终身独裁官、执政官、保民官等职，兼有大将军、大祭司长头衔，并被尊为"祖国之父"，可谓集荣耀、大权于一身。

当政期间，恺撒实行了一系列的改革，比如改善行省管理制度、颁布反对行省官员勒索的法令、扩大罗马公民权授予的范围、建立退役老兵殖民地、实行自治市法、增设高级官职、扩充元老院、推行"儒略历"，使罗马的经济、政治得到快速发展，建立了西起太平洋，东迄幼发拉底河，北临莱茵河和多瑙河，南至撒哈拉沙漠的强大罗马帝国。

繁荣之巅——帝国时期

屋大维创立了元首制帝国，从此，罗马的统治者便开始披着民主共和的外衣施行专制独裁统治。与前两个时期相比，罗马的帝国时期无论在经济、政治、文化还是军事等各方面均有较大的发展，这一时期也达到了罗马的极盛之时。

奥古斯都

公元前27年1月13日，屋大维向元老院郑重表示要交出大权、悄然引退，并希望恢复共和、再建民主。其实自从消灭了安东尼以后，屋大维在罗马政坛上再无敌手，他又相继获得了终身保民官和终身最高统帅的职权，除了能够否决一切不利于他的政令以外，还可以随意调动军队、任免将官、征募兵员、动用国库，甚至可以决定战争与和平等军政外交大事，与专制帝王毫无区别。这些使得人人心里都明白他所谓的交出大权、恢复共和只是一句空话。因此，元老院经过三天讨论，决定对他维护共和的用心表示感恩戴德，除恳请他保留一切权力、继续领导罗马人民以外，还奉

屋大维纪念邮票

送他"奥古斯都"（兼有神圣、庄严、伟大之意）的尊号，以此象征他已达到权势威严的顶峰，不仅有帝王之权，而且有神明之尊。同时，还决定在元老院会堂中设置一面金盾，镌文颂扬屋大维的"英勇无畏、宽厚仁慈和公正笃敬"。从此，屋大维便以奥古斯都作为帝王权力的正式名称，开始了他将近半个世纪的统治。

屋大维初任元首，为稳定民心，在罗马城接管了几项具体事务，但因元首亲自负责的事往往是需要高效率和更为重要的事，于是元首特派一些专员去管理。初时人少事简，后来随着管理事务的增多，各种专门机构也相继出现，逐渐形成了一整套与共和制政权机构并存的元首制新官僚机构。

屋大维负责他所主管的粮食、供水、修路和消防等工作，经常选派自己的亲信去督办，这些人便被称为专员、专使或督查、督办等。他们或来自骑士成员，或来自元首的被释奴隶。他们直接对元首负责，听从元首的命令，共和制执政官无权管辖他们。随着元首职权的增长，这种专员也越来越多，不仅在

罗马城和意大利有，后来发展到处理行省事务时也派出这种专使和督查。

从公元前27年开始，元首组织了一个类似元老院常委会性质的理事会，从两名执政官和其他每种共和制官职中各选取1名代表，再加上15名抽签选出的元老议员组成。这个"常委会"既是元首的顾问团，又是为元老院准备议程方案的机构。公元13年以后，元首家族的三人成为这个会议的永久成员，原抽签选举的委员改为元首亲自圈选，不必经元老院同意。于是，这个议事会的性质便从原来的"元老院常委会"变成了奥古斯都的"皇家御前会议"，虽也吸收一些元老参加，但更多地代表元首的意志。

随着元首制统治的确立，元首办公室和管理宫廷内部事务的成员也愈来愈多，这些人多从元首自己的被释奴隶或亲信中选任。其中最主要的有掌书信文件的侍从、掌皇家金库的侍从、掌申诉的侍从、掌司法事务的侍从、掌国史研究的侍从等。这些人名义上是元首的私人助手，实际上权力很大。

在行省统治方面，采取元老院与元首分治的措施，即把行省分为两类：一类为元老院行省（科西嘉、撒丁尼亚、西西里、帕加马等），由元老院任命总督管辖；另一类是元首直辖省（高卢、西班牙、叙利亚等），埃及则为元首私产，不在行省之列。元首直辖省往往地位重要、物产富饶，元老院行省则较为次要，而且元首有权派遣全权代理官在元老院行省中招募军队、征收军税、管理地产。因此，这种行省分治并非元首与元老院平分秋色的二元政治，仍然是元首的一统天下。共和国已经名存实亡，先前曾是共和国核心的元老院如今不过是一件装饰品。元首制实际上是隐蔽的君主制。

在军事方面，屋大维把罗马70多个军团缩编为28个精锐军团，创建了9 000人的近卫军以保护自己的安全，军人入伍可分得土地。自此，罗马的常备军完全处于元首的控制之下，成为元首的私人工具。公元14年8月，屋大维去世。罗马举国为他举行了盛大的葬礼，并把他去世的月份命名为"奥古斯都"，即现代英文"August"一词的由来。

"罗马的和平"

屋大维统治罗马之后的近两个世纪中，罗马帝国维持了比较稳定的和平局面。这一时期的罗马继续扩张，疆域达到了它的最大规模：在亚洲包括小亚细亚半岛、美索不达米亚北部，直到西奈半岛一带；在非洲直抵北非西部；在欧洲伸入不列颠和多瑙河以北的达西亚等地；地中海则成为罗马的内湖。

罗马经济也有了很大的发展。带轮的犁、割谷的器械、水磨都得到了普遍应用。埃及和北非一带改进了灌溉系统，开辟了新的耕地，农产丰饶，成为帝国的谷仓。帝国的手工业也很发达。意大利的玻璃、金属制品、陶器，腓尼基的玻璃制品、紫红染料，小亚细亚的纺织品，埃及的纸草、精细麻纱，西班牙的金、银、铁、铅矿产等，都是非常著名的产品。

高卢和西班牙等地兴起了许多新城镇。帝国境内则修起了许多纵横的道路，增辟了渠道和港口。许多地方修建了高架引水桥，把远处的泉水引入城市。海盗已被肃清，水陆交通便利，运输比较安全。大小商人往来贩销各地物产，许多精美制品运往莱茵河、多瑙河彼岸。帝国初期驶往印度的商船每年就大约有120艘。中国丝绸辗转运到罗马，在共和国末期成为上流社会的珍品。

工农业的发展，国内外贸易的税收，为罗马帝国积累了大量财富。在意大利本土和各行省，展开了规模浩大的建筑工程。罗马城内兴建了许多豪华的大理石皇宫、神殿、别墅、会议厅、公共浴场、剧场、竞技场和宽阔的广场。

因此，有人说："屋大维找到的罗马是一座砖瓦的城市，但他留下的罗马是一座大理石的城市"。在屋大维时代还涌现出许多伟大的作家，如维吉尔、贺拉斯、奥维德、李维。屋大维晚年被尊为"祖国之父"。在他统治期间，罗马经历了和平与繁荣的黄金时代，被称为"罗马的和平"。

"四帝共治"

公元3世纪的罗马帝国开始走向衰落，面临重重危机。奴隶制经济走向末路，大农庄和矿山以至一般作坊的运营，更是难以维持，帝国的财政收入受到严重影响。而统治阶层仍在过着骄奢淫逸的生活，官吏贪污成风，再加上节日庆典繁多，国家财政已经支持不了这样庞大的开支。此时，帝国境外的日耳曼人又不时越境到农村进行抢劫，给农业生产造成了巨大损失。国家经济衰退，城市衰落，军队士气颓靡，民生困苦，不堪捐税负担的贫民到处流亡，盗匪横行，整个国家动荡不安。各地民众起义频繁爆发，在非洲、高卢两地先后发生了奴隶、隶农、牧人起义，他们杀死豪门贵族，分掉其土地和财物，占领广大地区，并且选出自己的领袖，宣布脱离罗

戴克里先头像

马帝国。罗马帝国陷入风雨飘摇的困境。

284年，戴克里先在这样的动荡时期登上了元首宝座。他即位后，对内残酷镇压了高卢等地的起义，对外战胜波斯，打退日耳曼人的入侵，暂时巩固了边疆。然后，他便公开仿效波斯君主，以"上帝之神"自居，穿戴有珍珠宝石装饰的冠冕服装，要求臣下晋见时行跪拜礼。从此以后，"君主"代替了"元首"而成为皇帝的正式称号，罗马帝国也正式进入"君主制"时代。

戴克里先上台之初实行了一系列的改革和强化措施。在行政方面，他把帝国分成4个部分，由4位统治者治理，实行"四帝共治"；取消了元首省和元老院省的划分，以加强对行省的控制，并把整个帝国划分为12个大行政区。

在军事方面，戴克里先把军队分为边防军和巡防军两种，边防军用以对付外族的入侵，而巡防军则用来镇压内部人民起义和从事远征，这样每个军团的人数减少了，而总军团数却增加了。他还大量征募隶农，吸收蛮族充军。

戴克里先的另一项重大措施是实行新税制。在此之前，罗马税制混乱：有的地方（如意大利）不缴直接税（人头税、土地税），有的地方交纳实物税（埃及、阿非利加交粮食），有的地方交纳现金或现金与实物二者兼而有之。戴克里先改革税制，使得赋税以实物为主，并统一税制。农村居民一律交人头税和土地税，城市无地居民只纳人头税，而官吏、老兵、无产者及奴隶免税。但事实证明，这样反而加重了人民的负担。

戴克里先又改变币制，铸造含金量为一罗马斤（合327.45克）的1/60的金币，比屋大维时期制造的金币减重1/3，但比3世纪危机时制出的劣质金币含金量多一些。由于物资缺乏，物

戴克里先时期的货币

价依然上涨，戴克里先金币仍不能广泛流通。为限定物价，戴克里先于301年颁布"物价敕令"，对各种物品和各种工价都规定了最高限额，抬高市价者要处以死刑。由于脱离实际经济状况，结果适得其反，投机和黑市交易反而变得更加猖獗。

戴克里先所做的一系列改革表面上看似乎暂时稳定了局势，但由于这些措施违背了历史发展的客观规律，非但没有达到他最初的目的，反而加重了罗马帝国原本就已深重的危机。305年，戴克里先退位。经过争夺帝位的混战，政权落在君士坦丁手中。

余晖照耀下的帝国

君士坦丁早年在罗马元首戴克里先的宫廷中长大，后以军官的身份参加了征伐多瑙河下游地区的战斗。305年，他与父亲君士坦提乌斯一道渡海出征不列颠，在不列颠北部大战一场。306年，君士坦提乌斯在约克去世，君士坦丁随即被军队拥立为帝。312年，君士坦丁在罗马的米尔维桥打败了罗克森提乌斯，从而成为罗马西部的统治者。第二年，李锡尼乌斯完全掌控了罗马东部。于是，出现了两个君主共治天下的局面。323年，君士坦丁击败李锡尼乌斯，成为罗马的唯一统治者。

鉴于自己起兵夺权的经历，君士坦丁废除"四帝共治"，代之以"家天下"，分封子侄们为"恺撒"，治理帝国各地。他本人则为全国帝王，直接控制帝国的核心地区。他还经常巡视各地，子侄们也均俯首听命。

君士坦丁完成了戴克里先的官僚改革，增加了官僚职位，扩大了官僚人数；同时实行官阶制，以严格的等级来划分全国官员，并按官阶授以头衔，享受特权。君士坦丁不断颁布法令，极力维护濒临垂死的奴隶制度，企图重振帝国雄风。他将帝国划分为高卢、意大利、伊利里亚和东方4个大行政区，下设行政区，再下为各行省。

君士坦丁重做帝国梦的同时，还采取了两项对后世有重大影响的措施。当时罗马帝国基督教兴起，而基督教对于君士坦丁，与其说是一种信仰，不如说是一种使罗马帝国安定、统一和有秩序的工具。他对基督教井井有条的秩序与遵守道德的行为，在祭奠仪式中不杀生的现象，对神职人员的尊敬，无怨地接受生活中的各种不平等，以及盼望来世的欢乐等均有好感。他觉得这个新的宗教可以净化罗马的道德，革新婚姻与家庭制度，并降低人们对战争的狂热。尤其是基督徒们即使受了较痛苦的压迫，也极少起来反抗；他们的牧师教导他们要顺服掌权者，并告诉他们君权神授。这正好与君士坦丁企图维护专制君主制度的思想不谋而合。313年，他颁布了"米兰敕令"，承认基督教的合法地位。同时，他还决定偿还教会先前被没收的财产，并免除教会神职人员的徭役，这样便使基督教成了罗马皇帝对内实行统治的精神工具。后来，在他感到死神将至之时，还请来一位牧师为他受洗，希望借此洗尽他一生的罪孽。

君士坦丁做的另一件有重大影响的事就是迁都。当时帝国西部历经战乱，日益走向衰落，东部则比较富裕，文化也很发达，于是君士坦丁打算向东迁移，也便于其对东方领土的统治。330年，君士坦丁在希腊旧城拜占庭大兴土木，修建了一座可与罗马城相媲美的新都，定名为君士坦丁堡，意为君士坦丁的城市。随后便迁都于此，使这里成为帝国统治的中心和连接东西方的最大都市。

君士坦丁极力维护奴隶制度，重申主人有权处死奴隶，准许父母出卖子女为奴；还颁布敕令规定隶农及其后代必须一直待在土地上，逃亡隶农必须加镣送回原主；对于表现不好的被释奴隶，允许奴隶主将其重设为奴；他还把隶农降到类似奴隶的地位。君士坦丁的这类措施，是奴隶主阶级为维护腐朽的奴隶制而倒行逆施的突出表现，其结果不但没有巩固奴隶制度，反而加速了它的瓦解。

君士坦丁的"家天下"没能维持多久。他刚刚去世，他的后代便因争夺帝位相互开战。

"永恒之城"的陷落

到了罗马帝国晚期，罗马城的地位一落千丈，不但失去了帝国政治中心的地位，还几度被外族人攻陷，帝国的命运已经奄奄一息。这段时期，散布在它北部疆界外的日耳曼人（罗马人称他们为"蛮族"）不断地侵犯罗马边境，成为对罗马帝国的巨大威胁。日耳曼人的组成很复杂，主要有哥特人、汪达尔人、勃艮第人、法兰克人及匈奴人等。

395年，罗马皇帝狄奥多西临终时将帝国一分为二，交给他的两个儿子治理，分别称为西罗马和东罗马。西罗马仍然以罗马为都城，东罗马则以君士坦丁堡为都城，从此，罗马帝国正

罗马帝国的衰亡

式分裂。西罗马帝国的军事力量十分薄弱，主要依靠日耳曼人的雇佣军队来维持统治，军官也往往由日耳曼人的首领充任。西罗马帝国已趋向末路，各地奴隶、隶农、贫苦百姓纷纷起义。从公元3世纪中期起，帝国境内的意大利、西西里、北非、埃及等地相继爆发了人民的反抗斗争，尤其是发生在高卢地区的人民起义"巴高达运动"，规模最大、时间最长。

日耳曼人乘虚而入，洪水猛兽般从四面汹涌而来，与各地的起义军合成一体，成为瓦解西罗马帝国的洪流。5世纪初，西哥特人发动攻势，先洗劫了希腊，然后向西攻入意大利，奴隶们和雇佣军纷纷加入他们的队伍。410年，西哥特人围攻罗马，在奴隶们的帮助下，罗马城陷入"蛮族"之手。西哥特人洗劫罗马城达三天三夜，接着折向意大利南部，后又北上转入高卢南部和西班牙。419年，建立起西哥特王国。就在西哥特人进攻意大利的时候，汪达尔人、勃艮第人、法兰克人也突破了西罗马帝国的北部边界。汪达尔人穿过高卢和西班牙，渡过海峡，攻入北非。北非的奴隶和隶农同渡海而来的汪达尔人联合起来，扫除了罗马的统治。439年，汪达尔人在北非建立汪达尔王国，并迅速取得西部地中海的霸权，于455年派遣舰队渡海北上攻打意大利。罗马城再次被"蛮族"攻陷。汪达尔人在罗马城劫掠了15天，房舍全被摧毁，文物洗劫一空。457年，勃艮第人在高卢东南部建立勃艮第王国。到5世纪中期，西罗马帝国的行省已经大部丧失，先后被日耳曼人占有。在意大利，西罗马的中央政权也操纵在了日耳曼雇佣军将领手里，皇帝也由他们随意废立。

西罗马帝国已是笼罩着一片战火狼烟。476年，日耳曼雇佣军的将领奥多亚克废除了西罗马的最后一个皇帝罗穆路斯·奥古斯都。至此，西罗马帝国在奴隶起义和日耳曼人的打击下彻底灭亡了。一个被迫离开罗马的贵族口中不停地哀叹："罗马，星辰沉落，是为了重生其光；火炬浸湿，或许燃烧得才更加明亮……"

一代"永恒之城"就这样陷落了，拉上了它沉重而凄凉的帷幕。

南征北战的年代
——罗马的战争

罗马，从诞生的那一刻起，就注定了要在战火烽烟中成长。罗马起初不过是一个不起眼的小城邦，城邦居民为了生存要随时准备拿起武器自卫。但在随后的历史发展过程中，罗马人不断地开拓疆土，在200多年的时间里，不仅统一了意大利半岛，还几乎征服了当时人们所能知道的世界上的每一片土地，建立起一个庞大的帝国，成为名副其实的"世界的征服者"。有人说罗马的千年历史就是一部征服史。至今这块土地上似乎还留有当年罗马军团铁蹄的印迹，滚滚硝烟掩藏了怎样的传说与悲歌？想得到答案，就让我们回顾那些惊心动魄的时刻，再现那个金戈铁马的年代。

霸业之始——征服邻邦的战争

罗马废除王政，刚刚建立共和国时并不安稳，内部没有健全的制度，外部也四面受敌。因此，在共和国成立的最初100年里，罗马是在不断与邻国的争斗中度过的。

与邻邦的争斗

罗马起初还只是个小国，四周面临着许多劲敌，东面和南面的萨宾人、伏尔西人和埃魁人等时常与罗马发生争斗，几乎每年都会有战事发生，罗马人也几乎时时处于备战状态。

　　罗马人与萨宾人的冲突时有发生，但萨宾人并不团结，他们中有一部分人不愿意同罗马人发生战争。公元前6世纪末，一个名叫阿提乌斯·克劳狄乌斯的萨宾首领带领着他的大批随从离开萨宾投奔罗马，罗马人抓住这个机会，打开城门，接受他们为公民，分给他们土地，在阿尼奥河北岸建立了新的特里布斯。他们还将克劳狄乌斯吸收成为元老贵族，这就是著名的克劳狄乌斯氏族的起源。此后，更多的萨宾人无心应战，罗马便渐渐停止了与萨宾人的争斗。

　　罗马最可怕的敌人其实是伏尔西人。伏尔西人居住在利瑞斯河谷一带，他们时常北上，侵入到阿尔巴山以南的拉丁地区。罗马在拉丁与伏尔西的边境地区建立了一些殖民城，因此这一地区战乱不断。直到公元前5世纪下半叶，罗马人才打败了伏尔西人，并夺回了被伏尔西人抢走的拉丁土地，建立了更多的殖民城。

　　罗马的邻近之敌还有埃魁人。关于与埃魁人的争斗，罗马流传着一个尽忠爱国的将领的故事。有一个名叫辛辛纳图斯的人，曾做过三任执政官。据说当时罗马受到萨宾人和埃魁人的双重袭击，元老院急作一团，商量决定派辛辛纳图斯为独裁官去解围（独裁官是共和国的特殊官员，它是指当国家处于紧急危难状态时临时任命的掌握全权的执行官。普通执政官是两个人，也就是两个人共同执政，每个人只有半权，而独裁官则拥有全部的权力。独裁官上任，原来的执政官也要听他的指挥，他还可以任命一个骑兵队队长来当自己的副官。独裁官任期半年，到期则交回大权。这是罗马人处理国家危机的一种权变之策）。当时辛辛纳图斯正在地里干农活，得知这个消息后，立即扔下锄头，一边擦掉身上的汗水，一边穿上战袍，回城就职。他紧急动员民众，很快组织起一支大军。在他的率领下，罗马大军奋勇杀敌，打败了埃魁人，罗马大军凯旋回城。辛辛纳图斯一回城便辞掉了尚未期满的独裁官职，解甲归田。他的这种淳朴、清廉的作风为后世赞颂不已。

抵御高卢

公元前6世纪，生活在北欧密林中的高卢人开始南移。高卢人金发碧眼、体格强壮、勇武好战，武器主要是长矛和利剑，还配有骑兵和战车等。高卢人作战凶猛无比，他们先用战车冲乱对方阵营，接着骑兵和步兵蜂拥而上，猛烈砍杀。据说高卢人凶残无比，士兵常常赤膊上阵，一面厮杀，一边咀嚼敌人的断肢。他们还有一个可怕的习俗，就是把敌人的头砍下来，挂在马脖子上，用油泡干，用来请客炫耀。

不屈的高卢人

公元前391年，高卢人经伊达拉里亚南下，包围了克路西乌姆城，于是克路西乌姆城便向罗马求援。罗马派出了由3名显贵组成的外交使团到高卢人那里去进行调解。但3名代表在谈判中明显地站在克路西乌姆人一边，其中一人甚至还杀死了高卢人的首领。高卢人立刻中止了谈判，并要求交出凶手。罗马政府不但拒绝了高卢人的要求，而且还从这一显贵家族中选出了第二年的军事保民官。这大大惹怒了高卢人，于是他们撤兵克路西乌姆，转攻罗马。高卢人来势凶猛，罗马人又不习惯高卢人的作战方法，遇到这样的劲敌自然力不能敌，因此遭受了空前的惨败，这一天是公元前390年7月18日，后来被定为罗马的国耻日。之后高卢人又乘势攻入罗马，大肆破坏屠杀，罗马人则逃往卡彼托尔丘，在那里被高卢人围困。对峙数日，双方的精力都耗尽了，罗马人建议和谈，高卢人表示同意。他们在得到1000磅黄金后离开了罗马。

高卢人征服罗马

惨败于高卢给罗马造成了负面的影响，致使罗马周围毗邻的埃魁人、伏尔西人等又乘机侵袭罗马。罗马不得不与这些邻近的山地居民再次进行战争。与此同时，罗马的老同盟——赫尔尼克人和某些拉丁城市，也企图摆脱罗马的控制。经受重创的罗马人一边恢复、重建城池，一边改革军队、改进武器。过了近半个世纪，罗马才又重新东山再起。

罗马与高卢就此结下了仇怨，高卢成了罗马的心腹大患。此后，高卢部落过一段时期就来南侵意大利地区，但都被罗马打败了。直到公元前225年，高卢人大举南下，这才使得一直惶惶不安的罗马下决心要彻底征服高卢。这时的罗马已远非昔日，在经过了数次南征北战后，已然拥有了强大的军队。于是在结束了与迦太基的第一次战争后，罗马人就向山南高卢进军。公元前224年，罗马军制服了波河南高卢，即波伊人。次年，又进攻另一部族伊苏布列斯人，大获全胜。公元前220年，高卢主要部落投降，罗马在高卢建立了拉丁殖民地。至于山北高卢，则直到共和国时恺撒远征，才对其实现了最后的征服。

开拓疆土——吞并意大利

罗马人要迈开他们对外扩张、征服的步伐，首当其冲的便是意大利半岛。罗马一天天在强大，以至意大利半岛这块集天时地利于一身，曾经孕育了罗马的宝地，现在却不得不仰望着罗马。

萨莫奈战争

萨莫奈人生活于亚平宁山区，是意大利半岛居民中开化较晚的一部分。公元前5世纪至前4世纪，当罗马人争战邻近地区的时候，萨莫奈人也将领土扩大到了中意和南意部分地区。罗马人同萨莫奈人最初是友好的。公元前354年的时候，双方为防御高卢人的入侵曾缔结过一个同盟条约。公元前349年，高卢人来到拉丁姆不战而退，也可能与害怕罗马人和萨莫奈人的联盟有关。

从公元前343年起，萨莫奈人入侵坎佩尼亚，罗马人以坎佩尼亚首城卡普亚向其求援为由，把军队开入坎佩尼亚，于是爆发了第一次萨莫奈战争。由于战事拖得太久，罗马士兵不愿为卡普亚人长期在外地作战，便发生了哗变。罗马只好罢兵，和萨莫奈人重新议和，于公元前341年双方签订和约。

公元前327年，罗马人因争夺那不勒斯而再次挑起了与萨莫奈人的战争。这是一次严酷而持久的战争。起初罗马人取得了一些胜利，但公元前321年的考狄乌姆峡谷一战，罗马军大败。罗马的两名执政官为了保住5万多被围困的青年士兵的生命，只好缴械投降。

但罗马并没有就此罢休，它一面改进军队武装，一面发动外交。罗马先是击败了西边沿海的坎佩尼亚的奥斯其语人，北面又和中亚平宁与马尔西、韦思提尼、帕里格尼等建立了友好

森提乌姆战役

关系，南面同阿普利亚的首城卢西利亚建立了同盟关系，从而从南、西、北三方面对萨莫奈人形成了包围之势。萨莫奈人四面楚歌，只得向罗马寻求和解。第二次萨莫奈战争以罗马的大胜宣告结束。随后罗马为了巩固胜利成果，修建了通向中亚平宁地区的瓦莱利亚大道，并沿途建立了阿尔巴夫森和卡西奥利两个拉丁殖民地，以便加强对这些地区的控制。

同样，萨莫奈人也不肯善罢甘休，他们企图与同文同种的卢卡尼亚人结成同盟，共同反对罗马，但遭到了卢卡尼亚人的拒绝。公元前298年，萨莫奈人派兵威胁卢卡尼亚，卢卡尼亚人向罗马求援，于是，便开始了罗马史上的第三次萨莫奈战争。这次，萨莫奈人在他们优秀的将领埃格纳提乌斯的领导下采取了一个新的战略。埃格纳提乌斯统率大军穿过罗马在亚平宁山区的一道道殖民地防线，经萨宾直上翁布里亚，到达高卢赛诺尼斯部族占据的亚得里亚海沿岸，一路上招兵买马，招募和收用各族兵力，包括高卢人和埃特鲁里亚诸城的部队，组成了一支以半岛中部和北部居民为主，反对罗马统治的大联军。罗马将领西比阿·巴尔巴图斯追踪埃格纳提乌斯到翁布里亚，在卡美利农遭到萨莫奈和高卢联军的伏击，罗马军大败。面对这样强大的敌人，罗马人深感威胁，宣布全国处于紧急状态，大举召集退役老兵和释放奴隶，组成了一支4万人的大军，由老将费边和平民将领德西乌斯率领，与埃格纳提乌斯领导的北方部族大联军进行决战。公元前296年，双方在翁布里亚北部的森提乌姆展开激战，萨莫奈和高卢联军战败，罗马取得了征服中部意大利的决定性胜利。

几年以后，萨莫奈人及其同盟者相继屈服，被并入罗马的势力范围之内。萨莫奈战争从开始到结束，断断续续长达50多年。双方均耗费了不少人力、财力，但罗马经过这漫长的斗争，控制了北抵波河流域，南至卢卡尼亚的意大利中北部，野心勃勃整装驶向下一个目标。

"分而治之"

罗马把意大利各地区征服以后，并没有立即组成一个统一的国家，而是实行了"分而治之"的政策，把各个被征服地区分成两种：

第一种是合并，包括拉丁姆各族居民、坎佩尼亚大部分、埃特鲁里亚南部和萨宾大部地区。这些地区被并为罗马公有地，居民给予罗马公民权或半公民权。这样罗马国家的范围和人口大增，约占据了意大利半岛1/5的土地，人口则达到了100万左右。

第二种是保持同盟。同盟也分为两部分：一是拉丁同盟者。拉丁同盟者又可分成大拉丁战争后，没被罗马合并的几个古拉丁城；早期拉丁同盟遭到罗马解散之前，于公元前338年前建立的一些小拉丁殖民地；罗马征服中部、南部意大利过程中在萨姆尼特战争和皮洛士战争期间在意大利各地先后建立的三种拉丁殖民地。这些所谓的拉丁同盟都分别同罗马订有条约。各城有自己独立的全权政府，一切组织仿照罗马。居民有起诉权和通婚权。二是意大利同盟者。意大利同盟包括中部、南部意大利各部族和城市。在没有城市的部族住区，罗马同各部落订约，有城市的地方就同各城市分别订约。罗马同这些大大小小的区域和城市所订立的同盟条约可能有150个之多。各个同盟者的地位和罗马的关系虽然有种种差别，但都要为罗马提供军事力量。

罗马的这种政策是罗马共和国发展过程中实施的十分明智

有效的政治手段，也是保障罗马顺利实现对意大利半岛征服与统治的重要因素。罗马对历次战争中的失败对手，不是实行疯狂地报复或一举消灭，而是巧妙地在实践中运用"同盟"、"自治城市"、"拉丁殖民地"和"授予罗马公民权"等看上去比较宽容的政策，以获取兵源和财力，实现求取更大利益的勃勃野心。罗马的意大利政策是罗马走向征服世界之前的一种政治准备，为罗马进行更大规模的扩张提供了经验。于是，在意大利半岛上的硝烟还未散尽之时，罗马就匆匆地向地中海区域进军，以图圆其称霸世界的帝国之梦。

纵横驰骋——地中海的新主人

公元前3世纪，罗马已经成为意大利半岛的主人，而地中海地区仍由几个大国瓜分，东方有希腊化的马其顿、埃及和叙利亚，西方则有迦太基。随着罗马的逐渐强大，它与这些大国的地域之争日益激化，战争不可避免地发生了。

三战马其顿

马其顿原在希腊文明的边缘，但从公元前4世纪起，马其顿逐渐成为希腊北部的重要国家。马其顿地处巴尔干半岛，战略地位重要，到公元前3世纪一跃而成为东地中海的主要强国。

早在第二次布匿战争期间，罗马就在亚得里亚海沿岸建立了一系列据点，对此马其顿国王菲力普五世一方面心怀妒忌，另一方面又担心罗马借机东扩。公元前215年，菲力普与汉尼拔缔结了一个同盟条约，约定两国互相支持，共同反对罗马，这就种下了与罗马敌对的种子。但是从订立盟约后直至公元前205年，菲力普在率船队进攻罗马在希腊的据点阿波罗尼亚，被罗马舰队击退后，就再也没有对罗马有过什么大的进攻。原因是马其顿素来与希腊城邦关系紧张，许多希腊城邦参加了反马其顿的联盟，致使马其顿无暇顾及与罗马争斗，双方只有一些零星的小战斗，有人把这一期间马其顿与罗马之间的敌对行动称为第一次马其顿战争。公元前205年，菲力普与罗马订立和约。马其顿在希腊的势力被削弱，而罗马则保留了希腊沿海领地。

菲力普五世野心勃勃，不久便又开始联合叙利亚塞琉古王国密谋要共同瓜分埃及托勒密在地中海东岸的领地，并对一些希腊城邦采用高压政策，干涉其内政。希腊城邦自然不满菲力普的行为，又组成了反马其顿的联盟，并开始向罗马求救。而此时，罗马已战胜迦太基，正欲东扩。公元前200年，罗马便以菲力普敌对罗马同盟为理由，向菲力普宣战，史称第二次马其顿战争。公元前197年，罗马司令官费拉米尼努斯率2万罗马军与菲力普的2.5万军队在帖撒利亚大战，菲力普战败，并承认希腊各邦独立，放弃其国外领地，并支付巨额赔款。菲力普本身仍为马其顿王，但需交出舰队，撤离希腊。

公元前179年，菲力普去世，其子伯修斯继位。伯修斯很有头脑，努力发展马其顿，通过各种手段很快又使国家强大起来。接着，他又组织反罗马同盟，积极扩军备战。罗马人对此大为不满，于公元前171年再次向马其顿宣战。起初，罗马军总受挫。直到公元前168年，罗马执政官埃米利乌斯·鲍路斯率罗马军在皮德那与马其顿军决战，马其顿大败，伯修斯被俘。

罗马把马其顿分割为4个小国，分别设立议会和政府，禁止它们互通往来，这种做法激起了当地居民的反抗。公元前149年，马其顿爆发了一次反罗马的起义，但被镇压。此后，马其顿变成了罗马的一个行省。

此后，罗马消灭了希腊城邦中马其顿的支持势力及反罗马

埃米利乌斯·鲍路斯的凯旋

势力，并于公元前146年打败了科林斯独裁将军克里托劳斯领导的反抗罗马统治的亚加亚联盟，焚毁了科林斯城，结束了希腊的政治史。

大败塞琉古王国

公元前200年以前，罗马并没有进攻亚洲地区的企图，塞琉古王国也没有同罗马发生过任何联系。但塞琉古国王安提奥库斯三世是一个极富野心的人，他也伺机要开拓疆土。

公元前209—前197年，塞琉古王国先后进攻波斯，向小亚细亚一带扩张，并与马其顿王菲力普五世密谋瓜分埃及托勒密在地中海东岸的领土。公元前197年，塞琉古王国把希腊名城以弗所建为第二首都。次年，又宣称赫勒斯滂海峡以西、色雷斯的一部分归塞琉古王国所有，同时继续在小亚细亚扩张，对帕加马等地形成了严重的威胁。帕加马和小亚细亚的一些希腊城市感到威胁，纷纷向罗马求援。

公元前197年，塞琉古王国趁马其顿兵败之时，渡海侵入欧洲，占领了色雷斯，甚至企图吞并马其顿。塞琉古的野心终于惹怒了罗马，公元前191年，罗马派军到帖撒利亚。4月，在温泉关，罗马效仿当年波斯大败斯巴达王李奥尼达之先例，绕到敌后，击败塞琉古王国，迫使他们退出欧洲，回到亚洲。

此后，罗马与塞琉古的战事转到亚洲和爱琴海。公元前191—前190年，罗马军依靠盟邦帕加马和罗德斯海军协助，在科里库斯海角两次击败塞琉古的舰队。次年，双方又在小亚细亚的马格尼亚发生激战，结果罗马军队的3万人仅以300人的损失就击败了塞琉古的7万之众。

塞琉古兵败求和，双方订立条约：塞琉古放弃对欧洲和小亚细亚的领土要求，并赔款；除保留10只舰船外，其余全部交出。至此，塞琉古已失去了昔日的重要地位并日趋衰落，只得沦为罗马的附庸。

公元前2世纪中期，意大利以及地中海地区的国家都臣服于罗马，只有埃及托勒密苟延残喘，但也无力与罗马抗衡，到公元前30年，遂被屋大维征服而立为行省。罗马以其唯我独尊的姿态傲立于世界强国之林。

威风八面——强大帝国的形成

清扫本都势力

公元前3世纪，本都王国兴起，并很快形成为一股强大的新兴力量。公元前115年，米特里达梯六世成为本都国王。米特里达梯六世不但有称霸小亚细亚的野心，而且梦想向西扩展建立一个大国。他亲政以后，继续奉行其父亲的对外扩张政策。公元前88年，本都王国几乎囊括了黑海沿岸所有地区，小亚细亚的许多地区如小亚美尼亚、科尔奇斯、博斯普鲁斯和逍利半岛的刻松和奥力维亚都成了本都王国的主要辖地，甚至黑海沿岸的许多希腊城市如伊斯特利亚、托米、米森布利亚、阿波罗尼亚也都处在本都王国的控制之下。

随着王国版图的扩大，米特里达梯开始着手准备对罗马人的战争。他一方面与临近大国如埃及、叙利亚交好，另一方面则全力扩大自己的军队，广征军粮。公元前90年，罗马内部发生了规模巨大的意大利战争，几乎所有的罗马兵力都被牵制。米特里达梯觉得这正是对付罗马的好时机，于是第二年，率军侵占罗马的亚细亚行省，第一次米特里达梯战争爆发。由于长期以来，小亚细亚人民与希腊人民一直饱受着罗马总督与税商的掠夺之苦，对罗马人的统治早就心存不满，因此他们对米特里达梯十分支持，甚至把米特里达梯视为"救星"。米特里达梯的军队要强过罗马在小亚细亚的驻军兵力，因此很快占领了小亚细亚。之后，米特里达梯做的第一件事就是清除罗马势力的影响，严惩罗马官吏。他下令捕杀罗马官吏、商人、高利贷者以及普通意大利移民，人数达8万之多，并以溶解的黄金灌入贪官的喉咙。然后，他将权贵们的财产分给穷人，并释放沦为奴隶的平民。为了进一步笼络人心，米特里达梯实行了一些政策，如宣布取消债务、释放奴隶和分配土地，并宣布小亚细亚的希腊城市获得独立，5年内免去一切税赋。同时，他还把卡帕多基亚、弗利基亚和比提尼亚改为本都的省份，并将本都的首都迁至帕加马。这一切使米特里达梯深受小亚细亚居民的欢迎和拥护，巩固了他在小亚细亚的统治地位。

米特里达梯的野心急剧膨胀。公元前89年，米特里达梯挥师进军欧洲，他动用强大的兵力占领了马其顿，并对希腊形成

米特里达梯六世头像

包围之势。许多希腊国家纷纷倒向米特里达梯，在雅典，亲本都的伊阿里斯提昂发动起义，宣布要脱离罗马。一时间，罗马几乎丧失了东方的所有属地。

罗马统治者大为惶恐，急忙施行分化政策，平息了意大利人的反抗，然后全力对付东方本都的威胁。公元前87年，苏拉力压马略，率军来到希腊。他向希腊人强征重税，慷慨地赏赐士兵，被士兵称为"幸福的苏拉"。对负隅顽抗的亲本都的雅典苏拉则无情镇压，以防止其他希腊城市倒向本都。然而，就在苏拉在东方征战的时候，从罗马传来消息说马略派重新得势，并把苏拉宣布为公敌。苏拉无心长久作战，于次年打败本都后，双方签订了条约，规定本都退出战争时所侵占的土地，并赔款。公元前84年，第一次米特里达梯战争宣布结束。

第二次米特里达梯战争发生在苏拉返回意大利之后。苏拉返回罗马与马略争权，留下的小亚细亚事务便由罗马将军姆列那处理。姆列那出于个人的野心，单方面破坏条约，进兵本都，结果被米特里达梯击败。后来，通过苏拉的调解，双方才重新确认了和约。

公元前75年，俾提尼亚国王尼科曼特斯三世去世，根据他的遗嘱，其王国将被送给罗马。米特里达梯闻听后，感到非常吃惊。他为了不使罗马的势力进入黑海，进而侵占自己的势力范围，决定趁罗马还未接管俾提尼亚王国之前，抢先占领俾提尼亚。

公元前74年，米特里达梯下令出征俾提尼亚，俾提尼亚国民毫无准备，国家很快就被本都军队占领。罗马政府不能容忍本都这样严重的挑衅，立即派遣执政官卢库鲁斯率军前往镇压，第三次米特里达梯战争爆发。卢库鲁斯指挥得当，第二年便击败了本都，占领了赫拉克勒、西诺普等黑海北岸城市，并收复了俾提尼亚。

公元前69年，罗马东征大军又打入亲本都的阿美尼亚王国境内，试图彻底消灭本都王国。但罗马过于轻率地估计了小亚细亚的形势，遣散了卢库鲁斯的军队，使小亚细亚局势再度变得紧张。

直到公元前66年，庞培受命去东方结束米特里达梯战争。他首先与本都国王进行谈判，要求其无条件投降，但遭到拒绝。于是庞培率兵攻打本都，英勇善战的罗马军，屡战屡捷，不久就击败了本都的主力，攻占了本都的所有地区。本都国王见大势已去，便带着800骑兵逃往博斯普鲁斯王国，企图东山再起，后来因其子兵变，米特里达梯被迫自杀。至此，历时10年之久的第三次米特里达梯战争结束。本都王国和它以西的地区被并入罗马版图，罗马在此设立了一个新的行省，面积大于意大利本土近4倍的东方归属于罗马，罗马的版图得到了空前的扩展。

亚克兴之战

亚克兴之战是史上具有双重意义的战争，它既是罗马内部为争夺政治权力的斗争，也是罗马对外扩张领土、称霸世界的战争，而靠着这场战争名利双收的便是屋大维。

亚克兴之战

公元前31年，安东尼与屋大维的军队会战于亚克兴海角。亚克兴海角位于希腊半岛的西海岸，是希腊著名的军港。安东尼之所以选择这里作为战场，是因为这里不仅可以控制南意大利，同时也可以阻挡屋大维的军队在希腊半岛登陆。

从军队的数量来说，安东尼有800多艘战舰，10万步兵，1.2万骑兵；而屋大维只有250艘战舰，8万步兵，1.2万骑兵。安东尼占绝对优势。但从军队的质量来说，安东尼的军队不如屋大维，许多部队是从埃及临时征集来的。屋大维则准备充足，士气旺盛，实际战斗力很强。

屋大维是一位出色的军事家。两军刚一交战，他就命令舰队后撤，以诱安东尼深入。安东尼果然上当，以为屋大维兵败，便下令舰队穷追猛打。这时，屋大维派出灵活的快速舰队，回头迎击。安东尼的战舰多半是巨舰，操纵转向不灵活，很快就陷入被动，开始出现混乱。这时，女王率领60艘战舰赶来，当她看见两军战舰互相冲撞，已进入白刃战时，吓得浑身发抖，竟掉头逃走了。安东尼见大势不妙，也丢下10万将士，乘一只小船跟随女王逃往埃及了。他的部下因群龙无首，全部向屋大维投降。

安东尼与克里奥佩特拉回到埃及王宫，感到自己的末日快要来临，便纵酒狂欢，把战争、政权和整个世界都统统扔到脑后。屋大维的大军长驱直入小亚细亚，逼近埃及，眼看就要兵临城下。安东尼和克里奥佩特拉商议，要她出面向屋大维求和，只要屋大维不加辱于她，她可以退位；安东尼也可以交出他的军队，以私人身份隐居埃及。

屋大维断然拒绝了克里奥佩特拉求和的要求，并宣称除非女王杀掉安东尼，或者将他赶出埃及，否则便没有和解的可能。接着，屋大维下令对亚历山大利亚城发起猛攻。绝望的安东尼决定作最后的挣扎，他全副武装，率领剩下的步兵在城外山丘上列阵，准备拼死一战。可是，将士们却不愿为他卖命了，他们纷纷放下武器投降，有的甚至倒戈相向。屋大维的军队像潮水般地涌了上来，安东尼在绝望中自杀，克里奥佩特拉随后用一条毒蛇也结束了自己的生命。屋大维把女王的遗体与安东尼葬在一起，为了罗马的利益，他还处死了女王与恺撒以及安东尼的后代。从此埃及托勒密王朝长达300年的统治结束了。

屋大维凭借亚克兴之战，消灭了政敌，扩大了领土，踏上了个人的君主之路。

不可一世的中流砥柱——罗马军团

多种多样的兵种

军团是古罗马军队的基本作战单位。军团的数目以及军团中的人数在不同历史时期有所不同。

罗马建城之初，为了生存，罗马人必须用战斗来保卫自己的家园。王政初期，罗马按氏族部落召集武装力量。到王政后期，塞尔维乌斯·图利乌斯实行改革，根据财产原则将公民划分为5个等级，规定各等级中17—60岁的公民皆有服兵役的义务，从而创建了公民兵制。"王"负责征集和统率军队。公民兵出征需自备武装和给养，战后即解甲归田。这时的军队有重装步兵、轻装步兵、箭手和投石手，此外还有少数骑兵。当时的作战队形是排成密集方阵，重装步兵在战斗中起决定作用。

共和国建立后，由于战争的频繁和扩大，罗马的军事制度发生了一些变化。罗马著名统帅卡米卢斯实行了改革，从最初在军队中发放军饷，并由国家供给武器和给养，到后来的逐渐改进军事组织、战斗队形和武器装备。在布匿战争中，这一制度又被进行多方面的改进，终于建立起一套较为完备的军事制度。每个军团通常由4 500人组成，包括3 000名重装步兵、1 200名轻装步兵和300名骑兵。重装步兵为军团的主力，配备投枪、短剑、大盾、金属头盔、胸铠

佩短剑的罗马步兵

和胫甲。每个军团又分为30个中队，每个中队又分为两个森都利亚（即百人队）。罗马军团主要由三个战列组成：第一列是青年兵，也被称为"枪兵"，因为他们的武器一律是长枪；第二列是壮年兵，又称"主力兵"，是军团的核心；第三列则是"后备兵"，由老兵组成。

除上述三列重装步兵外，每个百人队还配有20名轻装步兵，每一军团配有300名骑兵，由10个30人的骑兵小队组成。轻装步兵和骑兵亦分为小队，战斗中轻装步兵通常配置于军团前面，骑兵则掩护两翼。征服意大利后，罗马军队中还有臣服于罗马的城邦或部落即所谓同盟者提供的大量辅助部队，配合军团作战。最高军事指挥权掌握在执政官手中。军团的指挥官是6名军事保民官，系由公民大会推举或由执政官委任。下级军官中最重要的是森图里奥（即百人队长），直接从士兵中挑选任命。

公民兵制随着城邦危机而显露出其弱点。公元前2世纪末，著名军事家马略实行了重大军事改革。其改革主要是将公民兵制改为募兵制，招募以前无权参军的贫苦公民到军中服役；提高薪饷，延长服役期限；为了加强军队的机动性，改变军团的编制和作战队形。此后，城乡大批无业游民加入军队，罗马军队也成了脱离社会生产的职业军。军队参与社会斗争，逐渐成为奴隶主权贵争权夺利和实现独裁统治的工具。

公元前27年，屋大维创建帝国后，又对罗马军事制度作了改革。他将精锐的职业军队进一步合法化，形成了正式的常备军，并配备以辅助部队，驻扎于行省和边防要地；还建立了近卫军专门保卫元首及元首家族。军团士兵从罗马公民中招募，辅助部队则从行省和附庸国非罗马公民中征集，近卫军仅来自意大利的罗马公民。起初这三类士兵在服役期限和薪饷方面都有很大差别，后来由于罗马公民权的扩展，行省居民在军团中的比例日益增加，军团和辅助部队的差别逐渐缩小。到公元2世纪，驻行省的帝国军队就地征兵，并修筑了永久性营地，完全成为当地驻军。

帝国时期的军团与共和国时期相比已有较大的改变，按财产等级划分兵种的制度已经取消，全部士兵已不再都是服义务兵役的公民，而是主要由职业的雇佣兵组成。每个军团包括10个营，每个营包括3个连，每个连再包括两个百人队。每个军团的定额为5 000人，但因为在战斗中不能及时补充，所以有时低于这个数目，多时则可达6 000—7 000人。军团士兵分为步兵、骑兵和海军，军事单位有军团、步兵队和骑兵队。

至帝国后期，即公元5世纪中叶，罗马的军事组织又有了很大变化。以前作为罗马军队编制核心的重步兵渐渐丧失其重要性，而让位于骑兵。戴克里先执政时，他把全国军队分为边防部队（驻守边境）和内部机动部队（流动的战略后备队）两种，军团数目多达72个，各兵种的士兵总数增加到60万人左右。帝国晚期，军队中显著的变化是蛮族成分愈来愈大。到了君士坦丁大帝时，这些骑兵部队成为骨干，变成了皇帝直属的机动野战军。

先进的战术

古罗马军团的主要防御队形有横队、方队和圆队等。横队通常由10个大队排成一列，部署在设防阵地或战壕的后面。方队按普通3横队形式组成，其中3个大队朝正面，7个大队分别朝侧面。方队和圆队（方队的变形）用来对付骑兵。通常情况下，若侧翼受自己骑兵或步兵的保护，那么军团则以横队对付敌人的骑兵。他们只要将重标枪、盾和短剑结合使用，就足以抵挡最强大的骑兵的冲击了。

　　古罗马的将军们都强调打进攻战，只要有可能，就尽量寻找机会袭击或逼近敌人的侧翼。他们总是力争占领制高点，这样可以增加兵器投掷的距离，冲锋时不仅有力，而且冲击力量也更大，同时剑和梭镖刺出时也更加容易些。恺撒通常把最得力的大队安排为第一横队，这样一开始突击就能取得最好的效果。古罗马军团进攻作战时，先以轻步兵进行小规模袭击或用投掷进行骚扰后，双方的主力横队开始互相接近。相距20码（1码=0.914 4米）的距离时，第一横队的前面两列士兵便将标枪投出，往往就在这个时候，军团已经采取疏开队形。但有时疏开队形的动作迟滞，要待标枪投出之后才完成疏开动作。军团在主力横队开始跟敌人进行白刃战前发起冲锋，这时，第一横

使用重标枪的罗马投矛手

队的8列或10列士兵就迅猛地冲向敌人，但只有前面的两列士兵能够用上剑，后面各列士兵则将手中的标枪从混战中己方士兵的头顶上掷过去。几分钟后，双方的第二批士兵便上前替换正在交战中的士兵。这样周而复始地替换着打下去，直至战斗结束。与此同时，轻步兵要负责给后面各列士兵补充标枪，除了要掩护军团的背后和侧翼外，还要负责找回所有能够找到，并尚能使用的标枪和投镖。

若第一横队的进攻未能取胜或者被敌人压住，那么第二横队的士兵就穿过第一横队的士兵，间隔6英尺向前推进，第一横队中精疲力竭的士兵则退下来休息并重新编队，或作为后备队的第三横队使用。因此，在整个战斗中，横队中的各列士兵以及两个或三个主力横队之间都在连续不断地进行调动。要进行这样的调动和调换，军队必须要有高度的纪律性和严格的组织。正因为古罗马军队进行了一系列变动，才能在高明的军事将领的指挥下，不断创造战争奇迹。

罗马人攻城

　　罗马人的攻城技术和战术有很大发展。他们从希腊化时代的马其顿和晚期希腊人那里借用来一些战术，并有所改进。

　　首先是龟甲阵。即士兵们相互蹲靠在一起，将手中的盾牌或各种棚罩举过头顶，依次衔接成大片，犹如龟背一般，用来防御箭矢的攻击。士兵也可凭借这种所谓的龟甲阵的掩护，爬上城墙与敌人作战。

　　其次就是火攻战术。在一种特制的战车上，装上炭火炉、长矛等，向对方喷出阵阵炭火，或用麻布蘸油系于长竿一头，用火点着扔向敌人的队伍，使对方被冲乱，然后乘机向敌冲杀过去，打败对方。这种战术可用做攻城，也可用做野外战斗。

　　公元前405—前396年，罗马在对维爱进行10年围攻作战中，曾利用了地道攻城的办法。当时的罗马统帅卡米卢斯命令士兵挖掘一条从城外通向城堡内部的坑道。他为了使这一工程不停顿地进行，把军队分成6个分队，轮流作业，每轮劳作6小时，直到工程完成为止。后来罗马人从地道突然进入城堡，维爱人措手不及，维爱城终于陷落。

宏伟的乐章
——罗马的建筑

　　罗马的建筑风格是罗马民族传统和希腊民族传统相结合的产物。辉煌的建筑艺术是罗马文明中极为突出的一面，对后世的影响很大。罗马的建筑可谓登峰造极，无论是宏伟神圣的万神殿，还是充满了血腥与杀戮的角斗场，无一不打上了那个时代的深刻印记。罗马的建筑艺术凭借着其雄浑与崇高的美学姿态屹立于世界建筑艺术之林，令后世无数艺术大师景仰，罗马的建筑展现出的艺术魅力令无数的现代人深深迷醉。

世俗的雄浑与崇高——罗马建筑的特点与风格

　　罗马的建筑理论家维特鲁威，在其著作《论建筑》中提出的对后世影响极大的"实用、坚固、美观"的建筑设计理念，可以说是对罗马建筑特点的理论总结。如果说，希腊人崇拜人是通过崇拜"神"来体现的话，那么罗马人对人的崇拜，则更倾向于通过对世俗的、现实的人的崇拜来直接表现。所表现的人的意识，也已从群体转向个体，偏重于对个人的颂扬和物质生活上的享受。这一点直接地表现在建筑类型、建筑外观的设计方面。希腊最杰出的建筑艺术都与神有关，希腊神庙建筑的辉煌更集中反映了这一特点；而罗马的建筑最辉煌、最有艺术价值的则是为经济服务或为人的生活（物质、精神）服务的建筑，如广场、道路、桥梁、高架引水道、隧道、剧场、竞技场、浴场和住宅。

在具体建筑的造型风格方面，罗马的建筑既继承了希腊建筑的造型风格，又有革新和发展。如罗马大斗兽场的外部立面，特别是高四层的外部立面，就是古希腊柱式构图的复制品，它的底层是多利克柱式，第二层是爱奥尼亚柱式，第三层则是科林斯柱式，在顶层则围绕着壁柱。但是，古希腊的这种柱式，在罗马的这座杰作中已不再像在古希腊建筑中那样发挥结构功能了，它已蜕变成为一种单纯的装饰，真正起结构作用的部件是隐藏于墙壁之中的结构体。在屋顶造型方面，罗马人更是极大地革新了古希腊建筑的造型方式，使其出现了在古希腊建筑中很难见到的"穹拱"屋顶。正是这种"穹拱"屋顶，成为罗马建筑，特别是罗马房屋类建筑与古希腊房屋类建筑最

今日的罗马广场

明显的区别。这种拱券结构因经济实用，且审美效果也很好，不仅应用于神庙、宫殿等特殊建筑，而且扩展到日常生活的一切领域，如道路、桥梁、输水道、港口、剧场、住宅、仓库和下水道，使许多雄伟的建筑在表现和谐、完美的同时，具有了一种明显的"圆"味。

罗马的建筑借助更为先进的技术手段发展了古希腊建筑艺术的辉煌。与此同时，它将古希腊建筑风格中和谐、完美的特点，在新的社会、文化背景下，从"神殿"转入世俗，赋予这种风格以崭新的美学趣味和相应的形式特点。

罗马的建筑在审美风格上也与希腊的庄严与静穆不同，主要表现为雄浑与崇高。希腊建筑风格的特点主要是和谐、完美，古希腊的神庙建筑则是这些风格特点的集中体现者，也是古希腊乃至整个欧洲最伟大、最辉煌、影响最深远的建筑；罗马的建筑则以高大、厚重为主，如罗马城防建筑，厚厚的围墙，大块的石料与混凝土的使用，整个建筑庞大而雄伟，形式上追求恢弘壮丽，并强调个性。

罗马的建筑上都有着时代的烙印。角斗场里的野蛮血腥，宫殿里的骄奢淫逸，无一不保留着那个国家、那个时代的深刻印记。

巧夺天工——精湛的技艺

神奇的拱

拱券技术是罗马建筑最突出的特色，也是其最大的成就，是罗马对欧洲建筑最大的贡献。罗马建筑的布局方法、空间组合、艺术形式和风格以及某些建筑的功能和规模等，都同拱券结构有着密不可分的联系。

罗马人大量继承了希腊的建筑遗产，但他们绝不是简单的模仿者，他们在柱式结构的基础上运用拱券技术进行加工、改造，改变了原来单一柱式建筑的形制、形式及风格，将古希腊建筑风格的"神"意，转变为了世俗的"人"意，使之成为罗马独具特色的风格。拱券技术在罗马人手里越来越成熟，

万神庙穹顶

使得一些依托于梁柱结构的古老建筑形制从根本上得到了改变。梁柱结构不可能创造出宽阔的内部空间，而大跨度的拱顶和穹顶则可以覆盖很大的面积，形成宽阔的建筑内部空间，以至于人们的许多活动可以从室外移到室内进行。正是出色的拱券技术才使罗马无比宏伟壮丽的建筑构想有了实现的可能，使罗马建筑那种前所未有的创造精神有了物质的基础。

罗马建筑之所以能满足各种复杂的功能要求，就是依靠水平很高的拱券结构获得的宽阔的内部空间。巴拉丁山上的弗拉维王朝宫殿主厅的筒形拱，跨度达29.3米之大。罗马人将拱券与柱式结合起来使用，不仅为建筑物内部提供了可以产生复杂跨度的宽阔空间，而且使建筑物外部更具神韵。万神庙就是这种

技术发挥到极致的代表。万神庙是罗马独有的教堂之一，100多米的建筑跨度之间竟无一根柱子，进入教堂会令人产生直通天堂的错觉。后来，罗马还出现了由各种弧线组成平面、采用拱券结构的集中式建筑物。公元2世纪上半叶建于罗马郊外的哈德良行宫，就是典型的实例。

十字拱和拱券平衡体系技术的逐渐成熟，又进一步提高了罗马建筑的水平。十字拱的出现是为了摆脱承重墙的束缚。十字拱覆盖在方形上面，只需要四角有支柱，而不必有连续的承重墙，从而使建筑内部空间得到解放。卡拉卡拉浴场就是一个代表作，它的核心——温水浴大厅就是横向三间十字拱，其重量集中在8个墩子上，墩子外侧有一道横墙抵御侧推力，横墙之间跨上筒形拱，既增强了整体性，又拓展了大厅，使整个浴场显得雄伟而壮观。

混凝土的广泛使用

拱券结构得到推广，是因为使用了强度高、施工方便、价格便宜的火山灰混凝土。罗马人在石灰和沙子的混合物里掺进碎石子，制造出混凝土。他们使用的沙子是被称为"白榴火山灰"的火山土，产自意大利的玻佐里地区。罗马人将混凝土用在了许多壮观的建筑物上。

混凝土迅速普及的条件，一是原料的开采和运输都比石材廉价、方便。二是它以碎石作骨料时，又节约石材；而用浮石或者其他轻质石材作骨料时，又可以减轻结构的重量。三是除了少数熟练工匠外，它可以大量使用没有技术的奴隶，而用石块砌筑拱券则需要专门的工匠。约在公元前2世纪时，火山灰就开始成为独立的建筑材料了，到公元前1世纪，火山灰已经既用于建筑拱券，又用于筑墙。混凝土表面常用一层方锥形石块或三角形砖保护，再抹一层灰或者贴一层大理石板；也有在混凝土墙体前再砌一道石墙做面层的做法。

罗马混凝土所用的活性材料是一种天然火山灰，相当于现在的水泥，将它们水化拌匀之后再凝固起来，耐压强度很高。这种混凝土中若加入不同的骨料，就可以制成不同强度和容量的混凝土，用于不同的位置。浇注混凝土需要模板，拱券和穹顶多用木板做模板，墙体则用砖石做模板，而且事后并不拆掉，墙体因此很厚。

大角斗场的一圈观众席就是用混凝土做基本材料的，它是整个建筑结构中真正的杰作。观众席的底层有7圈灰华石的墩子，每圈80个，外面3圈墩子之间是两道环廊，在第三和第四、第五和第六圈墩子之间砌上石墙，墙上架上混凝土的拱，呈放射形排列。第二层靠外墙有两道环廊，第三层有一道。这一整套空间关系很复杂的拱，做基础的混凝土选用了坚硬的火山石为骨料，而墙是用凝灰岩和灰华石做的，拱顶混凝土的石料则用浮石。因此，整个结构显得井井有条、整齐简洁。

登峰造极的想象——古罗马著名建筑

罗马在建筑艺术领域的想象力之丰富可谓登峰造极，而它在这个领域所取得的辉煌成就也是独一无二的。罗马人凭借他们惊人的想象而建造出的开阔、宏大、结构复杂多变、用途广泛的建筑，形成了西方建筑艺术的重要传统。那些四通八达的道路、气势恢弘的剧场和斗兽场、雄奇威武的凯旋门等无一不体现着罗马人高超的智慧和罗马雄霸天下的豪迈气概。

圆形竞技场

罗马最有代表性的建筑莫过于圆形竞技场了。相传，曾经有一位考古学家向一位美国百万富翁讲述古罗马竞技场遗址，这位百万富翁问考古学家："要花多少钱才能在美国建一座和这相同的建筑？"考古学家笑道："要花2 000年这么大一笔钱！"由此可见这座著名建筑的悠久历史和它难以取代的价值。

圆形竞技场亦称角斗场或斗兽场，兴起于罗马共和国的末期，帝国时代达到顶峰。罗马城内大大小小的角斗场不计其数。其中最著名的一个于公元72年由韦斯帕芗皇帝开始修建，到公元80年由其子提图斯皇帝完成。这一建筑位于意大利罗马的威尼斯广场南面，原名弗拉维圆形剧场，亦译为罗马大角斗场、科洛西姆竞技场。它是迄今遗存的罗马建筑工程中最卓越的代表，也是罗马帝国国威的象征。中世纪的英国诗人贝达曾经这样评价罗马的科洛西姆竞技场："圆形竞技场崩溃时，就是罗马灭亡之时。"科洛西姆竞技场以其独特的建筑风格被称为"古代世界最为宏伟高超的建筑"。

古罗马圆形竞技场内部

整个角斗场像是一座庞大的碉堡，占地2万平方米，围墙周长527米，长轴188米，短轴156米，墙高57米，相当于一座19层的现代楼房的高度，场内可容5万观众。角斗场全用砖石、水泥来修筑。底下两层采用巨型石柱和石墙，可承担巨大的压力；拱顶用水泥和砖砌成，牢固耐磨；上面两层全是用水泥，外表再用灰华石进行装饰。重量自下而上逐渐减轻，下层最牢固，但上层也很坚实，所以罗马人说"科洛西姆永不倒"。

角斗场外观似正圆形，俯瞰实为椭圆形。围墙分四层砌成，一、二、三层均为半露圆柱装饰。每两根半露圆柱之间是一座长方形拱门，三层合计有拱门80座，整个建筑显得宏伟而秀巧，凝重而空灵。第四层外墙由长方形窗户和长方形半露方柱构成，并建有露出墙外的梁托，供举行盛会之日悬挂天蓬，为观众遮阳。整个建筑极像一个现代圆形剧场或运动场。

场中心角斗用的舞台，长约86米，最宽处63米，也呈椭圆形，是斗兽、竞技、赛马、歌舞、阅兵与进行模拟战争的场所。舞台底下隐藏着很多洞口和管道，用来储存道具、牲畜以及角斗士，在表演开始时再将他们吊起到地面上。斗兽场甚至可以利用输水道引水。248年就曾这样将水引入表演区，形成一个湖，以此表演海战的场面，庆祝罗马建城1 000年。

看台上共有3层座位：下层、中层及上层，顶层还有一个只能站着的看台，这是为地位最低下的社会成员，如女人、奴隶和穷人准备的。即使在其他层，座位也是按照社会地位和职业状况安排的。位于短轴北端的为皇帝及其随员的专座，南端为市府行政长官的坐席。皇帝的包厢和执政官、元老们的贵宾座，是用整块大理石雕琢而成。为了安全，舞台四周还专门建有护墙，使之与观众坐席隔开。

竞技场专门建有四座大型拱门，供拥挤的观众分散进出之用。竞技场内部为阶梯形席位，架在三层呈放射状的混凝土筒形拱上。每层80个喇叭形拱，它们在外侧被两圈环形的拱廊收齐，最后加上一堵实墙，形成50米高的内部空间。喇叭形拱在里面开口，每层有80个开口，底层为敞廊入口，上两层为窗洞。看台逐层后退，形成阶梯式坡度。喇叭形拱里安排楼梯，分别通向各区的看台。观众购票之后，以纵过道为主，进入各自的看区。然后以横过道为辅，进入自己的座位，井然有序，丝毫不会出现混乱。这种入场的设计，即使是今天的大型体育场也仍然在沿用。

圆形竞技场是古罗马建筑风格的典型代表，以其庞大、坚固、实用和精美而闻名于世，即使经过了两千年的风风雨雨，仍然让人赞叹不已。

凯旋门

罗马人勇猛好斗，经常建造一些象征战争胜利、用来炫耀战功的纪念性建筑，以彰显他们的自豪感。凯旋门对内可提升民族自豪感，对外可以炫耀武力和威力，是罗马建筑特有的形式之一，从一个特殊的层面展示了罗马高超的建筑艺术。最初的凯旋门只是一个通道式的门楼，都用木构且是临时性的，到共和国晚期才有砖石结构的永久性的凯旋门，以后又发展为全用大理石构筑，更显富丽堂皇。到帝国时期，凯旋门成为专门为皇帝歌功颂德的纪念性建筑，臣民不得擅用。

人类共同的文明财富
——罗马的文化

罗马文化的特征用8个字来概括就是"兼收并蓄，广采博取"。罗马文化与希腊文化之间有着不可分割的内在联系和延续性。罗马文化最初就在很大程度上受到了希腊文化的影响，在后来的发展过程中，更是较多地借鉴了希腊文化。当罗马强大到足以在政权上取代希腊时，罗马人在文化上却仍然为光辉灿烂的希腊文化所折服，这即是所谓的"征服者却被被征服者所征服"。然而，罗马人并没有成为希腊文化的俘虏。他们在毫不犹豫地借鉴与继承希腊文化的同时，又把它发扬光大，使希腊文化不但没有被历史湮没，反而变得更加绚丽多彩。"光荣属于希腊，伟大属于罗马。"正是有了希腊和罗马，西方文明才得以傲立于世界文明之林，罗马人的伟大之处在这里也得到了完美的展示。

影响深远的文字——拉丁文

拉丁文字是世界上流传最广的文字之一，是罗马文明对世界文化的一大贡献。拉丁文字是由居住在台伯河畔的拉丁姆平原上的拉丁人首先创造出来的，属字母文字。古典拉丁文有23个字母，其中21个是从埃特鲁里亚人的文字派生而来的。中世纪时，字母I分化为I和J，V分化为U、V和W，这样就形成了大

古罗马钱币上的拉丁字母

家现在熟悉的26个拉丁字母。同时，为了书写方便，也出现了小写字母和各种书写字体。

后来，随着罗马渐渐吞并他国，成为雄霸一时的大帝国，拉丁文得到广泛传播，成为地中海地区的主要语言。

公元1—2世纪，出现在凯旋门、纪功柱和出土石碑上的罗马大写体严正典雅、匀称美观，已经完全成熟。文艺复兴时期的艺术家们称赞它是理想的古典形式，并把它作为学习古典大写字母的范体。它与柱身十分和谐，字母的宽窄比例适当，字体美观，构成一个完美的整体。

拉丁文的发展促进了罗马各民族的交流。在形体上，它继承并发展了希腊文字的优点：简单、匀称、美观、便于阅读和连写。由于拉丁文字本身的这些优点，法国人、西班牙人和葡萄牙人都采纳了它，继而形成所谓的"拉丁民族"。其后，拉丁文随着基督教的传播而广泛流传，成为世界通行的文字。如今，拉丁语已经成为国际性书面语，由于它的中立性和不变性成为世界人民的共同财富。

璀璨夺目的明珠——古罗马文学

罗马文化是在古代东方文化、埃特鲁里亚文化和希腊文化的影响下发展起来的，是境内各族人民的共同创造，达到了古典文化发展的最高峰。罗马文学的发展大致经历了三个阶段：即共和时期、黄金时期、白银时期。这里的共和时期是文学概念而非政治概念。共和国末期和帝国早期，罗马文学的发展进入了兴盛时期，到了屋大维统治时期已被称为罗马文学的"黄金时代"。

黄金时期（公元前100—公元17年）是拉丁文学史上的古典时期或称辉煌时期。这一时期的文学创作，无论诗歌、散文还是文艺理论，都取得了很大成就，罗马涌现了大批优秀的文学家，拉丁语文学和艺术也出现了空前的繁荣。

抒情诗人：卡图卢斯

卡图卢斯（约公元前84—前54年）出身于意大利北部维罗那城一个富有的骑士家庭，父亲供他接受了上等教育。他自称16岁"换上成人的长袍"便开始写诗，后来成了新诗派的领袖。这一派主张要打破诗人劝世说教的常规，抒写真情，和政治保持距离。卡图卢斯流传下来一部诗集，存诗116首，包括神话诗、爱情诗、时评短诗和各种幽默小诗。其中以爱情诗最受人称道。

卡图卢斯在罗马生活期间，爱上了高卢总督的妻子。他虽从迷恋中享受过欢乐，更多的却是痛苦。卡图卢斯与高卢总督的妻子3年的恋情曲折艰难，起初两人情深意切，卡图卢斯这时期的情诗也最为可爱迷人，但高卢总督的妻子生性风流，卡图卢斯不过是她的众多情人当中一个令她感到新鲜的玩物而已，不久即对他失去兴趣。这使诗人的感情备受折磨，加上哥哥去世给他带来沉重的打击，于是卡图卢斯拼命地想从痛苦的情感中解脱出来。他将自己从热恋到分离的炽热、复杂的强烈感受全部融入简洁、优美的诗行中，将对哥哥的怀念、昔日的手足之情全部灌注于字里行间。后来卡图卢斯回到家乡，心境渐渐恢复平静，晚期的诗作也较为恬静平和。

卡图卢斯只活了30多岁，却是世界诗歌史上具有开创意义的抒情诗人。他率领新诗派在神话和历史、战争与政治等正统题材的夹缝间，闯出了一条表现平常人生活的喜怒哀乐的道路，用平易明快的语言，表现真实强烈的情感，尤其是把恋爱中的酸甜苦辣淋漓尽致地表现了出来，而其讽刺诗也极尽嬉笑怒骂之能事。因此，他的诗作感情浓烈，饱含深情与苦痛，句句朴实，字字真切。如《小雀呀，我的情人的宠物》：

> 小雀呀，我的情人的宠物，
> 她常与你玩耍，在她膝上，
> 或者把指尖儿给你啄食，
> 还逗你啄得狠些，再狠些，
> 因为她呀——光彩照人的
> 我的情人，想要借此自娱，
> 想从痛感中得到些许安慰，
> 那样爱情的剧痛就会消减。
> 但愿我也能如此同你玩耍
> 而减轻压在我心头的相思！

卡图卢斯的抒情诗不仅影响到其后的罗马抒情诗的发展，而且对后代欧洲抒情诗的发展也产生了相当大的影响。

伟大诗人：贺拉斯

贺拉斯（公元前65—前8年）生于意大利南部阿普利亚边

境小镇维努西亚（今维诺萨），是屋大维时期杰出的抒情诗人、讽刺诗人和文艺评论家。他幼年受过良好的教育，通晓拉丁语和希腊语，能诵读荷马史诗原文，后又到罗马、雅典求学深造。公元前44年恺撒遇刺身亡，雅典成了共和派活动的中心，贺拉斯应募参加了共和派军队，并被委任为军团指挥。公元前42年，共和派军队被击败，贺拉斯也"弃盾而逃"。后来他趁大赦机会返回罗马，在贫困中开始做诗。

贺拉斯雕像

　　他的代表作品包括《长短句集》17首和《闲谈集》18首。前者表明作者反对内战，幻想黄金时代到来的思想；后者则讽刺罗马社会的恶习。但贺拉斯最著名的作品是后期的《歌集》和《诗艺》。

　　《歌集》是贺拉斯抒情诗的代表作，用希腊抒情诗的格律写成，诗中描写了爱情、友谊、酒乐等。其中"罗马颂歌"部分（《颂歌》）是作品中的精华，赞扬屋大维和在他统治下罗马的复兴，风格典雅、庄重。虽以颂为名，内容却非常广泛，上至神明，下及实事。其中最吸引人的是那些歌咏田园乡野的优美恬静、人情温暖、道义崇高的篇章。

　　　正直的人心胸坦荡，

无私无惧，
既不为一切邪念左右，
也不会去花天酒地……
只有他能用无畏的两眼，
面对变幻的万千，
既不怕莫测的深渊，
也不怕高空的闪电。

——《颂歌》第二卷，10歌

请不要谈及什么历史，
请在其他场合去考证：
名人的生卒年代，
英雄的就义经过，
还有你们特洛伊大战的细节。
现在我们急于知道的是，
一坛希腊齐奥斯岛的葡萄美酒，
今天卖多少价钱？
为了我们的开怀痛饮，
将在何时何处摆宴？

——《颂歌》第三卷，19歌

《歌集》中还有不少诗篇的主题与讽刺诗的主题相近，宣扬远离世俗纷扰、保持内心宁静和知足常乐的生活理想。这些诗重哲理议论，抒情色彩较淡，喜用神话典故，联想丰富，形象鲜明，感人颇深。

《诗艺》则是贺拉斯文学批评的代表作。他继承亚里士多德的模仿说，提出了"寓教于乐"的原则，还主张创作要学习古典，形式要讲究完美。《诗艺》是罗马时期文艺理论上的最高成就，被古典主义文学家们视为经典。诗人从自己丰富的诗歌创作实践出发，畅谈艺术模仿、艺术与生活的关系、文艺的教育作用、诗人的修养等，对后世欧洲文艺理论很有影响。

在贺拉斯死后1 000多年，美国著名学者伊迪丝·汉弥尔顿在《罗马道路》一书中这样写道："贺拉斯是这个世界中的完人，他宽容一切却无任何偏袒；他可以四海为家，自在地跟所有的人友善；他愿意享用任何欢乐，却从不大声发笑使人难堪；他是富兰克林那样的务实派，却终生写诗为业；他像蒙田那样绝不陷于任何狭隘境地，却不写散文只写诗句；他是这样一位把常识和鲜明的个性结合得如此亲密无间的诗人，古今皆罕有。"

"智慧的海洋"：维吉尔

维吉尔（公元前70—前19年）出生于阿尔卑斯山南高卢曼图亚附近安得斯村的一个农民家庭。他在家乡受过基础教育后，便去罗马和南意大利攻读哲学及数学、医学。后来他又回到家乡，一边务农，一边开始从事诗歌创作。维吉尔以其非凡的才华成为罗马屋大维时期文学的中心人物和诗坛的主要支柱。他的主要作品有《牧歌》10首、《农事诗》4卷和史诗《埃涅阿斯》。

维吉尔十分谦虚，对自己要求非常严格，30岁才发表第一部诗集《牧歌》，一举成名。全诗采用牧羊人对歌和独歌的形式，描写牧人的爱情，描绘田园风光，表现乡村的乐趣，

维吉尔画像

有时也直抒胸臆，发表对时政的感受。全诗散发出故乡草场的气息和田园的芬芳。《牧歌》构思精巧、立意新颖、想象力丰富、语言优美，被广为传诵，后世亦多模仿。其中第4首对后世影响颇深：

> 时代已在酝酿，
> 时序即将更新，
> 童贞的正义女神将重回人间，
> 太平盛世又将重现；
> 新时代的头生儿，
> 已经从天而降，
> 即将光临地上。

《农事诗》则是一部有关农业生产的诗歌集。诗中谈到了种庄稼、种葡萄、种橄榄树和牧羊、养蜜蜂等，体裁和题材上属于农事教谕诗，是在模仿赫西俄德的《农作与时日》的基础上写成的。诗人对自然现象很敏感，赋予生产劳动以诗意。他在诗中歌颂了劳动人民的辛勤、伟大和意大利优美的环境、富饶的资源，表达出自己对乡村生活的向往和热爱。用如此美丽的诗篇描述那些带有浓郁乡土气息的农业劳作，堪称世界诗坛上的一大奇观。相传屋大维对《农事诗》甚为欣赏，曾连续四日亲身聆听朗诵。

维吉尔成就最高的作品是史诗《埃涅阿斯》，是遵照屋大维的旨意创作出来的。全诗计12卷，长达近万行，是诗人最后11年的心血之作，维吉尔死前只完成初稿。据说他每天只写3行，精心构思，并在诗成后并不满意，准备对初稿再加工3年，但不久病故，他在临终前嘱咐要将诗稿焚毁，因屋大维下令阻止才得以保存。史诗讲述特洛伊被攻破，埃涅阿斯率领族人到意大利拉丁姆海岸建立新王朝的故事，歌颂罗马祖先建国的功绩和罗马的光荣。《埃涅阿斯》以荷马史诗为范本，前6卷类似《奥德赛》，写主人公的漂泊生活；后6卷类似《伊利亚特》，写特洛伊人和拉丁姆人的战争。史诗中有不少地方模仿荷马，如以《伊利亚特》中的英雄埃涅阿斯为主人公，采用追叙形式，使用荷马式比喻、对比、重复等手法。但《埃涅阿斯》中主人公除了勇敢、刚毅外，还具备了敬神、爱国、仁爱、公正等品德，他为了国家，历经千辛万苦，克制住个人情感，表现出较强的理性意识、集体意识、责任观念和自我牺牲精神，是典型的罗马精神。艺术上，《埃涅阿斯》没有荷马史诗的自然质朴，缺少口头文学的活力，其叙事风格总体上平铺直叙，略嫌呆板而少奇巧，人物缺乏个性和生气；但总体格律严整，辞藻华丽，风格哀婉严肃，流露出悲天悯人之气，以致有点多愁善感。全诗多半运用梦幻、象征、暗示、讽刺等手法。《埃涅阿斯》是世界文学史上第一部文人史诗，是罗马文学的顶峰，对当时的罗马文学和后来的文艺复兴、古典主义文学都产生了巨大影响。但丁认为维吉尔最有智慧、最了解人类，因而在《神曲》中让他作为地狱和炼狱的引导者，并称其为"智慧的海洋"。

爱情诗人：奥维德

奥维德（公元前43—公元18年）出身于富裕的骑士家庭，早年曾去罗马学习修辞学和法学，并漫游了西西里岛以及地中海东岸各地。父母原希望他将来能成为一名律师，但他本人的兴趣在诗歌方面。

他曾写过很多爱情诗，有《恋歌》3卷、《古代名媛》21

篇、《爱经》3卷和一首叙事诗《爱情的药剂》。这些诗都是以男女爱情为主题，或写爱情追求，或写离愁别恨，或写求爱的艺术，反映了罗马奴隶主精神道德上的堕落颓废，因而违反了屋大维"重整道德"的政策，于是50岁那年他被放逐到黑海之滨。在流放期间，奥维德写了《哀怨集》和《黑海书简》，均反映了作者当时忧郁伤感的心情以及对祖国和亲人的怀念之情。他一直热切地希望得到屋大维的宽恕，让他回到罗马，但始终未能如愿，最后病死他乡。

《恋歌》是他的成名之作，发表于公元前18年左右，共有3卷49首。在《恋歌》中，他选了一位名叫克林娜的女性作为自己爱慕的对象。这位美丽的女子在现实中并无其人，纯属诗人的想象，诗人给自己的爱情染上强烈的主观色彩，心理描写十分细腻。例如，描写克林娜的著名段落如下：

> 我谛视下和抚摸着的背和手是多么温柔！
> 我拥抱的那丰满的胸脯多么像微波起伏！
> 胸脯下那纤细的腰身多么窈窕！
> 微成曲线的臀和腿多么年轻俊俏！

这种大胆的写作方式使他家喻户晓，德国古典主义美学家莱辛就曾以这几句诗作为"诗人就美的效果来写美"的典型。

《古代名媛》有诗21首，用哀歌体写成。这部作品深刻影响了中古和文艺复兴时期的文学创作，内容主要是用古代传说中的女子如潘奈洛佩、狄多的口吻给各自的丈夫或情人写信，表达离愁别恨。

《爱经》是罗马文学史上一部有很大争议的书，是一部抒发爱欲的文学经典。奥维德假称受爱神和爱神之母委托，分别向男女两性宣讲恋爱的技巧和艺术。《爱经》共有三卷，第一卷向男性宣讲恋爱的场所，教导男性应该到何处去寻找自己喜爱的女子，以及怎样接近并取悦她们；第二卷继续向男性说法，指导他们应当如何维系与所爱女子的爱情关系。在这两卷中，奥维德细致入微地阐发了男性与女性的接触方式、谈话方式的重要性，并且还以神话传说中的爱情故事生动形象地描写了形形色色的情爱类别。最后一卷是女性课堂，专门为女性寻找恋爱的武器，教导女性如何取悦男人，如何使爱情长久。

奥维德最优秀的作品当数《变形记》了。它是一部15卷的神话故事诗，系统地整理了希腊、罗马的神话故事和历史传说。其中，神话故事共有250个，从开天辟地一直写到他所生活时代的罗马，成为古代神活的总汇。其故事既表现了一切都在变易的朴素的唯物思想，也表现了一切生物死后灵魂相互转换的唯心观念。它还描写了神的暴虐无道和荒淫无耻，降低了"神格"，表现出对神的大不敬。历史传说部分则歌颂了罗马帝国的历史。《变形记》在艺术上也颇有特色，全书结构紧凑新颖，想象丰富奇特，故事格外清新生动，人物形象鲜明活泼，心理描写细致入微。该书在中古和文艺复兴时期都很流行，后世很多诗人都从他的作品中吸取灵感和素材。

"拉丁散文泰斗"：西塞罗

西塞罗（公元前106—前43年），是罗马最著名的政治家、演说家、散文家和拉丁语言大师，老普林尼称他是"演说术和拉丁文学之父"。西塞罗出身于奴隶主骑士家庭，从小受到良好的教育。他先后在著名的修辞学家、法学家和斯多噶派哲学家所办的学校接受教育。接受完教育后，他起初从事律师工作，不久涉足政界，并且步步高升，公元前64年当选为执政

西塞罗在元老会议上

官。在罗马共和国末期，他因死守共和制而被罗马"后三头同盟"的官员捕杀身亡。

西塞罗在文学、哲学及教育等方面都有建树，文学方面的成就主要体现在书信、演说词及论文等方面。他的书信现存约900封，主要包括《致阿提库斯书》16卷、《致友人书》16卷。这些书信反映了共和国末期的社会生活，描绘了形形色色的政治人物，风格接近口语。

此外，西塞罗还发表过100多篇政治演说和诉讼演说，现存58篇，另有残片20篇。公元前44—前43年，西塞罗连续发表抨击安东尼的14篇演说（通称《反腓力辞》），成为罗马最激烈、最生动的演说作品。他充分吸收了希腊文化成就，结合自己演说的需要，运用排比、提问、反诘等演说的技巧，灵活引用历史故事、哲理格言、文学典故，形成了自己"讲究细心加工与自然流畅的结合，行文结构匀称，词汇优美，句法严谨，音韵铿锵"的独特风格。每当他出现在罗马的法庭、元老院、公共场所进行演说时，他向听众呼吁时热情友好，攻击政敌时则尖刻粗鲁，用的虽都是轻快而流畅的语言，形式上仍不免流于矫揉造作，但对于激发听众的情绪显然十分有效。他认为演说主要是打动听众的感官，而不是诉诸理性判断，因此他不惜歪曲甚至捏造事实。他比较著名的演说词主要有《反喀提林辞》、《对维勒斯的控告辞》等。

他的论文也通畅明顺，善于运用词藻，尤其是他的《三论》（即《论老年》、《论友谊》、《论责任》），明畅华丽，晶莹澄澈，犹如西方文学宝库中三颗璀璨的明珠。

西塞罗的文体被单独冠名以"西塞罗文体"，代表了罗马文学的最高水平。他对拉丁语散文的贡献非常大，确立了拉丁语文学语言"准确、流畅、清新、雄浑"的原则，风格对后世影响深远，成为欧洲诸民族散文的楷模，不愧为"拉丁散文泰斗"。

时代的见证——著史之风

一个民族发展到一定的兴旺程度，文明水平达到一定高度时，必然开始对自己的过去产生兴趣，不但想记录下当代的事迹，而且想追本溯源，探究本国和本民族的根源，于是就开始了官方和民间编写本国历史的实践。罗马的史学同罗马的其他文明一样，是在模仿希腊史学的基础上逐渐发展，形成了自己独特的风格与特点的。也正是罗马史学架起的这座桥梁，使西方古典史学与近代人文主义史学连接起来，并传承发展下去。

罗马人开始写自己的历史是在第二次布匿战争时期，即公元前3世纪末。起初只是一些片断的史料，如民间流传的一些关于罗马城起源的神话传说、战争史话；一些大祭司的年代记录和各种名表，则记录了年代大事，包括兴建的建筑、对外的战争等。到后来，陆陆续续有一些历史作家们开始搜集资料，渐渐掀起了著史之风。

皮克托与《罗马史》

在罗马民族史的形成过程中起重要作用的第一个罗马历史学家就是费边·皮克托（约公元前254—？），李维也曾以极为崇敬的心情称赞他是罗马"最古老的历史学家"。皮克托出身于一个贵族家庭，早年曾参与高卢战争和汉尼拔战争。公元前216年坎尼战役后，他曾作为罗马使团成员出使希腊。在公元前3世纪末他用希腊语写成了他的《罗马史》，从罗马起源一直到公元前3世纪末。该书的出现是罗马史学兴起的标志。

皮克托受到希腊作家的影响，但他并没有完全受制于希腊历史学家。他在利用希腊史学成果的同时注重实践，使用了罗马的编年框架和祭司的编年纪事等其他罗马史料。他的《罗马史》开创了一个新的历史著作传统，即民族史，相比以前希腊人写作的世界史，更注重政治制度的连续性。罗马人没有仅仅局限于当代史，他们有一种深刻的传统意识和历史连续性的观念。或许他们在对过去的批判态度上不如希腊人，但他们感到有必要从起源开始叙述自己的历史。而从罗马的起源开始写成为罗马历史写作的最重要的特色之一。

迦图与《创始记》

迦图（公元前234—前149年）是罗马史学的真正奠基人，也是第一个用拉丁语撰写历史的罗马史学家。他出身于意大利的一个殷实的平民农家，祖辈世代务农。公元前217年，即第二次布匿战争爆发后的第二年，年仅17岁的迦图为履行公民义务，毅然从军。经过奋斗，迦图以一名普通士卒的身份逐步跻身于罗马最高官职的行列和当权贵族的核心，成为"新贵"的典型代表。

迦图用拉丁文写了一部《罗马历史源流》（亦译为《创始记》），罗马从此开始有了自己真正意义上的历史著作。此书共分为7卷，前3卷追溯了罗马和其他意大利城邦的起源；第4卷和第5卷记述了第一、第二次布匿战争的经过；最后两卷则叙述了第二次布匿战争之后直至他所生活的时代所发生的大

迦图画像

事，还搜集了许多格言和轶事。迦图认为，历史著作必须要具备垂训后世的功能，史学家著史就要宣扬爱国主义思想，要用古代圣贤的事迹来进行道德教育，培养青年一代的优良品质。在写作过程中，他广泛地利用并细心地研究了前人的作品、官方文件和各种传说，有时还突破编年体的写作规范，按章节来叙述同类事件。《创始记》保存有罗马的一些十分宝贵的材料，可惜已失传，留下来的只是一些片断。

思想的翅膀——哲学

公元前3世纪，随着希腊的一些思想学派传入罗马，罗马的哲学也开始发展起来。但罗马人不像希腊人那样爱好探求宇宙的本原，探索社会和城邦的正义，罗马人不擅长于思辨，更注重实行，希望在哲学中能够找到为其所用的某种行为准则或治国方法。

西塞罗的折中主义

折中主义指把各种不同乃至根本对立的观点、理论或思想无原则地拼凑在一起的一种形而上学的思想方法。古希腊时期的各种哲学，包括伊壁鸠鲁学派、柏拉图新学园学派、斯多噶学派等唯心论哲学传播广泛，对罗马人产生了重要影响。西塞罗自称在哲学上追随柏拉图的怀疑主义，属于柏拉图新学园学派；然而在讨论方法上，他只是提出正反面的理由，并不予以裁决。权威的哲学家们之间彼此见解冲突，他却认为这种矛盾是可以调和的。这样，他既肯定了唯心主义的思想，又接受了一些唯物主义的理论，试图调和二者以建构一个新的哲学体系。

西塞罗的哲学著作主要有《论善与恶的定义》、《论目的》等。西塞罗主张顺乎自然，要人们服从自然所安排的命运，他说："凡是合乎自然之道的全是好的。"此外，他还宣扬"节制欲望"，认为"不生欲念"以求得"心灵的快乐"才是最大的快乐。尽管西塞罗的哲学思想缺乏独创性，但他擅长凭借丰富的资料，以生动流畅的拉丁语言将希腊的哲学思想通俗化，使希腊哲学披上罗马的外衣，从而方便了罗马人对希腊思想的了解与接受，并促进了罗马自身哲学的发展，因而他最终成为连通中古和近代欧洲哲学思想同希腊哲学思想的桥梁。

西塞罗的哲学重视实用。他承认包括自然哲学在内的

西塞罗侧面像

知识本身就是一种善，它确保了最纯和最高的享受。但他更强调行动，认为哲学研究的终极目的是对生活发生影响，而知识只有在行动中才能完成自身，因此行动比知识有更高的价值，研究最高的善是一切研究中最重要的，这种研究决定了全部哲学。

西塞罗提出"天赋知识"，认为哲学家是独立于外界的，他的信仰建立在直接的、内在的确定性上，建立在天赋知识，即对真理的天赋的感受力上。他的这种"天赋知识"是先于一切经验和科学的，涉及的是他所谓的重要真理。所以西塞罗就此认为，美德的萌芽是天赋的，要是它可以不受外界的任何干扰，完全可以正确地发展，而科学则是根本不必要的。比如他认为，正直的意识是人天生就有的，后来由于受到恶的倾向的干扰而被蒙蔽了。

在伦理学方面，西塞罗的主张几乎和伊壁鸠鲁学派根本对立。他认为伊壁鸠鲁的"快乐说"（认为人最大的善来自快乐，没有快乐，就不可能有善）是和人的命运必然性相矛盾的。比如就幸福来讲，只要有美德就能满足，没有把善和有用区别开来，哲人在任何环境下都是幸福的，即使是在最残酷的境遇下也是如此。

在哲人的问题上，西塞罗的观点和斯多噶学派的主张也是不一样的。斯多噶学派认为，哲人在现实生活中是根本找不到的，而且也不承认日常生活中有所谓的美德。而西塞罗则认为，要是像斯多噶学派主张的那样，把过符合天性的生活看做是伦理学的根本原理，并把这种原理贯彻到底的话，就必须承认健康、无痛苦，甚至不能完全藐视肉体上的快乐。这样一来，过符合本性的生活就不是要把自己和本性分离开来，而是鼓励和支持这种本性。

卢克莱修与《物性论》

卢克莱修（约公元前99—前55年）是共和国后期罗马唯物论哲学家的代表人物。他继承了古希腊唯物主义哲学家德谟克利特和伊壁鸠鲁的学说，但与伊壁鸠鲁恬淡沉思的风度相反，卢克莱修具有热情奔放的诗人气质。他的生平很少为人所知，只留下了一部《物性论》（6卷）。

《物性论》系统地阐述并发展了德谟克利特和伊壁鸠鲁的原子学说和无神论思想。他把德谟克利特奉为"圣人"，把伊壁鸠鲁称为"真理的发现者"。卢克莱修写此书的一个重要动机，就是想要使人类思想从宗教迷信的束缚下解脱出来获得自由。卢克莱修认为，自然界的一切现象并非神的创造，也不受神的支配，它们是由唯一真实的物质——原子所构成的，包括人的"灵魂"也是物质的；躯体死亡，"灵魂"也归于死亡，因此人不应存有死后的恐怖。为此，他还在他的著作（5卷）里，为人类社会描绘了一幅进步的图画。从这种无神论观点出发，卢克莱修对宣扬灵魂不死的宗教迷信思想进行了猛烈的抨击，宗教被其贬斥为使人贫困、犯罪和堕落的根源，一切罪恶行为的"孵育者"，他号召人们解开束缚心灵的宗教锁链。

卢克莱修头像

卢克莱修的观点动摇了人们对上帝的信仰和崇拜，体现了一个无神论者的战斗精神。他对宗教的批判，在所有古希腊、罗马哲学家中可以说是最为猛烈和彻底的。然而，自古以来的拜神传统，以及来自东方的种种神秘主义思想，时刻在侵袭着罗马人的心灵，更因斯多噶主义和其他一些唯心主义派别的鼓噪，卢克莱修的无神论呼声逐渐消失了。

在社会历史观上，卢克莱修提出了一种进化论的观点。他认为人类社会是发展变化的，地球上最先出现植物，然后才有动物和人类。人类早期也和动物一样，过着野蛮的生活。经过漫长的岁月，人类才学会用火、制造工具，逐渐进入文明时代。再以后，家庭、私有制、国家、法律先后产生。由于他将人类社会的发展与生产工具、物质条件的变革联系了起来，因此其社会历史观无疑具有唯物主义历史观的萌芽。他的著作对以后唯物主义的发展产生了深远影响，成为西欧文艺复兴时代反教会斗争的有力武器。

无神论者：琉善

琉善（公元120—200年）是罗马帝国时期唯物论思想的重要代表人物。他出身于幼发拉底河畔的一个贫苦手工业者家庭，当过律师、演说术教师。165年，琉善定居雅典，开始致力于研究哲学和文学。他的著作流传下来的有84篇，主要作品有《神的对话》、《佩雷格林之死》、《悲惨的朱庇特》、《渡口》等。

琉善主要生活在罗马皇帝马可·奥勒留统治时期。当时奴隶制已开始走向没落，帝国的统治基础开始动摇，隶农制已广泛流行，统治阶级对前途也丧失了信心，基督教开始为统治阶级所利用。琉善的作品鲜明地反映了这个时代的特征。他的著作多以对话和讽喻的形式表述他的思想。琉善斥责奴隶制度为"荒谬"，主张财富公有、人人平等。在哲学上，琉善揭露和抨击了各种唯心主义，宣扬了唯物主义和无神论的思想。他把当时的哲学家们看做当众出洋相的丑角。他反对苏格拉底、柏拉图，赞颂恩培多克勒、赫拉克利特、德谟克利特和伊壁鸠鲁，认为德谟克利特和赫拉克利特的哲学是"最好的哲学"。他认为宇宙不是被创造的，灵魂和肉体是不可分的，反对灵魂不死的观点。琉善最大的贡献是对宗教迷信的揭露和批判。他对任何一种宗教迷信都持怀疑态度。他根据社会不合理的现象论证神的不存在，认为命运是不可信的，敬神没有必要，敬神的发展过程正好表明是人创造了神，而不是神创造了人。他批判和嘲笑每一种宗教迷信与利用宗教欺世愚民的骗子。文艺复兴时期，进步的思想家汲取他的思想，而天主教神父则把他的书列为禁书。但是，在罗马帝国的社会条件下，琉善的唯物论难以广泛传播。相反，唯心论却盛行于上层社会，基督教流传于下层民众之中。

但是琉善的唯物论和无神论思想仍对唯心主义和宗教迷信给予了沉重的打击，而且对后来西欧文艺复兴和近代一些无神论思想家都产生过很大影响。其作品文风清新，语言生动诙谐，戏谑、讽刺入木三分，在古代作家中可谓独树一帜。著名的人文主义者伊拉斯谟处处模仿他，恩格斯更称赞他是"罗马时代的伏尔泰"。

现实与梦想
——罗马的艺术

　　罗马的艺术有两个重要的起源：埃特鲁里亚文明和希腊文明。罗马人崇拜希腊艺术，所以大量引用希腊艺术形式，也因此而缺乏独创性。不过，与希腊人重理想，在艺术创作中喜欢运用抽象、概括的理念不同，罗马人更现实、讲究实际，更喜欢具体、实在的东西。罗马逐渐取代希腊而成为西方新兴的艺术中心，与它当时处于世界强国的政治地位是分不开的。虽然希腊曾被罗马帝国占领，但值得注意的是罗马一直十分重视发展希腊艺术，同时也保留了自己的艺术特点，使得罗马艺术在随后的发展中形成了独具特色的风貌。

精雕细琢——雕刻艺术

　　罗马雕刻是西方古代文明的重要组成部分，它为西方现实主义雕刻的发展作出了杰出的贡献。

　　罗马雕刻是在埃特鲁里亚和希腊的直接影响下发展起来的。罗马早先似乎没有自己的雕刻家，在共和国早期，罗马聘请维爱城的埃特鲁里亚工匠为他们塑制朱庇特神像，安放在神庙里。随着扩张活动的进行，罗马人把希腊以及其他地区的雕刻作为战利品运回罗马，把各个民族特别是希腊的雕刻家召到罗马，为他们复制和创作雕刻品。共和国时期之后，很多希腊雕刻原作失传，只有罗马仿制品传世。罗马人按自己的判断和选择把各种不同风格的雕刻调和起来，出现了现实性很强的肖像雕刻和叙事性雕刻。这些雕刻的基本创作原则是求真写实，体现了罗马民族质朴务实的精神。

古罗马的雕塑画廊

墓室里的文化：石棺浮雕

古罗马共和国早期流行土葬，人们普遍使用石棺殓葬。这种石棺是用当地的一种火山石——凝灰岩凿刻的，石棺上除有述说死者一生的铭文外，还有一些浮雕。

一般的石棺从采石场运送出来时已粗具规模，不仅已凿出了内置空间以安放尸体，而且还在石棺表面刻出轮廓。其他一些装饰性的工作则由雕刻工匠们根据个人喜好，或应顾客要求进行细节上的加工。但有一些石棺只是半成品，这或许是因为死者家里没有钱，或是因为事发突然，来不及加工。

到共和国时代的晚期及朱里亚·克劳狄统治时期，罗马的主要丧葬形式是火葬，雕刻石棺变少。到哈德良统治时期，一些人觉得把逝者的遗体放在棺材里要比火化好，于是土葬习俗又盛行起来。许多权贵和豪门的丧葬又开始采用石棺，雕刻家也再次在石棺上找到用武之地。

这时的石棺有些仍是以花环来装饰，但以人物形象雕刻为主题的石棺很快流行起来。这些人物形象主要有两类：或是描绘死者生前的活动，如婚礼、献祭、战争；或是与死亡、来世有关的神话场景等。后一类题材中某些场景颇为阴森可怕。

古罗马石棺浮雕"希波墨涅斯狩猎现场"

惟妙惟肖：雕像艺术

共和国末期和帝国初期，复制希腊雕刻的风尚有增无减，那不勒斯人帕西泰勒开了一家专门复制希腊雕刻的作坊，罗马的富人都前往购买雕刻品用来装饰花园、厅房和浴室。在被征服的雅典，有一个新阿提克派专以仿制公元前4至前5世纪的希腊作品为主，这些活动满足和增加了罗马人对希腊艺术的兴趣，罗马人做肖像的传统得到了充分的发展，具有强烈个性特征的石像代替了过去的蜡像。其中，对帝王的雕像，不仅有个性刻画，而且有理想化的处理，雕像变成了罗马英雄主义和进取精神的象征，一味沉溺于仿制希腊雕刻的颓唐世风得到扭转。

哈德良统治时期，皇帝酷爱希腊艺术，在他的统治下，帝国到处耸立着希腊风格的雕像。也正是在这一时代，土葬逐步流行，石棺出现，石棺上雕刻的浮雕人物和植物纹样成为一种新的雕刻形制。2世纪后，石棺刻满图案，题材复杂。到了3世纪，石棺已成为雕刻潮流主要的体现者。罗马的肖像雕刻以写实的风格见长。雕刻家们善于运用夸张、概括的艺术手法，细致地刻画人物，舍去繁琐的东西，加强运动感。罗马人有翻制死者面模的风俗，他们把面模做成蜡像，放在家中的祭堂里，举行宗教仪式和重要庆典时，把蜡像请出由家人捧奉着参加这些活动。蜡像面模的风俗最早流行于地中海东岸，可能是埃特鲁里亚人传给罗马人的。后期，埃特鲁里亚的墓葬中的陶制肖像，开始富有个性特征和瞬间表情。这种传统一直沿用在罗马肖像雕刻中。同时，希腊的雕像传统也不断冲击着罗马肖像雕刻，致使其在造型时刻意修饰，进而将动作和神态规范化（特别在帝国时期的皇帝像上）。但是罗马肖像中的自然主义倾向一直未被希腊风格遮蔽。

屋大维统治时期是肖像雕刻艺术繁盛时代。帝王雕像非常精美，现收藏于梵蒂冈博物馆内的屋大维雕像带有屋大维本人面貌，但整个神态、姿势使他看起来像一尊神。屋大维手执权杖，仿佛指挥着千军万马，征服四方，胸甲上饰满寓意性浮雕，他脚边的小爱神，衬托出皇帝的高大庄严。这种神化的皇帝雕像同场面恢弘的浮雕一起构成了所谓奥古斯都风格。屋大维的金银全身像据说一度有80尊之多。原来的皇帝死后，新继位者常常把这些金银重新熔化，用来铸造自己的像。公元1世纪以后，雕像艺术手段更加丰富，不仅帝王像，贵族和普通人的雕像也都充满活力，表情细腻，如《高发的贵妇像》。奥勒留执政时期，罗马雕像发展出新的风格，开始注重内心的刻画，被称做"情绪雕像"。奥勒留骑马像，其脸部表现出内省和沉思，带有忧郁的伤感。这个雕像曾被基督徒误认为是君士坦丁大帝的雕像而倍加爱护，文艺复兴时期，它作为古典楷模为许多大雕刻家效仿。《青年头像》和《叙利亚女人像》等

屋大维雕像

普通人的雕像也反映了不同的情绪。3世纪的罗马人更加热衷于为自己塑像。卡拉卡拉皇帝的多座半身像，反映了他从少年到壮年的面貌。到君士坦丁时期，肖像则带上许多东方的神秘色彩。如罗马城的君士坦丁像（现在只剩头像），表现的并不是这位皇帝的赫赫武功和宽宏大度（他承认了基督教），而是刻画了一个眼神缥缈、神情超脱的神仆。

罗马皇帝一般可以从登基之日起就开始为自己塑像，所以根据雕像的内容一般可以判断制作年代。但是一些帝王死后，雕像被修改成后来皇帝的像，因此像上的签名和题字常常不一定可靠，有些帝王和英雄人物雕像是后世才刻的，如亚历山大、汉尼拔和苏拉。

罗马神像雕刻最早见于每个家庭的家神偶像。城市也有保护神，如朱庇特就是罗马城的保护神，朱诺是妇女保护神。公元前5世纪，罗马人曾聘请埃特鲁里亚人制作朱庇特像（没有流传下来）。后来罗马"移植"希腊神话，罗马神同希腊神相融合，朱庇特代替宙斯成为主神。共和国时期罗马的神像很丰富，常常把希腊的神罗马化，带上了较浓的军事色彩，手法自然质朴。罗马的智慧女神像，携矛披甲，穿罗马长袍，戴罗马头盔。战神玛尔斯是罗马最受尊崇的神，雕像中也是手持长枪、身着戎装。

传世之笔——奇异的绘画

在罗马人留下的艺术遗产中还有不少精彩的绘画。壁画和镶嵌画是其主要形式。希腊壁画今存的极少，罗马壁画遗迹甚多，正好弥补了这一缺憾。

早在共和国时期，罗马社会上层就积累了庞大的财富，追求享乐的欲望大为膨胀。罗马的私人别墅一时兴起，室内的壁画也成了住宅建筑中的一个重要项目。共和国时期的绘画，大概亦出自希腊画师之手，在庞贝城遗址中发现了不少宅邸内均有美丽的壁画，内容题材十分广泛，技巧相当成熟，虽然庞贝城的覆灭是在帝国时期，但其中不少作品年代较早。此外罗马、拿坡里等地也都存有一些有共和国时期壁画的古老宅邸，风格亦与庞贝的作品相似。

公元1世纪后，壁画的风格多种多样，竭尽表现享乐之能事。现存的壁画遗迹在罗马城、庞贝城和赫库兰尼姆城等地发现较多，从中我们可以窥见古罗马的绘画成就。

壁画题材包括人物故事、林木鸟兽、花卉图案和静物风景等。一般是在墙壁上以花边组成一个外框，在里面安排画面，墙面均有底色，构成强烈的装饰效果。从事这种工作的多为希腊画工，使用的也多为希腊粉本。在赫库兰尼姆还发现了一幅画在大理石板上的素描，署名"阿特纳伊的亚历山大"。这幅画上五个妇女正在玩球，前面两位蹲着，后面三位站着，除头发和衣服的部分花纹用调较浓重外，全画均为线描，线条优美娴熟，造型准确生动，可见罗马画师的造型能力已相当精确。这个时期还有用蜡画法来作壁画的。画法是将颜料融入烧溶的蜡液中，画

庞贝壁画

家手持长柄铁勺，随时可以将其置于火上融化，这也可以说是油画技法的雏形。

庞贝古城里发掘出来的湿壁画是罗马绘画对古希腊绘画技巧的一次伟大超越。画面中的宗教密仪可能仍有符号意味，但人和物的表现已经有了写实的趋向。人物有了各种向着画面的角度，肢体动作多样化；五官的细节清晰，能看见人物的表情；复杂的重叠关系被恰当地表现出来；更重要的是，有了用光塑造空间的尝试。

罗马绘画正在弥补与雕塑之间的鸿沟，平面的艺术渐渐从抽象的符号变为实在的物体，绘画的焦点也从表现宗教主题变为表现现世事物。在罗马时代，绘画正在觉醒，尝试着用二维表现三维，直到中世纪的到来。

明快的节奏——动人的音乐

早在共和国建立之初，罗马人就已经有了自己独特的音乐艺术。随着罗马对外的不断扩张，罗马的帝王贵族和奴隶主们过上奢华的生活，音乐成为他们的重要消遣方式。

罗马的音乐主要仍是沿袭希腊音乐的巨大成就。希腊的奴隶们有许多被收养在罗马的贵族家庭中，其中有些奴隶专门演奏音乐和跳舞，为主人服务。

最初，罗马的乐器只有笛类，后来在希腊式的仪式中才开始采用其他的乐器。在庄严的仪式中，利拉琴和其他希腊的乐器被同时使用。但罗马的音乐文化并没有完全因循古希腊而停滞不前，一些民间歌谣、结婚歌曲、士兵歌曲以及音乐舞蹈等还是得到了一定的发展。在这一过程中，渐渐出现了用拉丁语演唱的古戏剧。公元1世纪时，罗马开始有大规模的合奏团和合唱团，据当时的记载，演奏者与歌手加起来比剧场的观众人数还要多。随着时代的发展，罗马的民间音乐活动逐渐频繁起来，许多社会活动都有歌曲和歌舞伴随，如婚礼歌、饮酒歌、军歌。

另外，铜管乐器的出现也是罗马音乐的主要特征之一。常见的铜管乐器有大号、角号。演出规模极度扩张，最多时可达几百件乐器。水压管风琴也是罗马时代的重要乐器，此外还有一些东方乐器传入。罗马人最喜欢的戏剧是笑剧和哑剧，前者以娱乐性为主，有时甚至近乎猥亵，中间插有歌曲和器乐伴奏；后者音乐成分较重，以神话故事为主要题材。

除了社会音乐活动外，家庭音乐也一时蔚然成风。上层社会的富裕贵族家庭里拥有家庭乐手、歌舞手成为一种时髦，他们从自己的奴隶中挑选出一些有艺术天赋的人学习音乐。由于音乐活动的普及，从专业到业余音乐家、从贵族到奴隶，各种不同的人都需要学习音乐，音乐教育成为一种职业，并且非常兴旺。罗马上流社会的女子，开始热衷于学习音乐。女孩们在家里或学校都要接受音乐教育，学习演奏利拉琴等。

罗马音乐与希腊音乐的一个重要区别在于音乐的职业化。职业音乐家到处巡回演出，作为"明星"而受人追捧，被人们奉为偶像，而且待遇丰厚，有的还被皇室供养。在罗马帝国开始的前两三个世纪，传统的竞技会仍然举行，但参加者往往是一些经过专门训练的职业竞技者，由于有物质利益的诱惑，赌博、收买等风气随之盛行，"明星"骄横、傲慢、堕落的事件时有传闻。

音乐在罗马的盛行与罗马历代有许多君王热衷于此有关。历史上像罗马那样有如此多的君王热情地投入音乐的现象不多见。罗马皇帝中不乏接受过良好的艺术教育，擅长歌唱和乐器表演的，许多皇帝赞助演员和音乐家，修建大的竞技场和音乐厅，甚至亲自加入表演。但罗马音乐在精神健康方面无法同古希腊相比。在希腊，人人都投入和参与音乐活动，音乐是社会交往的纽带，是健全人格的体现。罗马的音乐在繁荣方面不亚于古希腊，却失去了希腊艺术的高尚和纯真，成为一种纯粹的娱乐。

在罗马行将灭亡之前的两个世纪，罗马的娱乐活动逐年丰富。音乐空前繁荣，但繁荣的背后已经隐含着忧患，罗马帝国晚期有人曾发出这样的哀叹："罗马的殿堂原来以传播科学闻名，现在却回响着乐器演奏和歌唱的声音；从前这里是哲学家被欢迎的地方，如今被歌唱家和音乐教师替代。现在任何地方都可以听到音乐，除了保存知识的图书馆，那里像坟墓一样的寂静。"

欢乐的步调——美妙的舞蹈

古罗马的舞蹈要早于歌唱，歌唱是由舞蹈派生出来的，当舞蹈演至极兴的时候，才产生了歌唱。

古罗马人热爱跳舞，几乎在任何欢娱的场合都要跳舞。丰收时，他们一边劳动，一边歌唱，休息时便快乐地舞了起来；举行宗教仪式时，为了获得神灵保佑，除歌唱外也要舞蹈；举办各种宴会庆典时，没有舞蹈更是不行。例如古罗马人每年3月举行的纪念潘神活动。潘神人身羊足，头上有角，是希腊神话中的农牧神。12月中旬，主持祭礼的司仪们也要持鞭裸体，在罗马广场上进行舞蹈表演。

一些喜庆的场合，比如罗马军队打仗得胜归来之时，罗马民众们纷纷簇拥在街道两旁，欢呼雀跃，按捺不住激动的心情，常常不自觉地扭动身体，举起手臂，跳起狂欢舞来，借以表达他们对战士的喜爱和对胜利者的敬意。

罗马帝国时期，舞蹈变得极为昌盛起来，出现了舞剧表演。类型也多种多样，有以独人舞为形式上演的拟剧和由两人同台演出的剑舞。拟剧是古罗马的杰出代表艺术。拟剧也称做哑剧，是演员用手势和身

古罗马舞蹈表演者雕像

体动作表现一定故事情节的艺术。拟剧是在古希腊的戏剧艺术和古罗马人的审美趣味相结合的基础之上形成的。它是一种模拟的舞蹈，但不像舞蹈动作那么优美、婀娜多姿、追求人体线条的完美。尽管如此，它仍受到古罗马人的欢迎，原因在于古罗马是一个多民族国家，各民族使用各自不同的语言，如拉丁语、希腊语、叙利亚语，因此各民族之间不容易沟通。如果只用一种语言演出的话，就会减少票房收入，而用多种语言同台演出又不可能，这时，哑剧便应运而生了。哑剧多以神话故事为题材，因它讲述的是人们所熟知的神话历史故事，又以身体语言表现出来，因此受到罗马人的欢迎，并流传至今。此外，剑舞也是极其受欢迎和流行的一种舞蹈形式。剑舞由一男一女或两名男演员同台表演，两人的舞蹈动作配合默契，舞台的设计也非常别致，很注意背景的布置，与表演相得益彰。

人类的智慧
——罗马的自然科学

　　罗马的自然科学，是罗马人在总结长久以来的生产经验和吸收地中海诸民族科学成就的基础上发展起来的，罗马人在农学、天文学、地理学及医学等方面成就突出，充分展示出了自己卓越的才华。与希腊人相比，罗马人在自然科学的研究方面有两个显著的特点。

　　第一，希腊人崇尚理性和大胆推测，罗马人则比较注重实际，而不看重抽象的理论框架的构造。第二，罗马人在自然科学方面虽然没有什么重大创新，但由于他们征服了地中海沿岸广大地区，接触到了许多文明古国创造的优秀成果，因此他们在对前人的科学成就进行总结这方面作出了突出贡献。

民以食为天——农学

　　罗马是一个以农立国的农业民族，罗马人特别重视农业科学知识的普及和推广，由此产生了一批重要的农学家和农业著作。其中最具影响力的当属被称为"罗马农学鼻祖"的迦图。

　　迦图是罗马第一位农学专家，也是罗马农学的鼻祖。迦图博学多才，著述甚多，而且涉及面极广。他不仅在散文方面有突出成就，在农学方面也造诣颇高。

　　他在公元前160年完成的《农业志》是罗马历史上第一部农

古罗马浮雕上的收割图

业著作。该书比较具体而集中地反映了公元前2世纪意大利农业经济特别是中等规模的园艺经济的特点。该书材料丰富、观点鲜明，不但总结了他自己长期从事农业经营管理的经验，而且也总结了前人的实践经验，对于奠定古罗马农学的基础和指导当时和后世的农事都起到了积极的作用。

《农业志》用拉丁文写成，共162章。书中主要论述了庄园的选择原则、建筑方法、人员配置比例以及管理措施等。作者在书中对庄园内各季的农事做了具体的安排。如秋季收获葡萄、橄榄，酿酒，积肥，秋播；冬季运肥、伐木、谷地锄耘、除草；春季和夏季嫁接果树，修整橄榄等。四季安排，井井有条。

此外，《农业志》还对不同规模和性质的庄园应当使用多少奴隶以及奴隶之间的内部分工做了精确的推算，形成了一整套奴隶制经济的经营管理思想。他首先指出农业是罗马和意大利最为重要的行业，奴隶主必须认真经营农业，并全心全意管理好以剥削奴隶劳动为主、剥削自由雇工为辅的庄园；其次，奴隶主应对农业生产的主要劳动力即奴隶，严加管束，绝不能放任自流；再次，他明确提出要认真挑选管理庄园的管家并具体规定了管家应该遵循哪些原则；最后，他还论述要在庄园内部实行生产专业化和劳动协作，以提高庄园的劳动生产率，从而使庄园经济比个体小农经济具有更大的优越性。

　　值得注意的是，《农业志》是针对意大利农业的实际状况和需要而写的。《农业志》着墨最多的是橄榄种植业，而葡萄园和谷田则居其次。这是因为，在当时橄榄种植业是新兴行业。在此以前，意大利的橄榄主要靠自生自长，几乎没有什么技术，只是作为一种副业存在。但公元前2世纪时情况大变，剥削阶级财富的增多和外来生活方式的影响使市场对橄榄油的需求量大大增加。为了满足市场上日益增长的需求，迫切需要改变陈规陋习，在橄榄种植上推广先进的栽培技术和管理经验。正是为适应这一需要，《农业志》详尽地记述了橄榄的育苗、插枝、施肥、采集、榨油等一系列技艺，可以说是一部完整的橄榄园艺大全。为了提高产量，作者还一再强调施肥的重要性，并详尽地做了栽培插枝的技术指导。在谷田方面，迦图也再三强调精耕细作和施肥，主张摒弃那些过时的经验。

　　《农业志》不仅涉及农业，还涉及手工业技术、医疗技术、宗教信仰、生活习俗等各个方面，对阶级结构、剥削关系、奴隶主阶级的思想面貌与物质生活状况及奴隶阶级的处境与地位等也做了详细论述，为我们提供了公元前2世纪中叶意大利中部农业生产和奴隶制经济发展状况的十分宝贵的材料。

　　虽然迦图的农业思想不可避免地受到了历史和地域的限制，而且还保有许多宗教迷信等非科学的风俗习惯，但在很大程度上还是对农业的发展起到了积极的推动作用，对后世也产生了深远影响。

仰望苍穹——天文历法

儒略历

　　所谓历法，简单说就是根据天象变化的自然规律，计量较

长的时间间隔，判断气候变
化，预示季节来临的法则。现
在世界上通用的纪年方法是
公历，而公历是由儒略历演变
而来的。儒略历可以追溯到罗
马，是以罗马统帅儒略·恺撒
之名命名的一种历法。

索西吉斯像

罗马最初的历法十分混
乱，当时通行的为旧历，全年
只有355天。到公元前509年，为了配合太阳年，罗马大祭司团
颁布了岁历，即分别在每4年的第2和第4年年底加入两个闰月，
分别为22天和23天。但到了共和国末年，由于政治混乱，一些
贵族富豪们利用权势控制大祭司团而随意插入或撤销闰月，致
使历法混乱、寒暑颠倒，甚至出现农作物的收割与季节相差甚
远的情况，严重影响了人们的正常生活，也使历法完全没有了
存在的意义。

于是，公元前46年，恺撒采纳亚历山大里亚天文学家索西
吉斯的建议，以回归年为依据进行历法改革，颁布了改历的
命令。此历规定每4年中头3年为平年，每年365天，第4年为闰
年，1年366天。1年12个月，有大小月之分。因为恺撒的生日是
在7月，为了体现自己至高无上的威严，恺撒要求这个月必须
是大月，因此天文学家只好将单月定为大月，即单数的月份31
天，为大月，双数的月份30天，为小月。6个大月和6个小月使
平年多出了一天，必须从某一个月中扣除一天。而当时罗马的
死刑判决都在2月执行，人们公认这是不吉利的一个月，所以
2月被减去一天。恺撒遇刺之后，继位的屋大维为显示自己的

权威，下令将自己生日所在的8月定为大月，并且将9月以后的大、小月全部加以对换。这样一来，一年就有7个大月，又多出一天，于是再从"不吉利"的2月减去一天，使它成为28天。每逢闰年，将2月加一天，使之成为29天。现行公历的大小月安排和每月的日数就是从那个时代延续下来的。

但儒略历中存在一个问题：每年正确的时间其实是365.2425天，儒略历加闰年也是想尽量地和正确的时间保持一致，但是，每4年加一个闰年就导致了每一年平均要比正确的时间多10.8分钟（即平均每年365.25天），造成的结果是每128年就大约早1天。虽然这个影响短期内看似乎可以忽略不计，但时间久了它的弊端就会显现出来。

325年，东罗马帝国皇帝君士坦丁在尼西亚召开了基督教的主教会议，史称"尼西亚会议"。这次会议规定基督教中的复活节在春分（3月21日）后的第一个星期日庆祝。由于儒略历的弊端问题没有得到解决，春分的日期也不能固定（每128年就往前错一天，实际上到1582年的时候，春分已经是3月11日），造成了宗教上的混乱。为了解决这个混乱，1582年，罗马教皇格列高里十三世又一次修改了历法，即"格列高里历"，也就是我们现在通常说的公历。他把闰年从每400年100闰改为每400年97闰，即能被4整除的设闰年，逢世纪年（如1900年）能被4整除、不能被400整除的不再设闰年；把春分固定在3月21日。把两个时间（1582年和325年）一对比，就可以看出在1582年时，春分已差不多往前错了10天，即儒略历比公历早了10天。为了修正这10天的误差，格列高里下令1582年的10月从4日直接跳到15日，这样在历史上就出现了10天空白。

这样一来，历法的误差就变得十分小了，仅为0.000 3天，也就是说要经过3 300年才会出现一天的误差。随后，该历法被各国相继引用，成为国际通用的公历。儒略历的颁布及其不断改进，充分体现出罗马历法的先进性和天文学的高度发展。

托勒密与《天文学大成》

克罗狄斯·托勒密（公元90—168年）生于埃及，父母都是希腊人。127年，年轻的托勒密被送到亚历山大去求学。在那里，他阅读了很多的书籍，并且学会了天文测量和大地测量。他曾长期住在亚历山大城，直到151年。有关他的生平，史书上的记载并不多。

托勒密可谓是公元2世纪罗马天文学发展的集大成者，其代表作《天文学大成》是古典天文学中最著名的一部集大成之作，在古典传统的科技著述中占有突出地位。140年，托勒密发表了他的巨著《天文学大成》（共13卷）。在书中，他总结并发展了前人的学说，建立了宇宙地心体系学说。除了详细地论述他所创立的"地心说"外，他还将埃及人、巴比伦人和希腊人的天文学成就加以汇总与融合，并充分发挥古典天文学以几何系统描述宇宙结构和天体运动的特色，论述了太阳、地球、月球及其他行星运动的规律，提供了1 022个恒星的位置及亮度图，是古典时期最完备的星图。它还详细论述了推算日、月食，确定行星位置与演算历法

托勒密画像

的方法，介绍了各种天文仪器的制作及使用方法等。托勒密是世界上第一个系统研究日月星辰的构成和运动方式，并取得成就的科学家，此书也被尊为天文学的标准著作。

托勒密"地心说"的主要内容是：地球位于宇宙中心，静止不动；每个行星都在一个称为"本轮"的小圆形轨道上匀速转动，本轮中心在称为"均轮"的大圆轨道上绕地球匀速转动，但地球不是在均轮圆心，而是同圆心有一段距离，他用这两种运动的复合来解释行星运动中的"顺行"、"逆行"、"合"、"留"等现象；水星和金星的本轮中心位于地球与太阳的连线上，本轮中心在均轮上一年转一周，火星、木星、土星到它们各自的本轮中心的直线总是与地球和太阳连线平行，这三颗行星每年绕其本轮中心转一周；恒星都位于被称为"恒星天"的固体壳层上。日、月、行星除上述运动外，还与"恒星天"一起，每天绕地球转一周，于是各种天体每天都要东升西落一次。

托勒密的天体模型之所以能够流传千年，是有它的优点和历史原因的。他当时提出的绕着某一中心的匀角速运动的理论，既符合当时占主导思想的柏拉图的假设，也符合于亚里士多德的物理学，易于被接受。他用几种圆周轨道不同的组合预言了行星的运动位置，与实际相差很小，相比以前的体系有所改进，还能解释行星的亮度变化。地球不动的说法，对当时人们的生活是令人安慰的假设，也符合基督教信仰。在当时的历史条件下，托勒密提出的行星体系学说是具有进步意义的。首先，它肯定了大地是一个悬空着的没有支柱的球体。其次，它从恒星天体上区分出行星和日、月是离我们较近的一群天体，这是把太阳系从众星中识别出来的关键性一步。

但令人遗憾的是，托勒密在天文学领域建立系统理论的同时，也进一步发展了"地心说"理论，并被基督教利用作为上帝创造世界的理论支柱，严重阻碍了科学宇宙观的诞生。直到1543年，哥白尼提出"日心说"，才使天文学领域发生了一场革命性的变革。

生活的土地——地理学

罗马的地理学兴起于公元前2世纪，但最早论及地理学知识的是波利比阿的《历史》一书。该书不仅阐述了有关普通地理学的概念，而且还首次对意大利、高卢、西班牙的地理特征做了详细的描绘，从而开创了描述地理学的先河。

继波利比阿之后，出生于小亚细亚的以弗所的阿尔提米多尔在游历了意大利、西班牙、埃及等地后，一路上搜集资料，编写了一部11卷的《有人居住世界的地理学》，当时对罗马影响也很大。到了共和国末期，梅尼普斯写了一部3卷本的《内海航行记》，详尽地记述了地中海沿岸地带的地形状况。这一切都为罗马的地理学发展与成熟奠定了基础。

斯特拉波与《地理学》

斯特拉波（约公元前64—公元23年）是罗马地理学家、历史学家。斯特拉波出生于希腊本都地区阿马西城的一个贵族家庭，幼时受到了良好的文化教育。他20岁时移居罗马，并有机会结识各学派的知名人物，接受他们的教育，这对他以后的学术思想产生了重大的影响。公元前29年，斯特拉波在罗马结识了屋大维的亲信加卢斯，次年加卢斯出任埃及总督，他随同前往，并在埃及逗留多年，游历了埃及的主要城市。他还和加卢斯一道沿尼罗河探险，直达西恩纳（今阿斯旺）和埃塞俄比亚边境。这些地理考察和探险活动不仅使斯特拉波大大开阔了眼界，而且使他从此与地理学结下了不解之缘。晚年，他定居罗马，潜心《地理学》一书的写作，由此奠定了自己在地理学上的宗师地位。

《地理学》是他在总结前辈的地理学的基础上，于去世前不久汇编而成，达17

斯特拉波像

卷之多，描述了已知世界地理的基本情况，是西方古代地理学的一部经典著作，也是古代罗马给后世留下的篇幅最大、资料最为丰富的地理学专著。直到今天，斯特拉波的著作对于从事古代地理学和历史学研究，对致力于古代其他学科的研究，都是一个重要的资料来源，长期以来对西方地理学的发展有着重大影响。

该书除第7卷外全部保存了下来。其中第1卷和第2卷为绪论，讨论了以天文学和几何学为基础的研究地表和大气圈的自然地理学，评论了喜帕恰斯、波西东尼斯等前人的著作，提出了地理学家首先应确定地理学的研究对象等一些原则，描述了海洋、大陆和气候带等。第3—17卷分论了当时欧洲人已知的世界各地区，按政治单元进行区域描述，内容包括自然特征、物产、城市、居民及其生活方式、风俗习惯等。其中第8卷写欧洲，第6卷写亚洲，另一卷（即第7卷）可能写利比亚（今非洲）。

斯特拉波认为，地理学是对人类居住世界的描述，不仅要研究一个地方的自然属性，还要研究它们之间的相互关系。他记录了存在于地面的人、动植物和陆地、海洋，为描述地理学奠定了基础；对已知世界进行了区划和分类，成为区域地理研究的代表；把海岸分为岩岸、沙岸等类型；研究了陆地上升、下沉和三角洲的形成；第一个描述了非洲沙漠中的绿洲，正确解释了尼罗河的泛滥，将其归因于埃塞俄比亚夏季丰沛的雨水；指出火山土、碎屑土和冲积土的肥力不同；提出自然因素对人文现象（如聚落、人口密度和风俗习惯）有很大影响，注意到历史对地理的作用。

起死回生之术——医学

古罗马的医学家们

罗马的医学也是在希腊医学的影响下发展起来的。但早在希腊医学传入罗马以前，罗马医学就有了很长的发展史。它继承了埃特鲁里亚人的宗教观点，这一点表现在早期罗马人对动物内脏占卜的信赖上。

罗马人的上层阶级认为有文化的人开业行医是不体面的。当时希腊开业医生流入和扩散于罗马，不仅被罗马的上层社会看不起，就连一般的罗马百姓对他们也持怀疑态度或予以嘲讽。后来由于医生在治病防病中的作用愈来愈大，他们提高了罗马的医术水准，以至于恺撒使此种职业成为在罗马有投票权的职业。韦斯帕芗统治时期的学堂开办了医学教育，从这些国立学校毕业的人，可以得到"国家医生"的头衔。良医日益增加，军医的技术则达到了古代医学的顶峰，医生开设的私立医院渐渐发展为中世纪的公立医院，富人则拥有自己的私人医生。医生这个职业此时已达到高度专业化的程度，有尿道学家、妇科学家、产科及眼科医生等，还有耳科专家、兽医、牙医等，也有为数不少的女医生。公元14年，罗马建立了世界上最早的公立医校。

塞尔苏斯被公认为是最伟大的医学作家，他所著的《医学大全》是最优秀的医学经典著作之一。书中对医

塞尔苏斯侧面像

学史进行了系统的研究，保存了希腊时期和亚历山大里亚外科学的有关材料。他本人虽不是一位临床医生，但他主张清洁，伤口必须洗净并涂以食醋、百里香油之类（这些物质都有消毒作用）。他确定了炎症的4个基本特征：红、肿、痛、热。他首次提到心脏病及精神病，提到用结扎法来止住动脉出血。他把医药学分成三个部分：第一部分为饮食医药；第二部分为药物治疗；第三部分为外科手术。其中第三部分外科手术为全书精要，塞尔苏斯在书中不仅提到了如何对脸部和嘴部整形、如何从鼻孔取出鼻息肉及切除甲状腺肿等，还设想切除扁桃体。

索兰努斯是著名的妇产科和儿科医生，其有关妇科病、妊产及婴儿护理方面的著作，影响医学界长达1 000年之久。解剖学家鲁弗斯明确描述了视神经和眼球构造，认识到运动神经和感觉神经都与大脑有联系，提出心跳是脉搏的原因。

尽管如此多的医学家们各有成就，但是为罗马医学的发展作出最突出贡献的却是奥勒留皇帝的御医盖伦。盖伦在解剖学、生物学、病理学和医疗等方面均有建树，其理论长期被西方医学界奉为经典。

医学集大成者：盖伦

盖伦（公元129—199年）
是罗马最著名的医生和解剖学
家，也是古代欧洲最后一位医
学大师，一生专心致力于医疗
实践、解剖研究、写作和各类
学术活动。他出生于小亚细亚
帕加马地区的一个书香之家，
自幼受到了良好的教育，成年
后前往爱奥尼亚、科林斯和亚

盖伦侧面像

历山大里亚等地遍访名师，研习医学与哲学，此后即以行医为
职业。168年，盖伦由于医术高超而被罗马皇帝召为御医，此
后便长期在罗马宫廷服务，直到去世。盖伦一生勤奋，据说其
著作多达131部，流传至今的也有83部。他最重要的医学专著有
《论理想的医生》、《论医术》、《解剖过程》、《身体各部
分的机能》等。

盖伦被后人公认为欧洲1 000多年来医学上的绝对权威，其
医学成就不仅奠定了西方医学的基础，而且代表了古代希腊、
罗马医学的最高水平。一方面，他对以往的医学成就做了高度
的概括与总结；另一方面，他又继承了希波克拉底的体液说和
埃拉西斯乌拉塔的生理学说，并以前人关于灵魂的自然哲学思
想为基础，结合自己从事解剖学研究的一系列重大发现，建立
了一套较为完整而又自成体系的医学理论。

盖伦在解剖学方面颇有建树，而在古罗马时期人体解剖是
被严格禁止的，因此，他只能进行动物解剖实验。他通过对
猪、山羊、猴子和猿类等活体动物进行实验，在解剖学、生理

学、病理学及医疗学等方面都有了许多新发现。他考察了心脏的作用，并且对脑和脊髓进行了研究，认识到神经起源于脊髓。他还认识到人体有消化、呼吸和神经等系统。他看到猴子和猿类的身体结构与人很相似，因而把在动物实验中获得的知识应用到人体中，对骨骼肌肉做

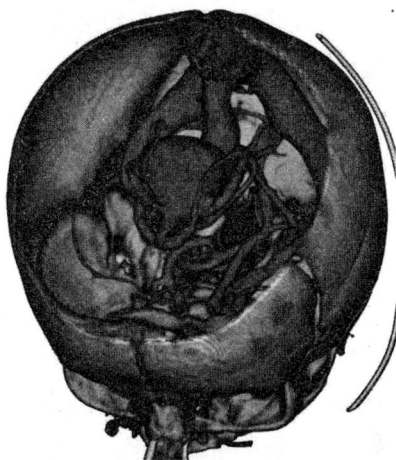
盖伦静脉血管模型复原图

了细致的观察。他还对植物、动物和矿物的药用价值做了比较深入的研究，在他的药物学著作中记载了植物药物540种、动物药物180种、矿物药物100种。可以说，他在药物的研究上也卓有成效。

　　盖伦的最重要成就是他建立了血液的运动理论和对三种灵魂学说的发展。约在公元前5世纪后期，毕达哥拉斯学派的费罗劳斯认为人体具有三种灵魂，即生长灵魂，这是人、动物和植物所共有的，在人体中位于脐部；动物灵魂，这是人和动物所共有的，位于心脏，主管感觉和运动；理性灵性灵魂，这只有人才具备，位于脑部，主管智慧。盖伦则把这三种灵魂的说法与人体的解剖学、生理学知识创造性地结合起来，提出了"自然灵气"、"生命灵气"、"动物灵气"的理论学说。盖伦认为肝是有机体生命的源泉，是血液活动的中心。已被消化的营养物质由肠道被送入肝脏，乳糜状的营养物在肝脏转变成深色的静脉血，并带有自然灵气。带有自然灵气的血液从肝脏出

发，沿着静脉系统分布到全身，将营养物质送至身体各部分，并随之被吸收。肝脏不停地制造血液，血也不停地被送至身体各部分并大部分被吸收，而不做循环运动。盖伦认为心脏右边是静脉系统的主要分支。从肝脏出来进入心脏右边（右心室）的血液，有一部分自右心室进入肺，再从肺转入左心室。另一部分盖伦认为它可以通过所谓心脏间隔小孔而进入左心室。流经肺部而进入左心室的血液，排除了废气、废物，并获得了生命灵气，成为颜色鲜红的动脉血。带有生命灵气的动脉血，通过动脉系统，分布到全身，使人能够有感觉，并能进行各种活动，有一部分动脉血经动脉而进入大脑，在这里动脉血又获得了动物灵气，并通过神经系统而分布到全身。盖伦认为血液无论是在静脉或是动脉中，都是以单程直线运动方式往返活动的，犹如潮汐一样一涨一落，朝着一个方向运动，而不是做循环运动。直到17世纪哈维等人创立了血液循环学说以后，人们才认识到这一点，而盖伦学说在当时毕竟清除了许多古代医学的神秘迷信成分，成为古典医学生理概念的基础。

盖伦创立的医学知识和生物学知识体系，为西方的解剖学、生理学和诊断学的发展奠定了基础。他的著作长期被医学界视为权威。

卓越的智慧——技术

羊皮纸书

古罗马人将小牛皮或羊皮加工制作成"皮纸"，作为高级书写材料。皮纸由专门的工匠来制作。工匠首先把胎牛皮、小牛皮或羊皮加工鞣制，使其软化，然后用器具刮去上面的附属物，使组织表面平整光滑、柔韧细薄，人们用羽毛或芦管蘸了墨水在羊皮纸上书写，然后装订成册。为了便于保存和携带，罗马人还常把厚叠的书册用木板进行上下固定，这样可以防止乱页、掉页，这种木板被称为书板。后来罗马人还发明了"蜡板书"。所谓蜡板是先用黄杨木或其他细质木材做成小板，在木板中的相同部位挖出长方形凹槽，放上黄色或黑色热熔的蜡，内侧上下两角钻成小孔，用绳穿过小孔将许多木板串联起来。蜡板的书写工具是用金属做成的针，也有用象牙或骨头做的。这种针一端是尖的，用以在蜡板上划字；另一端则是圆的，用以修改写错的字。因为可以修改，所以蜡板可以反复使用，多用于记事、练字、写诗或记账等。蜡板书的流传和使用非常广泛，无论学者、诗人还是僧侣、商人都使用它。蜡板书用金属和象牙作为底板和封面，做工精致，画面美丽。蜡板书的缺点在于字迹易受磨损，书写工具也较为粗糙，不便进行工整的书写。

玻璃工艺

公元前100年，罗马成为玻璃制造的中心，罗马人使用各种巧妙的方法把玻璃加工成为各种形状的器皿。此后，罗马人将吹制玻璃工艺加以改进，制造出了镶嵌玻璃和浮雕玻璃。所谓镶嵌玻璃是将各种彩色玻璃熔接在一起形成的玻璃制品。工匠们将彩色玻璃碎片贴在加热的吹制品上，经重新加热后吹制成形，各种色彩融合后，产生类似镶嵌画的效果，因而被称为"镶嵌玻璃"。这种玻璃新工艺在帝国时期盛极一时，在19世纪末到20世纪初的欧洲又再度流行。浮雕玻璃工艺是在白色或彩色玻璃器皿表面，以人物或其他装饰图案制作出类似浮雕的新工艺，这种玻璃制品显得玲珑剔透、精美华贵。

信仰的文明
——罗马的宗教

宗教是社群对所认知的主宰的一种崇拜，是一种社会历史现象，它包括指导思想（宗教信仰），组织（宗教组织，如教会、宗侣），行动（宗教组织内的活动，如祭祀、礼仪），文化（宗教建筑、宗教绘画、宗教音乐）等方面的内容。多数宗教是对超自然力量、宇宙创造者和控制者的相信或尊敬，是相信人有灵魂且灵魂至死不灭的信仰体系。罗马的宗教也不例外，从最初的多神教、万物有灵的信仰观念，到后来流传千载的基督教，无不体现着罗马大一统帝国宗教文化的雄姿。

宗教的天堂——神话

宗教与神话是两种不同的文化现象，但它们之间的关系极为密切。早在远古时代，宗教神话就与巫术魔法等手段密切地联系在一起。原始社会生产力水平十分低下，面对难以捉摸和控制的自然界，人们不由自主地会产生一种神秘和敬畏的感情，而一些特殊的灾害性的自然现象，如地震、洪水，以及人类自身的生老病死，尤其能引起人们的惊奇和恐慌。他们由此幻想出世界上存在着种种超自然的神灵和魔力，并对之加以膜拜，自然在一定程度上被神化了。由于人们的思维此时还以具体的、形象的思维为主，尚不能脱离具体事物，因此人们觉得

自然万物就和自己一样，拥
有灵魂、意志及情感，并能
够和人进行神秘的交往。一
个充满奇异色彩和生命活力
的世界就这样被幻化出来，
神话也由此产生。

神话和传说是人类早期
生活的全面记录，是宗教的
来源和最早形式。它们反映
了早期人类的社会状况，表
现出早期人类的劳动、生
活、斗争及他们的思想、观
念、情感等。

罗马的维斯塔神庙遗址

罗马神话是古罗马人民在对自然界的斗争和对理想的追求
中创造出来的一系列丰富的神奇传说。早期罗马人认为，任何
一件事物、一个人、一种行为都被一定神秘的力量所左右，所
以他们相信万物有灵，给任何东西都封神，这些神都不是拟人
的。例如，古罗马的家家户户都供奉灶神维斯塔，因为他能给
人类带来火种，让人类灯火不熄、生命长存、吉祥如意。罗马
人还供奉土地神拉尔、家神佩纳特斯、门神雅努斯、战神玛尔
斯、播种神萨图尔努斯、森林和原野之神皮库斯、地界神泰尔
努斯、丰收女神克雷斯、酒神利柏尔、果实女神利柏拉、花神
弗洛拉等，这些神祇生活在人们周围，无处不在。然而，罗马
的神都是独立的，人们需要的时候就供奉，甚至在家里和田中
就可祈祷。一开始，罗马没有专门的神殿和庙宇，没有统一的
神话体系。在罗马城邦国家的形成中，尤其是在同邻族的交往

和战争中，其原有宗教又受到伊特鲁利亚宗教和希腊宗教的影响，诸神形象受相应的希腊神灵形象的影响而发生变化，日臻完善。随着两种文化的渐渐融合，罗马人最初的有灵无形的神灵观念逐渐演变为人神同形同性的观念体系，他们开始修建专门用来供奉神祇的神庙。但与希腊宗教不同的是，罗马人的宗教观念比较注重宗教律法观念，强调对仪节程式和规诚的严格遵守和执行。这与古代罗马民族法律制度的高度发展如出一辙，相比希腊神话少了一些诗情画意和睿智哲理。后来由于又与东方国家发生接触，罗马又出现了对东方国家一些神祇的崇拜，如埃及的掌管生育和繁殖的女神伊西斯。

冷漠的理智——多神教

对神的敬畏

在罗马人的心目中，神灵的力量是无穷的，因此他们对神十分敬畏。罗马人极为重视神的作用，甚至不惜用自己的身体向神献祭。随着宗教的发展，罗马的宗教仪式变得越来越复杂，出现了专管祭事的祭司。祭司是处于神与人之间的中间人，可将神与人的思想互相传递。随着罗马国家的发展壮大，祭司的作用也越来越大，渐渐地组成了许多祭司团，其中最高首脑大祭司或大教长在国家拥有很高地位，权力大概相当于王政时代"勒克斯"（王）的那一部分宗教权力。祭司对各种大事进行占卜以预测吉凶，后来这往往成为他们干预政事的一种手段。

为了表示对神灵的敬畏，罗马人还建造了大量的神庙殿堂用以祭祀神灵，并制定宗教仪式。早在王政时代后期就已经建有朱庇特、朱诺、密涅瓦或朱庇特、密涅瓦、玛尔斯"三姓神庙"，也有单独某一尊神的神庙，而且有的神庙规模还相当大。直到公元118至公元128年，哈德良皇帝重新修建万神殿，里面供奉了所有的神。

尽管源于对希腊诸神的模仿，罗马诸神在形象外貌上已经变得非常优雅健美，但比起希腊那些具有丰富内涵和风韵令人陶醉的神明，罗马的神明崇拜则加入了赤裸裸的功利成分。

罗马人并不因为美而敬仰神明，仅仅是因为有用才崇拜神明。罗马人的神是高高在上和令人敬畏的，人如果想要求助于神，只有通过祭司团才能将信息传达给神。这样宗教便与政治紧密地联系在一起，成为加强国家统治、维护社会政治秩序和道德风尚的工具。

希腊人虔诚信神的态度及希腊神话的诗情画意和睿智哲理到罗马人那里已荡然无存，取而代之的是罗马人借助神明的名义来进行的现实的惩罚。因此可以说，罗马宗教充满了冷漠的理智。

祖先崇拜

在氏族部落时期，祖先崇拜是指对本氏族、本部落、本家族的开创者的崇拜，因为人们相信本氏族部落都有共同的祖先，这个祖先可能是确有其人，也可能是传说中的人。但随着氏族社会开始向奴隶制社会迈进的时候，祖先崇拜就大多指对先祖亡灵的敬拜，以祈求先祖亡灵佑助儿孙兴旺发达。

祖先崇拜在罗马人宗教信仰中是一项至关重要的内容。这种祖先崇拜源自于他们的父权观念。每逢宗教节日，罗马人都要将自己先人的面具牌位拿出来进香祭奠，他们相信祖先的灵魂常常会降临家庭来亲受祭祀，并庇护全家成员。

对祖先和家长的这种虔敬和崇拜从小的方面来说，养成了罗马人对父权权威和传统的尊重与服从，从大的方面来说，则造就了罗马人对法律、对元老院和国家的绝对服从。罗马人所表现出来的那种古代其他民族少有的纪律性，可以说与此是有着极大关系的。

例如在共和国初期，罗马社会内部平民与贵族的斗争一直长期存在着，平民们虽心怀不满、心存怨恨，但在很长一段时期里始终不敢真正冒犯像罗马元老那种年龄、地位的人物，也不敢对贵族们提出自己的正当要求，只是在背地里发泄怒气。这是严格的家长法权所养成的对长者的尊重和服从的秉性。

从神庙到教堂——信仰的转变

基督教的诞生

"基督"意为"受膏者"，指上帝敷以圣膏而派其降世的救世主，本为尊称，后常与耶稣连称。早期基督教产生于罗马帝国统治下的巴勒斯坦地区。后来，逐渐传播到希腊、埃及、意大利和高卢等地，成为整个罗马帝国的新宗教。

从公元前2世纪起，罗马就已经成为地中海地区的霸主。在共和国末期至帝国初期，罗马的残暴统治和压迫激起了全国范围内的奴隶、平民和被征服居民的不断起义和反抗。但是所有这些起义，包括声势浩大的斯巴达克起义，都遭到镇压而失败。公元66至公元70年，犹太人反对罗马的战争遭到了罗马帝国极其残酷的镇压，大批被俘的犹太起义者被钉死在十字架上。在反抗罗马人的斗争中，犹太人中间产生了一些秘密的教派，基督教就是从其中分化、发展出来的一个小派别。

基督教产生于公元1世纪左右，这时的罗马帝国正处在强盛时期。帝国的强大和繁荣是建立在奴隶制扩张的基础上的，奴隶受到越来越多的压迫，平民也没有正当的权利，人们意志消沉、精神颓废，其他被压迫的民族也渴望回到过去的独立生活。在这种情况下，他们既想反抗又无力反抗，唯一的出路就是到宗教中去寻求一种精神的解放与自由。因此，恩格斯说，基督教"它最初是奴隶和被释放的奴隶、穷人和无权者，被罗马征服而驱散的人们的宗教"。

基督教自诞生之日起就已从犹太教中分离出来，它虽仍将犹太教的《旧约》作为自己《圣经》的一部分，但已与之有很大的不同。基督教强调凡是相信基督的，就能得到拯救和赐福，不再需要奉献大量的祭祀品才能赎罪，这便使得许多下层社会的民众，特别是穷人都纷纷开始信仰基督教。

十字架上的血泪史

早期基督教提倡平等博爱。基督教宣称人人都是上帝的子民，在上帝面前人人平等；教徒之间患难与共，互相周济；上帝之子耶稣为了拯救世人而来到人间，被钉死在十字架上，3天后即复活，升天后还要来到人间，进行最后审判；现世的末日来临时，相信基督的人将会得到拯救，进入极乐世界。这些学说对于被压迫的人来说具有很大的吸引力，于是，基督教很快地传播开来。

早期的基督教在罗马社

鞭打基督徒

会下层民众之间广泛流传还有一个重要的原因，就是它强烈的反罗马思想与民众的愿望不谋而合。早期的基督教反对罗马帝国的民族压迫，甚至主张要推翻罗马的统治。他们把罗马比做必将灭亡的"巴比伦城"，认为那里是各种污秽的巢穴，罗马即将灭亡，天国即将来临。他们把一切希望都寄托于救世主，但并不排除采取暴力手段。基督徒们拒绝接纳罗马信奉的诸神明，不参加罗马的祭典，藐视角斗士的竞技，不去公共浴场，不愿将罗马死去的和活着的皇帝敬为神明，不愿为罗马国家服兵役。总之，他们拒绝跟罗马帝国进行任何形式的合作。

早期的基督教充满了民主革命的精神，同时也必然会遭到罗马上层的极力迫害与镇压。公元64年，罗马城发生大火，人们纷纷传言是尼禄皇帝蓄意放的。尼禄则拿基督徒做替罪羊，在全城中搜捕基督徒，拉开了罗马政府大规模迫害基督徒的序幕。在随后的近3个世纪之久的时间里，罗马政府对基督徒进行了全国范围的大迫害。

公元70年，韦斯帕芗的军队围攻耶路撒冷城达6个月之久，先后死于战争和饥饿的犹太人多达110万。哈德良皇帝在位时期（公元132年），有58万基督徒被杀。161年，奥勒留统治罗马时，对基督教徒进行过一次更严厉的迫害，并一直延续到康茂德统治初期。250年，罗马又发动了历史上第一次对基督教徒进行的普遍而有组织的迫害，这次迫害持续了整整一年。戴克里先在位时期，由于他崇拜朱庇特神，自称朱庇特神之子，面对日益繁盛的基督教，他深感不安，于303年颁布敕令，禁止基督徒举行宗教仪式，并捣毁基督教教堂，没收基督教会的财产，顽固的基督徒则被处死。这是基督教在欧洲受到的最大的一次迫害。

胜利的基督

公元2世纪下半叶至3世纪初，罗马帝国奴隶制出现危机，骄奢淫逸之风腐蚀了整个罗马社会。随着危机日益深重，人们对政府失去了信心，一部分有产者也感到前途暗淡，转而向宗教求助，企图依附于基督教，以此求得心灵上的安慰。

此时参加集会的信徒，既有贫苦的下层居民，也有奴隶主贵族和富有的工商业者等。《雅各书》在描写当时信徒集会的情景时这样写道："富有者'戴着金戒指，穿着华美的衣服'走进教堂，被教会执事告之'请坐在好位上'。而贫穷的使徒'穿着肮脏的衣服'，甚至'赤身露体'地走进去，被教会执事吩咐'你站在那里，或者坐在我脚凳下边'。"越来越多的富人们加入教会，改变了早期基督教的社会成分，并且他们逐渐在教会中取得领导地位，这就使得基督教的思想和组织也发生了改变。

在这样的情况下，基督教的本质发生了重大改变，其不再鞭笞罗马社会制度的黑暗，也不再宣称要推翻罗马的统治，相反却宣扬要逆来顺受，爱一切人，甚至也爱仇敌，对压迫者"不计较他们的恶"。《马太福音》劝告人们："不要与恶人作对。有人打你的右脸，连左脸也转过来由他打。有人想要拿你的里衣，连外衣也由他拿去。有人强逼你走一里路，你就同他走二里。要爱你们的仇敌。为那逼迫你们的人祷告。"于是，基督教成了罗马统治阶级的工具。

313年，罗马皇帝君士坦丁联合帝国东部教会一起颁布了"米兰敕令"，敕令规定所有人都享有信奉宗教的自由，凡先前被没收的基督徒的集会场所和教会财产一概如数返还。"米兰敕令"的颁布是基督教发展史上的一个重大转折点，它第一

君士坦丁大帝确认基督教地位

次承认了基督教会可以拥有财产，并确立了基督教在罗马的合法地位。

392年，狄奥多西一世颁布法律，命令关闭一切异教神庙，禁止献祭活动，违令者罚款并没收其献祭的房屋及土地。至此，基督教被确立为罗马的国教。

宗教哲学——神学

西塞罗可谓是古罗马集大成的人物，这一点不仅体现在他的政治地位上，事实上，他的影响力几乎遍布古罗马每一个文化领域。他曾是罗马共和国元老院的元老，公元前63年还担任了罗马执政官；哲学思想方面，他是折中主义的代表人物；此外，他在法学、教育学领域都颇有建树，在宗教神学方面的影响也是巨大的。

　　西塞罗在宗教神学理论上有一整套神学体系，对后来的罗马宗教产生了重要影响。他主要的宗教著作是《论神之本性》。西塞罗神学观点和其哲学思想是分不开的，或者说他的哲学、伦理学、神学都是统一的。他利用柏拉图的唯心主义来大肆宣扬神恩、天运和灵魂不死等宗教神学思想，把宗教的道德观念说成是各时代一切民族所共有的"天赋观念"。他提出神是永恒的、最高的主宰。世界万物都有生有灭，唯独神没有开始也没有终结。神的世界是"天府"世界，神在天府中主宰着人和万物。神道即是天道，要遵天道、领神恩，只有在神那里人才能找到真正的幸福。对于死亡，西塞罗认为其是神的旨意，是灵魂摆脱了肉体的牢狱而飞升回天。他认为，灵魂本就是天上的东西，降落下来住在肉体里面，被肉体所束缚，到一定时候，神要将灵魂与肉体分开，于是人便死亡了。他进而认为灵魂是不朽的、最高的智慧，所以灵魂离开肉体后还会继续思想，之后才有纯粹的光明。所以人的最高智慧在于灵魂摆脱肉体的桎梏，能自由自在地察知未来，这才是真正的美德。此外，他还认为人类肉体的快乐会妨碍心灵的活动，所以人要控制自己的欲望，不要贪图肉体的享受，如果人贪图享受会堕落为兽。因此，他大肆鼓吹禁欲主义，认为只有这样，死后灵魂才能顺利地升回到天府。

　　西塞罗的中心思想是告诫人们要敬神，奉神为主宰，让灵魂直升天府。他反对肉体欲望，主张禁欲，并把这看做是灵魂升天的前提，这些思想实际上是企图用宗教来麻痹罗马的民众，让奴隶和平民安于现状，听从政府的安排。

维护统治的法宝
——罗马法

　　德国著名的法学家耶林说："罗马帝国曾三次征服世界，第一次以武力，第二次以宗教，第三次以法律。武力因罗马帝国的灭亡而消亡，宗教随人民思想觉悟的提高、科学的发展而缩小了影响，唯有法律征服世界是最为持久的征服。"罗马帝国在当时成就并远播了古代社会最发达、最完备的法律体系，中世纪时，西欧法学知识发端与发展的历史也是一部罗马法的诠释与发展史。在古代罗马遗留给后世的诸多遗产中，罗马法无疑是其中最重要的一项，其影响逾千年而不衰。需要说明的是，罗马留给后人的并不是这些法律体系本身，而是一种追求民主、追求法律意识的人文精神。

从简单到完善——罗马法律的发展

　　罗马的法律是基于理性而不是习俗，这种法律制度是根据特殊需要，以经验为基础逐渐发展形成的。罗马法通常是指通行于古代罗马世界的法律。上迄罗马建国，下至《查士丁尼法典》的完成，前后历经1 000多年，在这期间颁布的所有罗马法律都被称做"罗马法"。

　　罗马的公民法时代大约在公元前6至公元前2世纪。所谓公民法（亦称市民法），是指罗马国家"为本国公民颁行的法律"。公民法的渊源包括罗马议会制定的法律、元老院的决议、裁判官的告示，以及罗马法学家对法律的解释等。其内容主要是有关罗马共和国的行政管理、国家机关及一部分诉讼程序的问题。其适用范围仅限于罗马公民，居住在罗马的异邦人不能享受此法的保护。这些公民法中最重要的就是《十二铜表法》。

在国家形成的初期，和其他国家一样，罗马并没有成文的法典，唯一具有法律权威和功用的便是当时人们的普遍习惯，即一种未经政府明确承认，而被一般人接受，并默认为社会生活中人与人之间处理关系应遵守的规则制度。由于这种约定俗成的习惯法没有固定的成文形式，因此它具有很大的不确定性，这在司法制度落后的古代必然会导致法律规范的不明确，无形之中便为贵族隐瞒罪行、袒护自己提供了方便。平民们为了改变这种不平等的地位，曾主动组织起来，与贵族展开激烈的斗争，并向政府施加压力，要求政府编纂成文法。在平民的强烈要求和压力下，罗马政府被迫于公元前454年成立了十人立法委员会，并于公元前450年制定法律《十表》公布于罗马广场，次年，又制定法律《两表》作为对前者的补充，此即《十二表法》。因各表系由青铜铸成，故习惯上称《十二铜表法》。

公元前390年，高卢人侵入罗马，铜表全部被毁，原文散失，现在只能从古代著作中略见其梗概。《十二铜表法》规定的事项是：第一表，传唤；第

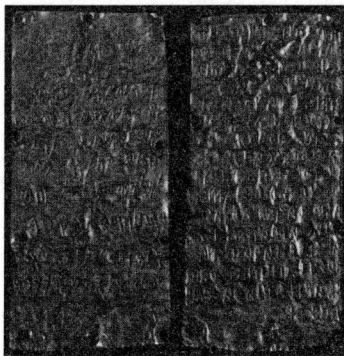

《十二铜表法》局部复原

二表，审判；第三表，求偿；第四表，家父权；第五表，继承及监护；第六表，所有权及占有；第七表，房屋及土地；第八表，私犯；第九表，公法；第十表，宗教法；第十一表，前五表的补充；第十二表，后五表的补充；除了这些，还有人民大会及平民大会通过的法律、元老院决议、法学家的解释和裁判官的告示。《十二铜表法》颁布以后，成为共和国时期罗马法律的渊源。

《十二铜表法》作为罗马国家的第一部成文法典，不仅在罗马法历史上占有重要地位，产生过深远的影响，而且对罗马历史的发展有着重要的影响。它所反映的有法必依的精神，为日后罗马法律的发展指明了方向。《十二铜表法》的颁布无疑是对贵族势力的一次沉重打击。因为法律已经编成了明确的条文，量刑定罪，一切都以法律条文为准，这就在一定程度上限制了贵族的专横和滥用权力。但是，平民与贵族之间的矛盾并没有因此而消除，两者之间的斗争也并没有因此而终止。双方的斗争一方面调整了罗马公民内部的阶级关系，另一方面则促进了罗马国家立法的进一步发展与完善。

杰出的法律——罗马法的基本内容

人法

罗马私法中所指的人法是对于在法律上作为权利和义务主体的人的规定。法律意义上的人，是具备人格、享有权利并承担义务的主体。奴隶不具有法律人格，被视为权利客体，因而是不被列入其中的。

罗马法上的人格由自由权、市民权、家族权三种身份权构成。其中自由权作为自由实现自己意志的权利，是最重要的，也是享有市民权和家族权的前提。没有自由权，即为奴隶。市民权则是罗马公民享有的特权。212年，卡拉卡拉皇帝颁布敕令，授予罗马境内所有自由人以公民权，至此，除奴隶外，公民与非公民的界限完全消失。市民权包括公权和私权两部分。公权指选举权、参政权、担任国家公职权等，私权则指结婚权、财产权、遗嘱权、诉讼权等。家族权也称家长权，是指家族团体内的成员在家族关系中享有的权利，是一种对外代表全家独立行使各种权利、对内领导全体家庭成员的权利。家族权中父亲处于最高地位，实则是一种绝对的"父权"。

罗马法规定，只有同时具备上述三种身份权的人，才能在法律上享有完全的权利能力，也才是具备完整人格的人。凡全部或部分权利丧失，人格即发生变化，罗马法称为"人格减等"。丧失自由权称"人格大减等"，丧失市民权和家族权称"人格中减等"，丧失家族权为"人格小减等"。

罗马法中并没有明确的法人概念和术语，没有完整的法人制度。最初，罗马法只承认自然人为权利主体。共和国后期，社会团体大量涌现，法学家对其进行研究，提出了许多有价值的论断，如"团体具有独立人格"、"个人财产与团体财产要完全分开，团体债务并非个别人的债务"。至帝国时期，罗马法开始承认某些特殊团体在法律上享有独立人格。

在婚姻家庭方面，罗马实行的是一夫一妻的家长制家庭制度，由早期的"有夫权婚姻"演变为"无夫权婚姻"。

物法

物法是罗马私法的主体，由物权法、继承法和债权法三部分组成。物权划分为自物权（所有权）和他物权。其中所有权是权利人可直接行使于物上的最完全的权利，是物权的核心，其内容包括占有、使用、收益、处分、禁止他人对其所有物作出干涉行为；而他物权是对他人所有物直接享有的权利，它不能离开所有权而单独存在，是基于他人的所有权而产生的物权。罗马法上的他物权分为用益物权和担保物权两类，前者包括役权（又分地役权和人役权）、地上权、永佃权，后者包括质权和抵押权。

罗马法上的继承指死者人格的延续，财产继承是附属的。这是由罗马长期实行家长制家庭制度所决定的。继承权指死者所有权的延伸，而非指继承人的权利。罗马法上的继承方式有法定继承和遗嘱继承两种。早期只有法定继承，从《十二铜表法》开始才有了遗嘱继承的规定。

债权是物权的重要内容。债的分类主要有特定之债和种类之债、可分债和不可分债、单一之债和选择之债等。此外，关于债的履行、债的担保、债的转移、债的消灭等，罗马法上均有详细规定。

卓越的群体——罗马的法学家

从公元前3世纪起，罗马就出现了罗马法学家，他们是适应经济活动和立法活动的需要而产生的。法学家的日常活动就是答复诉讼当事人的法律咨询、为签订契约的当事人编写合法证书、指导诉讼人如何打官司，并提供法律援助或直接出庭担任律师等。恩格斯指出，随着立法发展为复杂和广泛的整体，出现了新的社会分工的必要性，一个职业法学者阶层形成了，同时也就产生了法学。

公元前27年，屋大维授予若干法学家公开解释法律的特权，他们的解释具有法律效力，法院必须遵循。法学家的地位更加显赫，他们有的撰写法学书籍，有的协助皇帝立法或出任司法官吏。公元1—3世纪是罗马法的古典时期，正是在这个时期，出现了以五大著名法学家为首的法学家阶层。他们是盖尤斯、保罗、乌尔比安、伯比尼安、莫德斯汀。他们继承和发展了西塞罗的思想，思想集中体现在《查士丁尼民法大全》之中。该大全分为《法

盖尤斯塑像

学总论》、《法学汇编》、《查士丁尼法典》和《新敕令》四个部分，其中《法学总论》和《法学汇编》这两个部分集中反映了罗马法学家的法律理论和思想。

426年，罗马皇帝狄奥多西颁布了《学说引证法》，规定五大法学家的著作具有法律权威性，还规定这五个人所引用的任何法学家的著作，如果通过原文稿的比较而被认可的话，也可以被引证。如果五人中意见有分歧的话，依多数人的观点；持平的情况下，则以伯比尼安的观点为准。

独特的贡献——罗马法的地位与影响

罗马法虽然是古代奴隶制社会的产物，但由于它对反映简单商品生产的各种法律关系作了详尽的规定，因而也就自然而然地论及了资本主义时期的许多法律关系。罗马法的立法技术也已具有相当的水平，它所确立的概念、术语，措辞确切，结

构严谨，立论清晰，言简意赅，学理精深。罗马法可以说是古代世界最发达和完备的法律，影响了中世纪的许多国家。罗马法有关私法体系的部分，被西欧大陆资产阶级民事立法成功地借鉴与发展，推进了西欧法制的发展进程。罗马法的许多原则和制度，也被近代以来的法制所采用，对近代以来的法律与法学产生了重大影响，尤其对近代以来私法的建设与统一作出了卓越的贡献。

罗马法的影响范围非常广泛，其影响的深度也不容忽视。首先，罗马法为资产阶级战胜教会和世俗的封建势力提供了理论武器。当基督教在罗马的意识形态领域里占据支配地位时，这一时期的政治和法律都掌握在僧侣手中。于是，为了反对封建教会及其宗教法规，罗马法就成为最锐利的武器。人们常常运用宣扬王权至高无上的罗马法原理，来反对教会和贵族的割据势力，同时又依据无限私有制的原则和自然法的观念来替市民阶层辩护，反对封建专制制度。因此，上到国王下到市民，都从罗马法中找到了维护自身利益的依据。其次，罗马法为资本主义经济的发展和巩固提供了现成的法律形式。中世纪后期，西欧各国资本主义经济在简单商品生产的基础上发展起来，于是要求产生新的法律上层建筑，以调整层出不穷的民事法律关系，而以《查士丁尼民法大全》为代表的罗马法恰好适应了这一需求。它对商品生产的各种法律关系，诸如所有权、债权和契约，都作了极为详尽的规定，于是罗马法被广泛采用，到15、16世纪，除英国以外的西欧各国普遍掀起了采用罗马法的热潮。此外，罗马法为新兴资产阶级的民权理论提供了思想渊源。罗马法非常重视自由民的私人权力，极力主张自由民之间互相平等，因此，它对于私法方面的财产占有和亲属关系等都规定得十分详细。它所提倡的法律面前人人平等、人人都有一份应得的自然权利所体现出来的"权利"和"平等"观念为后来的法律发展提供了重要的理论根据。17、18世纪新兴资产阶级的政治家、法学家和思想家，从格劳秀斯到卢梭，都是以这种思想作为自己理论的基础。

在资产阶级取得政权以后，罗马法则又为资产阶级法律体系的建立提供了模板，成为近代欧洲大陆国家立法所遵循的范本。例如，1804年法国制定的《法国民法典》，其有关人的权利能力和行为能力以及物权和债权部分，就是以罗马法为基础的；在体制上，连《人法》和《物法》的分编也是按照罗马法来制定的。而1900年生效的《德国民法典》，虽将体制改为总则、债权、物权、亲属、继承五编，但在内容方面，从概念、术语到与物权、债权有关的法律关系等仍沿袭了罗马法的传统。欧洲大陆上其他许多国家的民法，乃至欧洲以外一些国家的民法，如明治维新后的日本《民法》，中国从清末开始的《民律草案》以及中华民国时期国民党政府的《民法五编》等，也都得益于罗马法。至于英国法律和英美法系，则在私法方面也参照了罗马法的某些规定。

罗马法虽然产生于罗马，它的影响却远远超出了孕育它的时代。因此，从这个意义上说，罗马法不只是罗马人的法律，而是全人类的法律；不只是罗马人的文化遗产，而是全人类共同的文化遗产。

人类的成长
——罗马的教育

　　教育是文明发展到一定阶段的产物。罗马的教育从早期的家庭教育发展到学校教育以及后来的教义学院，与社会变革、政治变迁有着必然的联系。罗马还涌现出一大批教育家，他们所倡导的教育目的、教育方法以及教育理论，对罗马教育的发展，乃至后世的教育事业都有着深远的影响。正是在特定的教育模式下，罗马人不断强大起来，并最终成为霸主。

人之初——家庭教育

　　古罗马共和国时代早期的教育主要是家庭教育。公元前3世纪以前，罗马的经济主要以农业为主，公民除务农外，还需参战。这时的教育旨在为国家培养合格的公民，主要教育对象包括农民和军人。这一时期还没有出现学校，教育只是在家庭中进行。从氏族公社所沿袭下来的家长制，使父亲在家中居于核心地位，他们对子女有生杀予夺的权利，且对孩子的教育具有很大的影响。母亲在家里也有一定的影响，并受到尊重。

　　古罗马的家庭教育主要有言行教育和课本教育两种。言行教育是指长辈通过言传身教的方法，教授孩子一些基本经验和知识。孩子7岁前是由母亲亲自负责，主要是对其进行道德培养及传授一些技艺等。罗马人极其重视道德的培养，知识的学习并不占主要地位。狭隘闭塞的小农经济、古老的家长制以及宗教信念，使罗马人孝敬长辈成为一种传统，崇拜祖先、尊重传统、遵守法纪和效忠国家成了每个公民的天职。于是，家庭教育中的道德教育方面主要培养儿童勇敢、果断、严肃、诚实、谨慎和节俭等品德，孝道也成为早期对儿童教育的主要内容之一。7岁以后，女孩仍由母亲教导，跟随母亲学习一些家庭主妇所应有的知识及技能，男孩则由父亲教养。父亲

古罗马家庭对女孩的教育

经常带儿子在田间进行各种农业劳动，在劳动中传授儿子各种农业生产知识和技能。此外，父亲还会经常带儿子来到城市广场学习各种社会和政治方面的知识，着重训练儿子在公众场合的演讲能力，为以后投身政坛打好基础。父亲还教儿子一些军事体育技能，如骑马、角力、投掷、游泳，以训练其忍耐酷暑严寒侵袭的能力。有的家庭也由父亲教给孩子一些读、写、算的知识。孩子16岁时，家庭教育任务宣告完成，通过一定的仪式，他们就可成为合格的罗马公民。男孩在这时往往还要服兵役，保卫国家。但贵族子弟入伍前，往往还要经过一年准备，

父亲把儿子委托给一个有名望的人代为管教，以便儿子可以从这位有名望的人那里学习从事公职所需要的知识和经验。这种通过实践和观察的积累的教育方式收到了良好的效果，后来遂成为罗马共和国初期几百年间所流行的教育方法。

言行教育的同时，罗马人还注重对儿童进行课本教育，教导他们学习一些书本的知识。早期的课本教育主要是歌颂英雄的民谣及宗教诗歌为主要内容。公元前449年，奴隶制国家的法律《十二铜表法》颁布后，此法也成为儿童课本学习的重要内容。

罗马人的教育只是为了实际的需要。迦图就曾写过一本论述儿童教育的书，他认为做一个好公民只需学习讲演、医学、农业、军事等实用技术就足够了，其他的知识都是不重要的。由此可以看出罗马人讲求实际的价值观在教育思想中的反映。

从继承到独立——学校教育

私立小学

罗马的学校教育出现较晚，在很长一段时期内，罗马实行的主要是家庭教育，人们崇尚的还是个人的勇猛和公共道德。但到了公元前3世纪，罗马开始大肆地向外扩张，罗马社会发生了巨大变化，奴隶制获得了很大发展，经济空前繁荣，希腊文化像汹涌的潮水一样涌入罗马，罗马的文化、科学、教育等，均受到了希腊文化的广泛影响。希腊文化以思辨哲学为核心，推崇文雅教育；罗马文化则强调实效，注重培养具有实际才干的政治家和管理者。两种文化的融合，逐渐形成了影响深远的古希腊罗马文化。公元前146年，罗马人征服了希腊，希腊大批教师来到罗马办学，补充了罗马家庭教育的不足。从此，学校

古罗马学校的教育

便开始创立，并渐渐成为风尚。

罗马的教育制度是在罗马的社会政治条件下产生和发展起来的，它在继承和发展希腊教育的同时，形成了自己独特的拉丁文化教育，建立起拉丁文法学校。拉丁文法学校分为初、中、高三个等级。

初级学校，即小学。公元前234年，一名获得自由的奴隶卡尔维斯开设了第一个收费的小学。接着，小学教育迅速地发展起来。凡7—12岁的男女儿童均可入私立小学接受初等教育。学费一般都由教师自己规定。贵族和其他上层阶级都是聘请家庭教师，而不送子女入小学，因此入学的大都是些平民子女。小学主要教授拉丁文字，课程包括读书、写字和算术。一向被希腊人特别重视的音乐和体育在罗马小学的教育中地位却不高，这主要是由于罗马人是一个非常讲究实际的民族，学校所开设的课程必须具有广泛的适用性，否则它就难以得到社会的承认。在罗马人的心目中，读、写、算是治理国家和家庭必备的技能，因此值得特别重视。至于体育和音乐，作为娱乐项目对于罗马儿童未来的发展并不会产生很大的影响，因此在这些方面无需花费太多的精力。此外，罗马人对音乐素来持一种冷淡和轻视的态度，强烈的道德感也不允许罗马人那样赤身裸体地去参加体育竞赛。

罗马的小学一般都是私立学校，统治阶级并不关心小学教育，对其既不资助也不禁止，既不奖励也不监督，完全任由其发展。学校里的设施也极为简陋，有些学校甚至根本就没有正式的校舍，平时就在神庙的屋檐下或树阴下上课，雨天则找个能遮风避雨的地方将就。教室内只有长凳，没有课桌，学生写字时只能将蜡板放在膝上书写。教学过程为先读后写，内容包括道德格言以及《十二铜表法》。教学方法主要是文字记诵。教识字的方法是先学字母，然后是音节、拼音，最后是字、词、句和朗读。写字的工具是蜡板和象牙状的尖笔。在学生掌握了一定数量的文字之后，教师才开始给他们讲授算术。由于罗马数字中并没有十进位的数字，因此学生在学习过程中会感到非常困难，往往要花费很多时间才能弄懂。小学当时是每8天休息一次，另外还有节日休假，以及从7月底至10月中旬的暑假。

小学老师的社会地位低下，一般都由奴隶或被释奴隶担任，而且收入微薄，时常受到嘲讽。小学里的体罚也非常严重，受罚的学生常被同学抬在肩上，接受教师的鞭打。"主罚教师怒气冲冲，被罚儿童呼天喊地"就是当时罗马小学生生活最真实的写照。

到了帝国时期，罗马的学校教育虽仍沿袭共和国时期的旧体制，但教育的性质及目的发生了重大的变化。小学仍以平民子女为主要对象，但其目的已转变成培养忠诚的臣民。

文法学校

中等学校又称文法学校，是12—16岁少年接受教育的地

方。贵族及富人的孩子接受完家庭
教育后，便进入到这些文法学校。
文法学校的教师被称为文法学家或
文学家，教师的收入颇为丰厚，同
时也有较高的社会地位。

最初的罗马文法学校实际上是
一种外国语学校。学校的教学用语
是希腊文，教师大多也是希腊人，
连教材也是希腊文，因此也被称做
希腊文法学校。直到公元前100年，
斯蒂芬在罗马创立了第一所拉丁文
法学校。从西塞罗起，拉丁文学开

古希腊剧作家米南德雕像

始蓬勃发展，拉丁文法学校也随之迅速建立起来。

罗马的文法教育实际上就是语法和文学的教育。按照一般
惯例，学生进入文法学校首先要学习希腊文或拉丁文的语法，
如动词的变尾及名词、形容词及代词的变格形式。青年们一部
分时间在希腊文法学校学习，另一部分时间到拉丁文法学校学
习；在掌握了基本语法之后，才开始文学方面的学习。这种教
学方法的目的是为了逐渐培养青年对文学的欣赏能力，以便开
阔视野、启迪思维。希腊文法学校主要学习《荷马史诗》和米
南德等希腊作家的作品，而拉丁文法学校则学习西塞罗、维吉
尔、贺拉斯、李维等人的拉丁文著作。此外，这两种学校的学
习科目还包括地理、历史、数学和自然科学等，但这些学科的
内容大多较为肤浅。

教学方法主要是讲解和复述。首先，学生在教师的带领
下，朗读教材，并注意音调的抑扬顿挫，以使朗读收到真正的

效果。随后，教师逐段讲述课文，包括有关词源和文法特点的注释与分析，以及有关历史、神话、哲学和自然科学的旁注；教师讲授时，学生认真记录。最后，为了巩固所学知识，训练学生的表达能力，教师还要让学生用自己的语言复述教材的内容，并进行各种释意练习。有的学校，还加授音乐、几何、天文学等方面的内容，这些学习训练都是在为学生进入高等修辞学校做准备。罗马的拉丁文法学校对体育持完全排斥和否定的态度，这是罗马教育与希腊教育的重要区别。

一般来说，罗马中等学校的纪律是非常严格的，违反校纪者经常会受到惩罚。学校上课时间很长，一年之中只有暑假没有寒假，此外，逢各种纪念庆典等才会放假。

到了帝国时期，文法学校拉丁文的学习逐渐代替了希腊文的学习。公元3世纪，文法学校开始把教学重点集中在语法和文学方面，自然科学、数学、历史、地理等学科在教学中的地位被削弱，教学与现实生活完全脱节，实用学科明显减少，整个教育工作逐渐流于形式。此时教授文学已不再是为了激励人心和培养文学欣赏能力，而是为了形式、辞令和引证的需要了。

关注成长的大师——教育家

雄辩术起源于希腊，在罗马共和国时期的政治生活和社会生活中有重要作用。它既是争取民众、击败政敌的工具，又是歌功颂德、取悦各方的手段，还是诉讼争斗、法庭辩护的途径，后来逐渐演变成罗马学校中的主要课程。于是，雄辩家成了有教养的罗马人的代名词。西塞罗便是雄辩家的杰出代表。

西塞罗在教育上的最大贡献就是提出了雄辩家教育的理论，这一理论集中体现在他的教育学著作《论雄辩家》中。

西塞罗认为，全部教育的最高目的是培养政治家，而只有优秀的雄辩家才能成为真正的政治家。因此，教育的直接目的就在于培养雄辩家。一个雄辩家不仅要能言善辩，而且要与一般能说会道的人不同，后者只要在大庭广众之中能清楚地表达思想就可以了，而雄辩家则可以就任何问题发表生动的演说。雄辩家必须具有广博的知识，而且在演讲方面比各专业人才要更出色、更能说服人。雄辩家还要拥有专门的雄辩技巧，因为演说必须以广博的知识为基础，所以雄辩家所应具备的各种知识非常广泛，包括各国的政治、法律、军事，以及算术、几何、天文、地理、音乐等。除此之外，雄辩家还要掌握伦理学有关人生和人的行为的哲学知识。

除了具有广博的知识外，雄辩家还要有修辞学方面的特殊修养。他要注意讲稿的文体结构、遣词造句等；在修辞上应有特殊的技巧，使文体优美雅致。在谈到言语修养所应具备的几个条件时，西塞罗认为，首先是表达正确，其次是通俗易懂，

西塞罗和喀提林在元老院的辩论（漫画）

再次是优美生动，最后是语言与主题相称。另外，优美的举止和文雅的风度也是雄辩家应有的品质。演说是由身体、手势、眼神以及声音的调节及变化加以控制的，它们对于演说本身所产生的作用是巨大的。

在谈到如何培养雄辩家时，西塞罗说，方法只有一个，就是练习。最常用的练习是模拟演说，先确定一个与在讲坛上讲演类似的论题，尽可能逼真地发表演说。西塞罗认为，通常的弊病是学生只满足于练习自己的嗓子、肺活量、语言的流畅等，但只有这些还很不够，学生要尽量做到对讲题深思熟虑，做充分的准备，演讲时言辞精确。书面练习则主要是写作，写作可以锻炼人的思维能力和表达能力。经过长期写作锻炼的人，可以养成敏锐的判断力和机智的表达能力，这些能力也可以转移到人的演说能力之中；而且演说词要求结构合理，布局匀称得体，并富有韵律，这些也只有经过频繁的写作练习才能达到。虽然西塞罗本人也承认很少有人能锲而不舍地写下去，但还是提倡应该坚持。

另外，西塞罗还提出了以"人道"作为教育理想的主张。所谓人道，即为人之道，具体包括3个方面：一是必须充分发挥人之所以为人的特点；二是要以同情、仁爱、礼让等规范处理人与人之间的关系；三是只有具有文化修养的人才能称做人，因为只有他们才能尽人之所以为人之道。因此，他提出教育工作应重视道德品质的培养。

西塞罗的教育思想对后世影响深远，他的思想在他死后一个多世纪里由昆体良继承并发展。此后，一直有人在研究他的教育思想，并把它传递下去。

忠于基督教会的学校——教义问答学校

从公元3世纪起，罗马奴隶制经济凋敝，政治腐败，奴隶主贵族穷奢极欲，精神和道德堕落。帝国教育也随之衰落，日益脱离现实生活，教学内容日趋贫乏，流于形式主义。到了罗马帝国晚期，随着基督教的兴起与传播，基督教的教育力量逐渐强大。313年，君士坦丁大帝颁布了"米兰敕令"，承认了基督教在罗马的合法地位。392年，狄奥多西一世确立基督教为国教。

基督教的日益发展，使得基督徒不愿他们的孩子愚昧无知，但如果想要基督徒受教育的话，仍不得不去罗马的文法和修辞学校接受教育。但这些学校，不论公立、私立，都是世俗学校，教师都是世俗教师，而在教会看来，教学的思想与内容都是异教的。此时的教会还没有力量设立自己的学校系统，不得不允许教徒的子女进入世俗学校学习，但要求家长在家庭中进行宗教教育，以抵消学校中的异教文化与道德的影响。因此，在教育方面，早期的基督教处于两难的境地。

教会不能长期满足于这种教育现状，必须设立自己的学校。渐渐地，教会也开始兴办学校。基督教教会在早期没有儿童学校，直到381年，在君士坦丁堡举行了一次教会领袖的会议，会议决议要求"在一切城市与乡村中设立免费教育儿童的学校"。

基督教最早建立的学校是教义问答学校。教义问答学校有两种：一种是教义学校，招收的学生包括信仰基督教的家庭成员、由犹太教改信基督教者，以及居民中某些热心基督教的成年人。教学的目的，除有关教义方面的基本知识外，还有道德行为的训练。音乐也受到重视，它有助于培养德行和增强对基督教的信仰。这种学校一般设在教堂的柱廊下，或教堂中的其他场所。另一种是教义学院，或称高级教义问答学校。其教育宗旨是培养教会的神职人员，如牧师。这种高级教义问答学校，虽然仍以教义为教育的灵魂，但所学的课程要广泛得多。从公元2世纪到4世纪，基督教为了扩大其影响，就必须与世俗文化教育作斗争，于是，基督教会将希腊罗马的文化教育乃至学术思想加以改造，使其忠于教会，为基督教服务。

公元4世纪末，西罗马帝国发生极度的动乱，帝国濒临瓦解。世俗学校这种耗费大又缺乏自卫能力的机构，就不可避免地遭受了损害。再加上基督教会的排挤和外邦蛮族的入侵，世俗学校便失去了其赖以存在的经济基础与政治基础。509年，东罗马帝国政府正式下令关闭世俗学校，便形成了基督教教会独霸教育领域的局面，世俗学校从此消逝在历史的尘埃中。

快乐生活的源泉

——罗马的民俗生活

　　罗马是一个奇特的民族，罗马人的衣食住行等生活的各个方面，都弥漫着特有的气息。罗马特有的婚丧礼俗也恰恰反映了罗马人务实的生活态度。在享乐方面，罗马人也是极尽能事。在罗马，流行着这样一句话："要像罗马人一样生活！"因为在罗马人看来，他们是最懂得生活乐趣的，不管生活贫困还是富裕，他们都不会忽略三大乐事：洗浴、赛车与戏剧。似乎没了这些，生活便会变得索然无味。尤其让人难以理解的是，角斗场里生死对决、血光四射，场外却欢声如雷、人声鼎沸，这究竟是体现了罗马人凶残的性格，还是展现了他们特有的"艺术"？

奇特的民族——民俗风尚

奇异的婚俗

　　在古代世界大多数民族中，婚姻往往都是不自由的，罗马也不例外。人们很难有权利选择自己的妻子或丈夫，大多都是由父母做主，而结婚也很少是出于爱情，只是为了生儿育女、传宗接代，或者干脆仅仅为了达到某种目的，通常是有关经济或政治方面的。

　　古罗马人结婚时年龄很小，男子最早是15—18岁，女子13岁就

结婚游行

可以结婚。至于十几岁的女子嫁给几十岁的男人，或者嫁给结过几次婚的男人都是很正常的事。曾有一则墓志铭这样写道："我的丈夫完全可以当我的父亲，他娶我的时候，我只有7岁。"

由于结婚过早，夫妻之间很难培养出真正的爱情，因为他们结婚时关于爱情的意识还没有萌发，等有了这种意识时为时过晚，再想培养出感情的机会甚小。曾有人在一本书中说："真正的罗马人结婚而没有爱情，有爱情也缺乏细腻和崇敬。"但罗马人却天生富于感情，所以在他们的婚姻中婚外恋现象是非常普遍的。

罗马人的婚礼非常热闹。结婚那天，男方要派出一支迎亲的队伍前往女方家迎接新娘。新娘一家则一边要忙着招待这些来接亲的人，一边还要忙着向掌管婚礼的天神哈埃门·海麦那埃乌斯献祭祈祷，以求得他的认可。在祈祷仪式结束后，还要再通过飞鸟进行占卜，以求大吉。新娘的出嫁要等到晚上，那时，迎亲的队伍点起火把，簇拥着蒙着橘黄色盖头的新娘前往新郎家。一路上他们一边唱着一些针对着新郎、新娘的下流小调，一边喊着"塔拉西乌斯"。唱下流小调是源于罗马的一种原始的迷信习俗。罗马人认为，当某个人在遇到好运的时候，一些邪恶的妒忌便会随之而来，为了避开这种邪气，朋友们便用一些下流的话去辱骂他。喊"塔拉西乌斯"则是源于罗马一个古老的传说。相传在罗穆路斯建城时期，由于人口少而抢夺邻国的萨宾女子，有几个人正拖着一个颇有姿色的女子走时，被许多门第高贵的人看见，他们也想把该女子占为己有，于是那几个人情急之下便高喊"塔拉西乌斯"，意思是该女子是送给塔拉西乌斯的。塔拉西乌斯在当时信誉很高，人们一听是送给他的就都打消了念头。从此，呼喊"塔拉西乌斯"便成为罗马人婚礼上的一种习俗。

到了新郎家时，新娘则由新郎抱入门槛，并由新郎用矛头去挑开新娘的盖头。所有的宾客都为这对新人唱着喜庆的颂歌，祝福新郎新娘白头偕老、早生贵子。

在古罗马，还有许多奇特的婚俗。公元前1世纪，卡东允许奥东希乌斯与他怀孕的妻子结婚，但在奥东希乌斯死后，卡东又"再娶回"他的老婆，这就是换妻礼。尤其是拥有庞大财富的家族，生儿育女、传宗接代就成为一个更重要却不太容易的事情。因为当时婴儿的死亡率很高，仅有2/3的婴儿能安全度过幼儿期，在这之中又只有1/2的幼儿会活到20岁，超过20岁的女人的生育能力就会大大地降低。所以在古罗马时代，交换妻子或娶怀孕女人为妻，就丝毫不足为奇了。

古罗马贵族们则热衷于一种古老的"共食婚"。婚礼的举行要选在良辰吉日，人们认为6月是吉月，但具体时日还是要由祭司用占卜的方式来确定。婚礼要在朱庇特神的祭司和公证人面前举行，先由新娘的父亲祭告祖先和神灵，告诉今日要将女儿嫁给某家，并请神明护佑。再由新郎把新娘迎至家中，并在家神面前用水为新娘行斋沐之礼，并扶着她接触一下火神，然后宰杀一头牛来祭奠家神，同时家人与亲朋好友共同吟诵祭神的诗歌，最后新郎新娘要当着众人的面共吃一块麦面饼。

神圣的葬礼

罗马人对葬礼看得很重要，如果生前活得很累，死后又不能举行一个体面的葬礼，那就太悲惨了。早期罗马人实行的是土葬，但到共和国晚期便以火葬为主，此后一直沿用。

按罗马的习俗，人死后不能在城里火化，骨灰也不能埋在城里，都要运到城外去火化并埋葬。这个运送死者去城外墓地的过程，就成了罗马人葬礼中最主要的部分。送葬的队伍越多，队伍在城内经过的路线越长，就越说明葬礼的隆重。

上层社会，尤其是那些曾经做过高级官职或曾取得过显赫名声的元老贵族们，他们有钱有势，葬礼的场面自然十分壮观热闹。通常送葬的队伍浩浩荡荡，几乎会穿过城中每一条主要的街道，而且他们的遗体还要被抬到罗马广场上，在那里要举行一个追悼会似的群众集会。会上由逝者的长子在讲坛上发表讲话，对其父生前的光辉业绩进行追忆和总结，以使人们感到逝者的离开并不只是他家庭的损失，也是全国、全民族的损失。不仅如此，死者的列祖列宗，尤其是那些也曾做过高官、取得过辉煌成就的祖先的面具，也都被搬出来，由与他们长得最像的后人佩戴着，并穿着先祖曾做官职的服装，以使人感到

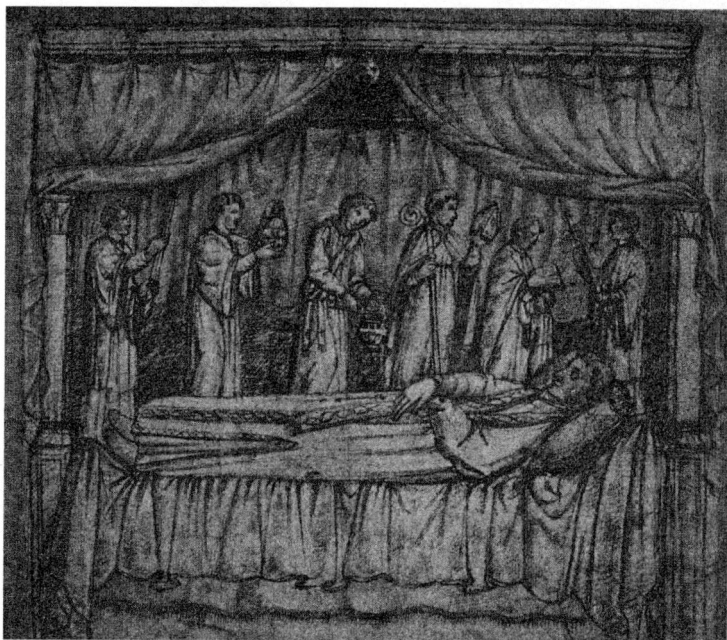

古罗马的丧葬礼仪

亡灵"亲临"现场。对刚故去的死者大加歌颂后，再对这些"亲临"的先辈们的伟大业绩追忆一番，以显示这个家族的荣耀和光辉。

但对一般下层百姓来说，尤其是那些贫民，他们生前没有什么社会地位，亲朋好友也不多，更没有什么钱，葬礼就只能从简，选择一条最近的出城路线，或火化，或埋掉，草草了事。因为就连那些来参加葬礼，尤其是一起陪伴着死者到墓地的人，都不是白跑腿的，不但要给他们一定数量的钱，还要请他们吃一顿饭。因此，穷人要想在死后举办个体面的葬礼，实在是太难了。

于是，穷人们想出一个办法，他们联合起来，成立了葬礼俱乐部，建立葬礼基金。俱乐部有明细的规章制度，凡参加俱乐部的人先要一次性交纳一定数量的入会费，一般为100塞斯特尔斯和一罐葡萄酒，然后每月以聚餐的形式聚会一次，并交纳会费，每月为5阿斯。当俱乐部有成员去世时，俱乐部将组织其他成员为死者举行葬礼，并负责支付葬礼所需的一切费用。会员连续6个月未交纳会费者，将被视做自动退出俱乐部，俱乐部也将不再负责为其举行葬礼。俱乐部还设有主席团，由俱乐部成员根据名单顺序轮流担任，每届4人，期限为1年。主席团的主要职责就是负责组织每月一次的聚餐，并提供聚餐所需的场地、酒水、面包等。如果主席不履行职责，除被罚以一定数量的罚金外，还会被撤销职务，选举新的主席。

　　罗马人对死太看重了，光是有一个风光体面的葬礼是不够的，事实上，他们一般在生前就已为自己选好了墓地，甚至修好了坟墓。他们也总是尽可能地把自己的坟墓修造得好一点，那些贵族元老等富有者的坟墓修建地简直就像一座宫殿。墓碑上的碑文也都是死者生前自己拟好的，目的不在祭奠，而是向世人诉说和表白。内容有的像临别赠言，有的则感慨人生，还有的像座右铭、自我介绍之类的，总之是千奇百怪、五花八门。古罗马人也许是太留恋今世的生活了，即使在死了之后，也不愿离现世太远。他们的墓地并不是在清冷偏僻的荒郊野岭，而是修建在城外大路的两旁，而每一个城市都有数条通往外界的大道。这便形成了罗马社会的一道独特的风景：大路条条通城镇，条条路旁墓成林。

走近罗马人的生活——衣食住行

宽衣长衫

古罗马服装款式主要来自于埃特鲁里亚人和希腊的传统，

但又有所发展。古罗马人不分男女贵贱，都穿宽大的围裹式长衣长袍，衣长至踝骨上或拖至地，是古代罗马文明的象征。

罗马人的衣服布料以亚麻为主，其次是丝绸和皮革。大约在公元前3世纪时，罗马人才开始穿棉布，当然罗马贵族最为喜爱的还是丝绸。

古罗马的服装款式并不多，主要有托嘎、丘尼卡及妇女的斯托拉和帕拉等。托嘎是一种宽松的外衣，是男子的服装中最有代表性的一种。"托嘎"一词来自于拉丁语，它最初源于受希腊影响的埃特鲁里亚人的斗篷式外衣，后来受到近东缠绕式服装样式的影响，逐渐形成了新的样式。在罗马市民的心目中，穿托嘎代表着帝国征服者的荣耀。托嘎的产生与消失大致上与罗马奴隶制的产生、发展和衰亡相同步。王政时代的托嘎还很小，只有半截身，缠法也简单，而且男女老少都可以穿。到了共和国时代，托嘎就成为男子主要的服装，形状为半圆形，继而逐渐增加量感和幅面，而且不同身份的人的托嘎的色彩、缠法以及装饰都有严格的区分（例如罗马皇帝、执政官、将军等有很高社会地位的人的托嘎多以紫色为主，而平民大多穿没有染过色的黑色、棕色）。到了帝国时代，托嘎就已经变得很大了，呈半椭圆形，长径6米多，短径2米多，需要两三个人帮助才能穿上。帝国末期，随着国力的衰落，托嘎开始变小，渐渐失去了原有的意义。有人说托嘎是罗马帝国特有的一种服装样式，这么说一点也不夸张，因为托嘎所包含的内容及其样式的演变正是罗马帝国社会发展的一个缩影。

公元4世纪前后，罗马男子穿起了源自埃及筒形长裙的丘尼卡。丘尼卡相比过于繁缛的托嘎，在服装样式上显得非常简单，它是把一块布料裁剪成"十"字形，"十"字形中间挖个洞，然后对折缝合而成。起初这种丘尼卡只是作为内衣穿着，渐渐地发展成为外衣，颜色上开始全是白色的，后来根据不同的穿着对象，在装饰和色彩上做了更多的区分。

普通妇女的服装主要有希腊式的斯托拉和帕拉，内衣称为斯托拉，外衣称为帕拉。斯托拉肩部细窄，是一种衣身长而宽的衣服。帕拉看起来像是外出时穿着的巨大披巾，罗马妇女平时在家时可将它随便地缠绕在腰间。起初古罗马妇女的穿着以白色衣服为主，从共和国时期开始，上流社会的女人希望裙子的颜色及其图案能引起人们的联想，贵族妇女的服装开始多用丝绸制成，色彩绚丽，图纹精美，在领口及裙摆处常常配有刺绣。比如镶金线的大红内长衣，缀羽毛的金边内长衣。

美酒佳肴

古罗马早期的烹饪文化比较落后，后来受到希腊文化的影响，罗马人才开始重视烹饪文化。早期，吃只不过是一种必不可少的行为，食物也非常简单，通常以谷类和蔬菜为主，只是简单地被煮熟、烤熟或炸熟，无需特别加工。典型的食品是一种叫做普尔斯的麦片粥，还有用豆子、小扁豆、鹰嘴豆或者苣荬菜、卷心菜等制成的汤。罗马与东方初次建立联系后，饮食习惯开始发生变化。到提比略执政时期，罗马人对饮食变得更有兴趣，烹调已经被视为一种艺术，开始被认真对待。用牛奶和蜂蜜烹制食物已经逐渐变得很平常。当时有一个名叫阿皮西乌斯的美食家，在他编著的《论烹调》一书中搜集了广为流传的食谱。

此时食品的加工变得更精致，食品的选择也丰富多样起来。主食有精美的面包、酥脆松软的面包圈以及包着美味可口馅的意大利面点等。罗马人以食用猪肉和牛肉为主，也食用马、羊肉等。但由于价格昂贵，肉类在早期罗马人的饮食中所占比重很小。后来，农民开始食用腌鱼。罗马人极喜爱吃鱼，以至于以鱼为主要成分制作的被称为加勒姆的调味酱成为餐桌上每道菜所必不可少的佐料。有时罗马人也吃一些野味儿，特别是野兔、野鹿、野猪和野鸡。

古罗马人最常食用的蔬菜是萝卜、葱头，大蒜食用量也较大，此外还有莴苣、卷心菜等。豆角类蔬菜很受穷人的欢迎，另外黄瓜、南瓜、蘑菇等也是常见的蔬菜。当时的水果主要是葡萄和橄榄，葡萄酒是罗马贵族和平民都喜欢的饮料。富有者还要在酒中加些蜂蜜等添加物。他们甚至还喝冰镇葡萄酒，其方法就是在里面加入雪。各种用水果制作的甜酱则是罗马人重要的佐餐品，直到今天欧洲许多国家的居民还在食用这种佐餐品。许多王公贵族，还会在自己家中试做调味品，每一种调味品都由多种原料组合而成，如蛋黄、素油、胡椒粉、芥末。有的贵族家庭还会用本家的名字来为独创的调味品命名，以显示自己家族的声威。

晚饭是罗马人一天中最重要的一餐，后来渐渐发展为社交宴会。宴会在罗马人的社会生活中具有重要意义。它是亲朋好友聚会的主要场所，也是房主人显示其社会和经济地位的手段。晚宴一般是在家里进行的，从下午4点开始，根据宴会的欢娱程度决定宴会时间的长短，长的宴会可能要持续到下半夜。酒在宴会上最重要，但要兑水稀释并调以香料和蜂蜜后才饮用，只有在祭神仪式时才饮用不兑水的酒。在特别重要的宴会和冬季晚宴上，罗马人使用一种特殊的保温器具把酒加热并使之保持一定的温度。宴会开始前首先要供应一些开胃的食品，其中包括鸡蛋、贝类海味、奶酪等，同时还要喝几口"莫尔森酒"（加入了蜂蜜的葡萄酒）。菜肴由奴隶们准备，上菜也是精确有序地进行的。首先上主菜，即鱼类或是肉类，最好的是猎物野味或是家禽，为了增加味道，还要同时吃上一些无花果之类的可口时鲜。吃完主菜，再上一些糕点、牛奶蛋糊、牡蛎或是蜗牛等。客人们用餐的同时，通常餐厅里还伴有朗诵、演唱、乐器表演、舞蹈或杂技等。

举办这样豪华的宴会，餐厅的布置当然也不能马虎。共和国末期和帝国时期，富裕家庭有几个餐厅，有冬用餐厅、夏用餐厅、小餐厅、亲朋聚会餐厅、保温餐厅、室外餐厅等。主人说在哪个餐厅招待宾客，奴隶们马上就知道来宾的身份。

富人对餐具也是情有独钟。与普通餐具相比，金、银、萤石和水晶质地的餐具是他们的最爱。陶质和玻璃餐具用于一般宴会，金、银质餐具用于最奢华的宴会。餐具包括成批的盘、碟、高脚玻璃酒杯、碗、罐以及洗手盆。青铜或陶质的油灯放置在枝状大烛台上，用以照亮晚宴。萤石则是一种半透明矿石，能散发出酒一般的香味。萤石餐具一般都有雕花，嵌有宝石。在还没上菜前，客人们通常都会欣赏一下主人的这些金银器皿。

有着天壤之别的住所

公元2世纪时，罗马的人口已达到100多万。当时的罗马，大部分的土地都被划成了大片的田庄，为罗马的贵族们所拥有。耕种这些田庄的主要是贵族家中的奴隶，偶尔也有一些临时性自由雇工，田庄的经营和管理也都由奴隶或被释奴隶负责，罗马贵族们并不用事必躬亲。尽管罗马贵族平时很少到自己的田庄里来，但他们都纷纷在乡间建筑了豪华的建筑群，罗马人称之为"维拉"，也就是今天英文中的"Villa"，即别墅之意。到了帝国时期，别墅则真正成为贵族们欢娱的殿堂。当贵族元老们在城中的豪宅里待腻了，他们就会跑到自己的乡间别墅去修身养性、享受自然。

别墅的奢华程度在几个世纪里一直不断上升。罗马人别墅的优雅和华丽令人羡慕，它们通常都具有令人瞠目的景致，并带有私人浴池和葱郁的花园，墙壁上都挂满精美的绘画作品。小普林尼在给朋友的信中谈到他的乡间别墅时曾说道："您可能会问我在劳伦廷的住处为什么会使我感到那么愉快。只要您明白了住宅本身的诱人之处，看到它那优美绮丽的环境和那漫长的海滨人行道时，您就会自己找到答案了。"由此可见，景致是十分重要的。而景致的优美离不开水，因此这些富丽的别墅大都建在有河流、湖泊的地方。别墅大都朝向大自然或花园，给人以一种置身于野外的感觉，但又不会受到日晒雨淋。别墅的浴室很小，但各种设施一应俱全，有更衣室、热水浴室、温水浴室、冷水浴室以及蒸气浴室等。罗马人非常喜爱自己的花园，并且把尽可能多的房间朝向花园。花园里有繁盛的百花、葱茏的绿阴和凉爽的泉水。有的更加豪华的别墅周围则

庞贝城庭院复原景象

建有园林，其中树木千姿百态、山石耸立、雕像无数。目光所及，能见到孔雀、白鸽等，湖中央状若水鸟的小舟漂浮着。一切可谓极尽奢华之能事。

别墅内的装潢更是精美绝伦。几乎每一个房间都装饰了壁画和镶嵌图案，使人联想到神话传说中的田园风光。这些画作考究精致，不但反映了主人的情趣，而且反映了主人的社会地位。主要的房间，诸如正厅、餐厅和主人的卧室，都用色彩最绚丽、形象最生动的画面加以装饰，有时奴隶们的住房也会悬挂几幅小型的画作用以装饰。书房则是别墅不可或缺的组成部分，是主人的工作室，布置得清雅别致。然而令人感到意外的是，如此设备完善的别墅，房间却很小，而且配备的家具也很少。这是因为富有的罗马人过多地把大笔钱财都花在了他们已经拥有的家具上面，竭力追求珍贵的木料、象牙和黄金质地。他们购买一张桌子的钱，可供普通人舒适地生活几年。

罗马的贵族们为了适应四季的变换，他们都拥有几处不同的别墅。像西塞罗那样富裕程度的贵族元老一般都拥有六幢别墅，且每一幢别墅里都配备有齐全的家仆和花匠。如果有谁评论说某个房间夏天可能会太热、某幢别墅冬天可能会很冷时，别墅的主人就会哈哈大笑地说："难道我会连鹤与貛都不如，不知道随着季节的变换而改变我的住处吗？"

当看到这些豪华的别墅时，不要以为罗马人的住所都是如此奢华的，只要看一看罗马百姓们的住所，就会发现它们简直是天壤之别。随着城市人口的增长，原本并不宽敞的罗马平民住房变得越来越拥挤窄小。他们的居住地都是一些东倒西歪、破旧不堪、极易发生火灾的木质结构的楼房，不仅没有必要的生活设备，如下水道、取暖设施、厨房，而且由于过于拥挤，又没有人来维修，时常会出现楼梯断裂、房屋倒塌等事故，百姓的安全常受到威胁。卫生方面也是个大问题。这些平民的家里都没有自己的卫生间，只能去公共厕所。对于夜间之急只能自己想办法解决，于是在罗马便出现了另一道特殊的风景线：满街满巷都是成排成行的便壶。

罗马平民不但要忍受这样拥挤的住房，还要忍受那几乎一刻也不曾停止的嘈杂之苦。天刚亮，教书匠们便扯着嗓子对学生们喋喋不休起来，兑换钱币的商人把手中的硬币敲得当当作响，小商贩们竞相高声叫卖，鞋匠、木匠、铁匠、铜匠们击打着锤子，乞丐们没完没了地对路人诉说自己的不幸……而等到太阳一落山，白天被禁止通行的车辆马上排成了长长的队伍，车辆的噪音与赶车人的斥骂牲口的声音混成一片，嘈杂不堪。

但即便是这样恶劣的环境，这里的房价却贵得惊人，居民们大多负债累累，而且还由于国家的动荡而不时地陷入饥饿和失业的境地。经常有人生病，因没有钱看病就死去了。

错综复杂的交通

早期古罗马的交通是极为不便的。罗马城内的一些主要道路都是以罗马广场为中心向四面八方延伸的。这些道路互相交错，散布成网。大大小小的胡同密集交织，紧紧地包围住每一个街区，街区之间的联系也十分闭塞，缺少长着茂盛树木的林阴大道。那些在山丘上攀延的道路坡度较大，分为专供车辆行驶的公路和供行人上下的台阶。古罗马那些蜿蜒狭窄的小巷密如牛毛，许多房屋的阳台和遮雨房檐挡住了阳光，很多街道即便是在白天也异常昏暗。

这样街道的交通情况是很差的。共和国末期，罗马城内禁止车辆在白天行驶。但由于没有照明设施，再加上街道窄小拥挤，晚上行驶的大大小小的车辆更是排成了长队。载人马车、运货车等都挤在一起，赶车人不停地叫着，牛群、拉车的马也都乱吼乱嚷，牲畜的叫吼声、人的呐喊声都混作一团，无比嘈杂，原本寂静的夜晚比白天还要热闹。如果赶上下雨天，那就更糟糕了，喧嚷混杂着泥水，到处一片狼藉。

一直到罗马帝国时期，罗马的交通情况才得到了改善。新建了不少公路，纵横交错，覆盖意大利全境，而且路况也有了较大改进。虽然有的路段偶尔会因下雨或洪水泛滥而使通行受阻，但大部分的公路还很畅通。后来一些经济条件比较好的人开始喜欢上了旅游，他们乘着马车四处观光，逍遥自在。

享受生活——休闲与娱乐

血腥的"艺术"

在罗马，最著名的娱乐项目莫过于角斗了。所谓角斗，就是由受过专门搏击训练的奴隶即角斗士，手持锋利的武器，身穿戎装，相互拼杀，进行决斗。最初的角斗，是人和人的角力和拳击，继而发展为人与猛兽的搏斗，最后变成了人与人之间的厮杀。于是角斗成为古罗马的一种最为野蛮、最为残酷的娱乐方式。整个罗马帝国的城镇内遍布大大小小的角斗场，为公众提供角斗表演。在罗马人的眼中，目睹角斗士血洒竞技场就如同在戏院里观看喜剧表演一样充满了乐趣。他们认为角斗比赛体现了罗马人那种沉着、勇敢、视死如归的精

古罗马浮雕上的角斗场面

神，因而这些充满暴力和血腥的表演便成为最受人们欢迎的娱乐项目。

角斗最初起源于埃特鲁里亚人，当时这种充满血腥的表演被视为神圣、勇敢的行为，他们用这种角斗的方式向死亡的英雄致敬。大约在第一次布匿战争（公元前264年）时，罗马举行了第一次正式的角斗比赛，当时共有3对角斗士参加。后来这种比赛越来越多，直到公元1世纪罗马帝国时代，角斗已逐渐演变成为普遍的公共娱乐活动，每逢节日欢庆都会举行角斗表演。

热闹的公共浴室

罗马沐浴的风气盛行于社会各阶层。罗马人无论男女老少、地位高下，都喜欢到浴室里去休闲消遣一番，而且他们这样做并不是偶尔为之，而是天天如此。可以说光顾浴室已成了他们生活中必不可少的一部分。对于那些富豪们而言，由于他们拥有大量的财产，在他们的府邸及庄园别墅内都建有豪华浴室。但对于大多数平民百姓来说，他们则只能去光顾公共浴室。这些公共浴室因得到国家或私人资助，通常入场费极其低廉，有些甚至是免费的。

即便价格低廉，浴室的装潢仍然别具一格，颇为讲究。每个公共浴室建造华丽，从地面到墙壁都是用来自不同地区的光滑闪亮的大理石铺嵌镶拼而成，大理石的墙面上还要再饰以精美绘画。浴室穹形屋顶也很讲究，都是由玻璃覆盖以便于采光，四面的窗子则宽大透亮。浴场地下和墙体内设管道通热空气以取暖。

罗马公共浴室的数量可谓遍地皆是。公元4世纪，罗马城的公共浴室就已达到1 000家，其中特大型的就有11家。最为著名的卡拉卡拉大浴场可同时容纳1 600多人，迪奥克莱齐亚诺浴室更大，可同时容纳3 000人。几乎每一个城镇、每一个乡村都至少拥有一个公共浴室。

在罗马，公共浴室是男女共用的，男女洗浴时间错开。中午前后是妇女使用，下午则是男人使用。大多数男子都要一直逗留到吃晚饭时间。在洗浴之前，洗浴者往往要先进行体育锻炼，如玩球、做体操，等身体预热后才去洗浴。浴场分为几个不同温度的浴区：热气浴区、热水浴区、温气浴区、温水浴区、冷气浴区、冷水浴区。一般浴者穿上木底鞋，先走进热气浴室，在60℃左右的热气中痛快地出一身汗，然后再到温水池中，最后才到冷水区。

对于罗马人来说，浴室可并不只是个洗澡的地方，它是集多功能、多服务于一体的综合性文化中心。浴室里不仅有美容院、会客室、按摩室，较大的浴场还有休息厅、娱乐厅和运动场，帝国时期的浴室又增添了酒吧、餐厅、图书馆、花园等。手头宽裕的人，洗完澡后都要请按摩师按摩，穷人则是消费不起的。按摩师一般是年轻男子，一般也只是按摩肌肉，让肌肉放松。按摩结束后，还要在身上搽一些香脂，这样才可穿好衣服，回家吃晚饭。

疯狂的赛车

赛车是古罗马人竞技比赛中的重头戏，一直颇受罗马人民的喜爱。相传罗穆路斯王在建城初期，邀请邻人萨宾人观看演出，想借机抢夺萨宾女子，当时演出的主要内容便是赛车。据说罗马皇帝卡里古拉也非常热爱赛车活动，达到了迷恋的程度，他甚至将自己参赛的马匹封为执政官。

古罗马的赛车组织类似于今天的职业足球组织。它分成四个俱乐部，分别以红、白、蓝、绿四种颜色为各自的标志。每一种颜色代表一个季节、一种自然的力量、一种神灵。整个帝国境内所有的赛车比赛，都是在这四个俱乐部之间进行。这些俱乐部都为私人老板所拥有，不仅其中的马匹、战车、马厩以及其他的装备设施等都是老板的私人财产，就连大部分车手也都是属于老板的。因为他们基本上都是奴隶，只有极少数是自由人。俱乐部的老板们自己并不组织赛车比赛，他们置备这些马匹、战车等是为了出租而收取相应的费用。那些准备举办演出的个人或负责管理公共演出的政府官员，为了丰富演出的内容，增加演出的娱乐性，就会常常组织赛车比赛，这时就会去向俱乐部老板们租用马匹、战车等装备，并签订合同。

罗马人的赛车以四马赛车最为普遍，也有两马赛车，最多的是十匹马拉的赛车。选手们站在战车上，等着比赛开始的信号。听到比赛信号之后，战车立即开始启动，并以迅疾的速度奔跑，向终点冲刺。比赛中每辆赛车必须跑7圈，共计约有25英里。比赛的地形复杂多变，仅急转弯就有13个之多。这对车手们来说无疑是个严峻的考验，因为如果稍不留神，就会人仰马翻、车毁人伤。正因为如此，整个比赛既紧张又热烈，扣人心弦。观众不仅从中可以观赏到驾车者的高超技术，更可从不可避免的意外事故中得到刺激。

但赛车比赛并不是仅用于观赏的，它的吸引力如此之大的原因还在于人们都在比赛中压了注。富人们押了他们的财产，穷人们也将他们仅有的最后几枚铜子全部压上，以求能得到幸运之神的眷顾。那些竞赛者赶着训练有素的赛马，在人们的疯狂呐喊中驾车奔跑，最后获得胜利的车手就成为极受人们欢迎的英雄。

孔庆东◎主编

世界文明大观

巴比伦文明

印度文明

下

吉林出版集团股份有限公司

序

古人说："刚日读经，柔日读史。"本来说的是什么时间读什么书，从侧面看来，我们的前辈多么勤奋，每日读书，并不留空闲。

在一个号召"全民阅读"的时代，如何阅读，阅读什么，成为新常态下的新课题。数千年来的文化传统和我们祖先的经验告诉我们，那就是阅读经典图书。这套《品读经典》丛书，其旨趣、其志向，大概就是"打通"这样一个目标。

我也经常说，只有阅读经典著作，建立了平衡的知识结构，才能做到"风吹不昏，沙打不迷"。

一日不读书，心源如废井。

在我看来，读书应该是日常生活的组成部分，就像呼吸空气那样。

我在北大附属实验学校的一次报告会上曾经谈过，要读书，读好书，也只有那些有独创思想的著作才能称为"书"，才可能成为经典。

经典书，也就是我们常说的"真正的书"，它应具有独特性、原创性、思想性。独特性就是与众不同，是自己独立思考的东西；原创性就是"我手写我心"；思想性就是必须加入自己个体的思考。

另外，经典书均为文史哲范围，因为这些书属于上层书，其思想辐射至其他专业。今天我们有几百个专业，它们并不是在一个平面上展开的。

我们要每天读点儿书，滋润自己的心灵。读书不是立竿见影之事，不能立马改变生活，它是个慢功夫。几天不读好像没什么，其实你已经落后了，而当你水平提高了又不容易下去。

对于个人来讲，我们把学到的知识用到实践当中，用到一点儿就足够我们享用一辈子了。表里不一对于国家来说是毁国家前途，对于个人来说是毁自己前途。很多人总是发明新道理，但是我觉得旧道理够用。

知道了之后再实践了，这才是真正的读书人。

古人言："读万卷书，行万里路。"

"读万卷书"是前提，"行万里路"是实践，把知识实际地运用。孔子讲的"忠、恕、仁"这几个概念，你能把它实践好就很不错了，懂了这些道理你读书就很快乐。有了这种精神状态之后，你就会持一个乐观的心态。读书最后还是为了自己，使自己成为一个乐观快活的人，让自己活在这个世界上特别有劲。

我们既要"行万里路"，也要"读万卷书"，更要读好书，读经典书。

著名学者汤一介先生说，一本好的经典，"可以启迪人们的思考，同时也告诉我们应该重视经典"，面对先贤的智慧，面对我们两千余年来的诸子百家、孔孟老庄，"我们必须谦虚，向经典学习"，也许这就是"品读经典"丛书出版的意义。

前　言

　　人类文明走到今天，已经有了几千年的深厚积淀，共出现了四大文明古国，其中，两河流域的古巴比伦、印度河和恒河流域的古印度以及黄河流域的古代中国在亚洲的土地上相继诞生，它们都有着悠久的历史和光辉灿烂的文明。然而，古巴比伦文明和古印度文明都已中断，要想了解和掌握这些厚重久远的古代文明，并非一件易事。

　　历史从来都是浩渺无边的，文明从来都是纷繁复杂的，我们的生命也都是有限的。如何以有限的生命去关注无限的历史？如何以当下的时间再现已逝去的往昔？如何让我们的视野在古代文明的河流里徜徉，让我们的思想在文明的幽谷中开花？

　　本书对世界四大文明之中的古巴比伦文明和古印度文明的存亡兴衰及其发展的方方面面作了通俗而又全面的介绍，把掩埋在漠漠黄沙下的昔日辉煌重现在读者面前。我们试图以具体、形象的插叙形式逼真地再现当时的历史场景。当然，探究古老文明的发展与衰亡过程不可能盖棺论定、一劳永逸，总有新的考古成果为我们现有的认识提供新的理解空间。而且，还有很多文明之谜有待在新的研究成果中寻找答案。因此，此书的着重点是：在已有的对古巴比伦文明以及古印度文明认识的基础上，尽可能全面地介绍这两大文明在各个方面取得的成就，让读者在这本通俗读物的引领下，能对人类历史上最古老的文明有更透彻的认识，能更加关注人类的生活、生存状态，能更清醒地看待我们当今所处的历史文明阶段。如果读者能从以上方面得到某些启发与收获，我们将感到莫大的欣慰。

——品读经典编委会

目　录

世界文明大观——巴比伦文明

世界文明大观——印度文明

巴比伦

世界文明大观

文明

巴比伦文明发源于美索不达米亚平原，是两河文明的重要组成部分。巴比伦本意为『神之门』，起初只是幼发拉底河边的一座小城市。崇武善战的阿摩利人来到这里后，以此为中心，建起了一个强大的王国，即『古巴比伦王国』。此后，聪明睿智的巴比伦人又缔造了辉煌灿烂的巴比伦文明，将美索不达米亚文明的发展推向了顶峰。

重返古老文明
——地理空间探微

公元前4000年到公元前500年的两河流域一系列城市文明总称为巴比伦文明，这一点已经被考古发掘所证实。在幼发拉底河和底格里斯河两岸，各民族代代你争我夺，相互残杀又相互继承。他们在美索不达米亚平原上创建了一座座别具一格的城市，并在其各自的舞台和空间中上演着一幕幕历史的悲欢离合。

昔日的"人间天堂"——美索不达米亚

在古希腊语中，"美索"是"中间"或"两者之间"的意思，"不达米亚"是"河"的意思，连起来的"美索不达米亚"在古希腊语中的意思是"两河之间的地方"。这两条河就是著名的幼发拉底河和底格里斯河，它们都发源于小亚细亚东部（土耳其境内）的亚美尼亚高原，大概位于今天的伊拉克境内，流经南部平原。

底格里斯河从凡湖西部约100英里的哈扎古鲁小湖开始，然后向东，再折向东南，流经尼尼微和亚述高原，沿途支流很多，全长1 150英里。幼发拉底河却有两个源头，它们都处于凡湖和厄泽鲁姆之间。幼发拉底河先呈"之"字形穿过土耳其，然后经叙利亚东部转头流向东南，总长1 780英里，沿途只有一

美索不达米亚风光

条名为喀布尔河的重要支流。

在陶鲁斯山脉一带，宽约250英里的草坡把这两条河流分开。而在杰拉布鲁斯，幼发拉底河和地中海只有100英里的距离，它经过此处流向东南，逐渐靠近底格里斯河。在今天的巴格达附近，两河间的距离最短，只有20英里，随即两河迅速分开，直到靠近入海口的库拉那才汇合，注入波斯湾。

两河的上游几乎都在山岭和高原中，下游则形成一块巨大的冲积平原，也称三角洲。这块平原南起波斯湾，北抵底格里斯河畔的萨马拉，东至埃兰山脚，西南达阿拉伯高原的大沙漠边缘。在干旱贫瘠的西亚，该平原是仅有的沃土。古希腊人为之取名为"美索不达米亚"；我们更习惯用"两河流域"来称呼它；另外，它还有一个名字，叫"巴比伦尼亚"，这是一些西方地理学家对它的称呼。

两河之间的地理风貌

我们现在所说的美索不达米亚，在北纬30°线以北，包括现在的整个伊拉克和叙利亚、伊朗的部分地区。这里气候干旱，但北部与南部稍有区别：南部地势低平，两河距离较近，

伊甸园

夏天气温很高，达50℃，冬天平均降水量不足10英寸，因此农业几乎全靠灌溉；北部河岸突起，两河距离较远，降雨量稍多。

根据气候和地理，美索不达米亚大体上可分成三大区。最北端是第一大区，包括现代伊拉克东部的陶鲁斯与扎格罗斯山麓。最早的定居证据就是在这里发现的，这里山谷隐蔽，谷中水源充沛，牧草、猎物、水果、坚果和野生谷物也很丰富。在很多方面，这里都堪称旧石器时代晚期和前新石器时代最早定居的理想场所。但是，这里冬天特别寒冷，而且谷地、山脉间交流起来非常困难。虽然土地贫瘠，但也能进行一定程度的谷物种植。

陶鲁斯山麓以南、希特—萨玛腊一线以北的幼发拉底河和底格里斯河以东的平原是第二大区。杰贝尔辛贾尔地区也在该区，该地区自然资源也很丰富，但远不及山麓地区。冲积区土地肥沃，但面积有限，不过，只要合理灌溉，就有可能提高产量。而且，这里的牧草也较丰富。在杰兹拉地区，则有野驴群出没。野猪和一些食肉动物生活在河流两岸茂密的灌木丛中。在第二大区，底格里斯河与扎格罗斯山脉之间的土地最肥沃，此处也构成了亚述帝国的心脏地带。这是一个谷物种植区，在这里，土地无需灌溉产量就很高。而且，亚述时期的城市遗址散布在平原上。其中一些遗址，在最早的史前时期就有人居住。不过，较早的地层埋藏得很深，如果没有经过深度的发掘，很难下定论。马洛温在尼尼微的发掘就是这种发掘中的一个典型。大小扎布河把平原分成两等份，并加强了平原和东部的联系。在该地区，发现了大约公元前1200年以前的遗物，这些遗物通常表现出一种个性，暗示该地区与北部及东部、苏美尔及阿卡德之间有着不同程度的联系。后来，有人广泛调查了该地区，调查发现证明了第二大区的重要性。这种重要性不仅体现在农业方面，而且还体现在交通方面：当时，该地区是连接伊朗西南部、美索不达米亚南部和亚述里亚等各中心地区的纽带。哈姆伦谷地的南端大致以迪亚拉谷地为界。迪亚拉谷地是另一条连通伊朗高原的通道。后来，这里成了通向中国的丝绸之路的一条支线，即著名的豪拉撒路。

两河之间平坦的冲积平原构成了第三个大区，包括平原南部的古代苏美尔王国和北部的阿卡德王国。传说，这里就是伊甸园的旧址。这里经常遭受酷热、洪水和风暴的袭击，现在是一片荒地，很难明白这儿为什么曾被看做富饶而舒适的处女地。但是，尽管这里现在是一片荒野，可当年的土壤却曾肥沃无比，可以生产出丰富的剩余农产品。这些剩余农产品奠定了其文明的基础。但是，如果社会系统发展的复杂程度还远不能让群体间进行合作，那么在这种环境中，是不会出现大规模部落的。合作让他们通过灌溉生产出更多的剩余农业产品，利用这种剩余，他们能进行贸易，还能开发生存所必需的特殊技能。如果这个地区曾经更适合人类，那么苏美尔文明也许不会这么早发展起来，这种看法并不是毫无道理。

霸业迭兴
——帝国演进的历史

在古代，美索不达米亚并不安宁，对这块沙漠中的新月形绿洲，各个游牧民族部落都虎视眈眈。因此，战争频频爆发，朝代不断更迭。历史就是在这样的血雨腥风中演绎着。

战争虽然惨烈、残酷，但也给美索不达米亚文明不断带来新的血液，推动了其文明的更新和发展。要想对美索不达米亚文明有更深入的理解，就要先了解这片土地上帝国演进的历史。

帝国的萌芽——迈向文明的三个过渡期

公元前4300年左右，两河流域南部的苏美尔人进入衰落阶段，氏族社会解体，向文明过渡的过程开始了。这个过程被考古学家分成了三个阶段，即埃利都·欧贝德文化期、乌鲁克文化期和捷姆迭特·那色文化期。

埃利都·欧贝德文化期

在公元前5000年，金属器已经在美索不达米亚南部出现，人们发明了铜渔叉等工具。传说和考古资料都表明，埃利都是这里最古老的居民点之一，大约公元前4300年至前3500年间的欧贝德文化就诞生在这里。大约公元前3500年前后，苏美尔人来到两河流域南

欧贝德文化晚期的陶器

部，大都聚居在苏美尔地区，此时正值欧贝德文化的中期。

在这段时间里，苏美尔人已经把人工灌溉技术的初步知识掌握了，能够把定期泛滥的两河利用起来，从事农业生产。在经济生活中，畜牧业和渔猎活动仍发挥着重要作用。长期以来，美索不达米亚东南部的三角洲和几条河的河口之间都是无边的沼泽地，沼泽地的四周是这里土地最为肥沃的地带。该地带的中心，就是欧贝德这个居民点，它离河流和海洋都很近。居民们把社区周围三种结合在一起的生态区充分利用了起来：不但从事渔业，还在干旱的河堤边种植枣椰树。那里盛产鱼类和猎物，果树年年丰收，富饶得让人想到《圣经》里的乐园。但从长远来看，大麦、小麦等谷物的种植对他们的生活更为重要。苏美尔人还初步掌握了制陶技术。他们制作的陶器上面有用黑颜料绘制的美丽图案，简单却非常精致。这些经过高温烧制的陶器呈绿色。至于苏美尔人是如何掌握制陶和农业的技术的，至今不得而知。

他们居住在用泥土和芦苇筑成的小屋里。在埃利都遗址中，还有一些泥砖神庙，这些神庙建在高大的台基上，其中在遗址的第8层有一座神庙，面积约252平方米。泥砖神庙与芦苇小屋对比鲜明，体现了氏族社会内部的分化。在埃利都遗址的墓地，有一座雕像，雕刻的是左手拿着一根泥制棍棒的男性形象。这座雕像代表的是氏族部落的军事头领，他手中的棍棒则是后世主权和权标的起源。这表示，苏美尔人已经进入军事民主制时期。

最终，欧贝德文化发展到美索不达米亚南部全境乃至境外。欧贝德人的陶器风格独特，以此为线索，我们会发现欧贝德文化的影响延伸到今天沙特阿拉伯的东河岸并传到伊拉克北部，再从那里穿过叙利亚一直到地中海。在伊拉克现代城市摩苏尔的附近，有一个叫高拉的地方，在那里，一支美国考古队发现了更多的证据，证明了欧贝德文化影响的广泛和深远。

乌鲁克文化期

乌鲁克就是《旧约全书》中的埃雷克，位于欧贝德和乌尔西北部约35英里的地方。大约在4000年前，一位巴比伦诗人在他创作的史诗《吉尔伽美什》中对它大加赞扬："今天再看看乌鲁克吧，它那外墙的飞檐闪耀着铜的光芒；'无与伦比'可用来描绘它的内墙。噢，摸摸那古老的城门，登上乌鲁克的城头，沿着城墙走去，把露台的底座打量，把建筑物仔细端详；难道它不是用烧过的好砖砌成、固若金汤？"

此时，人工灌溉技术有所提高，出现大量铜器，普遍应用陶轮制作陶器，社会分化越来越快。乌鲁克遗址出土了一座石膏瓶，通过上面的浮雕，可以清楚地看到两个阶级：一方是奉献产品的裸体群众，一方是祭

乌鲁克文化期的祭祀瓶

乌鲁克出土的楔形文字泥版

司或氏族贵族。神庙的规模也逐渐加大，如位于乌鲁克遗址的
"镶锥宫"，红、白、黑三色的镶嵌锥体装饰着庭院的墙壁，
庭院的北端有两个阶梯，通往建筑在高大台基上的柱厅，柱厅
的圆柱直径达2.62米。显然，这座结构复杂的大神庙是为氏族贵
族准备的。

和前一个时期相比，不但神庙的规模有所扩大，人们的居住
地也发生了巨变。随着人口的增多，社会分工越来越快，阶级日
益分化，部分居民迁往较大的村落，构成了一些居民中心，而其
中几个稍大的居民中心则组成城市或小镇。比如，埃安那、乌鲁
克和库拉布3个居民中心聚集成了乌鲁克城。据考古学家估计，
在公元前3200年左右，两河流域南部有112个村庄、10个小镇，1
个小城。当时这种由农村到城市的发展过程表明，以地域为基础
的农村公社正逐步取代以血缘关系为基础的氏族组织。

文字也出现在这个时期。约公元前3500年的一块出土石板
上，刻有图画符号和线形符号，迄今为止，这是已知最早的文
字。到乌鲁克文化末期，出现的文字符号达2 000个左右，并

在经济方面有所应用。出土泥版上的象形文字，多表示乌鲁克人的日常事物：绵羊、山羊、猪、牛、奶桶和谷物等；通常，记录交易的符号带有图形，易于辨认，如犁、钉子、斧头、渔叉、人头和人脚；加盖圆筒印章的泥版上也有大量符号，代表船只和车辆；代表琵琶和竖琴的符号则证明，乌鲁克的街道上肯定飘荡过音乐声。总而言之，被发掘出来的数百份象形图文实际上是一部举世无双的巨著，反映了公元前4000年末乌鲁克人的生活。

捷姆迭特·那色文化期

公元前3100年到公元前2800年这段时间，历史上称为捷姆迭特·那色文化期。在这段时间里，文字得到了进一步发展，产生了苏美尔语的楔形文字。所以，该时期也有"原始文字时期"之称。和乌鲁克文化比起来，这时文字得到了更广泛的运用。在经济文书中，男奴有"尼塔库尔"之称，意思是"外邦的男人"，女奴则被称做"姆鲁斯·库尔"，是"外邦的女人"的意思。从这些称呼可以看出，当时的奴隶主要来源于战俘。还有，像恩、恩·萨尔、格尔·萨布、图格·迪、帕·苏尔等几类人的称呼在经济文书中也经常出现，意思分别是最高祭司或统治者、最高女祭司、商人头领、首席法官、指挥官。很明显，这些人是高高在上的氏族贵族或官吏。在这一时期，两河流域南部已经形成了几十个奴隶制城邦，其中的埃利都、乌尔、乌鲁克、拉伽什、乌玛、苏鲁帕克、尼普尔、基什、西帕尔等是比较重要的。

诸王争霸的开端——苏美尔早王朝

捷姆迭特·那色文化期过后，在公元前2800年至前2371年之间，两河流域南部迎来了苏美尔早王朝时期。

为了争夺土地、奴隶和霸权，苏美尔各城邦之间展开了长期战争。到早王朝后期，战争越来越激烈。基什、乌鲁克等相继称霸。

大约公元前27世纪末，基什王麦西里姆成了霸主。这时，他曾调停拉伽什与乌玛之间的边界摩擦。后来，拉伽什逐渐强大起来。大约公元前26世纪中叶，乌尔南什成为拉伽什王，他的铭文中说："地尔姆（即波斯湾的巴林）的船从外国带来作为贡物的木材。"这表明，波斯湾以外的地区已经被他控制。另外，他还控制了乌尔。他的孙子安纳吐姆当政时，征服了很多城邦。"纳姆·卢伽尔"是他的头衔，意为"苏美尔诸邦之霸主"。到了早王朝后期，南部两河流域形成了以乌尔及乌鲁克为霸主的南方同盟（不包括拉伽什）和以基什为霸主的北方同盟。两大军事同盟的形成是独立的小邦开始向地域性的统一王国过渡的标志。

在争霸的战争过程中，城邦内部的阶级矛盾特别严重。在长期的战争中，大量公民丧生、破产、失去土地。据估计，拉伽什王恩铁美那在位时，拉伽什的公民只有3 600人。而与此同时，王权却在战争中不断扩大，国王和以祭司为代表的贵族间也存在着很尖锐的矛盾冲突。在拉伽什城邦，乌尔南什王朝最后一个国王恩南纳社执政仅仅4年就被高级祭司恩涅塔尔吉（大约公元前24世纪上叶）推翻了。但恩涅塔尔吉和他的儿子卢伽尔班达得势后，就成了专横跋扈的君主，背叛了祭司贵族的利益。据《乌鲁卡基那改革铭文》记载，卢伽尔班达不仅侵吞了神庙的财产，向高级祭司征税，还加强对神庙劳动者的监督和剥削。官员们对广大平民的剥削压榨更是残酷无情。卢伽尔班

乌鲁卡基那泥版

达的暴行使拉伽什城邦内部的社会矛盾进一步激化。

在这种怨声载道的形势下，贵族出身的乌鲁卡基那将卢伽尔班达推翻，上台执政。执政期间，乌鲁卡基那进行了一系列改革，废除卢伽尔班达时期的"弊政"是其改革的主要内容。改革以缓和城邦内部矛盾、加强城邦政权对奴隶实行专政的职能为目的。在不影响奴隶主贵族的政治和经济地位的前提下，他采取了一些对平民有利的措施。例如，他禁止贵族用贱价强行购买平民的房屋、牲畜等，但实际上默许了兼并，所以并没有解决平民面临的最根本的问题。另外，乌鲁卡基那废除向祭司征收重税，重新制定给予祭司的口粮和开支的数额，尤其是把神庙地产还给神庙，这使祭司贵族的力量加强了，国王的权力被削弱了。这表明，改革更侧重于向以祭司为首的贵族屈服并维护其利益。当然，乌鲁卡基那采取的减轻平民负担、兴修水利等措施，促进了社会生产，对社会发展起到了积极作用，

萨尔贡一世国王（浮雕）

这一点不容忽视。

乌鲁卡基那上台刚刚8年，拉伽什就被乌玛王卢伽尔扎吉西率军占领，并遭到残酷洗劫。乌鲁卡基那的改革彻底失败。卢伽尔扎吉西又攻占了其他一些城邦，大有统一苏美尔之势。但是，就在他执政时期，卢伽尔扎吉西被北方兴起的阿卡德人击败，两河流域被阿卡德统一。

两河流域的空前统一——阿卡德王朝

芦苇筐中的领袖

关于萨尔贡一世这个建立了萨尔贡帝国的伟大人物，有一个传奇的故事。公元前24世纪，在幼发拉底河畔，基什王宫的一个挑水夫发现河中漂着一个芦苇筐，筐外涂着沥青，里面装着一个弃婴，是个男孩。挑水夫立刻心生怜悯，从筐里抱起了男孩儿，并收养了他。这个男孩儿就是萨尔贡，故事的主角。传说他在幼发拉底河畔的阿吉利那尼城出生，母亲是一位高级女祭司，不知道父亲是谁。因为女祭司不许怀孕生子，所以萨尔贡的母亲偷偷把他生下来后又无奈地抛弃了他，把他放在芦苇筐里，让他在幼发拉底河上漂流，并祈祷能够得到上天的帮助。

挑水夫把萨尔贡养大成人，又推荐他做了王室的园丁。后来，这名园丁受到国王乌尔萨巴巴的赏识，成了国王的亲信，职位是"持杯者"。这在当时属于高级官员，负责处理国王日常的起居饮食和宫廷大事。一天夜里，萨尔贡做了一个梦。他梦见，在爱神伊南娜的帮助下，他推翻了国王乌尔萨巴巴，自己做了国王。第二天，萨尔贡神色忧郁，若有所思。爱臣的反常表现引起了乌尔萨巴巴的注意，他关切地问萨尔贡："爱

骑马射箭的萨尔贡（浮雕）

卿，发生了什么事，你为什么这样愁眉不展？"萨尔贡沉思了一会儿，说道："国王，我昨天做了一个梦。这可能对您不太尊重，还希望您能宽恕。"他的话激起了国王的好奇心，国王保证自己不会在意，并催促萨尔贡继续往下说。于是，萨尔贡向乌尔萨巴巴详细叙述了自己昨夜的梦。听了之后，乌尔萨巴巴虽然没有当面表示出怨恨，却怀恨在心，暗地里绞尽脑汁想除掉萨尔贡。

据说，萨尔贡有好几次大祸临头，但却在爱神伊南那的帮助下化险为夷。所有阴谋都失败后，乌尔萨巴巴想了一个借刀杀人的诡计。他派萨尔贡送一封信给乌鲁克国王卢伽尔扎吉西，信中暗示卢伽尔扎吉西见信后立刻杀掉信使。而这一次，又是在伊南娜的保护下，萨尔贡又一次死里逃生。

后来，在一场战役中，基什国王乌尔萨巴巴屈服于卢伽尔扎吉西，举手投降。这种卖国行径激起了百姓公愤，全国人民揭竿而起，讨伐乌尔萨巴巴。萨尔贡抓住这次机会，在人民的支持下打倒了乌尔萨巴巴，推翻了其统治，登上了国王宝座，成了基什的国王，验证了梦中的预言。

"天下四方之王"

上台后，萨尔贡立刻南征北战，开始了戎马生涯。在记功碑文中，他曾骄傲地宣称，自己征战34年，俘虏了50位国王，而乌鲁克的卢伽尔扎吉西就是他所征服的第一个国王。打败了这位原来的苏美尔霸主后，萨尔贡将乌鲁克城洗劫一空，拆毁了城墙。卢伽尔扎吉西被他用套狗的绳圈拖到尼普尔城的恩利尔神庙前，当做祭品烧死来祭神，其妻也被萨尔贡纳为侍妾。

之后，萨尔贡率兵南下，征服乌尔，讨伐拉伽什，一直打到波斯湾才罢兵休战。他所到之处，战无不胜，攻无不克。往东，萨尔贡远征埃兰，侵占苏萨、阿凡和巴拉西等城；往北，不但两河流域北部的苏巴尔图王国臣服于萨尔贡，就连小亚细亚的陶鲁斯山区及沿黎巴嫩山脉的地中海东岸一带也没能逃避萨尔贡的打击。

打了几次胜仗后，萨尔贡把都城从基什迁到了距今天的拉伽什几百英里的阿卡德。萨尔贡是个伟大的国王。他征服了苏美尔各城邦，建立了中央集权的阿卡德王国。从此天下统一，结束了各邦连年混战、百姓苦不堪言的局面。

凭着自己的赫赫战功，萨尔贡以"天下四方之王"自称。"恩利尔把上海（也就是北方的地中海）到下海（南方的波斯

阿卡德国王青铜头像

湾）地区给了我"是其铭文中的一句话。在萨尔贡所征服的广大土地中，只有两河流域南部在他的直接统治之下。两河流域北部的苏巴尔图，东边的埃兰等只是其属国，仍呈半独立状态。黎巴嫩山脉一带则只是征服所到的边远地区。

虽然萨尔贡也被人民誉为"真正的国王"，但他对整个国家实行独裁统治，有铭文写着"他使全国只有一张嘴"，其专制程度可见一斑。萨尔贡统治后期，在阿卡德各地爆发了大规模的人民起义，人民占领了都城。为了逃命，萨尔贡，这位"真正的国王"、狂妄自大的独裁者只好屈辱地藏身于臭水沟里，逃脱了正义的审判。

"失宠"的阿卡德

有一首名为《阿卡德咒》的长诗，在其多达281行的诗句中，描述了恩利尔神把王权从基什和乌鲁克夺走，交给萨尔贡的经过。之后，萨尔贡在阿卡德为庇护神伊南娜建立神庙。从此，阿卡德进入了太平盛世，到处是欣欣向荣、其乐融融的景象。但是，好景不长，尼普尔的恩利尔突然背信弃义，阿卡德失宠。而且，祸不单行，伊南娜也把阿卡德抛弃了，收回了她的武器。其他神灵也都陆续撤销了曾经对阿卡德的眷顾，太阳神乌图不再做阿卡德的"法律顾问"，智慧神恩基也毫不留情地收回了他的智慧，天神安则收回了他的光环。于是，失宠的阿卡德面临灭亡的命运。

萨尔贡之孙纳拉姆辛是阿卡德的第四任国王，在梦里，他把这一切看得清清楚楚。对梦的意思，没有人比纳拉姆辛更明白，可是他也不愿接受这种不幸的命运。最初，他低三下四地向众神恳求。纳拉姆辛不顾国王的尊严，穿着丧服求符问卦，尽量不把心中的沮丧表现出来。就这样，他坚持了7年，毫无怨言。不过，纳拉姆辛虽然低下了国王高贵的头，但是仍然不能重新唤起众神对阿卡德的热爱。他恼羞成怒，发誓要把恩利尔在尼普尔的神庙埃库尔毁掉。打定主意的国王不顾众人的劝阻，最终率军掠夺了圣城尼普尔，把恩利尔的神庙埃库尔彻底摧毁了。这是对神的亵渎。对此，众神特别是恩利尔非常不满。恩利尔找来伊朗山区的一支蛮族古提人，借蛮人的手来对阿卡德进行惩罚，使阿卡德遭到了毁灭性的破坏。公元前2191年左右，古提人，这个来自东北面山区的游牧民族入侵南部两河流域，消灭了阿卡德王国。

苏美尔人最后的辉煌——乌尔第三王朝

在两河流域的南部，古提人没有建立统一的国家，对苏美尔地区的统治也容易动摇。阿卡德灭亡后，苏美尔人抓住政治动乱的机会，东山再起，又重新得到了美索不达米亚南部的控制权，在公元前21世纪形成了一段为期很短的霸权复兴期，也就是乌尔的第三代王朝时期。

在这期间，古老的苏美尔城市乌尔的声望高到了顶点，但很快就产生了破坏性的力量。当时有这样一句谚语："来自草原的人会进入城市，并将城市里的人赶走。"后来，从不用灌溉的草原上果真来了一个半游牧民族，被称为亚摩利人，属闪语语系，他们以放羊和养驴为生。

乌尔第三王朝的最后一个国王叫伊比辛，在他统治后期，社会动荡不安，整个王国的局面已无法控制。原属乌尔第三王朝的地区接二连三宣告独立，脱离了乌尔第三王朝的统治。有一个叫伊什比埃拉的高级官员，在幼发拉底河中游城市马里出生。在亚摩利人入侵的时候，他屡建奇功，赢得了国王伊比辛的信任。于是国王把所有权力都交给他，让他率军抵御亚摩利人的进攻。伊什比埃拉便请命镇守易辛城，在他的威胁下，国王被迫同意他的请求。当时，或是因为自然灾害，或是因为亚摩利人的入侵，苏美尔地区发生了饥荒，乌尔也因此出现通货膨胀，产生了严重的经济危机。

为了度过危机伊什比埃拉又奉命筹集粮食，他趁机把72 000古尔（大约相当于1 400万升）的粮食运到了易辛城。出于某种不可告人的目的，以避免遭到亚摩利人的袭击为借口，伊什比埃拉拒绝把粮食运到乌尔。他还借故要求国王派600只船给他，当时，国王被侵略者和饥荒折磨得焦头烂额，当然派不出这么多的船只。其实，伊什比埃拉正是利用了这个内忧外患的时机来要挟国王。无可奈何的国王只好向其他高级官员求助。但是，即使满足了伊什比埃拉的意愿也于事无补，局面已无法挽回。伊什比埃拉的谋反之心早就暴露无遗，不管国王用什么方法来应付，他都不会再回心转意了。不久，伊什比埃拉就以易辛城为根据地宣布独立了。从那以后，易辛开始使用自己的纪年，成为乌尔的心腹大患。

可事实上，乌尔王国并不是被伊什比埃拉灭亡的，而是被埃兰人所征服。大概是在易辛城独立后的第十三年，埃兰人远征，不堪一击的乌尔第三王朝覆灭。当时有一段苏美尔人创作的文章，里面这样描述当时乌尔的场景："他们僵卧在城墙上（国家在呻吟）！在伟大的城市门槛，过去人来人往，现在陈尸遍地。国家的血液，好像铜铅一样，它的尸体好像火中的油脂一样消失了。它的人们来不及穿上盔甲就死于长矛之下。他们流血倒下之处，曾是母亲的产床。"

国王伊比辛被抓到埃兰，从此不知所终。埃兰人把一支军队留在了乌尔，但很快，大概在六七年后，这支驻军又被伊什比埃拉赶了回去。

汉谟拉比的天下——古巴比伦王国

乌尔第三王朝灭亡后不久，埃兰人又退回到东方山地。入侵的亚摩利人却定居在两河流域。亚摩利人说的是塞姆语，和阿卡德的语言差不多。他们刚到时，还处在原始社会末期，但他们很快就接受了苏美尔-阿卡德文化，进入阶级社会。这一时期，一些亚摩利人的国家在两河流域兴起，如苏美尔地区的拉尔萨，阿卡德地区的伊新，伊新以北幼发拉底河中游的马里，底格里斯河中游迪亚拉河流域的埃什努那……为了争夺两河流域的统治权，这些国家长期混战，最后，古巴比伦王国（又称巴比伦第一王朝）完成了两河流域的统一大业。

巴比伦之王汉谟拉比

最初，巴比伦只是幼发拉底河一个名不见经传的小城市。古巴比伦第六位国王是著名的汉谟拉比，公元前1792年他登基后，向同时代的其他王权提出了挑战，最后统一了不包括亚述在内的两河流域地区，创建了巴比伦帝国。

在前30年的统治时间里，汉谟拉比并没有过多地参与战事，而是把力量更多地用于修建神庙、防御城墙和灌溉渠上。但是，在休养生息了30年后，美索不达米亚平原上各城邦割据、混战的局面让汉谟拉比意识到了统一的必要性。

巴比伦自身的生存受到强大的拉撒王国的威胁，这是事情的诱因。大

汉谟拉比雕像

约公元前1765年，拉撒国王出兵攻打伊西努城，而巴比伦和这个城市只有百里之遥。汉谟拉比唯恐伊西努城战败后战火会决及巴比伦，就派使者到拉撒求和，与拉撒国王达成防御同盟。可是，拉撒与巴比伦的同盟名存实无。在巴比伦城市欧庇斯遭到攻击时，拉撒国王却把同盟之事抛到了九霄云外，袖手旁观。对拉撒的背信弃义，汉谟拉比非常恼火，但拉撒国王根本不把汉谟拉比当回事，还相继出兵袭击巴比伦的其他领地，肆意烧杀抢掠。行动的时候到了，汉谟拉比终于忍无可忍。他断绝了与拉撒的外交关系，计划实行反击和报复，准备向拉撒的第二大城市麦西肯·沙匹尔发起进攻。在出兵之前，汉谟拉比向巴比伦的保护神马尔都克和美索不达米亚的太阳神夏马西祈

祷，虔诚地祈求神灵的庇佑。祭司查看了牺牲品的内脏，求得了国王出征的好兆头。在神的引导下，汉谟拉比坚信他的军队一定能迅速凯旋。

在战斗中，汉谟拉比对他的敌人比较仁慈。他是一位伟大的国王，别的胜利者会骄傲地将自己征服的城市摧毁，而汉谟拉比却不这样，攻城时他用围城的策略，攻下的城市被收归在汉谟拉比麾下，城市的军队也被收编成巴比伦大军。之后，他采用灵活的外交政策，一个时期只集中力量攻打一个主要敌人。他还效仿先王，采取外交手段和武力征服并用的策略，在武力征服的过程中又采取远交近攻的原则。他先承认亚述的统治，跟北方的马里和南方的拉尔萨结为同盟，攻占了南方的近邻伊新；随后继续与马里修好，以便于进攻南方的近邻和劲敌拉尔萨。他协助马里摆脱了亚述的操纵。公元前1764年，埃什努那经常入侵马里，是马里的劲敌，汉谟拉比又出兵打败了埃什努那。第二年他向拉尔萨发动大规模进攻，消灭了拉尔萨。之后，汉谟拉比立即与马里反目，领军北上，征服了马里，并在公元前1757年把马里城夷为平地。

而这一切只不过是征服的开始，接着，他逐个击败了自己的仇敌。在汉谟拉比统治的第36年到第38年，北部的主要城市逐渐被他征服，就连亚述和尼尼微也处在巴比伦的势力影响下。到了公元前1775年，他自豪地说，美索不达米亚的大部分土地都归他所有，他的军队已经"击碎了敌人的脑壳，一直打到苏巴突（阿卡德语中的亚述）"。而这时，距他发动战争的时间还不满10年。

汉谟拉比创建了一个奴隶制大帝国，国土从波斯湾一直延伸到地中海。他以"强大之王，巴比伦之王，阿穆鲁全国之王，苏美尔和阿尔德之王即世界四方之王"自称。

惨遭蹂躏的"地下之城"

汉谟拉比建立的统一国家并不稳固，内部有十分尖锐的阶级矛盾。萨姆苏伊鲁纳统治期间，乌尔、乌鲁克、伊新等地都有大规模暴动发生。奴隶大量逃亡，情况严重。下层自由民的反抗斗争非常激烈。为了缓和阶级矛盾，萨姆苏伊鲁纳曾被迫宣布解负令，把军人、穆什根努和巴农鲁欠债的泥版销毁了。这时，东部山区的加喜特人开始入侵巴比伦。古巴比伦王国在内忧外患中逐渐走向衰落。

公元前1595年，一支赫梯军队攻占了古巴比伦王国。赫梯是一个充满了神秘色彩的民族，《圣经·旧约全书》中有好几处提到过赫梯人，但这是赫梯人在历史上留下的唯一痕迹。赫梯人喜欢打仗，他们把自己的国土扩展到了安纳托利亚中部（今土耳其东部）的大部分地区，留下了很多废墟遗址。赫梯人勇于军事扩张，喜欢冒险，并且把这当做一种乐趣。一个赫梯国王先征服了安纳托利亚以南的叙利亚，后又领兵南下，以迅雷不及掩耳之势袭击并洗劫了巴比伦。曾征服过无数城邦的强大的巴比伦被他们攻陷了，古巴比伦王国自此结束。

但是，因为一场突如其来的宫廷政变，得胜的赫梯人不得不放弃那些本可以让他们引以为荣的战果，并迅速地班师回

赫梯金质神像

朝。这些胜利者再也没有回来。尽管如此，他们对巴比伦造成的损失仍无法弥补。直到今天，汉谟拉比的古巴比伦城还沉睡于地下18米深的地方。

金戈铁马——亚述帝国的兴亡

亚述人到北部亚述地区的时间比苏美尔人进入两河流域的时间稍晚。胡里特人是亚述地区最早的居民，亚述人与他们逐渐融合，创造了亚述文明。亚述本是一个小城，因所处的地理位置是交通和商业要道而发展迅速。在卡帕多西亚等地，古亚述商人的商业活动异常活跃。

通常情况下，亚述的历史可以分成三个时期，公元前3000年代末到前16世纪是古亚述阶段；公元前15世纪到前10世纪是中亚述阶段；公元前10世纪到前7世纪是新亚述阶段。新亚述时期，亚述发展成了强大的军事帝国。

第一个称"王"的亚述人

在早期历史阶段，亚述始终隶属于巴比伦尼亚，它曾是阿卡德的属邦。公元前21世纪到公元前20世纪，亚述城邦国家臣服于乌尔第三王朝。乌尔第三王朝灭亡后，在公元前20世纪，美索不达米亚南部和底格里斯河以东的一些地区曾一度被亚述伊路舒马占领。

沙希姆亚达德一世在亚述的第一次兴起中发挥了重要作用。他出身于苏巴列亚氏族，用暴力发动政变从其兄弟手中夺取了政权，后开始扩张。他往西征服了马里，势力到达地中海沿岸；往东粉碎了埃什努那的扩张；收服了扎布南岸的努吉地区各山区小国，统一了差不多整个北部两河流域。

沙希姆亚达德一世的儿子统治亚述时期，亚述曾受到汉谟

亚述战舰

拉比的巴比伦王国的沉重打击。在美索不达米亚北部幼发拉底河东岸，有一个由胡里特人建立的王国，名为米坦尼王国，巴比伦衰落后，米坦尼王国崛起了，成了亚述的又一个劲敌。大约公元前17世纪，米坦尼征服了亚洲西部的许多地区，他们肆意掠夺，攻占城市后，连那些用金银装饰起来的城门都拆下来运回了首都。公元前16世纪，亚述向米坦尼王国称臣，在亚述实行统治的是米坦尼国王派去的总督。从此，亚述成为半独立王国，势力长期局限于两河流域北部的一小块土地上。随着米坦尼王国成为两河流域的霸主，古亚述的历史也宣告结束了。

亚述的征服者文化

公元前1400年左右，因为赫梯的打击，米坦尼日益衰落，亚述乘机复兴，中亚述时代（公元前1400—前1070年）开始了。在一个个强大的国王的领导下，亚述的版图不断扩张。当然，其中也有一些国王缺少魄力，他们在位时亚述帝国出现了衰退的迹象。

　　公元前1350年，亚述鲁巴力特一世登上王位，他使亚述走上了大规模的征服之路。亚述尔城西北有一片肥沃的农田，是亚述鲁巴力特想办法从崩溃的米坦尼王国中吞并而来的，在后来的700年里，这些农田始终是亚述帝国的心脏地带。这位国王意识到自己的地位正在不断巩固加强，于是，他胸有成竹地派一名使者到埃及，试图与埃及建立外交关系。在给法老赫那顿的信中，亚述鲁巴力特写道："我已经派遣我的使节去拜访你和你的国家，迄今为止我和你所进行的交流是我们的祖先们从未做过的。"

　　亚述使臣的这次出访似乎很成功，当然，他带去的战车和天青石首饰等礼物在其中发挥了重要作用，甚至可以说是功不

亚述人在战争中

可没。为了装饰自己正在建造的一座宫殿，亚述鲁巴力特要求法老回赠他一大笔数量可观的黄金，他说，在埃及，黄金就像尘土一样。公元前1328年，亚述鲁巴力特去世，当时亚述已被他建设成该地区的一个强国，影响很大，仅次于赫梯王国。

在这个时期，亚述的国王们为扩张亚述帝国的版图立下了不朽的功勋，但是，他们性格暴虐，这一点也为后世所铭记。公元前12世纪，在军事天才提格拉·帕拉萨一世的带领下，亚述王国击退了敌国，从此开始了不断的征战。他夺取了那些有争议的土地，把敌人头领的首级砍下来，挂在尼尼微的城门上来庆祝胜利。接着，他向扎格罗斯山脉中联合起来反对他的23个部落发动进攻。这一次他又得胜归来，并且向敌人勒索了很多贡品。提格拉·帕拉萨一世进行了大约28次讨伐阿拉米人的远征，其中有一次，他的军队甚至攻到了地中海岸边。还有一次，他得意扬扬地拜访了埃及法老。法老把一条活鳄鱼当做礼物送给了他，还安排他去捕猎"纳西鲁"，据说这可能是一种海豚。法老选择的消遣方式很符合提格拉·帕拉萨的心意，因为看上去他主要的娱乐方式就是狩猎。

征战胜利带给亚述空前的兴盛，因此提格拉·帕拉萨一世大兴土木，广建营社，兴修水利，美化城市，在治理国家方面取得了辉煌的成就，但同时他也开了亚述人惯用的屠杀、折磨等暴行的先河。在人类有案可查的历史上，亚述人的残忍是罕见的。这一方面是由亚述特殊的地理位置造成的，他们长期在外族的包围圈中生活，要想生存就必须学会冷酷、残忍；另一方面，亚述人在民族文化上的自卑心理是他们性情残暴的内因，邻邦的巴比伦，文明璀璨，在艺术、文学、宗教、经济以及法制制度等方面都很有成就，其中有许多地方让亚述人自愧弗如。

提格拉·帕拉萨一世在军事上的胜利为后来历代亚述王树立了一个光辉的榜样。他的赫赫战功被记载在纪念碑上，铭文中镌刻的是其惨无人道的暴行。其中有几处格外突出，提格拉·帕拉萨一世曾发动了一场战争，派兵攻打危害尼尼微的安纳托利亚及其同盟国，铭文中记录了其胜利时的情景："我与5个国君率领的20万大军相遇，最后他们被我彻底击败。他们的血从高山上流下，在峡谷中奔涌。在城外，我就像割草一样割下他们的头颅，再像谷堆般堆起。他们的城市和家园在大火中付之一炬，最后，他们被我从这片土地上驱逐出去。一切都显示了我无穷的力量。"

残暴的统治很难让老百姓真心归顺。提格拉·帕拉萨一世是一位糟糕的土地占领者，他只知道用残暴来威慑人，恐怖统治就是其管理的实质内容。因此，他错失良机，没能在其新领地内建立强大的政权以巩固亚述的地位。公元前1080年，他刚刚去世，各地就掀起了反抗的浪潮。于是，他好不容易创下的基业迅速地瓦解了。

在一千年的时间里，亚述人几度想称霸世界，但都以失败告终。但因为其特有的黩武主义特性，他们注定还是要成为高高在上的统治者，让万人景仰，并在征途中留下深刻的恐怖主义烙印。

亚述帝国的崩溃

亚述巴尼拔是亚述帝国的最后一个国王，在他统治时期，亚述帝国的版图达到了顶峰。亚述巴尼拔不但远征埃及，而且还彻底制服了近邻埃兰人，完成了他之前的亚述统治者一直没有完成的事业。公元前7世纪，经历了亚述历代统治者连续几个世纪的征战、掠夺和扩张后，亚述确立了其在西亚和埃及的霸权地位，成为这片广阔的土地上第一个军事大帝国，其版图北至乌拉尔图，西抵地中海沿岸诸国，西南达埃及，领土范围包括整个两河流域。

后来，这位传奇的亚述王得了一种怪病，生不如死，每天他都向神祈祷："神啊，求你可怜我这个罪人，让我重见天日！"当时有人认为，亚述巴尼拔的死，是亚述帝国崩溃的先兆。

到公元前612年夏，亚述巴尼拔已经死了15个年头，重建后东山再起的巴比伦开始报复亚述侵略者，他们和米底人（在土地肥沃的亚述东部、伊朗西部山谷中居住）联合起来，攻打尼尼微，从公元前612年5月到7月底这3个月里，他们把尼尼微团团围困。最初，他们使用攻城机，但效果不明显。后来，他们把底格里斯河的水引向了城市，城市被淹没了。1923年发现的一部楔形文字史书里记录了巴比伦攻打亚述都城取得胜利的情况。

历史的遗迹表明，尼尼微人进行了垂死挣扎，他们用石头挡住了敌人的道路，试图修补坍塌的城墙……但这些都没有挽救他们失败的命运。考古学家进入尼尼微的时候，在高耸的城门下看到了一堆至少12个防御者的尸骨。这些

亚述国王亚述巴尼拔的塑像

尸骨仍然保持着垂死挣扎的痛苦姿态，好像还在抗争。其中有一个小男孩儿，最大不过13岁，他躺在地上，箭尖刺进他的小腿；还有一个人横卧在地上，一个人平躺在地上，两臂平摊，似乎还处在对死亡的恐惧中。

尼尼微沦陷后，国王逃到了哈兰。哈兰城位于土耳其南部，在幼发拉底河一条支流的沿岸。在那里，新国王鲁巴力特继位，成为末代亚述王朝的统治者。

公元前605年，在卡尔赫米什一战中，亚述军队溃不成军，亚述帝国彻底灭亡。亚述的敌人对亚述的灭亡并不感到哀伤，因为强盛时期的亚述曾把他们当做祭神的牺牲品。很显然，他们很赞同希伯来先知的观点："这是素来欢乐黯然居住的城，它心里说，唯有我，除了我之外再没有别的。现在是何等荒

亚述武士的雕像

凉，成为野兽躺卧之处。凡经过的人都必然摇手笑它。"事实上，亚述的灭亡有着深刻的历史原因。首先，亚述这个强大的帝国是凭借武力和军事征服建立起来的，一旦军事失利，帝国就面临崩溃。亚述历代的统治者都认为，亚述军队是常胜军，所向无敌，因此一味征战。虽然征服了大片土地，但其帝国大厦是不牢固的，很多地区都鞭长莫及，不能进行有效的统治；其次，亚述人统治残暴，这自然会激起被压迫民族的反抗，而这种反抗又必然威胁到帝国的统治；另外，王室内部也不团结，勾心斗角、明争暗斗，这也是帝国衰落的一个重要原因。当亚述人攻占了大片土地，最终成为世界霸主的时候，他们自己的势力也已经耗尽。因此，当亚述帝国受到扎格罗斯山后面的米底人和在波斯湾附近聚集力量的迦勒底人的南北夹击时，这个已经被战争折磨得筋疲力尽的跛脚巨人，没有经过任何反抗就轰然倒地了。

两河文明最后的乐章——新巴比伦帝国

迦勒底人奏响了美索不达米亚文明史的第三个乐章，这也是该文明史的最后一个乐章。迦勒底人是又一支闪族人，公元前7世纪从西部沙漠迁入巴比伦。公元前626年，他们的首领纳波帕拉沙尔在巴比伦称王，历史上又称为新巴比伦王朝。消灭了北部的亚述帝国后，新巴比伦王朝又相继占领了两河流域南部、叙利亚和巴勒斯坦等地，国力盛极一时，创造了美索不达米亚文明史最后的辉煌。

重建巴比伦的辉煌

公元前7世纪后半期，亚述帝国内忧外患，迅速走向衰落。

公元前612年，在首领纳波帕拉沙尔的带领下，巴比伦地区南部的迦勒底人联合北方的米底人攻克了亚述都城尼尼微，消灭了亚述。纳波帕拉沙尔成为新巴比伦王国的首位国王。纳波帕拉沙尔有一个儿子叫尼布甲尼撒，这时，他跟随父亲领兵作战，虽然他还仅是个少年，但他英勇善战，能

尼布甲尼撒像

够身先士卒，深得将士们的拥戴。老国王纳波帕拉沙尔年迈体衰，有很多次战役都是尼布甲尼撒一人指挥的。公元前607年至前605年，新巴比伦王国和埃及人在幼发拉底河上冲突不断，新巴比伦军队处于弱势，丢了几个重要据点。关键时刻，老国王让尼布甲尼撒挂帅出征，和埃及军队决一死战。

公元前605年的春天，在幼发拉底河西岸的卡尔赫米什，双方的决战开始了。尼布甲尼撒率军抢先在下游渡过幼发拉底河，然后沿西岸向敌人发起猛烈攻击，同时，他们切断了埃及人的所有退路。战斗非常激烈，新巴比伦王国的士兵勇猛无比，他们前仆后继，像洪水一样冲向敌军，埃及军队伤亡惨重，溃不成军。战后，新巴比伦的一个诗人形容埃及人在这场战役中"好像圈里的肥牛犊，他们转身后退，一齐逃跑"。埃及军队落荒而逃后，尼布甲尼撒仍然下令穷追猛打，终于，在哈马什，埃及军队全军覆灭。公元前605年8月，老国王纳波帕

拉沙尔去世时，尼布甲尼撒正在叙利亚、巴勒斯坦一带打仗。得到老国王去世的消息后，他立即带着卫队、日夜兼程、马不停蹄地穿越沙漠，抄近路直奔巴比伦城。

尼布甲尼撒终于回到了巴比伦，那时，老国王已经去世23天了。一路上，尼布甲尼撒忐忑不安，担心自己不能顺利继承王位，回到巴比伦后，他发现没有任何异常情况，大臣们都在急切地等着他回来继承王位。回到巴比伦的当天，尼布甲尼撒就坐上了国王的宝座，并立刻得到了新巴比伦王国各个城市的拥护。

从公元前604年到前602年，尼布甲尼撒向西发动了一系列征服战争，攻打叙利亚、巴勒斯坦地区的各个小国，大马士革、西顿以及犹太的国王都被迫俯首称臣。

尼布甲尼撒统治时期，新巴比伦王国的政治相对稳定，经济繁荣。尼布甲尼撒下令重修巴比伦城，以炫耀自己的丰功伟绩。

巴比伦城墙上的狮子

"巴比伦之囚"

巴比伦派使者拜访希西家——犹太国王。巴比伦王使者的出现，让希西家非常高兴。他没想到自己的名声竟然如此之大，连巴比伦这么遥远的国家都有耳闻；他更没有想到，巴比伦国王这么看重自己，专门派使者来祝贺，而且使者还带着慰问信和礼物。

骄傲让希西家忘乎所以。他亲自领着几个使者参观他的王宫、宝库和国库，拿出所有的宝贝来炫耀。希西家希望使者回国后能转告他们的国王和百姓，说希西家是多么伟大。巴比伦使者动身回国后，希西家还陶醉在骄傲和虚荣中。这时，先知以赛亚来见希西家，先知问他："刚才是不是有几个客人来拜访你？他们从哪儿来？他们说什么了？他们看什么了……"希西家据实回答："那几个客人来自遥远的巴比伦。我给他们看了我宝库里所有的金银财宝。"于是，以赛亚对希西家说："将来有一天，巴比伦会掳走你全部的财宝。这还不算，你的

《尼布甲尼撒毁灭耶路撒冷城》（中世纪绘画）

儿子也会被掳到巴比伦，他会在巴比伦王宫里做侍者。"

　　不过，在希西家的有生之年，以赛亚的预言并没有应验。一直到希西家死了好几年，预言得到了应验。

　　公元前601年，3年来一直听命于尼布甲尼撒的犹太国王约雅敬背叛了巴比伦，投靠了埃及。听到这个消息后，尼布甲尼撒怒不可遏，扬言不踏平耶路撒冷誓不罢休。公元前598年底，投降埃及的犹太国王约雅敬去世，他的儿子约雅斤继承王位。尼布甲尼撒认为，时机已经成熟，是时候进攻犹太王国了，他亲率大军攻向耶路撒冷。经过两个多月的围攻，犹太国王在内部亲巴比伦派的协助下带着所有大臣一起出城投降。约雅斤被尼布甲尼撒废掉，他的叔叔被立为犹太王，尼布甲尼撒还把新犹太国王的名字改为西底家，让他立下誓言，要一生效忠新巴比伦王国。接着，大部分犹太王室成员和犹太的能工巧匠一块儿被押往巴比伦。出发前，尼布甲尼撒又下令洗劫了耶路撒冷

埃及进攻巴基斯坦

的神庙。

公元前588年，埃及再次进攻巴基斯坦。犹太国王西底家和新巴比伦统治下的一些小国纷纷起来声援埃及人，对西底家向埃及靠拢的行为，先知耶利米和一些亲巴比伦的大臣坚决反对，并劝他不要和尼布甲尼撒对立。但是，这次犹太反对新巴比伦的力量明显占了上风。西底家不听劝告。于是，耶路撒冷不久就遭到了巴比伦军队的第二次围攻。这次围攻长达一年半。最终，在公元前586年，由于饥荒和内部分裂，耶路撒冷沦陷。

因为犹太国王在政治立场上反复无常，尼布甲尼撒对他异常气愤，因此下令在犹太人国王西底家的面前，杀死了他的几个儿子。然后，剜去了西底家的双眼。当双目失明的西底家被押到尼布甲尼撒面前时，尼布甲尼撒对他说："你们背叛我，这就是你们的下场！"然后又下令把西底家用铜链锁住带到巴比伦去游街。尼布甲尼撒把耶路撒冷全城掠夺一空，还拆毁了城墙，烧毁了神庙、王宫和许多民宅。全城幸存的居民差不多全被掳到巴比伦。这就是历史上赫赫有名的"巴比伦之囚"。

自称"平民"的君主

从尼布甲尼撒暴毙到公元前562年的7年中，继位的君主都很短命，后来，拿波尼度——传说是尼布甲尼撒的女婿——得到了王位。公元前555年，暴发了一次宫廷叛乱，拿波尼度在叛乱中被推上了国王的宝座。他的母亲是月神欣神庙中的高级女祭司，他是一位外交家。新继位的国王在陶制的圆筒上刻下铭文，宣布自己只是个平民罢了："我是拿波尼度，我不配成为一位伟人，我的身份和尊严并不配居住在王宫里。"

相传，拿波尼度刚继位时，马尔都克曾托梦给他，让他重新修建月神欣在哈兰被忽视的神庙。拿波尼度认为，哈兰是前叙利亚城市，还控制在米底人手中，没办法进行修建。于是，马尔都克向拿波尼度泄露天机说："他们和他们的土地以及支持他们的王都会消失得无影无踪。3年后，我会让居鲁士驱逐他们的。"

居鲁士是波斯的王子，公元前550年，他加入了一个士兵团伙，这个集团整日怨声载道，要打倒他的外祖父和米底王阿斯提亚格斯，并取而代之。借战乱之机，拿波尼度征服了哈兰，而居鲁士也终于成为米底和波斯两地的王。然而，对于他的最终目标——积蓄力量，实现野心报复，建立古代世界最大王国而言，这只不过是居鲁士行动的第一步。

马尔都克虽然预言了哈兰的归宿，却忘了警告拿波尼度，居鲁士将成为中东最终的控制者。对波斯王的胜利，这位巴比伦王满心欢喜，开始重修月神在哈兰的庙宇。这座庙宇已经荒废了半个多世纪，修庙只是个幌子，拿波尼度的最终目的是征敛钱财，这激起了巴比伦和其他城市的反抗。

对城邦的过激反应，拿波尼度非常不解，据巴比伦皇家史记载，他把巴比伦交给儿子柏沙撒管理，自己则进军阿拉伯沙漠，他在那里一待就是10年。直到现在也没有人能清楚地说明他的动机是什么。相传有人在死海古卷中发现了"拿波尼度的祷告"，文中说："我拿波尼度是巴比

居鲁士像

伦大王，因为至高神的旨意而一身毒疮，以致我不敢以面目示人，被迫远离人群。7年来，我不断地向那些用金、银、泥土或石头造成的神像祷告，而疾病却毫无起色，直等到我祷告那至高无上的真神，向其忏悔，神才派了一个犹太人来医治我，这个人教我把事情的前因后果详细记录下来，以此来把荣耀归于至高的真理。"

上帝写在墙上的预言

就在拿波尼度在沙漠中隐居修养的时候，巴比伦之外发生的一些事情正在决定这个国家最后的命运。居鲁士用了10年时间，将波斯的疆域扩张到了开罗，从爱琴海到印度，有3 000多英里长。在这样强大的势力之下，巴比伦的灭亡成了迟早的事。一次，拿波尼度的儿子柏沙撒王子设宴款待他的千名大臣，酒意正酣之时，命人拿出了尼布甲尼撒从耶路撒冷掠夺来的全部金银器皿，和大臣、皇后、嫔妃们同乐。饮酒的同时，他们对那些金银铜铁木石所造的神赞不绝口。忽然，一个无名的手指在灯影里出现了，还在王宫与灯台的粉墙上写字。看到这一现象，柏沙撒不知是什么原因，吓得心慌意乱，战栗不已，脸都白了。他急忙命人找来了术士和负责观兆的人，说："谁能看懂那些写在墙上的文字，他就可以身穿紫袍，项带金链，在国中位列第三，仅在父王和我之下。"但没有人能读懂那些写在墙上的文字，即便有人读懂也不敢把它的内容告诉这位早已吓破胆的巴比伦王。看到群臣无人能答，柏沙撒更加害怕了，大臣们也惊恐万分。

最后，通过太后的介绍，他们请来了归隐的但以理，为巴比伦王解释这些文字。柏沙撒再一次重申："你告诉我文字的内容，就会身穿紫袍，项带金链，在我国中位列第三。"不

狮子坑中的但以理

料但以理回答说："我为你解读这些文字，并不是贪图你的赠品。国王啊，至高的上帝曾经赐予你的祖父尼布甲尼撒王位、大权、荣耀和威严，但他心高气傲，自以为是，甚至行事狂傲，所以被革去王位，失去了荣耀。柏沙撒啊，你是他的孙子，虽有前车之鉴，却仍不思悔改，竟蔑视天上的主，命人把他殿中的器皿拿出来和大臣皇后嫔妃们享用，还对那些没有生命的神像赞不绝口。上帝终于忍无可忍，显出他的指头来，写下了你和整个王国命运的预言。这些文字是：'弥尼，弥尼，提客勒，乌法珥新。''弥尼'就是上帝已经算出你国的气数已尽；'提客勒'就是把你放在天平里显出你的亏欠；'乌法珥新'就是国家将分裂，最终属于玛代人和波斯人。"但以理的讲解异常精准，当天夜里，柏沙撒就遇害了。

此时，巴比伦的局势更加严峻，惊慌失措的人们把折磨巴比伦的饥荒和传染病都归罪于拿波尼度，埋怨他从巴比伦离开后，取消了多年的新年庆典；埋怨他对心忠诚，却忽视了马尔都克的神威，结果遭受天谴，灾难降临。

两河文明的终结

居鲁士登基后不久，就把毗邻的波斯省纳入了自己的版图。而此时，拿波尼度仍然认为居鲁士是一个有潜力的盟友，支持他的出兵举动，希望以此共同对抗玛代王。他无论如何也不会想到，居鲁士有一天会掉转矛头，成为自己的劲敌。公元前550年，居鲁士废掉了玛代王，把庞大的玛代帝国接管了。拿波尼度意识到危机四伏，为抵抗居鲁士，他与埃及和吕底亚结成了联盟。居鲁士迫切希望统治世界，继续进攻，横跨北美索不达米亚，一路势如破竹，所向披靡。在寒冬时节，居鲁士率军渡过哈里斯河，意外地攻克了罗苏斯。

拿波尼度的一个同盟已经溃败，另一个则按兵不动，以静观其变，这样，巴比伦就被推上了孤军作战的绝境。而它肯定也难逃被征服的下场。当时，巴比伦到处弥漫着强烈的不满情绪，在马尔都克祭司的影响下，拿波尼度的百姓们做好了发起政变的准备，甚至不惜借用外来力量。可

拿波尼度石碑

是在居鲁士高昂的士气面前，这种努力仍然不堪一击。公元前539年10月，居鲁士的部下吾巴鲁毫不费力地占领了巴比伦。先前在波斯大军面前落荒而逃的拿波尼度束手就擒。几个星期之后，居鲁士亲临巴比伦城，马尔都克的祭司和群众欣然改变了观念，竟然把他作为解放巴比伦的英雄热烈欢迎。而伟大的波斯王不只有匹夫之勇，他高瞻远瞩，用智慧亲和地安抚百姓。在一只陶制的圆筒上，居鲁士用楔形文字宣称，马尔都克亲自命令他进军这座城市，并在自己手中写下了"拿波尼度对他不敬"。在波斯人到来的同时，古代两河流域也被并入了波斯帝国的版图，经过3 500年的历史，美索不达米亚文明终于落下帷幕，从此退出了历史的舞台。

泥版上的文明
——楔形文字

　　古代美索不达米亚居民对世界文化最突出的贡献之一就是文字的发明。正是由于文字的发明，人类漫长的野蛮、混沌时代才得以结束，人类才开始走向文明。文字不但是文明诞生的标志，还是记录、保存和传播文明的工具，使不断发展的文明得以被世界上其他地区的民族所吸收和继承。凭借泥版这种特殊的载体，如今的楔形文字风采依旧，即使千年的风尘也无法将其掩埋。

苏美尔人的发明——世界上最早的文字

　　楔形文字是苏美尔人的伟大发明之一。经过数百年的时间，大约到公元前2500年前后，苏美尔文才最终由图画文字演变成楔形文字。由于这种文字在外形上有些像钉子或楔子，所以一开始就被阿拉伯人称为"钉子头"，后来英国人改称"楔形文字"。英国人的这个称呼，即Cuneiform，源于拉丁语，它是由"楔子"（Cuneus）和"形状"（Forma）两个单词构成的复合词。后来这个名字流传开来，一直沿用至今。美索不达米亚南部早期居民苏美尔人发明了苏美尔语，阿卡德人发明了阿卡德语，最早的楔形文字指的就是苏美尔语和阿卡德语。阿卡德语是塞姆语的一种，后来又分成巴比伦语和亚述语两种。而和苏美尔人一样，苏美尔语的归属问题时至今日还是个未解之谜。苏美尔语是古代美索不达米亚最早占统治地位的语言，不过，它存在的时间比较短，到公元前3000年的末期，它已经基本消亡，被阿卡德语取而代之。之后，在相当长的历史时期，阿卡德语始终占统治地位。

1472年，意大利一个叫巴布洛的人在古波斯即今天的伊朗游历。在设拉子附近有一些古老寺庙，在寺庙破败的墙壁上，他见到了一种字体，这种字体很奇怪，他之前从未见过。这些字体差不多都有呈三角形的尖头，外形很像钉子，也像打尖用的木楔，它们或横卧，或斜放，还有的尖头向上或向下，看上去像是用一只尖利的指甲刻上去的。这是文字吗？巴布洛觉得很奇怪。带着这种疑惑，他回到了意大利。但当时他在西亚的这个发现没有引起人们的兴趣，这件事很快就被人们遗忘了。那时的欧洲人并不知道，这就是楔形文字。

一个世纪后，又一个意大利人拜访了设拉子，这个人名叫瓦莱。瓦莱发现古迹的意识比巴布洛更高，他抄下了这些废墟上的字体。后来，在今天伊拉克古代遗址的泥版上他又发现了这种字体，于是，他确信这一定是古代西亚人的文字。瓦莱带着他的发现回到了欧洲。他让欧洲人第一次知道了这样一种奇怪文字的存在。

经过近两个世纪以来对美索不达米亚的考古发掘以及语言学家对大量泥版文献的成功释读，人们终于知道了，楔形文字是世界上已知的最古老的文字。这是由苏美尔人发明、阿卡德人继承并改进的一种独特的文字体系。这份宝贵的文化遗产也被巴比伦人和亚述人先后继承，并通过他们传播到西亚其他地方。伊朗高原的波斯人改造的楔形文字是西方人最先看到的楔形文字，但它们与苏美尔人、阿卡德人、巴比伦人以及亚述人使用的楔形文字有很大差别。

　　"楔形"这个词把古代苏美尔和阿卡德文字最本质的外在特征表现出来了，但它并不适用于该文字的形成时期，也仅适用于该文字发展的后期阶段，也就是最终"定型"阶段。在古代美索不达米亚，早期出现在泥版上的文字，其外形并不是楔形，而是一些平面图画，这和世界上其他民族和地区的图形文字，如埃及的象形文字没有什么区别。越来越多的考古发现证明，被称为楔形文字的美索不达米亚古文字，也起源于图画式的象形文字。

楔形文字

在最早的文字体系中，一个符号由一个或更多具体事物的图画构成，它代表着一个词，意义与所画事物基本一致或接近。这种文字有"象形文字"或"表词字"之称。

对那些相对来说比较复杂的事物，苏美尔人的办法是用局部或最能表现其本质特征的部分来代整体。比如，他们用各种动物的头来表示该动物，用男女的生殖器来表示男女。

有些抽象概念和事物以及具体动作等，很难用简单的图画文字来表达，苏美尔人采用象形符号与会意符号相结合的方法解决了这个问题。例如，"生育"的概念，他们用一只卧着的家禽旁边放着一只蛋来表示；在半圆下面画几道线影来表示黑暗从苍穹而下，从而表示"黑"、"夜"的概念；表示"朋友"和"友谊"的方式更抽象，就是两条平行线；用两条交叉的直线来表示与"朋友"、"友谊"相反的"分歧"、"敌对"的概念；他们还用"嘴"加"食物"来表示吃，用"嘴"加"水"来表示"喝"。更有意思的是，因为苏美尔人的女奴大多数都是从周围山区来的，所以他们就用"山"加"女人"来表示"女奴"。

如果一个图画只代表一种事物或行动，那肯定会造成符号繁多，不方便使用。因此，一般的语言形式都遵循着一个共同的原则，那就是经济原则，也就是用尽可能少的符号来表达最广泛的意义。苏美尔人采用的第一个经济措施就是在原有象形文字的基础上，又演变出一种新的表达方式，即用一幅图画不仅表示其最初所代表的物质，还表达与该物质相关联的意义。比如，一幅太阳图不单表示"太阳"，还能表示"光明""白"、"白天"等意义；一幅星星图，不只表示其最初"星星"和"天空"的概念，还表示"神"；一幅脚的图画，

苏美尔楔形文字

除了表示"足"和"脚"外，还表示与脚有关的"站立"、"行走""去"、"来"或"带来"等意义。

用一个或更多具体事物的图形作为符号来表示该事物或与之相近的概念的文字系统有两方面的缺陷：一是符号本身的形式太复杂，以至于书写困难，严重影响了书写速度；二是表达某一完整意义所需的符号太多，使用起来不方便。因此，为了适应社会发展，需要简化符号并逐渐使之规范化，这也是世界上一切民族的文字体系都要经历的过程。苏美尔人将象形文字不断简化，最后的结果是，原始的图像逐渐变得越来越不能辨认，直至完全失去了象形的特点。在这一点上，古埃及的象形文字算是个例外，在这种文字系统中，并没有发生这样的事情。其原因主要是，虽然最古老的苏美尔文字和古埃及文字都是象形文字，但两者有很大区别。古埃及象形文字的图形是仔细刻画或精心绘制的，有时还涂上好几种颜色，而古代苏美尔人象形文字的图形只是一些图示性的线条，这些线条只是象征性地、图示性地表示符号所代表的实物。造成两种象形文字这种差别的原因主要是书写材料和工具的不同。苏美尔人象形文字的符号在逐渐简化的过程中呈现出楔形，并最终完全失去了象形的特征，这也正是由苏美尔人特殊的书写材料和书写工具造成的。在古代美索不达米亚地区，石料少，羊皮纸又难以保存，所以，泥版便成了人们书写的材料。这里的泥土土质特殊，具有很强的黏性。在泥版上写字的局限性很大，其中较突出的一点是很难精确刻画原始图画文字的曲线，很难勾勒出环绕曲折的轮廓。相对而言，在泥版上刻写直线和线条就容易多了。芦苇秆笔是美索不达米亚的书吏通常使用的书写工具，因为这种笔尖细尾粗，因此，把它往泥版上一压就形成一个呈楔形或钉子形的笔画。

此外，阅读方向的改变无疑也促进了苏美尔象形文字的演变。最古老的苏美尔铭文的阅读方向一般都是由右到左、自下而上。大约从法拉时代起，这种书写和阅读习惯发生了变化，开始从左往右、从上而下。

经历了数百年的时间，大约到了公元前3000年中期，苏美尔文才完成了从图画文字到楔形文字的演变。虽然最初的楔形文字符号比图形文字要简单得多，但仍比较复杂，所以楔形符号也经历了一个不断简化的过程。很快，苏美尔人的这种楔形文字符号传到阿卡德地区的闪米特人（即塞姆族）部落，

古埃及象形文字

随后又传给了巴比伦人、亚述人、赫梯人、加喜特人、乌拉尔图人、波斯人和乌加里特人等很多民族。因为这些民族的书写符号无不具有楔子的形状，因此他们的文字被统称为"楔形文字"。

文字的传承——铭刻文字的材料

任何一种文字都有自己独特的书写材料、书写工具和书写技巧，反过来它们又对文字的发展和应用以及文明的传播产生着直接或间接的影响。

书写材料和书写工具的选择常常受自然条件、地理环境和人为因素等多方面因素的限制。巴比伦尼亚和亚述最早的书写材料是泥版。之所以是泥版，完全是因为美索不达米亚的地理环境的限制。两河的冲积土壤土质好、有黏性，且土壤资源丰富。书写通常用的是芦苇制成的笔，有时也用木材和其他材料制的笔。和后来出现的纸草、羊皮纸、皮革和木材等书写材料相比，两河流域的这种书写材料具有两大显著优点：一是造价低，到处可见；二是坚固耐用，不易破损。因为烧烤或用太阳晒干的泥版坚硬无比，印刻在上面的文字和图案可以长久保存，很多泥版流传至今已经有上千年的历史了。在埃及，留下了许多刻在石头和金属上的铭文，虽然无论是在内容上还是在形式上，它们与记载在纸草或皮革上的文献都有很大区别，可纸草和皮革文献都没能流传下来，这造成了埃及文明的断裂，给了解这一人类最早的文明带来了巨大困难。亚述学家遇到的困难和它比起来，就小了很多，当然，这归功于美索不达米亚人独特的书写材料。虽然美索不达米亚周围的很多民族都用过泥版作为书写材料，像埃兰人、波斯人、赫梯人、叙利亚人和巴勒斯坦人，甚至远到埃及人和克里特人，但他们只是零星使用，并且为时较短，所以普遍使用泥版的只有苏美尔人、巴比伦人和亚述人，并且他们将它保存了近四千年。

只有那些表面光滑且可塑性强的泥土才可以用来书写，因为只有这样，笔才能在上面印出字迹和图案，如果泥版过于柔软就会粘笔，还会弄脏刻写者的手。刻写一块泥版的过程大体上是这样的：首先，让泥版达到一定湿度，然后用两只手掌把泥版揉搓成想要的形状；接下来，把芦苇光滑的一端磨光、磨平，将棱角磨圆。一般情况下，泥版太大，不能拿在手上，就需要一个支架，把泥版放在上面，再用手压成型。因此，较小泥版的正反两面都多少有些凸出，而较大的泥版就不一样，是上面凸起，而下面多少平坦些。较大泥版的两面如果都是平面，那就有可能断裂，因此往往要在它的中心部位附加一小块泥版，让原来的泥版变厚、变得更坚固，并产生一个凸面；最后，用一个空模子沿泥版的各边拖拉，磨圆上面各边的棱角，不过，靠支架下面的部分因为模子磨不到依然棱角分明。刻字时，书吏一般先刻平滑的一面，然后翻过泥版，再在凸面刻写；如果先在凸面刻写，翻过来时，凸面凸出部分的文字就会被擦掉。

泥版文书虽然容易保存，但存放起来却困难重重。不难想象，如果把约50页的32开本的书写在泥版上，那么我们最后会得到一套重50千克的泥版文书。由此可见，沉重泥版的存放和现代书籍的存放方式肯定有非常大的区别。在古代图书馆，成套的泥版要用绳子捆起来，用一块小的泥版标签标示这些泥版内容，标签放在架子上或者书库里，有时也存放在篮子、泥坛、泥罐里。

亚述楔形文字泥版

还有一种特殊的泥版，称为信封泥版。人们用信封泥版来保护一些重要的机密书信。信封泥版上一般都盖上印章，然后将外部泥版和文字泥版这两块泥版的四边用软泥封住并盖上印章，并且一般都刻有该文件的副本或内容提要。这样能有效防止泥版意外破损或被伪造篡改。信件也是如此，用一层薄薄的黏土把写有信件的泥版包上，收信人收到信后，去掉这层黏土就可以读到信件的内容了。

走向更广阔的天地——楔形文字的传播

苏美尔人和阿卡德人创立的楔形文字体系对周边的民族产生了深远的影响，他们逐渐把楔形文字体系应用到自己的语言中。于是，楔形文字在很大范围内传播开来。

埃兰人是最早借用楔形文字的人。埃兰人和苏美尔人一样，是古代西亚的一个古老民族，从公元前4000年起，他们就在苏美尔人以东的山区（美索不达米亚和伊朗高原之间）居住。从公元前3000年初期起，埃兰人就有了自己的图画文字——苏萨文字（原始埃兰文字），该文字与苏美尔语一样，属于黏着性语言。从公元前3000年中叶起，随着埃兰与苏美尔及后来的巴比伦联系的增多，在阿卡德文字的影响下，埃兰文字具有了楔形文字的形状。同时，埃兰人书写文件时还借用了阿卡德语。后来，随着埃兰文语音化特点的日益明显，它基本上变成了音节文字。

大约从公元前2000年左右起，胡里特人就居住在美索不达米亚西北部地区，在美索不达米亚西北部，首先采用楔形文字来记录自己语言的正是胡里特人。他们来自亚美尼亚山区，他们的语言既不属于闪米特语系，也不属于印欧语系。人们在幼发拉底河中游的名城马里发现了迄今为止最早的胡里特文献，它们是阿摩利人诸王的文献，大约始于公元前18世纪的汉谟拉比时代。胡里特人很快就把楔形文字传给了小亚细亚诸民族，这些民族中，赫梯人居于统治地位，他们首先接受了楔形文字。

原始的赫梯人早在公元前3000年左右就已经在赫梯城及其附近地区创造了自己的文明。大约在公元前3000年代末至前2000年代初，赫梯人居住在小亚细亚以及亚述和巴比伦尼亚以西地区，无论是从民族起源上说，还是从语言上说，赫梯人都属于印欧民族，赫梯语被看成是最早的印欧语言。赫梯人深受亚述—巴比伦的影响，这不仅体现在文字方面，而且也体现在文化和文学等方面。比如，他们继承了巴比伦的神话和史诗，最著名的《吉尔伽美什》史诗就是其中之一。

古波斯楔形文字是波斯人在阿黑明尼德王朝时期（公元前6世纪）发明的波斯文，它是最后一种在亚述—巴比伦楔形文字

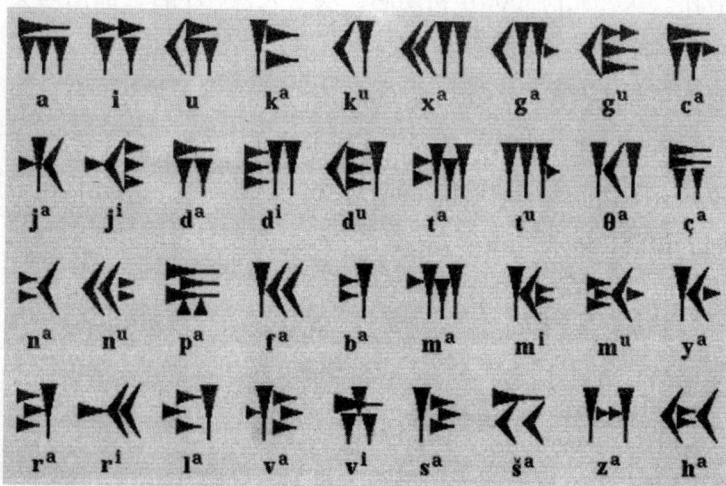

古波斯楔形文字字母表

基础上创立的文字。古代波斯人居住在底格里斯河和幼发拉底河以东地区，相当于现代的伊朗，他们的语言属印欧语系的伊朗语族。在创立自己的文字体系时，波斯人不仅借鉴了巴比伦人楔形文字的外形，还吸收了它们的音节原则。尽管如此，除了相似的外形，古波斯文与巴比伦楔形文字的共同之处极少。古波斯楔形文字的应用范围很小，主要用来记载国事。公元前330年，波斯帝国被马其顿国王亚历山大大帝征服后，这种文字也就跟着消失了。

美索不达米亚的楔形文字传播如此之广，影响如此之大，不是毫无原因的。第一，巴比伦王国和亚述帝国是美索不达米亚最强盛的国家，在当时的历史发展中扮演的角色至关重要，具有举足轻重的作用。亚述人和巴比伦人拥有高度发达的文化，对周边地区乃至全世界都产生了巨大的影响。在亚述和巴比伦王国的鼎盛时期，楔形文字成了国际上的通用语言。例如，在埃及新王国时期，特别是在第十八朝时期，在与巴比伦王国、亚述以及赫梯王国进行外交信件往来时，甚至在与隶属埃及的叙利亚各省区的书信往来中，许多法老广泛使用的就是亚述—巴比伦楔形文字。第二，亚述—巴比伦楔形文字本身的特点有利于传播。一方面，楔形文字的书写材料和工具是泥版和芦苇秆笔，这些东西不但造价低，而且容易获得，泥版坚固耐用，再加上书写技术简单，易于被人们掌握；另一方面，在实践应用中，亚述—巴比伦楔形文字的表音和音节体系为其广泛应用提供了较大的可能性。

确立统治的规范
——神圣的法律

很早以前人类就开始用法律来确立阶级统治，规范社会秩序和人们的行为，在美索不达米亚产生了最早的法制国家。这也许令人难以置信，然而，考古发掘证实，在这里颁布了迄今所知的世界上最早的法典，距现在已有四千多年的历史了。法律的规范作用推动了社会的发展和城市经济的繁荣，维持了正常、有序的社会生活，并在此基础上产生了一个庞大的都市综合体。

人类历史上第一位立法者——乌鲁卡基那

迄今为止所知的人类历史上第一位改革家和立法者是苏美尔城邦拉伽什的统治者乌鲁卡基那（或称"乌鲁依基纳姆"）。当时，拉伽什城邦陷入了严重的危机，这成为其改革和立法的主要原因。为了争夺土地、财富、奴隶和霸权，苏美尔各城邦之间经常兵戎相见。连续作战削弱了苏美尔城邦的实力，加重了人民的负担。与此同时，各城邦内部土地兼并严重，加剧了城市公民的两极分化，阶级矛盾越来越尖锐。其中最为突出的就是拉伽什城邦。拉伽什城邦在恩铁美那即位时，大量公民丧失土地，只有三千六百人享有公民权。在卢伽尔班达统治期间，该城内阶级矛盾尖锐，不仅平民与贵族的矛盾非常尖锐，而且统治阶级内部祭司贵族和王室贵族间的矛盾也日益加深。其主要原因是卢伽尔班达一家兼并了拉伽什诸神吉尔苏及其妻子巴乌女神神庙的土地，还强迫原来免税的神庙纳税。平民则生活在官吏和祭司贵族的双重剥削下。卢伽尔班达在全国设立监督官、税吏，巧立名目增收葬礼费。而且，平民战时还要负担兵役。这样，平民受到沉重压迫，已经到了忍无可忍的地步。

卢伽尔班达的暴政终于让广大平民揭竿而起。公元前2378年，其统治被推翻，奴隶主贵族出身的乌鲁卡基那乘机夺取政权，成为拉伽什城邦的"恩西"（后改称为"卢伽尔"）。以巩固统治、缓和社会矛盾为目的，针对卢伽尔班达统治时期的各项弊政，乌鲁卡基那进行了历史上已知的第一次社会改革。

乌鲁卡基那把卢伽尔夫妇霸占的神庙土地和建筑返还给了神庙，卢伽尔夫妇向僧侣征收的赋税也被他取消了；平民欠王室的赋税被免除了，王室派到各地的监督官和税吏也被撤销了；手工业者的负担减轻了；用国家立法的形式确定财产的私有制，拉伽什城邦公民和依附民的私有财产和身份受法律保护，严禁官吏及任何人强抢他人财产；严禁用人身作为债务抵押，释放因债务而被奴役或遭拘禁的平民；降低丧葬费用；确立一夫一妻制度，禁止一夫多妻；改变以前以贵族子弟为主要军事力量的制度，建立以平民为军队主要力量的制度，取缔由贵族组成的战车兵，建立由平民组成的步兵等。虽然改革的内容涉及税收、婚姻与家庭、军队等很多方面，但确立私有制，减轻平民的负担以便保证正常的经济秩序和生产的不断发展是其最根本的宗旨。在遵守、执行以上条例的基础上，改革的确收到了很大的成效，平民的地位提高了，公民的人数扩大了10

倍。乌鲁卡基那宣称，是宁吉尔苏神在三万六千人中选中了他，并把"王权"授予他。

为纪念新运河开凿，乌鲁卡基那的档案学家们作了铭文，现在所知道的有关乌鲁卡基那改革的内容就记载在这个铭文之上，而并非出自法典。虽然如此，有一点还是可以肯定的，那就是改革具有明显的立法性质，并对以后两河流域的法律发展产生了深远的影响。有关改革的铭文原文是用苏美尔语写成的，现收藏在法国巴黎罗浮宫内。

在苏美尔城邦时期之后，阿卡德人统治者连一部法典或相应的法律文献都没留下。但这并不表示他们不曾从事立法活动，阿卡德王国的创立者萨尔贡就有"正义之王，讲正义者"之称。阿卡德人之后，古提人统治了苏美尔地区，这一时期可以说是美索不达米亚文明停滞、文化倒退的时期，当然更不可能有法典流传下来。

世界上最早的成文法典——《乌尔纳木法典》

乌尔第三王朝时期，南部两河流域已经完全进入青铜时代，和以前的历史时期相比，该时期的生产力和奴隶制有了更进一步的发展。这时期，王权比较强大，已经形成了中央集权制统一全国的政治局面。两河流域由分散的奴隶制城邦逐渐发展成为统一的中央集权制国家，为了适应社会经济和奴隶制的发展，编纂成文法典已经成为社会发展的必需。在这种社会发展的形势下，乌尔第三王朝的创立者乌尔纳木的法典便应运而生了。

《乌尔纳木法典》能重见天日，主要应归功于两位世界著名的苏美尔学家和亚述学家。一位是美国著名苏美尔学家S.N.克莱默博士，一位是世界著名亚述学家荷兰莱登大学楔形文字研究教授F.R.克劳斯。1952年，克莱默根据克劳斯提供的线索，在伊斯坦布尔古代东方博物馆找到了一块编号为"尼普尔文献集第3193号"的泥版。这块泥版记载的内容就是《乌尔纳木法典》，这是迄今为止所知的人类历史上第一部成文法典。本来它是两块泥版的残片，当年，在那里担任博物馆馆长的克劳斯教授把它结合在了一起，还给它编了号。克莱默博士不愧是苏美尔学的权威，仅仅几天的时间他就弄清了泥版上记载的内容，他发觉自己手中的泥版是截止到当时发现的最古老的法律抄本。该泥版呈浅褐色，是由太阳自然烤干而成的。泥版由古代书吏划分为8栏，正反两面各4栏，每栏有45个小格，而能辨认出来的只有一小部分。正文有一个序言，篇幅很长，因为文献多处中断，所以不能全部解读。另外，在乌尔，考古学家还发现了一个书吏学生的抄本。

现在的《乌尔纳木法典》可分为两部分：前言和正文。前言的内容可概括为：苏美尔和乌尔的命运在创世以后就注定了，月亮神南那被苏美尔的两位主神安和恩利尔任命为乌尔国王。月亮神南那要在人间找一个代表来统治苏美尔和乌尔，最终他选择了乌尔纳木。据说乌尔纳木是宁苏恩女神的儿子，他根据月亮神南那确立的平等和公正原则，与邻国拉伽什开战，以确保苏美尔和乌尔的政治安定和军事安全。他战胜了拉伽什，处决了其统治者纳姆哈尼。之后，在南那的帮助下，根据太阳神乌图的"真言"，他在全国建立平等制度，消除诅咒、暴力和斗争。他处死了骗子或强抢公民牲畜的强盗；规定了公平合理的度量衡，并规定其不得更改；他让孤儿寡妇免受权贵的欺凌、强暴，让穷人不受富人的剥削压迫。

因为遭到严重毁坏，《乌尔纳木法典》的正文内容残缺不全。但它是第一部成文法典，在美索不达米亚法律史上具有极其重要的地位，虽然只有20余条保存了下来，但涉及范围广泛，包括社会伦理、婚姻家庭、土地的占有和使用、奴隶制、司法和诉讼程序以及刑罚等很多方面。其中最引人注目的是，在有关身体伤害的刑法中，该法典已经取消了"以眼还眼，以牙还牙"的处罚原则，代之以罚金的形式。

《乌尔纳木法典》在本质上极力维护私有制和奴隶制，对社会秩序的稳定和经济的发展起到了积极的促进作用。更重要的是，它开创了古代美索不达米亚成文法的先河（仅就目前考古成果来说），对后来各个历史时期统治者的立法活动以及法典的制定及颁布产生了巨大的影响，是两河流域其他法典的典范。

保存完整的最早法典——《汉谟拉比法典》

公元前2006年到前1595年是古巴比伦王国时期，也是古代美索不达米亚法典编撰的鼎盛期。其中举世闻名的《汉谟拉比法典》是法典编撰达到顶峰的标志。

汉谟拉比是古巴比伦王国（巴比伦第一王朝）的第六代统治者，在他的统治下，两河流域达到了前所未有的统一，古代美索不达米亚的历史和文明都进入了最辉煌的时代。和以前的统治者一样，汉谟拉比统一两河流域后，就在国内"建立秩序"、"发扬正义"。他结合阿摩利人的习惯，并汲取了苏美尔和阿卡德以往法典的精华，编撰了著名的《汉谟拉比法典》。

1901年12月至1902年1月，由摩尔根率领的法国考古队在埃兰古都苏萨遗址发现了刻写着《汉谟拉比法典》的石碑。该石碑高2.25米，上部周长1.65米，底部周长1.90米，由3块黑色玄武岩组成。上部刻有浮雕，内容是太阳神、正义之神沙马什正授予汉谟拉比王权权标，下部是法典铭文，共三千五百行，用阿卡德语楔形文字刻成。据考证，法典是在公元前1150年前后埃兰国王入侵巴比伦时，作为战利品掳回苏萨的。由于磨损严重，法典中的部分铭文已无法辨认。据推测，当时埃兰国王企图将刻写了法典的石块进行二度利用，想刻写自己的丰功伟绩，可后来不知为什么只把原有的字迹磨去了，并没有刻上新的。根据法典复本和在其他地区发现的法典片段，学者们已经对法典的残缺部分进行了填补。石碑现存于巴黎卢浮宫博物馆。

迄今，《汉谟拉比法典》是考古发现的第一部保存完整的古代成系统的法典。该法典分为前言、正文和结语3个部分，由282条法律组成。在前言部分，汉谟拉比宣称是神授予自己权力，自己是代神立法。他声称："此前，为人类的福祉考虑，安努和恩利尔命令我，荣耀而畏神的君主汉谟拉比，发扬正义，铲除不法邪恶之人，使强不凌弱，使我有如沙马什诏临黔首，光耀大地……当马尔都克命令我统治万民并使国家获得福祉时，我使公道与正义流传国境，并为人民造福……"之后，他又为自己歌功颂德，如修建城池、宫室、运河，赐给神庙土地、牧场、祭品，等等。维护中央集权君主制、保

《汉谟拉比法典》碑

护私有财产是法典的主要目的。为了缓和社会矛盾，法典首次明确规定：废除奴役终身制，债务人受奴役不得超过3年；债主不得殴打、虐待或杀害债务人；高利贷受到限制，违法者将被没收全部财产。

法典内容几乎涉及巴比伦人日常生活的各个方面。制定这些法律的目的是，让正义遍及整个国度，消灭作恶者，防止强者压迫弱者。每条法律都是用条件复句写成的：如果某人犯了什么罪，那么他将受到怎样的惩罚。惩罚方式大都是以牙还牙式的，例如，谋杀犯将被处死，打断别人骨头的人自己也会被打断骨头。一位外科医生如果因失误而导致病人死亡，那么他也将为此承担责任，付出巨大的代价——将被截肢，如果他很幸运，这位病人是一名奴隶，那么他仅需赔偿奴隶主的损失。

法典把社会分成3个等级：最高阶层是自由民或拥有完全公民权的公民，第二阶层是国家的保卫者，位于最底层的是奴隶。一个人犯罪后受到的惩罚与他的社会等级地位关系密切。如果一个自由民打了另一个自由民，法典规定的罚款金额是1米那银币或一根18盎司的银条。如果第二等级的人打了另一名第二等级的人，他需要交的罚款是10谢克尔银币，相当于自由民所付罚金的六分之一。而一点也不令人吃惊的是，奴隶间谢罪的代价最小，奴隶间相互斗殴不受惩罚，不过，要是一个奴隶打自由民就要被割去一只耳朵。

奴隶非常容易辨认，因为只要是奴隶都留有一绺很特别的卷发。奴隶主一定时刻提防奴隶逃走，因此不经奴隶主同意就剪掉奴隶特殊卷发的理发师会受到严厉的惩罚，《汉谟拉比法典》规定，犯了这种错误的理发师的一只手会被砍掉。一个人如果强迫理发师剪掉另一个奴隶的卷发，那么他会因此而付出生命的代价，并且，死刑将在他自家门厅里执行；而那位理发师只需发誓他对此毫不知情就能被无罪释放。

其他刑法同样苛刻。比如：一个承包商如果因工作马虎、敷衍了事而致使所建房屋倒塌并导致主人死亡，那么他会被处决；一名妇女如果忽略了家务并羞辱了她的丈夫，那么她将被迫接受"水审"，也就是将她扔到最近的河流中，由河流来裁决，如果她幸好是个擅长游泳者，她就可逃过一死。

既然刑法如此严厉，那么对他人的指控就要慎重。如果一个男人诬陷另一个男人的妻子犯有某种罪行，那么他会被带到法官面前并被当场剪掉一半头发。

法典中有很多律条是规范家庭事务的。如果一个公民收养并抚育了一个孩子，那么这个孩子长大后就不能回到亲生父母身边；不过，如果是养父主动找到孩子的亲生父母，那么孩子就可以被其亲生父母领回去。

对女人和孩子实施性侵犯的人，特别是有乱伦行为的人，将会受到严惩。父女乱伦，父亲将遭流放；与儿媳发生性关系的公公会被捆起来，扔进河里活活淹死；如果母子间乱伦，那么惩罚将会更严厉，两个人都要被烧死。

虽然汉谟拉比要求将来的国王"遵从我刻在石碑上的文字"，但是，他的遗嘱和律法好像在相当大的程度上被其继承人忽略了。在可以上溯的古巴比伦时期的几千个法律文件中，只有一个契约引用了《汉谟拉比法典》作为依据，这个契约是在乌尔发现的，里面仅用到了法典中的一个刑事条款。

在亚述发现的大量文献中，也有不少关于家庭生活各种隐私的文件。亚述人的家庭中实行父权制，且非常严格，一切权力都掌握在男性家长手中，他对妻儿都非常专制。作为一家之

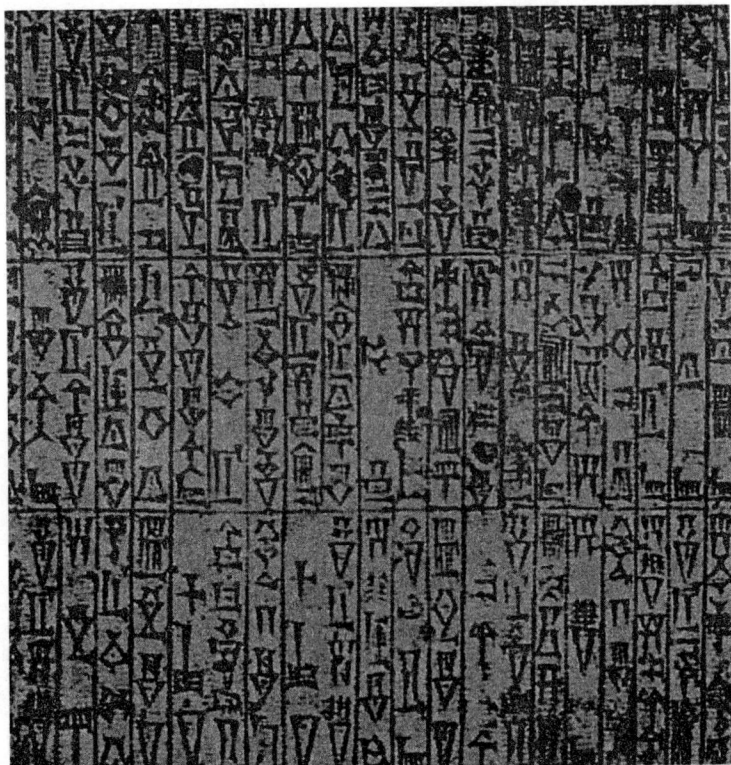

《汉谟拉比法典》石碑上的楔形文字

长，全家人对他都要唯命是从。在法律上，妻子是丈夫的动产。与妇女有关的法律的最后一款简要地总结了对待妻子的普遍态度，它规定，如果妻子犯下了某种罪行，而对该罪行法律没有相关条款时，丈夫有权惩罚妻子。除了写在泥版文书上的对已婚妇女的惩罚外，这个最后条款还具体规定，当一个女人被认为罪有应得时，"她的丈夫可以鞭打她、扯掉她的头发、撕开或毁坏她的耳朵而自己不必承担一点责任"。从亚述人对待离婚的态度中可以非常清楚地反映出妇女社会地位的低下。在官方证人面前，一位丈夫只要剪掉妻子衣服的边就可以离她而去且不必提供任何补偿。而女人却没有同样的权利。一个女人如果说出或表现出一点点离婚的想法，那么她就会被丈夫逐出家门，而且是一丝不挂、两手空空地离开。

法典对其他不端行为的惩罚更加严厉。在亚述法典中，除了死刑外，还有刺瞎双眼、用棍棒抽打和诸如割掉鼻子、耳朵、嘴唇或手指等毁伤致残性的酷刑。如果妇女流产是因为自己的大意，就会被钉在尖桩上刺死。如果男子诬告邻居或自己的妻子通奸，就会被处以宫刑。

与苏美尔和阿卡德时代的其他法律比起来，《汉谟拉比法典》在内容上有一个突出的变化，就是添加了反抗国王的罪名。据法典和汉谟拉比书信等文献材料显示，逮捕和惩处违反王命的人是当时管理者的一项重要职责，这很明显是汉谟拉比加强中央集权统治的重要举措。此外，法典一方面竭力维护奴隶制度，比如对窝藏逃亡奴隶的人的惩处，已不仅仅停留在罚款上，取而代之的是死刑；另一方面，法典还维持着正常的生产秩序，对人质作为债务抵押有所限制，如果公民因负债而将妻子或子女出卖，或作为债务抵押，则他们在买者或债主家的服役期限为3年，第四年应恢复自由；人质在服役期间的人身安全也受到了法典的保护。这都体现了汉谟拉比作为一代政治家的英明和远见。

古巴比伦王国自汉谟拉比统治之后，开始走向衰落。其后继者在治国时，可能还是沿用汉谟拉比制定的法律，因为这一时期古巴比伦王国的社会结构和经济制度并没有发生本质性的变化，因此也就没必要另立新法，而且，汉谟拉比的子孙们也远没有他强大。于是，著名的法典流传了下来。不过，这一时期产生了一种特殊形式的法律或法令，这就是所谓的"正义"、"平等"法令。有些学者把这些法令称为"巴比伦解负令"，因为它们的主要内容是减免债务和其他义务，将小块土地归还原主等。很显然，这些所谓的"正义"或"平等"法令是在自由民分化严重、平民与贵族斗争激烈的社会背景下，统治者为稳定社会局势、维持正常的生产秩序而采取的积极措施。

古巴比伦时期成为古代美索不达米亚法典编撰的鼎盛期是历史发展的必然趋势。乌尔第三王朝灭亡后，两河流域的社会经济结构发生了巨大变化，以前被王室控制的大农庄和手工作坊瓦解了。古巴比伦时期，历经混乱和破坏的私人经济迅速恢复，商品货币关系迅猛发展，土地的私有化和奴隶的私人占有制不断发展，高利贷活动空前活跃，在经济领域还出现了租佃这种新的生产方式。为了维护其统治地位，保证社会稳定，肯定现存的社会秩序和生产关系，统治者很有必要用法律的形式把既存的一切确定下来。

《汉谟拉比法典》是美索不达米亚法律的集大成者。它继承了苏美尔法律，并在此基础上有了新的发展。但由它可见，巴比伦时期刑罚残酷，其程度远非苏美尔时期所能比。例如，同样是窝藏逃亡奴隶的犯人，苏美尔法律只判以罚金，而巴比伦法律则判死刑。另外，儿子如果敢打父亲，就要被砍掉双手；护士如果偷换婴儿，就要被割掉双乳。死罪也有很多，像强奸、拐带儿童、偷盗、乱伦、谋杀亲夫等一律是死罪。

传播知识的殿堂
——人类最早的教育

文明的发展和传播不能没有文字，而文字并不是人生而知之的，它需要一个严格训练的教育过程。于是，就产生了承担这一教育职责的学校和图书馆。它们的出现，是文明和文化迅速发展的标志。苏美尔人发明了人类最早的文字，因此，世界上最早的学校诞生在苏美尔也就顺理成章了。创立正规的学校教育制度是苏美尔人对人类文明的突出贡献之一。从这个意义上来说，苏美尔人堪称是人类文明的鼻祖。

苏美尔人的重大贡献——学校教育的创立

在乌鲁克出土的公元前3000年左右的近千块泥版文书中，除了经济文书和管理文书外，还有一些学生学习用的单词表。这表明，早在公元前3000年，苏美尔就有学校存在了，虽然不一定是正规的学校，但至少也是正规学校的雏形。到公元前3000—前2000年中期，学校已经差不多遍及整个苏美尔了。

早在公元前40世纪末，以乌鲁克为中心的美索不达米亚南部地区就开始使用文字。现代考古学家仅仅在乌鲁克一个地方就已经发现了多达五千块刻着象形文字的"古朴泥版"。根据内容可以把乌鲁克古朴文献分成经济文书和"辞书"两类。大约全部泥版的85%是经济文献，"辞书"只占13%，共发现650

块。大量经济文献的发现表明，在经济领域文字已得到广泛应用，而很多字表的发现则说明当时已经产生了学校和"教科书"。截止到目前，已经发现600多块"教科书"的残片，内容都是把同类概念归结在一起的"表"。600多块残片可概括为15表，如"人表"、"官职表"、"牛表"等。其中有125块泥版因严重残缺不全，无法归类。这些表不仅反映了当时已采用同类归纳的教学和学习方法，也反映了当时可能已有不同类别的课程和科目。

大约在公元前第三千纪下半期，苏美尔学校制度成熟和繁荣起来。20世纪30年代，在两河流域上游的名城马里，法国考古学家安德烈·帕罗特发掘出一所大约公元前2100年的学校。其中包括一条通道和两间房屋，大房间44尺长，25尺宽；小房间的面积是大房间的1/3。大房间很像学校的教室，里面有四排石凳，一共可坐23人。两间房屋没有窗户，光线从房顶射入。房间中没有讲课用的讲台或讲桌，只有很多供学生做作业用的泥版。墙壁四周的底部有浅浅的水槽，水槽里盛有泥土，附近摆放着一个椭圆的陶盆，地面上有很多亮壳。这所房屋在皇宫附近，而不靠近寺庙；在其他地方发现的泥版文书正好也离皇宫近，离神庙远。有的学者推断，这所学校的校舍建于公元前3500年，是人类最早学校的代表。如果这个推断成立，那么美索不达米亚的学校比古埃及的宫廷学校早一千年，古埃及宫廷学校出现于公元前2500年。

从公元前第二千纪初期开始，有关学生和学校生活的泥版越来越多，这些泥版中既有初级学生的习作，也有"毕业生"的成品。古巴比伦王国政治强盛、文化繁荣，是古代美索不达米亚的鼎盛时期，在这期间，学校自然发挥了巨大的作用。尼普尔成为书吏学校的中心，因此也成为王国教育的中心。有许多重要的文献和文学作品得以保存下来，都有赖于书吏学校学生的抄写。古巴比伦的书吏及其学校为保存苏美尔和巴比伦的文化遗产，作出了卓越的贡献。

三种类型的学校

一般认为，古代美索不达米亚的学校附属于神庙，是在神庙的扶植下发展起来的。这种看法只是一种猜测，而没有详细确凿的证据。迄今为止，考古学家所发现的学校遗址最少有3类：第一类是靠近王宫的学校，例如在拉尔萨、乌鲁克和马里等地发掘出的学校遗址，这类学校可能是由宫廷或政府机关设立的；第二类学校位于神庙附近，例如在沙杜蓬，在谷神尼萨巴及其爱人哈加的神庙地下，发掘出了许多辞书和文学课本。学者们认为，集中出现了这么多书和课本，一定和学校教育有关，而这类学校可能正是由神庙设立的；第三类学校建在书吏居住区附近，这类学校的遗址主要出现在尼普尔和基什，在这两个城市书吏居住的地方都发现了学校用的泥版文书，比如练习作业、文学作品和参考书等。另外，在乌尔发现的学校既不在宫廷附近也不在神庙附近，教室中藏有大约三千片的小型学校课本，还有宗教著作、文学作品和教材纲目之类的泥版文书。这类学校很可能是私立学校。以上三种学校中居于主导地位的到底是哪一个？就现有资料来看，还很难下结论。

据美国学者爱德华·吉埃拉

与学校有关的泥版

研究，在亚述帝国，私人收学生的现象很普遍。大部分书吏都招收许多想从事书吏职业的青少年，和他们成为师徒，关系亲如父子。实际上，很多书吏也会把自己的学生主动收为养子，一直到该少年学业有成，能够成为职业书吏，这种"收养"关系才停止。在一些文献中，有许多学生都自称是某某书吏的儿子。因为一个人不可能同时拥有如此多年龄相近的儿子，因此很明显，这些"儿子"并不是亲生骨肉，而是类似养子性质的学生。这些学生通常都是亲生父母交给书吏接受特别训练的。教师外出时经常带着许多学生，就像实习，让学生从老师的实践中学到经验。如果他的能力不足以使学生获得职业书吏所应具备的知识和素质，是没有资格做私人教师的。不过，私人学校传授的可能只是实用的专业技术和技巧，不涉及科学和文学。

泥版书屋

在苏美尔人创办的人类历史上最早的"学校"里，为了测验学生的智商，先生曾说了这样一个谜语："犹如天空一个屋，形如书罐外裹布，好似鸭子墩上蠢，闭着眼睛走进去，睁着眼睛把屋出。"现在让人们来猜，答案一定五花八门。而苏美尔学校的先生们给的答案是：泥版书屋。

用我们今天的话说，"泥版书屋"就是"学校"，用苏美尔原文翻译过来就是"分配泥版的屋"。"泥版书屋"是讲塞姆语的阿卡德人的翻译。他们的这个翻译与原文有点出入，可能最初翻译这个词的书吏曲解了苏美尔原文，也可能他是个很会融会贯通的人，为了避免繁琐，有意把"分配泥版的屋"简化为"泥版书屋"。

苏美尔人自己眼中的学校，外形是"犹如天空一个屋，形如书罐外裹布，好似鸭子墩上蠢"。它连用了三个比喻：像天上的屋、如外面裹布的书罐、似站在墩上的鸭子。尽管如此，用我们今天的眼光来看，还是想象不出它的样子。20世纪20年代，英国考古学家伍利在伊拉克南部的考古遗址乌尔发掘出了许多古代建筑，其中就有一处被认为是学校的遗址，即"泥版书屋"，它存在于公元前19至前18世纪。和其他建筑比起来，这个"泥版书屋"有两个突出的特点：第一，屋里有几行排列整齐的泥墩，在这些泥墩前面还单独有一个稍大些的；第二，在这个屋里还发现了两千来块泥版。所以，学者们推断这个房间并不是普通居室，而是"泥版书屋"。其中稍大些的独立泥墩是供教师就座的讲席，而矮小的是学生的座位。但仔细分析一下，在当时的叙事诗中涉及了"校长"、"教师"和"助教"俱全的"国立"和"市立"学校，而这样一个只有几排泥墩的小屋，充其量也就是个私塾。在位于幼发拉底河中游的马里遗址中，法国考古学家也发现了类似的小屋，也有排列整齐的泥墩，结构和乌尔的"泥版书屋"一样。这个"泥版书屋"并不是官办学校，可能也是个私塾。截止到目前，还没有发现叙事诗中描述的那样大规模的学校遗址。古代美索不达米亚官办学校的校园和校貌究竟是怎样的，至今仍不得而知。

前面的谜语中除了学校的外形，还包括了苏美尔人对学校本质的深刻认识："闭着眼睛走进去，睁着眼睛把屋出。"他们认为，在接受学校教育以前，人处于闭眼睛的状态，什么也看不见，等于有眼无珠。而眼睛看不见内心也必定混沌不清，有待开化。提供这样一个传道授业解惑场所的正是学校，只有受过学校教育的人才能告别愚昧，明辨是非，心明眼亮。可能就是基于这个原因，苏美尔人才把教育过程看成是眼睛由闭合到睁开的过程。

学生从书吏学校毕业后，就有了成为正式书吏或书记员的资格。他们有的为王室、神庙和私人庄园管理土地、充当会计师，有的专门从事某一行业的管理工作，还有的在国家和政府部门担任高官。在政府机关任职的书吏有高级书吏和低级书吏之分。高级书吏一般在政府重要部门任职，地位显赫，常被委以重任，例如篡拟帝王旨意，制定军政法令，修定外交文书，充当朝廷顾问等；低级书吏一般负责监督和起草契约，充当公证人、掌印员、土地和财产等级员、军情记录员、碑铭雕刻员及核查员和会计等。正是因为书吏的社会地位较高，富裕家庭的家长才望子成龙心切，把孩子送进学校想让他们将来也能当书吏，这与中国古代所崇尚的"学而优则仕"大同小异。家长密切监督孩子在学校的学习情况，学生间的竞争也很激烈，有时甚至为抬高自己而贬低他人。

随着学校的发展，尤其是课程设置范围的日益宽广，学校也逐渐成为学术中心，成为苏美尔文化和研究学问的中心。苏美尔人的学校还是文学创造的中心，这是其又一个显著特点和功能，是现代学校所不具备的。学生们一般先抄写和研习以前留下的文学作品，然后再进行文学创作。

塑造人性的上帝

在苏美尔学校里，称最高领导为"乌米亚"，也就是今天的"校长"，其本意是"专家"、"教授"或"权威"。人们奉校长为学校之父，称他为"塑造人性的上帝"、"受人敬仰的神"。校长的下一级被称为阿达·埃杜巴，也是"学校之父"的意思，好像相当于现在的"年级长"。教师直译为"泥版书屋的书写者"，一般都从事某一专门学科的教学，如计算教师就是代数教师，田地教师就是几何教师和苏美尔语教师等。助教被称为"大师兄"，负责给学生准备新泥版供他们抄写，检查学生的练习和作业，检查学生背诵课文等。在校生被称为"学校之子"，毕业生则被称为"昔日学校之子"。在学校里，除了校长、教师和学生外，还设有行政人员，他们被称为"泥版书屋的管理者"。此外，为了对学生实行严格监督，学校还安排有图书馆员、学生出勤检查员和校门看守人员等。

为了监督和管理学生，学校设有奖罚制度，用来维护学校纪律。学生必须全天在学校学习，中午也不例外，午餐自备，放学后必须回家，学校不留宿。放学后还有家庭作业，家长还要对孩子的功课进行检查。学生不但严禁迟到、早退，在校期间还必须穿戴整洁，课上不许随意讲话和随便起立，开会时不能心不在焉，不得走出校门，必须说苏美尔语等。以上各项纪律，都设有专门人员负责监督。对违纪的学生进行惩罚，方法是用笞杖抽打，严重者用铜锁链套住双脚，在校内关两个月的禁闭。对不可救药的学生最后只能开除。

可见，学校不但纪律严明，而且惩罚严厉。即便这样，学生们也梦想着有朝一日成为"年轻的书吏"或"大师兄"，即便忍受各种限制和纪律也要坚持到最后，从不轻易放弃。

学校的课程

学校的宗旨是为王室和神庙培养书吏或书记员，以达到适应管理土地和经济需要的目的，与此相适应，苏美尔和巴比伦学校的课程设置分为基础课程（即语言）、专业技术课程和文学创作3类。

作为一个书吏，首先必须掌握的自然是语言。因此，学校首先要教会学生苏美尔语。苏美尔语的教师特意为此设计了一套语言分类教学法，也就是把苏美尔语的相关词和词组分成若干组，让学生们翻来覆去地背诵、听写和抄写，直到学会为止。在公元前3000—前2000年间，全苏美尔的一切学校都以此为范本。

在语言课程方面，苏美尔人已经能够准确、具体地阐述苏美尔语语法。在很多泥版上都能看到特别长的名词变格和动词变位表，这表示，苏美尔人在语法研究上已经达到了较高的水平。除了精细的语法研究外，这时期还产生了世界上最早的字典。公元前30世纪后期，操塞姆语的阿卡德人侵入苏美尔。阿卡德征服者吸收了苏美尔人文字的成果，即使苏美尔语作为口语已经消失后，在相当长的时间内，阿卡德人对苏美尔语的文学作品都非常重视，还在研究、学习和模仿。在古巴比伦时期，学习和掌握苏美尔语是有学识和有教养的象征。

有了扎实的语言基础，才能从事文学创作和学习专业技术。文学创作课程的内容包括两方面：首先是对过去的文学作品进行抄写、模仿和研究；然后才能从事新的创作。在公元前第三千纪的下半期，苏美尔人就开始了文学创作，迄今这个时期的作品已发现了几百件，体裁差不多都是诗歌。这些诗歌的篇幅有长有短，但即使短的也超过了50行，长的则达上千行。内容大都是关于庆祝诸神的丰功伟绩的叙事诗、对神和国王的颂歌、苏美尔城市灭亡的哀歌，还有格言、谚语、寓言的评论等。在苏美尔城市遗址发现的泥版和残片中，有五千多块是与苏美尔文学有关的，其中学生的习作占了很大比例。

除了计算和测量土地等方面的知识，学生们在专业技术上还要涉猎其他多种学科。在苏美尔时期的教科书中，出现了多种树木和芦苇的名称、差不多所有动物的名称、人体器官的名称、天体的名称，许多地区、城市、村庄、河流和运河的名称，以及各种岩石的矿物质的名称等。可以说，这些教科书内容涉及植物、动物、生理、地理、天文和矿物等多种学科。但它们在当时还只是一些零散的知识，没有形成科学体系。因为他们只是为了适应当时某种认识的需要，并不想进行某种科学研究。但这同样能反映出当时的苏美尔人对这些方面的科学已有了初步的认识，有了一个良好的开端。在数学上，学校备有大量的数学表格和详细的数学问题，同时附有答案。到古巴比伦时期，美索不达米亚的文化达到了鼎盛，在自然科学的许多领域都取得了惊人的成就，如此巨大的进步，在很大程度上要有赖于当时发达的学校教育。

少数人的教育

古代苏美尔学校的出现和发展，是苏美尔文明的一个重要标志，它推动了苏美尔文字和文学的发展，对传播苏美尔文化起到了重要作用。但反过来说，它也不可避免地带有局限性。这主要是指苏美尔学校差不多都是贵族学校，学生一般都是贵族子弟。究其原因，一方面是因为书吏工作复杂、要求苛刻，其技艺较难掌握，因此学习周期较长，一般从少年要学到青年，这么长的学习时间穷人家的孩子根本耽误不起；另一方面，苏美尔学校实行的不是义务教育，学生要承担教师的工资，这对贫穷的家庭来说是个很大的负担。德国楔形文字专家尼古拉·施奈德的研究成果说明了这个问题。1946年，在公元前2000年前后的大量经济和管理文书中，尼古拉发现了一些名单，其中有几百名书吏的名字，他们的名字后面大多有其父的名字和职业。从这份名单来看，这些书吏的父亲社会地位和声望都比较高，比如总督、市长、驻外使节、神庙管理者、军事长官、船长、高级税务官、各种祭司、管理者、监督官、头领、书吏、档案管理员和会计师等。不难发现，这些书吏都来自城市公社的富裕家庭。

此外，苏美尔学校基本上只对男生开放。目前，在浩如烟海的文献中虽然也发现了女书吏的名字，但屈指可数。

泥版书的宝库——世界上最早的图书馆

英国考古学家于19世纪中期在尼尼微王宫的遗址中发现了一个奇特的房间，从地底和废墟下面，清理出许多楔形文字泥版文书。它们可能是宫殿失火时，从二楼塌落下来的。其中有很多王家档案库的重要文献，还有很多优秀的巴比伦文学作品的抄本。后来，学者们还找到了很多同样的房间，里面也有大量的泥版文书。原来，这里就是亚述国王亚述巴尼拔的图书馆。资料证明，它是新近已知的最早的图书馆。

古代的美索不达米亚出现了世界上最早的文字和学校，所以，在这里发现世界上最早的图书馆也就不足为奇了。图书馆应是随着文字的产生而产生的，其产生的时间应该和学校产生的时间相近。

三种类型的图书馆

古代美索不达米亚人的文字是刻在泥版上的，所以他们的书实际上是泥版文书，存放和收藏泥版的地方就是最早的图书馆。据考证，古代美索不达米亚的图书馆有神庙图书馆、王室图书馆（也称国家图书馆）及私人图书馆三类。

大约在公元前第三千纪初期，尼普尔城是苏美尔人的宗教圣地和中心，考古学家在那里发现了最早的神庙图书馆。英国著名考古学家伍利在乌尔还发掘出了一座公元前3000年前后的

尼尼微古城想象复原图

神庙图书馆，这是一座非常重要的图书馆。毫无疑问，王室或国家图书馆地位重要，古巴比伦时期著名的汉谟拉比国王就拥有很多国家图书馆或档案馆，它们遍布所有重要城市。亚述帝国的国王们更热衷于图书馆事业。在亚述帝国时期，私人藏书也盛行一时，私人图书馆非常普遍。

亚述巴尼拔图书馆

1849年，莱亚德在发掘尼尼微的亚述王宫遗址时，在西拿基立的宫殿里发现了用做图书馆的房间。一个世纪后，图书馆的另一部分被英国考古学家马洛温发现。其面积之大，藏书之多，即使按现在的标准衡量，也足以称之为图书馆。莱亚德在这里发现的图书将近三万册。

这个图书馆的名字源于亚述末代国王巴尼拔。巴尼拔自称"伟大英明的世界之王"，他这样说道："我，亚述巴尼拔，受到那布智慧神的启发，觉得有必要博览群书，我可能从它学到射、御以及治国安民的本领……读书不但能增长知识和技

亚述巴尼拔雕像

艺，而且还可以使人气度不凡。"亚述巴尼拔使亚述帝国的疆域或版图达到极限，同时，他也是个博学多才的国王，为保护和发展文化作出了贡献。他少时曾在书吏学校学习，不仅学会了书写，还对许多宗教文学作品有研究。掌权期间，他在古都尼尼微修建了这个著名的亚述巴尼拔图书馆，这是个名副其实的"古代图书馆"。馆中的藏书种类齐全，哲学、数学、语言学、医学、文学以及占星学等各类著作无一不有，几乎囊括了当时的全部学科领域。其中的王朝世袭表、史事札记、宫廷敕令以及神话故事、歌谣和颂诗，为后人了解亚述帝国乃至整个亚述—巴比伦文化都很有帮助。英雄史诗《吉尔伽美什》就曾藏于该图书馆。

亚述图书馆管理井井有条。图书馆有馆藏图书目录，登记了全部图书的书名供读者查找。所有图书（泥版文书）都进行了财产登记，盖上了印章，印章上的文字为"天下之王、亚述王亚述巴尼拔宫廷"。这些图书都是国王命令官吏从巴比伦各地城市、神庙中搜集来的古籍，或是根据古籍抄写的副本。因为在亚述本国，只有一些历代诸王所写的远征记，除此之外，根本就没有什么文学作品。亚述的文学作品基本上都来自巴比伦。

所有这一切都得益于亚述巴尼拔对书的狂热和对文化的尊崇。全国各地都有他派的信使、书吏或官员，他们专门搜集图书，只要发现尼尼微所缺少的泥版，无论如何都要弄到。亚述

巴尼拔图书馆的七片泥版文书

巴尼拔尤其重视文明发达程度较高的苏美尔和阿卡德地区，在这里，信使、书吏或官员往往能搜寻到古老的铭文。亚述巴尼拔在一封信中这样写道："国王至沙杜努：我很好；祝你快乐。接到信后，你立即带上这3个人（泥版上刻有3个人的名字）和波尔西帕城那些有学问的人，把所有的泥版都找出来，把所有在他们住所和埃兹达神庙收藏的泥版都找出来。"亚述巴尼拔随即把自己特别想要的书列了一个单子，之后指示说：

"找到那些放在你的档案馆里而亚述没有的有价值的泥版，送给我。我给官员们与管理员们写了信……没人敢扣下一块泥版，不交给你；如果你见到任何一块你认为对我的宫廷有用的泥版或仪式版，那么即使我没提到也拿来送给我。"

各地的泥版一送到亚述，就被原封不动地保存起来，有些泥版已经受到损毁，不便长期保存，就用当时流行的楔形小字把它整齐地抄录下来。有时为了适应时尚，亚述的书吏们还把文献部分或全部改写。在抄录泥版的过程中，在原文毁坏的地方，书吏们还常常留下空白，加上自己的注释，或在边上写上"我不懂"或"原缺"的字样。

亚述巴尼拔图书馆的藏书一般都刻着国王的名字，有的注明是亚述巴尼拔亲自"修订的"，有的则注明是由国王收集来的。馆中图书内容涉及科学和宗教的方方面面。科学主要指数学和天文学，这是古代迦勒底人的两大发达学科，给我们留下了很多最基本的概念。把占星学视为科学的不只有迦勒底人，后来的很多民族也如此。除此以外，还有地理学方面的手册，名为地理学，其实只是当时所知的大海、高山、河流、国家和城市的名录。最后还有动植物学、医学和化学等方面的文献。历史著作很少，而且仅有的也局限于一些大墙壁和其他物品上的铭文。语法、字典和学校教材占主要地位，这可能是因为在建立图书馆时，这些书中的语言早已不用了，甚至被抛弃了几个世纪，只有祭司和那些从事学术研究的人还在使用，因此不得不用这种方式传教于人。馆中除了这些科学文献，还有王室敕令、贡品名单、将军和总督的报告和司法文书等。司法文书多为买卖文书，包括买卖土地、房屋、奴隶和其他财产，以及贷款和抵押等各类契约，双方都已签字，还有证人盖的印章。在司法文书中，有"辛那赫里布的意愿"之称的文献最引人注目。这份文献中，亚述著名的国王辛那赫里布把一份价值连城的财产送给他宠爱的儿子，并委托给那波神庙的祭司保存。

从亚述巴尼拔图书馆的藏书可以看出，亚述人已掌握了对各类图书进行分类和编目的方法。美索不达米亚人对图书进行分类，其实早在苏美尔时期就开始了。克莱默教授是美国著名的亚述学家，他曾发表过一份古代苏美尔人的"书单"，并称它为世界上最早的图书分类目录。在这块小泥版上，书吏对62

部文学作品进行了分类。通常情况下，亚述的书吏区分不同种类文书的方法是把它们放在不同的位置，比如通常把行政和商业文献存放在瓷罐或篮子里，而别的图书则放在架子上等。亚述书吏还给每块泥版附上题签，用来标明该泥版所载内容。此外，泥版所载内容的不同也可以从泥版的形状来区分。例如，正方形的书籍是一类，长方形的书籍是一类，椭圆形的书籍又是一类；大块的泥版集中放在一起，小块的泥版集中放在一起。这样的编目方法给查找图书造成了一定的困难。幸亏古代图书数量有限，读者又仅限于国王和王室成员，否则图书管理员就麻烦了。

约希姆·麦南是法国著名学者和亚述学家，他对亚述巴尼拔图书馆发掘的意义是这样评价的："这些文献记载在一种水火都无法毁坏的材料上，当我们研究它时，不难理解三四千年前的书写人如何相信他们的历史文献能流传开来……在有关于其过去生活的文字记录流传下来的所有民族中，亚述人和迦勒底人的文献是最耐久的。它们数量巨大，而且还不时有新的发现，其前景更不可预测；但现在我们已经能对发掘的材料进行评估。仅尼尼微图书馆的泥版就有一万余件……和其他民族流传下来的材料比起来，我们相信，迄今所知，亚述—迦勒底文明史是最早的古代民族史。它深深地吸引着我们，因为我们知道，尼尼微和巴比伦的历史融合在一起就构成了犹太人的生活史。"

古代美索不达米亚的图书馆，特别是亚述巴尼拔图书馆，为保存和保护人类最早的文化遗产作出了巨大的贡献。假如没有它们，可能人类的文化和文明史就会出现断层。

人神共居之所
——繁荣的城市

从某种程度上来说，城市的出现和国家的产生是文明诞生的标志，文明的发达程度也与城市的发展息息相关。这个特点在两河流域表现得尤为明显。按城市来划分，习惯上以今天的巴格达为中心，把两河流域分为南北两部分，北部称亚述，南部称巴比伦尼亚。巴比伦尼亚又以尼普尔为界，分为苏美尔和阿卡德南北两部分。此外，两河流域的著名古城很多，它们如繁星般散布在两河流域，比如乌尔、基什、尼尼微、马里等。它们不但体现和见证了美索不达米亚古高度发达的文明，而且还为文明的进一步发展奠定了坚实的基础。

最早的苏美尔城市——埃利都

苏美尔人认为，世界上最早的城市是埃利都，在"洪水"到来之前有5座城市，埃利都就是其中之一。开天辟地之后，"王权"从天而降，一下子就降到了埃利都。因此，埃利都幸运地成了最早拥有"王权"的城市。据考证，这里是苏美尔人最早的定居点之一，最早的建筑属于公元前3500年的欧贝德时期，所以，苏美尔人把它看成世界上最古老的城市也是可以理解的。

在苏美尔语和阿卡德语中，农村和城市都被称为uru，这个

埃利都遗迹

单词的本意是指用太阳晒干的泥砖建成的长久定居点，有时也指集聚在一起的简陋小屋。一般情况下，城市都有城墙，但也有个别的城市例外。在一些城市的城墙外，常建有一个特殊的神坛，叫"新年的圣坛"。早期的城市是以神庙为中心逐渐发展起来的。位于美索不达米亚平原南部的埃利都，是苏美尔智慧神和地下甜水神恩基的领地，这里有崇拜恩基的神庙"爱阿普舒"。公元前4000年中叶，苏美尔人来到这里点播文明的种子，从那时开始，这里就燃起了人间烟火，并且数千年来从没有熄灭过，后来，随着古波斯帝国的灭亡，才最终归于冷寂。

用泥盖的房屋很不耐用，即使在没有战争或其他意外破坏的情况下，也要代代翻修，铲平旧房，在原地再建新居。要是碰到战争或自然灾害，更替的周期就要更短。每翻修一次，地面就要增高一点，有时坍塌层会高达原来房屋的1/3。这样，年复一年，日复一日，人们一代又一代地居住在同一个地方，他们的住处也就逐渐高出地面，最后竟然形成了"丘"。这样形成的"丘"，其平面图形可能多种多样，圆形、椭圆形、正方形等等，但不管是什么形状，它们都有一个共同点，那就是上小下大。这就与人口的增长形成了矛盾：一方面居住面积不断缩小，而另一方面人口却逐渐增长。为了解决这个矛盾，人们不得不采取这样几种措施：完全放弃旧地，在别的地方重新开辟新的居住点；部分居民留在原地，部分居民移居"丘"下，形成老城和新城两个部分。另外，在美索不达米亚南部地区，只有靠人工灌溉才能维持农业生产，河水俨然是生命之水，是滋养生命的源泉。因此，河流一旦改道，人们就得放弃家园，水到哪，人就到哪，居住地就在哪。

100多年前，考古学家来到埃利都时，他们只看到了荒野平原上的7座土丘。但凭着考古学家敏锐的洞察力和职业敏感，他们很清楚地意识到这些土丘意味着什么。一座土丘就是一个古老文明的见证，一座土丘就是一部波澜壮阔的历史，一座土丘就是一个寻找历史的起点。

1854年，受大英博物馆的委托，英国的泰勒来到了美索不达米亚南部进行探察和发掘，而这时，法国考古学家普拉斯正忙于发掘美索不达米亚北部亚述古都杜尔—沙鲁金，英国考古学家拉萨姆和洛夫特斯正忙着发掘卡尔胡和尼尼微。在泰勒试掘过的土丘遗址中就有阿布—沙林，阿布—沙林被现代学者定为"埃利都一号土丘"。然而，泰勒与埃利都无缘，他的锄头躲过了土丘中的重要文物。1855年5月5日，他在"皇家亚洲学会"宣读了一篇报告，在报告中他还这样惋惜地说：埃利都的发掘"没有任何重大收获"。在此后的半个多世纪里，埃利

埃利都神庙遗址

都一直无人问津。直到第一次世界大战之后,大英博物馆才又再次光顾这里。1918年,受大英博物馆的委托,汤姆普森来到这里主持发掘工作,次年,大英博物馆又委派霍尔来到这里主持工作。他们每人只主持了一季发掘工作就回去了。第二次世界大战后,在英国人的扶持下,伊拉克很快组建了考古队。这样,1946年至1949年间,在英国考古学家的直接参与下,伊拉克考古学家对埃利都进行了较大规模的发掘。

著名的"埃利都神庙序列"是伊拉克考古学家在埃利都发掘的最大成果。该"埃利都神庙序列"包括18个建筑层和一个30厘米厚的垃圾层,年代由乌鲁克早期到乌鲁克晚期,也就是从公元前3500年到公元前2900年。

最早的神庙是个长方形的单室建筑,北面墙有个壁龛,很深,神庙的中间有一个平台,神庙的南墙外还有一个圆形的炉灶。这个神庙经过无数次翻修和扩建,最后,地基成了平台,整个神庙建在平台上。其形式也由最初的单室渐渐变成多室:中间是长方形大厅,西北和东南侧各有一系列小屋。在室内平台四周,考古学家还发现了很多鱼骨,他们认为,这些鱼是人们进献给恩基的牺牲品。

欧贝德文化是两河流域一个重要的考古文化,20世纪60年代初期,一个名叫奥茨的英国考古学家根据埃利都神庙序列和在埃利都出土的陶器,把欧贝德文化分成4个阶段,这使埃利都为苏美尔人的来源问题提供了非常有力的考古证据:苏美尔人应该是两河流域的原始居民。那种认为苏美尔人是从外地迁来的说法没有考古证据。

埃利都塔庙遗址耸立在埃利都遗址上。这座塔庙始建于乌尔第三王朝的创始人乌尔纳木统治时期,到他的孙子阿马尔辛统治时期才竣工。塔庙的核心部分是用土坯建筑的，外层的建筑材料是烧砖，烧砖用沥青做灰泥连接在一起。塔庙的地基是长方形，长和宽分别为61.8米和46.5米，残存部分高9.5米，原始高度不详。在这里，考古学家还发现了一些铭文砖，砖上印有拉尔萨国王努尔·阿达的建筑铭文，表明他修复过这座塔庙。另外，考古学家还发现，这里的一块铭文砖上印有新巴比伦国王尼布甲尼撒的名字，然而根据一块砖，不知能否证明把犹太人捉到巴比伦的大征服者也曾在埃利都修复塔庙，以求神灵保佑。

埃利都的土丘下，埋葬着古老的文明，也埋葬着古老文明的创造者。在这里，伊拉克考古学家发现了欧贝德时期最大的墓群，估计共有近千座墓葬，他们发掘了193座。墓室都是方形深坑，四面用土坯砌成。一个墓室里可能葬一人，也可能葬数人，一般都有随葬品。埋葬的过程大致是这样的：先把死者放入墓室内，再用土填满墓室，最后用土坯封上墓室。一直到今天，埃利都没有被彻底发掘，古代文明还没有完全重现。

苏美尔文明的一座高峰——乌尔

伊斯兰教先知亚伯拉罕的故乡是乌尔，很多人对这个地名应该很熟悉。虽然亚伯拉罕离开家乡的时候，乌尔已经过了鼎盛时期，但仍是两河流域南部的一个沿河大城市。然而，20世纪20年代，英国考古学家伍利来到这里考古发掘时，从前的大城市早已变成了荒漠中的土丘，并且和幼发拉底河的距离超过了10英里。在这些土丘以东大约2英里的地方，一条南达巴士拉，北至巴格达的铁路孤独地铺卧着。几座土房和几块庄稼地象征性地点缀在土丘和铁路之间，它们就是乌尔帝国首都地区

3 000年后的一切文明标志。

当年乌尔第三王朝的创始人乌尔纳木建造的乌尔塔庙，至今仍在遗址中巍峨耸立，引人注目。根据残存的塔庙，当地阿拉伯人称乌尔遗址为穆克吉尔，乃"沥青丘"之意，这也许是因为塔庙的外表烧砖是以沥青为胶泥垒砌的缘故吧。站在遗址的最高点东望，还可以隐约看到远在天边的起伏的树林，然而，一旦转身向北、向西或向南望，却是无边无际的沙漠。在西南面的平坦沙漠中，有一座灰暗的土丘，那座土丘就是苏美尔人眼中世界上最早的城市——埃利都的遗址。

事实上，在乌尔的发掘者中，伍利并不是最早的，但却是最著名的。早在1854年，英国驻巴士拉领事泰勒就受大英博物馆的委托发掘过美索不达米亚南部的一些遗址，其中就包括乌尔遗址。他主要在塔庙的周围进行了发掘，发现了泥柱铭文，铭文中不但较详细地记述了塔庙的建造历史，而且"乌尔"在其中出现了多次。于是，当时人们就把阿拉伯人所说的穆克吉尔当做了"迦勒底的乌尔"——亚伯拉罕的家乡。后来，越来越多的事实证明了这个判断的正确性。因为缺少资金，而且在这个没有安全保障的沙漠中进行发掘过于危险，所以泰勒很快就打了退堂鼓。在此后的近半个世纪里，这里都无人

乌尔纳木青铜像

问津。

1922年，宾夕法尼亚大学博物馆馆长戈登来到大英博物馆，他建议和大英博物馆联合发掘乌尔。戈登素来深受英国考古学家仰慕，且极其富有，他提出这样的建议，对在财政上捉襟见肘的英国考古学家来说是求之不得的。这样，英国人和美国人都圆了发掘乌尔的梦。英国考古学家伍利也因此有机会大显身手并留名史册：他幸运地被选为考古队主持人，带领这支英美联合考古队对乌尔进行了长达12年的发掘。因为成果巨大，伍利一举成名。

伍利的耐心和敬业精神得到了丰厚的回报。他清理了100多座墓葬，它们绝大多数都属于早王朝后期，其中17座墓葬中有丰富的殉葬品。这些坟墓被称为王陵，其主人大多已无法考证，但有3个例外，它们分别是王后普阿比之陵、阿卡拉姆都克之陵和美斯卡拉姆都克之陵。除了这些知名的王陵外，为了称呼方便，其余的"王陵"都编上了号，一个不知名的王陵被称为"巨陵"。就是在这个"巨陵"中，出土了迄今所知的最大的人殉墓葬，殉葬的各类宫廷仆人多达74人。据考证，这些人

乌尔城附近的塔庙遗迹

是被骗到墓穴中，在某种仪式完成后被毒死的。就目前所知，这样的人殉方式和规模在西亚历史上是史无前例的。随葬品中金器、银器、宝石，无所不有。它们显示出的高超的金属工艺水平和镶嵌技术，尤其让人叹为观止。

乌尔塔庙的发掘工程浩大，持续了很多年。其中大部分时间都用来清除浮土。阿拉伯人把浮土一筐一筐地装到窄轨翻车上，再运到较远的地方倒掉。在两河流域各时代各地区的塔庙中，乌尔塔庙保存得最完好，它超出周围地面55英尺，都是用烧砖砌筑的。发掘之前，伊拉克政府明确规定，塔庙的任何一块砖都禁止发掘者移动。乌尔塔庙的最初建造者是乌尔第三王朝的创建者乌尔纳木，后来又经过了许多统治者不断的修复和改建。很难分清哪些是原建筑哪些是后来统治者修复和改建的部分。因为那时的发掘者伍利还不能根据建筑材料本身的特点来断代，当时的断代还完全凭借文献。经过几年的比较研究，伍利才慢慢掌握了不同时期建筑材料的不同特点，并能够脱离文献比较准确地鉴别各时期的建筑。

除了以上的各项重大发现外，还应特别提到泥版。他们发现的泥版中，几乎每个时期的作品都有，这为再现乌尔乃至整个美索不达米亚文明提供了非常珍贵的史料。乌尔古朴文献的发现，填补了楔形文字发展演变史中的一个空白。

众神赐福之都——巴比伦

在伊拉克首都巴格达西南80英里处有一个希拉城，希拉城附近，有一座著名的古代城市遗址，它就是两河流域文明的象征——巴比伦城遗址。

巴比伦城坐落在古代两河流域文明的中心地带，在幼发拉底河与底格里斯河最接近的地方。在阿卡德语中，巴比伦的意思是"神祇之门"。它位处两河流域的交通要道之上，是各地商旅的必经之地，占有十分重要的战略地位。正因为这样，它才能在乌尔第三王朝灭亡后由一个小村落迅速发展成巴比伦城邦的都城，并进一步成为汉谟拉比大帝的都城。从此以后，巴比伦逐步发展成古代世界最雄伟的城市，在长达两千年的时间里，一直引领着古代西亚文明。

不过，我们今天见到的巴比伦遗址，并非汉谟拉比大帝时代的巴比伦城。在公元前7世纪亚述的王室内战中，这座城市已经被辛那赫里布完全毁坏了。城墙被铲平，神像被掠走，房屋被烧光，居民被迫迁移到亚述帝国各地。亚述王阿萨哈东即位后，开始了巴比伦的重建工作。被逼迁移到外地的居民又陆续重返故里，重建昔日辉煌的城市。著名的埃捷明纳卡寺塔，也就是巴比伦塔，就是这时修建的。但阿萨哈东的重建只是个开端。到新巴比伦王国时期的尼布甲尼撒二世时，整个巴比伦城

古代巴比伦城

的重建才宣告结束。所以，今天我们见到的巴比伦遗址，是约2 600年前新巴比伦时期的遗址。

巴比伦鼎盛时代的富强程度，在两河流域乃至整个古代世界，都可以说绝无仅有。规模宏大的城市，方圆达2 100英亩。环绕整个城市的城墙长约10英里，高约3米。每隔44米有一个塔楼，整个内城共有塔楼360座。城墙分内外2重，外城墙又分为3重，厚度在7.8米和3.3米之间。为了有利于隐蔽射击，城墙上面建有较小的战垛，它主要是供城外居民暂时入城避难用的。居住在内外城之间的，除一般市民还有青楼酒肆、商号当铺、百戏杂耍、各行各业闲杂人等。

这里也是巴比伦最繁华的地方。内城墙是由煅烧过的大砖砌成的围墙，分为内外两道，灰泥用的是沥青，又称石漆。城墙的厚度足可供一辆四匹马拉的战车转弯。为了加强城市的防御功能，城墙每隔一段距离就有一座坚固的堡垒。内城墙三面都围有深深的壕沟和土城，可以说固若金汤。特别是西城墙，它紧靠幼发拉底河岸，而这段的幼发拉底河河面有20—80米宽。当强敌进攻时，为了让敌人无法靠近城墙，可以放水把四周淹没。此河不但是抵御敌人入侵的天然工事，还是一条保护城市不受洪水泛滥之害的坚固大堤。整个城区被幼发拉底河分为东西两部分，河西为新城，河东为旧城，一座5根石墩支撑着的大桥把东西两城联结在一起。如果站在石桥上向西眺望，可以看到巴比伦雄伟建筑的全貌。幼发拉底河两岸的大堤上栽满了柳树，当年，这里是犹太人偷偷聚会的地方，每到犹太教重大节日，人们还可以在那儿听到《巴比伦之囚的哀歌》从柳荫下传来。

"历史学之父"希罗多德在巴比伦游历之时，这座城市已

巴比伦城的伊施塔尔门

经开始走向衰败。但是，希罗多德仍然写道："就其壮丽而言，它是无与伦比的。"据其记载，巴比伦城共有城门100多座，每座城门都用青铜做成。但是，据考证，巴比伦内城城门大约不超过10座。如果加上新城和外城，最多也就20座城门。说有100座城门，他大概是把市区许多社区的小门也算在其中了。因为当时巴比伦的居民是分族、分行居住的，每个居住区自成一体，并且与其他社区用墙和小门隔开。

伊什塔尔门是巴比伦城市的北门，它是巴比伦最著名、最宏伟的城门。在巴比伦神话中，伊什塔尔是掌管战争和胜利的女神。整个城门高达12米，由两个形式、规模完全相同的门并联组成。每道门有4个望楼，望楼间由拱形过道相连。墙的外壁都用鲜艳的彩釉砖砌成。蓝青色的琉璃砖嵌满门墙和塔楼，砖上装饰着野牛和龙等兽类浮雕。浮雕共有575座，每块高约90厘米。整座伊什塔尔门雄伟、庄严、绚丽多彩，让人觉得气势磅礴、坚不可摧。

进入伊什塔尔门，迎面是一条贯穿南北的中央大道，大约24米宽，数百米长。它就像一条对称轴，把城内星罗棋布的建筑联结起来，形成对称、规整的格局。这条大道被称为"圣道"，在当时，是宗教组织游行用的。它是用石灰石铺成的，每块石灰石都是1.05米见方，两边是红色，

巴比伦城大街

中央石板是白色和玫瑰色，石板上还刻着铭文。白色和金色的狮子装饰着圣道两旁的墙壁。这条大道如此宽阔、壮观，以至19世纪德国考古学家科尔德韦在见到"圣道"时，惊叹地说这条中央大道是世界建筑史上的杰作，甚至比任何一条罗马大道还要宽阔。"圣道"的尽头就是著名的马尔都克神庙的寺塔和巴比伦塔。后人猜想，巴比伦人把"圣道"修得如此平坦、宽阔，其目的除了便利交通外，更重要的也许是想博得神灵的欢心和恩惠。不过，大道也不只是为了宗教，它还是一个坚固的军事要塞，如果有人敢从伊什塔尔门进攻巴比伦，那么守军的箭矢一定会让他体无完肤。

从伊什塔尔门进入巴比伦城，是一条笔直的大街。它连接了王宫、巴比伦塔和马尔都克神庙。尼布甲尼撒的王宫坚固结实，比起城墙来也毫不逊色。但是，这种后世的建筑物并不是为了抵御外敌入侵，而是为了抵御当地夏季50℃的高温。为了最大限度地减少热浪的袭击，宫墙厚达3米，3个拱门都向北开，避免了阳光直射内殿。

在巴比伦城的外墙和内墙有尼布甲尼撒二世两处王宫，称为南、北宫苑。其中，最著名的是南宫苑。它长50米，宽15米。整个宫苑包括5大院落。其间，各种形式的建筑物星罗棋布。第三重院落就是尼布甲尼撒二世的正殿，国王的宝座就在大殿的南墙正中。南宫苑的一侧就是远近闻名的"空中花园"。整个巴比伦城除了穷人的住宅，富贵人家、神庙、王宫、城墙都是用彩釉砖块修成。它们五彩缤纷，有的还镶嵌着动植物图案，非常绚烂夺目。整座巴比伦屹立于土黄色的两河平原上，显得格外富丽堂皇。

历代统治者的共同努力，使巴比伦成了一座固若金汤的城市。但是，它可攘外却不能安内。《圣经·但以理书》说，居鲁士大帝进攻巴比伦的时候，一天晚上，巴比伦国王伯沙撒正在宫中喝酒，突然中央墙上出现了一只神奇的手，这只手写下了一行冒着火焰的铭文。关于这行文字的意思，众说纷纭，一般认为是警告他巴比伦当晚就要沦陷。但是，伯沙撒没有放在心上，当晚他果然就被波斯人杀了。事实上，巴比伦祭司集团才是杀害伯沙撒的真凶，是他们当晚打开城门，把波斯军队放进了巴比伦，才导致伯沙撒兵败身亡。后来，巴比伦祭司觉得波斯统治者侵犯了他们的特权，多次起义反抗波斯统治。起义被镇压后，波斯国王干脆下令销毁了马尔都克神像，并把神像运回了伊朗的都城苏萨。此后，巴比伦在经济上又持续了近百年的繁荣，但它的政治地位却一落千丈。

亚历山大帝国灭亡后，巴比伦成为争夺王位的战场，水利设施遭到严重破坏，农业萧条。据《巴比伦编年史》记载，当时的巴比伦"哀鸿遍野，饿殍遍地，人民易子相食"。塞琉西王朝初期，城市附近农田逐渐沙化，居民陆续迁移到附近的新都塞琉西亚城。后来，巴比伦就慢慢被黄沙掩埋，变成了一堆废墟。这正应了犹太人的诅咒："巴比伦必将成为旷野、荒漠，荒无人烟、一片荒凉，成为野兽的巢穴。"

花园之城——尼尼微

尼尼微城位于底格里斯河与大扎卜河交汇处，在伊拉克以北约300多英里的地方。它是亚述帝国最鼎盛时期的都城，也是当时世界上最雄伟的城市。

公元前12世纪末提格拉·帕拉萨一世时，出现了尼尼微最早的建筑。提格拉·帕拉萨不仅能征善战，而且还在国内大兴

重建后的尼尼微城门

土木，修建城池宫殿。他把古都亚述尔城的许多神庙、寺塔修复一新，庙中还设有图书馆。他在尼尼微城修建了很多幽静的公园，还把底格里斯河支流的水引入城内灌溉，使尼尼微变成了一座美丽的城市。不过，在辛那赫里布继位之前，尼尼微只不过是亚述北部的一个商业重镇而已。那时，亚述尔城、卡拉城和杜尔·沙鲁金先后成为亚述的都城。这个时期的亚述国王，不但以武功闻名于世，而且对城市建设也格外重视。

　　辛那赫里布继位后，为了炫耀武功，他把亚述的都城从杜尔·沙鲁金迁到了尼尼微，并大规模地重修和扩建尼尼微。到他的孙子亚述巴尼拔在位时，尼尼微已经成为美索不达米亚地区的著名首都，其壮观和华丽足以与巴比伦城相媲美。据犹太先知那鸿说，当时的尼尼微面积很大，一个旅行者要用3天的时间才能穿过城市。城市人口众多，单是无知的幼童就有几万人。不过，那鸿所说的尼尼微，可能还包括城市周围的郊区。

　　整座尼尼微城建在一个山坡上，呈一个不规则的长方形。城墙分为内外两层，外墙较高，内墙较低，建有城塔。城内有许多神庙和宫殿建筑。为了改善城市的供水状况，辛那赫里布亲自监督，开凿沟槽，铺设引水管，将山泉水引入城内。在尼尼微，辛那赫里布建筑了几条主要的官道，道路宽敞、笔直、平坦，在其间，战车可以畅通无阻。达官贵人与市民的房屋分列两旁。房屋虽然高低错落，但都不敢挤占官道。因为亚述国王有令在先，凡挤占官道者一律处以刺刑，即把木棍从犯人的肛门中插入，直达胸前，然后再把插着犯人的木棍竖起来在闹市游行示众。

与其他西亚城市相比，尼尼微有一个显著特点，那就是城内绿树成荫。亚述的统治者非常重视城市的绿化，在城市内外修建了多个花园。他们还专门从底格里斯河引水来灌溉这些花园，甚至把尼尼微的一个城门称为"花园门"。辛那赫里布在自己宫殿附近建造了一所大花园，这座花园是众多花园中最著名的。它依山而建，山上满是奇花异草，许多树种都是辛那赫里布从遥远的地方引进来的。据记载，他的花园中有一种叫"产生羊毛的树"，其实就是棉花，而在当时，只有印度才有

尼尼微出土的浮雕

棉花。辛那赫里布花园因为建在山上，山顶建有宫殿、庙宇，因而他的花园有"空中花园"之称。于是，许多现代考古学家认为，传说中的"空中花园"在亚述的尼尼微，而不在巴比伦城。辛那赫里布的孙子亚述巴尼拔也很喜欢自己的花园，在出土的铭文中，有这样的记载："运河的水从上而下流入花园，园内芬芳四溢；星星似的水珠在花园里闪闪发光。石榴树上长满了葡萄似的串串果实，一阵微风吹来，清香阵阵，我——亚述巴尼拔像只老鼠一样在花园中快乐地不断收获果实。"可以毫不夸张地说，尼尼微是两河流域的花园之都。

规模庞大的宫殿是尼尼微的又一特色。古代两河流域的建筑一直以规模宏大而著称，其中亚述时期宫殿建筑的规模最庞大。亚述6位君主不但武功盖世，而且也是伟大的建筑师。提格拉·帕拉萨一世的宫殿"内部美若天堂，四壁灿若辰星，屋顶金光闪耀"。辛那赫里布在尼尼微的宫殿被称为"无双殿"，因为他的宫殿规模之大前所未有。宫门口屹立着巨型铜狮、铜牛、人头狮子、带翼人面牛等守护神。

大量的浮雕是亚述王宫的第三个与众不同之处。在亚述王宫的浮雕中，有很多描述的是国王猎杀万兽之王——雄狮的惊险情形。浮雕中，国王英姿飒爽，或跃马挺枪，或弯弓射箭。而被猎取的雄狮则凶猛无比。不过，这些雄狮很容易就被国王杀死，因为它们在笼中已经被饿了好几天，放出来时早就有气无力了。曾有一位国王骄傲地宣称他曾杀死过几千头狮子。强壮的士兵守卫着猎场四周，以防猎物逃跑。旁边的山丘树木葱郁，百官在此观看围猎情况。围猎活动结束后，为了表示对神灵的感激，国王要把全部猎取的雄狮献给诸神。浮雕中就有国王以雄狮向神灵献祭的场面，狩猎象征着正义的王权必将战胜邪恶势力。不过，王家狩猎活动也具有重要的军事意义，它能磨炼士兵的纪律和勇敢精神，在和真正的敌人进行残酷斗争时，这种优秀品质是必需的。

在尼尼微的宫廷浮雕中，有许多描绘的是亚述军队在历次征战过程中的残暴行为，场面非常恐怖。旁边还有铭文解说，把亚述军队烧毁城市、抢劫财产、杀死普通居民的血腥行为当成战功来炫耀。当然，与辛那赫里布毁灭巴比伦城比起来，亚述军队的暴行都算不了什么。巴比伦是古代西亚文明的中心，历代亚述国王对别的民族都非常残暴，但对巴比伦还都满怀敬意，因为亚述文化大大得益于巴比伦。公元前691年，辛那赫里布将埃兰、阿拉米和伊朗部落联盟一一击败之后，开始进攻巴比伦。经过3年围城战，最终，亚述军队攻下了巴比伦城。辛那赫里布入城后，下令屠城，大多数巴比伦居民惨遭杀害，尸横遍野，民房全被烧光，神像被运走，神庙、寺塔和宫殿建筑全部被毁。最后，亚述军队又引来幼发拉底河的洪水将城市冲毁，整个巴比伦成了一片沼泽和荒野。幸存者被迫搬到别处居住。亚述军队的残暴行为，使尼尼微成为被压迫人民仇恨的象征。犹太人称它为狮子的洞穴和流着人血的城市，诅咒它必定要灭亡。犹太人的诅咒，最后竟奇迹般地实现了。公元前612年5

尼尼微城的浮雕

月，米底和巴比伦联军将尼尼微重重包围。经过两个月的艰苦围城战后，入侵者打开底格里斯河水闸，尼尼微坚固的城墙被河水冲垮，联军乘胜冲进城里。

那鸿是尼尼微城灭亡的见证人，他在《圣经·那鸿书》中写道："战车上的钢铁像火一样闪烁着光芒，柏木抢起了他的枪，车辆在街上横冲直撞，形状如火把，飞跑似闪电……宫殿冲没，王后蒙羞，被人抢去。自古以来，尼尼微就住满了百姓，现在居民却逃跑了。虽然有人高呼站住、站住，却没人回头。抢劫金银吧，因为所积蓄的金银无数，华美的宝器无数……现在，尼尼微荒凉空旷……狮子的洞穴和少壮狮子喂食的地方在哪呢？……灾难啊，这流着人血的城，充满欺诈和强暴，劫难频频。鞭声响亮，车轮轰鸣，马匹踢跳，车辆奔驰，刀光剑影，枪矛闪烁。大批大批的人被杀，尸横遍野，堆积如山，稍不留神，人就会被尸体绊倒。"

在这次战争中，尼尼微城的居民几乎全部被杀死，只有少数军人拼命冲出了重围。亚述国王萨拉克在宫中自焚，整个城市彻底毁灭，成了豺狼和野兽的栖息之所。强大的亚述帝国和尼尼微一起灭亡了，再也没有复兴。亚述的居民，虽然没有被全部杀光，但是，他们后来被阿拉米居民同化，也消失得踪迹全无。亚述帝国统治之残暴，结局之悲惨，在世界历史上都是独一无二的。没有人为它的灭亡流一滴泪，甚至连本国的人民也都对此不屑哀伤。

缪斯的舞蹈
——绚烂的文学

一提起美索不达米亚的文学，人们首先想到的肯定是那部著名的史诗《吉尔伽美什》，它有着"人类历史上第一部史诗"的美誉，意义非凡，不可替代，似乎仅这一部流传后世的文学巨著就足以令苏美尔—巴比伦人感到骄傲和自豪了。但实际上，美索不达米亚的文学遗产绝不仅限于一部《吉尔伽美什》史诗，还有一座丰富的文学宝库隐藏在这个巨大的光环背后，那些卷帙浩繁、极具价值的苏美尔—巴比伦文学作品在宝库里已沉睡了很久。正如美国著名的苏美尔学家S.N.克莱默教授所说的那样："本世纪人类最杰出的贡献之一就是发现、恢复、翻译和注解了大量的苏美尔文学文献。"

宇宙观的浓缩——神话故事

在苏美尔人和巴比伦人的宇宙观里，人间世界和上天世界是相对应的，地上有的东西，天上也一样不缺。天神、地神、水神、大气神和风神等这些居住在天上的神大都被人格化了，并且具有自然属性。苏美尔和巴比伦神话涉及的内容包括世界的构成、宇宙和人的创造以及诸神的喜怒哀

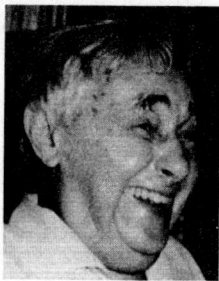

S.N.克莱默像

乐、和平与战争等。

天堂的神话

苏美尔文学对希伯来人的影响很大，这首先表现在有关天堂的神话中。在苏美尔人的天堂里，生活的不是人而是神，更准确地说，是水神兼智慧之神恩奇和众神之母宁胡尔萨格。在神话《恩奇与宁胡尔萨格》中，苏美尔人的天堂被称为底尔蒙。神话中，底尔蒙是个"洁净"、"无秽"、"光明"的境地，是"生者的境域"，因而没有疾病和死亡。不过，底尔蒙淡水资源匮乏，而淡水又是动植物的生命源泉，因此，水神兼智慧之神恩奇命令太阳神乌图把淡水从地上引到底尔蒙，使底尔蒙变成了田野富饶、草场丰美的神园。

在这个神的天堂里，水神兼智慧之神恩奇与苏美尔众神之母宁胡尔萨格女神成婚，宁胡尔萨格怀胎9天后，毫无痛苦地生下了女神宁穆。很快，恩奇又使他的女儿宁穆怀孕，她用与母亲相同的方式生下了宁库拉女神。接着，恩奇又使宁库拉怀孕，并生下了女神乌特图。恩奇又想使乌特图怀孕，这时，宁胡尔萨格出面干涉。宁胡尔萨格劝告乌特图不要与恩奇同居，除非恩奇送给她黄瓜、苹果和葡萄等礼物。但对水神恩奇而言，这些礼物只是小事一桩，他满足了乌特图的要求，乌特图万分高兴，于是就又愉快地与恩奇同居。

可是，这一结合并没有生出新的女神。后来宁胡尔萨格利用恩奇的精子创造了8种不同的植物，恩奇发现了这些植物后，觉得无比新奇，就命令他的信使双面伊希穆德为他采摘下来，并逐一吃了下去。这一举动使宁胡尔萨格勃然大怒，她对恩奇说了句咒语，然后就走了，并且扬言，除非他死，否则她不会用"生命之眼"去看他。果然，恩奇的身体疼痛万分，他的病情让众神非常难过、惊慌。

众神马上召开会议商议这件事，身为众神之王的恩利尔竟也一时毫无办法。这时，雌狐主动请求说，她愿意想办法请回宁胡尔萨格，让她回心转意，帮助恩奇治疗疾病，不过众神要给她应有的犒赏。雌狐是用什么办法把宁胡尔萨格请回来的呢？记载这一部分的泥版被毁，因而无从知晓。宁胡尔萨格回来后，坐在恩奇身边，询问他身体的8种器官给他带来什么样的厄运，然后，创造了相应的8神来应对。于是，恩奇转危为安，完全复原。

克莱默教授把苏美尔的天堂神话与《圣经》中的天堂故事进行对比，并进行了细致的研究后，他得出了《圣经》中的天堂故事源于苏美尔的结论。

第一，两个天堂的位置有相同的可能。苏美尔的天堂在底尔蒙，后来的巴比伦人也把它看成是他们的"生者境域"以及永生者所在地。据此，我们可以推断：《圣经》中的天堂被描述为位于东方的伊甸园，并成为四条"世界大河"（包括幼发

伊甸园中的亚当和夏娃

拉底河和底格里斯河）的发祥地，其极有可能与苏美尔的天堂来源相同。

第二，关于太阳神用淡水灌溉底尔蒙的描述，也与《圣经》中的有关情节相似。女神们的生育没有任何折磨和痛苦，正好与施在夏娃身上的诅咒"你生儿育女必受苦楚"相对应。恩奇贪吃八种植物并因此而遭受诅咒，很明显是亚当和夏娃偷吃知善恶树的果实并因此而遭受诅咒情节的原型。

《圣经》中有关天堂的记述有一个最令人费解的情节，克莱默教授根据苏美尔的天堂神话圆满地解释了这一情节，这是他最有价值的研究成果。这一情节是："一切活物之母"的夏娃是用亚当的肋骨创造的。为什么是用肋骨而不是身体的其他部位来创造女人呢？这是个最令人不解的问题。据《圣经》所述，"夏娃"一名的意思就是"给予生命者"。据苏美尔神话所述，肋骨是恩奇最脆弱的部位。苏美尔语中"肋骨"一词的读音是"提"。苏美尔人把宁胡尔萨格为治好恩奇的肋骨所造的神称为"宁—提"，为"肋骨女神"之意。而在苏美尔语中，"提"又有"创造生命"、"给予生命"的意思。由此可见，该神的名字"宁—提"似乎又有"给予生命的女人"之意。

因此，在苏美尔文学作品中，"肋骨女神"往往等同于"给予生命的女人"。正是这一文学双关语被移用于《圣经》，并从此流传下来。如果仅仅依据《圣经》本身的故事，这个问题显然无法得到合理的解释，因为在犹太人的语言中，表示"肋骨"和"给予生命者"的两个词，没有什么共同点。

巴比伦的创世神话

在苏美尔神话中，至今还没有发现直接、明确地围绕创世展开的神话。而巴比伦却流传着很多关于创世的神话，描述神、宇宙万物和人类是怎样创造的。不过，这些神话所讲述的创世的具体过程却各不相同。然而，无论哪一种说法，还得从神的产生说起，因为先有了神，之后，神才怀着一种懵懂的使命感创造了万物世界。

天地混沌时，只有极少数的神浑浑噩噩地被团在鸿蒙之中。而被后人称为"阿普苏"和"提亚马特"的这两个巴比伦最古老的神当时还没有被人们意识到。斗转星移，沧海桑田，世界开始产生了一些变化，其中之一就是阿普苏娶了提亚马特——这是历史上最特别的婚礼。由此，新生命开始诞生了。

阿普苏是一大片淡水，提亚马特是一大片咸水，他们结合的方式就是把彼此搅拌在一起。这种搅拌便孕育了后世千千万万种新的生命。拉赫姆和拉哈姆首先降生，两个双胞胎孩子长大后身体健壮，气宇非凡。接着，英武俊美的安沙尔与美善绝伦的基什瓦尔诞生了。后来，这对兄妹结为夫妇，他们婚后即生了未来的天之主宰、万神之父——安努。

新生命的诞生是值得各位老神欣喜的，然而欣喜的同时也出现了让他们烦心的事情。生儿育女的确使冷冷清清的世界热闹了起来，然而新生的小神们精力太旺盛了，个个都不安分，整天惹是生非，世界被他们搅得鸡飞狗跳，甚至连大母神提亚马特也遭到了骚扰。阿普苏觉得唯有彻底消灭那些小辈们才能让自己的耳根子清静。

于是，一个秘密会议召开了。这个会是阿普苏忍无可忍才召集的。他把大母神和一个心腹大臣召在一起，探讨杀掉子女们的可行性。提亚马特舍不得，她含泪说："既然要消灭他们，我当初又何必辛辛苦苦把他们生出来？他们的行径再怎么令人气恼，我们也不该这样做，心平气和地教导一下就可以了。"可惜阿普苏当时非常冲动，什么都听不进去，对付子女的毒计便定了下来。

没有不透风的墙。事情很快就被阿普苏的儿女们知道了。智慧之神埃阿是最先知道的，他觉得应该先下手为强，便借助法术咒语杀死了阿普苏，使众神免遭厄运。之后，埃阿在阿普苏的尸骸上建造住宅，而他的妻子就在这里生下了著名的马尔都克神。

提亚马特当时虽然不同意丈夫的主意，不主张杀死后辈们，但获悉丈夫被子女所杀后，异常气愤，决心要为他报仇。于是，她暗度陈仓，秘密行动，纠集了很多妖魔鬼怪，准备为丈夫报仇雪恨。这时，威武勇敢的马尔都克已经长大，他提出迎战提亚马特以及她的帮凶。激烈的搏斗之后，年轻的马尔都克取得了最后的胜利。马尔都克杀死了提亚马特，她庞大的身

埃萨吉拉神庙（模型图）

体被马尔都克一分为二，分别用来造天、造地。接着，马尔都克又为神灵们建造了住所，设置星辰，建造太阳的升落之门，并强迫明月隐藏起光辉。

但是，那些为提亚马特而战的俘虏，却被仁慈宽大的马尔都克放了。于是，他们心甘情愿地承担起修建巴比伦城及其神庙的劳动，这使马尔都克很受感动。在父亲埃阿的帮助下，马尔都克又用金古之血创造了人，从而把众神从繁重的体力劳动中解救出来。这一举动使得众神对马尔都克的恩情感激不尽。为了表达感激之情，他们就在巴比伦城为马尔都克修建"埃萨吉拉"庙宇，举行盛大庆典，并宣布授予马尔都克50个头衔，让他获得巴比伦神庙一切主神的权力。马尔都克成了至高无上的神。

这个意义非凡的故事记载在《埃努玛·埃里什》里，而它又被刻在七块泥版上。

英雄的颂歌——史诗文学

史诗一般都是歌颂人类英雄的伟大业绩的作品，虽然偶尔也会有一些夸张的色彩，但基本是以历史上真实人物为原型的。然而在古代的美索不达米亚，情况却并不完全如此，有大量关于神的故事也被称为史诗，它们实质上也应该属于神话。除此之外，古代苏美尔文学中也有很多我们公认的史诗。仅苏美尔时期就有三大英雄，他们是著名的吉尔伽美什、恩美尔卡和卢伽尔班达。这三人都是被记载在著名的《苏美尔王表》上的真实人物。在《苏美尔王表》中，恩美尔卡是埃里什（乌鲁克）第一王朝的第二位统治者，卢伽尔班达是该王朝的第三位统治者，吉尔伽美什也是该王朝的统治者，是第五位。据苏美尔人记载，乌鲁克第一王朝是继基什第一王朝之后兴起的。

关于这三位英雄的史诗多达9部，篇幅长短不一，短的100行，长的600多行。其中有2部是关于恩美尔卡的，关于卢伽尔班达的也有2部，关于吉尔伽美什的却有6部，5部苏美尔史诗和1部巴比伦史诗。虽然这些史诗具有浓厚的传奇色彩，但基本上与历史还是相符的，它们为我们进入那段历史提供了一个感性的想象空间。

恩美尔卡史诗

关于恩美尔卡的第一部史诗是用苏美尔文刻在一块泥版上的，泥版是方的，长9英寸左右，被书吏划分成12栏。整部史诗名为《恩美尔卡与阿拉塔之王》，大约是在四千多年以前刻写的，而所记载的人和事却要早得多。

故事情节大概是这样的：远在乌鲁克东方的波斯境内有一座城市，名叫阿拉塔，它与乌鲁克之间隔着7座山脉。阿拉塔十分富庶，盛产金属和各种矿石，而这正是美索不达米亚极缺的东西。于是，恩美尔卡，这个苏美尔的英雄、乌鲁克的统治者就产生了占有阿拉塔的想法。他决定靠武力征服阿拉塔，让其成为自己的领土。最后，他实现了自己的愿望。

史诗的开头属于导言部分，内容是歌颂伟大乌鲁克和库拉波的，并强调乌鲁克

伊南娜神庙细部雕塑

统治阿拉塔是伊南娜女神的旨意。这样，他才能有一个合理的出兵理由。史诗称恩美尔卡是太阳神乌图的儿子，为了征服阿拉塔，他请求苏美尔强有力的爱之女神和战争女神的帮助，太阳神乌图的妹妹伊南娜保证说，一定会让他梦想成真。

> 让阿拉塔臣服乌鲁克，
> 让其人民从他们的高原带来山石，
> 为我修建大神庙，为我修建大神殿，
> 为我建立供奉众神的大神殿，
> 为我在库拉波贯彻神圣法律，
> 为我创造像神圣高原一样的阿布祖神庙，
> 为我把埃利都净化得像山一样……
> 愿人民表示赞赏和支持，
> 愿乌图以愉悦的目光注视着我。

恩美尔卡虔诚的祈祷使伊南娜终于答应了他的请求，并建议他找一位合适的信使翻山越岭前往阿拉塔。恩美尔卡遵照伊南娜的建议，派一位信使到阿拉塔下战书，扬言要是阿拉塔不进献金银，不修建和装饰恩奇的神庙，他们就要把阿拉塔摧毁。这个信使翻越了7座高山，最后终于来到了阿拉塔，并把恩美尔卡的请求传达给了国王。

但是，恩美尔卡的请求遭到了阿拉塔王的拒绝，阿拉塔王说，自己是伊南娜的信徒，是伊南娜让他统治阿拉塔的。信使告诉阿拉塔王，现在伊南娜已经是乌鲁克的"埃安那女王"了，是她向恩美尔卡保证，让阿拉塔臣服的。这让阿拉塔王非常吃惊，他让信使把他的答复带给乌鲁克的恩美尔卡。在回信中，他指责恩美尔卡准备使用武力的举动是侵犯性的、侮辱性的，为此，他宁可选择决斗。不过他又说，如果伊南娜打算成全恩美尔卡，他也愿意满足她的愿望，只不过他要求恩美尔卡必须送给他大量的谷物。

信使返回乌鲁克，将阿拉塔王的回信呈给恩美尔卡。恩美尔卡和苏美尔智慧女神商议之后，决定让他的驮兽满载谷物给阿拉塔王送去。于是，信使牵着驮兽再次来到阿拉塔城，将首领的回信递交给阿拉塔王。恩美尔在信中对自己的统治进行大肆炫耀，并命令对方给他送去红玉髓和天青石。信使把带来的谷物高高地堆在庭院里，阿拉塔的人民看了异常兴奋，打算答应恩美尔的要求。但阿拉塔王不甘示弱，他也在回信中对自己的统治大肆炫耀一番，并且也用同样的口吻提出了和恩美尔同样的要求。因而信使再次无功而返。

大约在5年或10年后，那位信使再次被恩美尔卡派往阿拉塔。这一次，恩美尔卡没让信使带去只言片语，只是拿去了他的权杖。见到恩美尔卡的权杖后，阿拉塔王十分害怕，想就此向乌鲁克臣服。但他还是不愿意就这样认输，他要求恩美尔卡和他各挑一位战士进行"单挑"，代表他们一决胜负。

收到阿拉塔王的挑战后，恩美尔卡立即回信。这一次，书信包括三方面的内容：第一、他接受阿拉塔王的挑战，同意派一名武士与阿拉塔王的战士决斗；第二、他要求阿拉塔王为伊南娜女神在乌鲁克堆积起金、银和宝石；第三、他再次扬言威胁，如果阿拉塔王和臣民不送来"山石"为他修建和装饰埃利都的神殿，他就将毁灭阿拉塔城。他让信使把刻有此信的泥版送给阿拉塔王，等待答复。恩美尔卡以为，阿拉塔王在如此强硬的态度面前，只得认输了。但没想到的是阿拉塔王得到了暴风雨神伊什库尔的帮助，给阿拉塔带来了野生的麦和豆。这些麦豆使阿拉塔王勇气倍增，他回复恩美尔卡的信使说，他对阿拉塔绝不会放弃，伊南娜女神也一样。

因为文献到这里就残缺不全了，因此并不清楚后来事件的具体经过，但最终结果是阿拉塔人民为乌鲁克送来了金、银和天青石等，这些东西堆积在伊南娜在埃安那的庭院中。

还有一部关于恩美尔卡的史诗，叙述的也是他迫使阿拉塔王臣服于自己的一个故事。和第一部史诗不同的是，在这部史诗中，首先提出要求和挑战的不是恩美尔卡，而是他的对手。而且，在这部史诗中，出现了阿拉塔王的真实姓名——恩苏库什希拉那，据目前所掌握的资料，还无法确定这个阿拉塔王和第一部史诗中的那位阿拉塔王是否指同一个人。

这部史诗大致讲了这样一个故事：阿拉塔王恩苏库什希拉那通过一位信使挑战乌鲁克的统治者恩美尔卡，要求恩美尔卡承认他的霸主地位，还要求恩美尔卡把女神伊南娜送到阿拉塔。对恩苏库什希拉那的挑战，恩美尔卡不屑一顾。他写了一封很长的回信，信中，他自称是众神的宠儿，并宣布伊南娜将留在乌鲁克。而且，他还反过来要求恩苏库什希拉那向他俯首称臣。于是，恩苏库什希拉那召集"议会"，征求对策。在会议上，大臣们建议他臣服于乌鲁克，但遭到了恩苏库什希拉那的严词拒绝。

这时，一位祭司主动请缨，自称会穿过"乌鲁克河"，征服"从上到下，从海到雪松山"的所有土地，这个人叫乌尔吉尔努那。恩苏库什希拉那非常高兴，赏赐了他许多银两和各种必需品。这位祭司到达乌鲁克后，首先来到尼达芭女神神圣的牛棚和羊栏，诱惑她的母牛和母羊，不让它们的奶进入餐厅。这使乌鲁克牛棚和羊棚成了废弃物。为此，牧人们十分痛心却又无计可施。后来，太阳神乌图指示尼达芭的两位牧者用智慧打败了阿拉塔王的祭司，他们是马什古拉和乌列丁兄弟俩。这个阿拉塔王的祭司在乌鲁克得到了惩罚，被杀死后又被扔进了幼发拉底河。得知这个消息后，恩苏库什希拉那知道自己回天乏术，于是立刻派一名信使到乌鲁克，表示自己愿意臣服，无条件投降。他的信中这样写道：

> 你是伊南娜的宠爱者，你独享尊崇，
> 伊南娜真正地选择你作为她神圣的搭档，
> 从低到高，你是他们的主人，
> 我要次于你，
> 从一开始，我就不是你的对手，你是"大兄长"，
> 我永远也无法与你相提并论。

《吉尔伽美什》史诗泥版之一

这部史诗的结果和第一部相同，都是以恩美尔卡的胜利结束。

吉尔伽美什史诗

此人见过万物，足迹遍及天（边）；
他通晓（一切），尝尽（苦辣甜酸）；
他和……一同……；
他将睿智……将一切……。
他已然（获得）藏珍，看穿（隐）密，
洪水未至，他先带来了讯息。
他跋涉千里，（归来时已是力尽）筋疲，
他把一切艰辛全都（刻）上了碑石。
他修筑起拥有环城的乌鲁克的城墙，
圣埃安那神苑的宝库也无非这样：
瞧那外壁吧，（铜）一般光亮；
瞧那内壁吧，任啥也比它上。
跨进那门槛瞧瞧吧，是那么古色古香；
到那伊什妲尔居住的埃安那瞧瞧，
它无与伦比，任凭后代的哪家帝王！
登上乌鲁克城墙，步行向前，
察一察那基石，验一验那些砖，
那砖岂不是烈火所炼！
那基石岂不是七（贤）所奠！

这是赵乐甡先生翻译的《吉尔伽美什》的第一块泥版A面的内容（"……"为看不清无法翻译的部分）。

《吉尔伽美什》史诗共3 000余行，用楔形文字分别记述在12块泥版上。它是古代巴比伦文学中最光彩夺目的代表作，是已知的世界文学中最早的史诗。它的基本内容早在苏美尔时期就已具雏形了。这部史诗和它以前的苏美尔关于吉尔伽美什的英雄传说《吉尔伽美什和阿伽》有直接的联系。另外，吉尔伽美什的名字被保存在苏美尔最古老的国王名录里，这说明这部史诗有一定的现实基础，对我们了解古巴比伦的社会组成有很大的帮助。

大体上可以说，《吉尔伽美什》是古代两河流域神话传说精华部分的汇集。从其内容的丰富性和复杂性来看，这部杰作显然并非出于一人的手笔，相反，像很多杰出的古代著作一样，它是人民群众长期以来的集体智慧的结晶，是经过一代又一代人的传诵加工，在口头文学的基础上逐渐发展定型、最终由某一人整理加工而成的。

关于这部史诗的创作时间，始终没有定论。一种观点认为，史诗的基本内容应该是在公元前30世纪的苏美尔—阿卡德时期形成的。具体地说，现有的5部不完整的关于吉尔伽美什的苏美尔史诗作品，已经具有了后来的古巴比伦史诗《吉尔伽美什》的主要情节。如在《吉尔伽美什和生物之国》中，有英雄诛杀杉妖的情节；在《吉尔伽美什和天牛》中，有英雄拒绝女神的求爱，并把女神派来惹是生非的天牛杀死的情节；在《吉尔伽美什的死亡》中，有英雄寻求长生不死的情节；在《洪水》中，也有涉及大洪水的情节；在《吉尔伽美什、恩奇都和冥界》中，有英雄和亡灵对话的情节。最终，这些情节都被融会贯通到巴比伦的《吉尔伽美什》史诗中。

虽然具体的成书时间现在还没有定论，但大致说来，《吉尔伽美什》应该最后完成于原始公社制社会末期至奴隶社会的初期。由于形成时间的漫长以及形成过程中所经历的社会历史

肆意妄为的吉尔伽美什（浮雕）

阶段不同，再加上流传过程中统治阶级和僧侣们随意的窜改，它的思想内容和艺术结构显得比较复杂，甚至杂乱，有些地方有相互矛盾的嫌疑。

但总的来讲，整部史诗结构清晰，分为前言和正文两大部分，正文的情节又包括七部分。前言的标题可归纳为"乌鲁克之王吉尔伽美什"，主要描述吉尔伽美什的故事。他是一个周游过世界的国王，聪慧无比，能洞悉所有的事情，在洪水到来之前，他事先获得了消息。众神对他青睐有加，赋予他完美的身躯，太阳神沙马什给了他美貌，暴风雨神阿达德给了他勇敢，众神使他的美貌让所有人自惭形秽，使他的威武宛若一头巨大的野公牛。在众神的精心塑造下，吉尔伽美什的神性占三分之二，人性占三分之一。

在史诗的正文中，第一部分是"恩奇都的降临"。吉尔伽

吉尔伽美什与恩奇都

美什力大无比，为了寻找对手，他周游世界，最终无功而返，回到了乌鲁克。他抢夺了所有的青年和孩子，强迫他们入伍；他还占有所有的少女，甚至连战士的妻子和贵族的妇人也不放过，他在乌鲁克的残暴统治激起了民愤。天上诸神听到乌鲁克人民的抱怨后，向天神安努报告了这些情况。于是，安努命令创造女神阿鲁鲁为吉尔伽美什创造一个对手，来制服吉尔伽美什，让乌鲁克的人民重获安宁。创造女神奉命创造了贵族恩奇都，他具有战神尼努尔塔的美德，身体粗壮，一头女人式的长发。恩奇都一开始是个野人，经常和野兽一起生活，住在山林中，后来在神灵的指引下，才具有了人的品性。在阿鲁鲁神的召唤下，恩奇都来到了乌鲁克，在广场上与吉尔伽美什展开了激烈的搏斗，他们大战了几百个回合仍胜负难分。虽然没分输赢，但他们都非常钦佩对方的勇敢和武艺，于是成了莫逆之交。吉尔伽美什也有所收敛，一改从前的残暴。

杀死洪巴巴

正文的第二部分是"森林之行"。从这部分开始，吉尔伽美什由一个罪恶多端的暴君变成了一个造福万民的英雄。他与恩奇都联手，打败并消灭了大漠中害人的雄狮。然后，吉尔伽美什决定征服山林怪兽洪巴巴。洪巴巴守护着杉树山林，它身躯高大魁梧，凶狠无比，它的吼声有如洪水咆哮，而且它还有特异功能，能口吐火焰和有毒气体。因为它的守护，没有人敢靠近那块杉树林。另外，它还不断伤人害命，严重威胁到人民的安全。这个对手太强劲了，还具有很大的危险性，以至于连恩奇都都来劝阻吉尔伽美什不要鲁莽行事。但是，吉尔伽美什主意已定。于是，恩奇都决定陪他一起前往杉树林对付怪兽洪巴巴。可是，刚一动手，他们就受到了很大的打击，恩奇都还受了伤。后来，在太阳神沙马什的帮助下，他们最终打败了洪巴巴。洪巴巴愿意投降，可恩奇都坚持将它处决，最终洪巴巴还是没能免遭一死。

可以用"伊什塔尔与吉尔伽美什，恩奇都之死"来概括正文的第三部分。取胜后，吉尔伽美什气宇轩昂地回到了乌鲁克。他的英勇神武让人民欢呼雀跃。他的勇敢和美貌甚至博得了爱之女神伊什塔尔的青睐，她向这位大英雄大胆而热烈地倾诉自己的爱慕之情：

> 请过来，做我的丈夫吧，吉尔伽美什！
> 请以你的果实给我作赠礼，
> 你做我的丈夫，我将做你的妻子。
> 我给你宝石和黄金的战车，
> 车轮由黄金制造，马饰由宝石做成。
> 请到我们那杉树芳香的家里。

你若到了我们的家，
王爷、大公、公子都将在你的脚旁屈膝，
在门槛、台阶之上就把你的双足吻起。
他们将把山野的（土特产）作为贡品向你献礼。

可是，现在的吉尔伽美什已经今非昔比了，不再是当初那个荒淫无度的暴君了，面对女神这样动人的诱惑，他非常冷静。他对伊什塔尔说：

你爱谁曾经长久？……
过来，让我把你的情人数点……
对你年轻时的情人塔木兹，
你要他年年痛苦几场；
你虽然爱那有斑纹的雉，
却捕打它，折断了它的翅膀，
让它在树木中躲藏，并悲痛地叫喊："我的翅膀！"
你爱过那浑身是劲的雄狮，
却使它在陷阱中遭殃；
你还爱过那匹名扬沙场的战马，
却用鞭子、棍棒把它殴打……
还有你爱过的牧人，
他总是在你面前将面包、点心层层堆放，
而且天天宰杀幼畜把你供养，
你却打他，终于使他变成了豺狼，
以至于他自己的牧童把他驱逐，
他那群狗咬住他的大腿不放。

从上文对伊什塔尔的述说中，我们可以看出吉尔伽美什是

吉尔伽美什过死海

拒绝她的。上面所说如果属实，那么即使吉尔伽美什接受了她的爱情，他也只会受到她的伤害。

　　还从来没有人拒绝过伊什塔尔，她因此恼羞成怒，求助于她的父亲天神安努，哀求她的父亲为她造一头天牛，到乌鲁克去报复吉尔伽美什。吉尔伽美什与恩奇都并肩作战，与天牛展开了殊死搏斗，最后取得了胜利，他们把天牛杀死，并掏出了它的心，献给太阳神沙马什。乌鲁克的居民为他们——这两位无敌英雄举行了盛大的庆功宴，大家欢天喜地，庆祝他们的又一次胜利。可是，就在庆功宴的当晚，恩奇都做了一个梦，他梦见安努、恩利尔、埃阿和沙马什等众神在一起开会。安努对恩利尔说，吉尔伽美什和恩奇都把天牛、洪巴巴都给杀了，这行为已经触犯了天条，必须受到惩罚，他们中必须要死一个。恩利尔建议让恩奇都去死，留下吉尔伽美什。沙马什为他们辩护说："他们是按我的命令杀死了天牛和洪巴巴，他们是无辜的，为什么要让恩奇都去死？"对沙马什的异议，恩利尔非常恼火。最后，恩奇都还是在患重病12天后死去。吉尔伽美什为此悲痛欲绝。

正文的第四部分是"吉尔伽美什寻求永生"，这部分承接上文。恩奇都的死亡给吉尔伽美什的打击很大，使他感到死亡对人类的威胁是这样的无法预测。他由此开始为自己的命运惶恐，决心致力于探寻永生的奥秘。他想起了人类的始祖乌特那皮什提姆（也就是诺亚），在大洪水之后，他已经位列仙班，进入了众神议会，拥有永生的特权。于是，他想找到乌特那皮什提姆，向他请教永生的奥秘。他历经千辛万苦，跋山涉水，来到了死海岸边，这时，他遇到了一位酒馆老板。老板是个女人，叫斯杜丽，她劝阻吉尔伽美什不要妄想什么长生，这是毫无意义的。因为，神在创造人类的时候，就已经把一切都安排好了，人唯一能做的就是在此生此世纵情享乐。但是，吉尔伽美什并没有听从她的劝告，仍然一往无前地奔向自己的目标。他冒着生命危险渡过死海，终于找到了乌特那皮什提姆的住处。

"洪水故事"是第五部分。在这一部分，乌特那皮什提姆知道吉尔伽美什的来意后，给他讲述了一个大洪水的故事：在幼发拉底河的岸边，有一座叫舒鲁帕克的城市。这座城市日益壮大、繁荣，人口也越来越多。随着人口的日益增长，吵嚷声也越来越大，吵得神灵们睡不着觉。于是，安努和恩利尔召开众神会议，决定将人类消灭。智慧之神埃阿把这个消息透露给乌特那皮什提姆，让他建造一条方舟，带上他的家人和一切有生命的东西各一对到船上，以躲避灭顶之灾。整整6个昼夜，洪水肆虐，狂风大作。世上万物几乎全部灭绝，直到第七天，洪水才退去。乌特那皮什提姆在方舟中为人类及万物保留了生

吉尔伽美什下海寻找仙草

命的火种。因此，他被列入神籍，获得永生。

"归途"是史诗正文的第六部分。吉尔伽美什听乌特那皮什提姆讲完获得永生的秘密后，自知不可能获得同样的机会了，因此想打道回府。而这时，乌特那皮什提姆在妻子的劝说下，给吉尔伽美什指出了另一条明路，可以让他返老还童，那就是想办法找到返老还童的仙草。吉尔伽美什在他的指点下，潜入海底，经过苦苦寻找，最终找到了乌特那皮什提姆所说的仙草。吉尔伽美什喜出望外，打算将仙草带回乌鲁克，与国人共享。在回去的路上，他一身轻松，当他见到一眼清泉时，想痛痛快快地洗个澡。但在他洗澡的时候，放在岸上的仙草的香气引来了一条蛇，蛇把仙草叼走了。食用了仙草的蛇每年都通过蜕皮重获青春，而人却永远失去了这个机会。发现仙草不见后，吉尔伽美什悲痛万分，坐在地上放声大哭。历尽千辛万苦，到头来却是竹篮打水一场空，最后，他只好非常失望地回到了乌鲁克。

第十二块泥版记载的是史诗的最后一部分，写的是吉尔伽美什与好朋友恩奇都的幽灵的对话。恩奇都在这里出现时是活着的人，为了帮吉尔伽美什找回失落阴间的鼓槌，他在阴间触犯了种种戒律，因此被扣压。吉尔伽美什在智慧之神埃阿的帮助下，让恩奇都的灵魂返回人间，恩奇都的灵魂向他讲述了阴间的情景。在两位英雄悲壮、伤感的对话中，整部史诗结束了。

苏美尔—巴比伦史诗文学不仅在文学史上占有重要的地位，而且还具有较高的史料价值，特别是在人类早期文献史料相对较少的情况下，它们显得弥足珍贵。斗争或抗争是这些史诗的共同主题，既表现为人与自然的斗争、人与命运的斗

《吉尔伽美什》史诗浮雕

争，也表现为民族间的争斗。在史诗类的文学作品中，这些就体现为国家与国家、民族与民族间的争斗。《恩美尔卡与阿拉塔王》这部史诗，不仅反映出美索不达米亚资源匮乏的客观事实，更重要的是，它也反映出新型统治者勇敢、好斗、贪婪和掠夺成性等新的品行。《卢伽尔班达和恩美尔卡》反映了在有外部威胁的时候，人民竭力保卫国家安全、维护新秩序，表现出不畏艰难险阻、将生死置之度外的英雄气概。《卢伽尔班达与胡鲁姆山》则是一部人与命运抗争的颂歌。

前面我们讲了5部关于吉尔伽美什的苏美尔史诗和巴比伦由12块泥版组成的《吉尔伽美什》史诗，除此之外，还有一部著名的史诗，名叫《吉尔伽美什和阿伽》。这部史诗描写了苏美尔人从原始的氏族末期向国家转变过程中的社会制度，也就是我们常说的"军事民主制"。这种制度存在3个权力机构：行政或军事首领、长老会议和公民大会。从严格意义上讲，这时的军事首领还不能称为国王，更不能代表专制王权。一开始，他们可能就是发生战争时临时推举的"独裁官",后来才慢慢变成常设职位。在这部史诗中,有这样一个故事:阿伽是基什的统治者,他派使者到乌鲁克向其统治者吉尔伽美什索求,因此,吉尔伽美什召开城邦会议进行协商。首先,他召开了长老会议,长老们主张投降;接着,他又召开公民大会,公民大会主战。最后,吉尔伽美什率军打败了基什。这说明在选择应战与否等重大事情上,吉尔伽美什没有决定权。在城邦内部,公民大会可能是最高权力机构。

在艺术表现上,史诗采取了联想、反复、排比、象征和夸张等艺术手法,生动形象地歌颂了英雄人物,表现了人物的思想行为和精神面貌。

从内容上看,《吉尔伽美什》通过原始、传奇、朴实但却引人入胜的故事情节,反映了古代苏美尔地区居民同自然暴力和社会暴力斗争的种种情景,集中表现和颂扬了为民谋福利的思想和英雄行为。这部史诗的主题原为歌颂英雄,但在流传的过程中,由于受到宗教祭司的篡改和加工,它在很大程度上变成了探索人生奥秘的宗教哲理诗。而探索的结果又导致了命中注定、死生无常的消极悲观结论,这在一定程度上冲淡了史诗原来歌颂英雄的主题。

整部《吉尔伽美什》史诗具有浓郁的浪漫主义色彩,既写人,又写神,善于把神话世界与现实世界紧密结合,像古巴比伦的神话把神赋予人的特点一样,它给一些英雄赋予了神的特性。在描写上,如洪巴巴那神秘的杉树林、吉尔伽美什长途跋涉途中的种种不平凡见闻和经历以及他战胜威力强大的"天牛"的场面等等,都具有较好的艺术价值,让人回味无穷。同时,史诗在对吉尔伽美什、恩奇都以及众天神的形象描写和刻画上，既有很大的传奇性和神秘性，又充满了人世间的生活气息。这样，史诗在表现古巴比伦人社会理想以及对生存环境理解的同时，也反映了现实生活中人与人之间的关系。

智慧的闪光——寓言文学

在西方社会中，人们认为伊索是寓言的创始人，他生活在公元前6世纪，他那本著名的《伊索寓言》也被奉为动物寓言的鼻祖。但事实上，比他早一两千年的苏美尔人和阿卡德人的动物寓言中，就有许多《伊索寓言》中的故事"原型"。在苏美尔智慧文学中，动物占有举足轻重的地位，据目前的材料和研究成果来看，翻译过来的近300个寓言和格言中，涉及动物的多达64种。其中不仅有牛、马、狗、狐狸、狼、驴和羊等野生动物和家畜，还有各种鸟类、鱼类和昆虫等。

除动物之外，植物、工具和自然现象等也是古代美索不达米亚寓言故事的主角。这些寓言有的反映动物凶残和贪婪的本性，有的反映植物、工具和自然现象间内部争斗和骄傲自大的弱点。毫无疑问，这些寓言在一定程度上反映了古代美索不达米亚社会生活的某些侧面。

比如《狮子与母羊》这样说：

一头孤苦无依的母山羊被一头狮子逮住了。它对狮子说："放开我，我会把我的一个伙伴送给你，它是一头绵羊。"狮子回答

伊索塑像

说："我可以放了你，但你得先告诉我你叫什么！"母山羊回答说："你不知道我的名字？我的名字叫'你很聪明'！"就这样，狮子来到了羊圈，它咆哮着："因为现在我已经来到了羊圈，我将要放开你！"而母山羊却到了篱笆的另一边，母山羊说："你已经放开我了！你真的那么聪明吗？我不会给你我答应过的绵羊，而且连我自己也不会留在这儿了！"

在这则寓言中，弱小的母山羊利用狮子自以为是、喜欢听好话和贪婪的弱点，让狮子上了当，自己不费吹灰之力地逃脱了它的魔爪。

对美的无尽追求
——精妙的艺术

在新石器—青铜时代，古代美索不达米亚最早的艺术品问世了，彩陶在欧贝德文化时期就出现了。因为美索不达米亚位于东西交通的要塞，民族间的争夺非常频繁，而战争也间接促进了民族融合。受其影响，古代美索不达米亚的艺术既有民族特色又有各民族的共同点。美索不达米亚的艺术主要服务于宗教和王权，而其形式通常也只限于说明神和国王的权威，普通人根本没有成为表现对象的可能。尽管如此，在那个时代，凭着有限的资源，凭着自己的聪明才智，美索不达米亚人还是创造了非常辉煌的艺术。

斑斓的色彩——壁画

在古代的美索不达米亚，大部分宫殿和民居的墙上都装饰着壁画。房间的大小、用途不同，壁画也不同。从简单的几何中楣到精致的嵌板，壁画排列成横式的带形，覆盖了大部分墙面，图形有花纹、动物、战争、行猎、国王肖像等。不过，因为建筑物是砖砌的，因此能够遗留下来的壁画极少。

马里王宫的壁画保留了下来，这是唯一一件保留下来的古巴比伦时代的绘画文物。这幅作品图案的装饰效果、装饰性花边和绚烂的色彩十分引人注目。壁画表现的是马里国王的授权

马里王宫壁画

仪式。中间的图案分成上、下两栏。上栏中，国王穿着华丽的带穗服饰，戴着"马球"头饰，正在从站在狮子背上的伊什塔尔神手中接过象征物，同时还有其他神和女神在场。下栏是一对女神，她们面对面站着，穿的衣服镶着荷叶边，手里拿着花瓶，花瓶里流淌出液体，水流在画面周围形成波浪。画面的两侧是高高的饰板，上面画着棕榈树，此外还有一些其他风格的树，树丛中有鸟、神兽和神。

亚述时期，壁画的主题和浮雕一样，从宗教题材转到了现实题材，主要表现的是国王的生活与战争场面。萨尔贡二世宫殿中的壁画，反映了亚述壁画的内容和风格。比如，其中有一幅装饰壁画，画中有一些带翅膀的人，他们整齐地排成上下两行，中间是一些圆形的植物图案，其中又夹杂着动物形象。这些图案和带翅的人物图像仿佛两幅连续图案，横向展开。还有一幅彩色壁画，带有拱形花框，画的是国王站在阿淑尔神面前的情景。这幅画用了红、蓝、白、黑四种颜色，其中黑色用来勾勒轮廓。

鬼斧神工——雕刻

圆雕

在泰尔·阿斯马尔阿布神庙的地窖里，一批圆雕人像保存完好，对于我们了解早期美索不达米亚苏美尔人的雕塑而言，这是一批极其重要的资料。在这些雕像中，有形体高大的阿布神和一位女神，他们身份的标志明确地雕刻在基座上。在神像对面，站着一排祈祷者，这些祈祷者大大小小、穿着各异。其中，男性有9名，穿着当时传统的大衣。里面有一个秃头，胡须清理得很干净，他很可能是祭司；其他人都胡须浓密，头发很长，这些都是用规则的皱纹和黑彩表现的。雕像的眼睛镶嵌着贝壳和天青石。第12尊雕像是一个跪着的祭司，雪花膏雕刻，根据礼仪，这个祭司身体赤裸，戴着一个小圆形头饰。所有雕像都双眼平视前方、耸肩抬头、双手紧握并贴在胸前，神态虔诚。

继苏美尔之后，阿卡德王国成立了，这带来了艺术上的飞跃，丰富了苏美尔人朴素的造型技艺。这一点，可以从尼尼微出土的铜制雕塑头像得到印证，据说这个头像是阿卡德王朝奠基者萨尔贡一世的头像。其面部雕塑得简练逼真，须发的表现手法独特有力，很明显在苏美尔石雕的基础上又有了进一步提高。

泰尔·阿斯马尔阿布神庙圆雕人像

古地亚时期的雕塑融合了古苏美尔装饰风格和阿卡德王朝的粗犷风格，雕塑风格更加多样化了。从现存的一些古地亚雕像来看，那时的制作技术已相当精湛，材质采用坚硬的花岗石，表面经过精心打磨，显得极为光亮。其中最经典的要数古地亚坐像。雕像中的古地亚正在沉思，他身穿单薄的长衫，右臂袒露，衣衫下健壮的肌肉清晰可见，甚至连衣服的褶纹都非常逼真。他两眼直视，双手合胸，膝头上放着神庙的设计图纸。他的座椅上，雕刻着一些楔形文字，详细地记述了神庙的修建过程。值得一提的是，在古地亚雕像中，脸部的处理体现出了表达肖像特征的尝试和努力。尤其强调了凸出的颧骨、浓眉和四方而带有中央窝的下颚。

大约是在从古地亚统治向乌尔第三王朝统治过渡的时段内，产生了非常优秀的作品。其中，白大理石妇女头像是最著名的，这个头像上的眼睛是用天青石镶成的。这件雕像充分体现了雕刻家对于优雅、优美、柔和表达方式的追求，同时，在眼睛与头发的处理上，也倾向于现实主义。

巴比伦时期遗留下来的雕塑很少。在马里发现的一尊女神像是其中之一，女神"手持流着液体的石瓶"，从风格上看，基本上沿用了传统的处理方法，女神手持石瓶，瓶中有象征丰收的液体流出，水纹和衣纹融为一体。在苏

萨尔贡一世青铜头像

萨山区还发现了一尊帝王头像，是用黑色花岗岩雕刻的。它与《汉谟拉比法典》碑上的帝王形象非常相似，头戴宝冠，长长的胡须成规则的纹样，眉毛和眼眶的造型具有苏美尔—阿卡德时期的传统风格，两眉相连，呈死板的半圆形。人们认为这个头像是汉谟拉比的肖像。还有一个青铜小雕像，脸和手都镀了金，作跪地祈祷状，表现了一个态度虔诚，神态动人的供养人形象。

亚述时期的圆雕保存下来的极少，迄今为止，只发现了几尊孤立的王族肖像，其技巧也比不上浮雕。圆雕刻画的人物的姿势一般都是严格的正面僵直型，显得单调、死板。

浮雕

美索不达米亚几乎在人类历史开始之初就有了浮雕艺术。各种神庙里，几乎都有几种题材的浮雕。浮雕镌刻在正方形的石灰石上，每一块石板中部都有洞隙——由此可以看出，石板制成后是用来固定在某一地方或挂在神庙内宗教礼器上的。这

些石板浮雕所涉及的题材主要有两方面，一是颂扬石刻的主人为神大兴土木的业绩和为此举行的庆典，二是记录军队挺进、战胜邻邦的史实。

在海法吉出土的浮雕，有3幅横向的画面，表现的是庆祝神庙落成的场景。但浮雕的线条没有表现出人体轮廓的圆润，衣服和人体本身处理得也很粗糙，这反映出当时的艺术水平还在起步阶段。

到了早王朝时期，描绘国王的浮雕，往往把国王的名字刻在其衣服上。有一件在拉伽什出土的浮雕，画面的上部是国王尼尔—尼那，其头顶有建筑用的筐，前面站的是他的家人。下部，国王坐着，家人簇拥在旁边，一起庆祝佳节。画面有意把国王刻得比家人高大，并把家人的名字刻在他们各自的衣服上，以表现国王的威严和至高无上的地位。

安纳吐姆石柱号称"鹫碑"，是苏美尔浮雕中的杰出代表。这是一座纪念碑，歌颂的是拉伽什城邦的统治者安纳吐姆

鹫碑

战胜邻邦乌玛的业绩。这块石碑还是一块界碑，上面刻着征服者与被征服者之间的契约。石碑上层的画面，是安纳吐姆正率军队去战斗的情景，后面跟着一排方形列队的士兵。士兵头戴战盔、手拿长矛，身上有连在一起的大块盾牌作为掩护。下层画面上，国王站在战车上，正投掷长矛，指挥战斗。石碑的背面描绘的是把胜利象征性地归功于战神恩利尔的儿子宁吉尔苏的场面，宁吉尔苏把战俘集中在一个网里，用狮首鹰伊姆杜古德看守着。在石碑的一个片断上，还刻画着飞翔的兀鹰带着砍下来的敌方士兵头颅画面。石碑上的题字说明了画面的内容，它叙述了拉伽什军队的胜利，并且要求战败的乌玛居民必须向拉伽什的神献祭。这件浮雕表现了苏美尔人纪念碑式浮雕的基本模式。水平线把画面分成一条一条的横带，然后在这些横带上组织构图。这些横带所描绘的，往往是不同时期的一些插曲，这些插曲清楚地叙述了整个事件。所有人物的头部都在同一水平面上。国王与神的形体通常比较高大。

　　阿卡德时期，浮雕艺术在画面的整体构思上明显地发现了变化，它通过一个大画面反映整个故事并安排各种人物的同时，发展了现实主义风格。在苏萨和拉伽什这两座城市，发现了记载阿卡德诸王武功的石碑，其中，萨尔贡之孙纳拉姆辛的庆功碑画面最清晰。它用写实的手法再

亚述国王浮雕

现了纳拉姆辛率军征服一些山地部落的历史画面，在构图、人体造型等方面都有进步。这一浮雕的重要特点是构图统一、鲜明。雕刻家用斜线刻画山区，运用对角线结构来表现军队翻山越岭。在人体造型上，也是尽力做到逼真还原。纳拉姆辛的形象比士兵们大，位置比他们高，只有山顶和星星能盖过他。

乌尔第三王朝时期的浮雕，又一次沿袭了早期苏美尔的传统，采用分层的方法来镌刻具有纪念意义的画面。其中乌尔纳木纪念碑就是当时的杰作。它的画面层次分明，题材各自独立。国王在月神南那面前洒圣水，人物的穿着各具特色。

著名的《汉谟拉比法典》，雕刻在2米多高的黑色玄武岩石柱上，下部是文字，上部是浮雕。浮雕的内容是汉谟拉比肃立在太阳神沙马什面前接受法典的情景。太阳神的威严和国王的谦恭形成鲜明的反差，整个场面充斥着宗教的虔诚与严肃。在这个时期，还有另一种浮雕，称为赤陶浮雕，绘有裸体女神莉丽思以及支撑她的狮子和猫头鹰的镶板是其中最为完好的一件。

亚述时期，以宫廷浮雕最为著名。一般认为，世界上最先进行"人化"艺术尝试的就是亚述雕刻家，他们采用非常写实的手法，表现战争、狩猎等扣人心弦的激烈场面，画面充斥着紧张的气氛。由于亚述雕刻多现实性，少宗教色彩，所以通常情况下都以国王为主题，表现国王阅兵、休息、接受贡品、带兵打仗、打猎消遣等不同的场景。

面对自然的智慧
——卓越的科学与技术

古代美索不达米亚人在思想文化的各个领域为人类留下了宝贵的精神财富，他们是优秀的文学家，不仅如此，他们还是杰出的天文学家，天才的数学家，经验丰富的医生，痴狂的军事技术发明家……他们非凡的智慧也同样表现在科学和技术领域。他们创造了世界上最早的太阴历，他们创造的六十进位制和星期制沿用至今，他们在战场上最先使用了"坦克"，甚至在那时他们就已经会制造"电池"……这些成就不仅对古代世界其他各民族科学和技术的发展起到了极大的促进作用，而且许多方面还直接或间接地被现代科学技术所吸收，为现代科学的发展奠定了坚实的基础，并成为其密不可分的组成部分。

泥版上的"习题集"——数学

古代美索不达米亚，几乎在出现文字的同时就产生了数学，因为文字的产生并不是为了满足狭义文明创造的需要，而是为了满足社会经济发展，更准确地说是为满足记录财产和产品的实际需要而产生的。因此，数学符号的发明和使用就显得顺理成章。在乌鲁克文化第四期（公元前3500年左右），苏美尔人就发明了文字，这是迄今所知的美索不达米亚最早的文字，也是人类最早的文字之一，其中数字占有重要地位。

迄今为止，考古学家在美索不达米亚发现了大约50万块楔形文字泥版，其中大约有300多块被鉴定为纯数学泥版，学生练习的"习题集"约有100多块，余下的200多块属于数学表格。"习题集"的内容大都为代数和几何问题，数学表格所涉及的范围则比较广泛，包括乘法表、除法表、倒数表、平方表、平方根表、立方表和立方根表，甚至还有指数表等。尼普尔是迄今所知泥版的重要来源，在那里考古学家发现了多达5万块的泥版。这些记载着数学表格的泥版大部分出自尼普尔，这可能主要因为尼普尔城是古巴比伦时期书吏教育的中心，而数学很明显是书吏教育的重要课程。

苏美尔人是世界上唯一使用六十进位制的民族。古埃及人使用的是十进制。原始时代的人计算数字用手指，数到10就要重新数，自然而然地产生了十进位法。美索不达米亚人想象力丰富，在计算数字时，把5个手指和一年中的12个月份巧妙地结合起来，5乘以12等于60，于是产生了六十进位制。一个圆周分成360度，一小时分为60分，一分钟分为60秒。至今这些计算单位仍在使用，奠定了数学发展的基础。

巴比伦人非常聪明，他们用十进位制和六十进位制相结合的方法进行计数，这样就只需要3个符号：1，10和100。比如，A表示1，反复使用9次就是9；B表示10，放在A后面就表示60或3 600；A和C组合在一起就表示100，1 000则可表示为

刻有几何题的楔形文字泥版

ABC。虽然这一计数法有时按十进位制，有时按六十进制，经常产生混乱。但是，因为巴比伦人根据同一数字符号与其他数字符号的位置关系来确定不同的量，因此产生了数字位值的概念，这是数学发展史上的伟大贡献，甚至可以和字母的发明相媲美。二者都是用少数简单的记号来表示复杂难记的符号。这一概念不仅古埃及人不知道，甚至连古希腊人和古罗马人也不知道。在这种数字位值概念出现以前，都是用新的符号来表示十、百、千等的，不大的数字要用好多符号表示，非常麻烦。而巴比伦人用这种六十进位制的运算方法，使数字表示法大大简化，运算非常方便。

早在公元前2500年，苏美尔人就已经掌握了算术四则题的演算方法，制定了乘法表、平方表和立方表。因为常常要丈量土地，因此巴比伦人也掌握了一定的几何知识，计算不规则的田地面积时，会把田地分成不同的长方形、三角形和梯形来计算。甚至他们已经掌握了毕达哥拉斯定理，计算出圆周率为3。在代数上，他们能计算出含有3个未知数的方程式的值。另外，因为贸易的需要，巴比伦人还制定了重量、长度、面积、体积、货币等的计算单位。因此，古巴比伦人堪称古代最有成就的数学家。

巴比伦人在几何学上的成就也同样令人惊叹。把圆周分成360等份是他们最大的贡献，直到今天还在使用这种划分方法。另外，他们很可能还知道三角形相似的原理，还会计算规则多边形的面积及其与边长的比率。

从占星术开始——天文学与历法

和数学相比，古代美索不达米亚的天文学发展较晚。公元前1000年后半期，天文学被苏美尔人的继承人巴比伦人发展成成就最高的科学之一，而在苏美尔时代，天文学几乎没有任何痕迹。苏美尔人把一年分为夏季和冬季两个季节。夏季从2至3月份开始，而冬季从9至10月份开始。新年则可能在4至5月份。月份是严格的太阴月，从新月出现的那晚开始，每29天或30天为一月。通常以农业活动或祭神的节日名为每月命名，各城市间每月的名字并不统一。苏美尔人注意到太阴年与太阳年的长短不一，也已经懂得有规律地设置闰月。苏美尔人采用漏壶计时法，漏壶是一种用水滴计时的钟，外形有点像圆筒或棱柱，他们还可能知道日晷计时的方法。

古代美索不达米亚人认为，天上与地上没有什么区别，地上有的东西，天上也一定有。地上是人的世界，而天上则是神的世界。天上的星体就是神，所以在楔形文字中，表示星的符号也可以被当成神的限定符号来用。

古代美索不达米亚占星师

早在公元前2000年前后，古代美索不达米亚人就可以把恒星和行星区分开了。巴比伦第一王朝时期金星（伊什塔尔）的观察材料和公元前18世纪至前17世纪恒星的详细记录保存至今。他们已经认识了5颗行星，给每颗行星起了一个名字，当然还把太阳和月球也误认为行星。他们还确定了这些行星的运行轨道，并认识到其他5颗行星总是围绕太阳轨道运行。巴比伦人还按照方位把天上的星体划分为星座，共12站，每站又分为30度，并据此绘制了星象图，逐渐演变成了我们今天的黄道带。在公元前13世纪的一个界碑上，就已经有黄道十二宫的图形了。一直到今天，这些星座的名称还在使用，比如天蝎座、狮子座、巨蟹座、双子座和天秤座等。在古代美索不达米亚的记录中，已经有了带尾巴的彗星和流星，还有彩虹、地震和台风等内容。

巴比伦人不但给星座命名，还掌握了星体运行的周期。例如，他们认识到月球相对于太阳的位置每过233个朔望（即18年零11天）就重复一次，金星每过8年就回到原来的位置，其他行星，如水星、土星、火星和木星的运行周期则分别为46、59、79和83年。因此他们能够计算一次日食、月食之间的时间，并能进而预测日食和月食的出现时间。大约在公元前700年，巴比伦尼亚出现了向宫廷汇报的系统的天文学报告。实际上，这些报告的是由占星师们通过占星预告得出的，而不是用数学方法来处理天文学现象，甚至他们连天文学现象与气象现象都不能分清。尽管如此，这些仍然表明，那时的巴比伦人已经认识到通常情况下日食发生在新月时（月末），月食发生在满月时（月中）。古希腊著名的天文学家托勒密就曾指出，关于月食现象的全部记录，在纳波那萨尔统治时期就存在了。

与古埃及人不同的是，太阴历贯穿着古代美索不达米亚的历史。虽然古埃及人也有阴历，但他们主要使用太阳历。美索不达米亚居民根据月的盈亏制定太阴历的时间可以追溯到苏美尔时代。他们把一年分成12个月，每月始于太阳落山、新月出现的那天傍晚，止于新月再现，这一周期称为一个太阴月。一年有6个月是30天，其余6个月为29天。这样，一年12个太阴月加起来共有354天，和太阳年相比，少了11.25天，每9年就要短整整一个季节。对于这些所差的天数，美索不达米亚人已经懂得用置闰月的方法来补足。一开始，他们只是凭经验来设置闰月，有时一年一闰，有时一年两闰，在乌尔第三王朝时期还出现过一年三闰。不过，通常情况下，每三年一闰比较恰当。在汉谟拉比统治时期，由国王临时下命令来设置闰月。后来，周期逐渐固定。公元前8世纪的天文学家注意到，235个太阴月正好组成19个太阳年。这样，在他们的建议下，公元前747年，巴比伦国王纳波那萨尔颁布命令，每19年置7个闰月。这19年中的第1年、第3年、第6年、第9年、第11年、第14年以及第17年置每年闰月。第1年的闰月一般在年中，其他年则在年尾。公元前388年至公元前367年间，"纳波那萨尔历"被标准化了。加基丁努是巴比伦最伟大的天文学家，他从公元前375年开始实践，提出了太阳年的精确时间，误差只有4分32.65秒。他所计算的太阴离开交点的运行值误差很小，比近代天文学家奥波尔兹在1887年发表的计算值的误差还小。

黄道十二宫

按美索不达米亚的太阴历，把日落后初现新月作为一个月的开始，但巴比伦尼亚的天气并不总是晴朗，有时因为阴云、尘土和沙石风暴会使月亮隐没不见。那么官方的天文学家是怎样断定月初，又如何推算出每个月初的精确时间呢？一位学者认为，主要有三个因素决定着太阳降落后新月的出现，那就是离日度、黄道与地平线不同的倾斜度和月球的纬度。巴比伦人对这三个变量都非常熟悉，他们已经能计算日月和行星运行的速度。学者们甚至认为，"巴比伦人用来计算月球运行的方法是古代科学最卓越的成就之一"。

在公元前419年的一个文献上，出现了最早的黄道十二宫图，但可以肯定，用星座的名字命名黄道符号比这还要早。按黄道十二宫把一昼夜分为12个单位，称为"丹那"；每丹那又被分成30个更小的单位，称为"乌斯"，大约等于现在的4分钟。根据月相的变化，巴比伦人又把1月分为4周，每周7天，这正好对应着他们眼中的七个行星，每个星神负责一天。其具体分工是：星期日由太阳神沙马什主管，星期一由月神辛主管，星期二由火星神涅尔伽主管，星期三由水星神纳布主管，星期四由木星神马尔都克主管，星期五由金星神伊什塔尔主管，最后一天由土星神尼努尔塔主管。这就是今天每周七天的星期制度的由来。"星期"就是星的日期的意思。

美索不达米亚天文学家之所以能取得惊人的成就，主要原因有以下两点：其一，他们不断地进行细致观察；其二，他们的数学水平高度发达。此时他们还没有任何完备的仪器，除了日晷指时针和漏壶外，就是马球。可能他们拥有简陋的观测仪器，但文献记载和考古材料一致表明，虽然发现了石英和水晶的镜头，但当时肯定还没出现望远镜之类的东西。

"驱魔者"的技艺——医学

迄今所知，世界上最早的医学文献，更准确地说是医方，就是在苏美尔出现的。莱昂·列格莱因博士是美国宾夕法尼亚大学博物馆珍藏部主任，他于1940年在大学博物馆《通报》上发表了一篇文章，名为《尼普尔的古代药房》，文中首次把一块不为人知的楔形泥版资料公诸于众，并释读了原文的一小部分。当时，由于文字和专业知识有限，这块医学泥版的谜底未能及时解开。直到1953年春，在一位刚刚取得自然科学史博士学位的化学家马丁·列维的帮助下，世界著名苏美尔权威克莱默教授才初步释读了泥版的全文。之后又经过多次考释修订，终于在1960年，由克莱默教授的同事、宾夕法尼亚大学博物馆的M.西维尔完成了被认为是"最值得信任"的"定稿"。

据学者们推断，这是一块属于公元前3000年代末期乌尔第三王朝时期的泥版。它的前21行已面目全非，无法辨认，剩下的医方正文是从第4医方开始的。除了这块泥版，苏美尔人还留下了一块医学泥版，但和这块泥版相比要小得多，并且仅记载了一个医方。

古代两河流域的医术在当时已声名远播。巴比伦医生在公元前14世纪就曾被请去给赫梯国王治病。古巴比伦的医学大约诞生于公元前3000年。到汉谟拉比时期，医学在某种程度上摆脱了祭司的控制分离出来，并开始出现了职业医生。

古巴比伦时期的一些医学残片是除苏美尔文献之外最古老的医学文献。而主要来自博阿兹柯伊的喀西特时期的文献则紧随其后。亚述帝国时期保存了大量的医学文献，其中大部分来自著名的亚述巴尼拔图书馆。纯粹的医学文献可能分成两类，分别记载病史症状和众多疾病的药方。不过这两类也不是毫无关系的，在诊断书中也能发现药方，在药方中也常常包含诊断的内容。此外，还有一些非纯粹医学文献也很有价值。这主要包括少量的医生间的信件及诸如《汉谟拉比法典》之类的著名文献。

对人体的认识

古代美索不达米亚的医学观念除了具有宗教和巫术的色彩外，还反映了当时人对自然和人体生理结构的认识。几乎所有的古代民族，都认为人与自然界的动植物密切相关。因为与自然界接触密切，人们就产生了这样的思想：与自然界的万物一样，人死后也可以重生，身体死后，生命就会以另一种形式存在。自然界中植物变异迅速，人们由此联想到人的归宿与植物相同，于是产生了一种病理观念，认为人生的一切现象都和自然现象一致。根据占星观念，人出生时天体的运行情况是其命运的预兆。怪胎自然被认为是大凶。

在生理结构的认识上，美索不达米亚人认为血输送生命机能，并进一步认为藏血器官是极其重要的生命器官。不单美索不达米亚人有这种认识，多数东方民族都认为肝脏极其重要，并经常检查肝脏的两叶，来确定命运。有研究结果表明，美索不达米亚人认为，人体右侧器官特大或异常，是兴旺和成功的预兆；相反，如果左侧大，则预示着衰弱、失败和患病。这显然表明，右侧或肝脏右叶大对人的影响已经引起了他们的注意。

另外，美索不达米亚人利用动物肝脏进行占卜，这也体现了他们对肝脏的特别关注和重视。他们视肝脏为生命之本，认为生命的延续是因为血液借助营养而再生的缘故。这与古埃及人的观念稍有差别。古埃及人认为，呼吸是至关重要的，而在现存的美索不达米亚文献中，很少提到"呼吸"一词。一位意大利学者解释说："这也没有什么奇怪的，因为这些民族认为体液运行全身，这种液体极其宝贵，被视为生命的中心，如果这种运行受到阻碍甚至紊乱，那就是失去了这种液体，这些才是最重要的生命现象。"

古老的解剖术

据《汉谟拉比法典》记载，当时的医生已经能做外科手术，如用青铜刀手术治疗白内障和肿瘤，甚至还有锯和切入颅骨的钻式工具。法典的第215条至第223条对实行各种手术进行了规定；第224条至第225条对兽医为牛和羊等牲畜实施手术进行了规定。法典还对医生的酬金和处罚作了规定。病人的身份不同，医生的酬劳也不同，自由民、脱籍自由民和农奴应付的酬金比例为15∶5∶2。每个人都能清楚地知道自己该付多少医药费。如果医生医术不精或因为失误给病人造成了伤害，那医生应赔偿病人，最严厉的甚至要剁去医生的双手。法典的这些规定显示出，巴比伦医生外科手术的水平还很低。法典中所涉及的外科医疗事故可能经常发生。

巴比伦人还没有比较先进的解剖学或生理学知识，这从现有的楔形文诊断书中能明显地看出来。他们不清楚人体大部分器官的功能，只是把它们简单地当做各种情感的源泉。可能是宗教禁忌制约了巴比伦人解剖学的发展。巴比伦宗教严禁解剖尸体。不过，通过细心观察动物解剖能使这种障碍得到局部的克服。但是，不能忽略的是，虽然巴比伦人对动物解剖学的一些特征进行了细微的观察，但也只是肝脏占卜的迷信活动，根本不是科学的认识。还有一个比宗教禁忌更大的障碍阻碍了解剖学的发展，那就是巴比伦人的医学观念，他们受到疾病源于魔鬼的思想的控制。

用于占卜的羊肝脏形黏土模型

印度

度

世界文明大观

印度文明与美索不达米亚文明相当，是古代最重要的文明之一。

「多样性」和「包容性」是印度文明的显著特点。印度不同种族与民族分别拥有各自不同的宗教信仰和文化传统；同时，外来民族的入侵也给印度文明带来了新的养分——外来文化与印度本土文化互相交融，使得印度文明不断地更新和丰富，从而变得更加绚丽多彩。

明

文

神奇的印度半岛
——地理钩沉

有一片神奇的土地，印度洋的海风带着丰足的雨水浇灌着、滋润着它，使它孕育出了人类历史上伟大的文明之一——印度文明。印度是这一古老文明的发祥地，它的范围并不仅仅局限于今天的印度共和国。"印度"实际是一个历史地理的概念，表示的是文化意义上的"大印度"，它包括印度、尼泊尔、巴基斯坦和孟加拉国等在内的整个南亚次大陆地区，总面积达415万平方千米。现代人习惯于称这片大陆为"印度半岛"。

印度洋上巨大的"倒三角"——印度半岛

如果我们打开世界地图，一眼就会发现在亚洲大陆的南部与我国西南部交界处，有一个巨大半岛向印度洋凸出，它的形状就好像一个倒立的等边三角形，这就是印度半岛。印度半岛有广义和狭义之别。狭义的印度半岛，指的是南亚次大陆的中南部广大地区，不包括印度河—恒河平原区、喜马拉雅山区。它以德干高原为主体，因此又有"德干半岛"之称，其南北长约1 700千米，东西最宽处约为1 600千米，总面积为209万平方千米；地形以高原为主，两侧耸立着东西高止山，内部是德干高原，河流纵横，地势西高东低，平均海拔600米。这一地区的

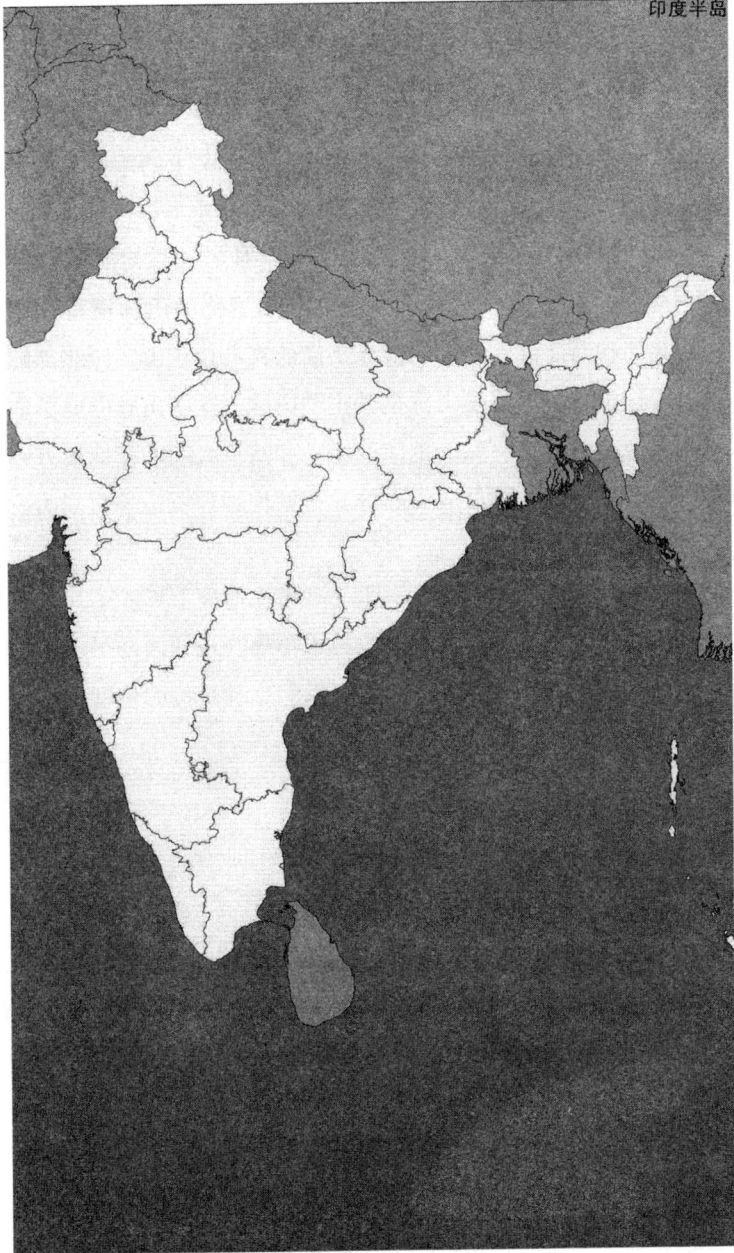

印度半岛

主要河流有克里希纳河、哥达瓦里河和纳巴达河。该地区东部是热带季风气候，有丰富的降水；西部逐渐向半干旱、干旱气候过渡；西南部为热带雨林气候。广义的印度半岛指的是整个南亚次大陆地区。本书中提到的历史文化意义上的印度半岛，指的就是广义上的印度半岛。

印度半岛三面环水，东西两面分别是孟加拉湾和阿拉伯海，南部是辽阔的印度洋。一系列巍峨雄伟的山脉横亘在半岛的北部和西北部，北部的世界最高的喜马拉雅山，西北部的兴都库什山脉、苏莱曼山脉是其主要山脉。这些山脉形成了一道无法逾越的天然屏障，把印度半岛和欧亚大陆的其他地方隔开。印度半岛就这样形成了一种独特的地理环境：一面临山、三面环水。

在高山和海洋的环绕下，印度半岛在地理上形成了一个比较独立的地区，再加上古代航海技术落后，该地区几乎成为与世隔绝的地方，与外界极少发生联系。这种奇特的地理条件，

孟加拉湾

导致了印度半岛的封闭，对于独立的古印度文化体系的产生意义重大。它使古印度既具有独特的幽深的文化特色，又带有某种孤立的特点。也许我们可以说，正是这种独特的地理环境，才为古印度文明形成自己的特色提供了可能，才使古印度文明发展成印度文明体系，与西方文明体系、西亚文明体系、北非文明体系和中华文明体系等世界几大文明体系并列。

古印度文明的摇篮——印度河－恒河平原

从气候条件上看，印度半岛的气候类型主要有三种，分别是温带、亚热带和热带气候，温带和亚热带气候占据了大部分地区。印度半岛的气候变化受印度洋季风的影响极大。五六月间，来自印度洋的暖流带着大量的水汽，向这块大陆袭来，在高山的阻隔下形成大量降雨。这样一方面滋润了次大陆上的草木，另一方面也使印度半岛的水系非常发达，进而形成了土壤肥沃的冲积平原，对农业耕作十分有利。其中，水系最发达的当属北部的印度河和中北部的恒河。

从北向南，印度半岛的地形可以分成三部分，依次是喜马拉雅山区、印度河—恒河平原和南部的德干高原。其中，印度河—恒河平原又有北部平原之称。古印度文明就是在这里产生和繁荣起来的。

印度河—恒河平原由三条河流冲积而成，它们分别是印度河、恒河以及布拉马普特拉河。拉其普他那沙漠和阿拉瓦利山脉把这片辽阔的平原分成东西两部分。沙漠以西是印度河水系灌溉区，形成了印度河平原；沙漠以东是恒河水系灌溉区，形成了恒河平原。

印度河平原土壤肥沃，交通发达，为农业和畜牧业的发展

印度河

提供了便利的条件。早在公元前3000多年以前，那里的农业、商业和手工业就已相当发达。印度河流域进入青铜时代的时间，比两河流域的美索不达米亚地区和古埃及都要早。同时它还是印度半岛和外界联系的通道。在古印度史上，大部分外族入侵都是先占领这个地区，然后再逐渐向恒河流域挺进。在这片坚实的土地上，留下了他们许多的历史痕迹。这里是今天享誉世界的哈拉帕文化的诞生地，这里还建立过印度史上强盛的莫卧儿王朝。直到今天，我们在印度河沿岸仍能捕捉到许多古印度文明的遗迹。

恒河流域是古印度文明的另一发祥地，在印度半岛上，这里的土地最为肥沃。以宣扬婆罗门教义为主要特征的雅利安文明，几千年来在这里不断发展壮大，为今天印度的民族人种和宗教思想文化的形成奠定了坚实的基础。而恒河也像一条文明的丝带，悄无声息地卧在那儿，默默见证着历史上曾经发生过的一切。

德里西面的高地是印度河和恒河的分界线。它地处恒河平原的入口，是印度河平原进入恒河平原的必经之路，具有重要的战略意义，历来是兵家的必争之地。一千三百多年来，先后有许多王朝在德里建都，使它成了一个重要的枢纽，控制着印度河流域和恒河流域。印度河流域和恒河流域的广大地区，不仅是古印度历史的主要发生地，而且直到今天，它仍是这片广阔土地上的经济、文化中心。

生之绚烂，死之静美
——文明的足迹

从公元前2500年左右一直到近代以前（即英国殖民主义者入侵之前）的漫长岁月里，勤劳智慧的古印度人民创立了辉煌的古印度文明。在古印度，相继出现了几个文明形态，它们使古印度文明大放异彩：神秘的哈拉帕文化、光辉的雅利安文明和绚丽多彩的伊斯兰文明，它们都如一朵朵文明的奇葩，在南亚次大陆这一片神奇的土地上怒放。

"无历史之国"的苦恼——印度文明外来说

古印度文明的历史早在公元前2500年以前就开始了。大概在距今四千多年前，在印度河流域周围50万平方千米的土地上，兴起了一个高度发达的文明：这里有用火砖建造的大量房屋，规划严整的城市建设，先进的供水、排水系统，二千五百多枚刻着文字图形和其他图形的印章……这一切都说明，这个文明代表了当时世界文明的最高水平，它就是印度河流域文明中的"哈拉帕文化"。

之前，人们普遍认为雅利安人创造的吠陀文明是古印度文明之源，而哈拉帕文化的发现，完全改变了人们的这一看法，把古印度的历史足足提前了大约一千五百年。经过数十年的发掘研究，迄今为止，在整个印度河流域已经发现了二百多处城镇的遗址，这些城镇大小不一，其范围西起伊朗边境、东近德里，北抵喜马拉雅山麓，南临阿拉伯海，是一个巨大的三角形，估计占地面积约为130万平方千米，堪称古代世界面积最大的青铜文化。可以有把握地说，它的文明程度已经发展到了奴隶制的阶段，与同期的埃及、两河流域的古文明水平不相上下。

哈拉帕文明被誉为古印度文明之源，它的发现过程异常艰难。印度被马克思称为"没有历史"的文明古国，在中世纪以前，它没有一部属于自己国家和民族的真实可信的历史记录，甚至连印度人民自己也还要借助于古老的神话传说来回忆自己民族的过去。古印度文明和古希腊—罗马文明，以及同处东方的中华文明都是世界古代文明的杰出代表，相比之下，古印度文明的历史至今仍是一个难解的谜。因此，关于古印度文明的起源就成了古印度历史研究中一个有趣的话题，各种说法层出不穷，莫衷一是。

哈拉帕文化遗址

早在19世纪，在发现印度河流域文明遗址之前，这一话题就引起了近代一些西方学者的浓厚兴趣。詹姆斯·穆勒是英国著名的历史学家，他耗时十一年创作了巨著《不列颠印度史》。其中穆勒谈了自己对印度历史之源的看法。他认为，公元前1000年前后的吠陀时期是古印度文明之源，换句话说，古印度文明的缔造者并不是印度当地的土著民族，而是外来的雅利安人侵者。这种古印度文明外来论，具有明显的西方中心论的色彩。

哈拉帕出土的青铜雕像《裸体舞女》

不过，穆勒的假说却是当时古印度文明研究的最重大成果。就连当时的印度民族主义者也赞同穆勒提出的古印度文明始于吠陀时代的观点，尽管他们坚决反对古印度文明外来论。

1856年，东印度公司的工作人员在铺设轨道时，在今巴基斯坦的哈拉帕村附近发现了一些烧制精良的古代砖块。随后又发现了一些印章，印章由冻石刻成，上有各种动物和一些陌生的文字符号。当时的考古局局长英国人亚历山大·坎宁安听说后，立即来到哈拉帕，这是他的第二次哈拉帕之行。当时，有人认为这个发现意义重大，可坎宁安却认为这些只是外来物而已，只写了一个简单的报告。此后五十年，这个遗址一直无人问津。

正确揭示古印度文明的起源似乎不是一朝一夕的事，还有待人们耐心等待。

复活历史的"死亡之丘"——摩亨佐·达罗

1922年，在印度河谷下游一个名叫摩亨佐·达罗的土丘上，一支由约翰·马歇尔率领的考古队在挖掘一座佛塔的废墟时，意外地发现了一些比佛塔的年代更为久远的古代石雕。经过十年的努力，他们最终发掘出了一座古城的遗址，而在此之前，它已被尘土掩埋、沉睡了几千年的时间了。

印度人称它为"死亡之丘"，正是它为人们打开了通往远古印度的大门。

考古学家们为了解开谜团，对这座沉睡了数千年的古城展开了一系列的科学考古研究。从城市规模来看，当年的摩亨佐·达罗约有居民五万多人。这在古代世界，可以说是人口密集的大都市了。这座城市实在是太古老了，让人不可思议的是，它在建造之前，好像已经经过了精确的设计，可以说是上古时代城市设计的最佳典范，公共建筑、住宅、街道、商业

摩亨佐·达罗古城遗址

区、仓库，无不规划得井井有条，俨然一座现代化城市，并且用围墙隔成了几个区。全城的街道都非常宽阔，采取四方网格的设计形式，棋盘式的布局，伸向四面八方。南北两条大道和东西三条大路交错相通，用烧制好的砖石砌成的城墙、塔楼、壕沟散布四周。人们的住宅设计风格基本一致，都是中间有天井的四合院结构。有楼梯直通楼上或屋顶，窗户是能活动的木格窗。

在摩亨佐·达罗城西面，有座形状与众不同的土堆。这最初是一处用砖搭起来的长、宽、高分别为366米、183米、12米的巨大平台。它的实际用途至今无人知晓，不过有一点很明显，那就是它似乎不是为百姓生活而建，而是为举行重大活动而设。如今，人们一般用"大浴室"来称呼这座建筑，估计它是举行宗教沐浴仪式用的。与"大浴室"相邻的建筑更奇特，今天人们称它为"粮仓"。如今它只剩下一排排间隔很近的方形建筑群，为了便于空气流通，里面有狭窄的通道。平台的另一端是一座大型的会堂，呈方形，屋顶用成排的柱子撑起，这样的设计适用于大量群众集会，因此现在人们称之为"会馆"。事实上，这些建筑的用途都只是考古学家们的一种假设，实际情形究竟怎样，现在还不得而知。

人们在完成了对摩亨佐·达罗文明遗址的发掘工作后才想到，这里的物品与在哈拉帕发现的遗物属于同一类型，两者应属同一文明，便把它们合称为哈拉帕－摩亨佐·达罗文明，也称印度河流域文明。之后，人们又重新发掘哈拉帕古城遗址。和摩亨佐·达罗相比，哈拉帕古城略小，但该城的砖墙雄伟，高达15米，整座古城宛如一座坚固的堡垒。由哈拉帕人兴建的最大砖造建筑物就是他们的港口，这好像是个生意兴隆的商业城市。城内有巨大的谷仓，还有作坊和宿舍。宿舍供劳动者居住，有很多能容纳数百名雇工和奴隶同时居住。据估计，当年哈拉帕古城的人口也有五万左右，与摩亨佐·达罗相差无几。

终于，埋藏了四千多年的哈拉帕文化很快就把全貌展现在世人面前，许多专家学者称之为古印度文明的"第一道曙光"。

"第一道曙光"——哈拉帕文化

在印度河谷地区，以旁遮普一带为中心，东西长1 600千米、南北长1 400千米的范围内，考古人员发现了大量遗址，这些遗址显然同属一种文明。除了摩亨佐·达罗和哈拉帕外，另外还有三座较小的城市。据考古学家研究，哈拉帕文化大概存在于公元前3000年至公元前1750年间。

经考古发现，农业是哈拉帕文化的主要组成部分，在遗址上，考古学家们发现了镰刀等农具。当时种植的农作物种类繁多，包括大麦、小麦等等。人们常见的食物除了田间农作物外，还有众多果品。那时，人们已经掌握了驯养牛、羊等家畜和各种家禽的本领。

大量的金属手工艺品是哈拉帕文化遗址中又一重要的考古发现。这些手工艺品的重现，说明在当时人们已经能够加工金银等金属。各种各样的手工艺品和奢侈品精美绝伦，表现出了当时工匠们高超的技艺。当时的人们已经能够制作许多风格独特的商品，如金属工具和武器，用贝壳做成的镯子，用珠子串成的项链。个别项链的制作技术异常复杂，需要投入大量的时间。比如说，制作一条长长的光玉髓（一种近似石英的红色宝石）项链，大概需要一年多的时间。

制陶和纺织是组成哈拉帕文化的两个重要部分，考古学家在遗址中发现了染缸，这说明当时人们已经掌握了纺织品染色技术。在出土的文物塑像中，公牛最多，也有用牛拉车的陶俑，表明这里的人们已经会驾驭牲畜并使用车辆。在这两座城市遗址中，也发现了一些人像，这些人像或陶制或石刻，服饰独特，与后来的印度民族服饰并不完全相同。

此外，考古人员还发现了一些精制的铜质天平和很多由象牙和彩色小石块制成的砝码，这说明他们还有一套完善的度量衡制度，以满足商业活动的需要。城市的繁荣昌盛给哈拉帕文化带来了商业的兴盛，贸易的活跃不仅仅局限于国内，国际贸易也特别频繁，当时的印度河流域与两河流域、阿富汗，甚至缅甸和中国等地都有贸易往来，发掘的大量古迹遗物都充分证明了这一点。

曾在哈拉帕和摩亨佐·达罗这两座古城生活过的居民，可以说是古代社会最讲卫生的人。城市里到处都被他们铺设了下水管道，挖掘了排水渠，其公共卫生设施和讲究洁净的程度令

哈拉帕遗址复原图

现代人震惊。居民家家户户都设有浴室和厕所。城市中不仅拥有与现代水平不相上下的地下排水系统，而且全城到处是水井，有的是街井，属公用；有的是屋井，属私人专用。大道宽达10米，两旁都有完备的下水道设备，目的是汇集路面雨水和污水。在哈拉帕城，还出土了一段下水管道，该管道上有1.5米高的弓形顶。这里除了公用的排放垃圾的垃圾道外，每家每户还都有特制的垃圾滑运道，直接与地下的下水道相通。这种健全的公用卫生设施，就连当代许多落后国家和地区的城市也自叹不如。

在这两座城市中，考古人员还发现了大量的冻石刻制的印章。据估计，好像每家都有自己的印章。印章为方形，通常都刻有公牛、犀牛、大象、水牛、羚羊、独角兽等动物的图案，图案的上方还有一种陌生而独特的文字，行文似乎是从右到左。考古学家还陆续发现了近百处碑刻，在这些碑刻以及一些陶器、铜器和用石头、贝壳或象牙做成的物品上，都能看到一些简短的文字。古文字学家们对这种文字进行了研究，发现它用四百多个不同的符号来代表音节和完整的词。世界上还有一些地区的早期文字有的也是音节和单词的复杂组合，但与哈拉

哈拉帕印章

帕的这种文字都毫无联系。这种文字与人们熟知的古印度梵文截然不同。到目前为止,人们还无法译读这种文字。

哈拉帕文化纵然如此多姿多彩,可被称做是印度文明的"第一道曙光",然而这道光芒对于我们来说,可谓来去匆匆,以至于在日后的印度文献中没有只言片语。哈拉帕的土地上空至今仍被历史的迷雾所覆盖。是什么人创造了哈拉帕文明? 哈拉帕文明又是如何消逝的? 人们对此提出了诸多猜想。

在古印度的经典《吠陀本集》中,有雅利安人当时南下征服达罗毗荼人的历史记载,所以历史学家大都认为,是印度的原始居民达罗毗荼人创造了哈拉帕文化。很早以前,他们就定居印度河流域,并且创造了从新石器时代向青铜器时代过渡的文明。在自己的高度文明毁灭之后,他们并没有马上离开,直到雅利安人出现后才被迫南下。随着考古发现的增多,这种观点也得以被更多的证据来证明,尤其是对古文字的释读。一个有力的佐证是:印度河流域是雅利安人语系区,但在那里却生活着一群讲一种达罗毗荼语的布拉灰人,他们就好像汪洋大海中的一座孤岛。这至少可以说明在雅利安人南下之前,这里确实生活过达罗毗荼人。因此有人说哈拉帕文化是达罗毗荼人的文明,而雅利安人的入侵则直接导致了哈拉帕文化的衰亡。

然而,这些都仅仅是人们的假说,真正的原因还有待于进一步探索。

"高贵人"创造的历史——史诗时代

兴盛了数百年的哈拉帕文化神秘地消失了。在经过了短暂的"黑暗时期"之后,一批批雅利安人自西北涌入了印度半岛,并在这块土地上占据了统治地位。在把黑皮肤的当地土著居民征服以后，这些白皮肤的"高贵人"（"雅利安"一词的原意）又创造了一个新的文明体系，这就是与哈拉帕文化可能并无承袭关系的吠陀文明。

可以说，印度的历史是一部"不断被异族征服的历史"，印度的文化史是一部不断和异族文化战斗、交流的历史。外族的不断入侵造成了印度种族的混血，造成了文化上的对立、冲突、交流和融合，同时也为印度文化带来了新鲜血液。这正是印度社会文化多元化的一个重要原因。

入侵印度并造成较大影响的游牧民族很多，比如雅利安人、塞种人、希腊人、大月氏人、匈奴人、突厥人、蒙古人等。其中，现代印度人的祖先——雅利安人无疑对印度文明进程影响最大。

大约在公元前1500年左右，雅利安人自开伯尔山口进入印度半岛，他们是讲"印欧语"的游牧民族。首先，他们把印度"五河流域"（今巴基斯坦和印度的旁遮普地区）攻占了，和当地的土著民族（据说是达罗毗荼人）展开了激烈的战斗。最终，雅利安人把后者征服了，并逐步向东推进，直到富饶的恒河平原地区。在征战过程中，雅利安人也逐步改变了原有的生活方式，由游牧生活过渡到农业定居生活。被征服的土著人成了他们的奴隶，被迫从事低贱的职业。

雅利安人的入侵是一次游牧民族的征服，在印度历史上时间最早，影响也最大。印度社会的种姓制度、婆罗门教的起源，都与这次征服有关。

雅利安人原来居住在高加索的北方，他们中的一部分在西土耳其斯坦草原地带定居，以后与伊朗人分开而越过兴都库什山，在印度河上游的旁遮普找到最初的定居地。他们最初来到印度时还是以养牛为主的半游牧民族。

他们先征服了当地的土著居民，然后建立了父系家长制社会。社会按大家族、氏族、部族的顺序组成，部族长称为王。最初，由部族成员组成议事会，议事会推选部族长，讨论并决定部族大事，部族成员可以通过大会表达自己的意见，这种制度兼具民主制和共和制的特征。释迦族等一些城邦国家一直到佛陀诞生的时代还在沿用这种社会性质和制度。

部族逐渐变成国家，同时产生了君主制政体。在佛陀时代，印度出现的十六个大国基本都是君主政体制国家。四大王国——摩羯国、萨罗、婆蹉国以及阿般提国是其中最著名的。摩羯国的国王是频婆娑罗及其子阿阇世，王舍城是其都城；萨罗的国王是波斯匿及其子毗琉璃，首都是舍卫城；婆蹉国的国王是优填王，赏弥城（今印度阿拉哈巴特附近地区）是其都城；阿般提国的国王是波罗迪约多，以优禅尼城为都城。这几个国家非常强大，末罗国、释迦族、离车族、毗提诃族等几乎所有这样的共和政体国家或部族都一直处在君主政体制国家的威胁之下。在列国纷争中，摩揭陀的势力逐渐达到最强。到公元前4世纪，恒河流域和印度中部的一些地区已经在摩揭陀的统治之下，这为公元前3世纪孔雀王朝的建立奠定了基础。

在征服并统治印度的过程中，雅利安人的帝王谱系中有两个不同来源，分别属于太阳王朝（日朝）和太阴王朝（月朝），这两个不同的谱系标志着部落种族的差异。传说是日神之子摩奴建立了太阳王朝，而太阴王朝是月神的孙子也就是摩奴的外孙布富罗婆所建。后来的释迦共和国是太阳王朝一系。

公元前13世纪左右，月朝保拉法系的统治者萨伐兰那被同系的另一支夺去了王权，后来在一位婆罗门的帮助下，王位得以恢复，并建立了一个大帝国，凌驾于其他一切国家之上。萨伐兰那的儿子俱卢王及其后代继承者在以后的数世纪中一直维持着帝国的崇高地位。此后，印度的传统思想把保拉法帝国，也就是印度婆罗门文化形成和巩固的背景、当时的生活方式、宗教以及其他种种奉为古典的楷模。这也是典型的吠陀文明萌芽、成型的时代。

在印度文化形成过程中，雅利安人占据了主导地位。他们创造了吠陀文明，为印度古典文明的辉煌奠定了基础。

奴隶制国家的涌现——吠陀时代

从哈拉帕文化衰落到雅利安人入侵，中间有几百年的时间，关于这几百年的历史，偶尔会有一些零星的考古学报道，

《吠陀经》

尽管如此，基本上还是模糊不清。一直到吠陀时代，印度的历史才开始有文献记载，雅利安人迁入印度后大约过了一千年才产生了文字体系是原因之一；而古印度文明和哲学特别强调无时间性的重要，相对忽视历史事件是其主要原因。

只有《吠陀本集》以及解释它的文献中记载了一些古印度的历史片段。《吠陀本集》是祭司们祭神时用的颂歌、经文和咒语的汇编，主要内容是宗教方面的，不过也有一些雅利安的早期历史。"吠陀"的原意为知识、学问，共有四部，分别是《梨俱吠陀》、《娑摩吠陀》、《夜柔吠陀》和《阿闼婆吠陀》。其中最古老的一部是《梨俱吠陀》，大概编纂于公元前12世纪至公元前9世纪，有些诗句可能更早，年代最早可以追溯到公元前14世纪初，也就是雅利安人开始进入印度的时候。另外三部约在公元前9世纪至公元前6世纪成书，年代较晚，所以通称为"后期吠陀"。在后期吠陀产生的同时，也逐渐出现了解释吠陀的文献——《梵书》、《森林书》和《奥义书》，合称《吠陀经》，其中对古印度历史记载得最详细的是《梵书》。通过研究《吠陀经》，我们可以对当时的历史有一个粗略的了解。

早期吠陀时代，雅利安人氏族部落组织解体，并向阶级社会迈进。这时，农业已经渐渐代替了畜牧业，成为主要的生产部门，作物有大麦、小麦等，不过在经济生活中，畜牧业的地位仍然相当重要。手工业也有了一定的发展，在后期已经产生了铁。已经出现了产品交换，交换媒介以金属和装饰品为主。氏族部落组织和种种会议依然被雅利安人保持着，"萨巴"（即长老大会）和"萨米提"（即部落成员会议）是其中比较重要的会议。这两个会议和军事首领是组成雅利安军事民主权力机构的必要因素。这时，已经逐渐产生了私有制，等级划分的现象也初露端倪。

后期吠陀时代，雅利安人的活动范围已不仅仅局限于印度河的中上游以及恒河上游的小块远东地域，而是扩展到整个恒河流域以至纳巴达河流域。后期吠陀时代，古印度社会的发展复杂多变，铁器已经推而广之，农业有了一定程度的发展，劳动分工也大大加强。分工的发展又加快了交换的发展，因而商业开始兴起。商人们穿梭于各地，常用两种方式进行商品交换，即以物易物的方法和付偿购物的方法。这时还出现了高利贷。在全部社会关系的变化中，奴隶制的发展最突出。奴隶的大量出现，为国家的产生奠定了基础。到公元前6世纪，在恒河和印度河流域的城邦国家已经多达二十多个。

穆斯林的武力征服——古印度的中世纪

8世纪初，不断发展和扩张的伊斯兰教成为世界性宗教，影响范围波及亚、非、欧三大洲。早在712年，印度半岛的信德地区就成了伊斯兰教的立足之地，随后其地位不断巩固、势力不断扩大，其原因可能是印度在地域上与伊斯兰教的发祥地相对较近。10世纪初，穆斯林开始大批涌进印度半岛。

库特卜-乌德-丁·艾伯克原是阿富汗古尔王国驻印度的总督，1206年，他自立为苏丹，建立了奴隶王朝，开创了印度史上著名的德里苏丹时期，建立了古印度史上的第一个穆斯林政权。德里苏丹时期，王朝更迭不断，其中以卡尔吉王朝和图格鲁克王朝最为重要。这个时期，中央集权的穆斯林政治体系已经形成并引进了伊斯兰文化。这个王朝历时三百二十年，共经历了五个时代，在古印度史上，是外来民族统治时间最久的

蒙古人

王朝。

14世纪下半叶，一支蒙古人的势力日渐扩大，他们与成吉思汗有一定血缘关系，首领叫帖木儿。他们定居于今天的塔什干一带，虽已放弃了游牧生活，但仍保留着许多游牧民族的特征。后来，他们在中亚细亚的萨马尔罕建立了政权。他们信奉伊斯兰教，在做事之前喜欢先念一段话激励自己："啊！先知，请向这些异教徒和没有信仰的人们降以战争之祸，使他们受到严厉的惩罚。"

当时，印度人大多都是异教徒，基于这种信念，1398年，帖木儿渡过印度河，直达德里，杀害的俘虏达十万之多，将当时阿富汗人建立的王朝彻底摧毁，把全部财物一扫而光，并驱使大量妇女和奴隶将这些财物运抵萨马尔罕。同时被带到萨马尔罕的还有大批工匠，他们被用来给帖木儿建造宫殿。不久，古印度历史上的莫卧儿王朝统治时期拉开了序幕。

德里苏丹王朝和莫卧儿王朝（中后期）不但竭力推崇伊斯兰教，还限制其他宗教的发展，用刀枪和税收迫使当地居民改信伊斯兰教。到12世纪和13世纪，伊斯兰教在北印度的发展势如破竹。14世纪，伊斯兰教更是达到了鼎盛时期，成为古印度的国教。

伊斯兰教统治下的几百年，人们习惯上称之为古印度历史

伊斯兰风格的建筑

上的中世纪。伊斯兰教政权的统治，宣告了雅利安人开启的古典印度文明的结束。伊斯兰文明开始在印度悠久的历史上打上深深的烙印，连许多古代建筑也体现出了这种宗教风格，其中最具代表性的就是泰姬陵。但伊斯兰教和印度本土宗教间的矛盾冲突，也给这个伟大的民族带来了永远的伤痛。

第二次世界大战后，大英帝国力量大为削弱，在印度实行"分而治之"的政策，推出了著名的"蒙巴顿方案"，因此从1974年开始实行印巴分治，出现了巴基斯坦伊斯兰共和国和印度共和国两个不同的国家。这其中虽然有殖民主义带来的巨大历史创伤，但宗教间的巨大矛盾也是关键诱因之一。

延续千年的噩梦——种姓制度

社会等级划分标准：人种与职业

雅利安人进入印度半岛之后创立了种姓制度，至今已经有

3 200年的历史了。"种姓"一词源于梵语，原意为"颜色"或"品质"。当时，雅利安人进入印度半岛后，以武力征服了当地的居民。这些雅利安人肤色白皙，自视高贵。按他们的理论，白皮肤的雅利安人的种族高贵，深色皮肤的达罗毗荼族和其他土著民族的种族低贱。最初，为了达到保持所谓高贵血统的目的，种姓制度区别雅利安人和非雅利安人是以肤色的深浅为标准的。随着工作和职业的分化和发展，本来用来划分雅利安人和非雅利安人的种姓差别，在雅利安人内部也起了作用，于是雅利安人被划分成了四个种姓。以从事的职业为标准，依次是：祭司和僧侣阶级，称为婆罗门；军事和行政贵族，称为刹帝利；商人等，称为吠舍；被征服的奴隶，称为首陀罗。一般说，前两个种姓地位较高，后两个种姓地位较低。而且，种姓是世袭的。

另外，还有一些没有种姓的人，被称之为贱民，比首陀罗的地位还低。印度教教义规定，贱民是"不可接触之人"，其他种姓不能与他们有任何交往，甚至不能共同饮用同一口井中的水。

《摩奴法典》与种姓制度

古印度婆罗门教后来发展成今天的印度教，它的经典《摩奴法典》详细规定了种姓制度。雅利安人认为，婆罗门教的三大主神之一梵天创造了种姓制度，梵天用嘴、手、大腿和脚分别创造了婆罗门、刹帝利、吠舍和首陀罗。《摩奴法典》中说，梵天创造四个种姓所用的身体部位的高低，和四个种姓的社会地位的高低是对应的。传说摩奴是法典的作者，他是大神梵天的儿子。

四大种姓中，婆罗门的地位最高，他们是掌握祭祀文教的僧侣阶级，主要掌握神权，掌管着婆罗门教这个印度的古老宗教，并享有种种特权，可以占卜祸福、垄断文化和报道农时季节等。他们在社会生活中的地位也最高。其次是刹帝利，他们是雅利安人中的军事和行政贵族，由国王及其以下的各级官吏组成，除神权外，国家的一切权利都操纵在他们手中。吠舍位居第三，他们是古代印度社会中的普通劳动者，也就是中下层的雅利安人，包括农民、手工业者和商人，他们必须向国家缴纳赋税。首陀罗排在最后，那些失去土地的自由民以及包括达罗毗荼人在内的被征服的原住民属于这一种姓。

《摩奴法典》还规定了各个种姓的人们的职业要世代相传，不同种姓间要有严格界限，互不通婚。如果有人违背了这一制度，就会被剥夺原有的种姓而沦为贱民，其子女也被看做贱民。贱民不属于四大种姓，最为卑贱，也最受人鄙视。《摩奴法典》严禁首陀罗与其他种姓通婚，对首陀罗男子和其他种姓女子结合所生的混血子女，有专门的法律规定他们必须取卑贱的名字。比如，他们的子女名为旃陀罗，这种人的地位最低贱，严禁和一般人接触，被叫做"不可接触者"。这种人世代从事在当时看来最下贱的职业，如抬死尸、屠宰、当刽子手等等。贱民在路上行走时，要佩带特殊标记，口中要不断发出特殊声音或敲击某种器物，好让高级种姓的人可以及时避开。

婆罗门积极拥护《摩奴法典》中的这些规定，把它们当成神圣不可侵犯的宗教教条在印度半岛上宣扬，在婆罗门教盛行的地方，种姓制度也往往更为苛刻。

延续千年的噩梦

作为古印度社会的一种等级制度，种姓制度由国家政权从法律上对居民进行等级划分，不同等级都有各自的权利和义

婆罗门　　刹帝利　　吠舍　　首陀罗　　旃陀罗
（贱民）

印度的不同种姓

务。等级划分主要以阶级为标准，并在此基础上增加了法权分等的因素，同一个阶级成员可能处于不同等级。在古代世界，虽然等级制度被广泛应用，但在持久性和典型性上，很少有哪一个国家和民族的等级制度能和印度的种姓制度相比。

自古代至近代，印度经历了几种社会形态，但种姓制度作为历代剥削阶级的统治工具，一直没有中断过。随着时间的推移，种姓制度也变得越来越复杂，在四个种姓外，又出现了成千上万的亚种姓。直到1947年"印巴分治"，印度独立，种姓制度才从法律上废除，但它在人们社会心理上的影响至今存在。今天，印度仍残存着种姓制度的痕迹，就像是头顶上挥之不去的阴霾，心底里驱之不尽的噩梦，困扰着印度共和国的广大劳动人民，特别是受压迫受剥削最深的贱民。

文明的烙印
——语言文字

岁月的风霜掩盖了那些遥远的记忆。时间的长河静静地流淌，带走了人类文明的一点一滴。遥望过去，今天的我们要寻找历史的痕迹，大概只有借助于那些远古的心灵记录——语言文字。让我们以无比崇敬的心情去追寻、去辨认这些人类文明传承的足迹吧！

"哈拉帕之谜"的守护者——印章文字

大家都知道，一种特定的文字，总和它对应的语言密不可分。只有先产生某种语言，才能催生出记载这种语言的文字。世界上存在过的文字无一例外。然而在世界文明史上，文字的生命常常比孕育自己生命的语言更长久，即使语言早已消失，文字也能经受历史演变，进入遥远的未来世界。在印度河流域发现的印章文字就是这样，现代人类考古发现，它已经销声匿迹了几千年，如今又重现于世。

印章文字是古印度文明的结晶，是古印度文明最直接的印记。它是哈拉帕文化的缔造者创造的，是印度最早的一种文字，大部分都留存在各种石、陶、象牙制的印章上，甚至在陶器和其他家用器具上还有一些铭文，这表明并不只有上层人物能够识读这些文字。印章通常是20—30厘米见方，正面是铭文，通常都刻有动物图案，如犀牛、大象、羚羊、独角兽等，其作用大概是注音或指事。这些文字符号有的是具体形象，有的用方、圆等几何图形组成。至今，已经出土了两千五百多枚既有铭文又有图画的印章，四百一十九个文字符号，其中有六十二个

独角兽印章

是基本字符。文字符号一般用直线组成，笔画清晰；一般由两个或两个以上的符号组成一个文字。这些符号中，有的表示概念、意义，有的表示音节，上面还有表示重音的短画线。有些字符依然保持有象形文字的特点，一个符号表示一个意思。不过通常情况下还是几个符号组合在一起，表示一个复合的意思，很像后来的词。这些字符基本都是单行排列，书写顺序为从右到左。在已经出土的哈拉帕印章文字中，还没有发现专门刻在碑、版或建筑物墙面、崖面上的长篇铭文，这一点和苏美尔、埃及的古文字不同。这些印章文字一般都数量不多，最多也不超过二十六个，说明对这些文字的使用还在早期阶段。一般的观点是，这种文字记录的语言是达罗毗荼语系的一种。

不同时期的哈拉帕印章文字具有细微的差别。哈拉帕、摩亨佐·达罗早期文化的印章文字风格古朴、符号繁杂，而在罗塔尔出土的印章文字却表现出已经经过明显的简化。

因为无法解读哈拉帕文化的文字，我们对这一文明精神文化的了解也少之又少。我们甚至不知道当时的人们怎样称呼自己，也不知道他们的民族、国家、王朝、城市的名称，因此只能用现代地名来称呼所有哈拉帕文化遗址。如果我们能发现印

章文字中的所有奥妙，那么它就会提供给我们一些关于该文明的准确信息，哈拉帕文化也就不再那么高深莫测了。

在发现哈拉帕文化以前，现代学者们就试图破译印章文字，并且从未间断过。在研究初期，学者们曾一度认为古印度文字的创造者是外来民族，古印度文字与雅利安人后来所创造的梵文一样，也属于印欧语系。从20世纪70年代以来，这一看法遭到了越来越多的研究者的否定，这些人的目光开始转移到印度半岛本土，他们的观点是，古印度印章文字与印度南部的达罗毗荼人种的语言一脉相承，都属于达罗毗荼语系。这一点早已有人预言，这个人就是主持哈拉帕文化遗址发掘工作的英国考古学家马歇尔爵士。早在1924年9月，他就公开宣布："没有理由认为，这一地区的文化是从其他地区传入的。"就这样，历史兜了一个大圈子，又重新回到他的论断上。1976年，他的研究成果由美国学者费尔塞维斯发表，并对马歇尔爵士的各种观点进行了总结。他宣称自己破译的文字符号的数量已经达到了一百个，甚至其中一些完整的句子他都能译读。他认为这种文字体系已经发展到了一定的水平，还再次强调印章文字属于古达罗毗荼语。

如今，印章文字的解读工作还在继续。前几年，一个名为赫罗尼兹的捷克学者宣称，他已经解读了一百二十五个印章文字字符，还说这种文字已经度过了图画文字的阶段，具有了表音文字的性质，不过他的研究成果并没有得到学术界的认可。

由此可见，印章文字的破译工作还需后世的努力。或许就像商博良破译象形文字还原了古埃及一样，印章文字的破译能还原给我们一个真实的古印度。问题是，下一个商博良会是谁呢？

主神梵天创造的语言——梵语

在雅利安人入侵的同时，印度半岛上出现了一种新的语言。这种语言一出现，便显示出了它的丰富性和准确性。古印度的经典文献《吠陀本集》，最早就是在这种语言的帮助下才得以传承的。后来，又产生了和这种语言相应的文字。这种语言就是梵语，它是印度—雅利安语的雏形。梵语（Sanskrit）一词出自梵文"Samskrta"，从字面上看，是"完全整理好的"意思，也就是整理完好的语言。在古印度的神话传说中，梵语的创造者是梵天（印度教的主神之一），因此被我国及日本等地称为梵语。

在古印度漫长的历史中，印度半岛的语言一度以梵语为主，梵语的语法和发音作为一种宗教仪式得到了彻底的保存。如今，它虽然已经风光不再，却一直被人所沿用。梵语堪称印度半岛上生命力最顽强的语言，其使用的时间也最久。

梵语有广义和狭义之分。广义的梵语包括吠陀梵语、史诗梵语和古典梵语三种；而狭义的梵语特指古典梵语，也就是印度古代伟大的语法学家波你尼规范后的梵语。我们提到的梵语都是从广义上讲的。在世界上所有古代语言中，梵语文献的数量仅次于汉语文献，远远超过希腊语、拉丁语文献。广义的梵语文献包括：印度古典文献《吠陀本集》及其解释文献《梵书》、《奥义书》、《森林书》，印度雅利安民族的两大史诗《摩诃婆罗多》和《罗摩衍那》及大量古事记等。另外，还有用梵语写成的大量语法书、寓言故事集以及医学、自然科学、文艺理论著作等。以古典梵语写成的文献，意义重大，影响深远，佛教的大乘经典就是其中一个典范。

梵语

10世纪后，近代印度的各种方言逐渐发展，再加上穆斯林入侵印度，梵语便慢慢被淘汰，成了一种古典知识。但是，今天印度半岛上的各个国家和民族，甚至连东南亚的印度尼西亚等地的语言都深受其影响。梵语词汇还是近代以来印度半岛上流行的各种语言词汇的主要来源，如印地语、孟加拉语、马拉地语和古吉拉特语等。

"详其文字，梵天所制"——梵语文字

近现代以来，许多学者热衷于对梵语文字的研究。学者们普遍认为，梵语的字母，也就是梵字，源于由古埃及文字演变而来的闪族语（略称闪语，包括古希伯来语、阿拉伯语等）的字母——腓尼基字母。而古印度的商人在这种文字的演变过程中，发挥了至关重要的作用。

大约在公元前800年至公元前700年，在美索不达米亚地区，印度商人开始和使用亚拉姆语的一支闪族人接触。后来，闪族的二十二个字母被他们传到了印度。大约在公元前500年到

公元前400年，经过古印度婆罗门的整理，出现了四十多个梵文字母，后来逐渐演变，形成了婆罗米文字。

一百年前后，北方的梵字字体逐渐变成了方形，而南方的梵字字体变成了圆形。到400年前后，这两种字体间的差异愈加明显。当时的北方，婆罗门教占主要地位，梵语被尊为该教派的宗教语言。在笈多王朝兴起的同时，一种与梵语对应的新型文字——"笈多婆罗米文字"诞生了。6世纪前后，在"笈多婆罗米文字"的基础上，又产生了悉昙（Siddham）体梵字。到7世纪，又出现了天城体，字体呈方框形，现今出版的梵文文献采用的都是这种字体。后来，南方的梵字也出现了各种变体，斯里兰卡的僧伽罗文等都由其演化而来。

在梵语文字的演变过程中，影响最大的要数婆罗米文字和天城体文字。

婆罗米文字是印度古代应用最广的字母。和梵语一样，在婆罗门教的神话传说中，它的创造者是主神之一梵天。在我国唐代名僧玄奘的《大唐西域记》中，就有"详其文字，梵天所制，原始垂则，四十七言"的记载。这种字母与古代腓尼基字母关系密切，历史极其悠久。它是一种音节字母，自左向右横向书写。以它为基础产生的变体也不少。近百年来，在我国新疆就发现了用中亚婆罗米斜体字母书写的古代梵文和其他文字的残卷。

婆罗米文字的使用历史也很悠久。远在公元前3世纪的阿育王（Asoka）时期，记录官方敕令的文字有两种，婆罗米文字就是其中的一种。

婆罗米文字不仅应用于书写梵文著作，其他的古代语言著作也经常采用婆罗米文字书写。

　　婆罗米文字对印度半岛文明的发展产生了深远的影响，可以说，婆罗米文字是印度半岛上近现代以来使用的各种书写系统的鼻祖。今天，印度有几百种文字都是由婆罗米文字发展而来，而且连藏文、缅甸文、泰文等也深受其影响。

　　在梵语文字史上还有一种文字，称为天城体文字（Devanagari），它源于婆罗米文字。婆罗米手写体有许多分支，其中有一个古普塔手写体，天城体文字就是古普塔手写体的变体，出现于7世纪的早期碑文中。今天，这种字体应用于印度共和国官方语言之一的印地语，并且全部的梵文佛教经典也都采用这种文字出版。

经文与戏剧的用语——中古印度－雅利安语

　　雅利安文明进入印度半岛后，除梵语外，还有一种语言对古代印度文明产生过深远的影响，那就是中古印度—雅利安语。这种语言的发展大体上可以分成三个阶段。从大约公元前500年至1世纪是第一阶段，该阶段的代表为巴利语、阿育王及以后诸王的铭文。第二阶段以印度语言史上狭义的俗语为代表，印度古老的宗教耆那教的正经和其后的一些著作，以及印度文学史上本时期的戏剧作品，大多是用这种语言写成的，这一阶段大致包括1世纪至6世纪之间的数百年。俗语与近代印度—雅利安语的过渡阶段大致属于第三阶段。阿帕布拉姆萨语是第三阶段的代表。迦梨陀娑是印度伟大的戏剧家，他的著作《广延天女》中，就有用这种语言写的一些诗节的最早样本。

　　中古印度—雅利安语是近代印度—雅利安语的源头，它和今天印度共和国的许多语言都有着直接联系，比如印地语、古吉拉特语、孟加拉语，以及巴基斯坦的官方语言乌尔都语等等。

巴利语由原始的摩揭陀语演变而来，是早期中古印度—雅利安语的一种，在当时属于古印度西部的一种方言。当时，佛教教派中上座部的教徒为了使佛教在北印度得到更广泛的传播，就在原始摩揭陀语的基础上创立了这种语言。它和梵语渊源甚深，大约有五分之二的语汇同形。在音韵和文法方面，巴利语要比梵语简略得多。

巴利语之所以能声名远播，主要是因为它是原始佛教的一种神圣语言，许多佛教经典，尤其是南传佛教典籍之所以能保存下来也得益于它的存在。巴利语虽然只是一种方言，但它在古印度中古时代却广为流传，在锡兰（今斯里兰卡）、缅甸、泰国等地，它还被用于佛教圣典及其注疏等。佛陀生前，就曾经采用巴利语来说法。此外，它还是今天许多印度方言和锡兰语的远亲。

半摩揭陀语也是一种早期的中古印度—雅利安语，是当时古印度东部的一种方言，和巴利语一样，也起源于原始的摩揭陀语。它是由印度另一古老的宗教——耆那教的教徒，根据原始的摩揭陀方言改造而成。从时间上说，它的出现比巴利语要晚一些，它代表着中古印度—雅利安语在巴利语后的一个发展阶段。我国当代著名学者季羡林先生经过缜密的考证后，得出了一个新的看法，即半摩揭陀语也曾用于佛教一些原始经典的编纂。

中古印度—雅利安语中除了巴利语和半摩揭陀语之外，还有一种在历史上颇具影响力的语言文字，那就是犍陀罗语。它是古印度西北地区的一种方言，原称印度西北俗语、中亚俗语等。经近代考古学家考证，它源自犍陀罗地区，也就是今天的巴基斯坦白沙瓦一带。后来在英国语言学家贝利的建议下，称其为"犍陀罗语"，现在得到了学界的广泛认同。

人们管记录犍陀罗语的文字叫佉卢文字，它可能源于波斯人统治时期的阿拉米字母。佉卢文字是一种字母文字，书写顺序为由右至左，通常都为草体，也有一些刻在金属钱币上和石头上的铭文。佉卢文字和印度的婆罗米文字产生的时间可能相近。公元前3世纪中叶，孔雀王朝阿育王统治犍陀罗时颁布了摩崖法敕，其中就出现了最早的佉卢文字。在古印度佛教的发展期，也有许多用佉卢文字书写的佛经。后来，佉卢文字作为印度史上赫赫有名的贵霜帝国的一种官方文字，在古印度北部的广大地区盛行一时。从对古印度文明的影响来说，佉卢文字远不及婆罗米文字，婆罗米文字在今天的印度和东南亚有许多后继文字，佉卢文字却没有。最终，佉卢文字被婆罗米文字所代替。

南印度的通用语——达罗毗荼语

印度的语言非常复杂，因为它自古以来就是一个多民族聚居的国家。印度半岛的原住民在雅利安人入侵之前就已经有了自己的语言，我们称之为前雅利安语。它包括达罗毗荼语和孟达语（还有科拉里语之称）两个语族。孟达语没有自己的文字，对古印度文明发展的影响甚微。

达罗毗荼语不包括雅利安语（梵语、中古印度—雅利安语等在内），它对古印度文明的发展产生了巨大的影响。

达罗毗荼语是古印度文明发展史上的第二种主要语言，它自成体系，广泛应用于南印度。和现在相比，远古时代达罗毗荼语使用的范围很可能要广得多。最初，达罗毗荼语曾遍及半岛南北两端，不过随着雅利安语不断向印度半岛南部逼近，达罗毗荼语的使用范围也逐渐缩小，到现在只剩下半岛南部区域还在使用。

达罗毗荼语系主要包括泰米尔语、马拉雅拉姆语、坎纳达语、泰卢固语、马尔托语等。一些学者认为，哈拉帕文化的印章文字就属于达罗毗荼语系，不过这个观点还没有得到公认。一般认为，达罗毗荼语系中最早产生文字的是泰米尔语。

作为达罗毗荼语系中最早产生文字的语言，泰米尔语在公元初的几百年里，就已经有了用自己的语言文字书写的抒情诗文集，内容丰富，取材广泛。此外，它还拥有自己的语法学著作《妥迦比艳姆》。自此，在泰米尔文学作品日渐丰富的同时，泰米尔的语言文字也取得了突飞猛进的发展。从时间上来说，泰米尔语可分为三个语言阶段，即古代、中古和近代泰米尔语。

在达罗毗荼语系中，泰米尔语是受到包括梵语在内的雅利安语影响最小的一种语言，其语言文字中的雅利安语外来词也很少。这主要是因为泰米尔人远离雅利安人的扩张，其语言文字的发展并没有受到雅利安语的干扰。而在古代泰米尔语阶段，这种影响几乎不存在。到中古泰米尔语阶段，虽然泰米尔语受到了梵语等雅利安语的影响，但和其他达罗毗荼语比起来，还是小很多。

泰米尔语，新加坡又译做淡米尔语，主要通行于印度南部、斯里兰卡东北部，印度洋及南太平洋的不少印度裔居民也说泰米尔语，他们散布于马达加斯加、毛里塔尼亚、斐济等地。泰米尔语是泰米尔纳德邦的公用语、斯里兰卡和新加坡的一种官方语言，并于南非有宪法承认的地位。据统计，在

1996年，泰米尔语的使用人口在全球排第十八位，有使用人口七千四百万人。

泰米尔语还是印度国家宪法承认的二十二种语言之一。另外，泰米尔语于2004年被印度政府定为古典语言，这是获得该地位的第一种印度语言。

达罗毗荼语除了泰米尔语外，还有马拉雅拉姆语、坎纳达语、泰卢固语和马尔托语等。

马拉雅拉姆语，又译马拉雅兰语。它是印度克拉拉邦马拉雅里人的语言，印度宪法承认的语言之一。马拉雅拉姆语有三种方言，使用人口约两千二百万。属达罗毗荼语系南部语族，和泰米尔语是近亲，是9世纪至10世纪时从泰米尔语中分化出来的一种语言。

马拉雅拉姆语具有达罗毗荼语言的一般特点，是黏着型语言。构词通常使用词根加后缀的方式，往往用表示几个动作的词来表达别的语言只需要一个动词就能表示的动作概念。但是和泰米尔语不同，它已经没有把人称词尾加在动词之上的说法。

马拉雅拉姆语最早的文献见于12世纪上半叶，正式文字由泰米尔纳德邦的一种梵文字体（Grantha）演变而成，此外还通行一种草书（Kolelutta）。

在刚开始时，这种草书只是泰米尔语的一种方言。大约到公元1000年时，才从泰米尔语中分离出来，成了一种新的达罗毗荼语。它有自己的字母体系，彻底采用了梵文字母，还可以自由地借用梵语外来词。

450年前后，最早的坎纳达语文字诞生了。坎纳达语，又称卡纳里斯语（Kanarese），是印度卡纳塔克邦（旧名迈索尔邦）坎纳达人的语言，也是印度宪法承认的语言之一，属达罗毗荼

《摩诃婆罗多》浮雕

语系南部语族，使用人口约两千万。坎纳达语最早的文字记录可以追溯到6世纪，它的历史比马拉雅拉姆语要悠久。坎纳达语具有引人注目的社会方言：婆罗门、非婆罗门和"不可接触者"三种人所用的语言有明显的差别。

9世纪后期，才出现最早的坎纳达语文学作品。10世纪以后，用古代坎纳达语写成的著作开始大量出现，其中以耆那教著作为主。后来，中古和近代坎纳达语又相继问世。

650年前后，泰卢固语的文字出现了。泰卢固语，印度安得拉邦泰卢固人的语言，印度宪法承认的语言之一。它属达罗毗荼语系中部语族，使用人口超过四千万，居同语系各语言之首。泰卢固语的最早文献见于633年的铭文。

泰卢固语具有达罗毗荼语言的一般特点，保留着不少古达罗毗荼语成分。由于元音缩略的音变，泰卢固语产生了达罗毗荼语言中罕见的复辅音。泰卢固语是黏着型语言，它的构词法通常为词根加后缀。

泰卢固语有几种方言，口语和书面语截然有别，成为一种双言现象。它的文字和南部语族的坎纳达语相同。它最早的文学作品在公元1000年以前就诞生了。当时，泰卢固语的著名学者嫩纳耶用泰卢固语翻译了梵文史诗《摩诃婆罗多》。泰卢固语在很大程度上也受到了雅利安语的影响。

权力的角逐
——王朝风云

古今多少兴亡事，都如江河入海，淹没在浩瀚的历史汪洋之中：曾经瞬息万变、变幻莫测的王朝更迭，隐含着多少令人胆寒的杀机；曾经万民景仰、一呼百应的伟大的君主，展现着多么神圣的威严……虽然这一切早已不再，但它们却依然发出响亮的音符，不信，请听那来自大海的激越的涛声。

古印度的第一个帝国——摩揭陀国

《吠陀本集》中有一部《阿闼婆吠陀》，在《阿闼婆吠陀》里最早出现了"摩揭陀"这一名字。当时，摩揭陀还只是个相对落后的地区，距吠陀文化的中心较远。据说，摩揭陀的历史可追溯至伐苏时代。伐苏是俱卢族之子苏丹翁的第四个继承人。他征服了支提王国及其邻近诸国。他生有五个儿子，巴利赫德罗陀是长子，他统治了摩揭陀，并建立了著名的巴利赫德罗陀王朝。杰拉桑陀是巴利赫德罗陀的儿子，他是王朝中出现的最著名的国王，也被看成是摩揭陀的第一个国王。可当时，在恒河中游地区，摩揭陀还只是一个小国。

在摩揭陀国的历史上，第一位重要的君王是频毗娑罗。他于公元前6世纪登基，之后统治了东南部鸯加等国，又开始对通往恒河三角洲的海港的贸易和通道加以控制，使摩揭陀国慢慢成了恒河中南部的强国。据说，当时在它的统治之下的村镇有八万之多。王舍城是它的首都，这是一座美丽的城市，四周环绕着五座山丘，这些山丘成了它的天然屏障。频毗娑罗有个儿子名叫阿阇斯，公元前493年前后，阿阇斯弑父篡位自立为王。他把频毗娑罗军事扩张的政策继承了下来，先后征服了西北部迦尸、弗栗恃等国，并使摩揭陀成了当时古印度东部最为强盛的国家。为了更好地控制占领地，他的继承人把首都迁到了交通便利的华氏城。公元前413年，大臣尸修那伽借助于人民起义的力量登上了王位，继续进行军事扩张，大举进攻北印度地区，又攻占了阿般提、居萨罗等国。公元前364年左右，出身平民的摩诃帕德摩·难陀篡夺了王位，建立了难陀王朝，宣告了尸修那伽王朝的灭亡。人们曾一度认为是难陀创立了古印度第一个帝国。难陀王朝初具帝国规模，并且具备了进军印度河流域的力量，可是，亚历山大的入侵打断了这一进程。从此，北印度政局动荡不安，频频爆发人民起义。

旃陀罗·笈多出身于孔雀家族，公元前321，他推翻了难陀王朝，建立了孔雀王朝。这是古印度文明史上最伟大的王朝，它基本统一了印度半岛。

印度半岛的"大一统"——孔雀王朝

古印度的"秦始皇"——旃陀罗·笈多

旃陀罗·笈多在古印度史上被称为月护孔雀。关于他的身世，一直有争议。一种说法是，他出生于一个刹帝利家庭，母亲莫拉，传说是某个难陀王的妻子。另一种说法却说，他出身于低贱的吠舍家族。旃陀罗·笈多属于皮普哈利瓦纳的孔雀族，希腊语音译为摩利亚族。可能是在难陀帝国国内战火蔓延时，孔雀族乘机崛起。月护大概是孔雀族的首领。历史上没有对旃陀罗·笈多早年生活的详细记载。据说，他是在猎人、牧人和孔雀驯养人之中成长起来的。

大约在公元前324年，旃陀罗·笈多利用人民的力量在西北印度自立为王，然后向东攻占了摩揭陀首都华氏城，推翻了难陀王朝。不久，马其顿驻军撤离，北印度一时陷入了无政府状态。旃陀罗·笈

旃陀罗·笈多像

多趁机统治了整个北印度。整个北印度也由此基本统一。旃陀罗·笈多成了摩揭陀国新王朝的统治者，因为他出身的家族豢养孔雀，因此该王朝被称为孔雀王朝，华氏城是其都城。从他战胜希腊军队、统一印度、建立孔雀帝国开始计算，旃陀罗·笈多在位共二十四年，起迄时间大概为公元前322年和公元前298年。

旃陀罗·笈多堪称古印度史上第一个伟大的民族英雄。他驱逐了希腊人，统一了有史以来始终分裂的印度半岛，开拓了疆土，能和中国的秦始皇相媲美。他和秦始皇一样日理万机，勤勉工作，同时也大规模营造宫殿。但他不像秦始皇那样残暴，而是一边集权于中央，一边着力缓和各民族各阶级间的矛盾，他比较尊重雅利安人的习惯，为了适应时势，只是对其略加修改。

史书上没有明确记载他晚年的生活状况。据耆那教教徒说，旃陀罗·笈多晚年改信耆那教，让儿子继承了王位，自己

做了一名耆那教的苦行者，随同耆那教信徒远走南印度，并且在那儿按耆那教的正统仪式绝食而死。

旃陀罗·笈多的儿子名叫宾头沙罗，到他统治时期，孔雀王朝已控制了印度河平原、恒河平原、孟加拉湾、德干高原以及远至阿拉伯海的广大区域。

放下屠刀的一代雄主——阿育王

阿育王是孔雀王朝的第三位君主，是开国君主旃陀罗·笈多的孙子。其名"阿育"乃"无忧"之意。因为古印度并没有真正的历史学，因此，在相当长的一段时间里，人们对他并不很了解。古印度有一部名为《往世书》的文献，该文献中的孔雀王朝列表提到了许多国王，阿育王仅仅是其中的一位，对他的事迹介绍得很少。直到1837年，阿育王铭文上的婆罗米文字被著名学者普林塞普成功地解读，再加上后来的历史学家查阅了锡兰（今斯里兰卡）佛教徒编纂的编年史，人们才对孔雀王朝这位国王的相关事迹有了较清楚的了解，并且知道了他的另一个称号"善见王"。

阿育王十八岁时被任命为阿般提省的总督。估计在公元前273年，王朝的第二代国王、阿育王的父亲宾头沙罗身患重病，当时，宾头沙罗还没有指定自己的继承人。为了能坐上国王的宝座，阿育王在大臣成护的帮助下，参与到王位争夺战中。阿育王很快就击败了竞争对手，获得了最后的胜利。据说，阿育王为了争夺王位，把自己的九十九个兄弟姐妹全都杀死了。公元前269年左右，阿育王正式登基为王。他在统治初期，沿用了祖父旃陀罗·笈多的军事扩张政策，通过战争来扩大王国的疆域。

当时，他十分暴虐，在发动的各场战争中杀人如麻，特别是在公元前260年征伐南印度国家羯陵伽的战争中，更是残暴无比。用他在铭文中所留下的话说，在这场战争中，有十万人丧生，尸横遍野，血流成河，更有无数人家破人亡。征服羯陵伽后，阿育王任命王室成员对那儿进行统治。至此，孔雀王朝的疆域进一步扩大。当时，除了南端的泰米尔地区外，整个印度半岛都在他的统治之下，孔雀帝国成为古印度史上一个统一的空前庞大的帝国。

羯陵伽战争对阿育王的影响很大。战争引起的后果是毁灭性的，让这位帝王悔恨不已。这时，正在流传的佛教思想吸引了他。之后不久，他就遁入空门，把佛法作为自己的宗教哲学。从此以后，他派到邻国的不再是军队，而是弘扬佛法的高僧，他自己也逐渐变成了宽厚仁慈的仁爱之君。

羯陵伽战争结束后，阿育王将原有的治国政策进行了调整，放弃了原来主张的军事扩张，开始致力于王国内部的政治稳定和经济文化发展。在治国方面，阿育王不但修改法律，建立医院，设立国家粮仓，还在全国各地开凿运河、修建水库，建立了比较完善的农业灌溉系统。为了向民众贯彻自己的政治理想，他在全国各地树立了许多石柱，在上面刻上诏书，以表明自己的决心，希望得到人民的支持。这些用多种文字写成

出家后的阿育王雕塑

的诏文称为"阿育王诏敕"。在今天印度半岛的西北地区、东南沿海地区以及阿富汗，都发现过这些刻在石柱上的铭文。阿育王告诫他的大臣们要对自己统治下的广大人民负

责，还派专人到全国各地教导人们要虔诚，促进国民间的团结和睦。

阿育王对宗教的态度比较宽容，虽然自己信奉佛教，但他对广大臣民的宗教信仰并没有加以限制。他不但包容臣民所信奉的所有宗教，还对耆那教、婆罗门教予以保护。

孔雀帝国在他的统治下，社会经济、政治、文化都达到了古印度历史上的鼎盛时期。作为古印度历史上威名远播的人物，其影响不止限于印度半岛，就连我国的宁波也曾建造过阿育王寺。

阿育王石柱

奴隶制在孔雀帝国时期也发生了新的变化。首先，对雅利安人沦为奴隶的现象加以限制。假如一个雅利安孩子被其亲属出卖或抵押为奴隶，那么其亲属就会按孩子所属种姓的高低，受到不同的处罚。其次，奴隶地位有所改善。奴隶制度到孔雀王朝时期达到了鼎盛，同时也开始走向衰落。这时，雅利安民族原有的种姓制度因不能适应阶级分化的新情况，开始面临重重危机，受到了广泛的抨击。在阿育王时期，由于种姓制度不利于帝国的统一，一度受到限制。到了孔雀帝国解体时，种姓制度又因不便容纳外来民族而遭到外来民族的排斥。

从公元前322年至公元前232年这九十年的时间里，孔雀帝国一直是当时世界上屈指可数的几个大国之一。这和平统一的九十年，在印度河文明毁灭以前，是历史上罕见的大一统时期。特别是在阿育王统治的最后三十年里，在很大程度上减少了印度半岛上的各族人民在政权割据时期遭受的战争之苦。阿育王对佛教的弘扬，对耆那教的包容，让这两种古老的宗教得到了很好的发展。阿育王去世后，帝国开始分裂。

公元前187年，孔雀帝国的最后一个国王被手下的将军所杀，帝国宣告灭亡。印度半岛再次陷入政权割据的混战之中，摩揭陀国也再次沦为地方性国家。古印度的奴隶制度在孔雀帝国瓦解的同时，也逐渐解体，出现了封建制度的萌芽。

古印度的"黄金时代"——笈多王朝

孔雀王朝灭亡后，摩揭陀国陆续出现了巽伽王朝、甘华王朝和一些小王朝。但这些王朝都是地方政权，偏安一隅，因此对古印度文明史的进程影响并不大。直到4世纪，印度半岛上才又诞生了一个统一的帝国，它可以和孔雀王朝相媲美，它就是笈多王朝。

320年，摩揭陀国国王旃陀罗·笈多一世乘机攻占了华氏城，在恒河流域中东部建立了笈多王朝，华氏城再次成了帝国的首都，并且再次成了周围地区的文化中心。第二代国王是沙摩陀罗·笈多，在他统治期间，王朝大规模向外扩张，恒河上游、印度河流域东部、奥里萨和德干东部都先后被征服，连南印度马德拉斯西南地区都在它的势力范围之内。其海上势力也扩张到了马来半岛、苏门答腊岛和爪哇等地，为实现印度的统一奠定了坚实的基础。沙摩陀罗·笈多的儿子旃陀罗·笈多二世是古印度历史上著名的"超日王"，他继承了父亲的事业，继续推行对外扩张的政策。一方面用联姻的方法加强与北印度和德干地区酋长们的联系，使自己的统治地位更加稳固；另一方面向印度西北部的几个塞种小王国同时发起进攻，继续扩大疆域。到409年左右，除克什米尔和印度南端的部分小国外，差不多整个印度都统一在他的旗下，其版图和孔雀王朝时不相上下。

印度在笈多王朝的统治下，经历了大约一个多世纪的政治统一和社会安定时期。王朝实行中央集权制，中央政府控制着诸多的小王公，行政事务由王公下属的官吏来管理。在这段时间里，以经济发达、人口密集的恒河流域为中心，经济获得了前所未有的发展。

550年左右，一个被称为白匈奴（可能是伊朗人或中亚突厥人）的外来民族推翻了笈多王朝。随着笈多帝国的灭亡，印度又一次出现了各国割据的政局。

"印度历史上的拿破仑"——沙摩陀罗·笈多

在古印度研究中，人们习惯把旃陀罗·笈多当做笈多王朝的创建者，这在很大程度上是因为他和自己的祖先、公元前4世纪时孔雀王朝的旃陀罗·笈多同名。不过，他的儿子沙摩陀罗·笈多才是笈多帝国真正的开国君主。沙摩陀罗·笈多有"印度历史上的拿破仑"之称，在德干地区的一次引人注目的袭击战中，他首次亮相，便扩大了朱木拿河—恒河流域笈多王朝的版图，这成为他的不朽功绩。

作为一代枭雄，可以说沙摩陀罗·笈多是在印度雅利安民族生死存亡的危急关头登上了历史和政治舞台。孔雀王朝崩溃以后的数百年里，外来民族的不断入侵，使古印度雅利安人早已风光不再，从原先高高在上的统治者沦为被统治者。这种民族的屈辱感，也促使当时已经衰落的古老的婆罗门教在经历了改革后重新焕发生机，之后就孕育了民族主义色彩比较浓厚的宗教——印度教。当时，有越来越多的高贵种姓的雅利安人尊崇婆罗门教，沙摩陀罗·笈多就是其中的一位。他从小就志向远大，以婆罗门教中的守护神毗湿奴的使徒自居，一直以夺回被异族侵占的领土、重新统一印度半岛为己任。

　　沙摩陀罗·笈多即位后，便先后征服了盘踞于北方的大月氏、突厥、安息等外来民族所建立的王国，把这些地方划归到了笈多王朝的版图中。接着，他向南推进，降服了奥利萨、羯陵伽等地的诸侯，又南下攻占达伐里河和奇斯德那河流域，直抵马德拉斯，甚至还跨过印度半岛南端的科摩里角，打败了锡兰岛国王，使整个印度再次得到统一。

　　沙摩陀罗·笈多将印度统一后，把首都从华氏城迁到阿佐德雅，为了表示庆贺，还举行了大供马祭，后来又铸造货币、雕刻石马作为纪念。沙摩陀罗·笈多是个婆罗门教的信徒，他聘请婆罗门教高僧讲授古代政治制度，在全国颁布实施其中合理的条款。他下令使用古代雅利安贵族所用的梵文，禁止民间盛行佛教用语巴利文。除改制以外，在文艺方面也兴起了复古运动，形成印度史上的"文艺复兴"，古印度因此进入了梵文文学最繁荣、最宝贵的时期。

勇武无敌的"超日王"——旃陀罗·笈多二世

　　"超日王"是指旃陀罗·笈多二世，是笈多王朝的第三代

旃陀罗·笈多二世骑在马上

帝王。他是笈多王朝历代君主中最勇武有力的。他于375年至415年在位，统治时间长达四十年，这一时期被认为是笈多王朝的鼎盛时期。

　　"超日王"旃陀罗·笈多二世在位期

间，一方面积极开疆扩土，胜利地收复了原先被外来民族占领的西印度广大地区；另一方面还非常重视建设水利灌溉工程，修复了许多被破坏的大型灌溉设施，促进了农业的繁荣。他还继承了先辈们大力支持商业贸易的传统，通过孟加拉和西印度沿海港口，笈多王朝同当时的拜占庭帝国、希腊、埃及和阿拉伯世界进行了广泛的贸易往来。在他统治期内，印度半岛百业兴旺，国家繁荣富强。我国东晋高僧法显赴印度求法期间，目睹了这一盛世景象，并作了相关的记载。旃陀罗·笈多二世还实行宗教宽容政策，扶持学术文化，这使古印度文化在宗教、哲学、戏剧、诗歌以及天文学、数学等各方面都呈现出一片繁荣景象。

穆斯林一统印度——莫卧儿王朝

从1001年起，曾经无限风光的雅利安文明逐渐失去了昔日的辉煌，古老的印度半岛又开始接受另一种外来文化的洗礼，这就是伊斯兰文化。伊斯兰教是一种政教合一的宗教，创始人是阿拉伯人穆罕默德。

早在712年，印度半岛西北部的信德地区就已经被伊斯兰教的信徒所占领，不过，因为他们那时的足迹并没有深入到半岛腹地，因此在印度历史上没有留下什么痕迹。几百年过去了，时间的列车来到了1001年，有一个名为马茂德的土耳其人，是个伊斯兰教信徒，他率众大举进攻印度半岛。在长达二十五年的时间里，他们不断侵袭印度半岛，进犯的次数竟多达十七次。一路上，他们摧毁异教庙宇，抢掠钱财，对印度半岛特别是富饶的恒河流域造成了巨大的冲击。这是伊斯兰教教徒在印度半岛上留下的最早最深刻的历史痕迹。

　　1398年，成吉思汗的孙子帖木儿——这个突厥化了的蒙古贵族再次入侵印度半岛。在这之前，他就已是土耳其的领袖，先后征服了波斯、阿富汗和美索不达米亚。他以当时德里的苏丹允许崇拜偶像为理由，举兵发动大规模进攻。不过，掠夺财富才是他的真正目的，他好像从没有霸占印度半岛的念头。1398年9月，帖木儿带领他的军队渡过印度河，一路上，他们烧杀抢掠，先后把德里、西里、查汉巴那和旧德里四城夷为平地。在德里经过短暂的停留后，他们就班师回国。帖木儿的这次入侵，拉开了莫卧儿王朝统治印度半岛的帷幕。

　　帖木儿撤回后，印度半岛四分五裂，政权林立。1525年，巴布尔（帖木儿的六世孙）乘机南下，入侵印度。翌年，巴布尔占领了德里，然后以德里为都城建立了莫卧儿王朝，开始了对印度半岛长达三百三十一年（1526-1857）的统治。"莫卧儿"是"蒙古"一词的谐音。1542年至1605年是阿克巴大帝的统治时期，这期间莫卧儿帝国达到极盛时期。阿克巴大帝死后，他的儿子查罕杰即位，继续延用阿克巴的政策。从阿克巴大帝一直到他的孙子沙贾汗统治的大约一百年的时间里，莫卧儿的疆域一直在扩大。但是，在奥朗则布皇帝（1658-1707年在位，莫卧儿王朝的第六代帝王）统治期间，却发生了很大变化。奥朗则布是一位虔诚的伊斯兰教信徒，他一改祖辈们所推行的比较宽容的宗教政策，在全国范围内强行推广伊斯兰教，镇压印度半岛本土原有的其他宗教。他强行摧毁了在国内拥有众多信徒的印度教的神庙，用它们来改建伊斯兰教的清真寺，这使印度教教徒们怨声载道，各地频频爆发起义，帝国也因此由盛而衰。1707年，奥朗则布皇帝驾崩，之后，莫卧儿王朝又经历了几代君主，不过他们在位的时间都不长。这时，帝国实

莫卧儿王朝时期的壁画

际控制的疆域已经很小，后来只偏安于德里王宫周围的一小片区域。最后，在马拉地人的打击下，帝国彻底崩溃。

在除雅利安人以外的外来民族在印度半岛建立的所有政权中，莫卧儿王朝堪称是最伟大的一个。在莫卧儿王朝统治时期，印度半岛上的国家行政体系比较完备，特别是在前期，不单中央与地方政权之间、国内各宗教之间的关系比较和谐，就连经济和文化也呈现出了空前的繁荣景象。另外，莫卧儿王朝历代统治者都大力扶持伊斯兰教，这使伊斯兰教文明在南亚地区有了坚实的根基，从而深刻地影响了今天南亚地区的国家政治。

永生的灵魂
——宗教

　　"仁者乐山，智者乐水。"逶迤磅礴的喜马拉雅山，奔流不息的恒河水，它们用自己的灵气滋养了一个灵魂不灭的国度。这里是神的家园，这里是人间的天堂。千百年来，喜马拉雅山下，恒河岸边，吸引了多少圣人，他们在这里低吟神祇的话语，祈求神圣的天国。来吧，敞开胸怀，满怀虔诚，让我们一起去倾听那来自永生天国的声音。

古老的原始宗教——婆罗门教

　　婆罗门教（Brahmanism）是印度的古代宗教，也是今天的印度教的前身。它源于公元前3000年至公元前1500年的印度河流域文明。和许多后来的世界性宗教相比，它不是某一个具体的人创立的，而是由不同的宗教信仰和哲学派别汇合而成的。尽管人们可以将其统称为印度宗教文化，但所有这些不同教义与思想派别都是不同地域、不同种族的文化的代表，都在印度半岛上历经了上千年的繁荣。

　　婆罗门教大概包含了原印度河流域文明以及后来进入印度半岛的雅利安人的文化观念。哈拉帕文化是前者的代表，一些学者认为，它已经包含了大母神崇拜、性力崇拜及瑜伽静坐的成分；而后者稍晚，它的文化成分来自于侵入印度半岛的雅利安人的文献《吠陀本集》。

早期吠陀时代，人们称雅利安人的宗教为吠陀教，基本上还是一种自然崇拜，很简单。那时的雅利安人对大自然的威力充满了畏惧，可是又不得不依靠自然的恩惠，于是各种自然现象就被他们想象成人格化了的神，用献祭和祈祷的形式来祈求神灵消灾降福。早期的祭祀非常简单，没有抽象的宗教哲理。

大约在公元前1000年，雅利安人征服了原来的印度土著人，从印度河流域出发向恒河流域挺进。他们改变了古印度原有的社会结构，创建了最早的奴隶制国家。历史上称这一时期为后吠陀时代或梵书、奥义书时代。大概就是在这一时期，当时的僧侣阶级，也就是后来的婆罗门，把过去雅利安人信仰的许多宗教学说加以整理，就形成了婆罗门教。种姓制度是婆罗门教的社会依据，吠陀天启、祭祀万能和婆罗门至上是其纲领。

梵天是婆罗门教的最高信仰。梵天是世界精神、最高主宰、宇宙创造者，天地万物都是梵天所创，而且只有梵天是真实的，别的一切都是虚幻的。婆罗门开始用一种统管一切的梵天神性说，垄断了所有原始崇拜，婆罗门教教义被提高到垄断精神世界的统治地位，而负责解释、宣传这一教义的婆罗门祭司僧侣也被奉为人间的最高等级。另外，婆罗门教还利用原始的万物有灵和灵魂

梵天像

转移说，创立了一套"业力轮回"论，认为人死后灵魂会投胎转世，所谓的轮回就是人在死后投胎，而这决定于生前造业好坏。善者有善报，来世显贵；恶者有恶报，来世受苦，诸如此类。因此，婆罗门教强调遵法行善，要人民安于现状，忍受所有苦难。

婆罗门教援引的经典很多，《吠陀本集》是其核心部分，包括《梨俱吠陀》、《夜柔吠陀》、《娑摩吠陀》和《阿闼婆吠陀》，它们被看成是圣书，除了婆罗门祭司僧侣外，任何人也没有资格阅读。除了《吠陀本集》外，婆罗门教在传播过程中还总在产生新的文集，它们都是有关祭祀起源、目的、方法以及诠释《吠陀本集》颂赞、咒语等意义的。按产生的历史年代，大致可分为《梵书》、《森林书》、《奥义书》等解释《吠陀本集》的著作。

在发展演变过程中，婆罗门教逐渐从多神教向一神教发展，这一点可以从《吠陀本集》经典到《梵书》、《奥义书》的变化看出。梵天在《奥义书》时代已经成了起源之神，并与其他的吠陀神话结合起来，成了与毗湿奴和湿婆三位一体的主神，而梵天的地位又在二者之上；而在婆罗门教的另一源流中，湿婆也上升成为主导之神。

到了公元前6世纪至公元前5世纪，由于印度经济的发展，社会开始分化，出现了许多自由思想家，其中就有佛教与耆那教的创始人。他们开始质疑甚至抨击原有

毗湿奴像

的宗教即婆罗门教，这股思潮在当时统称为沙门思潮。

公元前4世纪到公元前2世纪的孔雀王朝时代，佛教与耆那教得到了广泛传播，而婆罗门教逐渐衰落下去。公元前1世纪婆罗门教又开始复兴，到4世纪笈多王朝时结束了自身改造，后来经过商羯罗的改革成了印度教。

在婆罗门教教义的基础上产生了种姓制度，种姓制度对印度半岛的世俗社会生活的影响是巨大的。直到印度共和国成立之前，这种影响一直存在。很明显，吠陀神话中的一些颂赞是最初的种姓制度的理论依据。婆罗门教的信仰主要基于多神共存的观念，婆罗门在种姓中的地位最高，他们在教中担任祭司，是人神交流的纽带。到了《奥义书》时代（公元前7世纪至公元前5世纪），婆罗门的神圣地位才受到质疑和威胁。

在婆罗门教中，因地区、文化源流以及种族的不同，崇奉的主神也不一样，到4世纪后形成的印度教，甚至出现了湿婆教、毗湿奴教和其他派别。而作为宗教深层核心的各种观念，如轮回、解脱、梵我合一、祭祀万能和婆罗门至上等，仍是各派的共同信仰。这恰恰说明了婆罗门教是一个庞杂的综合文化体系。

改革后的"新婆罗门教"——印度教

印度教的兴起与印度半岛当时的政治和社会环境是密不可分的。在孔雀王朝灭亡后一千多年的时间里，中亚等地的一些民族，特别是大月氏、匈奴等纷纷侵入印度半岛北部地区。他们不但掠夺了当地人民的大量财富，还对当地人民采用高压的民族统治政策。雅利安人中的婆罗门和刹帝利原本是具有高贵种姓的统治者，异族的入侵使他们变成了被统治者，在他们的内心留下了巨大的民族心理创伤。在雅利安人眼中，外来侵略者都是一些不洁的种族。于是在雅利安人中间，一种强烈的民族主义情绪开始迅速蔓延。这种情绪的蔓延也就催生了雅利安人强烈的民族认同感，而他们民族原有的宗教——婆罗门教，就成为最能体现这种民族认同感的主要标志。在这种情况下，孔雀王朝时期崛起的佛教，因为主张宽容、忍耐、服从等逆来顺受的消极思想，就开始失去它原来的信徒，逐渐走向衰落。

婆罗门教的复兴，同古印度史上的"黄金时代"——笈多王朝对它的大力扶持息息相关。笈多王朝的王室就信奉婆罗门教。尽管当时笈多王朝对佛教、耆那教的态度比较宽容，但统治者们对婆罗门教的有意倾斜还是影响了印度半岛上各宗教的发展。法显，这位我国东晋时期的名僧就曾提到过笈多王朝时期的佛教与婆罗门教开始出现融合的征兆。到了戒日王朝时期，佛教尽管依然受到尊崇，却早已风光不再，这也从一个侧面反映了婆罗门教的复兴。

当然，因为婆罗门教坚持一些对自身发展不利的教义，如婆罗门至上、严格的种姓制度等，因此，占人口大多数的低级种姓，特别是非雅利安民族并不拥护、支持婆罗门教。后来，印度历史上著名的宗教改革家商羯罗对婆罗门教进行了改革，改革后的新婆罗门教，也就是印度教，开始得到各阶层人民的广泛认可，其中有一个非常典型的例子，那就是非雅利安种族达罗毗荼人创立了印度教派中的湿婆教。

湿婆像

改革后的印度教，在教义方面吸收了佛教的哲理，不仅如此，在宗教仪式上也效仿佛教。例如，庙宇的建筑、偶像的塑造，都来自佛教。另外，就像佛教教徒进行释迦牟尼遗迹的巡视一样，印度教徒也进行殿宇圣迹的朝拜。佛教教徒尊崇"三宝"，即佛、法、僧，印度教教徒尊奉梵天、毗湿奴、湿婆，他们分别为创造神、保护神和破坏神，他们位居诸神之上，被称为"三身"，远古时代所尊奉的太阳神、风神和火神则被降为他们手下的小神，并且三主神开始以"三位一体"的形象出现，如今在印度城市孟买的象岛，就有一尊远近闻名的三主神的三位一体像。

这些改革举措，使婆罗门教从原来古老的多神教向以某一主神为主的一神教转化的步伐大大加快了，其宗教色彩更为明显，从而再次显示出勃勃生机。

在漫长的历史进程中，印度教（包括狭义上的印度教及其前身吠陀教与婆罗门教）对印度半岛文明的发展意义重大。它不但是世界上流传至今的最古老的宗教之一，还是印度半岛上产生的其他宗教如佛教、耆那教等宗教的母体，堪称印度半岛上的"宗教之母"。

印度教是印度半岛上的传统宗教，也是印度共和国的第一大宗教，目前，绝大部分印度人都信奉印度教。

改革印度教的"假面佛教徒"——商羯罗

讲到印度教，就必须要提到印度教历史上的一位关键人物——商羯罗。可以说，如果没有商羯罗对原有的婆罗门教进行改革，就没有印度教。

现在，人们已经无法确定商羯罗确切的生卒年代，只知道他大致生活于8世纪至9世纪之间。有关他的传记很多，流传至今的至少有十一种，不过，那都是一些神话和民间传说故事。其中有一部《商羯罗世界的征服》是最著名的，它是14世纪的吠德耶罗耶创作的，它的创作年代比商羯罗的生活时代晚了好几个世纪，因此其中记载的商羯罗的生平事迹的可信度很低。

据说，商羯罗的家乡是南印度西海岸的鸡罗国，也就是现在西南

商羯罗像

印度喀拉拉邦卡拉迪村，他接受教育后才离开家乡，去了北印度。直到现在，卡拉迪村里还保存着商羯罗的诞生地、家庭遗迹以及他母亲的火葬场所。另外，这里设有他的祭社，为了用传统方法传授吠陀经及吠檀多，还专门设立了学舍。

商羯罗家族叫做"拉姆菩提尼"，属于婆罗门阶层，是喀拉拉邦所特有的一种阶层。商羯罗自幼丧父，于是遁入空门后成了一名云游僧人。他少年时师从牧尊学习婆罗门教经典。牧尊的生平不明，传说他是古印度哲学家乔荼波陀的徒弟。乔荼波陀是吠檀多不二论者，他的思想深受大乘佛教的影响，而商羯罗也间接地受到了这种思想的影响，以至于他被古印度著名的哲学家罗摩奴阇指责为一个秘密的佛教徒。后来，商羯罗到印度各地游历，同其他哲学派别的代表人物进行辩论。据说，他曾与曼陀纳·弥室罗进行过辩论，曼陀纳·弥室罗是当时强有力的弥温差派的代表，他们之间的辩论异常激烈。

商羯罗到处游说，不过他并不向城市居民说教。因为那时佛教在城市里还拥有强大的势力，而普通工商业者都信仰着那教，同时，城市中盛行的伦理观念是快乐主义。最初，和商羯罗谈论教义的主要是和他一样远离了俗世生活的云游僧们。

5世纪至6世纪，中亚的匈奴人开始入侵印度，而此时，在古印度历史上被称为"黄金时代"的笈多王朝也开始慢慢走向衰落，直到最终彻底瓦解。7世纪时，虽然戒日王多次使北印度恢复了和平繁荣，但他死后，北印度又迅速陷入了地方割据的局面。与此同时，在5世纪中叶以后的数百年间，南印度已历经数代王朝，要想达到政治上的统一是非常困难的。这就是商羯罗所生活的时代：政权四分五裂、社会动荡不安。此时，佛教也正走向衰败。因此，商羯罗借机大肆宣扬自己的学说，终于迎来了印度教的复兴。

商羯罗对印度教的贡献包括两个方面，一是他诠释了婆罗门经典《吠陀经》等，使吠檀多哲学得到了发展，从而为印度教奠定了坚实的哲学基础；其次，他用实际行动促进了婆罗门教的改革，使印度教得以诞生。

为传播教义，复兴婆罗门教，在印度半岛北部的喜马拉雅山、西部沿海的德瓦拉卡、东部沿海的奥里萨邦和南部的迈索尔邦等几个地方，商羯罗先后主持修建了四座大型僧

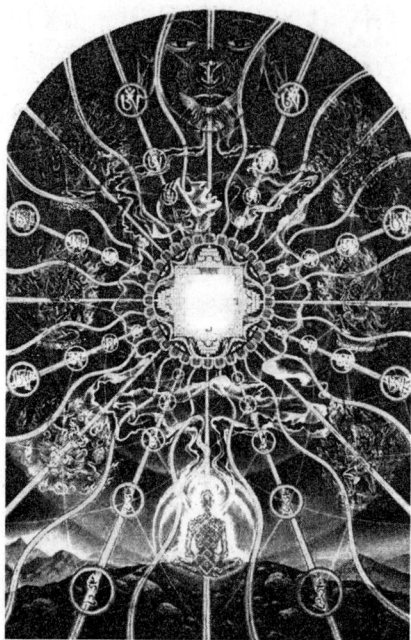

《奥义书》中的插图

院，这些僧院一直保存至今。而四座僧院中以南方的角山僧院最为重要，可以说是商羯罗的大本营，直到今天，那里仍聚集着很多商羯罗派的印度教教徒。

在印度，人们也认为印度教主神之一湿婆转世成为商羯罗，据说，他的责任就是在印度驱逐佛教、重塑《吠陀经》的权威性，而这也正是商羯罗在印度教历史上的伟大功绩之一。

商羯罗的宗教思想是相当复杂的。传说，商羯罗的家里供奉的是湿婆神，他本人也属于印度教派中的性力派。可是实际上，商羯罗的说教和湿婆派的观点不同，反而更倾向于印度教中的另一教派毗湿奴派，并且信仰毗湿奴神。商羯罗还通晓瑜伽，他给瑜伽经典《瑜伽论》作注，著成《瑜伽论复注》，因此有人说，商羯罗本来就是印度教派中的瑜伽教徒，只是他后来转到了吠檀多不二论派。商羯罗的观点和佛教思想有很多相似之处，因此人们称其为"假面佛教徒"。当然，他的主导思想还是属于正统的婆罗门观点，弘扬《奥义书》的精神。

商羯罗不仅是古印度历史上杰出的宗教改革家，还是一位很有创造性的哲学家和卓越的解释学家。为了说服佛教徒接受《吠陀经》，商羯罗曾创立了一种哲学，称为阿兑塔——吠檀多，也叫绝对不二论。他用吠陀语言详加说明，并以《吠陀经》的主要经文为证据来证明自己的论点。商羯罗否定了终极真理是空的佛教信条。他说，就像《吠陀经》所说，真理是梵，是精神。在商羯罗的努力下，《吠陀经》能够被人们更加容易地接受。

商羯罗的宗教哲学著作很多，多达三百部以上的作品都署他的姓名，但是，其中大部分都难辨真伪。他创作了《梵经注》，又为《广森林奥义》、《歌者奥义》等十部主要的《奥

义书》作了注。他还为《薄伽梵歌》作过注。他的著作还有
《我之觉知》、《问答宝鬘》、《五分法》、《示教千则》
等。

商羯罗英年早逝，在喜马拉雅山的基达那特与世长辞，当
时大约只有三十二岁。他的思想是印度现代思想潮流的重要源
泉。无论是在印度史上，还是在世界思想史上，他都是一个名
副其实的伟大人物。

梵天、如意牛与恒河——印度教的基本信仰

印度教教徒有一些共同的基本信仰。他们都认为吠陀天
启，都视《吠陀经》为最高权威；都遵从种姓制度，认为存
在严格的等级差别是合理的（现代印度已经通过法律废除了种
姓制度，不过它的影响并没有完全消失）；他们都追求"梵我
合一"，"梵"就是宇宙的终极实在，梵天、湿婆、毗湿奴都
是具体化了的"梵"，"我"就是个体的自我，实现二者的统
一就是修行的最终目的；他们都相信业报轮回，认为灵魂会转
世，人来世的形态决定于人现世的行为，周而复始，无穷无
尽；他们都祈求解脱，认为修行能帮助人们，能让人们的灵魂
不受肉体的束缚，彻底摆脱轮回之苦。

印度教是这样诠释灵魂和肉体的关系的：生不是生命的开
始，死也不是生命的终结，生和死都只是无穷无尽的一系列生
命之中的一个环节，前世的所作所为决定今生。动物、人、神
的存在都是整个生命轮回的环节。一个人如果今生行善，那么
他死后灵魂就可以升上天堂；反之，他来世就会堕落为牲畜。
三界的所有生命，都必定有结束的时候，不管是人还是神，
都不可能在人间或天上得到永恒的幸福。虔诚的印度教徒毕生
以摆脱世间轮回、彻底解脱灵魂为追求，他们渴求在那永远

不变的状态中获得安息，这种境界就是宇宙的终极实在——"梵"。

为了和神建立联系，印度教教徒还喜欢佩戴护身符，差不多每人身上都有饰物，而且还不止一个。这些物品基本上都是懂得祭祀的人精心制作的，是老师送给学生的礼物，也是朋友之间的信物或施了法的祝福。总之，那是一个生命亲近另一个生命的善意的行为的象征。

在印度教教徒眼中，牛代表着幸福吉祥，是"如意牛"。牛被看成是神的化身，得到人们的保护，严禁宰杀。

在印度教教徒的心目中，恒河的地位相当高，被尊为圣河。在他们看来，恒河之水来自天堂，能把人间的一切罪恶洗刷干净。因此，印度教教徒最大的一个愿望就是，活着时在恒河中沐浴，死后在恒河边火化，并把骨灰撒入恒河，因为在他们看来，这样就能摆脱痛苦进入天堂。在印度教教徒心目中，恒河河水是神圣的，因此恒河支流及恒河与支流的交汇处以及河两岸的城市都成了印度教的圣地。其中以贝拿勒斯（今改名

恒河边的祈祷

瓦拉纳西）、阿拉哈巴德等为主。在南印度，位于泰米尔纳德邦的埃奇普兰和马杜拉都是印度教的圣地。

庙宇在印度教教徒的生活中占有特殊的位置。基督教堂、清真寺或其他宗教圣坛在他们看来只是"神的住房"，而印度教庙宇却是"神的家"。庙宇在印度半岛最漂亮也最多。印度教教徒很重视向神祈祷，而在庙宇里祈祷要比在家里祈祷好，因为庙宇里有良好的气氛和其他无数的崇拜者。到印度教庙宇祈祷的程序是：先在门口把鞋脱掉，以表示对圣地的尊敬；然后祈祷者打铃，进入神住的大厅；接着，祈祷者要合手、弯下腰或匍匐在地以示崇拜；再往后是向神敬献礼物，习惯上，每个人进入庙宇都要带些礼物，礼物可以是食物、金钱，也可以是别的东西，不限形式和数量，因为人们的所有东西都是神赐的，每个人只要表达对神的敬意和热爱就行了；最后才是祈祷仪式。

印度教有很多神圣的经典，其中四部吠陀著作——《梨俱吠陀》（颂诗）、《娑摩吠陀》（歌词）、《夜柔吠陀》（祭祀仪礼）和《阿闼婆吠陀》（巫术咒语）是最重要的，它们是印度教哲学的基础。除此之外，印度教的重要经典还有几百种《奥义书》和《森林书》，它们是吠檀多哲学的源头。《往世书》、《摩诃婆罗多》（尤其是其中的一个片断《薄伽梵歌》）和《罗摩衍那》，可以看成是历史文献，还有一些宗教圣人传记等。

印度教还有各种各样的教律，例如，重男轻女、寡妇不能改嫁、已婚妇女不能在公开场合抛头露面等。

另外，印度教不单单是一种宗教，它还是印度半岛上的一种生活方式。印度教的宗教实践并不仅仅是每周一次的祈祷，而是把每天的日常生活都当成宗教的部分，在满足家庭一切需要的同时，加深每个人与神的联系。所以，并不是只有圣人才有宗教生活，所有人，无论男女老少，不管高低贵贱，都一样。印度教教徒每天的生活都以为神服务为宗旨，因此，很容易看出一个人是不是印度教教徒。例如，印度教教徒做食物是为了让神高兴，他们要把食物献给神，每个家庭都有圣坛，他们先把食物放在圣坛上，然后才分给家庭成员。虔诚的印度教教徒食素，从不吃肉、鱼、蛋等，这体现了非暴力的原理。因为印度的印度教教徒很多，再加上佛教教徒和耆那教教徒也多为素食者，因此，印度成为了世界上最大的素食国家，也因此而拥有各种营养丰富、味道鲜美的素食。

"永恒的达摩"——印度教的教义

印度教是印度历史上的一种复杂混合物，是多种宗教信仰、多种哲学理论、祭祀仪式、生活习俗和许多精神文化现象的大融合。印度教的教义是在长期的社会发展过程中，汲取各种宗教理论、哲学和民间习俗等综合而成的，所以很难给它一个确切的解释。总的来说，印度教不但是一种宗教，更是一种生活方式。由于构成极其复杂，因此它充满了矛盾。它是有神论的宗教，同时还是无神论的宗教；是禁欲主义的宗教，同时还是纵欲主义的宗教；是和尚的宗教，同时还是舞女的宗教。尼赫鲁是印度独立后的首任总理，他在自己的名著《印度的发现》中说，从信仰的角度来看，印度教具有模糊、不定型等多方面的性质，每个人都有自己心目中的印度教。

印度教教徒并不管自己的宗教叫"印度教"，而是称为"雅利安达摩"、"吠陀达摩"、"种姓达摩"和"萨纳塔那达摩"等。我们对印度教教义的理解也是从"达摩"一词开始的。"达摩"源自梵语，它大体有以下几种意义：

首先，它的基本涵义是指事物内在的本质、法则或规律。比如，燃烧就是火的"达摩"。

其次，它也是一个伦理学概念，主要指人们应当遵守的基本道德标准、行为规范和社会义务。在印度教中，所有人的"达摩"都是为别人服务。比如，父母的"达摩"是照顾小孩，医生的"达摩"是照顾病人，军人的"达摩"是保卫国家。所以，"雅利安达摩"认为，印度教教徒的信仰和实践是一种神圣的道德规范、行为准则和生活方式；而"种姓达摩"指各种姓应遵守的法则，这是从印度教教徒的责任和分工的角度来说的。

再次，"达摩"是永恒的、独一无二的真理。在印度教看来，它的教徒就是追求真理的人。"萨纳塔那达摩"也就是"永恒的达摩"，是说印度教是神圣、至高无上的，这个永恒的法则在任何时代、任何地方都适用，最终会成为全人类共同追求的信仰。

关于印度教的教义，大体有以下几点：

一、因果业报说和人生轮回说。印度教认为，人们的善恶都有因果报应，行善的人灵魂可以升上天堂；积恶者的来世将投生为贱民甚至动物，要经受更多的痛苦和磨难。动物、人和神都是生命轮回中不同的阶段。因此，印度教教徒的最高理想就是摆脱生死轮回，从而达到"解脱"，达到"梵"的至高境界，也就是在一种永远不变的状态下获得安息。

二、非暴力说和仁爱说。印度教有一个基本主张，那就是非暴力和不杀生。在印度教教徒看来，所有的暴力行为，无论其是正义的还是非正义的，都是罪恶的，就连踩死一只蚂蚁也是一种罪过。非暴力说认为精神、真理和道德的力量是无敌的，它终将战胜所有的邪恶和暴力。在印度争取民族独立时期，圣雄甘地领导的"非暴力不合作运动"是对印度教非暴力精神的最好体现。甘地曾说："非暴力意味着无限的忍耐力。"他领导印

甘地雕像

度人民最终赢得了独立，并且他的"非暴力"理论对马丁·路德·金和他所领导的美国黑人运动产生了巨大影响。这些都是印度教在新时期为世界文明史作出的突出贡献。

三、禁欲和苦行说。号召人们摆脱世俗的各种欲望，提倡采取各种方式达到灵魂的净化。

另外，印度教中的许多教律也都具有某种教义的性质。因此，在印度半岛各地民俗的基础上，印度教又以教律的方式规定了教徒日常生活中应遵循的制度，如童婚制度、寡妇殉夫等。当然，其中还是种姓制度对印度教社会群体的影响最长久、最深远。

印度教教义中也有很多地方是自相矛盾的。比如说，一方面它宣扬种姓神圣不可变更，另一方面又说在生命轮回中，言行的善恶可能会使种姓下降或上升；一方面它宣扬禁欲主义和苦行主义，另一方面它又说人体官能上的享受是人生的目的之一。所以，它好像既让人苦行节制，又要人放荡不羁；既宣扬用人做献祭（例如寡妇殉夫），又认为杀生是一种罪过。存在种种矛盾的根源在于，印度教的本质是维护高种姓利益，是为统治者服务的宗教，主要是起着麻痹低种姓等广大劳动人民的作用。

神秘的"天启书"——印度教的《吠陀经》

《吠陀经》是印度教的主要经典，除了我们前面已经介绍过的《吠陀本集》外，《吠陀经》还包括《梵书》、《森林书》、《奥义书》等。

《梵书》旧时译做《净行书》，是采用梵文，用散文形式写成的关于婆罗门教祭祀礼仪及其起源的论文，也有一些关于开天辟地的神话、古代传奇和故事，还有颂扬那些在祭司们的传说中享有盛誉的帝王们的祷词。《百道梵书》、《世界梵书》、《泰帝利耶梵书》、《二十六梵书》、《牛道梵书》、《他氏梵书》和《娑摩术梵书》等都是最主要的《梵书》。在《梵经简述》等《梵书》著述里，有大量的神话故事，反映了后期吠陀时代的社会情况。《梵书》也是语言学上的重要文献。

《森林书》旧时译为《阿兰若书》、《阿兰若迦》，它是《梵书》的附录，无论是语言、体裁还是内容，都类似于《梵书》。据说，《森林书》是婆罗门教经典，专供在森林中隐居的长者使用。它的主要内容是婆罗门教神秘的祭祀礼仪和某些哲学论题，不过，它的研究重点并不是礼仪中的具体而浩繁的细节，而是讨论各种仪式的喻义和各种《吠陀本集》原文中所包含的意义。

《奥义书》原译为《优婆尼沙昙》，其部分内容包括在《森林书》中，部分内容是《森林书》的补遗，也有部分内容是独立的著作。"奥义书"是"神秘而玄奥的教理"或"秘密传授的教理"的意思。它数量庞大，集当时各种秘传知识于一体。人们普遍认为，《奥义书》在佛教诞生之前就已经出现了，其中以《他氏奥义书》、《歌者奥义书》、《广林奥义书》、《白骡奥义书》和《蛙氏奥义书》等十三部最为重要。

另外，较次要的有数百部。在《奥义书》中，包含了很多唯心主义的哲学思想，意味着与传统观念的决裂。这些思想重点强调作为最高宇宙精神的"梵"是万物的主宰，以及个人精神"我"和"梵"之间的沟通，即"梵我合一"，它是古代印度唯心主义哲学各派思想的根源。

人们把前面提到的三部经典连同《吠陀本集》统称为《吠陀经》，归于印度教的天启书类。除此之外，还有六种《吠陀分集》，意为"吠陀的枝节"，它们分别是：《式叉论》、《劫波论》、《毗耶羯罗那论》、《尼禄多论》、《阐陀论》和《竖底沙论》。六种《吠陀分集》不在天启书之列，不过作为辅助性论文，它们与天启书的关系密切，因此被称为《传承经》。它们的研究内容是语音学、仪礼学、文法学、语源学、音韵学和天文学。《吠陀经》和《吠陀分集》对印度近现代社会产生了深刻影响，《吠陀经》被很多唯心主义哲学派别尊为"最高权威"，印度教教徒也把《吠陀经》视为现代科学和一切真理的源头。

《吠陀经》也是婆罗门教的经典，婆罗门教是狭义印度教的前身，婆罗门教的"吠陀天启"、"祭祀万能"、"婆罗门至上"三大纲领在《吠陀经》中也有反映。

"觉悟者"的宗教——佛教

佛教是古印度文明对全人类的一大突出贡献，它对于世界文化、特别是亚洲文化的繁荣发展作出了不朽的贡献。公元前6世纪至公元前5世纪，乔达摩·悉达多创立了佛教，当时正是古印度历史上的列国时代。佛教教徒把悉达多尊称为释迦牟尼，是"释迦族的贤人"之意。

释迦牟尼出身于刹帝利种姓，是迦毗罗卫国（在今印度、尼泊尔边境地区）净饭王的太子。相传他幼时受过传统的婆罗门教育，学习吠陀经典；二十岁时，对人世的生、老、病、死的各种苦恼颇生感慨，又不满当时的婆罗门教，于是就放弃了王族生活，出家寻师访友，探求人生解脱的途径。最初，他在摩揭陀国王舍城附近学习禅定，后来在尼连禅河畔独修苦行，进而在伽耶（菩提伽耶）菩提树下苦思冥想，经过七个昼夜，终于"得道成佛"，这一年他三十五岁。此后，他在印度北部、恒河流域中部等地传教达四十五年，教众甚多，慢慢形成了一种宗教，叫做佛教。佛的梵文是Buddha，是"觉悟"的意思，汉语音译为"佛陀"。

印度佛教的发展过程，从佛祖涅槃后可大致分为三个阶段，也就是原始佛教、部派佛教和大乘佛教。释迦牟尼去世后约一百年间被称为原始佛教阶段，在历史上被称为"和合一味"时期，这种"和合"只是表面上的统一，其实已经开始萌发了导致后来分裂的因素。因社会的变迁，佛教内部也在大约公元前4世纪第二次教徒结集前后发生了第一次大分裂，并由此分为上座部和大众部两大派，前者尊崇传统、因循守旧，后者积极进取、提倡改革。对于分裂的原因，众说纷纭。南传佛教认为，是因僧众们在戒律问题上发生争执而引发的；而北传佛教认为，是由于对阿罗汉果的看法不同而造成的。总之，这种佛教内部的分化愈演愈烈，在公元前3世纪后的四百年间，上座部七次分裂，分成十二

释迦牟尼像

214

派，大众部四次分裂，分成八派，这一阶段被称为部派佛教时期。大乘佛教自1世纪形成。在部派佛教的发展中，一部分徒众的生活变得世俗化，并想涉足和干预社会生活，要求深入生活并普度众生，他们提出"上求菩提，下度众生"，并形成了一股强大的思潮，在这种思潮逐渐成熟后，汇集成了被称为"大乘佛教"的教派。

在孔雀王朝时期，因第三代王阿育王皈依佛教，使佛教的地位空前崇高。公元前250年，在阿育王的支持下，佛教教徒举行了第三次结集大会，随后传教士四处传教。因阿育王的扶持和推崇，佛教发展迅速，并开始在缅甸、斯里兰卡以及中亚、西域一带得到传播。阿育王去世后，孔雀王朝也逐渐走向衰亡，印度半岛又一次出现了地方割据的局面。公元前2世纪上半叶，希腊人建立的大夏国开始了对印度半岛北部的统治，佛教便在希腊移民中广为传播。同时，希腊文化也开始对佛教产生影响。出现了佛陀的雕像，而且在佛典的说法上，也强调了"智慧"在解脱中的首要作用，"智者"的地位也被提高了，这显然是受到了希腊文化的影响。大夏王朝之后，贵霜王朝逐渐兴起，其统治者大月氏人也极力推崇佛教。该王朝的迦腻色迦国王在位时，召开了佛教教徒的第四次结集大会，讨论佛教的经典和教义。这次大会之后，佛教教徒就开始向中亚和中国等地派使团进行传教活动。

320年，笈多王朝建立，因为该王朝推崇婆罗门教，因此，佛教开始受到婆罗门教的威胁，逐渐失去了崇高地位，在印度半岛上的影响也呈日

阿育王皈依佛教

215

衰之势。到了戒日王朝时期，佛教虽然依然比较兴盛，信徒众多，但这也只不过是衰败前的一种回光返照而已。经商羯罗改革后的婆罗门教亦称印度教，开始迅速兴起，并逐渐在当时的社会和文化生活中占据了绝对优势。因受其影响，佛教开始吸收印度教和民间信仰，并逐渐密教化，在南印度和德干高原以及东印度诞生了"金刚乘"和"易行乘"等教派。因次大陆盛行印度教，加之佛教僧团内部纷争不断，所以佛教在9世纪后日渐式微。接着，伊斯兰民族纷纷来到印度半岛，使伊斯兰教得到广泛传播，并与佛教、印度教等本土宗教针锋相对。在这种窘境下，本来教众就大量减少的佛教此时大势已去，诸多重要的佛教寺院先后被毁，教徒四处流散，到13世纪初期，佛教最终一蹶不振，在印度半岛上销声匿迹了。

"释迦族的贤人"——释迦牟尼

公元前566年左右，在今天尼泊尔境内的蓝毗尼区，乔达摩·悉达多（即佛祖释迦牟尼）诞生于一个乔达摩民族与赛基亚部落联姻的家庭中。他本是迦毗罗卫国的太子，父亲是国王净饭王。迦毗罗卫国坐落于世界最高的山脉喜马拉雅山南麓，是当时的一个小国，由部落酋长也就是刹帝利种姓释迦族的净饭王领导。王国以迦毗罗卫城为都城。迦毗罗卫城在今天的尼泊尔境内，位于南部的罗拉科特附近。

十六岁时，悉达多成家，妻子是他的表妹，与他同龄。他自小到大都生活在豪华的王宫中，尽享荣华富贵，可是，他对现实却非常不满。他看到大部分人都生活得艰难困苦，即使是有钱人家，也常会遭受挫折和灾难，每个人最后都是身患重病，难逃一死。在悉达多看来，生活中还有比转眼即逝的快乐更重要的东西，不过，它们很快就被痛苦和死亡彻底吞没了。

二十九岁时，悉达多初为人父，刚得长子的他决定放弃当时优越的生活，全身心地去寻求真谛。他辞别妻儿，抛弃万贯家财，离开宫殿，成了一文不名的流浪汉。关于这件事，有一个传说：

有一天，悉达多到宫外游玩，看见一位老人家拄着木棍，步履蹒跚。走了不远，他又遇到一个病人倒在污泥中，旁边还有一具尸体，被一群鸟啄食着。他烦恼无比：难道人生必须要承受生、老、病、死的痛苦吗？又有一天，悉达多看见一个人，这个人光着胳膊，双手捧着一个瓦钵，显得心满意足。悉达多向随从打听这是什么人。随从回答说："这是出家修道的沙门。"悉达多急忙向沙门行礼。沙门对他说："世事变化无常，唯有出家才能得到解脱。"听了沙门的话，悉达多激动无比，于是就产生了出家的念头。回家后，正好他的妻子生下了一个儿子。全城敲锣打鼓，庆祝净饭王有了孙子，悉达多喜得贵子。悉达多走过娇妻的房间，看见她抱着儿子。他本想过去抱抱儿子，可是，他止住了脚步，叹息道："要出家是多么难啊！"但最后他还是下定决心，告别爱妻娇儿，毅然决然地离开了家。第二天，悉达多到了国境外，来到一条河边，在那里他用剑削去了头发，成了沙门。他的父王派人找到他，他也坚持不再回头。

释迦牟尼静坐菩提树下悟道

在一段时期内，他和当时的一些著名的圣人一起探讨人生，但是，清楚了他们的说教后，他对他们解决人生问题的方法感到不满。当时，人们一致认为极端的禁欲主义是达到真知的途径，因此悉达多曾连续几年食素和禁欲，企图做一名苦行僧。可是后来他终于认识到，折磨自己的肉体只会让自己的头脑迷糊，根本不能让自己更接近真知，于是他恢复了正常饮食，摒弃了禁欲主义。

他独处幽居，致力于探索人生问题。终于在一个傍晚，在一棵菩提树下，他悟道成佛。当时，他已经三十五岁了。在以后的四十五年里，他遍游印度北方，向人们传教布道。大约公元前486年，佛祖释迦牟尼与世长辞，佛教称其为"入灭"，那时，佛教就已经拥有了数以千计的信徒。释迦牟尼没有文字著作传世，尽管如此，他的许多教导经过佛教教徒们的口耳相传，被后世的人们广泛传诵。

据说，佛祖释迦牟尼去世后，他的弟子们将他的遗体火化。在火化后，弟子们从灰烬中找到了残存的四颗牙齿，还有指骨、头盖骨等。佛教徒们视这些残留物为佛祖的真身舍利，将其供奉在佛塔内，对其顶礼膜拜。后来，在阿育王时期，这些舍利都被取出，分成很多份儿，分别装好，送到各地建塔供奉，其中就有很多后来传入我国。

超脱轮回的不二法门——佛陀的箴言

在漫长的历史过程中，佛教广为流传，逐渐成为一个庞大的宗教体系。在此，我们不可能详细地介绍它的全部思想和教义，只能对其中的主要内容进行概括性的介绍。总的来说，佛教的基本教义主要有这么几点：

四谛说。何为四谛？简单地说就是佛陀所说的四种关于宇宙人生的真理，即苦、集、灭、道，它们是一个有机的整体。这也是佛陀刚开始转法轮时，对自己手下的五位比丘弟子所说的内容，是佛法的基本教义。佛陀极力主张四谛是佛法的精华，是修行之本，因此，他在传法过程中一再宣扬。

苦谛判断人生价值，认为人生是生、老、病、死、怨憎会、亲别离、求不得苦和五阴盛苦的总和，也只有经历这些才是真实的人生。佛陀认为，生、老、病、死都是苦，忧愁、哀伤、痛苦、烦恼和不安也是苦，怨憎会是苦，亲别离是苦，求不得还是苦。总之，众苦以人之色身为根本，所有苦恼都要逼迫此身，使这个身体受尽各种无尽的苦。每个人每时每刻都会亲身感受到这八种苦，无法避免，哪怕是身份、地位最高，或是多么富有，也都离不开这种种苦。三界中，特别是人间的芸芸众生，随业因而感受到各种苦的结果，因而常常感受着无穷无尽的苦恼。各种苦既无法推卸，又无法转移，只能自己承担，因此是最根本的东西。其中的"五阴"也有"五蕴"（五种集合）之称。佛教宣扬，世界和人体由五种生灭变化的因素组成，它们分别是色（物质现象）、受（感受）、想（观念形式）、行（意志）、识（意识）。人生的一切身心痛苦即为"五阴盛苦"。

集谛又叫因谛。"集"是"集成（聚）或生起"的意思。苦集，也就是三界内苦集成或生起的原因，或者说是关于苦产生的原因或根源的真谛。

灭谛说的是人们消灭、

佛陀弘扬佛法

解脱苦的办法，最彻底的解脱是毫无痛苦的涅槃境界。世间的一切生死都是相对的。渴爱等苦的根源也是相对于其他条件而产生的。这个条件就是受，也就是感受；而感受的产生又必须依靠与他物的接触。清楚了渴爱、无明（愚昧无知）是产生苦的根源，就明白了消除渴爱和无明是断绝苦的根本。消除的办法就是"灭"。灭谛的另一种表述是断灭贪、嗔、痴。只要灭绝了贪、嗔、痴，人就能灭绝一切苦的集聚，摆脱生死轮回，从而进入最高境界——涅槃。

道谛的主要内容是实现涅槃境界所应遵循的持戒、禅定和教理学习等方法和手段。其中包括早期佛教提出的"八正道"，所谓"八正道"是指达到最高理想境界的八种正确途径，即正见、正思、正语、正业、正命、正勤、正念、正定。正见就是正确的认识和看法。佛教认为，只要知道了何为苦、何为苦的原因、何为苦的灭除、何为灭除苦的方法，那正确的见解也就确立了。有了这样的正见，就能免受生死轮回之苦。所谓正思，是指正确的目的和打算。它包括无欲思、无恚思、无害思三种。无欲思是抛弃欲望；无恚思是不发怒；无害思是不长害人之心。正语是指正确的说话方式。它主要是说要禁止妄语（说假话）、禁止两舌（搬弄是非）、禁止恶口（恶语伤人）、禁止绮语（花说柳说）。正业指正确的行为。要求人不杀生、不偷窃、不做淫乱之事。业一般指身业、口业和意业。正见和正思是保持意业的清净，正语是保持口业的清净，正业是保持身业的清净。正命是正确的谋生方式。它要求人鄙弃不正当的谋生手段，用正当的、规矩的、符合法律的方法谋生。正勤指的是正确的努力方法。要求人要通过勤奋努力、不放松来摒弃已生或未生的恶行；通过勤奋努力、不放松来坚持已生或未生的善行。所谓正念是指正确的想法和观点。它要求人要经常审慎地注意和审察自己的身体活动、情绪的感受、心智的活动等，坚持不懈，从而摒弃世俗的贪念和烦恼，确立正确的想法和观点。至于正定，是指正确的禅定方法。禅定的等级有四个，它要求人们按照一定的禅定方式正确而平稳地进入这四个等级：第一禅是远离所有的欲望，远离一切不善法，寻找和伺察合适的地点，远离各种苦恼产生的原因，从而使身心愉悦；进入第二禅时，已无需寻找和伺察合适的地点，内心异常平静，心定于一，从而进入禅定，生出欢喜之情；第三禅是指离开欢喜的心情，停留在舍弃一切的境界里，有正确的想法和观点，有正确的认知，身体直接享受快乐，停留在快乐上；到达第四禅时，就摒弃了一切悲欢，灭除了从前的喜怒哀愁，没有痛苦，也没有快乐，舍弃了一切，确立了正确的意念，从而

佛说六道

221

达到清净的境界。

简要地说，四谛的核心是，世界是一个苦海，浩瀚无边，只有皈依佛门才能摆脱苦海，到达彼岸。佛教认为，世界的当务之急是解脱人类的痛苦，因此佛教理论可以看成是一种有关人生的哲学。但是作为一种宗教，它不能把社会原因造成的痛苦放到相应的位置上，也不能区别法理与社会现象造成的痛苦。虽然佛教的所有理论集中阐述的是人生的痛苦以及如何解脱痛苦，并且对其价值作出了独特的判断，提供了有趣的设计方案，却无法开出一剂良药来改造社会，只有在精神上给人们以希望、慰藉、满足和寄托。

十二因缘说。在分析人生的苦及苦的成因时，佛教提出了十二因缘说，认为世界上所有现象的存在都依赖于十二因缘，也就是无明（愚昧无知）、行（意志）、识（意识）、名（身体精神）、色（肉体）、六入（眼、耳、鼻、舌、身、心）、受（感受）、爱（贪爱）、取（对外界事物的求取）、有（生存环境）、生和死，这十二因缘彼此互为条件或因果联系。它的中心意思是说，人生的痛苦都是因为"无明"引起的，要想得到解脱，只有消除无明。

三世两重因果说。这是佛教的一条教义，是佛教在发展过程中，把十二因缘说和其他佛教理论结合起来后提出的。佛教认为，所有生物都有三世，即过去、现在、未来，都在不断的轮回中生活。轮回的道路有六条：天、人、魔鬼（阿修罗）、畜生、饿鬼和地狱。如果人们今生的行为与佛教之"法"相符，就能免却轮回之苦，否则将永远在轮回中，在劫难逃。这种教义的核心内容就是宣传"因果报应"和"人生轮回"，并以此证明要想脱离苦海，进入极乐世界，只有皈依佛教，消除

"无明"。

三法印说。佛教在其发展进程中，逐渐把自己的主要教义归结为三法印体系，即"诸行无常、诸法无我、涅槃寂静"。其核心内容为，万物（包括人的精神与肉体在内）都处在不断的生无变化之中；宇宙的精神"我"和个人的精神"我"在世界上并不存在，即"法无我"和"人无我"。涅槃寂静是说佛教徒的最高追求是和现实物质世界相对立的绝对安静而神秘的精神状态。因为三法印说鼓吹世上万物的虚幻无常，从而使信奉佛教的人们容易产生逃避现实的消极思想。

当然，随着历史的发展，释迦牟尼初创时所宣扬的教义已经发生了很大的变化，发展成为今天我们所了解的教义。

佛教徒神往之所——佛教圣迹

圣地

佛教产生于印度半岛，因此在印度半岛有许多有名的佛教圣地，其中最主要的有四处：蓝毗尼，佛祖释迦牟尼出生的地方；菩提伽耶，佛祖悟道成佛的地方；鹿野苑，佛祖最初转法轮的地方；拘尸那城娑罗双树林，佛祖涅槃的地方。这四处圣地合称为佛陀四大圣迹。

蓝毗尼位于今天的尼泊尔境内，它坐落于古印度拘利国与迦毗罗卫国之间，一开始，它是古印度国王善觉王为他的王后蓝毗尼建造的花园，佛陀就出生于这座花园中的一棵无忧树下。这座花园曾一度荒芜，直到近现

鹿野苑遗址

代，人们发现了阿育王石柱，这才知道它是佛陀的故迹，于是它就渐渐成为今天的佛教教徒向往的圣地。

　　菩提伽耶，又叫菩提道场、佛陀伽耶、摩诃菩提、菩提场，位于今天印度比哈尔南部伽耶市（还可译做加雅）近郊的布达葛雅，靠近恒河支流尼连禅河。据载，释迦牟尼经过了六年的苦行，然后来到这里，在一棵荜钵罗树也就是菩提树下悟道成佛。印度中世纪时期，印度教教徒占领了伽耶城，为了不与印度教教徒的伽耶城混淆，佛教教徒就把佛祖悟道的圣地称为佛陀伽耶。佛陀如灭后，历朝历代都在这里筑塔供奉佛陀，一座座精舍伽蓝（也就是寺院）拔地而起，虽然屡遭破坏，但仍有许多遗迹保存至今。

　　鹿野苑也是一处佛陀圣地。鹿野苑就是今天的沙尔那斯，是印度瓦拉纳西（即古城贝拿勒斯）市以北约6千米处的一个地方。这里是释迦牟尼在菩提伽耶得道以后第一个传教的地方，还在此收了五个门徒，因此这里被佛教教徒称为佛祖"初转法轮的地方"。以这里为起点，佛祖释迦牟尼弘教说法四十五年，化度弟子数千人。佛教自那时起就燃起了燎原的星星之火。在这儿，还有一个佛祖前世的传说。据说佛陀的前世是一只鹿王，曾经在这里劝说当时的人王不要滥杀鹿类，而由他每天向人王贡献一只鹿。有一次，轮到一只母鹿作为贡品去献给人王，这只母鹿已经怀孕，便向鹿王求救。鹿王

菩提伽耶

心有不忍，自愿代替母鹿。人王深受感动，就下令从此以后再也不许杀鹿。从阿育王时代起，鹿野苑就开始受到佛教教徒的尊崇和仰慕。8世纪初，也就是戒日王时代，我国唐代高僧玄奘西游时，就目睹了当时这个地方佛教繁盛的景象。13世纪后，伊斯兰教教徒和印度教教徒几乎毁坏了原有的一切佛教建筑。近现代以来，佛教在印度半岛开始复兴，今天，鹿野苑中又出现了很多佛教建筑和佛教古物馆，吸引了世界各地的信徒来顶礼膜拜。

拘尸那是拘尸那揭罗的简称，位于印度中部，传说佛祖在这儿坐化。这座城市的具体位置在佛陀时代（也就是古印度列国时代）十六个大国中的末罗国境内。直到现在，拘尸那揭罗一带还有很多佛教遗址，如佛祖救鹿地、贤善得道地、金刚力士擗地放杵地以及佛母哭佛地、八王分佛舍利地等。慧超是新罗人，据他记载，这儿的佛塔常有禅师来打扫，每年8月8日，僧尼道俗都来到这里，举行盛大隆重的祭祀。印度有八大灵处，这儿是其中之一。我国法显、玄奘西游时，都曾到这里来朝拜圣地。

圣树

娑罗树和菩提树是佛教的两大圣树。

娑罗树就是无忧树，传说，佛祖释迦牟尼在娑罗树下出生，又在娑罗树下去世，娑罗树自然而然地成为佛教的圣树。相传，佛祖出世前，净饭王因为始终

佛陀在娑罗树下去世

225

没有太子，心情郁闷至极，后来和自己的王后摩耶同时梦见天神为他们赐子，王后第二天就怀孕了。临近产期时，天神又告诉王后，常在无忧树下走动会减少分娩时的痛苦，于是王后就常在鸟语花香的无忧树下活动。一天，王后忍不住去攀摘一片树叶，王子就在这时降生了。王子一出生，就能自由活动，可以到处走或跑。

佛祖悟道

　　也有一个关于圣树菩提树的故事。据说释迦牟尼长大后，并不想做国王，他度过一段奢华的生活之后，突然离家出走，要修行正果。他找了许多老师，但都不满意，他潜心修行了六年，可还是不能得道，因此他非常苦恼，打算寻找新的修行方法。一天，他来到了菩提伽耶（后来成为佛教圣地），在一棵荜钵罗树下静坐参道。他在这棵树下苦苦思索了七个昼夜，终于在一个寂静的月圆之夜，他顿然破除妄念，觉悟真理，证得了菩提果而修炼成佛。因为佛祖是在荜钵罗树下证得菩提果的，因此以后佛教就称这种树为菩提树，含"觉悟成道"之意。据说，至今在印度比哈尔省伽耶城南郊10千米的地方，还可以看到佛祖得道时的那棵树，树下有佛祖打坐用的"金刚座"，树的东侧则是大菩提寺，该寺历史悠久，距今已经有一千八百多年了。

中印文化交流的硕果——佛教传入中国

　　佛教从产生的那天起，就开始向外传播，早在1世纪左右，就有印度佛僧来到中国。比如179年的竺佛朔，197年的竺大力，3世纪的释迦跋澄、释迦提婆，5世纪的求那跋陀罗，6世纪的真谛等等。到了隋唐时期就更多了，可以说不胜枚举。到了13世纪，虽然印度的佛教已接近灭亡，但敦巴桑结仍然五次从南印度来我国的西藏传教。另外，据说我国佛教禅宗的始祖达摩也是印度人。当然，其中还是以鸠摩罗什最为有名，他将印度古代重要的哲学思想系统地传到我国，还翻译了大量佛教经典。这个印度学者在我国的宗教、哲学和文学史上都起过重大作用。这些僧人、学者到达中国后，译经、传教、讲学，做了不懈的努力，不但促进了我国文化的发展，还与中国学者一起把大量印文典籍译成汉文，使目前已在印度失传的典籍得以在我国保存下来。

说到印度，或许很多人就会想到《西游记》，就会想到那位历经磨难到西天（即印度）取经的唐僧，其实，有许多中国人在唐僧之前就到过印度。据史料记载，中印两国在公元前2世纪就有所接触。魏晋时就有人去印度学习佛法，此后断断续续总有人前往，从3世纪中叶到8世纪中叶的五百年间，就有一百六十多名中国佛教徒到达印度。在以后一千年间，仍有众多中国佛教徒前往印度。在这些人中，主要以法显、宋云、惠生、

玄奘负笈像

227

玄奘（即唐僧）、王玄策、义净等人最为著名。他们历经千辛万苦前往印度，在那里取经求学、交流文化，与印度人民结下了深厚的友谊。直到今天，玄奘等人的名字在印度还家喻户晓。在印度人看来，玄奘不但是学习印度佛法的先师，还是中印友谊的象征。还有很多人在取经的过程中命丧黄泉，有的卒于印度，有的殁于半路，虽然他们连姓名都没有留下，但他们的精神却永垂不朽，永远受到中印两国人民的敬重。虽然中国去印度的僧人时少时多，断断续续，但佛教对中国的影响却一直没有消失，一直到19世纪在西方思想没有传入中国前，中国仍然有很多人信仰佛教，特别是在广大农村地区，也许有些人不知道什么是佛教，却多多少少都受着一些佛教思想的影响，例如他们相信因果报应、转世轮回等。可以说，佛教一经传入中国，就成为我国社会生活中的一个重要方面，上至君王，下至庶民，无不受其影响，佛教刺激了当时的思想、科学和文化，而且从某种程度上说，对中国文化的发展也有一定的促进作用。

"墙里开花墙外香"——东南亚盛行佛教

除了中国、日本、朝鲜半岛等地以外，佛教在东南亚地区也极为盛行。受其影响的国家和地区主要有锡兰（今天的斯里兰卡，我国古代称"狮子国"）、缅甸、泰国、柬埔寨等。在东南亚，佛教具有崇高地位，是世界上任何地方都无法相比的。

印度以外，第一个接触佛教的地区就是锡兰。据说，在佛陀生前，他的弟子阿难陀就曾亲自到锡兰传播佛教教义。佛教传入锡兰的时间目前可以确定为阿育王时期。公元前3世纪，阿育王派传教士到锡兰传教，在传教士的努力下，佛教（上座部派）很快就被锡兰当时的古代居民僧伽罗人所接受。佛教也因此在相当长的一段历史时期内成了锡兰这个南亚岛国的国教。古代的锡兰人民创造了漂亮的具有印度传统风格的佛教雕塑和建筑，其中就有世界上最大的土堆佛塔（或窣堵波）和佛陀及其弟子们的巨大雕像。他们还建造了举世闻名的阿努拉德普勒大佛塔，除了古埃及大金字塔，该塔比所有其他金字塔都大，其周边几千米范围内有很多大小相仿的佛塔，还有一大群漂亮的纪念性石头建筑和大浴场。锡兰历代国王对佛教虔诚崇敬的行为，尤其是他们修建佛塔或出资修建寺庙的行为，在古典僧伽罗编史中有所记载，该史书由佛僧编纂并保存至今。一直到今天，佛教依然是锡兰的第一大宗教。

　　大约在1世纪初，佛教被锡兰的佛教教徒传到缅甸。6世纪时，佛教（上座部派）在缅甸盛行。6世纪后期，佛教密宗的阿阇利耶教传入了缅甸的蒲甘地区。1044年，缅甸全境被蒲甘王朝（1044—1287）的阿奴律陀国王所统一。1056年，佛教僧人信阿罗汉来到蒲甘，使早已传到蒲甘的密宗佛教遭到国王的排斥，上座部佛教被定为国教，信阿罗汉也被尊为国师。1058

阿努拉德普勒大佛塔

年，缅甸人以上座部佛教巴利文为基础，创造了缅文字母，还把上座部佛教三藏典籍音译成缅文，奠定了佛教在缅甸的发展基础。此后，虽然缅甸王朝几经更替，但佛教（上座部派）却一直保持着国教地位。13世纪以后，缅甸人开始大规模建筑寺院佛塔，其中以仰光大金塔最为著名，里面收藏着八根佛发。经过历代王朝的修建，大金塔不断扩建增高，更显得富丽堂皇、雄伟壮观，成为今天世界上赫赫有名的佛教圣地。

佛教（上座部派）传入泰国（古称暹罗）的历史要追溯到公元以前。后来，大乘佛教又传入泰国南部。11世纪中叶兴起的缅甸蒲甘王朝的势力逐渐扩展到泰国北部和中部，同时其国教上座部佛教也被带到泰国，并得到推广传播。泰国北部地区成了上座部佛教中心之一。在这以后的近千年里，在封建君主的保护和扶持下，上座部佛教成了泰国的国教，并逐渐形成了一套独特的"僧王制度"，即国王任命佛教僧团首领，全国的僧务都由佛教团首领掌管。黎汰王是泰国历史上速古台王朝的第四代君主，他是一位虔诚的佛教徒，曾一度落发为僧，由此开创了泰国国王必须出家的先河。佛教几乎受到所有泰国人的

吴哥窟

信仰，对泰国社会生活和风俗习惯的影响重大。

佛教最早传入柬埔寨是在5世纪至6世纪，当时正是柬埔寨的扶南王朝时期。6世纪前期，我国派使臣出访扶南，应我国使臣的请求，扶南派博学高僧到中国弘扬佛法、翻译《佛经》，其中具有代表性的有僧伽婆罗和曼陀罗仙。627年，北方崛起的吉蔑人国家真腊消灭了扶南王国。8世纪初，统一的真腊分裂成南北两部，分别成为水真腊、陆真腊。9世纪初，柬埔寨被真腊建立的吴哥王朝再度统一。大乘教是吴哥王朝的国教，吴哥王朝成为东南亚的佛教中心。在国王苏利耶跋摩二世统治时期（1113——1150年），在吴哥城南郊，一座寺庙拔地而起，称为大伽蓝吴哥寺，也称吴哥窟或小吴哥，这是佛教与印度教艺术融合的成果。1369年和1389年，泰国两次攻陷吴哥。大乘佛教的国教地位被上座部佛教所取代。

除了以上几个国家外，佛教还远播到了东南亚其他的国家和地区。佛教对世界文明发展的影响是极其深远的，一直到现在，这种影响还在继续。历史悠久的佛教，随着时代的前进也需要发展。如今很多佛教上层有远见的人，为了繁荣佛教，已经开展了各种活动，仅1960年以来，印度各地就成立了上百个佛教组织。世界各国也在加强对佛教的研究，近年来，已经在印度举行了数次国际会议来研究佛教。

"尊上神为天父，视众人为兄弟"——锡克教

锡克教也许算得上是印度半岛宗教发展史上最年轻的宗教。虽然它产生的时间较晚，但也对印度半岛的文明发展产生了不小的影响。

锡克教创立于16世纪。"锡克"（Sikh）一词源于梵语

Siksati，本意是"学习"。锡克是印地语，是"门徒"或"信徒"的意思。锡克教的师祖称为"古鲁"。纳那克是锡克教的创立者，也是锡克教的首位"古鲁"，被尊为"真正的师祖"。

纳那克作为锡克教的创立者，为锡克教贡献了自己的一生。

在印度半岛旁遮普省拉维河畔，有一个名为塔尔万堤（现巴基斯坦境内的纳那克村）的村子，1469年4月15日，纳那克在此出生，他属刹帝利种姓，商人家庭。父亲名为迈哈达·卡鲁，是个生意人；母亲叫德瑞达，主持家务。纳那克七岁那年，拜师学习宗教文化知识，九岁佩戴圣带，十六岁娶了莫拉·克帝利的女儿苏尔妮。他曾遵从父命学习放牧、贩运食盐和经商开店，都以失败告终。在姐夫迦耶拉姆的推荐下，他被省长道莱特·汗洛堤委派为苏尔坦普尔产粮区管理军粮仓库的官员。后来，他主动辞职，先后到印度半岛东部、南部和北部以及中亚与西亚等地云游，晚年在旁遮普省拉维河畔定居，传播锡克学说。1539年11月22日纳那克去世，终年七十岁。他有两个儿子，分别叫序瑞吕德和拉希米钱达。他们

锡克教大师和教徒在一起

都不是锡克教派中最优秀的弟子,因此,纳那克临终前就把锡克教派第二代祖师之位传给了他的亲密伙伴、最优秀的门徒安格德。

锡克教诞生的时候,正赶上世界宗教改革浪潮。当时,印度半岛正是莫卧儿王朝统治的初期,13世纪和14世纪的印度教派运动高涨,其影响逐步扩大,从南方一直蔓延到北方的印度河—恒河平原。当时,印度教虔诚派运动对北印度的旁遮普地区的影响非常大,使当地有改革印度教和伊斯兰教并使二者友好相处的趋势,这种宗教的调和,促使锡克教以印度改革派身份登上历史舞台。虔诚派运动领袖迦比尔的印度教吠檀多哲学和伊斯兰教苏菲派哲学奠定了锡克教的理论基础。

随着锡克教的日渐壮大,以及锡克民族的形成和发展,锡克教也渐渐在印度半岛特别是在印度半岛的旁遮普地区声名鹊起。纳那克也因此在印度宗教的发展史上享有相当高的地位。

纳那克死后,锡克师尊的职位一直沿袭下来,并且从第五代师尊起开始世袭。

锡克教是伊斯兰教苏菲派和印度教的综合。因此,锡克教教义既继承了印度教"业报轮回"说,又借鉴了伊斯兰教苏菲派的神秘主义:一方面认为人生只是摆脱苦难,要达到解脱,人们必须遵照神的意志生活;另一方面又认为世界是高深莫测的。但是,锡克教不信仰多神,主张绝对的一神教,这一点和印度教不同,而类似于伊斯兰教。锡克师尊被奉为神的代表,教义规定要把纳那克的名字常挂嘴边,相传这样可以使灵魂洁净,消除恶念,感觉幸福至极。锡克教不宣扬偶像崇拜,不提倡形式主义;排斥苦行主义,反对种姓制度而推崇"尊上神为天父,视众人为兄弟"的教义。与伊斯兰教相反,锡克教不相信末日审判，反对斋戒，反对惩罚不同信仰者的圣战，不过它主张为保护宗教而斗争。

概括地说，锡克教最重要的教义有两点：

一、在神的面前众生平等。锡克教继承了佛教众生平等的思想，反对印度教的种姓制度，认为种姓没有任何意义，神不问人的出身，只在乎他做些什么。主张人类要摆脱社会压迫的唯一途径是对神的爱。因此，锡克教赞同男女平等，反对歧视妇女，并反对寡妇殉夫、溺杀女婴等社会陋习。

二、主张自我修行。锡克教这一教义的产生是以印度教吠檀多哲学和伊斯兰教苏菲派教义的某些成分为基础的。锡克教不赞成印度其他宗教的多神论和偶像崇拜，提倡一神论。锡克教认为，神并没有具体形象，可神却无处不在，神就是最高的道德准则，是人们所有力量和活动的源泉。锡克教教徒以保持自身的诚实，在精神上经常自觉地与神保持一致为天职，而不束缚于繁琐的祭祀礼仪。

《格兰特》是锡克教的经典，编订于16世纪，体裁与基督教《旧约》中的所罗门诗歌相似，内容丰富，有历代古鲁的生平事迹、赞歌和历史上锡克教重要活动家的言论。

现在，锡克教已经成了印度共和国的第四大宗教，并且在世界各地都有很多信徒。

影响深远的外来宗教——伊斯兰教

伊斯兰教是当今世界三大宗教之一，与基督教、佛教三教并立。早在712年，伊斯兰教就传入了印度半岛西北部的信德地区。之后，伊斯兰教在信德的势力不断壮大。12世纪至13世纪起，伊斯兰教在北印度的地位就已具有绝对的优势。到了莫卧儿王朝统治时期，伊斯兰教在印度半岛的势力达到了顶峰，成了独一无二的国教。在英国殖民者入侵前的几百年间，伊斯兰教及其文化深深影响了印度半岛的文明进程，其政治、文学、建筑等各方面无不带有伊斯兰教及其文化的烙印。

伊斯兰教是一种外来宗教，因此，它的宗教思想以外来成分为主，与世界其他地区的伊斯兰教的思想大同小异，故此我们在这里不再一一赘述。

伊斯兰教经典《古兰经》书影

印度的穆斯林与世界其他地区的穆斯林一样，尊奉圣经《古兰经》（一译《可兰经》）。印度半岛的穆斯林主要分布在半岛的北部区域，今天的巴基斯坦国、孟加拉国以及印度共和国的西孟加拉、比哈尔和安得拉等地是其主要聚居地。因为政治、经济、历史和宗教观念的差异，自古以来，印度半岛上的印度教教徒和穆斯林冲突频繁。

神灵的庙宇
——宗教建筑

宗教建筑是宗教诸神在凡尘的寓所，是人世间的凡人拜见神灵的圣殿，是实现人神交流的桥梁。在这里，神明受人尊崇景仰、顶礼膜拜，而凡人也借此从神明那里获得了灵性，暂时抛开了世俗的烦恼、悲伤和痛苦，萌发出对于来世的美好向往和几千年来一直萦绕于心的永生之梦。

万神飞舞之所——印度教建筑

印度半岛上宗教派别非常多。宗教也是印度半岛人民生活的重要组成部分，甚至于它在人们日常生活中的地位远非寻常的世俗生活所能比，因此宗教建筑在古印度建筑史上一直占有主导地位。

印度教的建筑颇具特色，其形式以神庙为主。早在公元前3世纪，就已经出现了印度教神庙的雏形。后来，印度教逐渐取代佛教而成为主流宗教，因而在印度半岛上出现了大量的印度教神庙。

印度教的神殿一般是墙壁与屋顶联成一体，特别像大型的雕塑纪念碑。因为在封建社会时期，印度常常是四分五裂，因此，神殿建筑的地方色彩也很浓，北方、中部和南方风格各异。

北方的神庙一般包括三部分：方形的门厅、神殿、殿顶上的塔，四周没有围墙。印度教崇拜的是三位一体神，神的具体化身就是神庙，相传门厅和塔分别是破坏神湿婆和保护神毗湿奴的象征。神殿内部的空间狭小黑暗，里面有一个圣坛，是创造神梵天的象征。北方神庙塔的造型多呈曲线形轮廓，动感十足。公元1000年修建的达立耶—玛哈迪瓦庙是北方最著名的神庙，其屋顶由若干个小屋顶拼成，重重叠叠，像小山，又像波浪。印度所有神庙的雕刻都是非常复杂的，让人眼花缭乱。

南方神庙也由门厅、神殿和塔组成，不过周围有围墙，围墙每边都有门，门顶上也有塔，后来，门顶上的塔建得越来越高，中央神殿上的塔反而越来越小，于是门塔就成了神庙的标志，整座神庙的外形很像城堡，格局也越来越复杂，因此南方神庙比较有规模。举个例子来说，16世纪建造的拉玛神庙，围墙就多达四道，最外面的一圈围墙的尺度达到920×758米。再如马都拉大寺，门塔共有十一座之多，最高的四座高达45米，余下的逐渐缩小，以此作为不同神殿等级差异的标志。南方的塔一般都是方锥形的，造型简洁，显得刚劲有力，表面多用小圆雕，工艺精湛。

印度中部地区的神庙兼具南北地区神庙的特点，同时又不失个性。神庙周围用柱廊代替了墙，院子中央有一个大厅，是举行宗教活动的主要场所。大厅的两侧和背后，设计了三至五个神殿，神殿顶上也有塔，不过都较低。建造于1268年的卡撒瓦神庙是其中的著名范例，它的主殿平面呈十字形，东西长约27米，南北宽约25米，屋顶上的塔高约9米。主殿有特别精致的镂空石板窗户，制作精良。主殿周围是一圈房子，每间房子都带有柱廊。

中印度圣都里的庙宇——卡杰拉霍神庙群

卡杰拉霍神庙群位于今天印度中央邦那查塔普尔县的卡杰拉霍镇，和首都新德里有大约600千米的距离，它是印度教建筑的杰出代表。

卡杰拉霍是印度半岛上的一个古老的城镇。早在9世纪初，它就是古印度史上章德拉王朝的首都。那时，章德拉王朝的第一代国王丹伽开始在这儿兴建石造寺院。大约在950年至1050年间，也就是在章德王朝的极盛时期，卡杰拉霍成了控制整个中印度的圣都。在这期间，共有八十五座壮丽至极的庙宇在卡杰拉霍境内拔地而起，可惜的是，只有二十二座保存了下来，这就是我们今天所说的卡杰拉霍神庙群。

按照地理位置，可以把卡杰拉霍神庙群分成西、东和南三个区，其中西区的建筑群最庞大，也最具有艺术价值。西区神庙群主要有以下神庙：瓦拉哈神庙、马探戈斯瓦拉神庙、拉丝玛纳神庙、威斯瓦纳斯神庙、南迪神庙、吗哈戴维神庙、次错古扑神塔庙、扎噶德比神庙等。瓦拉哈神庙呈长方形，有十二根柱子支撑着庙体，神庙下有沙石地基，它的屋顶呈金字塔形。在神殿中间有一尊人形的野猪像"瓦拉哈"，是用一块巨大的黄沙石雕成的，毗湿奴教派中有十大人形兽像，这是其中之一。马探戈斯瓦拉神庙里供奉的是湿婆，整个建筑由沙石建成，该神庙是

卡杰拉霍神庙群

印度半岛北部最大的纪念湿婆的建筑。拉丝玛纳神庙在卡杰拉霍神庙群中保存得最完整，它是为了供奉保护神毗湿奴而建，由狮头、野猪头、人面组成的三面雕塑是其标志性建筑。威斯瓦纳斯神庙里供奉的是湿婆神，造型优美，工艺精湛，尽管历尽风霜，却不失为建筑史上的不朽杰作。吗哈戴维神庙供奉的也是湿婆神，湿婆神的大理石雕像矗立其中，在卡杰拉霍神庙群中，该神庙不仅是最雄伟的，也是艺术价值最高的。庙里的仙女雕塑，造型顾长，姿态万千，栩栩如生。次错古扑神塔庙是卡杰拉霍神庙群中仅有的一座太阳神庙，建于堪德拉国王时期，是一座三层建筑，造型优美。扎噶德比神庙是西区建筑群中的最后一座，它基本上模仿次错古扑神塔庙而建，无论是外形、尺寸还是装饰，二者都非常相似。相比之下，供奉着南迪神的南迪神庙更像是一座亭式建筑，并不是真正意义上的神庙。东区和南区的建筑虽然造型优美，可还不及西区的金碧辉煌。在所有的卡杰拉霍神庙中，永宁神庙的历史最悠久，建于935年。而康达立耶·玛哈迪瓦神庙则规模最大，造型最美。它的门廊、角塔重重叠叠，高达35米，就像高耸的山峰，又好似诸神的宫殿，令人眼花缭乱。整个建筑造型雄伟壮观，洋溢着和谐、庄重之美。

卡杰拉霍神庙群中保存的雕塑有很多具有极高的艺术价值，

卡杰拉霍神庙群中的雕塑

这些雕塑大多是为了纪念三位一体的神灵，这三位神灵是创造神梵天、保护神毗湿奴和破坏神湿婆。这些精美的石雕神像遍布古庙内外墙，使卡杰拉霍神庙群更添无穷魅力。庙内存有大量雕塑，这些雕塑内容丰富、多姿多彩，堪称印度艺术中的经典之作。

古代的能工巧匠在这些寻常无奇的石块上斧削、凿刻，化腐朽为神奇，使这些石块变成了一件件造型优雅的雕塑艺术极品。卡杰拉霍神庙群的所有雕塑中，大部分反映的是宫廷生活、战争场景。有的雕塑生动地再现了少女刚起床时伸懒腰的情景，有的表现了妇女洗浴后用手绞去头发上的水珠的情景，有的反映的是小孩取出脚掌上的刺的情景。这些雕塑都表现出一个比较突出的特点，即雕刻家们着力去刻画人物身上的肌肉，特别是当人物用力时绷紧的肱二头肌和小腿肚肌肉，这充分体现了当时艺术家们高超的艺术手法。

受印度教教派性力派的深刻影响，在卡杰拉霍神庙群的雕塑中，也有一些真实地描绘性生活图景的色情雕塑。不过，这些公开刻画性生活的雕塑并没有被禁止，从这一点上来看，我们可以想象当时章德拉王朝时期人们在生活方式方面的自由。色情雕塑在所有雕塑中所占比重非常小，尽管如此，它还是让卡杰拉霍神庙群曾经蒙上了坏名声。

1986年，联合国教科文组织认定卡杰拉霍神庙群遗址为世界文化遗产。今天，卡杰拉霍神庙群经成了印度半岛上著名的旅游胜地，吸引着众多的游客前来观光。

供奉湿婆"林伽"的建筑——布里哈迪斯瓦拉神庙

布里哈迪斯瓦拉神庙是古印度南部地区的印度教建筑的典型，始建于1000年左右，位于今天印度泰米尔纳德邦的坦贾武尔（Thanjavur）境内。

布里哈迪斯瓦拉神庙坐西朝东，建筑材料为石头。主神殿内供奉的是印度教主神湿婆的生殖器形象"林伽"。在它的上方，一座共十三层的天宫大宝塔巍然屹立，塔高66米，象征着"林伽"与宇宙连接在一起。大宝塔的装饰非常精细，里面有很多神龛和壁柱，它的顶端装饰着印度教万神殿的雕带，雕带上绘有八头公牛。在它的底部，两堵平行的墙围住了供放"林伽"的至圣之所，形成了一条两层高的通道。塔的下端有精美的壁画作为装饰，第七层的上面雕刻着大约八十种优美舞姿样式，这八十种舞姿在古印度舞蹈理论著作《舞论》中有所介绍。主神殿的周围簇拥着一些小神殿，这些小神殿对主殿有保护作用。另外，神殿里还有一座长约6米的湿婆神的坐骑的雕刻卧像。

布里哈迪斯瓦拉神庙

神庙的内墙上刻着密密麻麻的铭文，记载了很多关于社会、历史、军事、经济、行政管理、艺术和手工艺等世俗生活的信息，留下了一千年前南印度的许多与国家政事、人们的日常生活相关的历史记忆。这在崇拜神灵的印度教建筑中是非常稀有的。这些铭文，不仅记录了与寺院生活相关的事件，还记载了当时朱罗泰米尔王朝统治时期的一些大事。主殿的墙上，刻着国王和他的姐妹们赠送礼物的清单；在神龛和寺庙的柱子上，刻着国王的妻妾、侍从和官吏们赠送礼物的清单。清单上的礼物绝大部分是奢侈品，对于研究朱罗泰米尔王朝而言，这都是非常珍贵的历史记录。

布里哈迪斯瓦拉神庙建于985年至1014年间，正是朱罗泰米尔王朝最伟大的君主罗阇一世统治时期，这位国王曾开创了古代南印度历史上的一个光辉时代。正是因为布里哈迪斯瓦拉神庙内保存了大量的铭文，他的事迹才得以在印度半岛上流传。

布里哈迪斯瓦拉神庙把精神世界与凡尘很好地融合在一起，它是一座承载印度宗教精神的庙宇，同时还是朱罗泰米尔王国树立起来的一座有关历史、文学、艺术和建筑的纪念碑。

1987年，布里哈迪斯瓦拉神庙跻身世界文化遗产之列。

"印度的巴洛克建筑"——哈勒比德—贝鲁尔寺庙群

哈勒比德—贝鲁尔寺庙群建于12世纪至14世纪，位于今天印度南部卡纳塔克邦的哈勒比德村和贝鲁尔村，它是古印度文明的瑰宝。主体建筑分为两部分，即哈勒比德庙和贝鲁尔庙。

哈勒比德庙由青黑色的石块堆砌而成，庙的外墙上有许多雕刻，这些雕刻非常精美，主要的艺术造型有神、舞女、乐师、骑士、大象、狮子、战马、牛等，它们姿态万千，活灵活现。这些雕刻主要表现的是神界和人间的生活（特别是宫廷生活）场景，其中就有反映印度教大神湿婆和他的妻子帕尔瓦蒂美满和谐的情感生活的组图。另外，也有一些雕刻表现的是男女性爱的场景。这些雕刻，大的和真人相仿，小的只有几厘米，艺术精湛，令人叹为观止。神庙的整体是工匠们把石头雕

哈勒比德—贝鲁尔寺庙群内雕塑

刻好后再一块块拼成的,为了保证神庙建筑的质量,它们把插销刻在石头上,以至于能够完全拆卸,然后运到另外一个地方再拼起来,这足见当时的建筑水平之高。

因为寺庙的墙壁上雕刻的壁画有一万幅之多,因此,人们把哈勒比德庙称为"印度的巴洛克建筑"。令人痛心疾首的是,这座艺术宝库屡遭破坏,已经严重损坏。相比之下,另一座印度教神庙贝鲁尔庙保存得比较完好。

贝鲁尔庙和哈勒比德庙风格相似,墙壁上的壁画也基本相同,但从数量上看,前者不及后者。两者相比,贝鲁尔庙最令人瞩目的是神庙柱子上的仙女雕像,其数量和精细度都远非哈勒比德庙的同类作品所能比。这些壁画上的仙女身体非常丰满,她们炫耀着自己优美的舞姿,在凝固的石雕上翩翩起舞。

传说是古印度曷萨拉王国的王族们主持修建了哈勒比德—贝鲁尔寺庙群。曷萨拉王国坐落于今天印度卡那达邦的南部地区,哈勒比德就是王国的首都。最初,曷萨拉王国只是卡那达邦北部恰鲁卡王国的一个附属国。12世纪初,国王毗湿奴筏驮那时期，王国获得独立。1152年，毗湿奴筏驮那去世，他的儿子那拉斯马一世继承了王位，可是因其沉迷于声色、疏于国政，致使国势渐衰。不久，那拉斯马一世的儿子巴拉拉二世篡夺王位。巴拉拉二世的统治，使曷萨拉王国达到了鼎盛。在之后的几位国王的统治下，王国国势日渐衰败，根本抵挡不住北方穆斯林的入侵，不得不向北方强大的德里苏丹王国俯首称臣，最后渐渐地灭亡。虽然这一王国和很多小王国一样，在古印度历史上的影响甚微，但凭借着哈勒比德—贝鲁尔寺庙群，它的事迹也逐渐被人所知。

献给佛祖的巨构——佛教建筑

佛教建筑是佛教文化中不可分割的一部分。

古印度佛教建筑主要有窣堵波、塔和石窟几类。公元前3世纪，孔雀王朝的君主是佛教信徒，尤其是著名的阿育王，热衷于修建佛教建筑，近乎痴狂，他在位期间在帝国广阔的疆域内修建了大量的窣堵波、塔和石窟。

随着佛教的传播，源自古印度的佛教建筑风格也传到亚洲各国，其中受其影响最大的有我国、日本、朝鲜半岛、锡兰（今斯里兰卡）以及东南亚地区。

在我国，佛教自东汉时期传入，从此，不仅成为我国古代文化中不可或缺的一部分，而且我国也开始出现了大量的佛教建筑，其中许多都是建筑艺术中的不朽杰作。佛教的几种基本建筑形式在我国境内差不多都出现过，其中最为有名的是石窟和佛塔。我国现存的佛教石窟有敦煌莫高窟、云冈石窟、龙门石窟等；而佛塔建筑则不计其数，现存的著名古塔有西安的大雁塔、河南嵩山的少林寺塔林等。

佛教建筑在东南亚更多，其中以印度尼西亚的婆罗浮屠佛塔、泰国曼谷的帕巴吞金塔等最为著名，而缅甸更是有"佛塔之国"的美誉。

供奉"舍利"的建筑——窣堵波（佛塔）

窣堵波呈半圆形，外形和坟墓较像，又像是倒扣着的饭钵，因此这种造型也叫"覆钵"。窣堵波的主要用途是掩埋佛祖释迦牟尼或其他圣徒的"舍利"。相传它的外表象征着苍穹，显得异常庄严肃穆。

有些地方的窣堵波的造型渐渐发生了变化，下面的台基越来越高，使塔身高大，而半圆形的覆钵却缩小成顶上的一支塔刹，这样就形成了新的建筑类型——佛塔。印度的佛塔完全用石头砌成，没有一层层的檐，造型与后来的中国宝塔差别很大。佛陀迦耶的大菩提寺塔是印度最著名的佛塔。

桑吉窣堵波

今天印度境内的桑吉窣堵波和尼泊尔境内的斯瓦扬布那特窣堵波是古印度窣堵波佛教建筑的杰出代表。

桑吉窣堵波建于公元前250年，在印度所有窣堵波中，它是最大的一座，后来又扩建过很多次。它的半圆体很庞大，全部用砖砌成，外面有一层红色的沙石，直径为32米，高12.8米，台基高4.3米。在圆顶上，有一个方形的亭子，最上面是一根竿子，竿子上顶着三个华盖伞似的圆盘，这圆盘被称为"相轮"，象征着极乐世界。窣堵波的周围有一圈石头栏杆，还建有四座石门，每座石门都有10米高，上面还有三道横梁，借鉴木结构的式样，梁上和柱子上都布满了雕刻，这些雕刻都是有关佛祖故事和动植物的。

斯瓦扬布那特窣堵波建于公元前3世纪，坐落在尼泊尔首都加德满都郊外的斯瓦扬布山顶上。主体建筑为佛塔，塔基是纯白色，塔身金黄色，华盖宝顶高耸，庄严雄伟，堪称古代佛塔建筑的典范。全塔包括五层：从下到上依次为圆形、方形、三角形、伞形、螺旋形，分别象征着水、地、火、风和生命的精华，佛教中表示万物的构成。传说文殊菩萨听说当地有金光闪烁的梵天佛像，专程从中国五台山前去参拜。那时，加德满都是一个大湖，文殊菩萨劈山放水，将湖泊化为盆地。当时的国王是尚蒂，他拜在文殊菩萨门下皈依佛门，并把梵天佛像遮盖起来，在上面修建了一座佛塔，这就是斯瓦扬布那特窣堵波。在佛塔周围环绕着许多佛寺庙宇，形成了一个佛教建筑艺术群落。佛塔西面有珍藏着佛祖遗骨的阿难陀库蒂寺。山坡上建有文殊菩萨庙，岩石上有一双脚印，相传是文殊菩萨留下的。佛塔西北面的建筑称为"幽居"，是古代大乘金刚教祖尚蒂卡尔苦思悟道的地方。哈里蒂庙、斯瓦扬布寺等建筑在其东北面。

东面是普拉塔普尔寺，这是三百多年前的国王为纪念王后而修建的，寺外雕刻着大乘金刚教的四尊守护神塑像，因其构思别出心裁而闻名于世。

与泰姬陵齐名的建筑——阿旃陀石窟

古印度人相信大地的深处和神灵有着某种神秘的联系，因此他们喜欢在坚硬的山岩峭壁上开凿各种洞穴，作为僧人修行或信徒进行宗教仪式的场所，这就是石窟。石窟一般都有一个火焰形的门洞设在门口，主要空间藏在山岩里，光线很暗。印度共有石窟一千二百多个，其中支提窟的卡尔利石窟最大。另外，西部地区的阿旃陀石窟也是一处著名的石窟。

阿旃陀石窟历史悠久，距今已有两千多年了。它的建筑雄伟壮丽，雕刻和壁画精美绝伦，与泰姬陵并称为印度的双璧，誉满全球。

阿旃陀石窟

在今天的印度西南部有座文达雅山，在山麓离谷底76米的悬崖峭壁间，在新月形的山腰陡崖上，阿旃陀石窟环布其间，高低错落有致，绵延550多米。

阿旃陀石窟是古代佛教教徒开凿的佛殿、僧房。"阿旃陀"一词源于梵语"阿谨提那"，乃"无想"之意。传说从孔雀王朝阿育王时代（约前3世纪），第一阶段的石窟开凿就开始了，延续了二百多年，共完成六个窟。之后沉寂了近四个世纪，到笈多王朝的强盛时期，再次兴起开凿石窟的热潮。直到6世纪，二期工程才竣工。

阿旃陀石窟曾是佛门弟子修身养性、研读经书之所。过了不久，这里便香火不断、僧侣云集。贞观十二年（638），中国唐代高僧玄奘曾到过阿旃陀石窟，他在《大唐西域记》中描述了阿旃陀石窟的盛世景象，这是关于这一石窟的最早记录。不过，随着佛教在印度的衰落，阿旃陀石窟也备受冷落，12世纪惨遭废弃，之后逐渐掩于泥土流沙和崖壁上攀缘植物的茎叶之下，不再被人所知，重新被发现时已经到了19世纪。那是1819年，一些英国军官猎逐野兽，很意外地发现了石窟；还有一种说法是，英军马德拉斯军团的一连士兵在这里操练，士兵一不留神从平原的边缘跌落到文达雅山下的瓦沟拉河河谷里，这才发现了河谷崖壁上有洞窟。从此以后，阿旃陀石窟又奇迹般地扬名世界，异彩重放。

阿旃陀石窟共有二十九座窟，其中有二十五座是"毗诃罗"，是僧人居住之所。四座"支提"，也就是佛殿。"毗诃罗"呈正方形，里面陈设简单，有床、枕头和佛龛，床和枕头都是石头的。"支提"顶部是拱形，平面形如马蹄，里面有佛陀和其他菩萨的巨型雕像。

阿旃陀石窟壁上的浮雕

　　阿旃陀石窟中有很多世界闻名的艺术杰作，主要包括石雕和壁画。因为建筑时间不同，因而各有千秋。雕刻包括雕像和浮雕两类。佛像和廊柱都是用整块岩石雕成的，浮雕布满列柱、藻井。这里有佛陀向弟子说法的群像，有形象可爱的小矮人，有手拿花环和念珠在云中飞翔的仙女，还有急驰的小鹿、桀骜的狮子、决斗的水牛和大象，也有由各种鲜花组成的图案等，雕刻精细繁密，五彩斑斓，形态各异。例如，7世纪所建的第一号石窟内，有一尊佛陀像，高3米左右，正看，佛仿佛在沉思；左看，佛似乎在微笑；右看，佛又好似在庄严凝望。

　　印度古代绘画在阿旃陀石窟保存得最多，水平也最高，因此阿旃陀石窟被称为印度古代绘画的宝库。窟内壁画画面精美，内容丰富多彩，以宗教题材为主，内容直接来自佛经。有佛陀成佛前苦修的故事，表现了佛陀的出生、出家、成佛、降魔、说法和圆寂，也有宣扬宗教哲理的神话，有的壁画还描绘了当时印度社会生活和宫廷生活的情景。构图复杂而又不失和谐紧凑，笔法活泼，人物体态优美，表情丰富生动。其中最古老的是第九窟，建成于1世纪，是小乘佛教精舍。该窟的壁画已经残缺不全，后人胡乱涂抹，画面早已模糊不清，不过仔细观察、揣摩，画的内容仍依稀可辨，如牧童放牛、六牙象故事等。

在后期洞窟中，第一、二、十六和十七这四个僧房的壁画最多，这是因为僧房内能作壁画的壁面多于塔堂窟。因为洞窟建筑空间进深很大，很少有光线射入，即使白天厅里的光线也很弱，因此壁画鲜艳的颜色才得以保存，可谓美不胜收。这四个洞窟里的壁画是笈多王朝盛期时重彩画的代表作。洞窟内壁面的涂层制作异常精细，先在平整的岩石面上作两层涂层，然后将泥层表面砑光，涂上白灰浆后再作画。除了炭黑，所用的颜料都是矿物质，青金石蓝颜料是从阿富汗进口的，极为昂

阿旃陀石窟内的壁画

贵。水溶胶用来调和颜料。壁画根据题材也分布得井然有序，前廊正壁和列柱画的都是佛像和菩萨像，中厅四壁以佛传和本生为主。在天花板上，画有各种纹饰、人物、动植物和几何图形。这些纷繁的纹饰充分表现了热带环境下一派生机勃勃的景象，增强了中厅的华丽。

在这些壁画中，保存最好的要数第十七窟，它有三十三天下凡和调伏醉象等佛传题材。在构

图方面，每幅画中有多个情节和场面，并用树木、假山、房屋和门庭等道具将它们隔开。总的来看，各场面还是交错混杂在一起的，各情节间缺少时间顺序，这种构图也恰恰反映了当时印度人没有时间观念。保存得比较好的还有第十六窟，其中有一幅描绘了悉达多太子出家后，妻子耶输陀罗的愁容与周围人们的不安情景，形象逼真，惟妙惟肖。另外，第一窟壁画保存得也较为完好，画面颜色对比鲜明，构图与人物描绘注重动态和表情，代表着阿旃陀壁画的最高水平。在中厅正壁佛堂门的一侧，画有一个菩萨，他表情庄重，右手持莲花，宝冠上插满了首饰，身体的颈、腰、臀三处各有一个折弯。在菩萨的身体两侧，有负责服侍的妇人和武士。整个情景画在山林之中，表现了佛教所追求的理想世界的宁静与平和。

作为佛教艺术的经典之作，阿旃陀石窟的绘画和雕塑具有极高的艺术价值。1983年，阿旃陀石窟被列入世界遗产名录。现在，它已被整修开放，成了世界著名的旅游胜地。

印度标志性佛教建筑——摩诃菩提寺

在古印度佛教建筑中，另一标志性建筑是摩诃菩提寺，也就是大菩提寺，其寺塔是古印度佛塔建筑的杰出代表。它地处今印度比哈尔邦伽耶城南10千米的菩提伽耶，相传佛祖释迦牟尼曾在这里悟道成佛。

摩诃菩提寺始建于公元前3世纪，主持建造的是当时孔雀王朝帝王阿育王。在公元前1世纪的巴尔户特佛塔的石头栏柱上，刻着这座寺庙的外形，从图案中可以看出被栏柱围绕着的金刚宝座和菩提树。现存的寺塔为5世纪或6世纪所建，其建造者可能是摩揭陀国国王，它是印度半岛现存最古老的寺庙之一。它在我国唐代高僧玄奘的《大唐西域记》中就有所记载。

摩诃菩提寺寺塔雄伟壮观，高约52米。其形状有点像金字塔，底层为四边形，边长为15米，上部逐渐收缩，顶部为圆柱状，上立一铜制螺旋形圆顶。在寺塔最底层的四角，各有一个金字塔和圆顶，都与主塔形制相仿，只是规模略小。该塔沿用了2世纪时的佛塔造型，其特点是在佛塔的顶部有层层循上渐小的伞盖。在佛塔入口正面，雕刻着古代佛塔前门坊的造型。门坊柱上雕刻有作狮吼状的狮子，代表着佛陀法音宣流，威震四方。平面坊中有供奉着佛像的圆形龛。圆形龛排成一条直线，自下向上逐步缩小，使佛塔在整体视觉效果上颇具均衡的美感。佛塔四面的浮雕，取材自早期佛教建筑的入门或石窟洞口的结构形状，由马蹄形的拱门式样组成。它代表着早期佛教的僧院。壁龛下装饰着俯莲式的莲瓣，在最下边的基台上，有对称的孔雀浮雕，用以代表高贵与清净。每个小壁龛被小石柱分割开来。在佛殿的入口两侧，各有一尊造型优美的佛像，左侧一尊呈无畏印的佛像，薄如轻纱的佛像衣是它的一大特色，表

摩诃菩提寺

现了笈多王朝时期的艺术风格。

摩诃菩提寺的入口位于佛塔的东边，在佛塔前，有5世纪前后所建的古老牌坊石柱，石柱上有莲花纹和一些传说中的灵兽。在佛塔的入口，有一块大木板，它是信徒做大礼拜时用的。佛塔的四周各有一个小石塔。西面入口壁面的两个小佛龛上，供有观音菩萨像。整个大殿用石头雕造而成，朝拜者只要一进佛殿就可以看到高台上的大佛呈降魔手印，原本是用青黑岩雕刻而成，现在被人镀了金，披上了一件橙黄色的外衣。寺塔西侧是著名的大菩提树，树下是一金刚座。据说，这里就是释迦牟尼成佛之地。

摩诃菩提寺在历史上可谓历经磨难。在12世纪时，伊斯兰教侵入印度，该寺曾遭到破坏；直到14世纪，又由缅甸国王出资在此遗址上重建。不久又遇到了严重的洪水，被埋于洪水带来的大量泥沙中长达数百年。19世纪70年代，在缅甸佛教教徒和当时孟加拉国政府的共同努力下，摩诃菩提寺又得以修复。19世纪末，英国考古调查队再次对其外表进行整修。自此，这座雄伟的寺庙得以重见天日。

在摩诃菩提寺附近，有二十多座佛庙，它们都是20世纪初以来中国、日本、缅甸、斯里兰卡、泰国、不丹、尼泊尔、孟加拉、越南等国修建的。置身于这些佛庙群中，你会发现虽然佛教起源于印度，但在向各国传播过程中都糅进了各自的特色，这不仅仅表现在佛庙的建筑形式上，就连佛像也不尽相同，印度的佛像鼻子稍大，面部微长，充满威严之气；中国和日本的佛像则鼻子略小，脸盘圆润，温和了许多；泰国佛像则是四面佛。中国的佛庙是典型的汉式建筑，称"中华大觉寺"，规模虽然不大，但"中国味"十足，中国人见了倍感亲切。

摩诃菩提寺是古印度砖石结构寺庙的杰出典范，它深深地影响着以后印度建筑的发展。而佛祖释迦牟尼在此得道成佛的故事，更给它披上了令人神往的神圣光环。过去释迦牟尼静思打坐的方寸之地，今天已经发展成了享誉世界的佛教圣地和旅游胜地。

2002年，世界文化遗产名录将摩诃菩提寺收入其中。

真主的宏伟殿堂——伊斯兰教建筑

尽管伊斯兰教在印度半岛上的影响只有一千多年，可是就是在这一千多年里，伊斯兰政权成了印度半岛上国家的政治生活中的主导力量，随着对国家政权的掌握，伊斯兰教在印度半岛各宗教中也占据了最高地位，特别是在莫卧儿王朝时期，它更是得到了空前的发展。莫卧儿王朝的统治者，尤其是早期的统治者对宗教的政策比较宽容，尽管如此，伊斯兰教还是凌驾于其他教派之上，以绝对的优势成了国教。与此相对应，这期间伊斯兰建筑在印度半岛上也发展迅速，一大批印度半岛建筑史上的杰作相继问世。泰姬陵是这些建筑中最负盛名的。

"永恒面颊上的一滴眼泪"——泰姬陵

泰姬陵是印度伊斯兰教的典型建筑，被誉为人类古代文明的七大奇迹之一。地处距德里200余千米的阿格拉古城，与恒河支流朱木拿河相邻。它始建于1648年，到现在大约有三百六十年的历史了，是当时莫卧儿帝国第五代皇帝沙贾汗为他深爱的王后泰姬修建的。

泰姬是印度莫卧儿帝国皇帝沙贾汗的妻子，原名玛哈，十九岁时嫁给沙贾汗，泰姬是她的封号。相传，她不但容貌出众，而且聪明能干，曾协助国王料理朝政，因此深受沙贾汗宠爱。1630年，泰姬随沙贾汗带兵征战，因生第八个孩子不幸死于难产，年仅三十六岁。弥留之际，沙贾汗问妻子还有什么要求，泰姬便要求他为自己修建一座世上最美丽的陵园。沙贾汗听后欣然同意了。之后他请来了国内外最杰出的工匠，选用最好的大理石，动用两万多人，耗时二十二年，花去了五百多万卢比，才建成了这座举世无双的陵墓。陵墓竣工后，沙贾汗穿一身白衣去陵前献花，睹墓思人，泪流满面。不久，他的儿子起兵谋反，篡夺了王位，他被囚禁在一个古堡中。从此，他失去了自由，整日愁容满面，每天坐在古堡的一条走廊上，背对着泰姬陵陷入沉思，忍忧含悲，全神贯注地盯着镶嵌在一根柱子上的一面镜子，镜子中正好反射着泰姬陵的影子。就这样，他整天郁郁寡欢，年复一年地生活在孤寂和怀念中，最后抑郁而终。据说，沙贾汗原计划为自己建造一座黑色大理石陵墓，并用桥和泰姬陵相连，但由于王权旁落，这一计划成了泡影。因为沙贾汗和泰姬的这段爱情异常凄美，所以泰姬陵被印度大诗人泰戈尔描述为"永恒面颊上的一滴眼泪"。

泰姬陵东西580米长，南北305米宽，四周是高大的围墙，都是用红砂岩砌成，墙上角楼林立，雄伟壮观。

泰姬陵

中央是正方形台基，台基四角耸立着四座三层尖塔，都是用白色大理石砌成，台基中间就是泰姬陵的主体部分——白色大理石的圆顶寝宫，寝宫上面是一座金色的小尖塔，四角各有一座小圆顶凉亭，和中央的圆顶相呼应，而整个寝宫又与四周的尖塔相互映衬，给人一种特殊的美感，设计的精美真可以说是巧夺天工。

在泰姬陵寝宫的四壁，各有一座拱门，呈三角形，状如壁龛，装有透雕的大理石石扉。还有小拱门六座，分两层排列，好像石雕窗户。寝宫的门窗都用白色大理石镂雕成菱形花边小格。墙上是色彩艳丽的藤蔓花朵，都是用翡翠、水晶、玛瑙、珊瑚、红绿宝石镶嵌而成。花朵的枝干用黄金做成。相传其中的部分作品还是出自中国工匠之手。这匠心独具的艺术和奇珍异宝，使泰姬陵显得愈加金碧辉煌、雍容华贵。

陵墓前是一座狭长水池，大约有300米长，四周被绿树鲜花所环绕，池水清澈见底，碧波荡漾，鲜花、绿树、游人的倒影都清晰可见，恰似一处美妙绝伦的人间仙境，让人心旷神怡、流连忘返。在陵墓的后面，是蜿蜒曲折的朱木拿河，河水时急时缓，给陵墓平添了几分优雅情调。

泰姬陵作为一座伊斯兰教建筑，深受波斯建筑艺术的影响，不管是四分式庭院、拱形尖顶塔，还是圆形穹顶，甚至连墙壁的镶嵌技法都显示了波斯的伊斯兰建筑的艺术特点。而建筑中的左右对称、整体协调以及中央穹顶四周靠细细的柱子支撑顶盖的小塔，体现了建筑中的印度风格。在梵语中，这种塔是"伞"的意思，是印度建筑的一大特色。

目前，泰姬陵已被印度政府列为重点保护文物，吸引着世界各地众多的参观者，差不多每天都人如潮涌。1983年，泰姬陵被联合国教科文组织作为文化遗产，列入世界文化遗产名录。

莫卧儿王朝灿烂文明的代表——拉合尔古堡

拉合尔古堡是沙贾汗皇帝时期莫卧儿王朝灿烂文明的杰出代表，地处今天巴基斯坦拉合尔城东北部的旁遮普地区。它包括一座带宫殿的城堡——拉合尔古堡，用镶嵌画装饰的大理石清真寺——巴德沙希清真寺，还有由亭台、瀑布和大池塘组成的建在三个平台上的精美花园——沙利马尔。

拉合尔古堡坐落于拉合尔城旧区的北侧，始建于11世纪拉奇尼王朝时期，于17世纪莫卧儿帝国时代又经过了大规模的扩建。它和古王宫被宏伟的城门与高大的城墙所包围，是巴基斯坦唯一一座完整地反映自阿克巴时期到杰罕基时期莫卧儿建筑史的建筑物。纪砂岩的运用是阿克巴时期建筑的特点，而有东南亚第一建筑师之称的杰罕基皇帝则用大理石取代了纪砂岩，并给建筑物加上了繁缛的装饰。

拉合尔古堡不仅是一座皇宫，还是一座集古代绘画、雕塑、建筑于一体的博物馆。古堡内的一座宫殿中有迎宾厅、会议厅、娱乐室、夜宵室、寝室、人工湖、喷水池、歌池、象房等，设备齐全，浑然一体。无数根大理石屋柱上镂刻着形式各异、构思独特的花卉图案，厅房之间的隔墙都是由整块的大理石构成，并雕出无数小孔，比手指还细小，像网格，又像笔法细腻的图案壁画，精美绝伦。

城堡的形状并不规则，东西长450米，南北宽350米，周围是厚厚的城墙。城墙由小块烧制的砖砌成，并设有碉堡和枪眼。城内共有建筑二十一座，有的较为雄伟壮观，比如珍珠寺、纳乌拉卡宫等。镜宫是现存最完整的著名建筑，它是莫卧儿王朝

拉合尔古堡

时期王后的住所。在镜宫拱形的屋顶上，镶嵌着无数宝石和玻璃珠子。在阳光或烛光的照射下，能反射出五彩斑斓的光芒，变幻莫测，景象极为壮观。至今保存完好的还有国王的朝觐台，它是一座高高的大理石台，当年，国王就是在这里接见臣民的。坐在高台宝座上的国王，穿过镂空的大理石屏风，可以望见匍匐于高台之下的臣民。在城堡中，还有一个世所罕见的画廊，在画廊的石柱上，有题材广泛、丰富多彩的绘画，描绘了歌舞、狩猎、斗牛、斗骆驼、打马球等各种场面，形象逼真，生动感人。这些图画都是由无数颗彩石镶嵌而成的。

沙利马尔是"欢乐宫"的意思，这是人们对1642年沙贾汗皇帝在此修建的一组著名花园的称呼。它们可以说是莫卧儿强盛国力的完美体现，或许也是世所罕见的花园之一。园中完整地体现了大自然的不同风貌，营造了一种典雅而魅力无穷的环境。

　　花园方圆20公顷，四周环绕着高墙，园内有三个修有阶梯的平台。这里不但是王室的娱乐场所，还是皇帝及其部下在拉合尔的行宫。为此，园中建有一些亭台和避暑住所，都是用大理石和红砂岩构成。用瀑布及四百多个喷泉装饰成的大道与林阴小路纵横交错，布局精巧，泉水喷放时美不胜收。

　　沙利马尔中有一处小型园林，名叫法拉哈·白克希，是"喜悦的赠品"的意思。在这里有一组亭台楼阁建在一泓湖水四周，是起居、迎宾、赏湖的地方。用白色大理石砌成的屋柱和楼顶，与湖心的大理石花坛相映成趣。沿湖而下是另一处园林，这里是当年皇帝沐浴的地方，周围还有供皇帝浴后小憩的一排排石凳和石椅。抬眼望去，长廊交错，大理石雕柱林立，树木浓荫蔽翳，到处充满了诗情画意，让人流连忘返。

　　在拉合尔城堡的对面，是巴德沙希清真寺，它始建于1673年，建造者是莫卧儿王朝第六代皇帝奥朗则布，它可同时容纳

巴德沙希清真寺

六万人做祷告，号称世界上最大的清真寺。三座有白色大理石圆顶的寺院高高耸立在宽阔的庭院内，左上方内侧有一座红砂岩尖塔直冲云天，登上塔顶，整个城市尽收眼底。

巴德沙希清真寺的正面高墙用红砖砌成，一条条白色大理石花纹规则地嵌入墙上；围墙呈东西方向伸展，犹如展开的双臂，把清真寺的主体建筑拥入怀中；红色的踏级连接着雪花石铺砌的地面，具有浓郁的东方色彩。寺院的造型是蒙古式的，其正面墙顶端有一排白色小圆顶建筑高高耸起。主体建筑包括上、下两层，下层有教长和其他寺院宗教人士住宿的房间；上层房间珍藏着一批历史圣物，其中有先知穆罕默德的披风、先知女儿法蒂麦的绣花手绢、阿里的手抄《古兰经》珍藏本。清真寺里还有个博物馆，相传里面收藏着穆罕默德和他的弟子们的圣骨。

1981年，拉合尔古堡跻身于世界遗产名录之列。

深沉的缪斯之歌
——古典文学与宗教文学

恒河之水天上来，它滋养着印度半岛。在这片丰饶的土地上，无数生命在用自己的心灵歌唱，歌颂着神与自然，也歌颂着自己。就让我们漫步恒河岸边，倾听时而平缓、时而湍急的河水所激荡出的人神共奏的狂想曲。

"印度的莎士比亚"——迦梨陀娑

古印度在文学方面的成就极为辉煌，这不仅表现在早期的吠陀文学和史诗文学方面，更体现在古典文学的成就上。一般来说，印度史诗文学时期之后，到中世纪各种方言文学兴起之前的这段时间，是印度文学史上的古典文学时期。这一时期是梵语文学继吠陀时代和史诗时代之后的又一高峰期，涌现出了众多的杰出作家和文学精品。印度半岛在2世纪时就产生了著名的戏剧家跋娑。有的印度学者认为，跋娑"可能是印度最伟大的戏剧家"。他最著名的作品是历史剧

迦梨陀娑像

《惊梦记》。到了笈多时代，又诞生了一位更加杰出的戏剧作家和诗人，他就是迦梨陀娑。

迦梨陀娑是古印度享誉世界的最杰出的诗人和剧作家。相传，他出生于一个婆罗门家庭，但从小就成了孤儿，由一个放牛人抚养长大。长大后，他虽然眉清目秀，但粗鲁愚笨。后来，他娶了一位高傲的公主为妻，婚后公主见他既没文化又很笨拙，就将他赶了出去。迦梨陀娑跑进一座森林中的迦梨女神庙中，向女神祈求智慧。他的真诚打动了女神，女神就将大智大慧赐给了他，于是他变得聪明起来，不但和公主重归于好，还成了一位才华横溢的大诗人、大戏剧家，创作了大量优秀的剧本和诗歌。

当然，这只是一个传说。至于他的身世，大都认为他出身于喜马拉雅山南麓印度优禅尼城的一个贫寒家庭，他生活在古印度历史上著名的笈多王朝时期，当时的国王是超日王旃陀罗·笈多二世。此时正值印度由奴隶制社会向封建制社会的过渡时期，社会经济得到了高度的发展，市场繁荣，商业活跃，对外贸易频繁。在文化方面，因持续几个世纪的梵语规范化已经结束，梵语成了当时通用的文学语言。加之笈多王朝几个皇帝的热爱和提倡，使这一时期的梵文文学达到了空前繁荣的局面。就是在这样的时代背景和社会环境下，迦梨陀娑逐步成长为当时梵文文学作家中最杰出的代表，后来得到

《沙恭达罗》

超日王的赏识，将他招揽入宫，成了笈多王朝的"宫廷九宝"之一。

迦梨陀娑知识渊博，具有很高的文学造诣，一生作品众多，他的叙事诗、抒情诗和多种剧本都流传至今，代表作有诗剧《沙恭达罗》。

迦梨陀娑现存的叙事诗有两部。

其中一部名为《罗怙世系》，这是他晚年的作品，共十九章，写作技巧炉火纯青，被后世誉为印度"大诗"（叙事诗）的典范。诗中并没有描述帝王的丰功伟绩，而是通过他们的故事，来表达当时普通人的思想和感情。他选取了罗怙世系里每个皇帝最典型的事例，而在二十一个皇帝中，花费了好几章的篇幅重点描写了罗摩，将罗摩衍那的故事概要清晰地勾画了出来。他所写的帝王世系和罗摩的故事以及作品的风格与《罗摩衍那》并不相同。

另一部是《鸠摩罗出世》，共十七章。取材于史诗《罗摩衍那》中的一个故事，描绘了一个美丽动人的神话传说。长诗的前八章，描述了大神湿婆与喜马拉雅山的女儿乌玛（即帕尔瓦蒂）相恋和结婚的故事：为了征服恶魔，天上的众神恳请大神湿婆娶妻，好生个勇武的儿子。在雪山修行的湿婆，费尽周折，终于与乌玛结婚。第九章之后，主要描述的是湿婆的儿子鸠摩罗（即塞健陀）的出生、成长、锻炼以及他是如何降伏罗刹并最终成长为战神的故事。

迦梨陀娑另一部更为优秀的文学作品是抒情长诗《云使》。我国近现代文学家苏曼殊认为，它能与我国古代诗人屈原的《离骚》相媲美。

《云使》分《前云》和《后云》两卷，共计125节，每节4

行。写一个名叫药叉的小神仙，因失职被贬到罗摩山的森林，只得与妻子分离独居一年。几个月后，当雨季到来时，他将自己对妻子的思念托付给峰顶的一片雨云，把它当成自己心灵的使者，请它给妻子捎去自己无恙的消息和思念她的深情。

鸠摩罗雕像

在《前云》中，诗人先简述了药叉被贬的原因和他请求云使为自己送信的情况。接着，诗人以药叉的口吻，用细腻的笔触详细地描述了从罗摩山到药叉的故乡、其妻所在地阿罗迦的路径，以便让云使弄清自己的使命。作者在诗中写的虽然是仙境，但实际上却把印度中部以北至喜马拉雅山一带雄伟秀丽的山川和富饶繁华的城市展现在我们面前。《云使》的《前云》部分，想象奇特，情文并茂。诗篇里，药叉赋予雨云以人的品格，当它是好友，称之为"焦灼者的救星"，对它的旅途奔波表示无限关心，叮嘱它"旅途劳累时就在峰顶上小憩，消瘦时就喝一点江河中的清泉"。这种对雨云的关切，充分流露了药叉对妻子的留恋不舍、脉脉深情。在对行进途中自然风光的描绘中，也饱含了药叉对妻子的深情，借景抒情，言在此而意在彼。

《后云》重点描绘的是药叉的故乡阿罗迦和药叉妻子的住处。然后又介绍了他朝思暮想的妻子，由外貌到内心，层层深入，字里行间洋溢着无限深情。接着，诗人叙述了药叉想象中的妻子对他的怀念。再往后，又写了药叉设想云使到达目的地后，他的妻子已酣然入梦，于是，药叉叮嘱云使不要打扰她，再等一个时辰；他还托云使转达自己对妻子的深情，言语恳切，如泣如诉。最后，在药叉满怀希望，盼望云使早日带来回信的等待中，全诗结束。

在《云使》中，迦梨陀娑用朴实无华但却美丽淳厚的诗句，饱含无限的温情，将印度中南部到北部大自然的千姿百态描绘出来了。特别是将药叉和妻子间相互思念的真挚爱情，升华为世人所具有的最美好的感情。而这些诗句和篇章，也就成了人类最动听的情歌的一部分，永远焕发着无穷的艺术魅力。

另外，他的诗歌作品还有抒情短诗集《时令之环》。

迦梨陀娑不但是古代印度一位才华横溢、具有进步思想的诗人，更是一位伟大的剧作家。他在戏剧艺术上的成就尤为突出，特别擅长细致地描写人物的内心世界，在世界文学史上被誉为"印度的莎士比亚"。他一生创作了很多剧本，现存的除《沙恭达罗》外，还有《摩罗维迦与火友王》、《优哩婆湿》。

《摩罗维迦与火友王》是一部五幕剧，取材于一个历史故事，故事发生在约五个世纪前的旬伽王朝时期，剧中的主要人物火友王和与之交战的毗达罗跋王等在历史上都确有其人，他们所在两国之间的战争也确有其事。作家巧妙地用摩罗维迦作为中心人物，贯穿于全剧冲突之中，使剧情跌宕起伏，合乎情理。剧中女主人公摩罗维迦原是一位国王的妹妹，在战乱中沦为异国宫廷中的舞女。她不谙世事，在生活中只能任人摆布，她的命运从头至尾都引起观众深切的焦虑和同情。这位摩罗维迦公主经过艺术加工，已成为普通印度妇女的典型形象。大多数梵学家认为，这个剧本是迦梨陀娑的早期习作，因此艺术成就不是很高。

《优哩婆湿》（又译《勇健与广延》）也是一部五幕剧，取材于一个古代传说，描写了天宫歌舞伎优哩婆湿与国王补卢罗婆娑一见钟情，历经磨难最终获得团圆的故事，充满了抒情诗的韵味。《优哩婆湿》的故事情节，最早出现在《梨俱吠陀》中，但故事不完整，人物形象也比较模糊。后来在史诗《摩诃婆罗多》和古印度的"往世书"中，也出现了这个故事，但内容和人物有些变化，直到《优哩婆湿》写成，故事才最后定型。在迦梨陀娑的笔下，优哩婆湿成了一个聪明机智、温柔多情的女郎，补卢罗婆娑也成了一个生动真实的人物形象。

作为天宫的歌舞伎，优哩婆湿见多识广，遇事沉着冷静，能深谋远虑，在和补卢罗婆娑的相恋过程中，表现得大胆泼辣、热情洋溢。剧中，她先后三次主动下凡，来到补卢罗婆娑的王宫，她清醒地认识到这样的举动有失体统，但内心强烈的爱欲又让她欲罢不能。在最后一次下凡时，她甚至对自己的女友说："爱神命令你，赶快将我带到那一位妙人儿的宫殿里去！"后来，她竟有些放肆地与国王调笑，用双手蒙住了国王的眼睛。这种大胆甚至有放肆举动的女子形象，在古印度文学史上塑造出来的女子群像中也是比较另类的。

在迦梨陀娑笔下，国王补卢罗婆娑庸俗、鄙陋、虚伪、狡猾。他朝秦暮楚，在自己已经娶了王后的情况下，还移情于优哩婆湿，而且在事情败露后，他还恬不知耻地对王后百般抵赖，胡乱搪塞。在迦梨婆娑笔下的补卢罗婆娑形象，恰恰成了古印度历史上众多上层人物（国王等）对待感情态度的真实写照。

婆罗门与妓女之间的悲壮爱情——首陀罗迦的《小泥车》

首陀罗迦（Sudraka）是古代印度文学史上除迦梨陀娑外

的又一位伟大的梵语戏剧家。首陀罗迦大约生活在2世纪至3世纪，属贵霜王朝的犍陀罗时期，远比迦梨陀娑所处的时代早。但人们对他的身世和具体生卒时间并不清楚。他现存的作品有剧本《小泥车》，据说独幕讽刺剧《莲花礼物》和多幕剧《琵琶和仙赐》（现存前八幕）也是他的作品。

《小泥车》是一部十幕剧。贯穿全剧的基本情节是妓女春军和穷婆罗门商人善施的恋爱故事。前五幕主要描写爱情故事：一天傍晚，妓女春军为了躲避国舅蹲蹲儿的追赶，逃进了穷婆罗门善施的家中，并把自己的首饰交给善施代为保管。另一个穷婆罗门夜游爱上了春军的丫环爱春，为了给爱春赎身，他将春军寄存在善施家中的首饰偷走了。春军得知此事后，就成全了这对年轻人。紧接着，在一个风雨交加的夜晚，春军为送还善施赔偿给她的首饰，来到了善施家，两人就在当晚结为了连理。从第六幕开始，故事转以政治斗争为主。作者一方面交代剧名的来历，即春军在善施家留宿后的第二天，看见他的儿子不爱玩小泥车，就把自己的首饰全部摘下来送给他，让他去买小金车玩；另一方面，作品通过国舅蹲蹲儿横行乡里、误断公案、草菅人命等情节，强有力地揭露了统治阶级的暴虐无道，以及法律的"不尽公道"等重大社会政治问题。

《小泥车》的主题是反映城市人民的生活和斗争，它的进步性首先表现在作者一直与城市平民站在同一战线，深切同情受迫害者的遭遇，热情讴歌他们坚持正义、勇于斗争的高贵品质。例如妓女春军，虽然身为奴隶，但她正直、善良，慷慨解囊帮助受难者，大胆追求真正的爱情。剧中的夜游曾一度沦为小偷，但是，他听说八腊王逮捕了起义领袖阿哩耶迦时，马上告别即将与自己结婚的爱春，重返起义队伍，坚持战斗直到胜利。总而言之，《小泥车》是印度古典文学中现存唯一一部以社会政治问题为题材、反映城市贫民和贵族斗争取得胜利的作品，因此，它在印度文学史上占有特殊的地位。

因为时代和阶级的局限，《小泥车》也有一些不足之处，比如对市民生活的庸俗描写，正面主人公不能代表先进社会力量，与人民群众的思想有一定差距，以及对某些不应歌颂的行为过分美化等。但是，《小泥车》在艺术上的成就是非凡的，它敢于打破旧传统的藩篱，大胆创新。印度古典戏剧的题材大多来自两大史诗，剧中人物使用语言有一种规定，那就是上层人物讲梵文雅语，下层庶民说梵文俗语，可《小泥车》却打破了这个惯例，不仅从市民的现实生活中选材，而且还把剧中人物的语言作了调换，让上层用梵文俗语，平民用梵文雅语。

古印度的寓言童话集——《五卷书》

印度半岛上的人民堪称神的儿女，他们具有无穷的想象力。上古时期，婆罗门教产生了轮回说，在它看来，人可转世为兽，而动植物也可以转世为人，从而摒弃了人兽世界的差异，动物也就顺理成章地成了故事的主角。在古印度，先后产生了大量的寓言和童话故事，并在印度半岛上广为传诵，其中的很大一部分还传到了亚非各国甚至欧洲大陆。其中《五卷书》是在印度半岛上最有影响力、最广为流传的印度寓言童话集。

《五卷书》产生于公元元年前后的几百年间，反映了当时的社会风貌，表达了广大人民的思想感情。它原本是民间流传的一些故事，后来经过文学加工编纂成书。在艺术形式上，既有说教的寓言故事，又有诗歌格言。通常情况下，诗歌是文人创作的。

《五卷书》共有五卷，每一卷都有一个中心故事。第一卷是"朋友的分裂"，共有30个故事，中心内容讲的是狮子和牛成了朋友，豺狼设法挑拨离间，让狮子把牛杀死。第二卷是"朋友的获得"，共有9个故事，主要讲的是乌鸦、老鼠、鹿同心协力战胜了劲敌猎人，从猎人手中救出了乌龟，并成为好朋友。第三卷为"乌鸦与猫头鹰之间的和平与战争"，有17个故事，中心故事讲的是乌鸦与猫头鹰两族结仇，乌鸦假意投降，结果烧了猫头鹰的窝，乌鸦大获全胜。这卷书的主题非常鲜明：在处理国家大事时，不可轻信敌人。第四卷是"已经得到的东西的丧失"，讲了11个故事，中心故事是海怪与猴子交朋友，为了取猴子的心给自己的妻子吃，海怪竟要设计杀死朋友，后来猴子发觉了它的阴谋，与其绝交。它告诉人们要慎交朋友，谨防上当。最后一卷是"不思而行"，有11个故事，中心意思是说对于财产不能贪得无厌，否则一定有灾祸上身。

教给人们一些为人处世的道理是《五卷书》的精神核心，体现了古印度人的人生哲学和智慧。

从创作意图看，《五卷书》可以称得上是一本统治阶级的政治教科书，教导统治者如何掌握权术，巩固王权。书中说道，国王的治国方法不计其数，极为繁杂，"在普通人身上算是错误的东西，在国王身上就是美德"。国王必须"又真诚，又虚伪；又粗暴，又和蔼；又残酷，又慈悲；很喜欢要钱，布施又十分慷慨"。书中还写道："宁愿让一个周围有一群天鹅（指无能的弱者）的秃鹰（指颇有作为的强者）当国王，也不让一个周围有一群秃鹰的天鹅当国王"；"无论哪个国王，假如不把保护百姓放在心上，他的统治就没有任何意义，就像是母羊脖子上长出乳房"。通过寓言，明确提出王权统治应统一开明的主张。

《五卷书》中的许多寓言、童话教给人们做人处世的道理，表现了人民群众宝贵的思想意识，具有较强的启发和教育作用。书中的很多故事歌颂了弱者对强敌的反抗。在第一卷中，有个故事说，一对乌鸦在树上搭窝生雏。但还没长大的小乌鸦被盘踞在树洞口的黑蛇吃掉了。乌鸦向豺狼求助，豺狼让乌鸦叼一条金链放在蛇洞里，乌鸦就将王妃的金链偷来，扔到了蛇洞中，结果把王妃的侍卫引来了。他们发现了金链，就把黑蛇打死了。在第三卷中有个故事说，一条大黑蛇到了蚂蚁那里，蚂蚁将蛇团团围住，蛇虽然吃掉了几只蚂蚁，但因蚂蚁数量极多，还是被咬死了。这种弱者打败强者的观念，对受压迫的人们来说，无疑是一种鼓舞和激励。

《五卷书》里还有很多反对愚昧、反对经验主义，要人们调查研究、谨慎仔细、必须保持理智的故事。有这样一个故事：森林里有只狮子，它还有个奴仆，是只豺狼。狮子与大象打架，受了重伤，甚至无法走路，所以它让豺狼给它找一头动物来吃。豺狼看到一头呆头呆脑的公驴，就骗它说："那儿有头三条腿的母驴。"公驴动了春心，就跟着豺狼来到了狮子身边，最后被狮子咬死了。这则故事告诫人们，凡事都要仔细观察，调查研究，万不可轻信别人。第五卷还有个故事是关于鱼和虾的：一天黄昏，一些渔夫来到了水池边，这些渔夫说明天早晨要来水池捉鱼。池中的两条鱼与虾商量怎么对付渔夫，两条鱼认为渔夫只是随便说说，不会真来，即使来了，以它们的能耐与聪明，也不会被抓走。虾却说："我只有一个办法——逃走。"第二天清晨，渔夫们来了，两条鱼被网捉住了，而那只虾却早已逃之夭夭了。这个故事告诉人们，做事不能只靠小聪明，要有智慧。

《五卷书》里有不少赞颂金钱的寓言。有个故事是这样的：一只老鼠跳得很高，连猫和猴子都自叹不如，老鼠为什么能跳这么高呢？原来它把窝做在钱财上，钱财有热力，老鼠就跳得高。后来钱财被人挖走了，老鼠再也跳不高了。书中有首鼓吹金钱万能的诗："只要手中有钱，什么事情都能办成；聪明人必须加倍努力，为金钱而拼命。"

《五卷书》是一部寓言童话集，在世界上影响很大。6世纪时传入波斯，后被译成了阿拉伯文，书名是《卡里木与笛木乃》。这个阿拉伯文本传入了欧洲，被辗转译成四五十种语言文字，而且有的语言还不只有一个译本，像英文、德文、法文的译本都超过十种。《五卷书》对世界文学的影响极其重大，书中有很多故事被改编后收入到亚洲、欧洲和非洲国家的《故事集》中。

宣扬佛法的方便法门——佛教文学

古印度的佛教在宣扬佛法时，常常会借助一些寓意深刻而又通俗易懂的故事来说明佛理。其中不仅有佛祖释迦牟尼和历代佛僧创作的故事，还有很大一部分来自古印度民间的寓言故事。因此，由于印度佛教经典的妥善保存，古印度许多美丽的民间故事也一直流传至今。这些民间故事，是古印度广大劳动人民献给全世界的一笔宝贵的精神文明财富。在浩如烟海的佛教经典中，要数《佛本生经》和《百喻经》的文学色彩最浓。

《佛本生经》又译做《佛本生故事》，其中寓言、童话和小故事共有五百四十六个。故事是以诗歌与散文相结合的方式讲述的，诗歌比较古老，散文是后来加的。人们普遍认为，这些故事是佛教僧侣们在古印度民间文学的基础上集体编选创作的。《佛本生经》现存最早的版本是用古印度早期文字巴利文写成的，因此至少在公元前这本佛教经书就已经编写完成。

印度早期佛教相信轮回转世，认为佛祖释迦牟尼最后成佛时已经过了累世修行，无数次转生。《佛本生经》讲的就是释迦牟尼过去无数次转生的故事。这些故事大多是民间寓言，或是由民间寓言经佛教教徒改编而成。故事的主人公有的是人，有的是动物。全书的四分之三左右属于前者，后者只占四分之一。《佛本生经》故事中的正面主人公是佛祖的前生，而他的敌人是反面的人或禽兽，这一点一般在故事的开头或末尾交代。佛僧们通过这些故事来赞颂佛祖，宣传教义。虽然《佛本生经》经过佛教教徒的加工，有较浓的佛教思想，但因为其中的许多寓言故事源自民间，所以大都是古印度广大人民思想智慧的结晶。其中的一些故事涉及了当时的社会、经济、政治等状况，所以具有很高的史料价值。

《佛本生经》插图

《佛本生经》中有许多脍炙人口的故事，其中"舍身饲虎"的故事充分体现了佛教所倡导的胸怀宽大与慈悲，它的内容大概是这样的：

古时候，有一位国王，他有三个儿子。一次，国王和他的三位王子到山上游玩。他们来到一片竹林中，看见一只母老虎和它的七只虎宝宝。看上去母老虎很饿，好像很长时间没有吃东西了。大王子想："有七只小老虎围着，母老虎恐怕没办法找食吃了，它肯定会把自己生的小老虎吃掉的！"二王子想："看来母老虎就要饿死了，我怎样做才能救它呢？"三王子想："我的身体已经过了许多轮回，毁灭了无数次，现在为什么不能舍弃呢？我应该将此身舍弃，成就大善，才能脱离苦海。"但他又担心两位兄长会阻止他，就对他们说："你们先走，我随后就到。"

然后他将衣服脱下来挂在竹子上，躺在老虎面前，但老虎太虚弱了，以至于没有力气吃他了。小王子便用竹子刺破喉咙，鲜血喷涌而出，大地立即震动，天上飘坠香花遗落林中。这样，饥饿的老虎才将王子吃掉。

这个故事具有鲜明的民间文学色彩，语言通俗，情节简单，可是却蕴含着深刻的寓意。

我国现代文学巨匠鲁迅先生非常推崇该书的文学价值和思想价值。

《百喻经》也是一部文学价值极高的佛教著作，其全名为《百句譬喻经》，原著作者是5世纪的印度佛僧伽斯那。全书讲述了98个经典故事，号称百喻。虽然是佛教经典，但和《佛本生经》一样，它也源于古印度人民的口头文学，通过吸收大量的民间故事整理

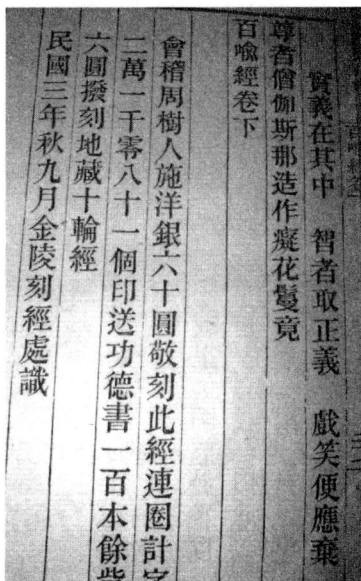

《百喻经》书影（鲁迅先生出资敬刻）

而成。《百喻经》全文两万余字，结构形式单一，每篇都采用两步式，第一步讲故事，是引子；第二步是比喻，阐述一个佛学义理。这也就促成了它与其他经书的不同之处，即全书通过九十八个浅显、易懂、通俗而且幽默的故事，清晰明了地讲解了佛教的基本教义，如因果报应、从正道、布施、持戒等。因此它被大众誉为一部典型的佛经寓言，也是大众公认的佛经中少数的平民化、大众化经典。

《百喻经》中的故事通俗易懂，幽默风趣。那些原本枯燥乏味、深奥晦涩的佛教教义，如因果报应等，正是借助了民间语言的鲜活魅力，才变得更加浅显易懂，这也为佛教在广大下层人民中传播创造了良好的条件。

直到现在还没有找到《百喻经》的原版，现存最早的《百喻经》是497年至502年（南朝齐）时来华僧人伽斯那的弟子求那毗翻译的汉文译本。求那毗是中天竺人，也是南齐译经僧。他幼年出家，师事伽斯那。求那毗从小就聪慧强记，勤于诵习，所诵大小乘佛经二十余万言，兼学外典。齐建元初他来到京师，居住在毗耶离寺，执锡从徒，由于他威仪端肃，很多王公贵胄迭相供请。

古国的智慧
——自然科学

　　科学是人类从野蛮走向文明的重要标志，记录着人类文明的发展轨迹。在印度洋湿润空气的润泽下，印度半岛的山川水泽间都充满了灵气，这片土地，不知孕育了多少著名的科学家，产生了多少人类历史上的重要研究成果，虽然这个国度更崇尚宗教，可它却为人类文明的进步与发展作出了突出贡献。

源于占星术的科学——印度天文学

　　早在远古的吠陀时代，古印度人民在天文学领域取得的成就已经举世瞩目了。

　　大约在公元前2000年，古印度文献经典《梨俱吠陀》就开始涉及相关的天文学知识。在吠陀神话中，太阳、星辰和彗星常常被古印度人民神化，例如，太阳神苏利耶、月神苏摩等就是在此基础上创造出来的。因为当时的古印度人把命运与行星联系在一起，因此古印度最早的天文学常常与占星术融为一体。早在四千多年前，天上星辰的变化就已经被古印度的天文学家们记录了下来。

　　5世纪至6世纪，古印度著名的天文学家阿耶波多又提出了地球是球体的理论。476年，古印度笈多王朝统治时期，阿耶波多生于华氏城。据说他在很小的时候就被送去学习天文学。

古印度天文学建筑遗址

阿耶波多有"古印度最伟大的天文学家"的美誉。他不仅提出了地球是球体的理论，还进一步指出地球是围绕地轴自转的，月食是地球的阴影落在月亮上形成的，太阳年的长度为365.358 680 5天，这个数值的精确度极高。《圣使历数书》（也译做《阿耶波提亚》）是他的主要天文著作。他在这部著作里还计算了日月五星以及黄、白道的升交点和降交点的运动，讨论了日月五星的最迟点及其迟速运动，提出了推算日食、月食的方法。

在阿耶波多以后，出现了天文学家彘日，他是超日王宫廷"九宝"之一，主要著作是《五大历数全书汇编》，几乎囊括了当时印度天文学的所有精髓，对以前的各种历法作了全面细致的介绍。在编入书内的五种历法中，最著名的是《苏利亚历数书》。这本书引进了太阳、月球的地平视差、远日点的移动、本轮等一些新的概念，还介绍了推算太阳、月球和地球直径的方法。该书成了印度历法的范本，一直沿用至近代。

276

12世纪，古印度天文学家帕斯卡尔写了一本重要的天文学著作，名为《历数精粹》，他在书中提出了自己的宇宙理论，即地球位于浩渺的宇宙中，并凭着自己的力量固定在太空之中。他还认为是天体与地球的距离变化引起了天体直径的变化，并且发现了地球引力。

古印度最典型的天文学著作除了上述几种之外，还有《竖底沙吠陀分集》、《鹧鸪氏本集》和《太阳悉昙多》。

《竖底沙吠陀分集》是目前古印度现存最早的天文学知识专著，在公元前5世纪之前成书。这部著作依据月相的变化规律较为精准地测算了年、月等，其中更不可思议的是，它测算出了每四年就有一年为366天的岁差规则。

《鹧鸪氏本集》也是一部早期的天文学著作，它较早地提到了星座，并逐一列出了它们的名称。在公元前8世纪至公元前7世纪时，这些星座的名称就已经被确定了下来。

说到古印度天文学，就不能不提《太阳悉昙多》。它是古印度天文学文献《悉昙多》中的一部，最早出现于400年左右，在成书过程中可能受到了古希腊天文学的影响。在超日王时期的505年左右，彘日编选的天文学著作《五大历数书全书汇编》曾将它收录其中。

《太阳悉昙多》总共十四章，各章论述的大体内容是：前两章讲行星的准确位置和等速运动；第三章讲方向、地点和时间；第四章至第六章讲日食和月食的性质；第七章讲行星的会合；第八章讲星座；第九章和第十章讲日月的升降等；第十一章介绍星相学中日月所显示的吉凶征兆；第十二章讲宇宙论、地理学等；第十三章和第十四章讲天文测量仪器和时间的计量方法。总之，全书内容丰富，涉及的知识面比较全。

作为古印度天文学史上的一部重量级著作，《太阳悉昙多》对以后古印度天文学的发展产生了深远的影响。

作为一个世界文明古国，古印度的历法也很发达。古印度人早在吠陀时代就创立了自己的阴阳历。比如在《梨俱吠陀》中，就记载着一年有十三个月；在《鹧鸪氏梵书》中，将一年分为六季：春、热、雨、秋、寒、冬。《竖底沙吠陀分集》中所测算的年、月等更是与我们今天的历法相差无几。此外，古印度还诞生了许多历法制度，当然这些历法之间有差异。

婆罗门祭礼的派生物——印度数学

古印度的数学深受婆罗门祭礼的影响而得以充分发展。再加上佛教的传播和贸易往来，印度数学和近东特别是中国的数学，互相融合，互相促进，不断前进。另外，印度数学的发展一直与天文学密切联系在一起，数学作品一般都刊载在天文学著作中的某些章节里。

阿拉伯數字與印度數字對照表				
1	2	3	4	5
١	٢	٣	٤	٥
6	7	8	9	0
٦	٧	٨	٩	.

阿拉伯数字和古印度数字对照表

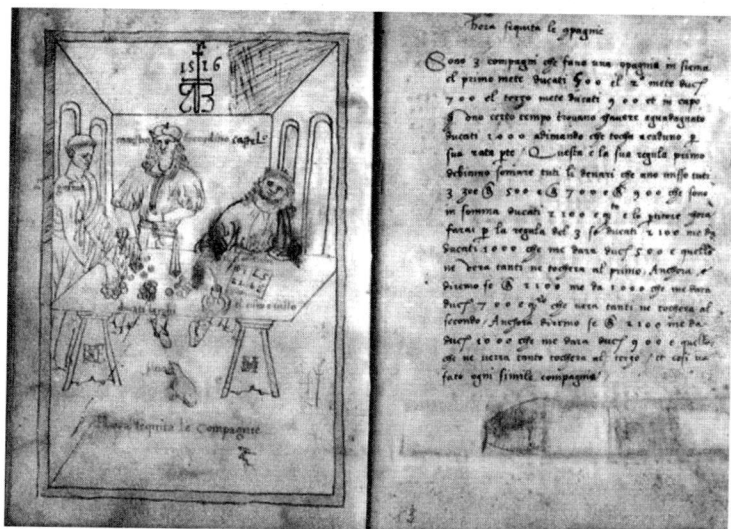

《算盘书》书影

　　《准绳经》堪称古印度数学史上早期最重要的作品，它是天文学著作《仪轨经》的一部分，同时也是古代婆罗门教的经典，估计在公元前6世纪成书。它的产生可能与早期婆罗门教或吠陀教修建祭坛有关。《准绳经》记载的主要是耆那教派数学出现之前的古印度几何学的成就，该著作总结了之前古印度数学成就。《准绳经》保存得不是很完整，至今一共有七部得以保存，其中有三部价值最高，这三部是波迭衍那、迦旃延那、阿帕斯坦巴留下的文本。它们主要论述的是几何学中的几何作图及其相关问题。格外引人注目的是，《准绳经》在详细论述已知圆中最大的正方形的面积的计算方法时，已经较为准确地计算出了无理数根号2（$\sqrt{2}$）的数值，其结果为1.414 215 6……这与现代运算结果的误差只有小数点后的第六位数。这一结果是非常令人震惊的，它充分说明了早在两千多年前，古印度的数学成就就已经达到了相当高的水平。另外，在《准绳经》中，还讲到了拉绳设计祭坛所体现的几何法则，并广泛应用了勾股定理。因为史料的匮乏，我们对古印度数学在此后一千年中的发展知之甚少。

5世纪至12世纪是印度数学发展的黄金时期，这一时期的成就在世界数学史上的地位相当重要。

6世纪，古印度数学领域又取得了一项重大成果，那就是整数的十进位记数法。在当时，古印度人民已经开始用九个数字和表示零的小圆圈来记数，而且借助于位值制，他们可以书写出任何数字。他们由此建立了算术运算，其中有整数和分数的四则运算法则和开平方、开立方的法则等。对于他们来说，"0"不仅仅是"一无所有"或空位，还是一个参与运算的数字，这是印度算术的一大贡献。8世纪，印度人创造的这套数字和位值记数法传入伊斯兰世界，被阿拉伯人采用并改进。13世纪初，经斐波纳契的《算盘书》传到欧洲，逐渐发展成今天广泛应用的阿拉伯数字。现代数学和现代科学的大门，因为这些数字的广泛应用才被打开了。古印度人民的这一贡献，绝不亚于轮子、杠杆或字母表这些发明给人类带来的好处。

此后，又有一大批著名学者如雨后春笋般涌现出来，例如7世纪的婆罗摩笈多，他著有《婆罗摩笈多修订体系》，这是一本天文学著作，其中就包括有"算术讲义"和"不定方程讲义"等数学章节。12世纪后，又出现了数学家婆什迦罗，他的著作为《天文系统极致》，其中"丽罗娃提"和"算法本源"等是有关数学的重要部分。当然了，古印度最著名的数学家还应首推阿耶波多和他的学生梵藏。

阿耶波多还叫"圣使第一"，他不但是古印度杰出的天文学家，还是古印度最早的代数学家，是古印度数学的先驱。他的天文学著作是《圣使历数书》，现存的他的数学著作就是其中的一部分。阿耶波多的数学知识形式简洁，不过也提到了一些重要的数学问题，例如平方根和立方根、圆的简单性质、正弦、算术级数、因子和初级代数恒等式等，他还准确地把 π 的值计算到小数点后四位，即3.141 6。由此，代数在古印度也成了一门独立的学科。

和阿耶波多相比，他的学生梵藏在数学领域的成就更加突出。梵藏的著作有《梵明满悉昙多》。在这部著作里，他对于作环状四边形的相关论述，是古印度在边线几何学方面取得的突出成就。此外，在二次不定式解析的研究方面，他的成就也是很显著的。

对于世界数学而言，古印度人对代数学的贡献突出。他们用符号进行代数运算，并且用缩写文字表示未知数。他们承认负数与无理数，并具体描述了负数的四则运算法则，还想到具有实解的二次方程有两种不同形式的根。印度人在不定分析中表现出非凡的才能，对于解某个不定方程，他们并不满足于只求出任何一个有理解，而是努力求出所有可能的整数解。印度人还计算过算术级数和几何级数的和，单利与复利、折扣以及合股之类的商业问题，他们也曾解决过。

印度人的几何学一般与测量联系在一起，注重于计算面积、体积，他们在几何学领域的贡献，远不及其在算术和代数方面的贡献。在三角学方面，印度人用半弦（即正弦）取代了希腊人的全弦，制作了正弦表，还证明了一些简单的三角恒等式等等。

"长寿的知识"——印度医学

古印度在医学方面的成就也很高。早在《吠陀本集》之一的《阿闼婆吠陀》中就出现了有关医学的内容，这是最早的对古印度医学的记载。在古老的吠陀医学文献中，就已经提到了

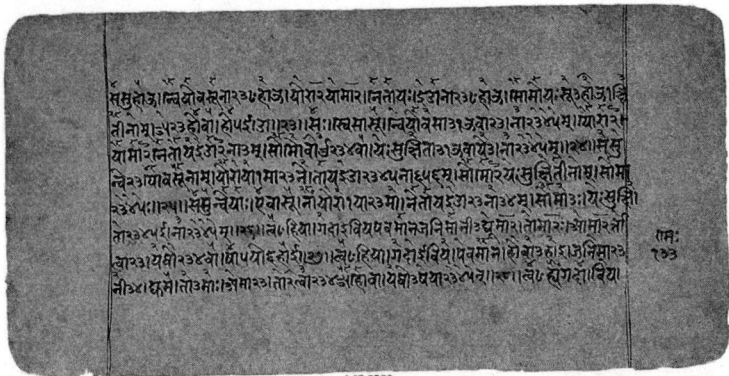

MS 5293
Veyagana, Book of chants of the liturgical Kauthuma Samhita of the Samaveda. India, 1672
梵文《妙闻本集》书影

很多疾病，如腹泻、发烧、脓肿、肺病、麻风、结核病等，并且还记载了一些治疗方法。

公元前1世纪左右，古印度产生了医学著作《阿柔吠陀》（又译做《寿命吠陀》，"长寿的知识"之意），这是古印度第一部专门的医学著作。它指出，人体有五大要素，为躯干、体液、胆汁、气和体腔，如果出现气候和心理上的异常，它们就极有可能失调，这时人就要生病。这种论述奠定了古印度医学的理论基础。这部著作的主要内容是内科医学，几乎没有涉及外科医学。后来的《妙闻本集》填补了它在外科医学上的空白。

现存最早的《妙闻本集》大概产生于4世纪，据说它是古印度杰出的医学家妙闻的著作。妙闻又名苏斯路塔，具体生卒年不详。在《妙闻本集》中，妙闻谈到了解剖学、生理学、病理学等方面的很多问题，不仅如此，他还比较详细地论述了内科、外科、妇产科、儿科中的二十多种疑难杂症。特别是对于外科手术方面的论述，水平极高。书中记载了白内障、疝气等病症的手术治疗方法。另外，书中还记载了一百二十种外科手术器材和七百六十种药物。

　　阇罗迦的作品《阇罗迦本集》也是一部著名的医学著作。阇罗迦是1世纪至2世纪贵霜王朝国王迦腻色迦的御医。他在医学理论和许多疾病的研究方面颇有造诣。他的著作《阇罗迦本集》在后世享有盛誉，被尊为古印度医学的百科全书。这本书中提到了精神病、黄疸病等病症，并记载了黄疸病的诊断和治疗方法。

　　古印度医疗体系的发展也很完善。医院，这个提供社会医疗服务的场所，早在孔雀王朝阿育王时期，就已经在印度半岛出现。

　　总而言之，古印度医学是古印度人民智慧的结晶，是今天印度半岛上所有民族共有的伟大的文化遗产。

宗教王国的实用技术——工程与冶炼

　　古印度人民在工程科学和冶炼技术领域的成就也很大。

　　早在孔雀王朝第一代帝王旃陀罗·笈多时期，古印度在灌溉、采矿、机械设计等领域就取得了一定的成就。当时产生了一部专门记载这方面的名为《政事论》的著作。为了方便农业生产，古印度人民在那时就建造了灌溉水渠和人工水库。

　　古印度的金属冶炼取得了卓越的成就。早在公元前2700年，印度半岛上就出现了青铜器。公元前11世纪至公元前9世纪，印度半岛北部就已经开始广泛应用铁器，进入了铁器时代。公元前9世纪至公元前6世纪，半岛南部也开始出现了铁制品，其中常用的铁器有刀、剑、斧等。在今天的印度德里城附近的麦哈洛境内，有一根古印度时期的巨大铁柱耸立着。这根铁柱铸造于5世纪，已经露天耸立了一千五百多年，可是直到今天都没有一点生锈的迹象。与普通的容易生锈的铁器相比，它可谓是世界金属冶炼史上的奇迹，同时也见证了古印度发达的冶炼技术。

神明的哲思
——印度哲学及法学

在印度古国的北方，巍巍的喜马拉雅山静静地屹立着，它沐浴着从浩瀚的印度洋吹来的一阵阵海风，宛如一位洞察一切真理的智者在凝神静思。在它脚下，人类——它的仰慕者正翘首仰望，用心灵感受智者的睿智，聆听智者的劝诫，感悟神明的哲思……

"梵我一如"的哲思——古印度哲学

繁盛的宗教给古印度带来了异常发达的宗教哲学，说宗教哲学是古印度哲学的主体一点也不为过。

早在公元前2000年左右，古印度就已经出现了哲学思想的雏形，在集宗教、神话和历史于一体的文献经典《吠陀本集》，以及随后出现的解释《吠陀本集》的哲学诗篇《奥义书》中，出现了最早的哲学思想。吠陀最开始宣扬的是崇拜自然力量的多神论，后来，哲学思想逐渐从吠陀宗教思想中分离出来。在吠陀典籍中，吠陀诗人提出并回答了关于宇宙形成、人和自然的关系、人的本质、灵魂和肉体的关系、死后是否存在灵魂等种种问题。有些赞歌宣称，世界的根源是思维（巫师的直观能力）、识、虚空、无、我（灵魂）、梵等；有的却认为是水、火、风、地、金等逐渐分化或结合而形成了世界。《奥义书》中提出了一种称为"梵我一如"的原理。它认为：梵是外在的，是宇宙终极根本；我（灵魂）是内在的，是人的本质；梵和我的本性是相同的，但是，因为人的"无明"（愚昧无知），受缚于业报规律，把"梵"和"我"当做了两种不同的事物。如果人能抛弃社会生活，清心寡欲，那么，他就能直接看到灵魂的睿智本质，亲自验证"梵"、"我"的统一，从而获得最终的解脱。吠陀诸书是古印度哲学思想的源泉，对古印度哲学的发展产生了深远的影响。因为前面已经介绍过，这里就不再重复。

公元前6世纪至公元前5世纪，是吠陀时代的末期，在这一时期兴起了世界宗教、哲学运动。这一时期，在印度出现了沙门思潮，这是自由思想学派的统称，与以《吠陀经》为核心的婆罗门教哲学思想派别相对立。沙门思潮有"六师"，其中顺世论、佛教、耆那教和生活派（"邪命外道"）是比较主要的。

顺世论是一个唯物主义派别，在印度甚至东方都是最大的派别，该派的观点是，物质是世界的基础，物质由"四大"构成，所谓"四大"是指地、水、风、火，所有生物都由"四大"结合生成，人死后还归"四大"。因此，它不承认存在着独立的灵魂，认为灵魂和肉体密不可分，认识的唯一源泉是感觉经验。对于社会问题，顺世论宣扬种姓平等，反对祭祀和业报等。

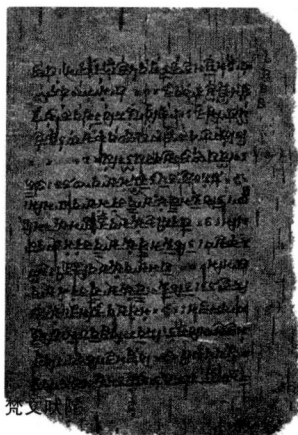

佛教在沙门思潮中的影响最大。原始佛教在说教中提出了一套哲学理论，那就是四谛十二因缘说。它认为，世界上各种现象都依赖于一定的条件（因缘）而存在，离开了

梵文吠陀

285

这些条件，就无所谓存在。所谓十二因缘，就是从无明到生死的十二个环节，这些环节彼此互为因果条件。

耆那教主张世界是由多种元素构成的，这些元素大体上可以分成两种，即灵魂的和非灵魂的，而非灵魂的元素又可以分成物质和不定形物质两种，前者由原子复合构成，后者由四种元素构成，即运动的条件（法）、静止的条件（非法）和时间、空间，这是一种多元论的实在论。在社会伦理思想方面，耆那教主张苦行（包括非暴力）、业报轮回和解脱。

生活派的主要观点是，宇宙和世界上的一切生物都是由十二种元素构成的，这些元素有灵魂、地、水、风、虚空、得失、苦乐、生死等，各种元素"定合有其自性"，在"命中注定"的锁链中，人的意志是无能为力的。

公元前后的几个世纪，印度婆罗门教系统内也出现了许多哲学派别。承认《吠陀经》权威的婆罗门教六派被印度人习惯地称为正统派，而上面我们所提到的不承认《吠陀经》权威的顺世论、佛教、耆那教、生活派等，被称为非正统派。在这一时期，正统派的一些创始人或理论奠基人创作了各派经书，如《梵经》《前弥曼差经》《数论颂》《瑜伽经》《胜论经》《正理经》等，因而形成了吠檀多派、弥曼差派、数论派、瑜伽派、胜论派和正理论派。

在古印度哲学史上，学者们普遍认为，从3世纪至4世纪，即统一的印度笈多王朝时期开始，一直到资本主义萌芽的18世纪，是印度的中世纪。在印度中世纪初期，印度正统派哲学六个派别越来越系统化，非正统派的几个派别也在逐渐演变。

数论是正统派中起源最早的，《数论颂》等书反映了数论的二元论思想。

在毗耶沙等对《瑜伽经》作注后，瑜伽的实践才完备起来。《瑜伽经》中说，有八种达到真理的方法，这些修持方法就好像我国的"气功"。

弥曼差是婆罗门教中的一个学派，研究祭礼仪式等问题。是4世纪至5世纪山隐尊对《前弥曼差经》作注后才完善起来的。在钵罗奢思波陀对《胜论经》作注以后，胜论才形成系统的哲学体系。

正理论以探讨认识的方法、逻辑推理等问题为主，把认识的对象、辩论的方法等归纳为十六个方面，将推论的形式分为五支。

吠檀多不二论的代表人物是7世纪之后的乔荼波陀和商羯罗。在他们看来，"梵"是世界万物的根本，"梵"具有统一性和纯粹性，丝毫没有属性、运动和因果。但是个别没有宗教修持的人因无明，用下智理解它，给它加上全智、全能等各种属性，神也包括其中，这样梵就有了上下之分。就像绳被想象为蛇一样，世界是梵的一种幻现或假象。11世纪后，印度出现了虔诚派运动，它的目的是改革印度教。在吠檀多中，也出现了罗摩努阇的制限不二论、摩陀婆的二元论、尼跋伽的二元不二论和筏罗婆的纯粹或清净不二论。这些派别围绕着梵、灵魂和世界的关系争论不休。

佛教在中世纪由小乘转为大乘，分成了两个主要教派，即中观派和瑜伽行派。中观派的理论奠基人是龙树。他把自己的至高真理称为"空"。在他看来，任何事物以及人们的思想，甚至包括佛陀本人都是一种相互对立又相互依存的关系（因缘），是一种假借的概念或名相（假名），它们本身并不存在实体性或自性，只有摒弃了执著这种"名相"的偏见，才能达到真理或空的境界。无著和世亲是瑜伽行派理论的奠基人，在他们看来，"空"和"有"（对现象世界的认识）应相互结合。世间的任何现象都是由人们的精神总体或作用——"识"所演变而来的，也就是"万法唯识""三界唯心"。

此后，印度还产生了锡克教哲学，该派哲学的创始人是纳那克，他也是该派的主要代表。

吠檀多不二论的开山祖师——乔荼波陀

乔荼波陀是印度教吠檀多不二论哲学的祖师爷，他是最早的较为系统地阐述梵我不二基本理论的人。在吠檀多哲学史上，从跋达罗衍那撰写《梵经》开始，一直到7世纪左右的乔荼波陀时代，这中间有几百年的时间，人们对这几百年间的情况知之甚少，只知道这期间出了十来个吠檀多学者，不过，他们没有提出新的理论，也没有任何著作，只有一些只言片语。因为几乎没有什么相关的文字材料，因此现在很难了解乔荼波陀的生平，甚至于历史上是不是真有其人，历来也都是众说纷纭。

根据印度一般的传统说法，商羯罗的老师是哥宾达，而乔荼波陀又是哥宾达（又称牧尊）的老师，因为在对乔荼波陀的《圣教论》作注疏时，商羯罗称乔荼波陀为"祖师"，或者称"老师的老师"。甚至还有学者认为，商羯罗曾当面受过乔荼波陀的教诲。因此参考商羯罗的生平，人们一般认为乔荼波陀是7世纪时的人物。

相传乔荼波陀撰写的著作很多，如《薄伽梵歌》、《自在黑的数论颂疏》，这些著作是否真是乔荼波陀创作的，还不能确定。人们公认的乔荼波陀的著作只有《圣教论》（又称《蛙氏奥义颂》）。

乔荼波陀的著作《圣教论》极其重要，它秉承了《奥义书》的绝对一元论和唯心论思想。《圣教论》与《奥义书》

《薄伽梵歌》插图

的关系密不可分，它论述和发展了《奥义书》的哲学思想。
从《圣教论》中可以看出，它与《广森林奥义》、《歌者奥
义》、《白骡奥义》和《蛙氏奥义》有明显的直接关系。其中
《蛙氏奥义》与《圣教论》的关系最紧密，事实上，《圣教
论》是对《蛙氏奥义》的解说。

　　《圣教论》第一次对吠檀多不二论进行了系统的阐述，是
一部说理统一、逻辑严密的书。虽然在论证上，每章都各有千
秋，但绝对一元论和唯心主义本体论这一主线贯穿始终。

　　乔荼波陀的《圣教论》是印度吠檀多派历史上的一个里程
碑。它标志着吠檀多哲学从《奥义书》的原始哲学阶段发展到
了独立系统的不二论阶段，并且为以后商羯罗更进一步发展、
深化该哲学体系奠定了基础。

印度教理论的奠基石——商羯罗的哲学

　　商羯罗不仅是一位伟大的宗教改革家，还是继乔荼波陀之后
崛起的又一位宗教哲学大师，集印度吠檀多不二论哲学之大成。

和乔荼波陀一样，商羯罗的哲学思想也是在诠注《奥义书》的基础上产生的。他的基本观点简单地说主要包括三方面：第一，他论说了吠檀多哲学中哲学思想的核心范畴——作为无差别的、平等常住的、遍在的实体"梵"的否定的一面，并且提出了"上梵"与"下梵"的学说，肯定"梵"作为绝对否定性的原理，也有表现为差别相的基体的另一面。第二，我们的本来自我既不为何物，又不取舍何物，与最高梵是同一的。不存在个体的我及其现象世界的活动，不存在轮回，因果业报说是虚妄的。第三，他认为人只要拥有知识就能得到解脱，因此，人不必进行祭祀活动。依据"上梵"与"下梵"的差别，他认为知识也不只有一种，而是分"上智"和"下智"两种。这些内容中真正是商羯罗自己独创的并不多，大部分理论都是继承《奥义书》的思想以及先辈的哲学理论，他只是把各种理论综合集中起来，又进行了一些加工，就这样，一个完整的哲学理论体系形成了。

总的来说，商羯罗坚持把精神放在第一位，臆造一种神秘的客观精神，他的哲学体系是客观唯心主义的、形而上学的、保守的。他的这些哲学思想成了印度教兴起的理论基础。

商羯罗可称得上是古印度最卓越的哲学家，直到今天，他的思想光辉仍然照耀着整个恒河两岸。

古代印度法的主要渊源——《摩奴法典》

《摩奴法典》又叫《摩奴法论》，内容涉及古印度的宗教、哲学和法律，是古印度最重要的一部法律文献，是婆罗门法的集大成著作，是古代印度法的一个主要来源。传说，它的编者是"人类始祖"摩奴，它也因此得名。不过现在人们普遍认为，它是当时婆罗门教教徒根据吠陀经典和惯例编成的，大约在200

年至300年间成书，当时，日益壮大的佛教威胁着婆罗门教的地位，婆罗门教教徒一直在努力，试图恢复婆罗门教在古印度宗教中的统治地位，《摩奴法典》是这种努力的一种见证。

《摩奴法典》共有十二章，两千六百八十四款，体系庞杂，规模巨大。法典融宗教、哲学、道德、法律等各种规范于一体。第一章讲述创世的神话；第二章至第六章的主要内容是四个种姓的行为规范；第七章至第九章对国王的职责做了规定，并有很多有关所有权、债权、婚姻、家庭、继承、刑法等方面的法规以及道德规范，这几章是整部法典关于法律内容的精华；第十章是关于种姓的法律；第十一章是赎罪法；最后一章包括因果报应、轮回转世之说。全书中大约四分之一的篇幅涉及纯法律的内容。法典的中心内容以维护印度种姓制度为目的，宣扬种姓起源的神话，宣称婆罗门种姓是"所有创造物的主宰"，因此，可以说《摩奴法典》是一部典型的种姓法、等级法。法典对各种姓的不同地位、权利和义务一一进行阐述，规定了违反种姓制度的种种惩罚措施。

严格地说，《摩奴法典》并不是真正的法典，只不过是一部宗教经典而已。只是因为在古印度，对"法"的理解完全不同于古代至近代的世俗法律，所以才称之为"法典"。它的"法"的含义要广得多，婆罗门教四个种姓都应遵守的各种行为规范都在它的"法"的范畴之内。其中真正意义上的法律规范只有少数，其余部分实际上大多是道德规范、哲学思想、习俗、宗教规范及教义等，因此古印度社会中的各种社会关系是法典的巨大篇幅反映的主要内容。不过，我们也不能忽略，一旦某种法律规范被编进《摩奴法典》，就变得神圣而不可侵犯，要求人们必须无条件遵守，所具有的法律效力远非一般的法律法规所能比。

《摩奴法典》对印度法律的影响是极其深远的，在印度封建社会前期，它一直被统治阶级奉为圣典。后来，《摩奴法典》开始被佛教吸收，其影响也随之渐渐扩大到印度半岛的周边临近的国家和地区，特别是在东南亚的缅甸、暹罗（现在的泰国）、锡兰（今斯里兰卡）、柬埔寨、老挝、印度尼西亚等国家，这些国家的法律文化与《摩奴法典》有着相当密切的联系，并一度形成了以《摩奴法典》为核心的印度法系，使《摩奴法典》在世界法制史上的意义十分重大。为了健全本国的法律制度，这些国家现在已经分别启用了现代意义上的三大法系（即英美法系、大陆法系和伊斯兰法系），尽管如此，《摩奴法典》的影响依然没有消失。

另外，因为《摩奴法典》中保存了大量的古代印度历史、宗教、哲学、政治、经济和社会风俗方面的资料，因此，对于研究古印度的社会和文化而言，《摩奴法典》的价值也非常重要。我国当代哲学家张岱年在论述印度民族的思维方式时曾说："在印度，说A也不对，说非A也不对，把A否定了，把非A也否定了，事实不可反映。"这就是印度民族的思维方式。忍耐、逆来顺受是这个民族的特点。《摩奴法典》就具有典型的唯心主义、形而上学观点。但综观全书，仍有贯穿于宗教、法理、伦理、政治、军事和商业知识教谕中的精华，值得人们去研究和批判的继承。

现在保存的有关《摩奴法典》的注释本有七八种，它们都是梵文的，产生于9世纪至18世纪。关于这部法典的译本，世界各国还有许多。

图书在版编目（CIP）数据

世界文明大观：全3册 / 孔庆东主编. — 长春：
吉林出版集团股份有限公司, 2016.6
（品读经典 / 孔庆东主编）

ISBN 978-7-5581-1491-5

Ⅰ.①世… Ⅱ.①孔… Ⅲ.①世界史－文化史 Ⅳ.
①K103

中国版本图书馆CIP数据核字（2016）第122554号

世界文明大观

主　　编	孔庆东
总 策 划	马泳水
责任编辑	齐琳　史俊南
装帧设计	中易汇海
开　　本	880mm×1230mm　1/32
印　　张	28.5
版　　次	2018年9月第1版
印　　次	2020年9月第2次印刷

出　　版	吉林出版集团股份有限公司
电　　话	（总编办）010-63109269
	（发行部）010-67482953
印　　刷	北京欣睿虹彩印刷有限公司

ISBN 978-7-5581-1491-5　　　　定　价：98.00元（全3册）

孔庆东◎

世界文明大观

埃及文明

玛雅文明

上

吉林出版集团股份有限公司

序

古人说："刚日读经，柔日读史。"本来说的是什么时间读什么书，从侧面看来，我们的前辈多么勤奋，每日读书，并不留空闲。

在一个号召"全民阅读"的时代，如何阅读，阅读什么，成为新常态下的新课题。数千年来的文化传统和我们祖先的经验告诉我们，那就是"阅读经典"。这套"品读经典"丛书，其旨趣、其志向，大概就是"打通"这样一个目标。

我也经常说，只有阅读经典著作，建立了平衡的知识结构，才能做到"风吹不昏，沙打不迷"。

古人又说，一日不读书，心源如废井。

在我看来，读书应该是日常生活的组成部分，就像呼吸空气那样。

我在北大附属实验学校的一次报告会上曾经谈过，要读书，读好书，也只有那些有独创思想的著作才能称为"书"，才可能成为经典。

经典书，也就是我们常说的"真正的书"，它应具有独特性、原创性、思想性。独特性就是与众不同，是自己独立思考的东西；原创性就是"我手写我心"；思想性就是必须加入自己个体的思考。

另外，经典书均为文史哲范围，因为这些书属于上层书，其思想辐射至其他专业。今天我们有几百个专业，它们并不是在一个平面上展开的。

我们要每天读点儿书，滋润自己的心灵。读书不是立竿见影之事，不能立马改变生活，它是个慢功夫。几天不读好像没什么，其实你已经落后了，而当你水平提高了又不容易下去。

对于个人来讲，我们把学到的知识用到实践当中，用到一点儿就足够我们享用一辈子了。表里不一对于国家来说是毁国家前途，对于个人来说是毁自己前途。很多人总是发明新道理，但是我觉得旧道理够用。

知道了之后再实践了，这才是真正的读书人。

古人言："读万卷书，行万里路。"

"读万卷书"是前提，"行万里路"是实践，把知识实际地运用。孔子讲的"忠、恕、仁"这几个概念，你能把它实践好就很不错了，懂了这些道理你读书就很快乐。有了这种精神状态之后，你就会持一个乐观的心态。读书最后还是为了自己，使自己成为一个乐观快活的人，让自己活在这个世界上特别有劲。

我们既要"行万里路"，也要"读万卷书"，更要读好书，读经典书。

著名学者汤一介先生说，一本好的经典，"可以启迪人们的思考，同时也告诉我们应该重视经典"，面对先贤的智慧，面对我们两千余年来的诸子百家、孔孟老庄，"我们必须谦虚，向经典学习"，也许这就是"品读经典"丛书出版的意义。

前　言

埃及是一个拥有伟大气度和充满神秘色彩的地方，它确是与众不同的。远在几千年以前，生活在尼罗河畔的埃及人就已经创造出了令后世惊叹不已的发达文明。众所周知的金字塔、狮身人面像、木乃伊等，都是他们的杰作。在物质层面，埃及文明的成就可谓空前；在精神层面，埃及文明的贡献也非同一般。漫长而厚重的历史赋予了埃及丰富多彩的社会生活及高深精妙的文化。举凡文学、宗教、科学、建筑、雕刻、绘画、音乐、舞蹈等，埃及人无不精通。埃及留给世界、留给后人的财富挑战着人们的想象力。

另外，广受世人关注的玛雅文明，堪称世界文明史上的奇葩。玛雅文明因印第安玛雅人而得名，是中美洲印第安玛雅人在与亚、非、欧古代文明隔绝的条件下，独立创造的伟大文明。其遗址主要分布在墨西哥、危地马拉和洪都拉斯等地。玛雅文明诞生于公元前10世纪，分为前古典期、古典期和后古典期三个时期，其中，公元3—9世纪为其鼎盛时期。

本书编者经过精心策划与设计，从历史、宗教、文化、城市与建筑、艺术、教育、科技、民俗等多个角度，集中展示埃及和玛雅文明杰出成就的各个侧面。

在编写过程中，我们参阅了很多有关埃及和玛雅文明的研究文献及历史掌故等，在此对前人深表感谢。我们期望这本书可以较为全面地展现埃及和玛雅文明的独特风范，如果它能成为引导读者亲近、喜爱埃及和玛雅文明的媒介，那将是对我们的莫大鼓励。

——《品读经典》编委会

目　录

世界文明大观——埃及文明

世界文明大观——玛雅文明

埃及文明

世界文明大观

埃及是一个充满神秘色彩的古国，在遥远的几千年前，埃及人就已经用他们的聪明智慧创造出了令后世人们惊叹的文明。让我们随着厚重的历史，一起去领略埃及留给我们的宝贵物质及精神财富吧。

"尼罗河的赠礼"
——埃及这片土地

人类的历史到底有多长？文明的历史又究竟有多长？从古至今，人类为此殚精竭虑地追寻、探索。对北非古国——埃及的寻访，也许有助于我们解答这些问题。早在距今五六千年以前，埃及人就在这片尼罗河神赐予的富饶土地上生息劳作。尼罗河水赋予埃及以生命，并且不断滋养着这个早熟的人类社会。埃及原始居民使用以天然石和天然铜制造的工具战天斗地，发展出先进的农业和畜牧业。他们心灵手巧，烧制陶器、织布缝衣、编篮建屋，样样在行。古埃及人领先其他民族一大步，已经来到了文明社会的入口。

沙海中的绿洲——埃及

在非洲东北部的尼罗河下游有一个伟大的国家——埃及。埃及东临阿拉伯沙漠和红海，西接利比亚，南邻努比亚，北濒地中海。由于地理环境的因素，埃及同其他地区的交往很难进行，只能通过东北端的西奈半岛与西亚以及爱琴海地区来往，并且他们很早就建立了联系。

本来，埃及所处的地理位置，使其气候干燥炎热、雨量稀少，但由于世界三大河流之一的尼罗河贯通埃及全境，使得埃及成为沙漠中的绿洲。埃及境内的尼罗河由发源于非洲中部的白尼罗河和发源于苏丹的青尼罗河汇合而成，每年7月至11月都会发生泛滥。河水灌溉了两岸的土地，并且带来大量的矿物质和腐殖质，沉淀成为肥沃的黑色土壤。埃及人就是在这块土地上生息繁衍，创造了丰富灿烂的古代文明。

古代埃及分为两大区域：孟斐斯以南的尼罗河谷地叫上埃及，孟斐斯至地中海岸的三角洲地带叫下埃及。上埃及地域狭窄，一般宽15—25千米，东西两侧群山连绵，山外是一望无垠的沙漠。这一地区很少下雨，气候干燥，只能靠尼罗河供给生产和生活用水。而下埃及地势开阔平坦，河流聚集，沼泽也很多，扩展成一个扇形。从下埃及的东面穿过苏伊士地峡，经西奈半岛可到达巴勒斯坦、叙利亚等地，这是古代亚非两洲之间一条交通要道。

据德国科学家研究推测，在远古时代，埃及西部的干旱沙漠地区曾是一块水草丰美的沃土。最早做出这一判断的是19世纪的布拉肯·霍尔恩，他发现这里存在着大量的古代砾石，进而推断曾有一条大河流经此地。近年来，通过空中拍摄也发现，埃及西南部确实有一条古河道的痕迹。可能这个地区在冰期以后因气候变得干燥而逐渐沙漠化，于是，古埃及人为了生存，逐渐移居至尼罗河岸边，如同一群长期漂泊在外的游子，又重新回到了母亲的怀抱。

"埃及的母亲"——尼罗河

看，这位伟大的君主，
既不向我们征税，也不强迫我们服劳役，有谁能不惊讶？
有谁，说是忠于他的臣民，真能做到信守诺言？
瞧，他信守诺言多么按时，馈赠礼物又多么大方！
他向每一个人馈赠礼物，
向上埃及，向下埃及，
穷人、富人、强者、弱者，
不加区别，毫不偏袒。
这些就是他的礼物，比金银更贵重。

尼罗河

　　这首诗是在歌颂一位国王吗？不，这是古代埃及诗人歌颂尼罗河的诗句。尼罗河为埃及人民提供了得天独厚的生存和发展的环境，是埃及人民生命的源泉，因此被视为哺育、滋养埃及的伟大母亲。埃及到处流传着关于尼罗河的颂歌："光荣归于你，发源于大地的尼罗河，你不息地流，为的是使埃及苏生。""埃及就是尼罗河"、"尼罗河是埃及的母亲"的谚语在埃及更是妇孺皆知。

　　尼罗河位于赤道以南、非洲东部的高原之上，大部分在现在的埃及和苏丹境内。它曲折浩荡，全长6 740千米，是非洲的第一大河，同时也是世界第二长河。"尼罗，尼罗，长比天河。"是尼罗河最真实生动的写照。它的流域面积达280万平方千米，相当于非洲大陆面积的1/10。沿途经过众多湖泊，形成了6个大瀑布。激流险滩阻挡不住尼罗河的脚步，它一直穿越北非沙漠，最终注入地中海。

古埃及人驱赶牲畜的雕塑

尼罗河的上游，有两条主要支流——白尼罗河和青尼罗河。白尼罗河源于维多利亚湖以西终年多雨的群山之间，流经今天的卢旺达、布隆迪、坦桑尼亚、肯尼亚、乌干达和扎伊尔，最后到达苏丹。青尼罗河则发源于埃塞俄比亚西北部高原上的塔纳湖，流经今天的埃塞俄比亚和苏丹。两河在苏丹首都喀土穆汇合，合流点以下的河段就称为"尼罗河"。如果是洪水期，青、白两种截然不同的水流汇合，会形成青白分明的独特景观。汇合后的尼罗河主流，水量大增，流量更加富于变化。

埃及境内的尼罗河全长1 530千米，从南向北纵贯整个国家。它在埃及首都开罗以北分成许多支流，并形成2.5万平方千米的巨大三角洲平原。尼罗河被埃及人民视为圣河，它在每年夏天都会定期泛滥。这里有一个动人的传说，说的是女神伊西斯的丈夫遇难身亡，伊西斯肝肠寸断，悲痛欲绝。她的眼泪像雨水一样落在尼罗河里，导致河水不断上涨，最终引起了泛滥。

尼罗河的泛滥不仅能使土地灌透一次，而且还留下了从上游带来的大量矿物质和有机质，形成了一层厚厚的淤泥。那里的庄稼可以一年三熟。据古希腊历史学家希罗多德记载："那里（古埃及）的农夫只需等河水自行泛滥出来，流到田地上灌溉，再退回河床。然后，每个人就把种子撒在自己的土地上，让猪上去把这些种子踏进土里，以后只是等待收获就行了。"

每年6月17日或18日，尼罗河水开始变绿，这是河水即将泛滥的先兆。这一天埃及人会举行一次欢庆活动，以庆祝"落泪夜"。河水涨水初期，河水转为红褐色，成千上万的人会排起长队，敲锣打鼓，载歌载舞，簇拥着尼罗河之神"哈伯"的木雕像来到河边，举行祭河大典。到了河水溢出河岸的那天晚上，人们还要高举火把，在尼罗河上划船。在闪耀的火光和粼粼的波光中，人们尽情地歌唱，颂扬尼罗河赐予他们的恩惠。

尼罗河的泛滥，虽然给古埃及人民带来了希望和生机，但同时也会造成严重的破坏。在人们尚未准确掌握河水泛滥的规律之前，他们认为是因为尼罗河发怒，才淹没他们的田地，冲毁他们的房屋的。于是，当时的人们决定每年为尼罗河选出一个漂亮的新娘，把她抛入河中，与河神完婚，以平息尼罗河的怒火。

尼罗河赐给埃及一份厚礼——尼罗河三角洲平原。它地势平坦、河渠纵横、土地肥沃。在灿烂的阳光下，河谷里的谷穗闪闪发光，青草生机盎然，葡萄红艳欲滴。在广袤的沙漠的包围之下，出现了一片花果丛生、丰沛富庶的"人间乐土"。

最早生存在这片土地上的先民，被视为人类文明最重要的缔造者之一，他们来自何方？长什么样子？有何过人之处？现在，就让我们穿越漫漫时空，去认识一下那些将无数奇迹留给现代世界的人吧。

文明的缔造者——古埃及人

非洲被认为是整个人类的发源地，但是在埃及，至今尚未发现早期人类的化石。不过，早在几十万年，甚至上百万年以前，埃及境内的尼罗河谷地和利比亚高原等地就出现了人类活动的踪迹。那时候，非洲北部的气候湿润温和，雨水丰沛，绿草深林遍布，各种动物隐没其间。当时的居民主要以渔猎和采集为生。大约是在一万年以前，最后一次冰河退去，北非逐渐变成浩瀚无垠的沙漠，于是许多居民便向尼罗河两岸迁徙。

关于古埃及人来自何方、属于哪种人种的问题，一百多年来一直是学术界争论的热点问题。但不管学者们持何种观点，他们都一致认为，古埃及人在长期的历史演变中，不可能是单一型人种，而是由多个人种混合进化而来的。

通常认为，最早移居到尼罗河谷地的是非洲的土著尼格罗人，也就是黑人，这一点在许多古希腊和拉丁学者的著述中都有所反映。之后，亚洲的哈姆人来到了尼罗河谷地，征服了这里的土著居民。接着，西亚的塞姆人接连不断地抵达埃及。这样，在长期融合的过程中，非洲土著人、哈姆人和塞姆人就同化为一个新的部族，这就是古埃及人。

"埃及"这个词，源于古希腊语Aigyptos。古埃及人则称自己的国家为"凯麦特"，意思是黑土地，也就是经过尼罗河水灌溉过的土地，以有别于未经河流灌溉的"红土"——沙漠。

在古代流传下来的各种艺术作品中，古埃及人的样貌形形色色，各不相同。他们有的身材伟岸、体魄健壮、颧骨高耸；有的身材矮胖、鼻子扁平、嘴唇较厚；有的鼻子大而直，略呈弓形。

在古埃及人漫长的氏族公社阶段中，已拥有了相当发达的农业和畜牧业，除了石铲、石锄、石刀等石制生产工具，还有用天然铜制造的铜刀、铜锥等。古埃及人已经能够烧制质地良好的陶器，织布、缝衣、编篮的手工技术也达到了较高的水平。那时候，人们居住在椭圆形的用芦苇或土坯建造的房屋里。每所房屋又分成若干个小房间，供一个母系家庭居住。3个以上的母系大家庭就构成了一个氏族。

到了氏族社会的后期，古埃及人掌握了冶炼天然铜的方法，制造出更为精致的刀、钻、斧等，并使用这些金属工具进行生产。他们开渠筑堤，改进耕作技术，生产力因此大大提高。人们还初步掌握了金银的加工和制作方法。这个时期，各氏族在各自的居住地用小砖建造城堡，城市的雏形已经出现。同时，贫富分化的现象也出现了，不同氏族部落之间开始发生战争。随后，尼罗河两岸出现了许多"州"，也就是城邦。起初，这些州是为了修建水利灌溉工程而由一些地域临近的村庄结合而成的，后来转化为初具规模的国家。州长拥有军事、行政、司法、祭祀的大权，州的内部形成了上层贵族特权阶级与由平民和奴隶构成的下层劳苦大众的对立。这些情况都表明，古埃及的氏族制度已经终结，开始向一个统一的国家过渡，古埃及人终于要迈入文明世界的大门了。

这扇大门的后面是一幅怎样的场景，又是谁最先叩响了它，使湮没了许久的文明重现世间？古埃及的探索之旅，蕴含着怎样的艰辛，又留下了多少奇妙的故事呢……

充满魅惑的国度
——探索古埃及

当整个世界都在为重新发现尘封千年的古埃及文明而欣喜若狂的时候，我们不能忘记向以下这些人物致敬，他们的名字也将在古埃及考古史上被不断提起。他们是拿破仑·波拿巴、维万·德农、让·弗朗索瓦·商博良、马里埃特、皮特里、霍华德·卡特等。法兰西的皇帝怀着征服的野心来到这个古老的国度，却意外开启了古埃及的探索之旅。随后，更多的专业学者耗费毕生的精力，逐渐拨开古埃及文明的重重迷雾，向世人展现了几千年前人类智慧和勇气的结晶。"偶然"在发现古埃及的过程中反复上演，也许这也是上天对人类的另一种恩赐吧。

初揭神秘的面纱——拿破仑的意外收获

皇帝与画家

在埃及的考古学史上，有两个人是公认的先行者。然而，他们既不是考古学家，也不是语言学家。这两个人，一个是不可一世的法国皇帝拿破仑；另一个，则是才华横溢的法国艺术家维万·德农。

1798年春季的一天，法国巴黎法兰西学院的大厅里正在举行一次科学家会议。拿破仑来到大厅，面对一大群法国社会的科学文化精英侃侃而谈。他心里正在酝酿着一个特殊的计划，

拿破仑在埃及

他需要这些科学家。拿破仑手里拿着一本尼布尔写的《阿拉伯之行》，讲到紧要之处，他还不时地敲敲这本书的封面。拿破仑的讲话显然打动了这些科学家，等到当年5月中旬他率领庞大的舰队出发时，他的麾下除了有战舰300余艘、军队近4万人以外，还有画家、诗人、文学家、科学家、东方学家以及各种工程技术人员共计200余人。拿破仑大军的征服目标，正是古老的埃及。

拿破仑和他的军队踏上了埃及的土地。在这片被太阳烤焦的土地上，他们看到了"天方夜谭"式的城市，熙熙攘攘的各色人种拥挤在狭窄的街道上，尖塔林立的清真寺中大礼拜堂的金色圆顶在夕阳下闪闪发光。他们还看到了那些矗立在城外荒漠旷野中高大、枯寂而冰冷的巨石建筑。当然，他们也看到了阻拦他们前进的玛穆鲁克王的军队——他们挥舞着长长的穆斯林弯刀，绿色头巾上的蓝宝石放射出幽幽的亮光。

拿破仑站在巨大的狮身人面像前，对他的远征军说："士兵们，4 000年的历史在蔑视你们！"这时的狮身人面像，数千年的沙尘已经埋没了它的半个身躯，它头上的鬃毛已被磨平，眼睛和鼻子也变成了黑洞——那是埃及玛穆鲁克人用它的头当

拿破仑在狮身人面像前

做靶子练习射击的结果。

双方的战斗进行得非常激烈。拿破仑的将士们在作战之余，也不忘在那些豪华得令人瞠目的古城废墟中流连一番。与此同时，随拿破仑出征的那些科学家、艺术家则纷纷忙着测量、清点、调查和搜集他们在埃及地面上所找到的东西。或许当时这些人并没有意识到，他们正在进行着考古学上一个前所未有的壮举。

4 000多年的历史留给埃及的东西实在是太多了！法国人用不着去挖掘，因为举目所见，到处是废弃的城市、国王的陵墓、矗立的石柱和方尖碑、高耸的塑像、巨大的石棺、神秘的木乃伊和扑朔迷离的象形文字。拿破仑带来的学者们果然有了用武之地，他们用自己的专业知识，将古埃及的轮廓一点点勾画出来。

在这些人中，表现最突出的是维万·德农，他是由拿破仑美丽的妻子约瑟芬推荐来绘制说明图的。当时，德农已经51岁了，他有着非凡的才华，尤其是在绘画方面。从进入埃及的那一刻起，他就深深迷恋上了这里的一切。之前，德农对埃及文化所蕴含的一切一无所知，但古埃及的风情和古物，对一个艺

古埃及象形文字

术家来说，正是绝佳的题材。每到黎明他就走出帐篷作画，无论行军、宿营都坚持不懈。后来，他带回法国的无数精致的画稿，为考古学家研究埃及提供了极为珍贵的资料。

当德农描绘了埃及的建筑和景物之后，他开始关注那些似乎无处不在的象形文字。在德农充满艺术感的眼里，埃及的象形文字是由各种符号、图画、线条、暗号等构成的一些美妙的图画。图画形象的来源很多，人形、动物、植物、果实、器械、衣服、编筐、武器、几何形体、波浪和火焰状的线条都可以成为文字。德农对象形文字也是一无所知，但他并未停下手中的笔，他画下了自己所看到的一切，而且凭借敏锐的观察力，他很快看出象形文字有三种不同的形式。通过他那些形神兼备的画作，他不光让欧洲人看到了金字塔、狮身人面像以及各种宏伟的神庙，他还让他们看到了奇妙的象形文字，这种文字欧洲人从没见过。

拿破仑的这次远征，在军事上以失败告终，却促进了埃及在政治上的觉醒，同时也拉开了国际性的多学科综合考察埃及的序幕。这种考察和研究从那时一直持续至今。古老的埃及文明之所以在今天闻名遐迩，与拿破仑这次失败的远征是分不开的！

会说话的石头

拿破仑远征埃及之后，埃及考古史上有了一系列惊人的发现。然而在很长一段时间里，人们对古埃及文明还是知其然不知其所以然，因为他们尚未找到打开古埃及文明之门的钥匙。也就是说，对埃及人的象形文字，人们还了解得很少。

说起象形文字，不得不提及一位普通的法国士兵，他和他的统帅拿破仑皇帝一样，对古埃及文明倾慕不已。一天，这位士兵像往常一样，来到距亚历山大城48千米的罗塞塔要塞站岗放哨。站得久了，不免有些厌烦。为了解乏，他便去附近参观尼罗河三角洲的古迹遗址。在那儿，他偶然挖到了一块奇怪的石碑。上面刻满了各种小画像，同在神庙和宫殿里看到的图画差不多。比较特殊的是，石碑上刻着三种各不相同的文字，其中的一种是希腊文。当时，希腊文是许多人都能认识的一种文字。那位士兵心想：只要将石碑上的陌生文字与希腊文一对照，不就能够知道这些文字的含义了吗？于是，他十分高兴地把石碑运了回去。

这块石碑，就是后来闻名遐迩的罗塞塔石碑，有人把它称做"通往古埃及文明的钥匙"。这是一块外形不规则的黑色玄武石碑，长114厘米，宽72厘米，碑面刻有三段文字，字迹已经有

罗塞塔石碑

些模糊。经考证，碑文是用埃及圣书字和希腊文雕刻而成的，埃及圣书字分别用了碑铭体和僧侣体两种字体。其中第一段为碑铭体，共11行；第二段为僧侣体，共32行；第三段为希腊文，共54行。从碑文中的希腊文字可知，其内容是埃及国王托勒密五世的登基庆典颂词，大约撰写于公元前196年。

1801年，拿破仑远征军被英国和土耳其联军击败。根据停战协议，法国必须无条件交出在埃及发掘到的一切文物，当然也包括那块罗塞塔石碑。如今，石碑陈列于大英博物馆，题签上写着"不列颠军队征服的战利品"。罗塞塔石碑的发现，如同暗夜里的一盏明灯，为渴望深入了解古埃及文明的人带来了希望。

开启文明之门——考古学家的探究

象形文字的复活

拿破仑远征埃及的战争结束之后，欧洲人很快忘记了那场战争，却掀起了一股了解古埃及的热潮。欧洲各国的旅行家们纷至沓来，探索领略德农笔下的古埃及风情。那里丰富的文物古迹令他们眼花缭乱，而与这些古迹密不可分的，是几乎无处不在的埃及象形文字。埃及人似乎是最喜欢写字的古代民族，他们在古老的寺庙和墓室的墙上、纪念石刻上、棺材上、墓碑上、神灵和凡人的雕像上、箱子上和黏土器皿上都留下象形文字，连墨水池和手杖上都有象形符号。怪不得有人惊奇地说："假如有人想把埃德福寺里的象形文字抄录一遍，每天从早抄到晚，20年也抄不完！"

尽管这些遗迹上布满了象形文

法国语言学家商博良

字，但在拿破仑时代的人们看来，要释读这种奇怪的文字，似乎是天方夜谭的事情。当时，波斯的著名东方学家德·萨西曾说："这是科学无法解释的一个复杂的问题。"

象形文字真的已经彻底死去，无法解读了吗？

法国文字学家让·弗朗索瓦·商博良给出了不同的答案。他凭借不懈的努力，最终开启了古埃及的大门。而开启大门的钥匙，正是上文提及的罗塞塔石碑。

商博良生于1790年，他从小就在哥哥约瑟夫的教导下博览群书。上了中学以后，商博良逐渐表现出在语言学方面的浓厚兴趣。在学校，他只选修自己感兴趣的课程，而数学，他从来都不肯碰。除了必修的拉丁语和希腊语之外，他还学习希伯来语、阿拉伯语、叙利亚语、阿拉米语等。《圣经》的希伯来文本和希腊文译本是法老埃及史的重要记录，叙利亚语和阿拉米语也属于《圣经》的传统语言，阿拉伯语则是尼罗河流域的居民所说的语言。商博良如此热衷于东方语言的原因，是他心中有一个圣地——埃及。

1807年，商博良17岁的时候，哥哥送他到巴黎继续学习东方语言，他又另外学了波斯语和科普特语。不久他就确信，科普特语就是用希腊字母书写的古埃及语。这个想法一直萦绕在他的心头，在写给哥哥的信中，他说："我的科普特语学得很快，我感到十分快乐……我要掌握这种埃及语言，它会是我将来研究古埃及纸莎草纸文献时的重要基础。"

商博良那时便开始研究埃及文字，但是由于时局动荡以及其他原因，他的研究时断时续。到了1820年，他仍旧没有取得多少进展。商博良认为，释读古埃及文字的关键在于：究竟埃及文字是表意文字，每个符号表示一种意思；还是一种表音文字，每个符号代表一个发音？

1822年，商博良终于凭借自己深厚的语言学基础和敏锐的洞察力，在释读古埃及文字方面取得重大突破。他首先注意到，象形文字虽然符号众多，但毕竟是有限的，而且某些符号有规律地重复出现，因此它肯定不是纯粹的表意文字。继而，他进一步证实象形文字也不是纯粹的表音文字，而是表意文字和表音文字二者的结合体。另外，他还发现多数的符号都是表音符号。基于这种看法，他首先从人名入手，在罗塞塔石碑中找出了"托勒密"一词的大众体符号，然后找出了相应的碑铭体符号。此后，他又得到两块在费雷神庙发现的石碑拓本，读出了女王克娄帕特拉的名字。抓住专有名词这条线索，商博良以相当可观的速度释读这种文字系统。

1822年9月24日，商博良在巴黎科学院宣读了著名的《关于象形语音学的字母致M.达西尔先生的信》，这一天是公认的新兴学科——埃及学诞生之日。1828年7月31日，商博良又组织一个考古队，登上驶向埃及的大船。从亚历山大城到阿斯旺，他几乎跑遍了整个埃及。他在阿布辛贝考察了半个月，到处阅读、抄写和翻译文献。

商博良42岁去世前，只留下多辅音符号的问题没有解决，这由其后继者莱普修斯完成。古埃及文字的释读成功，使人们第一次了解到大量埃及文献的真正内容，同时也激发了大批学者研究古埃及文明的兴趣。商博良掀开了古埃及文明的神秘面纱，埃及学从此蓬勃发展，商博良也因此获得"埃及学之父"的美誉。

图坦卡蒙陵墓的发掘

埃及首都开罗以南700多千米的尼罗河西岸，曾是古代埃及都城底比斯的所在地。继第十八王朝法老图特摩斯一世在此建造了完全隐蔽的地下墓室后，其余的30多个法老竞相仿效，死后全部葬在这里，因而此地素有"帝王谷"之称。

1922年11月26日，英国考古学家霍华德与卡纳邦在埃及的一座深山里寻找法老的陵墓。就是这一次，他们有了一个惊世发现——古埃及法老图坦卡蒙的陵墓！图坦卡蒙是著名的埃及法老埃赫那吞及王妃娜芙蒂蒂的女婿，是一位政绩平平、无所作为的君主。据估计，他于公元前1361年登基，时年仅10岁，娶了一个12岁的少女，19岁时便死去，并且被人们长久地遗忘。如今，他却成了最负盛名的古埃及法老，这都是霍华德与卡纳邦的功劳。

那一天，霍华德抑制住自己激动的心情，打开陵墓的洞口，拿着手电钻了进去。卡纳邦也跟了进去。他们看到了荷花状的石膏盂、镀金的安乐椅，可是没有发现装木乃伊的棺材。

帝王谷（近景）

不过，有一堵墙引起了他们的注意，因为它中央部分的颜色与周围的不同，仿佛是一个封闭了的入口。他们把屋子腾空之后，开始拆除那面堵塞入口的墙。原来，里面竟是一个巨大的镶嵌了蓝色釉瓷包金的木套。它长5米，宽3.3米，高2.75米，顶盖几乎碰到了天花板。

霍华德在套子的一个边缘上找到了一扇门。他小心翼翼地打开门闩，发现里面是一个同样的套子；再打开，里面还有一个——这样由大到小的套子竟有4个！当最后一个套子打开之后，出现了一个由水晶做成的棺材，长2.75米，高与宽均是1.5米。水晶棺角上有一个女神的浮雕像，她那伸张着的手和翅膀，包围了水晶棺，仿佛在保卫它的安全。打开1吨多重的棺盖，里面是一个用布缠着的东西。霍华德除掉一层层的布之后，一座金光闪闪的棺材出现了。棺材的形状不是平整的长方形，而是做成人体的形状，盖上精细地雕刻着图坦卡蒙法老的脸，极为年轻英俊。

经过仔细观察，霍华德发现这棺材是木质的，外面包着金叶；只有棺盖上的脸和手才是用块金铸成的；眉毛、眼皮用深

图坦卡蒙墓室内景

蓝色的玻璃，眼白用石膏，瞳孔用火山玻璃制成；法老手执镶嵌了蓝色玻璃的金质权杖和鞭子。

霍华德他们又打开这个包着金叶和镶嵌着块金的棺盖。咦，怎么里面是与第一个一样用布包缠着的棺材？除掉缠布以后，所有在场的人都惊讶得目瞪口呆：原来，里面是一

图坦卡蒙的黄金面具

个长1.85米、用整块黄金做的第三个棺材，它的外形和前面两个一模一样。

现在，他们看到了图坦卡蒙法老的木乃伊。它用薄薄的布裹缠着，浑身戴满了项圈、护身符、戒指、金银手镯以及各种宝石，其中还有两把剑，一把是金的，一把是金柄铁刃的，后一把极为罕见，因为埃及人那时候才刚刚知道用铁。木乃伊的头上戴着一只金面罩，它复现了这位年轻法老的面容。

在停棺室的里面，还有一间小屋，那里整整齐齐地放着举行殡葬仪式时使用过的物品：巨大的黑豹像、人偶雕像和神的图画。还有一个装饰华丽的箱子，里面有四个器皿，盛放着制作木乃伊时取出的法老的内脏。

霍华德对图坦卡蒙法老陵墓的成功发掘，使人们了解到公元前14世纪埃及新王国时期法老殡葬的真实情况。这吸引着世界各地的人们不远万里来到埃及，一睹这座保存完好的法老陵墓。从这座陵墓里发掘出来的大量珍贵物品，至今还完整地保存在开罗的埃及考古博物馆里。

古埃及文明的缩影：埃及考古博物馆

在开罗的市中心，尼罗河横穿而过，一座醒目的红褐色建

筑矗立在河岸边——这就是埃及考古博物馆。这座博物馆是1863年由法国考古学家马里埃特建立，1920年迁移到现在的馆址。

埃及考古博物馆拥有大约30万件珍贵藏品，从法老的雕像、木乃伊到埃及人的生活用具，种类丰富，极具价值。其陈列展示主要有四大部分。

第一部分主要是古埃及各时代的法老雕像，以此来反映古埃及的历史发展进程。埃及前王国时代的壁画、调色板，古王国时期的哈夫拉坐像，中王国时期的孟图赫特普二世坐像和士兵群像，新王国时期的图特摩斯三世雕像、"黄金面罩"以及图坦卡蒙的金质人形棺都是其中的珍品。

第二部分主要展示了大量的古埃及石棺、木乃伊、陪葬品等。古埃及人认为，人死后只要保持肉体不腐，就能复活再生。于是，他们建造坚固的坟墓，制作木乃伊，希望灵魂能够永生。博物馆里有许多石棺，如阿斯特姆卡布的石棺、古天昂克的石棺、矮人杰克尔的石棺等。它们造型各异，制作考究精

埃及考古博物馆

致。有长方形、弧形及人形，石棺内部涂以描绘死者在冥世活动的油彩画，外部饰有各种精美石刻。馆内还藏有一些生动、逼真的随葬陶偶。

第三部分主要展示古埃及的其他艺术品。有体现古风时期古拙严正、沉闷压抑风格的"泰伊夫妇"、"王妃伊西斯"等石雕像，有表现自然写实的"阿玛纳风格"的埃赫那吞王雕像，还有反映平民生活的木雕，真实活泼，富有生活

古埃及《亡灵书》书影（部分绘画）

气息。除了雕像，浮雕和纸草图卷是古埃及艺术另外两种主要的表现形式。"跳舞的人群"、"惩罚敌人的阿蒙霍特普二世"、"梳头的王妃"、"打斗的男人"等浮雕表现了多种社会活动的场景，纸草图卷则主要是《亡灵书》。

第四部分展示的内容是古埃及平民的生活和劳动。如古墓中出土的供奉死者的鹅鸭、水果等，还有梯子、羽毛笔、木制调色板、墨盒、墨绳、竖琴、七弦琴、五弦琴等。除了实物，博物馆还用模型的方式体现历史场景。如一组纺纱与织布的模型中，有的人在捡麻，有的人在缠麻，有的在织麻，画面显得直观而真实。这些陈列品集中反映了古埃及人的社会生活状况和科技文化水平。

权力之巅
——著名法老和王后

在古埃及 3 000 年的演进过程中，法老始终是历史舞台上的主角。法老是神，拥有神圣的权力，高高在上，受到人民的顶礼膜拜；法老也是人，有血肉之躯，有喜怒哀乐，或睿智勇猛，或无能懦弱。一些法老的名字已经被历史长河冲刷殆尽；一些法老的名字留在了纪念碑和神庙墙壁上；还有一些法老的名字随着他们的丰功伟绩永载史册。女性在纷繁复杂的政治生活中，因为爱情，因为美貌，因为智慧，同样也扮演了重要的角色。这些法老和王后的传说故事，就像永不停息的尼罗河水，将会被一代又一代的人铭记。

第一位女法老——哈特谢普苏特

在世界各国的历史中，女性几乎很难在政治经济和社会生活中扮演重要的角色。她们总是被认为比男人地位低下、能力低劣、个性软弱。可是，在古埃及，女性参与政治的情况，远比世界其他国家突出。哈特谢普苏特就是古埃及历史上第一位女法老。

哈特谢普苏特的父亲是新王国第三任法老图特摩斯一世。这位强有力的法老继承先王的遗愿，继续扩大埃及的版图，向南到达了尼罗河第四瀑布以南，向东北方抵达了巴勒斯坦和叙利亚。他在位期间，埃及非常强盛。图特摩斯一世死后，他同

父异母的兄弟继承王位，即图特
摩斯二世，哈特谢普苏特则成为
了王后。为了保持王室血统的纯
正，这种近亲通婚在古埃及王族
中非常普遍。可是，图特摩斯二
世当了3年法老就去世了，图特摩
斯三世继位。这样，哈特谢普苏
特成了年轻的太后。图特摩斯三
世当时年纪还小，无法独自处理
国家政务。于是，哈特谢普苏特
代替小法老，成为埃及实际上的
最高统治者。后来，图特摩斯三
世逐渐长大，哈特谢普苏特却极
力阻挠他掌握政权，只是在名义
上保留图特摩斯三世作为国家元

哈特谢普苏特花岗石雕像

首的地位。没过多久，哈特谢普苏特便废掉法老，自立为王。

哈特谢普苏特精明能干，魄力过人。她总是身着男性统治
者的传统服装，甚至还戴上典礼使用的假胡须。她下令中止了
自己父亲的军事征服行动，修造了许多纪念碑和艺术品。她自
诩为太阳神的女儿，在生前就为自己修建了祭殿。她在卢克索
的尼罗河东岸，建造了一座"女王庙"，这座庙宇保存至今。
据说，哈特谢普苏特宠信一个叫塞尼姆特的大臣。这个人身兼
各种各样的职务，最多时曾担任80多个官职。他负责主持修建
了哈特谢普苏特的许多神庙建筑。

在经济管理方面，哈特谢普苏特非常重视对外贸易。她对
埃及已有的海外贸易通道加强了管理和疏通，甚至为了给埃及
商人寻找新的商品市场，还组织了一支海外探险队前往非洲的
东海岸进行探险活动。很早之前，埃及人就曾涉险远行去寻找
香料，终于在阿拉伯半岛的南部沿海和南非地区，也就是埃及

人称为蓬特的地方，找到了一种从小树树皮切口中渗出的芳香树胶——乳香。历代法老都曾频繁地向这个地区派出考察队，专门从事乳香的输入。哈特谢普苏特也不例外，作为一名女性国王，她更加渴望发展香料贸易和探寻新的香料产地。她派遣舰队，沿着古埃及的苏伊士运河航行，终于从蓬特带回整棵的乳香树。可惜乳香树在埃及的土地上未能成活。

公元前1528年—前1503年，哈特谢普苏特女王整整统治了埃及25年，后来还是被自己的儿子图特摩斯三世推翻。在她死后，她的陵墓被人捣毁，她的木乃伊神秘失踪，甚至她的名字也被人从纪念碑上抹去。显然，图特摩斯三世对她的怨恨，并未随着时间的推移而有所减轻。

尽管如此，埃及第一位女法老——哈特谢普苏特的名字也并未从历史上彻底消失。

古埃及的拿破仑——图特摩斯三世

哈特谢普苏特死后，已过而立之年的图特摩斯三世终于如愿以偿亲自执政。但是，在上台的初期，他面临的形势却非常严峻。当时埃及国内因为新旧政权交替，政局很不稳定，国外的局势更是不容乐观——叙利亚南部的卡迭石王国正企图组织反埃及同盟。于是，图特摩斯三世在稳定了国内局势之后，立刻发动了对叙利亚和巴勒斯坦的战争。这之前，卡迭石国王指挥着叙利亚和巴勒斯坦地区的城市国王的军队，占领了位于卡美尔山脉北面的麦吉杜要塞，封锁了从埃及通往幼发拉底河流域的通道。

公元前1479年5月，图特摩斯三世在军事会议上力排众议，率领部队冒险通过了麦吉杜谷地，进入了麦吉杜要塞南面的麦吉杜平原。5月15日，他开始向卡迭石领导的反叛联军发动进攻，叛军正在麦吉杜要塞的城外宿营，对即将到来的危险一无所知。图特摩斯三世亲自指挥大部分士兵向麦吉杜要塞进军，把另外一部分士兵部署在吉那溪流南面的一个小山上。在埃及军队的强力冲击下，卡迭石联军一败涂地。他们丢下战车，仓皇逃入麦吉杜要塞。图特摩斯三世没有立即命令士兵攻城，而是收集大量战利品，对麦吉杜实行包围。不久，麦吉杜城被迫宣布投降，而卡迭石国王却逃走了，这个脆弱的反埃及同盟也就不攻自破了。

图特摩斯三世雕像

　　顺利摧毁反埃及同盟后，图特摩斯三世的野心开始膨胀，发起了以西亚叙利亚的诸城邦为重点的扩张战争。在几十年的征战生涯里，他一共发动了15次战役。

　　图特摩斯三世首先发动了对叙利亚的征战。为了能在叙利亚海岸登陆并在那里建立一个作战基地，他组建了一支海上舰队。在第六次战役中，他率领部队在位于叙利亚海岸上的黎波里北面的西米拉登陆。接着，他的部队开始向卡迭石城进攻。由于这座要塞易守难攻，防御坚固，图特摩斯三世用了很长时间才将其攻克。此后，他平定了大后方的一系列叛乱。

　　图特摩斯三世的扩张，大大刺痛了一个西亚大国，那就是由雅利安人建立的米坦尼王国。两国之间进行了数次大战，埃及均取得压倒性的胜利。甚至在公元前1472年，图特摩斯三世还曾经渡过幼发拉底河去追击对手。约在公元前1445年，他攻入了米坦尼，夺取了位于幼发拉底河西岸的土地。米坦尼王国终于屈服，并与埃及结盟。此事令整个西亚地区大为震动。图特摩斯三世威名远播，利比亚、亚述、赫梯和巴比伦都向埃及纳贡修好，巴比伦还将一位公主嫁给图特摩斯三世为妃。于是，两个历史悠久的文明古国首次以联姻的形式联合。

取得军事上的胜利之后，图特摩斯三世又着手整治他征服的这些领土以巩固其统治。他在西亚驻扎精锐的军队，废黜了那些城市的国王，任用对他忠心耿耿的贵族进行管理，并赋予他们一定的自治权，同时也利用当地的土著王公进行统治。他还把被征服城邦的王子带到埃及，一方面作为人质，另一方面也让他们接受埃及的教育，培养对埃及的感情。可以说，图特摩斯三世首创了以后世界各地的征服者所惯用的统治伎俩，他成为"第一个曾经建立了一个真正的帝国的人"。

除了向埃及北面扩张，埃及以南的土地也是图特摩斯三世夺取的目标，尽管这些地区的文明程度稍逊一筹。在图特摩斯时代，埃及南方的边界被推进到尼罗河第四瀑布，也就是现在的埃塞俄比亚境内。

除了在陆地上所向披靡，战无不胜，图特摩斯三世的海上舰队也威震四方。东地中海成了他的势力范围，爱琴海诸岛、克里特岛和塞浦路斯岛也都被他完全控制。

在图特摩斯三世进行的最后一次战役中，由于卡迭石又联合诸国发动叛变，于是他毁灭了卡迭石城，彻底消灭了喜克索斯人的权力遗迹。

图特摩斯三世晚年逐渐沉溺于物质享受和饮酒作乐上。他让他的儿子阿蒙霍特普二世成为共治者，与他共同治理埃及。公元前1425年，在位54年的图特摩斯三世去世了。由于他战功赫赫，被一些历史学家称为"第一位世界英雄"、"古埃及的拿破仑"。图特摩斯三世被葬在"帝王谷"，其遗体至今还保存在开罗博物馆内。

阿吞神的膜拜者——埃赫那吞

在古代埃及，人们信奉各种形形色色的神，尤其崇拜与农业生产密切相关的水、土地和太阳。两个太阳神"拉"和"阿蒙"

图特摩斯三世的墓室

被视为一体，即阿蒙·拉神，在埃及人的信仰中更是地位崇高，成为创造世界的最高神灵。信仰的神多，供奉祭祀众神的庙宇自然也多。古埃及的神庙遍布全国，其中最大的神庙就是首都底比斯附近的阿蒙神庙，其主殿总面积竟达5 000平方米。

为了大规模修建各种神庙，统治者依靠搜刮人民和竭力向外扩张获取战利品来筹集大量的人力、物力和财力。尤其是后面一种方式更加重要。喜克索斯人被古埃及人赶走后，埃及王朝的统治者就开始了对外武力征服和掠夺。其中，最著名的当属图特摩斯三世。他每次出征回国，都会带回数量巨大的奴隶、牲畜和其他财物。为了感谢阿蒙神的"恩典"，图特摩斯三世把奴隶、金银等战利品慷慨地奉献给阿蒙神庙。以后的每一位法老也都要向阿蒙神庙奉献土地、奴隶和金银财物，而且数量越来越多。因此，阿蒙神的地位渐渐超过了拉神，被奉为埃及的最高神。随之阿蒙祭司的地位也慢慢超过了王室贵族，他们经常假借神的意愿干涉王位继承和国家政治。有时甚至还联合地方世袭贵族发动叛乱，对抗以法老为首的中央政权。阿蒙祭司集团成为法老的严重威胁。

在这种形势下，阿蒙霍特普四世登上了埃及法老的王位。为了削弱阿蒙祭司的势力，他依靠对阿蒙祭司不满的中小奴隶主贵族，采用宗教改革的形式与阿蒙祭司进行斗争。这也是世界上最早的宗教改革。

埃赫那吞法老雕像

起初，他想利用太阳神拉来对抗阿蒙神，在底比斯建造了拉的神庙，并宣布自己是拉神的最高祭司。他的做法遭到了阿蒙祭司的强烈反对。于是，阿蒙霍特普四世索性创立了一个崇拜"阿吞"的一神教。他先是颁布法令，禁止信仰阿蒙神和其他地方神，只允许信仰宇宙间唯一的太阳神阿吞。接着，他封闭了阿蒙神庙，没收了庙产，清除了所有公共场所和神庙墙壁上的阿蒙字样。他原来的名字阿蒙霍特普，意思是"阿蒙的满意者"，他用"阿吞"取代了自己名字中的"阿蒙"，起了一个新名字——"埃赫那吞"，意思是"阿吞的光辉"。

为了彻底同阿蒙祭司集团决裂，他把国家的首都从底比斯迁到了其北面300千米的黑尔摩波里斯附近，也就是现在的埃尔阿马尔奈。在那里，他建造了一座新的都城，取名为埃赫塔吞，意为"阿吞的世界"。埃赫那吞在那里兴修了王宫、官邸、阿吞神庙等，还下令在国家的其他地区也要建立阿吞神庙。

除此之外，他还命人编写了《阿吞颂歌》，极力赞颂伟大的太阳神阿吞。诗中写道：

黎明时，您从天边升起，您，阿吞神！在白天照耀着，您赶跑了黑暗，放出光芒，上下埃及每天都在欢乐，人们苏醒了，站起来了。这是您，使他们站起来的。他们洗了身子，穿了衣服，高举双臂来欢迎您。在世界各地，人们劳动了。野兽吃饱了，树木花草盛开了，鸟从巢里飞了出来，展开了翅翼赞扬您！

据说，这首长篇赞美诗后来深刻影响了《圣经·旧约》中赞颂"耶和华"神的诗篇。

尽管埃赫那吞在埃及全国竭力推行对阿吞神的信仰，但仍有很多人没有改变传统的信仰，还是信奉原来的旧神。而且，受到打击的阿蒙祭司们的势力还是很强大。他们利用旧的宗教观念，煽动一些人起来反对宗教改革，企图恢复他们原有的地位。最初支持埃赫那吞改革的军人和中小奴隶主贵族，由于埃赫那吞减少了对外的扩张战争，失去了财富的来源，也渐渐心存不满。当时，甚至还有人想通过暗杀埃赫那吞的方式，阻止这场改革。

埃赫那吞死后，他的女婿图坦卡顿继承了王位。在阿蒙祭司和大贵族的压力下，他被迫与阿蒙祭司妥协，终止了宗教改革，重新恢复了对阿蒙神的崇拜，归还了阿蒙神庙被没收的财产，并赠予神庙大量新财产，同时把首都迁回底比斯。他本人也改名为图坦卡蒙，意为"阿蒙的化身"。后来发生了动乱，一个与祭司集团有密切联系的军事将领哈列姆黑布成为法老，他完全恢复了对旧神的崇拜，将所有的"阿吞"字样一律消除，正像当年埃赫那吞对待"阿蒙"那样。至此，埃赫那吞的宗教改革彻底失败。

"幸福夫人"——娜芙蒂蒂

埃赫那吞的妻子娜芙蒂蒂，是历史上著名的"幸福夫人"。关于娜芙蒂蒂的身世背景现在的人们知之甚少，更多的情况来自学者们的猜测。1912年，埃及阿马尔奈发现了一个精美的头部雕像，栩栩如生。学者认为这就是埃及王妃娜芙蒂蒂。"娜芙蒂蒂"的意思是"美丽之人来临"，因此她被认为来自异国。据说，娜芙蒂蒂是来自亚洲古国米坦尼的一位公主，原名塔多克巴。当时，埃赫那吞的父亲阿蒙霍特普三世喜好美色，经常要求埃及的属国向自己贡献美女。各小国不敢不从，纷纷向他献上从国内搜罗的绝色美人。塔多克巴就是众多少女中的一个。

埃赫那吞及娜芙蒂蒂雕像

阿蒙霍特普三世一眼就看中了塔多克巴公主，不久她就成为年老的法老众多的嫔妃之一，并起了个埃及名字，叫"娜芙蒂蒂"。阿蒙霍特普三世死后，按照埃及王室的习俗，他的儿子埃赫那吞不但继承了王位，还同时"继承"了他的嫔妃。于是娜芙蒂蒂成为埃赫那吞的贵妃，并且被封为"幸福夫人"。虽然今天我们很难猜测这个封号原来的意思，但仅从字面意思来看，娜芙蒂蒂应该是给埃赫那吞带来了许多快乐和幸福，而使他想出了这么一个甜蜜无比的封号。从保存至今的有关埃赫那吞和娜芙蒂蒂生活场景的壁画和浮雕中，我们竟然能看到这位埃及法老当众亲吻妻子的情形。

娜芙蒂蒂除了使法老拥有美满的生活和幸福的家庭外，还积极支持和鼓励丈夫在政治上有所作为。埃赫那吞在妻子的倾力帮助下，进行了埃及历史上轰轰烈烈的宗教改革运动——信奉阿吞为唯一的真神。娜芙蒂蒂协助丈夫成就了这番事业，推行新教，迁移国都。她竭尽全力地完成一名王妃应尽的义务。

娜芙蒂蒂仅仅和埃赫那吞在一起生活了6年。两个人生了6个孩子，却都是女儿。对于王室来说，不能不算是个遗憾。虽然对阿吞神的信仰在法老的严厉命令下得以强制实行，但改变传统维持新政并不是一件容易的事情。埃赫那吞的母亲提伊太妃也对儿子的宗教改革大为不满。她前往新都，想劝说儿子取消新教，恢复对阿蒙神的信仰。她认为与其与强大的旧贵族和僧侣势力相抗衡进行没有把握的斗争，不如趁早放弃，以巩固法老的地位和力量。提伊太妃随行时还带着两个年轻的小王子，想趁这个机会，确定一下未来的王位继承问题。娜芙蒂蒂连生6个女儿却没有儿子早已令太妃大为恼火。结果因为这两个问题，提伊太妃和儿子埃赫那吞之间发生了激烈的争吵。为了不伤他们母子俩的和气，娜芙蒂蒂被迫迁出王宫，独自居住。

就这样，"幸福夫人"娜芙蒂蒂从埃及王室的历史上被一笔抹掉。埃赫那吞的宗教改革最终也未能继续进行下去。两个人短暂的幸福无疑留下了一个巨大的历史遗憾。

众神的宠儿——拉美西斯二世

拉美西斯二世是古埃及新王国第十九王朝的法老，公元前1304年继承王位，在位时间长达半个多世纪之久，直到96岁时去世。他是古埃及历史上统治时间最长、影响最大的法老，为古埃及新王国达到鼎盛作出了重大贡献。除了赫赫战功之外，他还给世人留下了许多巨大的神庙建筑和战争浮雕。他的后裔在他死后的400年间自成体系，掌控着第二十王朝的埃及。

拉美西斯二世一生征战无数，早在他还是王子的时候，就已经参加了父亲塞提一世法老的常胜军。为力图恢复图特摩斯三世时期的帝国版图，拉美西斯二世即位后进行了一系列的征战。一正式登上王位，他就出兵重新征服了努比亚。这个地区因此也留存了许多有关拉美西斯二世的遗迹。周围的邻国都对埃及俯首称臣，只有赫梯帝国凭借鼎盛的国力誓与埃及一争高下。赫梯人多次骚扰埃及的北部疆界。为了回击赫梯的挑衅，与其争夺对叙利亚的霸权，拉美西斯二世领导埃及军队与赫梯进行了长达十几年的战争。其关键一战——卡迭石战役是古代军事史上有记载的一次最早的会战，战后双方缔结的停战协定也是历史上最早的和约。条约签订后，赫梯国王把长女哈图莎嫁给了拉美西斯二世。通过政治联姻，埃及和

拉美西斯二世雕像

赫梯进一步巩固了双方的同盟关系。这场战争使埃及获得了重大发展。

　　除了在军事上取得了辉煌战功之外，拉美西斯二世在古埃及的建筑文化方面也作出很多贡献。古埃及历史上任何一位法老都不如他这么热衷于建造庙宇、方尖碑来昭示自己的业绩。他好大喜功，同时也深刻领悟到艺术对人民的感化作用，于是认为修神庙就是在建筑巩固自己统治的"永恒之石"。

　　当政伊始，拉美西斯二世就开始到处大兴土木。他在埃及全国兴建了许多神庙，还召集成千上万的工匠为自己雕刻石像和墓碑。为了满足拉美西斯二世的无限欲望，埃及的工匠发明了一种新的雕凿浮雕和墓碑的方法。他们一改以往凸出的阳刻雕塑手法，而建造凹下的阴刻浮雕。这样大大提高了雕刻的效率，只要在墙面上刻出图像就行，无须一点一点凿平背景。拉美西斯二世本人也创造了一种快速雕刻塑像的方法：先将早期法老纪念碑上刻的姓名和装饰凿平，然后再把他自己的姓名填

进去即可。

拉美西斯二世在被埃及占领的努比亚地区也建造了不少巨大的神庙。这些神庙都以古埃及人崇拜的主神阿蒙来命名，因此被称为阿蒙神庙。其中，最著名的也最特殊的是阿布辛贝石窟神庙，它是埃及石窟神庙最具代表性的杰作。在这座神庙的墙上栩栩如生地绘制了拉美西斯二世与赫梯军队激烈战斗的场景。他还为最喜爱的妻子——他的正室奈菲尔塔莉在旁边建造了小庙以及无数的方尖碑和小雕像。

拥有了古埃及历史上数量最大、规模最大的巨型雕像、墓碑和神庙，拉美西斯二世仍不满足。他对已经声名远播的首都孟斐斯感到不满，他想要一座属于自己的都城；一座以他本人名字命名的、能够永远与他联系在一起的新城；一座比孟斐斯和底比斯更加美丽、著名的新城。于是他下令开发尼罗河三角洲，在三角洲东边尼罗河的培鲁斯支流岸边选定了一个靠近埃及东北边境的地方。在这里，他命人营造了梦寐以求的新都城——塔尼斯，意思是拉美西斯的家。后来，他将首都由底比斯迁到了这里，塔尼斯成为政府的正式所在地。

公元前1250年，拉美西斯二世要庆祝他的第一个安宁节。当时的埃及人认为，法老在统治了30年以后，原来掌握的权力就会用尽。如果他还想继续治理这个王国，就必须证明自己还有统治国家必备的体力。按照某种神秘的宗教仪式，在神庙举行庆典前夜，要将一尊法老的塑像安葬。其宗教意义是必须把"老"法老杀死，为没有使用过权力的"新"法老腾空位置。第二天，这位新的法老就能头戴上下埃及的王冠，出现在欢呼雀跃的民众面前。可实际上，这个仪式对于古埃及法老们来说是一个危机四伏的时刻。在埃及历史上至少有两次，法老的政敌利用安宁节的仪式，真的将法老杀死。正是为了庆祝自己统治埃及30周年，拉美西斯二世特意修建了阿布辛贝神庙，当时他已经55岁了，在当时已经算老人了，是需要更新国王权力的

阿布辛贝石窟神庙林立的石柱

时候了。伟大的拉美西斯二世安然无恙地渡过了这次大典，重新恢复了太阳神赐予的神力。同时，这一年的尼罗河水的泛滥也为这个国家再次带来了好收成。

如果从另一个角度——法老的后代数目来看，拉美西斯二世也应该名垂青史。他有200个妻妾、96个儿子和60个女儿，其中存活了50个儿子和40个女儿。考虑到当时古埃及婴儿很高的死亡率，这些数字是相当惊人的。为了防止这么多的子女为争夺王位而自相残杀，拉美西斯二世巧妙地把一个个儿子安插在王国里最重要的位置上。年纪较大的儿子在他的军队占据重要职位，年纪较小的儿子则被他任命为各地的最高祭司。不过，他并没有把埃及神职里地位最高、权力最大的卡纳克阿蒙神庙的最高祭司一职交给他的任何一个儿子。他在位期间，儿子们没有为争权夺利闹过一次矛盾，他是这个大家庭里公认的领袖。当拉美西斯二世去世的时候，竟然已经有13个继承人先他而亡。

拉美西斯二世的一生，功勋卓著，埃及在他的治理下呈现一派繁荣景象。因而，他被后世尊称为"拉美西斯大帝"。

一代艳后——克娄帕特拉七世

在许多古代作家的书里，都认为克娄帕特拉是一个"无与伦比的女人"。她比大多数女性更具有女人的气质，比大多数男子具有更大的力量和决心。她虽被称为"埃及艳后"，实际上并没有埃及血统，而是马其顿人的后裔。情人、母亲、战士、女王，这些角色对她来说缺一不可。她是大地上的凡人，但又好像是按照上天的安排而活跃于人世的。她是古埃及王国最聪明能干的统治者。她不仅美丽，而且很有政治头脑。她懂得如何利用自己的美艳和智慧，实现远大的政治目标——保全埃及的独立，重现亚历山大大帝的辉煌。

克娄帕特拉的父亲托勒密去世时，克娄帕特拉的弟弟还小，只有9岁，克娄帕特拉实际上也就十几岁。在这种情形之下，姐弟俩在罗马人的庇护下共同登上了王位，两个人还结了婚，据说那是古埃及的传统。两个人结婚之后共同执政，真正的法老是克娄帕特拉的弟弟。但两个人不久就成了政敌，都想大权独揽。这个时候恺撒来到了埃及，要调停姐弟俩的矛盾，但是就在头一天晚上，发生了非常精彩的一幕：恺撒来到宫廷里，突然有人通报，说有一个埃及的高官求见。来人称奉女王克娄帕特拉之命，送来一件贵重礼物——一张卷裹着东西的地毯。等恺撒将地毯打开时，里面却藏着一个漂亮女人，这就是克娄帕特拉本人。她用这种办法赶在弟弟之前见到了恺撒，恺

克娄帕特拉纸莎草画像

撒很快就成了她的情人和盟友。借助恺撒的力量，克娄帕特拉除掉了弟弟，登上了埃及王位。

关于克娄帕特拉七世的容貌，流行的观点认为，她并非美艳绝伦，却有一种无法抵御的魅力和风度。她长着一个类似古罗马人的鹰钩鼻，一双大眼睛摄人心魄，嘴唇匀称而性感。古罗马著名传记作家普鲁塔克称她说话总是娓娓动人，擅长驾驭与人交往的全过程，而且她的声音极为甜美，"舌头就像一件装有许多根弦的乐器"，"能流利换说她选择的任何一种语言"，诸如希伯来、阿拉伯、叙利亚、米底和安息等许多民族的语言。

后来恺撒回到了罗马。公元前45年，克娄帕特拉也应邀来到罗马，受到了很高的待遇，但是却引起了罗马人的不满。他们认为这样下去，恺撒有可能把克娄帕特拉看得比罗马的统治更为重要。不久，恺撒在元老院开会的时候，被政敌谋杀了，克娄帕特拉连夜返回了埃及。这个时候安东尼开始在罗马崛起，成了执政官。

埃及女王又征服了这位罗马新贵。安东尼在精神上被克娄

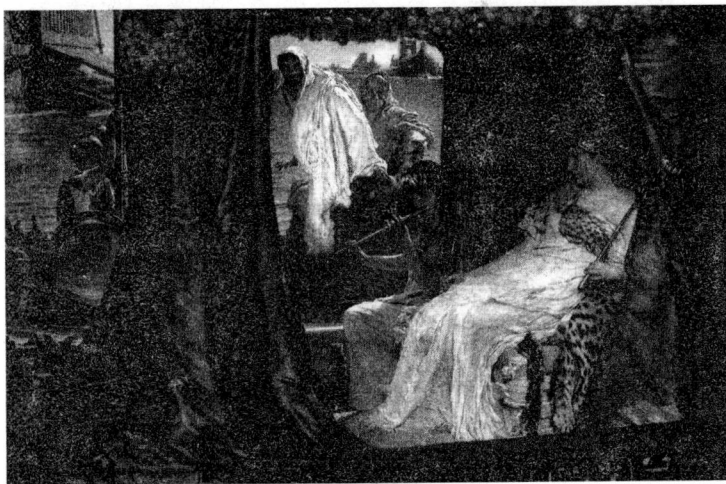

安东尼和克娄帕特拉

帕特拉击败了，拜倒在她的石榴裙下。他在埃及乐而忘返，与女王在王宫里整整厮混了5年光景。其间，安东尼曾回过一次罗马，为掩人耳目，他同屋大维的姐姐屋大维娅结婚。但不久便找到借口回到埃及，抛弃了明媒正娶的妻子，而同克娄帕特拉举行了婚礼。他还将罗马帝国在东方的大片殖民地送给了埃及女王。罗马人对他的这些行为大为不满。在屋大维的煽动下，罗马元老院和公民大会撤销了安东尼的执政官职务，并剥夺了他的一切权力。屋大维开始执政，并联合政界上的不同力量开始进攻埃及。

公元前31年，失势的安东尼率领170艘重型高舷战舰，与克娄帕特拉指挥的60艘战舰组成联合舰队，同屋大维的部将阿格里巴率领的260艘轻型战舰，在亚克兴展开了激烈海战。起初，双方实力相当，不分上下。后来，克娄帕特拉突然命令她的舰队退出战斗，驶回埃及。安东尼气急败坏，抛下舰队乘小艇去追赶女王。安东尼的舰队由于失去了统一指挥，乱成一片，完全丧失了作战能力，很快就被彻底摧毁。安东尼回到埃及后，绝望地自杀了。

屋大维赶到埃及，让克娄帕特拉投降。克娄帕特拉想为自己的儿女争取埃及王位的继承权，却没有从屋大维那里得到满意答复。于是，为了避免受罗马人的统治，一代艳后用眼镜蛇结束了自己的生命。屋大维对她的自杀感到失望，但还是下令将她的遗体安葬在安东尼身边。

埃及艳后的死，标志着古埃及文明的彻底消逝。从此，埃及这个神秘的国度被纳入罗马人的版图。法老失去了王位，古老的神庙一片死寂，曾经辉煌的文明被彻底掩埋于滚滚黄沙之中。

祭司的咒语
——古埃及宗教

如果你认为古埃及壁画或雕像中那些动物神、人身兽首神、人形神光怪陆离；如果你认为金字塔、法老陵墓、木乃伊神秘莫测，那么去了解一下古埃及的宗教信仰也许最有帮助。古埃及人信仰各种各样、形形色色的神，尤其崇拜信奉拉神和奥西里斯神。他们为众神建立了气势宏伟的神庙，他们举行神圣的仪式祈求神灵的庇护。他们相信灵魂不灭，笃守神的旨意。祭司的咒语似乎使死亡成为一件值得庆幸的事情，因为死者的灵魂在接受神的审判之后，有可能会升入天堂。在虔诚的信仰中，古埃及人迎来生老病死，完成人生的轮回。

与神共舞——埃及人的信仰

崇奉神灵的国度

古埃及是一个崇奉神灵的国度。约从公元前3100年开始到公元4世纪，古埃及延续了3 000多年对形形色色的神的信仰。公元384年，罗马帝国占领埃及，宣布基督教为埃及的国教。从此，古埃及的宗教逐渐衰微。

近代的考古发现表明，古埃及的宗教是有轮换倾向的单一主神多神教。古埃及宗教源于动物崇拜和自然崇拜，在前王国时期，各氏族部落就崇拜天神努特、地神盖布、空气神舒、太阳神拉、尼罗河神奥西里斯等自然神，以及蛇、牡牛、狮、鳄鱼、鹰、朱鹭等动物。他们还把自然神具体化为可见的动物，将图腾动物升华为有名字的神，使这两个方面相互结合。如鹰为鹰神，名叫荷鲁斯，荷鲁斯代表太阳神；月神托特又化身为朱鹭。后来，各个小城邦统一成一个大的奴隶制国家，全国统一敬拜的主神逐渐产生。原来的各路神灵命运各不相同，有的被淘汰，有的成了次神，有的融合在主神里。主神由男性担任。

根据形式的不同，古埃及宗教可大致分为国家宗教、民间宗教和秘传宗教三种。最高的国家神是太阳神拉，掌管人类生前的一切。埃及各省也有保护神。国家神与各王朝的守护神或霸主城市的地方神经常混在一起，如最初拉神与鹰神荷鲁斯相混为荷鲁斯·拉。诸神的实体形象已经拟人化，许多神是人身兽首，也有完全是人形的。到第十八王朝时，古埃及宗教趋向于单一主神教。埃赫那吞在位时，实行了宗教改革，以阿吞取代阿蒙·拉，创立了单一神教。但他死后很快又恢复了多神崇拜。

一般来说，埃及宗教里的诸神静谧、和平，所以古埃及的宗教崇拜并不算狂热。并且，由于没有规范统一的宗教经典，各种信仰传统甚至可以任意变动，诸神的地位也随王朝的更替而不断发生变化。

创世的神迹

在埃及人的原始崇拜中，自然崇拜占有相当重要的地位。在远古时期，埃及人崇拜天、地、星辰等。埃及人的宇宙观念往往是用不同的神话来解释的，在古埃及木乃伊的棺木上的绘画，就表达了古埃及人对天地的看法。

古埃及人认为大地是男神盖布的身躯，他身披植物，斜卧身体；天穹则是女神努特，她曲身拱腰、姿态优美。但最初，他们是相互联合在一起、静止于原始水中的。后来，一个新的大气之神舒从原始水中出现，它用双手把努特承托在上，又使

木乃伊棺木上的绘画

盖布的身体成为大地，身上披盖绿色的植物。再后来就产生了动物和人。太阳神也从原始水中莲蓬的花蕾里绽放而出，腾空而起，升到天空、照耀天地，使宇宙温暖起来。

另一种创世神话则认为天是一块平坦的或穹隆形的天花板，四边由四个天柱支撑，星星就是用铁链悬挂在天上的灯。大地是一个方盒子，南方的一端稍长，方盒的底略呈凹形，埃及就处在这凹形的中心。方盒的边沿上面，围绕着一条大河，尼罗河就是这条大河的一条支流。河上一条大船载着太阳往返东西，于是形成黑夜和白昼。

第三种观念认为，大地是漂浮于水上的一个方形田野，四周皆为海水包围。神仙的车辇行驶在像帽子形状的天穹上面。天穹上积存有水，下落到地面就形成了雨或雪。

41

还有一种观念认为，大地犹如天井，周围尽是耸峙的高山；中间低洼平坦，是人类居住的地方；日月星辰悬挂在天井的上方，照耀大地，大地四周被水包围。

显然，古代埃及人的这类观念，与他们生活于尼罗河凹地的地形是分不开的。古埃及人的生活全部集中在这条狭窄的、三四千米宽的尼罗河冲积地带之内，天长日久，就产生了以上种种观念，后来又增添了许多神话迷信色彩。埃及宗教就在这样一层神秘面纱的笼罩下成长起来。

到了早王国和古王国时期，经过统治阶级和僧侣的整理和编纂，形成了关于宇宙神学的三大体系。这三大神学体系是"赫利奥坡里斯神学"、"赫尔摩坡里斯神学"、"孟斐斯神学"。

最早的宇宙创始的神学理论，当属赫利奥坡里斯神学。赫利奥坡里斯是古埃及孟斐斯和底比斯以外的第三个重要城市。赫利奥坡里斯神学的宇宙"创世论"，宣扬了阿图姆为宇宙万物的创造者。传说，阿图姆最早出现于混沌之水中的"原始丘"，而原始丘或许象征着赫利奥坡里斯市区旁的太阳神庙中的"沙丘"。赫利奥坡里斯神学论述了包括阿图姆在内的九大神的起源及其与王权的关系。

赫利奥坡里斯创世神学的中心思想是以阿图姆为造物主，阿图姆创造了诸神和宇宙。阿图姆独自生出了大气之神舒和湿气女神泰芙努特，而他们又生出了盖布和努特。天空女神努特的脚站在东方地平线上，她的身体弯曲在大地之上，造成了天的穹窿，而她的双臂下垂到没落的太阳地平线上。这就是最早人们想象中的天和地的创造与分离的传说。盖布和努特又生了奥西里斯和伊西斯与塞特和尼普齐斯，他们既是兄妹，又是两对夫妻。传说，后来兄弟之间发生了王位之争，塞特篡夺了王位。奥西里斯之子荷鲁斯为父报仇，最终登上了王位的宝座。

赫尔摩坡里斯是智慧和月亮神托特之城，赫尔摩坡里斯神学显然来自于赫利奥坡里斯，是第二个创世的神学。赫尔摩坡里斯神学是把太阳神阿蒙作为宇宙进化链中的最后而不是最初的一环。此外，赫尔摩坡里斯神学还宣扬由宇宙卵产生了八神团。

孟斐斯神学是以孟斐斯城的普塔神为造物主，创造了九神团及世界万物，并着重宣扬荷鲁斯神为上下埃及之王，他在孟斐斯统一了上下埃及两地。另外，孟斐斯神学还包括了奥西里斯的神话。

有关宇宙起源和创世的丰富多彩的神话传说，显示了埃及文明早期阶段的原始的宇宙观和宗教观。在这三大创世神学的体系中，最重要的是关于太阳的崇拜和神话。在埃及历史上的不同时期、不同地方，都出现了不同名称和不同形象的太阳神，如阿图姆、拉、阿蒙和阿吞等，这种多元的太阳神的崇拜在古代世界是绝无仅有的。

众神之王

虽然古埃及人信仰的神数量庞大，但对于主神，基本上就信仰太阳神和奥西里斯神。他们拥有无上的权力，不仅是世界万物的创造者，还是维持人间秩序的保护者。他们外形是人，而且有妻有子，就像威严的国王。他们惩恶扬善，主持正义公道。

太阳神和奥西里斯神的产生都比较早，后来才上升为管辖众神和主宰人类命运的主神。古埃及人认为，太阳神给人类带来光明和温暖，奥西里斯神赋予动植物生命，掌管审判灵魂。这两位神都是主持正义、善良诚实的神。

虽然有两位主神，但他们之间似乎是和平共处的，没有统属关系。而且相传，奥西里斯的儿子荷鲁斯是鹰神，也是太阳神诸多名字中的一个，或者是与太阳神有关系的神。不过，在太阳神和奥西里斯神各自的神谱体系中却有不少"权力之争"。在太阳神谱系中，各地方祭司集团都以特殊的名称称呼

荷鲁斯像（右二）

太阳神，如"赖"、"拉"、"阿蒙"、"阿吞"，他们互相
贬低对方的太阳神而抬高自己的。奥西里斯神谱中的争斗则表
现在神的亲属之间。据传说，奥西里斯原本是一位国王，后来
被塞特害死，而且被肢解后扔到尼罗河里。他的妻子伊西斯历
尽千辛万苦，终于找到了他的尸体，奥西里斯又死而复活。而
他和伊西斯的儿子荷鲁斯在地神盖布的帮助下为父报仇。所
以，奥西里斯神又被埃及人奉为冥神和尼罗河神。

　　两者之间的地位高下也会随着历史的需要而发生变化，但
都是古埃及人敬拜的对象。一般来说，古王国时期太阳神是主
神。中王国时期，巫术思想开始在埃及盛行，人们对死后受
审判感到恐惧，而且由于战争连年不断、祭司集团之间争权
夺利，太阳神的主神地位开始动摇，冥神的地位被抬高，几乎
与前者平起平坐。两位主神开始分管不同的事务。在新王国时
期，巫术活动已经成为埃及人日常生活的一部分，因此，奥西
里斯的地位更加上升，先是成为民间的主神，后来又与太阳神
轮流做主神。但是相比较而言，古埃及人更崇拜太阳神，而对
奥西里斯神有些心怀恐惧，所以太阳神的主神地位并没有发生

过根本性的改变，奥西里斯神只在某个时期具有主神的地位。

神的家族

除了太阳神和奥西里斯神等主神，古埃及宗教中还有众多的次神。他们各司其职，既会行善，也会作恶。次神界的诸神可能来源于图腾崇拜，因此多以动物的形象出现。他们还有不同的派别，有的分属于太阳神和奥西里斯神。其中影响较大的次神有如下几位：

1. 努特。她是苍天女神之一。据说努特和地神盖布是亲兄妹，都是空气神舒和水神泰芙努特的孩子。空气神分开两人，一为天，一为地，从而形成了天地世界。努特和盖布后来结为夫妻，生下了奥西里斯等众神，再由他们来主宰人间的事务。努特有两种形象，一是顶天立地、镶嵌日月星辰的女巨人；一是母牛。死人棺材的底边或盖上常常会有她的画像，用来保护死者的身体和灵魂。

2. 盖布。地神之一。他同妹妹努特女神结为夫妻，生下诸神，其形象是鹅形神。

3. 哈托尔。一种说法说她是苍天女神之一，苍天之母、太阳神的女儿，主管爱情和欢乐；另一种说法说她是太阳神的眼睛，主管人类的毁灭。其形象为哺育法老的母牛。

4. 荷鲁斯。苍天神之一。一说是奥西里斯和伊西斯的遗腹子，形象为戴王冠的鹰头人。一说是哈托尔的女儿，属太阳神。

5. 伊西斯。奥西里斯神的妻子。传说她在奥西里斯神死后，找到他的尸块，又使其复活，并生下奥西里斯神的遗腹子荷鲁斯。因此，在古埃及的丧礼仪式中她经常以温情妻子、哺乳女人的形象出现。

6. 塞特。恶神之一。他用阴谋杀死了奥西里斯，并将他的尸体肢解后扔进了尼罗河。塞特主管沙漠、风暴等灾难。后来，荷鲁斯神战胜了塞特。关于他的结局有两种说法：一说他

阿努比斯神

被杀死；一说他仍是一位神王，与荷鲁斯共治天下。

除了以上这几个重要的次神，还有主管生殖的裸体女神安娜特，主管称量死者心脏的豺头人身的阿努比斯神，智慧神图特，主管空气和风的隐蔽神阿慕恩，等等。

神在人间——宗教制度

太阳神之子：法老

"法老"的原意为"宫殿"、"陛下"，是古埃及国王的尊号。法老就是国家政治和宗教的最高领导人。法老自称是主神的儿子或使臣，代表神在人间行使权力。

古王国时期的法老都把自己视为太阳神的儿子，认为王族拥有神的血液而禁止与外族人通婚，以免玷污神的血统。法老任命各级大臣和各州的州长，赐予神庙财产。大臣官吏不仅是法老的臣属，也是神的臣属，法老的旨意就是神的旨意。大臣拜见法老要以胸贴地，嘴吻法老脚前的尘土，如同在神庙中敬拜神灵。

古埃及法老雕像

当时，埃及的政治和宗教还没有分离。法老除了是国家的最高统治者外，还是最大的祭司，集政治权力和宗教权力于一身。地方的州长则是低一等的祭司，既掌管行政事务又管理宗教事务。中央的大臣和地方的官吏与神庙中的祭司一起执行法老和州长的命令，形成政教合一的体制。法老被称为神，同时管理着生前和死后的事。

古王国时期，一位叫乌尼的大臣曾经为法老修建金字塔。他尊称法老为"我主"，甚至称颂法老的威力"比之一切的神还要堂皇和伟大得多"。石刻和壁画中的古埃及法老总是头戴王冠，手持权标，神态威严，神鹰、神蛇在他的头顶和身旁相伴，法老看起来就像一尊巨神，他的言行就是神的意志。

神庙与祭司

神庙、神殿是古埃及人供奉各种神灵的地方。早在古王国时期修建神庙就非常流行，不过那时的神庙规模还不是很大。人们主要为法老修建金字塔陵墓。中王国以后，尤其是新王国时期，埃及人大兴土木为神修建宏伟壮观的庙宇。最著名的大神庙是卡纳克神庙和卢克索神庙。神庙有管理神庙的祭司，还有自己的庙产和奴隶，甚至形成了古埃及的一种经济制度。神庙拥有数量不等的土地，国王还赠予神庙许多面包和酒。据初步统计，新王国时期神庙占有全国1/7的土地。神庙财产之巨，庙中人数之多，祭司势力之大，由此可见一斑。

除了供奉主神的神庙，各个州还为本地的保护神建造了规模巨大的神庙，还有与之相关的神话和礼仪。如孟斐斯城是普塔神、底比斯城是阿慕恩神、日城是阿图姆神。由此，埃及地方上形成了以州长为首的祭司集团。这些祭司集团有自己的宗教信仰、特殊的经济利益和政治要求。他们依靠神庙经济制度，拥有强大的经济实力，独霸一方，从而与中央集权发生矛盾。古王国灭亡的一个重要原因，就是地方神庙祭司集团和以法老为代表的中央祭司集团互相争斗的结果。后来的中王国和新王国时期这两股力量的斗争也一直没有停止过。古埃及人抵抗外族入侵的力量因此被大大削弱。

卡纳克神庙远景

死亡的盛宴——宗教观念与仪式

古埃及人对死亡有着独特的见解。"为他（法老）建造起上天的天梯以便他可由此上到天上。"《金字塔铭文》中的这样一句话，也许可以帮助我们解读古埃及人的生死观。大约在第二、三王朝的时候，埃及人产生了国王死后要成为神、灵魂要升天的观念。金字塔就是这样的天梯。同时，角锥体金字塔形式又表示对太阳神的崇拜，因为古埃及太阳神的标志是太阳的光芒。金字塔象征的就是刺向青天的太阳光芒。

古埃及人对死亡的态度，还可参见新王国时期一座墓室里的铭刻："原来喜欢走动的人现在被禁锢着；原来喜欢穿戴盛装的人现在则穿着旧衣服沉睡；原来喜欢唱的人现在置身于没有水的地方；原来富有的人现在来到了永恒和黑暗的境界。"另一个墓室的墙上则写着："西部（死者的领域）是睡眠的国土，漆黑无光。死者在那里唯一的事情就是睡眠。他们从不醒

吉萨的三大金字塔

来见他们的父亲和母亲。他们看不到他们的弟兄。他们的心里没有妻子和儿女。生命之源的水对他们只是渴。"

按古埃及人的观念，人生在世主要依靠两大要素：一是看得见的人体，二是看不见的灵魂。灵魂"巴"的形状是长着人头、人手的鸟。人死后，"巴"可以自由飞离尸体，但尸体仍是"巴"依存的基础。为此，要为亡者举行一系列名目繁多的复杂仪式，使他的各个器官重新发挥作用，继续在来世生活。

关心死亡，为来世——尤其是法老的来世——做好物质方面的准备是埃及宗教信仰的一个主要特征。因为法老的死并不是最终的结局，所以他们死后要用香油等药料涂在尸体上防腐，制成"木乃伊"，然后将尸体和食物及其他必需品一起放入巨大的陵墓即金字塔内。木乃伊是人工制造的一种干尸，目的是防止身体腐烂，使身体和灵魂有朝一日能重新结合。这种工艺早在公元前26世纪的古王国时期就有了，后来经过了不断改进完善，还有一整套相应的宗教仪式。相传，包括采集药材在内到对尸身处理的宗教仪式结束要用70天。

古埃及贵族妇女乃丝木塔奈卢木乃伊

亡者在来世生活，需要有坚固的居住地，因此，古埃及人非常重视建造坟墓。他们深信冥界有坟墓神，专门为亡灵引路；坟墓上空有死者的灵魂，在等待时机与亡灵的身体合二为一。古王国时的金字塔和中王国、新王国时期在山坡挖掘的墓室，都是亡灵永久生活的住地。这些金字塔和大石墓陵园在法老和权贵们生前就开始营造，费尽了人力物力，就是为了企求亡灵在来世继续享有权势和富贵。

古埃及人认为，现世是短暂的，来世才是永恒的。这就是在埃及看到的到处都是陵墓和庙堂，而找不到古代村落遗迹的缘故。

埃及古王国时的卢克索是当时世界上最大的都城，荷马称它是"百门的底比斯"。昔日的卢克索，撒哈拉大沙漠干旱的沙丘在尼罗河金色的峭壁上升起，法老们的木乃伊就葬在这里，随他们下葬的珍宝就如同神话传说一样，以至于为法老哀悼的祭司成了盗墓者。与法老们的墓群相比邻的是贵族们的墓

卢克索神庙的柱廊

地，而离沙漠不远的地方是工匠的墓地，多少个世纪以来，这些工匠们在墙上雕刻了只有上帝才能看到的图画。

一个叫雷可米尔的高官，其墓穴的墙壁上有着庞大的目录，包括各种技艺、食品、果园、外国人、野兽和交通工具，组成了埃及人日常生活的画卷，甚至让人没有想象的余地。

公元前1500年，一个底比斯贵族墓穴中的壁画描绘了人死后的宴会，古埃及人把食物和葡萄酒连同死者一起下葬，这样做是为了让死者在冥界继续有吃有喝，因为人们相信死者要在那里招待他的朋友，在宴会上也要喝上好的葡萄酒。

画中所描绘的一些东西今天仍然存在，当你去造访法老们的世界时，几乎不需要有太丰富的想象力：雄伟的尼罗河从埃及的中心地带蜿蜒流过，汲水用的桔槔从尼罗河引水渠流入灌

宴会上的贵妇与女仆

溉渠，河岸边的葡萄树依然郁郁葱葱，埃及人依然喝着自己酿的葡萄酒，同样的棕色脸庞在微笑，同样的毛驴在快跑……

万物有灵——受崇拜的动物

猫与月亮女神

古埃及是最早养猫的地区，在古埃及的文字中，猫的名字是个拟声字，读作"喵依欧"。随着古埃及经济的发展，越来越多的粮食吃不了就要贮存起来，以备冬天食用。于是，贮存粮食的粮仓就引来了许多老鼠，鼠害非常猖獗，老鼠不但偷吃了人们辛勤耕耘而获得的被比作生命之源的粮食，而且还传播可怕的疾病。大量的老鼠也引来以捕食它们为生的野猫。捕鼠的猫，不仅得到人们的宽容，而且还受到保护和收养。于是，猫在人们，特别是在妇女的庇护和照料下，开始迅速而大量地繁殖。

古埃及青铜猫

最早的猫并非产自埃及，而是来自努比亚的一种黑爪猫。黑爪猫所表现出的高超的捕鼠技艺，立即得到了埃及人的赏识和珍爱。埃及的法老和行政官员也是喜出望外，马上指派官员专门负责猫的饲养和繁殖以及捕鼠工作，并颁布禁止杀猫的法令。从此，黑爪猫受到神一般的殊遇和崇拜。

在古埃及的神灵中，月亮女神巴斯特强大无比，是专门掌管月亮、生育和果实丰收之神。而猫的一些生活习性和生理特征，如夜行性、多产、捕鼠以保证粮食丰收，恰好与月亮女神的职责十分符合。久而久之，人们便把猫奉为月亮女神的化身和象征。并且，月亮女神的形象也被描绘成人身猫头。甚至女神的兄弟太阳神，也被描绘成公猫的形象。另外，由于猫的眼睛随光线变化的奇特性，便具有了月亮神和太阳神的双重身份。据说，古埃及爱美的女子还想方设法要把猫眼发出的奇异之光移用到她们的双眸上，于是发明了一套"猫眼描眉法"，好使自己的眼睛变得炯

猫木乃伊

炯有神又充满美感。种种原因，使月亮女神更加受到人们的爱戴，人们给她建造神殿，并定期举行盛大的仪式和活动，歌颂她的丰功伟绩，感谢她给芸芸众生带来了福祉。

古代埃及人非常喜爱猫，猫死后还要为猫举行隆重的葬礼。养猫人家的猫死后，全家人都要披戴长纱，剃眉削发，以示哀悼。无论是穷人还是富人，在饲养的猫死后，都要给猫涂上香料和防腐剂，放进铜或木制的棺材，里面放上金制的叶

片。然后，把这些棺材送到崇拜月亮女神的中心布巴斯蒂城，在月亮女神庙的附近下葬，于是这里就出现了一个庞大的猫墓地。猫的陪葬品除了涂有防腐香料的老鼠外，还有许多金银铸造的猫形雕像，千姿百态，形态迥异。2001年，考古学家曾在埃及萨卡拉附近发现过猫木乃伊。人们把死去猫的头部用石膏定型，再饰以彩绘。制作师将它们的前腿折叠于胸前，再将后腿向上折叠于腹前，其形象颇有几分可爱。

圣甲虫与护身符

在古埃及，当人们看到太阳东升西落的规律性运动，就会联想到日常农作时所见到的甲虫活动，认定有一只巨大的甲虫在推动着太阳，于是，圣甲虫走上了古埃及的神坛，并带着太阳的光辉慢慢演化为至高无上的护身符。在古埃及人眼里，圣甲虫头戴角状头盔，身穿闪闪发光的铠甲，颜色有金色、翠绿色或深蓝色。

令人咋舌的是，这些有着高贵仪表和浪漫名字的圣甲虫，实际上竟是我们平常所说的蜣螂，俗称"屎壳郎"。这种昆虫属于鞘翅目，粪金龟科，体长2—3厘米，全身呈黑色，外表有一层坚硬的体壁，就像铁甲一样。屎壳郎一辈子都在粪里打滚，当找到人畜粪便时，一般先用头上的触须试探其温度是否适宜，味道是否可口，然后便用角和足翻动搓揉，堆成粪块，推着滚动。粪块经过滚动的挤压力，越滚越圆，并粘上了层层的土粒，形成了粪球。

别看这种虫听着不雅，它可是对人类最仁慈的昆虫之一。它们不仅把动物粪便从我们的视觉中、嗅觉中和落脚处移开，而且，还通过掩埋的办法为土地施加了肥料。粪便进入地下，增加了土地中的氮含量，从而避免了氮流失到大气中去。通过它们的挖掘活动给土壤透气，让土壤更适合植物的生长。另外，圣甲虫的幼虫以粪便中的寄生虫和蛆为食，从而减少了病菌的传播。

古埃及人因十分崇拜圣甲虫，于是就把石雕的圣甲虫安放到死者心脏的位置上，作为护身符。圣甲虫护身符多数是用滑石做成，然后在滑石上用绿宝石彩釉覆盖。因为绿色在古埃及象征复活和健康，所以这些圣甲虫大都是由一些绿的材料做成，通常是碧玉。这种石头实际上相当稀罕和难于切割，因此其他类型的岩石常常被当做代用品使用，例如绿长石、玄武岩和蛇纹石。圣甲虫后来也被当做官员的封印使用，内容书写在圣甲虫底部。

圣甲虫护身符被认为有神奇的保护力量。戴上护身符的人，就能拥有健康，逢凶化吉，并得到神的庇佑，远离痛苦与危险。即使在人死之后，护身符也会伴随着前往冥界左右呵护。此外，因圣甲虫有着太阳的光辉和勤劳、朴实的农耕文明的美德，青年人常把它作为恋人、友人间互赠的礼物，寓意着让光明照耀他们的友谊和恋情，同时也寓意自己的优良品质。

充满神性的动物

在古埃及时代，很多动物除了是人们的粮食之外，还有一定的宗教意义。而那些具有宗教意义或被尊为神圣的宠物死后都会受到古埃及人的珍宠，并将其尸首制成木乃伊，为其举行豪华的殓葬仪式。

埃及圣朱鹭

"埃及圣朱鹭"是古埃及的一种圣鸟，但在目前的埃及已然灭种绝迹了，现多栖息于伊拉克东南部的沼泽、湿地、农田及盐水湖，还有马达加斯加及中非等地。这种鸟在飞翔时翅膀伸展十分强而有力，有时会滑翔。觅食时则会垂直把嘴伸到水中，左右摇摆以筛出水中的食物。它筑巢于峭壁、树上或地上，有时也会与其他的水鸟混杂而群居筑巢。古埃及人之所以把朱鹭视为圣鸟，是因为他们坚信象征着智慧和知识的神图特经常化身为此鸟来到人间。在古埃及许多壁画中都能见到这种鸟的身影。

朱鹭

眼镜蛇

古埃及人对蛇非常敏感，尤其是那种带有剧毒的埃及眼镜蛇和黑颈眼镜蛇。这种蛇随时会从眼睛里释放出毒液，使人瞬间毙命。在古埃及，眼镜蛇神被称为瓦姬特，她是位于尼罗河三角洲的一个叫做布托的小镇的保护神。她代表着下埃及，与代表着上埃及的秃鹫拿禾泊特女神是对头。因古埃及的法老把自己看做上下埃及的最高统治者，于是把秃鹫和眼镜蛇都添加到代表着王权的徽章上。例如，法老额头上的眼镜蛇被看做是魔法无边的女巫，保护法老，不让任何敌人接近他。

公羊

羊在古埃及占有很高的地位，它们不仅为古埃及人提供羊肉、羊奶等食物，而且其羊毛、羊皮等还可制成保暖的衣服。公羊则代表着肥沃的收成，与天上诸神处于同等地位。因而当公羊死后，古埃及人会将其尸首制成木乃伊，用镀金的面具及珠宝首饰作装饰，甚至比一般平民死后待遇更加优厚。

卡纳克神庙的公羊头斯芬克司

豺狼

　　豺狼通常在沙漠附近的城镇村落出没，最喜欢到人类居住的地方找寻食物。有时，它也会出现在墓地附近。因此，它们被看做是负责引导亡灵之神阿努比斯的代表，与亡者有着某种神秘的联系。由于阿努比斯在古埃及人心目中不但能看守墓冢，而且能完好地保存尸首，于是人们用木雕制成了豺头人身神雕像，供奉在墓冢中。

永恒的奇迹
——古埃及城市与建筑

　　古老的城市，是历史镌刻在大地上的印记。一段颓败的城墙、一座废弃的屋宇、一具黄沙下埋藏的尸骨，甚至是一块石、一片瓦、一枚锈迹斑斑的钱币，都会告诉我们很多很多的秘密。埃及，这个在沙漠中存续了几千年的古老国度，又会留下多少这样的印记？底比斯、孟斐斯、卡洪、法尤姆……这一座座曾经辉煌的城市，曾容纳了多少鲜活的生命，他们如今又在哪里？当然，并非一切都随风而去。看！他们的遗产实在丰厚无比：沙海中屹立的金字塔、直插云霄的方尖碑、巨石柱支撑的神庙、山一样壮美的陵墓……

尼罗河畔的珍珠——古埃及城市

　　埃及依傍着尼罗河的狭长地带，这种独特的地理环境，对埃及的城市建筑有着很大的影响。古埃及的港口城市众多，在下埃及的三角洲，就发现瓦滋特、赛斯、布西瑞斯、阿里比斯、美顿斯和塔尼斯等城市遗址，它们都是依靠与内地或海外进行通商贸易而发展起来的。

　　在古埃及历史上，并没有一个长期固定不变的都城，历代君王都按自己的需要重新修建或迁移首都。由于建都时间一般都不长，因而遗迹不多。最古老的首都孟斐斯是一座港口，也是宗教艺术中心。而在古代埃及，以宗教为纽带形成的中心城

帝王谷代尔迈迪纳村落（建筑工匠住所）复原图

市相对来说比较稳定，如以太阳神崇拜著称的宗教圣地希拉孔波利斯和以卡纳克和卢克索的神庙建筑而闻名的底比斯等。都城遗址中保存最完好的就要数新王国时埃赫那吞所建的新都阿马尔奈。阿马尔奈的布局，可以说是古埃及唯一不遵循城建法则的实例。它枕山面水，顺应地理条件，并不强符法则，在古埃及的城建中独具特色。阿马尔奈城虽不是古埃及城市的典范，但它融自然与人工于一体、创新与守旧并存，极具研究价值。修建于中王国时期的卡洪城，则是古埃及普通城镇的代表。

在古王国与中王国时期，盛行着一类"金字塔的城市"，这完全是古埃及特有的产物。它是国王批准的专门为金字塔的修建者而建造的城市。那里的居住者有大批的工匠，还有管理城市的官吏和定期到金字塔主持祭祀活动的祭司等。那里的所有居民都享有免税权。

百门之都：底比斯

古希腊伟大的诗人荷马，曾在史诗《伊利亚特》中，这样描述古埃及新王国的都城底比斯：

底比斯，那里屋宇豪华，拥有无数珍宝；

底比斯有城门百座，门前是马行道；

一百名骑马拥甲的武士，日日巡城两遭……

底比斯位于埃及首都开罗以南670千米处，埃及有文字记载的历史就是从这里开始的，因此它被誉为是"上埃及的珍珠"，同时也是最能代表古埃及文明的文物古迹荟萃之地。

在埃及古王国时期，底比斯只是一个既不出名也不很大的商道中心。通往西奈半岛和蓬特的水路、通往努比亚的陆路，都要经过底比斯。公元前2134年，埃及第十一王朝法老在底比斯建都，随之又将阿蒙神奉为"诸神之王"，成了全埃及最高的神，从此便开始在底比斯为阿蒙神大兴土木。底比斯在古埃及历史上的重要地位就这样奠定下来。在此后2 000多年的漫长岁月里，底比斯在古埃及的发展史上始终起着重要作用。

从公元前1790年到公元前1600年左右，中王国遭到了外族喜克索斯人的入侵。喜克索斯人征服了大半个埃及，最后定都阿瓦利斯，建立了第十五王朝和第十六王朝。至此，底比斯经历了第一次衰落。后来，埃及人阿赫摩斯一世在底比斯建立了第十七王朝，并在公元前1580年左右攻占了阿瓦利斯城，把喜克索斯人彻底赶出了埃及，从此开创了古埃及新王国时期。

新王国再次选定底比斯作为埃及的宗教、政治中心。他们

百门之都：底比斯

61

发动了一系列侵略战争，掠取了大量财富和战俘，把底比斯建成当时世界上最显赫宏伟的都城。底比斯进入了它的繁荣鼎盛时期，遂成为3 500多年前世界上最大和最负盛名的城市，被誉为"百门之都"。第十八王朝法老埃赫那吞看到了阿蒙神庙祭司们不断增加的财富所构成的威胁，决定推行宗教改革，于是

希拉孔波利斯的保护神——鹰神荷鲁斯

迁都于阿马尔奈，底比斯再度衰落。第二十一王朝以后，随着底比斯统治集团内部矛盾的不断加剧，加上爱琴海和小亚细亚一带的"海上民族"的不断入侵，新王国日益衰落，底比斯又遭厄运。公元前663年，入侵埃及的亚述军队再次火烧、洗劫了底比斯。公元前27年，一场地震又使底比斯城里仅存的一些纪念性建筑物瞬间倾塌无遗。如今的底比斯只留下残垣断壁，成了古墓盗劫者的乐园。

底比斯的兴衰历史正是古埃及王国兴衰的缩影，但后世人深切关注的并不仅在于此，还在于底比斯不仅是埃及法老们生前的都城，也是法老们死后的冥府。底比斯城建有很多豪华的神庙、宫殿、府邸和墓穴，其规模浩大，工艺精湛，堪称世界古建筑艺术中的明珠。其中较为著名的有卡纳克神殿、卢克索神庙和帝王谷等。虽然经过2 000多年的天灾战祸，大多数宏伟的宫殿和神庙都湮没，但从那些至今依稀可见的古迹中，我们仍可以嗅到当年无比繁华的气息。

鹰之城：希拉孔波利斯

希拉孔波利斯位于尼罗河西岸，在上埃及底比斯城南约60千米处，今名考姆艾哈迈尔。该城始建于前王国后期，新王国以后废毁。"希拉孔波利斯"一词源于古希腊文，意为"鹰之城"。而古埃及人则称自己的城市为"涅亨"，意为"隼鹰头的荷鲁斯之城"。于是，希拉孔波利斯就成为上埃及荷鲁斯神崇拜中心，在埃及历史上具有重要的宗教和政治意义。

希拉孔波利斯的前王国遗迹包括中心城市及近郊，面积约5.08万平方米。到早王国时期，城市中心约北移400米。新城平面为不规整长方形，面积增至6万平方米。土坯城墙一般厚3到6米，最厚处达9.5米。城内街道狭窄，土坯房屋密集。在城南角一段石护墙后有一土台，可能即为第二王朝末卡塞凯姆威王时建造的城市保护神荷鲁斯神庙的基址。在这里发现有花岗岩大门、雕像和奉献物等，在神庙地面下发现埋藏有大量远古文物的所谓"大宝藏"。

"大宝藏"中的重要遗物主要有燧石刀、燧石分叉长矛、石灰石纺轮、铜剑、铜凿等工具类武器；还有日常用的石瓮、平底或尖底的陶罐、陶钵等；雕塑艺术品主要有男女人像和猪、狗、鱼、猿猴、蝎子等动物像，质料通常为石、木、象牙、陶等，也有铜制的人物像。有些石灰石瓮和雪花石膏器皿上还有蝎子和荷鲁斯的浮雕形象，并附有表示蝎子王的名字和头衔的铭文。

太阳神之都：阿马尔奈

娜芙蒂蒂雕像

阿马尔奈城位于开罗以南287千米的尼罗河畔，是古埃及一座历史悠久的城市。第十八王朝法老埃赫那吞在位时曾迁都于此，并取名为"埃赫塔吞"。图坦卡蒙继位后，又将首都迁回底比斯，阿马尔奈遂被废弃。

阿马尔奈城遗址分布在尼罗河两岸。东部为城市的主体部分，宽5千米，南北长13千米，南、北、东三面都是沙漠高地。市中心建筑区紧临尼罗河，城市中央耸立着最大的建筑物阿吞大神庙。神庙全部由石灰石建成，庙内的各个庭院皆建有祭坛。神庙以南是宫殿建筑群，西半部是行政办公大殿，东部为王家宫苑，在城的南北郊分布有贵族宅邸和平民住宅。

市中心的建筑区以外是成片的墓地。墓群主要分布在城东陡崖以东，有南北两处，主要为宫廷官员墓。王宫正东是埃赫那吞墓。城市周围的陡崖上有14块大石碑，图案和铭文主要表现埃赫那吞对太阳神阿吞的崇拜与献礼。

在阿马尔奈遗址中，发现了许多有价值的文字材料和杰出的艺术品。其中，在王家宫殿的档案库中，发现了300余块楔形文字泥板文书，记述了当时亚洲王公与埃及之间的外交往来。在建筑物的墙壁、地板、天花板及王公贵族墓的墓壁上，还保留有表现自然景物和社会生活的优美壁画，具有较强的写实风格。在宫廷雕刻作坊中出土有娜芙蒂蒂的彩色半身雕像，是古代埃及艺术的杰作之一。

其他著名城市

美尼斯之城：孟斐斯

孟斐斯位于今尼罗河三角洲南部，在上下埃及交界的米

哈夫拉金字塔与狮身人面像

特·拉辛纳村。传说在公元前3100年，上埃及提尼斯州的首领美尼斯经过长期战争，称霸整个尼罗河地区，奠定了建立统一埃及的基础。美尼斯自称是"纳尔迈"，意为"天下四方之王"，定都提尼斯，史称"早王国时期"。而孟斐斯正是美尼斯后来兴建的。

孟斐斯是古埃及的政治、宗教、文化中心之一，古王国时期建都于此。公元前1世纪后，库施王国、亚述、波斯帝国、希腊、罗马帝国等先后围攻、占领孟斐斯，孟斐斯几经易主；7世纪时阿拉伯人征服埃及，孟斐斯遭到了毁灭性破坏。直到19世纪以后，考古学家对孟斐斯城区附近的萨卡拉墓地进行发掘，发现有早王国和古王国时期的玛斯塔巴墓和金字塔，并出土有石器、陶器以及象牙等遗物。孟斐斯遗迹一带，至今还留存着哈夫拉等许多著名的金字塔以及狮身人面像。

绿色之城：法尤姆

法尤姆位于开罗西南100千米处，是埃及沙漠中最大的绿

今天的法尤姆海滨风光

洲。今天的法尤姆总面积达4 500多平方千米，城内既有加龙湖和巴赫尔·尤素福河渠，也有农田与沙漠，于是，就有人就把加龙湖比作地中海，巴赫尔·尤素福河渠比作尼罗河，农田比作三角洲，沙漠比作埃及西部的撒哈拉，认为法尤姆便是整个埃及的缩影。在整个中世纪，法尤姆无论在政治上还是在经济上都起到过独特的作用。如今的法尤姆，仍然保存着大量古埃及、古希腊、古罗马、科普特和伊斯兰文化的遗址。

法尤姆气候温暖、干燥，适于粮食、蔬菜和水果生长。加龙湖有多种鱼类，每到冬季，各种候鸟纷纷来这里过冬。到阿门内姆哈特三世法老统治时期，法尤姆已变为最富庶、最发达的新省区。

阿门内姆哈特三世对法尤姆情有独钟。他在法尤姆兴修水利，将原来2 500余公顷的沼泽地中的积水排出，从阿斯尤特以北的地方挖掘出一条与尼罗河平行的水渠，引来尼罗河水。并重新修堤筑坝，将古莫利斯湖作为天然的蓄水库，用以调节灌溉用水，改造良田。此外，他还在那里为自己修建了一座巨大的宫殿和庙宇。据说那宫殿有12个大厅，房间竟有3 000个之多。法老每年都要来这里开会，研究纳贡和税收，他下属的官员和随从都有各自的房间。公元前450年，古希腊历史学家希罗多德曾对法尤姆的宫殿和庙宇惊叹不已，并把它称作"迷宫"，认为它可与吉萨的胡夫金字塔媲美。

到托勒密王朝时期，法尤姆又成为著名的"粮仓"。大批希腊和犹太垦荒者来这里开垦，并积极引进新的农业改良技术，如广泛应用根据希腊水力学原理制造的水车来灌溉梯田等，使得良田倍增，粮食产量颇丰。

此外，法尤姆还是埃及著名的"泉城"。其中较为著名的有西林泉、夏伊尔泉、毕赫姆泉、曼德拉泉等，其中又以西林泉为最，泉水中含有多种矿物质，可以治疗多种疾病。如今，那里已成为了旅游度假村和公园。

古城典范：卡洪城

卡洪城，又名伊拉洪、拉洪，位于法尤姆绿洲东南部，尼罗河西岸，是中王国时期喜兹斯多利斯二世所建的金字塔城，除东南角遭到破坏外，大部分保存完好。

卡洪城平面为规则的矩形，城墙南北长约250米，东西宽约350米，人口约2万人。全城分成大小两部分。西面的小城区供一般工匠居住，房屋整齐地排列在一条条平行的街道旁，由一条垂直的干道贯穿。东部是大城区，由两条相交的主干道组成立体构架，其中一条连接城门的东西干道，将大城区划分南北两半。南部为有一定社会地位的人的居住区及商业区，房屋呈棋盘状；北部是高级官吏的府邸。西北角用墙围成，是国王的行宫，宫殿建在一个高出周围地面的台基上，宫门直接通向南北主干道。与行宫遥遥相望的是祭司云集的神庙。

整个城市的布局显然经过规划，并且强烈地反映出阶级差别。

拉美西斯之家：塔尼斯

塔尼斯城的繁荣得益于拉美西斯二世。这位伟大的法老大量利用古代建筑物，在塔尼斯改建旧的庙宇和修建新的庙宇，使塔尼斯成为他事实上的首都。这些古代建筑物有的在塔尼斯本地，有的从其他城市以及北部埃及的墓地拆迁而来，因此塔尼斯的面貌有很大的改变。关于这个城市的繁华景象，流传着一首美丽的诗歌：

这是一个美丽的地方，
没有一个地方可以与它媲美，
它像底比斯一样，是拉神的奉献；
这是一个富饶的地方，
良田沃野，五谷丰登，
鱼卧池塘，禽鸟栖息在湖上，
大地绿草如茵，树木茁壮成长；

果木成林，子实如蜜香，
粮食满囤，堆积比山高……

后来，因为历史原因，塔尼斯的很多建筑也都惨遭厄运，所以想要完全弄清楚这些建筑是不可能的。但从部分残存的建筑中，仍可看到塔尼斯神庙建筑的庞大规模与豪华壮丽。

神圣的纪念碑——埃及建筑三千年

早王国时期

早王国时期没有大型建筑，最突出的建筑就要数陵墓建筑了。在阿拜多斯和萨卡拉就发现了许多国王、贵族的陵墓。

在第一王朝之后很长一段时间里，贵族们的陵墓建筑是一种土墩形状的、高出地面的长方形石平台，四壁呈斜坡状，与地面成75度角，被称为"玛斯塔巴"。建筑的主要建筑材料是芦苇、纸草秆、泥土和少量从叙利亚运来的木料，后来才发明了土砖。大多数陵墓是用土坯垒墙建造，墓的门、柱和顶等多

古埃及法老最初的陵墓——玛斯塔巴

用木头制成。石头很少见，只有少数陵墓的个别部位是用石块砌成的，比如：韦提谟国王在阿拜多斯的陵墓，地面就是用花岗岩铺成。一些早期的陵墓建筑集中反映了古埃及人对死亡的理解，即死亡是生的特殊阶段。这些陵墓多是仿制住宅或宫殿的样式，陵墓内部隔成许多间，有外室、内室、穿堂和安放木乃伊石棺的墓室。里面摆放着死者生前享用的物品，墙上还刻画着侍奉他的奴隶。

国家统一后，上下埃及的陵墓有所变化。上埃及的坟墓，地下部分均用土砖垒砌，房屋式墓室以木料支撑，地面上则堆起坟冢，四周再围以土砖墙；而下埃及的坟墓则从村子里迁到了附近的沙漠高原上，其坟堆仍是四方的房屋样式，外部也围有围墙。

古王国时期

古王国，也称金字塔时期，主要的建筑是金字塔，其次是神庙和一些中等社会阶层人物的陵墓建筑。

在古王国出现的法老陵墓，即所谓层级金字塔，其实早在第一王朝时就萌芽了，当时是一层层向上缩小的方形建筑。而典型金字塔建筑则出现于第四、第五王朝，吉萨的3座大型金字

埃及神庙的柱廊

塔高高耸立，巍峨壮观，被称为世界七大奇迹之一。随着中王国时期经济的发展、政治的强盛，最高统治者法老不但享有至高无上的权力，而且被神化。于是，法老的"永久住宅"受到特别的重视。当活人居住的房屋还是用砖与木材修筑的时候，法老显贵们的"永生之所"却已是石砌的建筑了。修建规模巨大的金字塔要耗费极大的人力和物力，奴隶们要从遥远的地方运来石料，再把石料推至很高的地方。古王国的金字塔，体积、重量巨大，外形为方锥体，既稳重又庄严，给人以一种精神上的压力和威慑感。统治者也借此来向世人暗示并宣扬他们的统治地位是神圣不可动摇的。

随着太阳神地位的提高，这一时期还大规模兴建祀奉太阳神的神庙。这一时期最突出的贡献是对柱的使用，这也是古王国的伟大功绩之一，它直接影响了希腊的建筑形式乃至后来的整个西方建筑。如第三王朝法老切夫伦陵墓周围的神庙建筑，其突出特点就是柱式变化的多样化：既有简单朴素的方形柱，又有粗壮的圆形柱，还有一种类似捆扎在一起的芦苇秆似的外凸式沟槽柱。此外，还有两种半壁柱：一种是纸草花柱形，简洁大方，柱头为莲蓬式；另一种是内凹半圆形沟槽柱，典雅优美。后者即为希腊柱的前身。

这一时期宫廷官员们的陵墓建筑仍以"玛斯塔巴式"（原意为凳子）为主要形式。它们大多建在法老陵墓金字塔的周围，朝向东方的一面一般建有壁龛和假门，供礼拜仪式之用。

中王国时期

中王国时期的建筑较之前两个时期已有所改进，这一时期出现了新型的岩窟陵墓建筑和著名的方尖碑建筑。

岩窟陵墓的出现是由于中王国首都底比斯附近到处是山岭岩壁，这使得法老贵族们无法再模仿古王国时期的陵墓，只得在山崖上凿墓。中王国在300年间里，共开凿了39座岩窟墓，其中最著名的建在伯尼·哈察附近。岩窟墓所附建的16面石柱，

埃及境内最高的方尖碑——哈特谢普苏特方尖碑

柱身往上渐小并有沟槽，头上有一块正方形的垫板，其形态很像希腊"多利亚式"柱子的雏形。到了第十二王朝，从阿美涅姆赫特一世开始，陵墓建筑又开始模仿古王国金字塔的样式，但由于经济条件的限制，金字塔的规模大大地缩小，并且基本上是以风干砖作为建筑材料，砌造方法也大不如前，因而，这些金字塔现已成为一堆废墟。而中等阶层人的陵墓多采用皇家陵墓形式，有些陵墓其柱式门廊可与古王国切夫伦法老的神庙相媲美，柱子也均为精工细琢的细方石。

方尖碑是中王国建筑艺术的著名特征之一，它象征着太阳的光芒。方尖碑原本是建筑中的一个组成部分，常被放在建筑群的中心。后来庙宇建筑发展后，它又经常被置于庙宇大门的两侧，以示庄严。方尖碑的高宽比一般为10：1，通常由一块花岗岩雕凿而成，表面磨光后，刻上象形文字及各种浅浮雕图画，以载功德。这种碑底座为正方形，碑身朝上逐渐变窄，顶部呈圆锥形，就像一把朝天的宝剑，直刺天穹，碑的尖端镀以金、铜或金银合金。方尖碑遗迹中最著名的高30米，是中王国法老谢努塞尔特一世在太阳庙前建立的。

阿蒙雕像

新王国时期

这一时期建造的纪念性建筑以及雕刻作品，无论在数量还是在技艺上都超过了以往任何时期。新王国最突出的成就是大型神庙建筑，这些神庙建筑主要集中在中王国所开辟的山谷地带。为了防止盗墓，法老们往往在生前就决定把自己埋在悬崖深处颇为简陋的墓室中，而把精力用于外面的神庙建造。这一时期的神庙规模往往更宏大，设计也更为复杂。神庙的格局大致相同，在平面构图上都呈长方形，正面一般面向尼罗河，整个建筑物都坐落于一根中轴线上。

神庙两边均列有狮身人面像的大道、高大坚实的塔楼、方尖碑；庙宇的入口是高大的塔门，塔门墙面上刻着象形文字和浮雕图像。进入塔门后，有庭院、柱廊、柱厅，最后是祭殿。而塔门的后面，用列柱围绕起来的，是供平民百姓祭祀用的露天庭院。卡纳克的阿蒙神庙是图特摩斯一世在中王国一个小神庙旧址上扩建的，历经1 000多年才最终完成，是规模最大的一个建筑群。

新王国建筑大量地使用石柱促进了柱式的发展。除了传统柱式外，又新增了棕榈树式、纸草花式、纸草花蕾式、莲花蕾式和神像式等多种柱头样式，柱身上则刻有纪念性浮雕和象形文字。

后期埃及

后期埃及的神庙建筑仍是传统式的，即四面围有高墙，塔楼之间留有一个通道，内有柱廊、柱厅和祭殿等，但规模和数量明显减小。柱子与柱子之间的空隙处加进了胸墙，柱头也出现了新的花卉形状。这一时期的陵墓建造也远远落后于新王国，只在一些私人陵墓中出现了穹窿顶的结构，实为首创。

古埃及的象征——金字塔

提到埃及，则不可不提金字塔。一座座耸立的宏伟的金字塔建筑，已成为埃及的象征。最早的金字塔建筑并不是石制的，因为埃及地处冲积平原之上，对砖的使用更早、更普遍，埃及建筑一开始就是砖石混用的。与砖相比，石头非常坚硬，使用起来也非常不方便，再加上古王国时期生产力极不发达，所以这时的住宅等都是用砖建造的。砖与石头相比，在留存方面逊色很多，因此那时的砖构建筑能保留至今的极少，而用石头建成的金字塔经受住了时间和风沙的考验，至今屹立不倒。

最初的时候，法老陵墓叫玛斯塔巴，只是一个大平台，是模仿法老的平台形住房建造的。后来，法老们逐渐发现在平台上再加几层会更有气势和尊严。就这样一层又一层地叠加上去，形成了金字塔形制。建于公元前2778年的乔塞尔金字塔，是一座阶梯状金字塔，早期金字塔的典型代表。后来，座座金字塔平地而起，散布在埃及各地，成为埃及最富有意义的象征。

萌芽中的金字塔——乔塞尔王的阶梯金字塔

埃及历史上第一座梯形金字塔，就是著名的乔塞尔金字塔。乔塞尔王是第三王朝的第一个法老，他的一生文治武功，业绩辉煌。乔塞尔金字塔是乔塞尔王的重臣伊姆霍特普在萨卡拉为法老修建的。

乔塞尔金字塔

乔塞尔金字塔全部采用石质材料，最初高约8米，基边各长80余米。后来又几度增建，加长边基并在上面层层垒叠，加至6层，形成越往上端越小的梯形高坛。在结构和设计上，乔塞尔金字塔都仿照乔塞尔泥砖砌墙的宫殿，以金字塔为主体，在其四周配有许多附属性的建筑，有庙宇、柱厅、神座、3座祭仪的庭院及联结外界的大道，还有显贵们的"玛斯塔巴"，形成了一个巨大的建筑群。

这一建筑群被置于人工修筑的高台上，占地面积约15万平方米。围绕高台用石料镶砌的墙垣高9.6米，厚14.8米，有14道门，但只有一道是真的门。金字塔被增高至60多米，基底为长方形，东西长126米，南北宽106米，全部用上等的白色石灰石岩包起来，在金黄色沙漠背景的衬托下，十分壮观。

乔塞尔金字塔的内部装饰更加豪华多彩。用来支撑屋顶的石柱被雕刻成纸莎草的形状，再漆上颜色，以获得木柱般的效果。扁倚柱则像盛开的纸草花或荷花。地下的房间则用蓝绿色的砖砌成假门，门上画着卷起的芦苇门帘。这些精美的建筑装饰富丽堂皇，令人叹为观止。

折边金字塔

红色金字塔

"弯曲金字塔"与"红色金字塔"

从梯形金字塔到方锥形金字塔的演变，经历了一个过程。在第一座金字塔——乔塞尔金字塔的周围，又发掘出许多未完成的其他梯形金字塔，从这些金字塔的形态看，它们都处于这种转变中一个必经的阶段。

到第四王朝的第一个法老斯尼弗鲁时，法老的墓地实现了从层级金字塔向真正金字塔的过渡。开罗以南约35千米的达舒尔，耸立着的两座奇特的金字塔，就都是为斯尼弗鲁建造的。其中一座金字塔底部为边长188米的正方形，高约98米，它的造型非常独特，每个面都具有两个坡度。专家们分析，大概是在金字塔的建造过程中遇到了某些问题，而使得原来以54度的角度来建筑的陵墓的底层，不得不在高44米处变成43度。角度的变化给这个金字塔带来了特殊的弯曲形式，这座金字塔因此成为埃及唯一的"弯曲金字塔"，或称"折边金字塔"。

斯尼弗鲁建了两座金字塔后，仍不满足，又在弯形金字塔的旁边建造了第三个呈角锥体的金字塔。因为该金字塔是用淡红色的石灰石建成的，因此也被称为"红色金字塔"。

红色金字塔是埃及真正意义上的金字塔之始。它总结了弯曲金字塔的经验，并在原来金字塔建筑的基础上取长补短。它一开始就将角度设计为43度。这座金字塔高104米，规模上直追胡夫金字塔。红色金字塔成了后来10个王朝的法老们修建自己陵墓的典范，被公认为真正金字塔的开端。

吉萨三大金字塔

从第四王朝开始，法老们为显示自己神圣的权威，像着了魔似的纷纷为自己建造金字塔，而且一个比一个大，一个比一个华丽。随即出现了埃及最大的胡夫金字塔，后来的哈夫拉金字塔、门考拉金字塔也竞相耸立。这三座金字塔全部建在开罗附近、尼罗河西岸的吉萨，彼此毗邻，而且较之前的梯形金字塔更加壮观，把金字塔的建筑艺术推向了顶峰。它们的主体结构基本相同，并都采用淡黄色石灰石建造，石块很大，每块重约2.5吨，四面覆有一层打光的白色石灰石。在阳光、沙漠的映衬下，建筑群倍显辉煌宏伟。可惜随着时光流逝，除哈夫拉金字塔的顶部外面还残留有打光的护面外，其他的都已剥落。

胡夫金字塔是迄今为止尚存的70余座金字塔中最大的一座。它建于埃及第四王朝第二位法老胡夫统治时期，历经30年

胡夫大金字塔

时间，最终建成，据说当时所用奴隶达几十万之多，被誉为"世界古代七大奇观之一"。金字塔原高146.6米，因顶端剥落，现高136.5米，塔的4个斜面正对东南西北4个方向，塔基呈正方形，每边长约230多米，三角面斜度52度，占地面积5.29万平方米。塔身由230万块巨石组成，石块与石块之间没有任何水泥之类的黏着物，而是靠石块自身的重量叠合在一起。胡夫金字塔内部的通道对外开放，该通道设计精巧，计算精密，令人赞叹。塔的内部有如一座宫殿，结构复杂，共有墓室3处。沿通道一直向下走，约100米左右处是一个长方形的墓室。墓室高5米，深入塔底、离地面约30米。在下坡甬道的中途，另有一条上坡甬道，一直通向王后墓室。在上坡甬道上端，又有一条高8米的大走廊，通向安放胡夫石棺的法老墓室。

　　胡夫死后不久，在他的金字塔不远处，他的儿子，也就是古埃及第四王朝的第三位法老哈夫拉又建起一座金字塔，即哈夫拉金字塔。哈夫拉金字塔高143.5米，其内部结构比较简单，北侧有两个入口。哈夫拉金字塔建筑形式完美壮观，举世闻名的狮身人面像便紧挨在其侧。塔前还建有完整壮观的附属建筑，其中哈夫拉的祭庙被保留至今。该祭庙是带有平顶屋盖的直角形建筑物，用大块石灰石建成，修建颇为精细。祭庙中央是带有四面体整块花岗石柱子的大厅，大厅的两边，有两间用来祭奠国王雕像的狭窄房屋。大厅的后面有一个露天庭院，环绕着露天庭院的是扁倚柱以及以神祇奥西里斯姿态出现的国王雕像。灵堂分布在较远的地方。盆地上大门的立面，成为通往金字塔的整个建筑综合体的入口。大门的立面高12米，由两扇门组成，两侧由狮身人面的斯芬克斯把守。大门的里面也有带四角形花岗石柱子的大厅，沿着大厅的墙垣安置着用各种石料制成的法老的雕像。

　　这两座金字塔壮观无比，达到了古王国时期金字塔建筑的顶峰，也是法老权力盛极一时的体现。这两大金字塔的建筑，

门考拉金字塔

一度使埃及民穷财尽。

在这两座金字塔的西南方，耸立起吉萨的第三座金字塔。该金字塔由门考拉建造，因此被称为门考拉金字塔。金字塔的底边边长108.5米，塔高66.5米，比其他两座金字塔小得多，但它以在下方还保留着花岗岩表层而著称。

以后其他的法老虽然也修造了许多金字塔，但规模和质量均不能同吉萨的金字塔相比。吉萨的三座金字塔堪称埃及金字塔之最。据说，拿破仑曾粗略估算过，如果把胡夫、哈夫拉、门考拉三座金字塔的石块集中，砌成一道3米高、1米厚的石墙，可以将整个法国都圈围起来。

世界其他地方的金字塔

玛雅金字塔

金字塔虽然是埃及的象征，但也并不是只有埃及才有金字塔。在墨西哥尤卡坦半岛上，也耸立着许多气度非凡的金字塔，其规模之宏伟，构造之精巧，完全可以与埃及金字塔相媲美。

美洲金字塔有的已有几千年的历史，有的是在西班牙殖民者入侵前不久才完工的。其中，墨西哥的特奥蒂瓦坎的太阳金字塔高64米，底边宽约220米，规模之宏大，堪称美洲的"胡夫金字塔"。太阳金字塔塔基长225米，宽222米，基本呈正方形，朝向东南西北四个方向。塔的四面，是呈"金"字式的等边三角形，底边和塔高之比，恰好等于圆周与半径之比。

玛雅人的建塔技术十分高超。如库库尔坎金字塔。塔基呈正方形，共9层，由下而上层层堆叠，而又逐渐缩小，仿佛一个玲珑精致而又硕大无比的生日蛋糕；塔的四面各有91级台阶，直到塔顶，四面共364级，再加上塔顶平台，正好365级，正好是一年的天数。9层塔座的阶梯又分为18个部分，而玛雅历中一年也正好为18个月。

为了弄清这些金字塔的内部结构，一批科学家对它们进行了观察探测。但令人费解的是，他们在每天的同一时间，用同一设备，对同一金字塔内的同一部位进行X射线探测，得到的图形竟无一相同。

太阳金字塔

美国人类学家、探险家德奥勃洛维克和记者伐兰汀，对尤卡坦进行考察时，发现许多与地道连通的地下洞穴，结构与金字塔内的通道十分相似，于是，他们拍摄了照片以便回去研究。但9张照片只能印出一张，而这一张拍摄到的却是一片漩涡形的神秘白光。这使人想起埃及陵墓中令人毛骨悚然的法老诅咒。金字塔里的秘密，至今仍是一个无法破解的谜。

中国金字塔

大概很多中国人都不知道，我国历史上也曾建造过金字塔。现存的已发现有两座。一座是位于山东曲阜县城东4千米的少昊陵，其底边长28米，上部边长9.4米，斜坡高1.5米，规模较小。另一座是吉林省集安县的将军坟，它是我国规模最大的金字塔陵墓，虽历经沧桑仍巍然耸立。

将军坟位于集安县东北约4千米的龙山脚下，这里地势优越，环境秀美，是高句丽古墓最集中的地方，共有大小古墓10 000多座。高句丽为古国名，相传于汉元帝建昭二年（前37）由

将军坟

朱蒙创立，辖境相当于今鸭绿江及浑江一带，曾在集安地区长期建都。427年的南北朝时期，高句丽迁都至现朝鲜平壤。

高句丽人好厚葬，其中有不少墓建得高大华丽，将军坟是其中较大的一座，也是较特殊的一座。它规模宏大，结构严谨，造型颇似古埃及法老的陵墓，故被誉为"东方金字塔"。将军坟用1 100多块花岗岩石条砌成。墓高12.4米，底边长31.58米。墓底用大石条铺垫的基础与地表平齐，其上有7级阶坛。在陵墓第5级阶坛的中部，有通道可通墓室。整个墓室呈方形，边长5米，高5.5米。四壁共用6层石条砌筑，墓顶覆盖着一块完整而巨大的石楹，重量约50吨，上面堆积有灰色的莲纹瓦当、灰色瓦砾和铁链，四周的石条边缘凿有排列整齐的柱眼，由此推想当年可能有享殿一类的建筑。将军坟原有四座陪冢，位于将军坟北约50米左右的东西轴线上，现仅存一座。

将军坟内的墓主人到底是谁？陵墓始建于什么年代？这些问题都还难以确定，因为该墓早期被盗掘，葬品已荡然无存。旧集安县志记载是高句丽第一代王朱蒙的陵墓，但从墓葬形制和建筑技术考察，应该是5世纪初的建筑。也有的学者经过考证，认为将军坟是高句丽长寿王的陵墓。

"魔鬼海域"的金字塔

"魔鬼海域"是一个可怕的名词，至今仍令那些有志于航海航天事业的人们惊悸恐惧。从16世纪以来，在大西洋的百慕大三角海域，频繁出现船只、飞机神秘失踪的事件。仅在20世纪，美国就有100多艘航船、30多架飞机，连同数千名乘客、船员和飞机机组人员等在这里不明不白地遇难。这个地方遂被称为"魔鬼海域"。

难道水下真的有魔鬼吗？科学家们为解开这个谜进行了长期的研究，提出了许多假说。其中一种假说认为是海底大金字塔造成的。这座金字塔是由美法等国科学家组成的考察队，在1979年探测北大西洋西部海域的百慕大群岛三角区时发现的。

百慕大三角海域

这座海底"金字塔"底边为300米，高200米，塔尖距海面仅100多米，比胡夫的大金字塔还要高大雄伟，年代也更为久远。塔身有两个巨洞，海水以惊人的速度从洞中穿过，卷起狂涛，形成巨大的旋流，从而使这一海域浪潮汹涌澎湃，海面雾气蒸腾，成为事故的多发地带。

对于海底金字塔，人们众说纷纭。有人认为，这座海底金字塔可能最早建在陆地上，后来由于发生强烈地震，陆地沉入海洋，金字塔也就沉入海底了；更有人猜测，这座金字塔可能是远古的阿特兰提斯王国的工匠们建造的，后来，由于地震爆发，王国突然沉入汪洋大海。另一些学者则根本否认海底金字塔这一说法，他们认为所谓海底金字塔只不过是一块天然形成的与金字塔形制相似的巨大岩石而已。

众神的宫殿——神庙

后世的西方建筑中，对金字塔和方尖碑的模仿非常少，而埃及神庙对后世（尤其是对古希腊的神庙建筑）的影响非常深远。古埃及人频繁地使用柱子，因此形成了一套完整的柱子形制理论，为世界建筑作出了重大贡献。柱高和柱径比、柱径和柱间距离的比等就是他们首先尝试并确定下来的。这为古希腊神庙建筑的柱式结构提供了不小的启示。

埃及神庙可以分为两大类：一类修建在平地上，另一类则开凿在山体中。前者出现得较早，大都完全用巨大的石料建造而成。位于开罗以南700多千米处尼罗河畔的卢克索，建于古代名城底比斯的南半部遗址上，拥有众多闻名世界的神庙。其中，以位于尼罗河东岸的卡纳克神庙和卢克索神庙最为著名。

后来，从山体上开凿出来的神庙开始出现并流行起来。其中，又以阿布辛贝的阿蒙神庙最为著名。

卢克索神庙的雕像

卢克索神庙

卢克索神庙坐落在尼罗河东岸，始建于古代埃及第十八王朝，开始只是一个较小的神庙，后来不断扩大，直到亚历山大征服埃及，扩建工程才告一段落。第十八王朝法老阿蒙霍特普三世下令修建它，为的是在神庙里供奉太阳神阿蒙及他的妻子和儿子，作为在奥贝多祭典时阿蒙神在尼罗河畔的行宫。神庙的大部分工程是在阿蒙霍特普三世时完成的，后来的拉美西斯二世又扩建了大门和庭院。

拉美西斯二世是埃及一位伟大的法老。他把埃及统治得井井有条，并使国家达到了鼎盛时期。他当政期间，卢克索神庙胜利完工，为古埃及增添了新的建筑奇迹。他曾坦言，这些永恒之石，是为诸神和自己的光荣而建造的。游人来到卢克索神庙后，确实能立刻感到拉美西斯二世的存在。

傍晚从尼罗河上看卢克索神庙，如同浮动在棕榈树顶的一艘大船，高高耸立的方尖碑恰如船前撑旗的桅杆，这艘"圣船"载满了千年的历史与沧桑。

卢克索神庙长260米，宽50米，包括庭院、大厅和侧厅三部分。神庙门前可看见一小段"公羊之路"的遗迹，路旁满是羊头的雕刻。

神庙的入口是一座高大的塔门，神庙左右两边墙上的浮雕构成一幅完整的组画，生动地描述了拉美西斯二世执政初期与赫梯人作战的情景。左边的画面描绘了当时的军营生活、战前埃及召开军事会议及法老御驾亲征、在战车上指挥战斗的情况。右边的画面则栩栩如生地描绘了这位法老如何向敌人发动进攻、弯弓射箭的场面及赫梯人溃逃的情景。神庙塔门两旁耸立着两尊高14米的坐像，这就是拉美西斯二世的雕像。塔门的左侧还有一座方尖碑。方尖碑原本是一对，右侧的那座在1838年被当时统治埃及的穆罕默德·阿里用来和法国交换了一个时钟，换走的方尖碑现在被立在巴黎的协和广场上。

走进塔门即为著名的拉美西斯庭院，入口处是造型独特、雄伟壮观的柱廊，两排14根16米长，似纸草捆扎状的石柱高高耸立着，庭院四周三面建有双排的雅致石柱，柱顶呈伞形花序状。穿过庭院是一个大厅和侧厅，中央大厅东面的降生室实际上是一个小礼拜堂，四周石壁上的浮雕描绘着穆特穆伊亚女王

卢克索神庙遗址

和阿蒙太阳神象征性结婚的情景。在拉美西斯庭院的石柱中立有一尊石雕像，这正是拉美西斯二世。旁边的石壁上镌刻着一些浮雕和文字，叙述了举行庆典仪式的情形。柱旁石墙壁上的浮雕描绘了新年之际"圣船"队从卡纳克到卢克索往返的盛况。古埃及人信仰的太阳神阿蒙一家分乘4条船，由法老和祭师陪同，从卡纳克神庙向卢克索神庙进发，尼罗河两岸浩大的队伍，跟船同行，歌舞相伴，气氛十分热烈。"圣船"队一到卢克索神庙，便开始烹牛宰羊，群臣欢宴的场面热闹非凡。

远眺卢克索神庙，会意外地看到清真寺冒出来的尖塔。这座尖塔是阿布·伊尔·哈格固清真寺的。19世纪时整座神庙被尼罗河泥沙掩盖，当时有的居民在不知情的状况下建了这座清真寺，神庙被挖出后，形成现在这种突兀的画面。近看清真寺，其入口处的装饰十分精美。每年伊斯兰斋月之前的半个月，这里都要举行盛大的祭典，有船和轿车的表演，特别热闹。

卢克索神庙具有令人惊叹的雄伟气势，代表了法老的威严，置身其中，会使人暂时忘却时间的流逝，不免感慨万千。

卡纳克神庙

卡纳克神庙是为了祭祀太阳神阿蒙而专门建造的，是古埃及最大的神庙。该神庙建于公元前18—前16世纪，建造在底比斯城一个叫做卡纳克的地方，整个神庙是一个包括几座小庙的建筑群。

太阳神阿蒙原是底比斯城的一位地方神。后来，众多古埃及法老们在那里建立国都，底比斯成了埃及的政治、经济和文化中心，阿蒙神的地位随之发生变化。到中王国时期，阿蒙神和拉神结合，成为古埃及社会的众神之首。

走近卡纳克神庙，首先看到的是一组模样奇特的圣羊像，又称羊头狮身像。它们分两排蹲立，姿态完全一样，每个圣羊像之间相隔数米，一直排列到巨大的牌楼门前。这些圣羊像与

卡纳克神庙前院的羊头狮身像

吉萨金字塔前的狮身人面像颇为相似，不过要小得多。这样的设计既增加了布局的纵深感，也增加了神庙庄严肃穆的气氛。

在圣羊像的尽头，就是神庙的主入口——牌楼门。牌楼门是由一片梯形实墙组成的庞然大物，实墙高43.5米，宽113米，上厚6.3米，下厚9米，中间是一个门洞。门洞两边各有方尖碑4座，全部由花岗石砌筑，均高达50米之上。碑身断面下部呈正方形，上部呈方锥形。方尖碑上饰有金银或金铜的合金饰件，在阳光下光灿夺目，金碧辉煌。此外，方尖碑上还刻有许多象形文字，让人觉得神秘莫测。

牌楼门后面是一个院子，长336米，宽110米。院内还有五道牌楼门将整个院子分成5个小的空间。第一个院子四周有一圈柱廊，柱廊很深，柱檐下常年形成一片浓厚的阴影，院落四周被营造出一种诡谲阴森的气氛。柱子成排而立，每根柱子的外侧立着色彩鲜艳的皇帝座像。院子中间的12根圆柱，如同卫士肃立道旁，把人们直接引往第2座牌楼门。再往后，就是卡纳克神庙中最具巍峨色彩的海普斯特尔大柱厅。

卡纳克神庙的雕像

海普斯特尔大柱厅是卡纳克神庙最主要的部分，长52米，宽103米，共占地5 000平方米。大厅内有很多圆柱，共计134根。中间最高的12根大圆柱高达21米，每根柱顶上可以容纳上百人。其他圆柱低矮、粗壮、密集，带来强烈的压抑感。圆柱上的彩色浮雕塑造的是主宰一切的神，以及处于人与神之间的立有"丰功伟绩"的皇帝和重臣。

卡纳克神庙稳固、沉重而简洁的构图法则，具有典型的古埃及建筑风格，与吉萨大金字塔一脉相承。卡纳克神庙集中体现了古埃及艺术家们的精心构思，不愧为埃及建筑艺术的精品，其精巧的工艺与技术令人折服。

阿布辛贝神庙

阿布辛贝神庙位于埃及和苏丹交界的尼罗河上游努比亚地区。早在公元前13世纪，埃及第十九王朝法老塞提一世即开始筹建神庙，拉美西斯二世时期神庙动工建成。阿布辛贝神庙在埃及建筑史上占了几个之最：最美丽，最具有想象力，献给最伟大、最异想天开的法老——拉美西斯二世。

　　阿布辛贝神庙全部雕凿在尼罗河西岸的悬崖峭壁上，它其实有两座，一座是拉美西斯二世的正室奈菲尔塔莉王后的小神庙，即小庙；另外一座是拉美西斯二世的神庙，习惯上称为大庙。阿布辛贝神庙高约33米，宽约38米，纵深约65米。神庙正面有4尊高达20米的拉美西斯二世的巨型坐像。雕像庞大厚重，仅两耳之间就达3.9米，唇线也有1米。但其中左边第二座雕像已被毁坏，它的胸部也有部分残缺，而右边第一座雕像的胡子也已经没有了。即便如此，我们依然能感受到它的恢弘气势，也能体会到当时埃及扩展疆土、称雄于世的气势和法老至高无上的权威。神殿正面还有6尊各10米高的雕像，其中有两尊王后像及数尊小王子像。塑像雕刻细腻，神态自然，可谓古代雕刻之精品。

　　庙内饰有千姿百态的雕刻、浮雕图案，有的描述拉美西斯二世当政期间的生活情景；有的描述当时埃及人与赫梯人为争夺叙利亚地区的统治权而会战于卡迭石城的战况；有的则描述了努比亚地区人民的生活习俗，这对于了解古代埃及的历史、社会、文化都有很重要的价值。

　　阿布辛贝神庙的后殿内也有4尊雕像，除一尊是拉美西斯二世外，另外3尊分别是阿蒙·拉神、阿尔马甘斯神和普塔神的雕像。这4尊雕像位于距离庙门65米的深处，终日少见阳光。但在每年3月21日和9月21日的清晨5时58分，太阳光会准时穿过神殿洞门，依次照射于阿蒙·拉神、拉美西斯二世像和阿尔马甘斯神像，遗憾的是，它很短暂，20分钟后便消失了。这就是阿布辛贝神庙最著名的太阳奇迹。唯有普塔神像仍受不到阳光照射，永远静立在黑暗中，因为传说它是埃及的夜神。另外，据说3月21日是拉美西斯二世的生日，而9月21日又恰好是他登基的日子。由此看来，阿布辛贝神庙的太阳奇迹并不是简单的巧合，古埃及人民的智慧确实已经超出我们的想象了。

阿布辛贝神庙的拉美西斯二世巨型雕像

20世纪60年代，阿斯旺地区修建水坝，引起尼罗河水位上升，尼罗河畔的阿布辛贝神庙等古迹有遭受灭顶之灾的威胁。为了保护宝贵的文化遗产，埃及人民在联合国教科文组织的协助下，从1962年开始，进行了史无前例的古迹拆迁工作，全世界许多科学工作者、工程师、考古学家以及埃及工人经过18年的艰苦努力，至1980年才完成神庙的搬迁工作。他们先用钢板把古庙四周围起来，把上游的河水抽干，再用电割的方法把石体建筑分切成块，运送到离原址不远，地势比水库水位高的地方，再按原样重新装接起来。搬迁工作做得十分完美，连一点儿接缝痕迹都看不出来。阿布辛贝神庙重放异彩，成为埃及的一个重要旅游景点。

其他著名神庙

地下神牛墓

地下神牛墓位于孟斐斯，又叫阿匹斯神庙，它与图坦卡蒙陵墓、帝王谷木乃伊和塔尼斯王室墓穴并列为古埃及四大考古发现。

在古埃及的宗教中，阿匹斯是塔赫神的仆人，而神牛被认为是阿匹斯神的金身下凡。只有全身黑色，头正中有一块方正白斑的公牛，才能被认定是神牛。如果身体的其他部位再有些与众不同，那就更是确信无疑了。神牛由牧师在庙里喂养，死后自然不会杀了吃肉，而是被做成木乃伊

神牛阿匹斯青铜雕像

厚葬，然后寻找同样花色的牛来代替。这一时期，神牛的葬礼极其隆重。

地下神牛墓入口处有一座教堂，是停放神牛尸体的地方。教堂后有一条很陡的甬道通向长方形的墓室，墓室里安葬着从拉美西斯大帝开始，几百年来的神牛尸体。每具尸体都被单独安葬在一间墓室中，墓室沿通道排成长列。神牛墓的主长廊在裸露的岩石上挖成，由几条互相交叉的长廊组成，大部分长廊的左右两边都有墓室，里面安放着神牛木乃伊。

神牛庙里总共有64间墓室，在每一间墓室的中央都安放着一个巨大的石棺。这些石棺都是用光亮平滑的黑色或红色的花岗岩凿磨而成的。每个高约9.6英尺，宽约6.4英尺，估计重量超过72吨，最小的也有65吨。后来的考古学者一共只发现了两具内部保存完整的石棺，其他的都已遭到粗暴掠夺。就连神牛的尸体也被挖掘出来，割成碎块，陪葬品更是被一掠而空。盗墓者还在墓顶把石块堆成一堵墙，以示轻蔑。

拉美西斯三世神庙

从第二十王朝开始，埃及进入新王国后期，曾经显赫一时

拉美西斯三世神庙内景

的帝国已是强弩之末了。这一时期最主要的纪念物是拉美西斯三世在底比斯建造的神庙。它也是当时宫殿建筑和神庙建筑合一的典型。

拉美西斯三世神庙位于底比斯王后谷的山谷前，其形制与卡纳克神庙相同。神庙由两个塔门和庭院、3个大柱厅和一个圣堂组成。外围是长方形的砖砌成的围墙，长约150米，宽50米，形成一个完整的封闭式建筑。第一庭院南侧是法老的寝宫，北侧的方柱前立着法老的巨像。第二庭院朝东的方柱前又有6尊威严的法老巨像。穿过第二庭院就是柱厅和圣堂，边上分布着许多小神殿和宝库。大柱厅分为3个区域，中央的柱厅供奉阿蒙神，左边供奉荷鲁斯神，右边则供奉法老的灵座。塔门及多柱厅的每根圆柱上都装饰有浮雕，表现的题材是法老的武功及宗教内容。

拉美西斯三世在位时，埃及的国势已经衰退，过去被埃及征服过的国家，现在开始反过来侵略埃及。这种衰退也反映在建筑上，如拉美西斯三世神庙有两层极厚的围墙，围墙外还有护城河和吊桥，顺着中轴线延长的位置上有两个塔楼。显然，神庙的设计和建造者除考虑宗教因素外，还赋予了它防御的功能。

伊西斯神庙

在埃及宗教神话中，伊西斯女神掌管生育和繁衍事务，曾凭借爱的力量和勇气，两次使身遭暗害的丈夫奥西里斯死而复生。伊西斯的美丽、坚

伊西斯女神像

伊西斯神庙

贞和智慧深得埃及人的好感，被看做是光明和正义的化身。在上下埃及各神庙及墓室里，到处都可以看到一位身材苗条的少妇，头戴由一双牛角托着的鲜红日轮的冠冕。无论是独自坐在宝座上接受法老们的献礼，还是怀抱幼子荷鲁斯，她都分外清秀、端庄。这位少妇就是伊西斯，后来，人们为她单独建起了神庙。

最著名的伊西斯神庙位于阿斯旺以南的菲莱岛上，因此又称"菲莱神庙"，为托勒密三世所建。菲莱岛上有后期埃及王朝建造的众多神庙，是托勒密时期信奉奥西里斯神、伊西斯神一家和哈托尔女神的信徒们朝拜的圣地。这里的建筑有着"埃及国王宝座上的明珠"之称。伊西斯神庙则是其中最大的一座，也是最精致、最著名、保存最完好的一座。

伊西斯神庙建筑雄伟、雕刻生动，有很高的历史价值和艺术价值。它的入口仍是塔门，前庭的西侧是伊西斯神诞生殿。前后庭之间的石砌建筑叫"产房"，寓意伊西斯之子鹰头神荷鲁斯诞生的地方。石壁上有根据传说雕刻的伊西斯在尼罗河三角洲的芦苇丛中为初生的幼子荷鲁斯哺乳的浮雕。浮雕既表现了伊西斯的刚毅、坚贞，又流露出她的温柔、慈爱。

壁画和浮雕是每一个古埃及神庙中所共有的东西，伊西斯神庙的壁画和浮雕除宗教意义外，也有自己的特点。既然是献给女神的，浅浮雕中的女性形象就稍多一些，并在脚踝处勾画一道阴柔的裙边，借此烘托出女性与众不同的美。

由于尼罗河的泛滥以及自然风化等原因，菲莱岛上的伊西斯神庙建筑群不同程度地受到损坏。到20世纪60年代，菲莱岛以南筑起高坝，神庙就整个泡在水里了。人们想挽救这些古迹，但因种种原因一耽搁就是10年。直到70年代以后，才正式开始了神庙的"打捞"工作。经过5年的努力，到1977年，在距原址数百米的阿吉勒基亚岛上，终于重新"飞来"（菲莱）了这座伊西斯神庙。

康·翁波双神庙

距阿斯旺约50千米的康·翁波，建有一座独特的神庙，即康·翁波双神庙。"康"一词在阿拉伯语中的意思是山丘或土

康·瓮波双神庙

丘，而"翁波"指的是黄金。康·翁波因位于通往东部山区和努比亚金矿的交通要道上而得名。

康·翁波双神庙建于托勒密时代，其独特之处在于它是由一南一北的两座神庙组成，两座神庙从面积到格局完全相同，并有各自独立的小礼堂。但它们看似分离，其实中间部分是连在一起的。两座庙宇里供奉着两位神灵，即双头鹰神荷鲁斯和鳄鱼神叟伯克。鳄鱼是一种凶恶的动物，很容易引起古埃及人内心的恐惧。他们赋予鳄鱼神圣的代号"叟伯克"，并予以供奉，祈求它们不要上岸侵害族人。鳄鱼神叟伯克手里有一个象征轮回的生命之轮，这也是法老手里不离左右的圣物。而老鹰在古埃及文化中也有特殊的地位，不容忽视。它们在天上展翅高飞，比所有的人都更接近太阳，所以老鹰便成为太阳神的化身。在古埃及人的心目中，这两位神灵地位相当，难分主次。于是，建了这座双神庙，不偏不倚，让两位神灵同等享受人间香火。

神庙庭院四面都有围墙，外墙上面是法老带着僧众和诸神给主神献祭的画面。庭院的3面有19根石柱，现在也只剩了柱基。圆柱内厅和外厅各有10根石柱，厅内的壁画也都和宗教内容有关。而神殿最让人难忘的并不是壁画，而是神庙中的天井。当年，古埃及税官观察水井的水位变化，来测定尼罗河水位及泛滥程度，再依泛滥程度推定农人收成，进而制定当年的税率的，这是古埃及人令人赞叹的智慧。

在托勒密王朝此后的几千年里，康·翁波双神庙一直香火不断，除了因双神闻名于世之外，庙里的僧侣也是功不可没的。这些僧侣们精通医术，并掌握着几种野生植物医治疾病的绝活，到庙里求医的人络绎不绝。神殿的外墙上，还清楚地描绘着许多古代外科手术的器材，以及孕妇生产的情况等；而另一面墙上则刻画着月历表，用符号来代表每天的日期，至今还保存得相当清晰。

直刺苍穹的利剑——方尖碑

方尖碑是古埃及建筑除金字塔以外最具民族特色的一件杰作，因此也成为古埃及文明的象征。方尖碑外形呈尖顶方柱状，柱体方正挺拔，越往上越细，顶端形似金字塔尖。外部以金、铜或金银合金包裹，在阳光照耀下闪闪发光。远远看去，方尖碑就像一把利剑，直刺苍穹。

方尖碑的前世今生

方尖碑是古埃及的一种宗教祭祀物。古埃及人把石碑奉献给自己崇拜的神，法老们还将它当做登基的纪念碑。方尖碑的身影在古代的埃及随处都可以看到。现存最古老最完整的方尖碑是古埃及第十二王朝法老谢努塞尔特一世（约前1971—前1928）在位时所建，竖立在开罗东北郊原希利奥坡里太阳城神庙遗址前，高20.7米，重121吨；埃及首都开罗郊区的太阳城奥波利斯的方尖碑，建于公元前1950年，也是现存最早的方尖碑之一；卡拉克阿蒙神庙的第3和第4座碑楼之间的那对方尖碑最为精致，它是图特摩斯一世建立的，每座高21米，底部面积3.24平方米，重143吨。碑上的象形文字记载了埃及王朝的一些历史，以及方尖碑制作、运载和安放的经过。这些方尖碑无不闪烁着古埃及文化的光芒。

古埃及的方尖碑一般用整块花岗岩雕刻而成，重达上百吨，四面刻有象形文字，并且通常成对地竖立在神庙塔门前的两旁。在3 000多年前，要把这种重约几吨的花岗岩石雕凿成石碑，并竖立起来，无疑是件浩大而繁重的工程。据考证，古埃及人先用水流喷射的方法将岩石冲洗干净，察看石质情况，然后再用坚硬的石块刮磨岩石，直到表面平滑为止。接着，人们在岩石周围挖好深坑，并按一定的距离在岩石周围打上许多洞，洞里打入巨大的木楔，然后用水浇湿。这样木楔受潮后膨胀，岩石就会按木楔排列的方向破裂，方尖碑的雏形就此形

卢克索神庙拉美西斯庭院的方尖碑

成。再由成千上万的奴隶们用工具和绳子把方尖碑从坑里抬出来，用轮子车运到港口装上驳船，运到需要安放方尖碑的地方。这个过程通常很费时，一般要历时七八个月。到达目的地后，人们将方尖碑抬上一个用土堆成的斜坡，然后在方尖碑顶端下方的斜坡上添砖加土，使顶端不断垫高，逐渐趋于垂直，最后整个方尖碑竖直立于基座上。

方尖碑既是埃及历史的象征，也是埃及人民的骄傲，它体现着古埃及人的丰富想象力和聪明才智。但令人遗憾的是，在漫长的岁月里，许多方尖碑被毁于地震和风雨的侵蚀，更有不少被野心勃勃的外来侵略者强行掠走，现存在埃及境内的方尖碑已寥寥可数了。其他的方尖碑都散布在世界各地，如巴黎的协和广场、罗马的圣彼得大教堂广场等，都有埃及方尖碑的踪影。

方尖碑在他乡

罗马方尖碑

罗马人掠夺埃及方尖碑的历史可能是从公元前1世纪罗马人征服埃及后开始的。作为胜利者，当时的罗马人用船只运走了大量方尖碑，安放在自己的国土上，仅罗马城就安放了12座，其中有几座保存至今。现在罗马城内的方尖碑比世界任何一个地方的都要古老。

第一座方尖碑位于万神殿前的德拉·罗腾达广场上，本来是一对，都竖立在埃及赫利奥波利斯的拉神庙前。这座方尖碑当初被带到罗马时，先是安放在伊西斯神殿前，到14世纪时被挪到主神山。1711年，教皇克莱芒十一世命人把它搬到万神殿前的德拉·罗腾达广场，并在其基座旁加了一道喷泉。

第二座方尖碑位于波波罗广场上的齐吉礼拜堂里，这座碑原先也在埃及的赫利奥波利斯，是由两个埃及法老完成的。方尖碑高24米，重235吨。先是被奥古斯都大帝放在马克西姆斯广场，但后来倒塌。直到1589年，教皇西克图斯五世将其重新矗

圣彼得大教堂前的方尖碑

立起来，作为波波罗广场中心的装饰。后又重新加以装饰，在它的周围建了一组狮子雕像。

圣彼得大教堂前的方尖碑则是由奥古斯都征服埃及后从亚历山大带回来的。这个石碑于公元37年运到罗马，比在波波罗广场上的那个更大，高达25米，重达320吨。或许是梵蒂冈广场有无数殉难的圣徒，其中就包括被处死的圣彼得，或许是圣彼得遇难的最后见证，这座神奇的方尖碑从来没有倒塌过。

罗马纳沃纳广场上，也耸立着一座方尖碑，这是罗马皇帝多米蒂安让在埃及的阿斯旺用红色的花岗岩制造的。碑上装饰着女神将代表上下埃及的皇冠献给多米蒂安，而他正以法老的姿态接受的图案。到4世纪初，马克森修斯把它搬到玛佐森广场，结果石碑被损坏，后来得到修复，并在石碑的顶部加上了一只鸽子，是教皇庞腓力的家族标志。

协和广场方尖碑

法国协和广场建于1757年，最初因广场中心塑有路易十五的骑像，所以也叫做"路易十五广场"，大革命时期又被称为"革命广场"。广场呈八角形，中央矗立着具有3 300年历史的埃及方尖碑。方尖碑高23米，重230吨，是由埃及总督赠送给查理五世的。塔身由整块粉红色花岗岩雕刻，上面刻满了埃及象形文字，主要内容是赞颂埃及法老拉美西斯二世的丰功伟绩。方尖碑的底座基石上则刻有方尖碑从建成到运送，最后矗立起来的艰难过程。

伦敦"克娄帕特拉方尖碑"

"克娄帕特拉方尖碑"耸立在英国首都伦敦风光旖旎的泰晤士河畔。这座以埃及艳后克娄帕特拉命名的方尖碑实际与艳后并没有什么关系，后来有人推测，大概是由于石碑非常尖细，与狡诈、尖刻的女王的性格有着某种共同之处，才因此得名。

方尖碑是用整块花岗岩凿成，高21米，底座宽约2.3米，重达200吨，碑身四周雕有精美的图案。3 500年前，一位埃及法老下令建造一座巨大的方尖碑来祭祀太阳神。后罗马的恺撒侵入埃及时，将该石碑竖在亚历山大城的海岸边。在海水的长年冲击下，石碑被冲倒，并被深埋在泥沙中。19世纪，英国人发现了它，并决定把它运往英国。谁知在路上遭遇风暴，石碑沉入大海。此后又经过多年，这块石碑才被一艘英国海船发现，并漂洋过海，一路艰辛来到了伦敦。

安息的灵魂——帝王谷及其他

除了金字塔、方尖碑和神庙之外，"帝王谷"是古埃及留给世界的又一个惊喜。图坦卡蒙陵墓就是在这里发现的，它是20世纪最惊人的考古发现之一。新王朝时期，金字塔式陵墓建筑渐渐发展到了极致，金字塔已经足够巨大，法老逐渐意识到建造如此雄伟的金字塔太铺张浪费，并且建造金字塔已没有多少新意。于是在山谷中挖山成陵的方式逐渐流行起来。这种陵墓风格与山体神庙非常相似，其总体样式仍然是柱廊和内部密室。

"死人之城"：帝王谷

在埃及古城底比斯西南部，有一条绵延数百里的山谷。山谷险峻幽远，荒无人烟。几千年来，这里一直保持着远古的宁静，只有风声在山谷中回荡。突然有一天，很多人从各地纷至沓来，朝圣似的涌向山谷，山谷顿时变得热闹起来。

原来，在这里发现了许多座法老的陵墓，内藏大量珍贵文物和精美随葬品，这使得参观的人络绎不绝。经考证，这条山谷便是名噪一时的"帝王谷"。古埃及法老最初是修建金字塔为陵的，但苦于常常被盗墓者骚扰。于是，从第十八王朝法老图特摩斯一世起，法老们开始在山谷内营造陵墓。墓穴在山谷两旁依势而建，浅者数十米，深者达百米以上，或笔直，或弯

帝王谷

曲，构成几个阶层的长廊。廊道两边刻绘着描述"地下世界"的图像和各种宗教图案，或是歌颂神灵，或是以象形文字书写的诗篇。墓室中珠宝罗列，器皿杂陈，简直就像是一个美术馆和博物馆。由于埃及气候干燥少雨，地下亦不潮湿，所以这些洞穴历经千年也不倒塌。为了避免盗墓者的侵入，墓穴外以乱石堵住洞口，不留一丝痕迹。但尽管如此，许多陵墓还是被后人发现了。

据估计，卢克索地区这样的古墓约有500座，其中规模最大的是1925年发现的第十八王朝法老图坦卡蒙的陵墓。图坦卡蒙陵墓也是目前出土的最为完整的一座法老墓。陵墓依山傍水，高大的石柱排成行列，更使整座陵墓显得气势非凡。墓中有大量的珠宝、雕像、战车、武器、饰物、绘图及各种日常生活用品，数量之多，乃至于后人共花了3年时间才把墓穴清理完毕。墓中还发现了金头盔以及金棺衣，两者重达110公斤，是罕见的稀世珍宝。墓道壁上刻有色彩鲜艳的多幅壁画和许多象形文字。而墓中光殉葬的女子就达300名之多。

中王国末期，随着埃及国力的衰落和盗墓活动的猖獗，法老们的陵寝大都遭受盗墓人的侵害。到第十八王朝为止，底比斯一带的帝王陵墓没有一座免于被盗。窃贼们不仅偷走大量陪葬品，还撬开棺材，攫取木乃伊身上的宝物，严重破坏了遗体。木乃伊身上的"神铠"不是被完全剥光，就是部分损失，遗骨遭到了万劫不复的玷辱。图特摩斯一世在位之前500年，有人潜入泽尔王妻子的墓室偷盗，当他在肢解王后的木乃伊时察觉有人，便仓皇逃走，仓促中把干尸的一条手臂藏在墓室的一个洞里。这只手臂直到1900年才被一位英国考古学家发现，其时，它仍旧被包裹得完整无损，上面还戴着一只贵重的紫水晶和绿松石的臂镯。

如此猖獗的盗墓行为所造成的损失，特别是遗体的毁损，使在世的法老感到非常恐慌和沮丧。他们认为这样下去，复活是没有希望的。鉴于此，法老图特摩斯一世决定彻底打破传统，他抛弃了以往建造豪华醒目的金字塔陵墓的传统，选择在山谷的峭壁上营建自己的陵墓。这样的一个举措在埃及人眼里可是非同小可的。因为在埃及，一直有这样一个传统：当法老死后，将他安葬的同时，还要在陵墓的附近再建成一座供奉法老"卡"的神庙。因为"卡"被看做是人的灵魂，与人的躯体并存。人死后，通过"卡"，借助完好无损的遗体才能实现复活。而图特摩斯一世选择在帝王谷的山崖上建造不引人注目的陵墓，虽然在一定程度上减少了盗墓者的破坏，但也使得他的遗体和供奉"卡"的神庙相距很远。把自己的陵墓同殡葬礼堂分开，这在埃及法老中还是没有先例的。埃及人认为这对"卡"附着于肉身极为不利，严重影响了死者的复活。

图特摩斯一世选择位于首都底比斯对面的山区地段开凿陵墓。山谷面向尼罗河，背靠群山，山谷四周峰峦起伏，犹如天然屏障；谷地曲折逶迤、人迹罕至，位置极佳，可谓是建造陵墓的理想之地。因此，自图特摩斯一世在此建造了第一座陵墓后，第十八到二十王朝的历代法老纷纷在此营建墓地，形成了著名的"帝王谷"。

帝王谷的陵墓设计十分巧妙，特别加强了防盗意识。设计者首先在峭壁上开凿一条坡度很陡的长甬道，然后在岩壁里开凿墓室和其他建筑。甬道中一般要设有一两个厚厚的暗门，使窃贼不易进入。甬道之后，便是一个宽阔的前厅，前厅的四壁设有暗门，但只有其中的一个暗门可以通向法老的墓室，目的在于迷惑窃贼。

这样的巧妙构造当然知道的人越少越好。关于陵墓的地点和结构的绝对保密问题，为图特摩斯一世建造陵墓的总建筑师伊尼尼曾在其陵墓铭文中这样写道："法老的岩洞陵寝是我一个人监修的，谁都没有见过，谁都没有听说过。""知道法老的这件头等机密的工人有100名以上，这些人显然是不可能逍遥自在的。"由此推断，这些工人很可能在工程结束以后就统统被残忍地杀掉了。

盗墓者似乎是永远没法完全禁止的，无论人们在建造陵墓时设计得多么机密，在防止盗墓上多么绞尽脑汁，盗墓行为仍频频发生。

因为法老陵墓里的奢华陪葬品实在太有诱惑力了，再加上王朝末期，政治腐败，贪污受贿之风盛行，那些看守陵墓的警卫、当地的官吏经常和盗墓贼沆瀣一气。他们收受盗墓贼的贿赂，对盗墓贼的行为睁一只眼，闭一只眼。到了十八王朝末期，帝王谷一带的陵墓几乎全遭洗劫，没有一座能够幸免。

盗墓贼们怀揣着价值连城的珍宝，带着既惊恐又兴奋的心情逃之夭夭。这些盗墓者很难被抓到，即使抓住他们也难以追回丢失的财宝。一份纸草文献中记载着盗墓犯的供词：

我们打开了棺材，揭去了覆盖之物，看到法老那庄严的木乃伊。他颈部戴着一串金制的护身符和许多饰物，头上戴着金面具。覆盖物里外都是金银编制的，并镶嵌着各种宝石。我们剥下这尊神圣庄严的木乃伊身上的金衣，取下他颈上的金护身符和饰物，揭走覆盖的金被。我们还找到了殉葬的金瓶、银瓶和铜瓶，把它们也统统拿走……

由此可见，法老的陵墓仍然遭受了十分严重的破坏。图特摩斯四世法老死后刚刚几年，窃贼们就洗劫了他的陵墓，并在其墓室的墙壁上刻下了他们的黑话，就像来访者留下的名片。因陵墓被破坏得极其严重，继任的法老不得不下令重新安葬图特摩斯四世。

法老们凿壁建陵以保全遗体的希望又破灭了。为了保存法老遗体，人们不得不将其木乃伊从陵墓中迁出，另择安葬之地。于是，有一伙忠于法老的虔诚的僧侣，他们在深夜潜入谷地，挖地道直通往法老陵墓，将法老的遗体偷偷转移，另外择地安葬。

后来，僧侣们的这些防护法老遗体的措施得到了官方的支持。官方派出军队封锁了帝王谷，差人将法老巨大的灵柩迁出，重新安葬。阿赫摩斯、阿蒙霍特普一世、图特摩斯二世以及拉美西斯二世等许多法老的遗体都相继从帝王谷转移到更为安全的地方。完成迁移后，官方又残忍地杀害了负责搬迁的工人。秘密因此被保住了，从帝王谷迁出的法老遗体平安地度过了3 000多年。只是到了近代，这些帝王谷法老的遗体才陆续被世人发现。

女法老的祭庙

哈特谢普苏特（前1489—前1469在位）是古埃及王国时期唯一的女法老，也是埃及历史上记载最早的伟大女性之一。她和她的同父异母的兄弟，也就是她的丈夫图特摩斯二世于公元前1496年起共同执政，公元前1490年图特摩斯二世英年早逝，

哈特谢普苏特祭庙外景

哈特谢普苏特不但独揽大权，而且翌年为自己加冕，以"太阳神之女"自称，并在她的祭庙的墙壁上描绘了她"从神所生"的过程。

在哈特谢普苏特执政期间，埃及一片和平与繁荣的景象。在建筑方面她也作出了不少贡献：她修复了很多被喜克索斯人破坏了的建筑，并在卡纳克神庙立起了两座高达30米的方尖碑。但是，最为著名的还是她自己的祭庙。这座陵寝修建在尼罗河西岸的群山之中，其隐秘和华美的程度在新王国法老陵墓中首屈一指。

哈特谢普苏特祭庙是由她的宠臣塞尼姆特设计的。塞尼姆特曾是图特摩斯一世军队中的一名士兵，后来受到女王提拔，成为她的亲信。塞尼姆特曾得意地宣称自己是全埃及最具有才能的人，而事实也证明，这座祭殿的设计确实是埃及最杰出的建筑之一。

这座祭庙建在半圆状的梯形峭壁中，背依山岩峭壁。塞尼姆特打破传统上陵墓建筑以巨大体量感取胜的陈规，采用构造精美，能产生丰富节奏感的平台和柱廊，巧妙地利用了断崖伸出的宽阔平台来建造主体建筑。最上层柱廊后面是殿堂本部，内殿则凿于山崖之中。这样，用白石建造的斜道、平台、长排的柱廊与悬崖的垂直沟壑相互衬托，人工与天然相辅相成。

祭庙由沿着地势高低分布的3层建筑组成，一条由低向高铺设的通道把各层建筑连成一体，通道两侧耸立着两条柱廊，铺有台阶。最下面的一层建筑凿在山里面，其中有最神圣的阿蒙神像。建筑的中层柱廊的左端是哈托尔女神的半石窟神庙，右端为阿努比斯神的半石窟神庙。上层的左端是女王之父图特摩斯一世的祭殿，右端为拉·哈拉迪神的祭坛。

女王对权力和声威的追求不亚于前朝任何一个男性法老，她毫不吝惜地为自己树碑立传，在祭殿里的阿蒙神殿中，就大约有200多个哈特谢普苏特的雕像树立在各庭院和神庙中间。

这座祭庙的装饰非常精美。各种柱廊的墙面上都有华丽的彩绘壁画和浮雕。一些浮雕描述了女王神圣的诞生和她统治期间的大事，包括派遣贸易船队远征蓬特，搬运碑石到卡纳克神庙，以及一些宗教活动。

哈特谢普苏特祭庙的雕像

哈特谢普苏特祭庙因成功地利用了天然地形，而与周围环境形成和谐的统一，被认为是古代建筑中和自然景观结合得最好的杰作之一。但女王最后并没有被埋葬在她美丽的陵墓内。她的继承者图特摩斯三世即位后，先是放火焚烧她的雕像，之后再浇上凉水，以使石像肢体残缺。他还把全国各地的纪念物上女王的名字全部涂掉。如今，这座建筑虽只留下一些残垣断壁，但因其工程浩大，设计精良，仍掩盖不住它那惊世的美姿。

萨卡拉墓地

萨卡拉墓地位于开罗西南近郊25千米处，是古埃及首都孟斐斯城"大墓地"的一部分。以早王国、古王国的陵墓居多，也有新王国、后王朝和希腊、罗马统治时期的陵墓。

墓地南北长约7千米，东西宽约0.5—1.5千米，墓地沿沙漠边缘绵延。许多坟墓建筑的内墙上依然保存着优美的壁画和浮雕，这些壁画和浮雕描绘的是古埃及人磨碎谷物、捕鱼打猎、放牧牛羊、击乐歌唱、造船航行等生活情景。有的坟墓建筑立有石碑，上面记载着古埃及历代法老的详细年表。埃及古迹博物馆中一些最精致的雕刻艺术品多是从这儿发掘出来的。

墓地中部为古王国时期的金字塔墓群，其中以乔塞尔梯形金字塔最著名，它始建于公元前2650年，由埃及建筑师伊姆霍特普为第三王朝法老乔塞尔建造。该金字塔为6层阶梯式结构，塔外是用长554米、宽277米的围墙围成的庭院，院内留有许多石雕遗迹。塔高60米，四边形底基长120米，宽108米，是埃及历史上第一座大规模的砌石结构陵墓。其突出特点是塔的中间有一竖井，深达25米，宽8米，井底是墓室，均用花岗石建成。

在萨卡拉，发掘新的坟墓和古迹的工作仍在继续。1983

萨卡拉乔塞尔阶梯金字塔旁边的建筑遗址

年，一个埃及和澳大利亚联合考古小组就发掘出一座女宰相的陵墓。据说第六王朝创始者被谋杀后，他的儿子培比一世即位。当时有一些人秘密串通起来，企图用暴力推翻他的政权，而培比的妻子竟也参与了这个阴谋。幸得一位出身平民的妇女奈贝特向培比一世告发了这个阴谋，培比得以粉碎了这个阴谋集团，并将反叛者捕杀。为此，法老非常感激奈贝特，破格任命这位妇女为宰相，并任命她的丈夫统管从现在的开罗到阿斯旺的南埃及，而当时这位女宰相只有35岁。她也是整个古代埃及历史中唯一的女宰相。

消逝的奇观——亚历山大灯塔

埃及的亚历山大港一直被称为是地中海上的明珠。而在亚历山大港法罗斯岛东端的一块被巨浪冲刷尽净的巨大的岩石上，屹立有被誉为古代世界七大奇观之一的亚历山大灯塔。

该塔的建立要追溯到公元前4世纪马其顿亚历山大帝国时代。公元前332年，希腊马其顿亚历山大大帝在攻克腓尼基的推罗城之后，攻占了埃及。他在前往埃及西部锡瓦绿洲朝拜阿蒙神时，途经尼罗河三角洲西北临近地中海的一个名叫拉库台的渔村。他发现这村子虽小，但地势极为平坦，交通也十分便

亚历山大灯塔遗址（近景）

利，于是下令以他的名字在此建立一座城市。到古埃及托勒密一世执政时，这座小村已发展成为埃及经济、文化十分繁荣的大都市，并成为了东西方贸易的集散地、地中海最大的海港。由于对外贸易的发达，大批船只来往频繁，这时就迫切需要有一座灯塔来指引船只的夜间航行。于是，托勒密一世就命令当时埃及杰出的工匠索斯特拉特设计建造灯塔。公元前280年，该塔终于建成，这就是著名的亚历山大灯塔。

亚历山大灯塔高达135米，占地约930平方米，全部由石灰石、花岗岩、白大理石和青铜筑成。塔基用耐海水腐蚀的玻璃块填实，空隙间灌以熔化的铅水。灯塔由底座、塔身两大部分组成。塔身则分为上、中、下三个部分。下层塔身底部呈正方形，边长约30米，高60米，塔身向上逐渐缩小。中层塔身呈八角形，高30米，用华丽的大理石镶砌。下层与中层相接的平台四端分别安放着海神波赛冬的儿子口吹海螺号角的青铜铸像，该装置是用来测量风向的。上层塔身最细，呈圆柱形，高15米。上层塔身之上是一圆形塔顶，其中一个巨大的火炬不分昼

亚历山大灯塔遗址

113

夜地冒着火焰，这就是导航室，又叫灯室。圆顶上还矗立着一尊7米高的海神青铜像。

亚历山大灯塔高大的灯塔本身就是一个航标灯，灯塔进入视野也就意味着亚历山大港的临近。灯室内装有巧妙的铜镜，可以从塔顶观察海面动静。白天铜镜将阳光聚集并将其折射到几十千米之外，以此引起航船的注意；夜幕降临后，由凹面金属镜反射出来的耀眼的火炬火光，更使夜航船只在航行到距它56千米的地点就能够找到开往亚历山大港的航向。

亚历山大灯塔自建成后几经磨难。7世纪，灯塔的一部分被埃及国王拆毁，880年又被修复。约在1100年左右，灯塔遭受地震的毁坏，仅留底层，灯塔成了瞭望台。1301年、1304年，埃及又先后发生了两次地震，瞭望台以及在瞭望台上修建的清真寺全部塌毁。1326年，一场大地震更是将灯塔毁为灰烬。一度傲视地中海狂风巨流、为古代航海事业作出了卓越贡献的灯塔永远成为了过去，留给我们深深的遗憾。

宗教圣地——圣凯瑟琳修道院

埃及圣凯瑟琳修道院坐落在西奈半岛南部图尔区的西奈山脚下。该修道院建于530年，外观呈长方形，长85米，宽75米。传说是为了纪念一位在亚历山大长大的名叫凯瑟琳的少女。她出身高贵，学识渊博，笃信基督教。215年，她不满罗马皇帝对亚历山大基督教徒的迫害，冒死进谏。皇帝手下的一些知名学者与之辩论后，都为她的学识折服。但凯瑟琳还是被判处死刑，斩首示众。人们为了纪念她，修建了这所修道院，并用她的名字来命名。

圣凯瑟琳修道院的外观酷似中世纪的古城堡，周围有一道高15米、厚2米的花岗岩石围墙。院内有形式各异的教堂，均体现出浓郁的拜占庭建筑的艺术风格。修道院的主要建筑是东南角的大教堂，主教堂的墙壁、柱子、屋顶、大门处都有栩栩如

圣凯瑟琳修道院

生的古代帝王、圣贤、鸟兽鱼虫、花草水果雕刻。教堂内黄金镶嵌的祭坛上，仰卧着耶稣和圣女凯瑟琳的铜像。

圣凯瑟琳修道院几经易主，曾分别被拜占庭人、阿拉伯人、十字军、奥斯曼帝国、拿破仑所占领。历代帝王和欧洲的王宫贵族曾捐赠了2 000多幅古画给修道院，这些古画大都是公元6世纪到15世纪的作品，反映了欧洲历代的宗教、历史和民俗，件件都极为珍贵。其中一幅萨尔裘斯和巴赫斯两位圣贤身穿拜占庭戎装，骑着战马并辔而行的彩绘是研究拜占庭服饰难得的艺术瑰宝。

圣凯瑟琳修道院内的图书馆是仅次于梵蒂冈图书馆的第二大基督教真本图书馆。该图书馆收藏了3 000多册手抄善本书，还有拜占庭和阿拉伯帝国的君主向修道院颁发的诏书、法令等真迹。其中有一本800页的用希腊文手抄在羊皮纸上的《圣经》，史称"西奈抄本"，尤为珍贵。它写于4世纪中叶，比"梵蒂冈抄本"还要古老。这些珍贵的藏书为修道院增添了声誉，每年来修道院的游客和信徒成千上万，它已成为犹太教、天主教和伊斯兰教的共同圣地。

圣凯瑟琳修道院的《天梯》圣画像

智慧之光
——古埃及科学技术

　　你知道现在通行的公历最早是由谁发明的吗？你知道神秘的木乃伊是如何制作的吗？你知道古埃及人是如何治病的吗？你知道古埃及人是如何测算工程建设的吗？你知道金字塔中蕴含着多少几何知识吗？你知道太阳船的传说吗？你知道早期的玻璃是谁烧制的吗？以下部分的内容将为你一一解答这些疑问。古埃及人不仅善于艺术创作，还发展了先进的古代科技文明，有些成果后来也传播到世界其他地区。我们之前也许不知道，在不知不觉间，竟然一直享用着几千年前古埃及人智慧的结晶。

星空的奥秘——天文历法

历法的国度

　　古埃及的天文学起源很早。早在史前时期，古埃及人已注意到尼罗河水的涨落与天体变化之间的关系，就开始对太阳、月亮以及其他行星进行观察，僧侣从很早便开始制作天体图。后来到法老神权国家时，为确定宗教典礼和节日的具体时间，精确测定宗教建筑、金字塔的方向位置等，古埃及人就建立了一套发达的天文观测技术。

　　埃及人不仅观测出北极附近的拱极星，而且还有天鹅、牧夫、仙后、猎户、天蝎、白羊和昴星等。埃及人观测星象最大的特征是将赤道附近的星分为36组，每组可能是几颗星，也可能只有一颗星，每组管10天，因此又叫做旬星。当一组星在黎明前恰好升到地平线上时，就标志着这一旬的到来。3旬为1个月，4个月为1季，3季为1年，3季分别为洪水季、冬季和夏季，冬季播种，夏季收获。这就是埃及最早的历法。

后来，人们发现一年之中当天狼星清晨出现在东方地平线上的时候，尼罗河便开始泛滥。古埃及人对天狼星偕日升起和尼罗河泛滥的周期进行了长期观测，把一年定为365日，创建了太阳历。

埃及的计时工具也很多，主要有圭表、日晷、漏壶等。由于埃及人把昼夜各分为12个小时，从日出到日落为昼，从日落到日出为夜，因此1小时的长度是随着季节的变化而不同的。为了便于表示不同季节的不同时间，埃及人把漏壶的形状做成截头圆锥体，用以在不同季节用不同高度的流水量。

另外，埃及还有一种夜间用的特殊天文仪器，叫做麦开特。麦开特的结构很简单，即把一块中间开缝的平板沿南北方向架在一根柱子上，从板缝中就可以知道某星通过子午线的时刻，又从星与平板所成的角度得知它的地平高度。现今发现的

太阳历石

麦开特，约产生于公元前1000多年，是埃及现存最古老的天文仪器。

最早的太阳历

现在世界上通用的公历，一直被人们看做是"西历"。其实，究其本源，这种历法并非产生于西方，而是产生于6 000多年前的古埃及。

古埃及人不仅创造了古老的象形文字，建造了雄伟的金字塔建筑，还制作了不朽的"木乃伊"，并且他们在天文方面的成就也是极为突出的。据说，他们在3 000多年以前，就知道40多个星座了。

古埃及人在天文方面最突出的贡献就是发明了太阳历。而太阳历的诞生与尼罗河有着不可分割的密切关系。尼罗河发源于赤道一带，全长6 648千米，主流叫白尼罗河，从乌干达流入苏丹，在喀土穆和发源于埃塞俄比亚的青尼罗河汇合，流入埃及。埃及是"尼罗河的礼物"，而古代埃及人更是将尼罗河视为自己的"母亲河"。每到7月，尼罗河河水定期泛滥，10月底河水才又退落河床，在河谷和三角洲地带留下一层肥沃的淤泥，形成一块块黑色的土壤。埃及人就在这片土壤上播种农作物，第二年三四月份开始收获。

久而久之，古埃及人便掌握了尼罗河泛滥的规律。为了不违农时，发展农业生产，就需要准确地计算时间，这时就需要有一种历法。他们把尼罗河每年泛滥的时间刻在木杆上，然后加以比较，他们发现两次泛滥之间相隔总是在365天左右。同时，他们还发现，每年6月的某一天早晨，当尼罗河的潮头来到今天开罗附近时，天狼星与太阳就会同时从地平线升起。于是以此为根据，古埃及人便把一年定为365天，把天狼星与太阳同时从地平线升起的那一天，定为一年的起点。一年分为12个月，每月30天，年终加5天作为节日，这就是最早的埃及太阳历。

太阳历中把一年定为365天，虽然这与地球围绕太阳公转一周的"太阳年"即"回归年"的时间（365天5小时48分46秒）相比较，大约相差1/4天，但这在6 000多年前已经很精确了。

一年相差1/4天不觉得有什么不妥，但经过4年就相差了一天。经过730年，历法上的时间就比实际时间推进了半年，冬天和夏天就会被颠倒过来，必须再过730年，才能重新回到原来的起点。这部历法虽然有如此大的缺陷，但在很长时间里一直是一部先进的历法，后来传到了欧洲。

公元前46年，罗马统帅儒略·恺撒以埃及的太阳历为蓝本，重新编制了历法。他从埃及聘请天文学家改订太阳历，设置平年和闰年，以调整误差。历年中的平年为365天，闰年366天。每年分为12个月，大月（单月）每月31天，小月（双月）每月30天，其中2月平年29天，闰年30天。经过调整，这项历法更接近太阳年。这就是以恺撒的名字命名的"儒略历"。

神庙与天文观测

自从拿破仑远征埃及以来，欧洲人就对古埃及各种大型建筑物方位的精确感到震惊。尤其是胡夫大金字塔，它的四面分别朝着东、南、西、北四个方向，其中底面正方形两个边与正北的偏差仅仅为2分30秒；底边长度的误差仅为1.6厘米，是全长的1/14 000。在古代并没有大型观测仪器的情况下，埃及人是怎样做到这样精确测量的呢？

原来，在古埃及有一支专门的天文工作队伍，是由各个神庙的神职人员组成的，他们的职责就是天文观测。神庙也就是天文台，比如：底比斯著名的卡纳克神庙最初就是为了观察天上的星座而修建的。庙中的阿蒙—拉神庙利用照射到内殿黑暗墙壁上的阳光，可以精确地计算出夏至的时间，而当天狼星经过神庙主轴时，就是尼罗河泛滥季节的开始。

埃及的某些僧侣被指定为"时间的记录员"。他们的工作就是每日监视夜间的星体运动，记录固定的星的次序、月亮和行星的运动、月亮和太阳的升落时间以及各种天体的轨道等。此外，他们还把上述资料加以整理，提交天体上发生的变化及其活动的报告。

神庙、墓室的天花板和棺盖上刻有各种星座图，其中第十八王朝哈特谢普苏特统治时的塞尼姆特墓中的天文图，是迄今所知最早的天文图。从这些星座图中可以看出，古埃及人已经掌握了一些主要星体和星座的运行知识，他们所知道的星座有大熊座、天鹅座、猎户座、牧人座、天龙座、白羊座、仙后座、昂星座、天蝎座等。他们注意到的行星有金星、火星、木星、土星等。但这种星体知识并不精确，星与星座之间很少能与现代人的认识等同起来。

不朽的秘密——木乃伊与防腐术

生命最后的寄托

古埃及人的思想中，有一种灵魂不死的观念。他们认为人的死亡，只是在现世生活的结束，而死者的灵魂仍继续"活"在另一个世界。因此，为了得到永生，人们的身体就必须被完好地保存下来，因而他们制干尸、修坟墓，用盐水、香料、膏油、麻布等物将尸体泡制成"木乃伊"，再放置到密不透风的墓中，静静地等待着死者的灵魂重新归来。

"木乃伊"并不是埃及文，而是源于波斯文moumia，意为沥青或焦油。因为保存下来的尸体因年深日久而变成了黑色，人们便以为埃及人保存尸体的办法是用焦油浸泡尸体，因此被称作"木乃伊"。但是后来证明这种想法不对，埃及最早的木乃伊大概从来没有用过什么东西加以浸泡，完全是偶然之中产生的。

早期埃及人都是将尸体埋在沙土里的，因为埃及人埋葬尸体只埋大约1米深，过了一些时候沙层逐渐漂移，必然会使一些尸体暴露出来。尸体被滚烫的沙土烤得炙热，75%的体重会像

盛放内脏的罐（上）、制作木乃伊的燧石刀（中）、制作木乃伊的漏斗（下）

流体一样被沙土吸收，尸体正常的腐烂没有发生，于是只留下一个干瘪的褐色的尸体。这些尸体的皮肤、头发以及相貌和当初下葬时一样。但这只是自然原因造成的，还不能被称为真正意义上的"木乃伊"。

到早王国时期（公元前3100—前2686），埃及社会在法老的统治下组织日趋紧密，宗教方面的来世信仰实际上发展成为对死的崇拜。虔诚的人逐渐相信如果死后要进入天堂，就必须保存完整的尸体。尸体如果烂掉任何一个部分，那么这个部分将会永世丧失。于是埃及人尝试着用松脂浸泡绷带，然后将尸体一层一层紧紧地包裹起来，尸体的全身还必须画出酷似真人的线条来。但这一技术并不成功，因为这些工匠们没有采取任何措施来延缓肌肉和内脏的腐烂。不久，尸体就会腐烂，只剩一具松散的骨架。

到第四王朝时，人们开始认识到胃、肝、肺和肠是体内最先腐烂的东西，因此应将这些内脏取出，再给尸体填上药物香料，这样就可以防止尸体的自然腐烂。于是，开始了真正的木乃伊制作。这时出现了专门给尸体进行防腐处置的人，即防腐师。防腐师们不用沙土，而用一种叫泡碱的天然岩盐，即碳酸钠和碳酸氢钠混合成的一种粉状物处理尸体。泡碱的作用犹如海绵，能将埋进泡碱粉末的尸体水分抽吸出来，然后将草、木屑粉和亚麻这类东西填入体内，修复出一个完整的尸体。司殡工人们用黑颜料勾勒出面部五官的轮廓，像眉毛、胡子等。最后，用一幅几百米长的裹布把尸体包裹起来。

防腐师们不断更新他们的工艺，到第二十一王朝时，约公元前1070年—前945年，木乃伊的制作工艺达到顶峰，尸体防腐术臻于登峰造极的地步。没有其他任何一个时期的尸体包扎技术比这时更为娴熟精细，也没有其他任何一个时期能将死者的面目修复得比这时期更加惟妙惟肖。

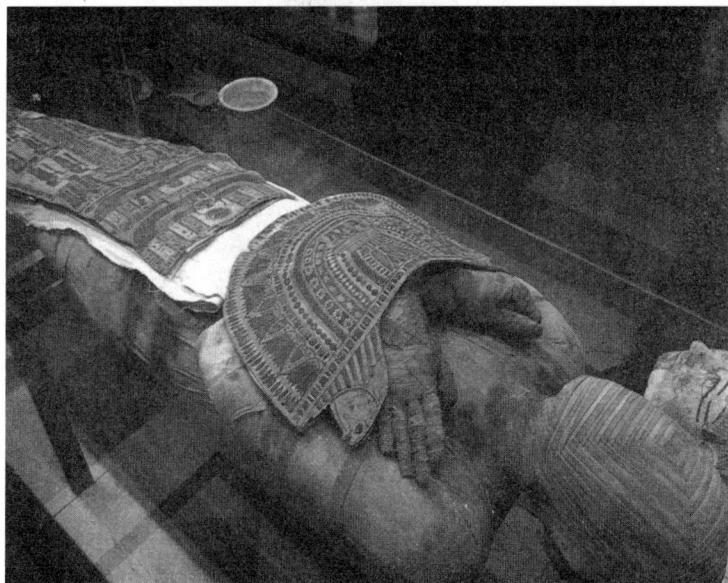

木乃伊

　　防腐师们因拥有这些高超的防腐技术而备受尊敬，而且都能赚到大量金钱。据希腊作家戴奥多勒斯记述，那时的尸体防腐分上、中、下三等不同的服务。第三等最为便宜，第二等索价20米那，约相当于3 000美元，而第一等最为昂贵，超出1万美元。这样的费用是相当高的，即便是最便宜的第三等大部分古埃及人也是负担不起的。穷人和农民只得将死者埋葬在沙土里，但事实证明这些穷人的尸体比经过人工防腐的尸体更少发生腐化分解。而那些葬于墓中的无不被盗墓者掘开劫掠。

　　后来，宗教信仰逐渐为商业利益所取代，防腐师们不再注重尸体的完好保存，反而舍本逐末，只注意木乃伊的外表。他们将尸体内外用厚厚的松香或者蜂蜜封好，这样做只是使尸体从外表看起来好看，但并不能抑制尸体腐烂。他们还用气味浓烈的香料来遮盖尸体腐烂时难闻的臭味，然后在盛载木乃伊的

第12王朝古物：装木乃伊内脏的坛子

木箱上，绘些栩栩如生的画像就草草了事了。从前保存完好令人啧啧惊叹的木乃伊已不复存在了，取而代之的是一具具徒有其表，裹布内却只剩残余骸骨的腐烂之尸。

到了托勒密王朝（约公元前332—前30）和罗马统治时代（公元前30—395），墓葬工艺变得更加粗糙。尸体丢胳膊少腿的情况是常见的，埃及学家们经常发现在这个时期埋葬的木乃伊墓里并非是一个人原本的肢体，而是从两个甚至更多的人体上拼凑出来的。

防腐师的手艺

木乃伊的确令人慨叹，而木乃伊的制作过程也颇为复杂。当尸体被送到防腐师那儿时，第一项工作便是用融化的松脂涂在面部，以保护尸体的面部形象不致太快干燥。然后用燧石刀在尸体的腹部左侧开一个长约10厘米的切口，把心脏以外的所有其他内脏，如胃、肠、肝和肺全部掏出来，逐一用酒和含有没药、桂皮的香料加以清洗。然后还用香柏油冲洗尸体腹腔，把其余的柔软组织分解。防腐师们费尽心思把心脏留在体内，这是因为埃及人将心脏看做智慧的所在。新王国时期，尸体的大脑也要被掏出。工人们用凿子从左边鼻孔塞进去，将筛骨弄碎，然后用工具把脑髓捣碎，随后用一个细小的长柄勺从鼻孔里伸进大脑，将脑浆舀出来，再灌入香柏油和香料，冲出脑壳中的残余组织。埃及人找不到理由保存这些取出的脑浆，就将它们丢掉了。

尸体全身每部分都彻底清洗后，防腐师把所有器官和尸身埋进泡碱，即碳酸钠和碳酸氢钠混合的粉末堆中，抽干水分。大概浸泡一个月左右，再将其取出用香液和香料洗涤。这些器官是不能扔掉的，因为死者在来世还需要用到这些器官。因此，要将洗涤完的内脏整齐地包在松脂团里放进木乃伊的腹中，或者分别装在有盖的小罐子里放在死者腹中。起初，这种小罐通常只有很简单的盖子，后来发展为罐盖上有4个雕像——"荷鲁斯的4个儿

制作木乃伊所用的绑带

子",他们都是内脏器官神圣的守卫者：人头神依姆塞特保护肝，狗头或豺头的都阿姆特福保护胃，猿形的哈比保护肺，鹰头的荷贝塞那神则保护肠。

接着，就要进行最重要的一道工序——脱水，工匠们用临时的材料填入尸体中让它保持原来的轮廓。在贵族们的体内放上成袋的苏打，而平民百姓则只能用草、木屑粉或芦苇之类的廉价品来填充。填好后，将尸体放置在桌子上，再在尸体上堆上吸湿苏打。约40天后，工匠们将完全脱水的尸体移下，取出尸体内临时填充的材料，再次清洗和干燥尸体。最后在尸体上涂一层松脂防潮。

在尸体被包裹之前，先要转交到化妆师那里去进行美容。化妆师先在尸体的面颊刷上一层胭脂红，嘴里塞以麻布使其双颊饱满。再给它戴上假发，有时还给死者穿上他们最好的衣服，佩戴最好的珠宝。一切完毕后，尸体即可包裹。

防腐师将尸体四肢分别以抹过松香的麻布一层一层地严密包裹，然后包裹头部和躯干，最后把全身都裹起来。这项包裹工作做起来缓慢费时，大约要用15天。同时这也是一个非常精细的仪式，包扎时每一个动作，都要伴有一个庄严的祷告或神奇的符咒。祭司们把护身符、咒文之类的东西放在工匠和亚麻绷带之间，其中最关键的是把符、咒放在心脏上。

防腐师包好尸体，做成一具木乃伊，前后约花费70天的时间。接着，防腐师便把木乃伊送还丧主举行葬礼。

巫师的技艺——医学

与巫术结合的医术

在古代世界，古埃及的医学一直享有盛誉。从各种医学纸草文献来看，古埃及人已掌握了较为丰富的医学知识和多种疾病的医治方法。例如，在第三王朝保留下来的一块木镶板上，雕刻有牙科和内科医生的鼻祖赫兹雷的形象。在赫兹雷面前摆放着一排牙齿的模型，这说明早在4 600多年前古埃及就已经有了专门的牙医。后来，古埃及人又通过制作木乃伊，认识了人体各种器官的形状、位置及其相关的功能。在古埃及象形文字中，就有100多个解剖学名词。对此，著名历史学家希罗多德就曾记载道："埃及医学技术分门别类，每个医生仅专治一种病。各地均有大批医生，有的治眼，有的治头，有的治牙，有的治肠，有的专治内科病。"

然而，古埃及人早期的医疗方法，与所有古代医学一样建立在一定的科学基础上，但又与巫术密不可分。在埃及人看来，疾病是由于诸神或恶魔作祟所致，因此在治病中常常用巫术来驱鬼治病。人们常常对这些致病恶魔或高声咒骂，或低声欺哄。如驱逐感冒鬼的咒语是：

走开，走开，走开！感冒鬼。你来让他（病人）骨痛、头痛、浑身不舒服。快走开，快走开，滚到地上。臭鬼、臭鬼、臭鬼，赶快滚！

又如一位妈妈为孩子的病念道：

走开，走开！你这黑暗里来的鬼。你想碰我的孩子？不行。你想带他走？不行。你不要碰他，我已在他身上擦了香料，香料会烧伤你的手；我已在他身上挂了洋葱，洋葱能要你性命；我已在他脸上涂了蜜，蜜在人是甜的，但在你是苦的。这些对你都很不利。你快走开，你快走开！

这些小病都是由家人为其念咒语，而要是得了大病这些小咒语就不管用了，这时就要请祭司。祭司被认为神力无边，他们通常对着木像、泥像、念珠、驱邪符等念咒语，并伴有各种手势与动作，然后把这些神符放在病人身上，以达到驱鬼的目的。有时也会开一些药方，这些药物也确有治病的效用，于是这种巫术也越来越被人们相信。

除了巫术以外，埃及人也积累了一些医学经验。而最早的医师往往是在社会上有很高地位的僧侣，同时神

古埃及祭司

庙里还设有专门训练医师的学校。某些神庙因治愈病人而名声大噪，比如：戴巴哈里的哈特谢普苏特庙和孟斐斯的阿匹斯庙宇。而在埃及神话中，托特、伊西斯、塞特等神都有着能够使人"起死回生"的种种神奇的力量。

古埃及医书

埃及虽流行驱鬼治病，但也留下了不少真正的医学文献。在古王国时期，医生们通过实践，将一些疾病分类并记述了它们的症状表现及治疗方法，形成了颇具参考价值的医学文献。其中，刻在第五王朝建筑师瓦什普塔的陵墓墙上的铭文被认为是埃及最早的医学文献。而现今我们所能看到的古埃及医学论文手稿大都是写于新王国时期。

古埃及的医学文献主要有《埃伯斯纸草书》、《爱德温·史密斯外科学纸草书》和《拉洪纸草卷》等。这些文献记载了古埃及丰富的医学知识。

《爱德温·史密斯纸草书》书影

　　《埃伯斯纸草书》约成书于公元前1567年，即古埃及第十八王朝时期，是一部教科书式的医学巨著。因被埃及学家埃伯斯收购珍藏，故得名。书中记载了内科、眼科和妇科的许多病症和治疗方法，录入的药方多达877个。该书摘录的重点是治疗各种疾病的药方，包括药名、服药的剂量和服用的方法，涉及胃病、心血管疾病以及囊肿和疔疮的外科医治。此外，书中还记载了一些有关解剖学、生理学和病理学方面的知识。纸草文中还详细记录了一些对症开方的例子，如："治眼的炎症，用俾布罗斯的杜松树枝磨碎，浸水内，点入病人眼中，便可迅速治愈。"又如："胃部不适，可采用小麦面包、大量苦艾，加浸蒜麦酒，令病人吃肥牛肉，饮用含有各种成分的麦酒，使其开眼张鼻，并使粪便排出。"

　　公元1862年，爱德温·史密斯在卢克苏尔发现了《爱德温·史密斯纸草书》。该书约成书于公元前1700年，是迄今为止古埃及最重要的医学文献。该书上半部系统地叙述了人体的构造，并列举了48种病例，从颅骨碎裂至脊椎骨挫伤，其中分为可治、难治、不可治三种类型，并对病状作了详细的描述。下半部已经失传。最令人惊异的是，该纸草书的作者曾以极肯定的语气说："控制下肢的器官，不在下肢而在脑部。"这种观点，即使在后来18世纪的医学家看来，仍是非常新奇的。

　　《拉洪纸草卷》约成书于第十二、十三王朝交替之时，它是于1889年在下埃及法尤姆地区的拉洪发现的，是迄今发现的世界上最古老的医学文献。《拉洪纸草卷》集录的全是关于妇科的内容，但已残缺不全，现仅存3、4节。

　　除了上述几卷具有代表性的医学文献外，还有《柏林纸草卷》、《伦敦纸草卷》和《赫斯特纸草卷》等古埃及文献。由于以上这些文献均没有署名，后人便以收藏者或发现地为其命名。这些医学纸草书成为后人研究古埃及医学的最宝贵的资料。

真正的医学

虽然早期古埃及的医学与巫术密不可分，但到了第十八王朝时，随着人们对科学的进一步了解与认识，古埃及医学便渐渐地从巫术中分离出来。这时的医生是先倾听病人诉说症状，然后再作出诊断，进行治疗。

埃及人所患的病也是多种多样。根据木乃伊及卷本研究，可知他们所患的病有：支气管炎、鼻炎、动脉硬化、心绞痛、糖尿病、胃病、天花、胆结石、小儿麻痹、贫血、脊髓结核、畸形性脊椎炎、软骨发育不全、月经不调等等。

不过，这么多种疾病都有其对应治疗的药物。根据《埃伯斯纸草书》的记载，古埃及人最常使用的药物有：蜂蜜、各种麦酒、酵母、油、枣、无花果、葱、蒜、亚麻子、茴香、没药、芦荟、红花等。有时也将海马、鳄鱼、羚羊、鹿、鸟、爬虫、鱼等动物当做药剂。此外还有一些矿物药剂，如盐、铝、锑、铜、碳酸钠等。公元前1850年的一份药方中，有一种极现代化的东西，那就是避孕药。在第十一王朝皇后的陵寝内，人们还发现了一个药柜。柜中藏有药钵、药匙及许多丸药与草药。今天我们所吃的药物中，有不少就是尼罗河谷居民发明的。

古埃及的外科也是非常出名的。早在远古时期，当男女满14岁时，都要行包皮环切术，即用刀割去男子阴茎上的包皮和女子阴蒂上的包皮，这种习俗使埃及的外科手术技术迅速发展。考古学家就曾在远古时期埃及一个大臣陵墓的入口处，发现了一张雕刻的外科手术图，这也是人类迄今发现的最早的一张手术图。

外科医生们使用的手术器械主要是刀，最初是石刀，后来才使用铜刀和铁刀。他们可做切开脓肿或摘除肿瘤的手术，术后用麻布做绷带，敷上没药和蜜，经过4天左右，伤口便可以愈合。此外，还有剪刀、钩子等手术器械，十分完善。

古埃及男孩正被施行包皮环切术

在《爱德温·史密斯纸草书》中，还记载了对骨折和脱臼的裹缚方法。例如：对颅骨凹陷骨折的病人剔除骨片，并将创缘密接起来，用绷带裹紧；锁骨和肩胛骨脱臼的病人，令其卧床，用旋转肘臂法使之复原；此外，还讲到了创口缝合等方法。考古学者曾于1908年发现一具由于前臂骨折后数日而死的女干尸，就曾以绳捆缚木板作为夹板治疗过。这说明，古埃及人在外科手术及骨科方面都具备了相当的技术。

古埃及人发明了保存尸体的方法，即制作木乃伊。在制作过程中，又发展出人体解剖学和尸体防腐的技术。后来埃及学者们发现，木乃伊中有许多放射性物质，释放出 α、β、γ 射线，由此可见，古埃及人早在4 000多年前就已运用放射性物质来保护法老的尸体了。

此外，古埃及人还十分重视保健。他们认为，要增进健康，必须做到注重公共卫生，要不断清理肠胃。于是，为了预防疾病，他们就以灌肠、断食、呕吐等方法清理肠胃。因为他们认为，食物进入身体后，除一小部分可以滋养身体外，绝大部分都是废物，这些废物如不及时消除，积存过久就会使人致病。据说，这种理论可能是从一种名为朱鹭的神鸟处学来的。这种鸟为了对付便秘，就常常自行灌肠。它所使用的灌肠器，就是自己的那副长嘴巴。据历史学家希罗多德记载："埃及人每月设法轻泻一次，每次连续3天。他们行轻泻的理论是：清除肠胃中致病的食物残渣，这样便可以使人延年益寿。"这种理论已被现代医学所证实，确实是行之有效的。

数字与图形的游戏——数学

复杂的数字符号

众所周知，数学知识首先是从数字开始的。古埃及就有很多表示数字的方法，这也是他们能够完成像金字塔这样的大工程的基础之一。

古埃及人的数字符号在前王朝时期就有了，在第一王朝的首位法老纳尔迈的权杖头标上，就记载了许多数学符号。古埃及人有一套完整的数字符号，采用十进位制。由于没有零的概念，他们从1到9记数都用画竖的方式来代表。1就是1竖，9就是9竖。10则用一段绳子表示，100就是一卷绳子。另外，荷花代表1 000，一根手指代表1万，蝌蚪代表10万，100万是最大的数字符号，以举起双手的人来代表，表示巨大或永恒。至于其他的数，就由这些基本符号组合而成。如3就是3个竖道，25就是两段绳子和5个竖道。在表示500万时，并不是用5个竖道加一个举手的人，而是用5个举手的人来表示。虽然有些复杂，但已成为习惯。由于古埃及人尚不知道位值制，在写一个大数字时往往就要写上几十个符号，比较烦琐。

除了表示数字以外，古埃及人还会用精确的方法表示分数，他们用在这个符号下面写数字的方式表示这个分数是多少分之一。如表示1/2、1/4、1/8、1/16、1/32、1/64等这样一些特殊的分数时，使用的是一些特殊的符号，这些特殊的符号源于一个神话传说。传说鹰神荷鲁斯在为自己的父亲奥西里斯复仇的时候，与他的恶毒叔父塞特发生了一场惨烈的战斗。在战斗中塞特挖掉了荷鲁斯的一只眼珠，并把它撕成了碎片，而这些碎片就成为了表示特殊分数的特殊符号。比如：眼睛的一部分表示1/2，眼珠则表示1/4，眼眉表示1/8等。可这些分数加起来并不是一只完整的眼睛，而是63/64。对此，古埃及人说丢掉的那1/64由智慧之神来填补。

在表示一些分子不为1的分数时，古埃及人用分数相加来表示，比如2/5就是由1/3和1/15的和来表示。由此可见，古埃及人对分数的加减已经掌握得非常熟练了。古埃及人用一双走近的腿表示加号，离开的腿表示减号。他们没有专门的乘除符号，他们的乘除法计算是以加减法为基础的。

古埃及的数学常识记录在两张纸莎草文书中，一张叫作莫斯科草片文书，共25题；另外一张叫作莱茵德草片文书，共85题。莱茵德草片文书更为著名，现存大英博物馆，是由英国人亨利·莱茵德于1858年发现的。在莱茵德草片文书中记录了一个一元一次方程：一个数字，它的1/3，它的1/2，它的1/5全部加起来等于27。这个题目在当时被看做是一道难题，因为它的答案是一个很复杂的分数。

空间的学问

古埃及几何学的发展并不逊色于古埃及的代数。古埃及人不仅有一套完整的几何学单位，而且还掌握了许多计算公式。

古埃及的基本长度单位是腕尺，1腕尺等于从肘至中指尖的长度，约为52厘米。腕尺在埃及的象形文字中用前臂和手表示，读作迈赫。1腕尺被分成7掌，每掌等于4指。边长为1腕尺的正方形，它的对角线的一半，叫作雷曼，可分成20指。100腕尺叫1哈特。这些都是丈量土地的主要单位。面积和体积单位则都是以腕尺为基础引申出来的，并能对不同的面积单位进行相互换算。

埃及人能应用公式来计算三角形、梯形、长方形以及圆形的面积。把三角形底边二等分后乘以高，把梯形两平行边之和二等分后乘以高，就可以分别算出三角形和梯形的面积。但是，他们把四边形二对边之和的一半与另二对边和的一半相乘的结果作为四边形的面积，这并不准确，只有长方形时才正确。在计算圆的面积时，埃及人曾采用S=（8d/9）2的公式，其中，S表示圆的面积，d表示圆的直径。由此得出圆周率π约等于3.16。π的数值精确到小数点以后在当时已是相当精确了，即使是在巴比伦数学高度发展时期，π的值也只是取3。

Oxrhynchus 草纸上的《几何原本》

在计算体积时，古埃及还有一套容量单位。基本容量单位叫做"哈努"，约475立方厘米，10哈努为1哈加特。另一容量单位叫做哈尔，等于1立方腕尺的2/3，或相当于一个直径为9掌、深为1腕尺的容器的容量。1哈努的水被定为5德本。1/10德本为1加德特，相当于一个戒指的重量。

埃及人已经掌握了立方体、柱体等一些简单图形体积的计算方法，并指出立方体、直棱柱、圆柱的体积公式为"底面积乘以高"。在这些公式中，最突出的是截棱锥体的体积公式（锥体的底是正方形），这与埃及金字塔的建造息息相关。此公式若用现代数学符号表示为：

$$V=1/3（hb2-h'a2）$$

其中，h是高，h'是截面以上棱锥高，a和b是上、下底的边长。

太阳神的马车——造船术

造船与航海

古埃及文明历史悠久，有着众多的发明与创造。古埃及的造船业很发达，他们几乎不用金属钉子，只凭凿子、钻子、斧头、锤子等，就能造出十分精美耐用的大船。

最早的船是用绳把芦苇牢牢捆在一起做成的，上面放一张粗糙的席子。这样的船还不是真正的船，它只是一个简陋的筏子。这种船是靠木杆撑着前行的，主要是渔民和狩猎者在沼泽地的浅水里使用。

到古王国时期，船只的建造有所发展。几乎每个贵族都有自己的船。这一时期速度最快的船是用从叙利亚进口的松木做成的，主要用途是运送重要的官员。这种船很长，甲板上有舱，旅程中主人可以在里面休息。船员也很多，有专门操纵桨杆和帆的人、划船手，还有一个用木杆测量水深的勘测员。这一时期还有一种低矮的大船，主要是用来装载牲畜和谷物，只由三四个划桨手和两个舵手在很不舒服的甲板舱里卖力工作。古王国时期的造船业成就，从位于亚历山大的航海博物馆可略窥一斑。该博物馆在亚历山大灯塔的遗址上兴建，里面保存着多幅从法老墓中发现的壁画，有不少是有关造船、打鱼以及海战的。其中的一幅《捕鱼图》，发现于有4 500年历史的古都孟斐斯的法老金字塔内，逼真地描绘了当时船舶的结构及规模。另一幅同时代的《造船图》，则生动地展示了古埃及人用纸莎草制造船只的生产过程。

萨卡拉陵墓壁画《渔夫捕鱼》

古埃及的造船技术在中王国时期有了很大提高。在船尾装有一只操纵桨，或在分岔处装两只大桨，其中一只用绳子悬起，从而驾驶船只。这一时期还出现了真正的舵。这些船主要用于贸易和军事，运输牲畜、谷物、石头、军队等。

在古埃及，这些船除了贸易、军事、运送官员外，还有许多其他用途。比如，在特定的宗教节日里，一些神要走亲戚，人们便用船把他们的像从一个庙宇送到另一个庙宇；当有丧葬时，用船把死者运到西部奥西里斯神的国度，并载送参加葬礼的人们；有时就干脆将船作为陪葬品，供死者在阴间旅行之用。

新王国及后王朝时期，古埃及人在造船技术上很少有革新，但在船队规模和航行范围方面则有重大突破。

航海博物馆有一件新王国时期的巨型浮雕壁画的复制品，描绘了第十八王朝的5艘帆船，从尼罗河经苏伊士古运河、大苦湖、红海，最后到达索马里进行贸易的情景。这幅浮雕壁画造型写实，细致地展示了当年海船的结构和设备，以及海上贸易的场面。人们可以看到船上装载着牛、羊、猴子以及各种金银财宝。码头上，挑着树种、扛着粮包的水手们正走上甲板。

据史料记载，野心勃勃的图特摩斯三世第五次远征叙利亚时，曾俘获了两只叙利亚船，但当时，他们很可能看重的只是船上的货物，而非造船的技术。他们把航行至比布洛斯的船称为"比布洛斯船"。而这种比布洛斯船在后来埃及海军中发挥了重大作用。

从航海博物馆里的壁画作品及说明文字来看，埃及第二十六王朝时代，当时的法老曾派遣一支船队探索非洲海岸线。为首的是一艘名为"涅克哈"号的大船，它带领着船队从红海苏伊士附近出发，绕过好望角，经直布罗陀海峡进入地中海，最后到达亚历山大，整个航程历时3年。如果这一说法成立的话，那么埃及人将是最早航海绕过好望角的人，比1497年葡萄牙人迪亚士的远航早了两千多年。

太阳船的"复活"

太阳船是传说中太阳神巡游天空时所乘载的交通工具。传说太阳神就是每天乘坐着太阳船由东向西，再由西往东的，也就是人们见到的日出日落。古王国时期，国王自称为"拉神的儿子"，于是他们也效仿建造了太阳船，并作为自己的随葬品带到冥界，希望有朝一日也能驾船航行。

然而，太阳船并没有像埃及人期望的那样开往永生的彼岸，而是于几千年后被世人所发现。1954年5月，埃及考古学家卡玛尔·马拉赫在胡夫金字塔南侧发现了一个石坑。石坑全长31米，宽26米，深3.5米。坑上覆盖着41块石板，代表当时全国的41个州。每块石板长4.5米，宽0.8米，厚1.8米，平均重量约为18吨。人们花了近两个月的时间，才把这些石板一一吊起来，结果发现里面藏着1 224块木料和一些芦苇绳索，其中最大的木料长23米，最小的仅为十几厘米，材质大多为本地并不出产的雪松木。雪松木木质坚韧，纹路细密，抗腐力强，且散发清香，是上等的造船材料。因里面放有麝香等防蛀香料，所以这些木料依然保存完好。卡玛尔·马拉赫相信，这就是他一直在苦苦寻找的太阳船。

太阳船是找到了，可却看不到太阳船的样子，摆在人们面前的只是一堆木料。这1 224块木料实际是650块零件，而要把这650块零件组合起来却并没有那么简单。这就好像一堆庞大的成人积木，要组合起来，需要超凡的智慧和足够的耐心。这一艰巨的工作最后由埃及著名的文物修复专家艾哈迈德·尤索夫来完成。尤索夫仔细查看了每一块木料，却发现木料上竟没有一个钉孔，而且随船的附属物品中也没有一颗钉子。这样庞大的船是怎样连在一起的呢？尤索夫发现角落里堆放着大捆大捆的棕绳，于是他大胆设想整条船是用绳子捆起来的。事实证明确实如此，当棕绳遇到水时就会变紧，而木料遇到水则会膨胀，这样一来整条船就变得滴水不漏了。

复原太阳船的工作整整花了11年的时间，直到1968年才大功告成。木船船头高6米，船尾高7.5米，船体呈流线型，形态优美。全长达43.4米，最宽处为5.9米，吃水量为4.5吨。靠近船尾有两间船舱，长9米，宽4米，前室放置胡夫的棺椁，后室则供僧侣乘坐。船长室设在船头，搭有一间芦苇苫顶的凉棚，既能遮挡烈日又能保证视野开阔。船的中央两侧各配5支桨，每支桨长8.5米。船尾有两支尾舵。每桨由两名水手操作，全船水手可达24名。有些桨上画有箭头，据说它是法老降妖除怪、登天开路的法宝。此外，船上还有一根木篙测量水深，一把木槌、两只木楔在停泊的时候用以挂缆绳。该太阳船是迄今为止世界上发掘出的最完整、最壮观的船只，被认为是20世纪埃及考古界最伟大的发现之一。

如此庞大的太阳船的确令人震惊，为此埃及政府于1982年，在这只船的挖掘现场耗巨资修建了太阳船博物馆。博物馆造型奇特，用料考究，充分采用了防腐、防污染的现代科学技术。该博物馆外型酷似一艘石舫，内部分上中下3层。第1层为坑穴原址；第2层收藏着发掘时的图片、资料以及太阳船的模型和船上的碎片、棕绳等实物。第3层则安放着太阳船——这里也成为了它永远停泊的港湾。

璀璨之光——玻璃制造业

玻璃是大家熟知的现代工艺产品。没有人确切地知道玻璃是在何时、何地，首先被何人制造出来的。

目前可见的早期玻璃制品来自于古埃及。埃及人非常喜欢有色宝石，但后来因宝石来源的缺乏，他们只好寻找其他相像的替代品，而这种替代品就是玻璃。因此，古埃及很多工艺品里都有玻璃的成分。

玻璃是由沙子、石灰石和碳酸钠等混合制作出来的，通常被人们认为是一种清澈明净的物质。但古代的玻璃并不是透明的，而是略带点颜色，这是因为混合物原料中含有杂质，但这些颜色通常是非常美丽的。

在开罗的埃及博物馆内，存放着于20世纪初在埃及著名法老图坦卡蒙的陵墓中出土的一条十分精美的玻璃项链。项链上有一块被雕刻成甲虫状的黄绿色宝石样的装饰，曾经被考古学家误认为是"黄绿色玉髓"，但后经过研究证实，所谓的宝石只是一块玻璃而已。

由此可见，埃及人很早就已经学会了制造玻璃，而且技术已相当纯熟。但令科学家们不解的是，3 000多年前的埃及人是如何制造出如此精纯的玻璃制品的呢？后来有科学家研究认为，曾经有脆弱的陨石进入大气层，与大气层产生摩擦后，陨石的温度可能会上升至1 800摄氏度以上，并形成火球。火球飞过大气层后，降落在沙漠地带。高温的陨石将沙漠中的沙土以及砂岩熔化成液态的岩浆，岩浆冷却后就形成了玻璃。

事实真的是这样吗？这至今仍是个谜。

玛雅文明

世界文明大观

玛雅文明是人类历史上的一朵奇葩，它在科学、艺术、文化、农业等方面的成就遥遥领先于同一时期的其他文明，其辉煌灿烂的文明至今令世人折服。

叩问丛林
——玛雅文明寻踪

一直以来，玛雅文明都给人一种神秘莫测的感觉。且不说它的突然出现，也不说其神秘消失，单就其数千年来隐身于热带丛林中而不为人知、完全隔绝于东半球文明世界之外这两点，就足以令人惊叹。它仿佛是深锁在庭院里的一朵奇葩，悄悄地绽放着它的美丽。哥伦布发现美洲大陆后，西欧人不断来到这里，人们才逐渐窥见玛雅文明的神秘，对之有所了解。作为古印第安人的一支，玛雅人在中美洲创造出了令人惊叹的文明奇迹。可令人困惑的是，玛雅人为什么选择生活在条件恶劣的热带丛林中呢？

美洲中部孤寂的舞台

众所周知，古代亚洲和非洲是人类文明的发源地。非洲诞生了古埃及文明，亚洲则诞生了古巴比伦、古印度和中国三大文明。四大文明古国中，尽管没有欧洲的席位，但欧洲人也有他们心中的骄傲——古希腊和古罗马。不过，比欧洲更为广袤的美洲，长期以来却默默无闻，似乎文明的肇始与之毫无关联。直到有一天，"玛雅"这个名字传遍了世界，人们开始将目光转向这片陌生的土地。与其他古老文明相比，玛雅文明显得独树一帜。但我们对玛雅人的了解，或许还比不上对原始人的了解——尽管从时间上来说，他们比古希腊人、古罗马人更接近我们。

　　"一方水土养一方人。"美洲这片土地到底有何神奇？玛雅文明为什么会孕育于此？

　　在16世纪以前，身在东半球的人们，对西半球的美洲大陆了解甚少。随着航海技术的发展，人类对地球的认知不断提高。1492年，哥伦布从地处欧洲西部的西班牙出发，向西横渡大西洋来到美洲。当他首次在巴哈马群岛登陆时，他还以为自己看到的是印度——西印度群岛的名称也由此而来。

　　此后，越来越多的欧洲人来到美洲。虽然他们扮演的是探险者的角色，但正是通过他们，这片神奇的土地才一点一点地掀开了神秘的面纱，呈现在世人面前。

　　美洲大陆东临大西洋，西临太平洋，由北美洲和南美洲及附近众多岛屿组成。玛雅文明大致分布在南、北美洲相连的区域。确切地说，位于中美洲地区。从行政区域上划分，中美洲涵盖的范围包括墨西哥中部和南部、危地马拉、伯利兹、萨尔瓦多、洪都拉斯、尼加拉瓜、哥斯达黎加和巴拿马等国家和地区。

哥伦布登上巴哈马群岛

在整个美洲版图上，中美洲只占非常小的一块区域，而玛雅文明正是孕育于中美洲的中心地带，其分布范围包括今墨西哥东南部、伯利兹、危地马拉、萨尔瓦多和洪都拉斯的部分地区，总面积约32万平方千米，相当于英国与爱尔兰的面积之和，或者我国安徽、江苏、浙江三省面积的总和。

不过，随着考古学家的挖掘和发现，玛雅文明的分布范围常常会有所变化。

火山、谷地与丛林——玛雅人的家园

玛雅人生活的地区，地形地貌差异性很大，从南部的火山高地到中部的热带雨林，再到北部的热带丛林，不同的区域有着不同的地形和气候。玛雅地区大致可以按地形、气候和植被的类型不同，划分为三大部分，由南向北依次是高地、低地和平原。

玛雅文明的南部地区属于高地，由沿着太平洋的一系列山脉组成，其中有几座火山非常活跃。伊萨尔科火山自1770年首次爆发以来，大的喷发活动多达50余次，火焰和火山灰的喷发一直持续不断。它最近的一次喷发是在1980年，附近经过的轮船在晚上能够看得很清楚，所以它被称为"太平洋灯塔"。而富埃戈火山从1524年西班牙人侵入这个地区以来，也爆发过不下50次。位于危地

富埃戈火山喷发出的绿松石

马拉西南部的塔胡穆尔科火山，是一座死火山，海拔4 220米，是中美洲最高的山峰。

南方高地的峡谷里，冬天气候干燥、寒冷，高山地区则有冰雪形成，夏天比北部低地和平原更为凉爽，雨季较为短暂。在峡谷里有大片的绿地，各种各样的常绿植物和落叶树给山峦披上了美丽的外衣。

群山孕育了丰饶的谷地，这些谷地分布于海拔750至2 000米的区域内，地势开阔，气候宜人，四季如春，如今仍是南方高地人口最为稠密的地区，居住着近200万玛雅遗民。考古学家研究发现，最早的玛雅农业文明约产生于4 000至5 000年之前。

谷地里有肥沃的火山土壤，河流穿越其间，湖泊星罗棋布。主要谷地附近，分布着黑曜石，它们是高地玛雅人拥有的宝贵的矿产资源。河流将其与太平洋沿岸及低地地区沟通起来，而山岳的隘口则通向恰帕斯平原，使高地地区拥有从事黑曜石及矿藏贸易的优势。

玛雅文明的中部地区属于低地，是以佩滕湖为中心的盆地，包括一些周边谷地。盆地的北部是山脉，东部和西部是峡

玛雅古城遗址

谷。在雨季，充沛的雨水使得盆地内许多湖泊连成一片。这个地区雨季较长，旱季降水也不少。因此，它与北部平原有着很大的不同，不仅水资源丰富，而且拥有着各种各样的植物和动物，所有的高山和峡谷都被浓密的热带雨林所覆盖。

低地地区所产的石灰石是较好的建筑材料，在整个低地地区都可以找到这种石灰石，且易于开采，用木质或石质的工具就可获得。石灰石坚固耐用，不怕自然风雨的侵蚀，燃烧后变成熟石灰就更耐用。玛雅人把这些石灰石加工成灰泥。此外，这里盛产的花岗岩也是优良的建筑材料。在盆地高处的山坡上，考古学家发现了古代玛雅人的石头城市。玛雅人最早的石头建筑群——乌夏克吞城，也是在这个地区发现的。这里曾经是玛雅文明古典时期的中心。

玛雅文明分布的北部地区，在尤卡坦半岛北部，地势非常平坦。这个地区到处都是热带丛林，生长着大片的矮树和灌木丛。丛林下面覆盖着的是石灰石岩层，这里的土壤层很薄，随处可见裸露的石灰石。水资源极其匮乏，几乎没有湖泊、河流。因为雨水直接通过多孔的石灰岩层渗到地下，只是偶尔在一些岩坑内才有少量的水。该地区是玛雅后古典时期的文明中心。

玛雅地区的自然地理环境从南到北有着很大的不同。从南部的峰峦叠嶂到北部的石灰岩平原，从火山高地到热带丛林，丰富多变的自然生态给玛雅人提出了许多生存和发展的难题。

让考古学家一度感到非常困惑的是，玛雅人为什么不离开这里，到土地肥沃的地区建立家园呢？这个地区并不适宜农作物种植，在热带雨林中想要种植农作物不仅很费工夫，而且产量也相当有限，生产出来的粮食仅仅能够满足少量人口的消费。古玛雅人充分利用自然资源，在恶劣的环境中创造出了不同凡响的玛雅文明，留给后人无尽的赞叹和疑问。

河流与湖泊——玛雅生命线

一般而言，古老的文明都是在淡水资源丰富的大河流域孕育而生的。因为水是农业、畜牧业发展的必备条件。以四大文明古国为例，古埃及有尼罗河，古巴比伦有幼发拉底河和底格里斯河，古印度有印度河与恒河，古中国有黄河和长江。大河，是这些古老文明的生命线。

玛雅文明的生命线又是什么呢？

玛雅地区的河流大都以危地马拉高地很小一块区域为中心，呈放射状向外分布。短促的河流向南注入太平洋，较长的河流则穿越佩滕森林，注入墨西哥湾和加勒比海。在危地马拉和恰帕斯地区，河流水流湍急，具有明显的季节性变化，有的河流在3月和4月甚至完全干涸。

中美洲终年高温，可以分为雨季与旱季。旱季从每年的11月到次年的4月，持续四五个月；剩下的时间为雨季。中美洲地区气温变化的幅度较小，如果气温发生大幅度变化，那必定

阿蒂特兰湖

较低的地方则酷热难当，平均温度达30℃。这里的大多数高地山谷，海拔介于高山和平原之间，通常气候温和，平均温度在20℃左右。

在多雨的月份与干旱的月份，玛雅世界有着完全不同的景观。在雨季，万物葱郁苍翠，生机勃勃；到了旱季，则到处干旱枯涸，一片死寂。这种季节性反差深刻地影响着玛雅人对世界的认识。

南部的高地上有两大湖泊，即危地马拉的阿马蒂特兰湖和阿蒂特兰湖。阿马蒂特兰湖位于危地马拉中西部，由陡峭、峻拔的死火山环绕，是中美洲最壮丽的湖泊之一。该湖长17千

隐藏在佩滕森林中的玛雅遗址

米，面积127平方千米，水深达314米，湖面海拔1 562米。湖内有18个小岛，湖岸有3座火山。阿蒂特兰湖风景优美，是著名的游览胜地。湖岸居住的印第安村民大多从事捕鱼、手工棉纺和毛纺等职业。

佩滕盆地的北部地区，孕育着6条中等流量的河流。圣佩德罗马蒂尔河、坎德拉里亚河和马曼特尔河流向西部和北部地区，最终注入尤卡坦半岛西部的墨西哥湾。另外3条是洪都河、新河和伯利兹河，它们流向东北部地区，最终注入尤卡坦半岛东部的加勒比海。

玛雅中部地区的边缘有几条主要河流。尤苏梅辛塔河是玛雅地区西部最大的河流，流域范围包括佩滕大部分地区和基切维拉帕兹高地的主要地区，因为河流沿岸分布着众多玛雅遗址，所以被称为"废墟之河"。帕西翁河及奇克索伊河汇入尤苏梅辛塔河，构成了贯通玛雅世界西部的主要交通路线。

实际上，尤苏梅辛塔河不仅是玛雅地区最大的河流，同时也是中美洲最长、水量最大的河流。该河发源于危地马拉马德雷山脉东北坡，流域覆盖危地马拉西北部和墨西哥东南部。从其源流奇克索伊河算起，尤苏梅辛塔河全长1 110千米，流域面积达10.3万平方千米。

尤苏梅辛塔河将危地马拉高地地区及佩滕地区和墨西哥湾联系在一起。此外，莫塔瓜河及其众多的支流形成了从危地马拉高地至东面加勒比海最重要的航道，而伯利兹河与新河则部分地承担了从加勒比海深入内陆的交通。

然而，低地地区河流稀少，绝大部分都为陆地所包围，没有河流流经佩滕地区内部。在北部，石灰岩具有透水性，以至于地表无法形成径流。尤其是尤卡坦半岛，水流汇集到地下河中，当石灰岩表面在溶洞上方断裂坍塌时，就会形成天然井穴——"石灰岩深井"。因此，尤卡坦半岛零星地存在着一些很小的湖泊。不过，广阔的岩溶石灰岩下面，有着蓄水量丰富

尤卡坦半岛的石灰岩深井

的地下水系区。近年来，这个地区由于旅游的兴起，地下水资源承受着很大的负担。

玛雅人还兴建了一些水利工程，比如蓄水池、排水渠等，以满足旱季生存和农业灌溉需要。以著名的玛雅古城蒂卡尔为例，为了解决全城老百姓的饮水问题以及满足灌溉农作物的需要，玛雅人共建立了13个大蓄水池。但是，如果遇上连续干旱，古玛雅人就会面临巨大的生存威胁。

总的来说，玛雅地区的淡水资源并不丰富，大部分地区受季节变化的影响。人类生活的一般规律是选择在靠近江河两岸、交通方便、土地肥沃的地区居住和生活。美洲大陆有着广袤的土地，玛雅人完全有条件选择更好的生存环境，但是他们偏偏选择在野兽经常出没、到处是毒虫的丛林中生活。

玛雅人宁可大兴土木，却不愿在淡水资源丰富的地区安邦筑城，这实在令人不可思议。

千年一梦
——玛雅兴衰史

玛雅文明仿佛是一朵开在僻静角落的小花，静静地开，静静地放，然后又悄悄地枯萎。它又像是一场缺少观众的话剧，虽然也有开端、高潮和结局，但是匆匆赶来的看客，只来得及看到最后的落幕。如果我们能穿越时空，在历史长河中回溯，来到史前的美洲，我们或许会重塑玛雅文明产生的历史。可惜我们只能依靠想象来猜测，来推理遗留下来的蛛丝马迹。如今，一些学者推测玛雅人的祖先是亚洲人。早在公元前40000至公元前7000年的冰河时期，一支亚洲的狩猎队伍从西伯利亚穿越白令海峡上的陆桥来到了美洲，然后逐渐往南迁移，最后分布到整个美洲大陆。

亚洲的狩猎者——玛雅人的远祖

玛雅人生活的地区是一片贫瘠的土地，有各种凶狠的野兽和可怕的毒虫，而且缺乏淡水资源，生存环境十分恶劣。以现代人的眼光看来，这里根本不适宜人类居住。然而，玛雅人却在这里创造了人类文明的奇迹。这群向大自然挑战的强者，充分显示了其卓越的生存勇气和智慧。

可是，玛雅人为什么偏偏要选择这里来建造他们的家园呢？

我们知道，古代美洲文明的创造者是印第安人。玛雅人属于古代印第安人的一支，因此要搞清楚玛雅人的起源，就首先要弄清楚印第安人的起源。

关于印第安人的人种起源，国际学术界尚无定论。但较为

古代印第安狩猎者

普遍的一种说法是：印第安人属于亚洲蒙古利亚人种。

　　大概是在公元前40000至公元前7000年，也就是冰河时代晚期，一些亚洲的狩猎者来到了美洲。他们或者是乘坐独木舟，或者是从白令海峡上的陆桥过去的，很有可能，他们是在追踪猎物的过程中，偶然来到美洲大陆的。

　　考古人员在墨西哥中部挖掘出巨大的猛犸遗骸以及人类的遗骸，另外还发现了捕猎用的矛尖。考古学家对遗骸进行了碳14的分析，测定出狩猎者到达美洲大陆的时间不会晚于公元前9000至公元前8000年。许多人认为他们到达的时间甚至更早，不过很难找到相关的证据。因为沿海地区人类早期活动的痕迹，早已被上升的海平面所淹没；而高地上的痕迹，也因为火山爆发销毁得无影无踪。

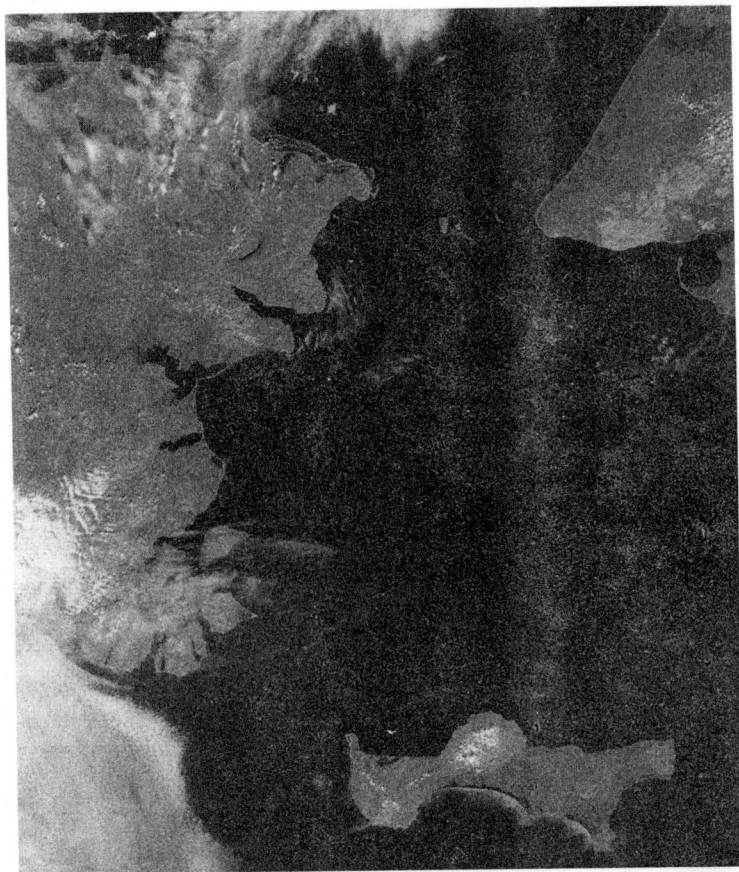

白令海峡

　　据推测，亚洲的狩猎者为了追踪野牛、乳齿象、猛犸等动物，穿过白令海峡，来到了今天的阿拉斯加地区。白令海峡介于亚洲和北美洲，亚洲最东点的迭日涅夫角和美洲最西点的威尔士王子角之间最近相隔仅35千米。海峡平均水深42米，最大水深52米。在第四纪冰期时，海水低于现在海面约100至200米，海峡曾是亚洲和北美洲间的"陆桥"，两洲的生物通过陆桥迁徙。因此，亚洲大陆上的古人从白令海峡到达美洲是完全可能的。

后来，气候变化引起了北极冰层的融化，使得白令海峡的陆桥永远沉入海底，最早到来的狩猎者以及他们的猎物被迫留在了北美大陆。这些狩猎者的后代从北美洲往南，来到了墨西哥和中美洲。他们靠捕猎大型动物为生，由于气候的变化和过度的捕杀，许多大型动物灭绝了，于是他们只能靠捕杀小型动物来获取食物。而沿着河湾和湖泊，他们可以捕鱼。

再后来，他们对野生植物进行改良，培育出早期的农作物。考古学家在墨西哥南部瓦哈卡的一处岩洞中发现了10 000年前的南瓜种子。据考证，在公元前7000年左右，中美洲地区就已经普遍种植南瓜和辣椒了，但是它们并不是当地居民的主要食物，肉类才是最主要的食物。

彩陶盆

公元前4000年至公元前3000年，中美洲的居民已经懂得了种植谷物和水果，同时还会捕杀各种小动物。生活在低地和沿海地区的人类，还可以靠捕食鱼虾或拾取贝壳等生物来补充食物来源。公元前3000年左右，当地人开始懂得种植玉米。到公元前2000年，玉米的种植已经被推广到玛雅的大部分地区了。

由于能够大量生产和储存玉米，因此无论是高地还是低地地区，当地的居民都能够依靠种植玉米来维持生计。这时，更多的人过上了定居生活，人口数量迅速增加。

在一些地区，农作物在食物中所占的比例不断上升。人们通常会在雨季种植，并在旱季来临前收获和储藏足够的食物，以维持长达半年的生活。由于有了剩余的食物，人们开始追求更好的生活，比如制作陶器和修建茅屋等。

公元前1600年左右，在太平洋沿岸恰帕斯地区出现了当地最早的陶器。考古学家在洪都拉斯地区也发现了同样风格的陶器。陶器表面一般装饰有三色图案，并有沟纹及铭文。

稳定的食物来源促进了人口的增长，这些狩猎者开始形成比较大的群落。到公元前1400年左右，其中一些群落发展成为具有社会等级并以农业为基础的村落，这为以后的玛雅文明打下了基础。到了公元前1250年左右，不同的村落开始相互往来并进行贸易活动。

永不腐朽的编年史

玛雅人对时间的注重在世界文明史上是独一无二的，正是这种对时间的独特关注，使玛雅人成为世界上最早且最严谨的编年史家。

玛雅人认为，时间不是静止的，而是恒动并有方向性的，是可以计算的。时间循环运动，但并非直线性地循环。时间中的点也不是独一无二的，所以他们的时间符号经常会重复出现。

玛雅人的这种对时间的重视，反映到现实中就是石碑上的一个个象形文字。探访玛雅遗址的近代西方学者，一开始就注意到一些高4米、宽1米的石碑，石碑上有的刻有象形文字，有的是人物浮雕，还有的只是一些花纹。但这些文字和图案究竟代表着什么，在很长一段时间里人们一直无法解读。后来，随着散布于各玛雅城市遗址的几百块石碑的陆续出土，其数量之多、放置位置之重要，渐渐引起了人们的关注。这些石碑都形

蒂卡尔的玛雅石碑

体高大，呈方柱体，前后左右四面均有镌刻，雕刻与抛光十分精美。

玛雅的石碑既不是埃及的方尖碑，也不是罗马的纪功柱。石碑上记载的既不是戒律经文，也不是对首领人物的歌颂。经研究发现，石碑上的文字主要是一些年代数字以及记事性的文字，记载了朝代的更替，统治者的出生、即位、战争和征服，以及城市重大事件的历史时间。这些石碑是玛雅历史的里程碑，因此被称为"纪念碑"或"纪年柱"。

玛雅人的这种纪念碑一般每20年换一次，有时5年或10年一次。直到公元889年最后一块纪念碑为止，这一传统始终没变。

但奇怪的是，这些纪念碑都是玛雅古典时期的作品，并没有发现前古典时期和后古典时期纪念碑的踪影。在蒂卡尔城遗址中所发现的最早可确定年代的石碑，记录的时间大约是公元292年。这时的玛雅文字已经自成系统，发展得相当成熟，根本看不出文字过渡时期的痕迹。由此可见，纪念碑在古典时期发展成熟，但我们却看不到它的初级阶段，也没有任何关于它形成之初的物品或记录留下来。

据此，考古学家推测，玛雅文明的形成时期可溯至公元前3000年，其精美的历法、文字的发展经历了一个没有留下记录的时期。他们最早可能是用木料或其他易消泯的材料来记录文字的，因而无法保留下来。后来，当他们的天文学、数学知识发展到一定水平时，文字也逐渐定型，他们便把文字刻在了可以永久保存的石料上。然而，就在石料镌刻文字盛行后的公元9世纪末，这些纪念碑却突然消失了。关于这一点，考古学家至今还无法解释。

玛雅文明三部曲

对玛雅文明的发展阶段，学术界有着不同的划分方法。但大多数学者在划分时，都包含了三个阶段，即前古典期、古典期、后古典期。只是不同的学者对这三个阶段在时间上的划分有所不同。

根据美国考古学、历史学家诺曼·哈蒙德的划分，前古典期的时间范围大约为公元前2500至250年，这是玛雅文明的形成期。在佩滕盆地及其周围山谷地区，玛雅人已开始过着定居的农业生活，玉米和豆类是他们主要的农作物。这时，由土台、祭坛等组成的早期祭祀中心也建立起来。象形文字也是在这一时期出现的。同时，玛雅出现了国家的萌芽。

古典期大约是公元250至900年，这是玛雅文明走向成熟、兴盛的阶段。在玛雅地区，各地都兴建了较大规模的城市，居民点更是数以百计。不过，大多数城市都是相互独立的城邦小国，没有形成统一的国家。各个城邦都使用共同的象形文字和历法，生产水平、城市规划、建筑风格等也大体相同。

考古学者研究发现，古典期主要的玛雅遗址大都位于中美洲中心地带的热带丛林区，其中蒂卡尔、帕伦克、科潘、乌瓦夏克吞、皮德拉斯·内格拉斯、基里瓜等城市的祭祀中心，已

奇琴·伊察"圣井"

拥有规模宏大的建筑群。这一时期，出现了大量刻有纪年铭文的石柱，一般每隔5年、10年或20年建立一座，成为独特的纪年柱。公元800至900年，这些祭祀中心突然遭废弃，玛雅文明急剧衰落。11世纪以后，玛雅文明的中心开始逐渐移向尤卡坦半岛北部的石灰岩低地平原。

后古典期的时间范围大约是公元1000至1520年。这一时期的玛雅文明有着浓厚的墨西哥风格。墨西哥中部的托尔特克人征服了玛雅地区，并在尤卡坦北部的奇琴·伊察建立了自己的中心城市。这一时期的建筑中出现了球场、石廊柱群、以活人为祭品的"圣井"，还有观察天象的天文台，以及目前保存最完整的金字塔式台庙。

托尔特克人虽然在奇琴·伊察修建了"托尔特克式"的建筑物，并且在建筑物上雕刻了托尔特克式的羽蛇神，但这一时期的大球场和许多柱式雕塑仍然在很大程度上体现着玛雅文明的一贯风格。

后来，奇琴·伊察走向衰落，尤卡坦半岛西北端的玛雅城市玛雅潘取代了奇琴·伊察，成为后古典期文明的中心。这一时期的陶器和雕刻艺术都比较粗糙。玛雅地区同时存在众多弱小的、对立的城邦，它们相互之间既有联合也有斗争。玛雅人开始在防御性较强的山顶定居，并逐渐废弃了开阔平原上的村庄。公元1450年，可能是因为内部叛乱，玛雅潘这座城市被焚毁了。从此以后，玛雅文明迅速走向衰落。

前古典期——诞生

玛雅文明的前古典期又可以细化为：前古典期早期、前古典期中期、前古典期晚期。

1. 前古典期早期（前2500—前1000）

一般认为，受到奥尔梅克文明的影响后，中美洲的玛雅文明开始崛起。玛雅文化继承了奥尔梅克的许多传统，例如对统治者的崇拜、现实主义画像、叙事艺术等。由于玛雅文明与奥

查尔丘阿帕的金字塔遗址

尔梅克文明有着紧密的联系，一些学者在划分玛雅文明的阶段时，对奥尔梅克文明的结束与玛雅文明的开端没有明确的区分。有的学者甚至把奥尔梅克文明末期和玛雅文明的早期重叠在一起。

2. 前古典期中期（前1000—前300）

这一时期，独特的玛雅文明开始形成。虽然中美洲太平洋沿岸许多地区的经济实力和社会结构都有了较大发展，但只有很少的地区拥有大型建筑。不过，查尔丘阿帕城作为早期玛雅文明重要的中心城市，却建有巨大的石柱。这可能是因为查尔丘阿帕通过黑曜石贸易，积累了较多的财富，因此具有较强的经济实力。在查尔丘阿帕有一座建于公元前600年的金字塔，高达20米，在当时算得上一个杰出的成就。

同时，由于火山运动的影响，这一时期的一些玛雅居民迁移到更适于居住的高地地区。于是，危地马拉中部出现了一些新兴城市。这些城市居于交通便利的地方，并富有黑曜石等矿产，发展较为迅速。其中，卡米纳尔胡尤是这一时期最重要的

城市之一，其贸易货物除黑
曜石以外，还包括可可豆、
玉器等。公元前700年左右，
高地地区有了重要的灌溉
水渠。

　　低地地区，玛雅文明的
兴起似乎稍微晚一些。但考
古学家发现，在公元前1000
年左右，低地地区就已经建
有复杂的排水系统了。由于
低地地区的遗迹受到较大破
坏，因此考古学家对这一地
区的研究工作遇到较大的困
难。根据已知的研究成果，

绘有武士的玛雅陶器

可以知道在公元前700年左右，低地地区的人口数量大幅度增
长。在水源丰富的地方，一些群落和村庄发展得尤为迅速。由
于贸易的推动，低地地区与其他地区的往来变得频繁。而其艺
术，在风格上既有融合，又有独创。

　　3. 前古典期晚期（前300—250）

　　这一时期，玛雅文明获得了更大的发展，许多特征都已经
形成和表现出来。比如用石头建筑的大型拱顶、刻有象形文字
和历法的石柱以及祭坛等。同时，出现了描述玛雅文明的创世
神话和制作精良的彩陶。

　　这一时期，整个玛雅地区的人口普遍增长。无论是高地还
是低地地区，都出现了大型的城市和金字塔，贸易活动更为频
繁。这一时期主要的城市有卡米纳尔胡尤、查尔丘阿帕、伊萨
帕、拉布兰卡、蒂卡尔、瓦夏克通、纳克贝、坎佩切、昆切、
贝坎、卡拉克穆尔、埃德兹纳、卡拉科尔、拉马奈、赛罗斯和
库埃罗等。

　　卡米纳尔胡尤由一个小型城市发展成为一个具有较大影响力的重要城市。当时，建造这座城市可能征集了成千上万的人。在卡米纳尔胡尤发现的一处墓葬中，陪葬品非常丰富，包括黑曜石、碧玉、云母、水晶、鱼脊骨、鱼齿以及各种陶器。而位于佩滕北部的埃尔·米拉多，是当时规模最大的玛雅城市，玛雅人此后所修建的城市很难超越它。

　　在前古典期晚期，玛雅文明不断发展，达到了较长时间的繁荣。但是在公元150至250年，从太平洋沿岸到尤卡坦北部的许多地区，一些曾经辉煌过的城市开始衰落，规模开始减小，许多城市都出现了人口锐减的情况。

　　考古学家对这一巨大变化进行了研究，认为导致玛雅文明在前古典期晚期最后100年中衰退的原因，主要有几个方面：墨西哥中部的城市特奥蒂瓦坎的兴起可能切断了玛雅的贸易路线，使得玛雅地区的贸易活动受到了较大打击；玛雅各个城市之间进行资源争夺战，战争导致人口衰减、资源损耗，经济水平下降；另外，干旱和火山爆发，使得周围地区的城市和村落受到了破坏，并引发了社会动荡和政治巨变。

古典期——兴盛

　　玛雅文明的古典期又可细分为古典期早期、古典期晚期。

　　1. 古典期早期（250—600）

　　这一时期，当南部太平洋沿岸的许多城市走向衰落时，低地地区却发展起来，并开始在玛雅地区占据主要地位。从公元200年左右开始，位于佩滕中部的蒂卡尔便试图取代埃尔·米拉多成为佩滕地区的霸主。蒂卡尔通过吞并邻近小城市不断扩张领土，而且，据推测它还很可能和科潘、卡拉科尔·奥科斯金特克等城市建立了同盟关系。

　　蒂卡尔以及城外住宅区占地约60平方千米，但其防御面积却有123平方千米。到古典期早期末，其居民大约在6万人左右。考古人员根据在低地地区发现的手工艺品推断，蒂卡尔可能控制了埃尔·米拉多的贸易路线，并用伯利兹沿岸的新码头圣丽塔取代了赛罗斯的码头，还将其贸易一直向南方扩展到佩滕地区。此外，它还可能控制了从加勒比海和墨西哥湾到佩滕之间的水陆运输。

在古典期早期，玛雅人的建筑水平有了较大提高。建筑物所耗费的资源减少了，但是规模却依然很宏大。他们使用精制厚石板代替巨大石块，这就节省了采石所耗费的财力和人力。对石灰岩灰泥的需求也减少了，这就大大提高了建筑效率。

5世纪左右，位于墨西哥中部的特奥蒂瓦坎进入了强盛时期。其人口多达10至20万，是当时世界上人口最多的城市之一，它对玛雅南部地区产生了长久的影响。许多考古学家认为，特奥蒂瓦坎可能征服了蒂卡尔等玛雅城市，并控制了当地的贸易。

特奥蒂瓦坎与玛雅地区进行了文化与军事上的交流。1983年，考古人员在蒂卡尔发现了一些特奥蒂瓦坎风格的雕刻，雕刻上的文献是用玛雅文字写成的。特奥蒂瓦坎在蒂卡尔、乌瓦夏克吞、科潘和基里瓜等地按照自己的意志任命统治者，依靠其强大的军事力量，在玛雅古典期早期的几个大城市建立了傀儡王朝。这一时期，统治者崇拜在玛雅低地地区非常普遍。

2. 古典期晚期（600—900）

在古典期晚期，特奥蒂瓦坎衰落了。公元700年左右，特奥蒂瓦坎受到劫掠并被夷为平地。从公元672年左右开始，玛雅地区除佩滕以外，许多城市都出现了繁荣昌盛的景象。由于没有了特奥蒂瓦坎这样的强大对手，玛雅城邦能够控制更多的商业路线，同时也获得了更多的财富。

这一时期，贵族阶层开始兴起，贵族的形象出现在绘画中。贵族获得了较大的权力，整个社会出现了明显的阶级分化。

在古典期晚期，玛雅地区出现了突飞猛进的发展，这不仅体现在人口数量上，还体现在城市规模上。在卡拉科尔，人口数从6世纪的1.9万增加到了7世纪的12万。城市扩张和人口增加，使得原来的耕地和狩猎的森林大部分消失了。

在古典期晚期，玛雅地区的城市数量不断增加，各城邦的政治势力不断增强。玛雅中部地区不仅人口最多，而且拥有最强大的军事力量。考古人员推断，在公元800年左右，玛雅地区大约有40至60座城市。拥有大型建筑的玛雅城市，其人口一般有3 000至25 000人。蒂卡尔的人口数量在公元850年左右接近12.5万，比古典期早期多一倍以上。

人口的急剧增长，促使玛雅城市和上等阶层的数量不断上升。城市间的争夺引发了更多的战争，财富的积累引起了建筑和奢侈品的大量增加。因此，这不仅是一个形势紧张、战乱频繁的时期，也是玛雅文明的精美艺术品大量涌现的时期。政局动荡，玛雅艺术却达到了公认的鼎盛时期。

随着城市数量的急剧增加，规模日益扩大的王族和为数众多并喜欢炫耀的上等阶层及神职人员，需要使用更多的手工艺品来彰显地位。这有力地推动玛雅文明进入一个伟大的艺术时期。统治者不仅是战争的领导者，还是艺术的支持者，他们不仅鼓励艺术的发展，而且还要借助艺术来炫耀自己。艺术作品表现的主题大都是统治者崇拜。这一时期的雕刻与建筑风格呈现出多样性的特点，每个城市都试图显得与众不同。

后古典期——衰亡

后古典期又可分为后古典期早期和后古典期晚期。

1. 后古典期早期（900—1200）

公元987年，墨西哥中部图拉城的托尔特克人南下征服了玛雅地区，并在奇琴·伊察建立了都城。玛雅文明与托尔特克文明在融合的基础上发展到了一个新的高度，使已经衰落的玛雅文明重新繁荣起来，玛雅文明进入了第二个发展时期。这一时期，玛雅人建立了许多比以前更大、更雄伟的神庙和大型金字

奇琴·伊察的古天文台

塔。玛雅的天文和历法也得到了很大的发展。

奇琴·伊察是在9世纪初期建造完成的。9世纪中叶，奇琴·伊察是最强大的玛雅国家，也是中美洲地区最伟大的国家之一，其统治一直持续到12世纪。直到公元1200年左右玛雅潘兴起，奇琴·伊察一直是最强大的中心城市，控制着尤卡坦内外绝大部分的海上贸易。考古学家认为，奇琴·伊察衰落的时间大约是1000至1100年间。

在1100年左右，北部低地地区的众多玛雅城市规模越来越小，有的实际上已经被废弃。持续的干旱可能导致南部低地地区衰落，但是战争和人口压力等其他因素也可能是这些玛雅城市衰落的原因。这一时期，北部和外围地区并没有遭到废弃，玛雅文明仍然在继续。

2. 后古典期晚期（1200—1520）

这一时期，玛雅地区再也没有出现一个强大的政治国家，而是分散着许多弱小的、对立的城邦，它们采取一种"联合统治"的形式维持各城邦间的关系。

尤卡坦地区城邦

玛雅潘是这一时期最为著名的城邦。在1220至1450年，玛雅潘的人口有1.5万，领土面积有4.2平方千米，是当时人口最密集的玛雅城市之一。玛雅潘衰落以后，尤卡坦地区至少分裂为16个小的城邦。

众多尤卡坦城邦之间虽然存在着仇恨和战争，但是一直到西班牙征服玛雅地区以前，他们彼此之间却仍然维持着商业贸易活动。

14世纪，基切玛雅人与卡克奇奎尔、特祖图吉尔之间建立了同盟。直到15世纪晚期，基切控制了整个危地马拉高地。基切人在短时间内形成了高地上最大的联邦式国家，成为西班牙征服前玛雅最后一个统一的大国。

直到16世纪，玛雅地区的商业贸易依然很活跃，但是它在政治上却走向了分裂。玛雅人的政治影响和威望逐渐被墨西哥中部强大的阿兹特克人超过。

1523至1524年，西班牙殖民者乘虚而入。他们从墨西哥南下，占领了尤卡坦半岛。玛雅文明被彻底摧毁。

新旧世界
——认识玛雅

1502年，哥伦布最后一次横跨大西洋，在洪都拉斯海湾碰见一群从未见过的"怪异"人种——玛雅人。此后，西班牙殖民者蜂拥而至，中断了美洲独特文明的持续发展。不过，在哥伦布发现美洲之前，玛雅文明已经历了几番兴衰沉浮，已经步入了衰亡阶段，在热带丛林中苟延残喘。西班牙人的入侵，给了玛雅文明致命的一击，使得玛雅文明刚刚进入西方人的视野，就迅速湮没于历史的尘埃之中。直到19世纪，一位叫约翰·斯蒂芬斯的美国探险家在洪都拉斯的热带丛林发现了一处玛雅古文明的遗址，并把他的发现宣告世人，这才使玛雅文明重新受到世人的关注。

哥伦布的偶遇

玛雅文明是美洲文明的一个重要组成部分。而玛雅文明能够被东半球的文明世界所了解，起始于美洲大陆的发现。但是关于谁先发现了美洲，世界各国的学者却有着不同的观点。

较为普遍的一种看法认为是哥伦布首先发现了美洲大陆。

哥伦布是历史上著名的航海家，他生于意大利热那亚，在读了《马可·波罗游记》后，十分向往遥远东方的古老国度——中国和印度。当时，地圆说已经很盛行，哥伦布对此深信不疑。他认为通过向西航行，必然能到达中国和印度。于是，他先后向葡萄牙、西班牙、英国、法国等国的国王请求资助，以实现他向西航行到达东方国家的计划，但是一一遭到拒绝。

哥伦布为实现自己的计划四处游说。西班牙王后伊莎贝拉慧眼识英雄，她说服西班牙国王斐迪南，甚至要拿出自己的私房钱资助哥伦布，这才使哥伦布的计划得以实施。

1492年，哥伦布在西班牙国王的支持下，率领船队自西班牙出发，向西航行。

他原本计划前往中国和印度，结果却误打误撞来到了美洲。哥伦布登上的那片土地，属于现在中美洲加勒比海中的巴哈马群岛，他把它命名为"圣萨尔瓦多"。他以为自己到达的新大陆是印度（India），于是称当地人为印第安人（Indian）。他于1493年返回西班牙。

亚美利哥雕像

哥伦布的远航震撼了世界。当时的人们都以为这次哥伦布到达了亚洲，却没有看到亚洲的财富和文明。

1497至1504年间，一位名叫亚美利哥的意大利学者想把这个问题搞清楚，也先后三次航行到哥伦布所"发现"的南美洲北部。亚美利哥具有敏锐的洞察力，经过实地考察，他认为新发现的这片陆地向南方延伸很远。

1504年，亚美利哥返回欧洲后，绘制了一幅最新的地图，并于1507年出版了一本游记《海上旅行故事集》。这本书详细叙述了发现新大陆的经过，并对新大陆进行了丰富多彩的描述和渲染。亚美利哥在书中宣称，哥伦布发现的新陆地不是亚洲，而是一块人们从前不知道的新大陆，在这块新大陆和亚洲之间，一定还有一个大洋。其实，如果哥伦布不是把地球估计得过小的话，他也会得出同样的结论。

《海上旅行故事集》引起了巨大轰动，"新大陆"的概念一下子冲垮了中世纪西方地理学的地球结构理论。于是，法国几个学者便修改、补充了中世纪地理学权威著作《宇宙学》，并以亚美利哥的名字命名新大陆，以表彰他对人类认识世界所作的杰出贡献。德国地理学家瓦德西·穆勒也用亚美利哥的名字将新大陆命名为"亚美利加洲"。之后，这个名字逐渐为人们所接受。这就是美洲命名的由来。

虽然美洲是以亚美利哥的名字命名的，但英国学者研究，早在7世纪，爱尔兰僧侣圣·布伦丹就曾经横渡大西洋到达美洲。还有一种说法是，挪威海盗雷夫·埃里克森于公元1000年就到达了美洲，他登陆的地方在今天的纽芬兰岛地区。

1982年，联合国大会上就谁最先发现美洲新大陆发生了激烈的争论。西班牙等36国的决议案要求在1992年10月纪念哥伦布发现美洲500周年，冰岛代表则要求在2000年纪念发现美洲1000周年。

此外，还有所谓的"殷人东渡说"，理由是墨西哥文化和商代文化有很多相似之处。据此推论，公元前1400年就已有中国人到达美洲。

如今，学者们一般都能接受"在哥伦布航抵美洲之前已有人到达美洲"的说法。但是，无论如何，哥伦布之前的美洲航海活动没有延续性，正是哥伦布登陆美洲以后，才揭开了美洲殖民、开发、发展的新篇章，美洲也才真正呈现在世人的面前。

玛依雅——玛雅

哥伦布刚踏上美洲土地上时，曾经看到过一批土著人，他们是在西印度群岛上生活的印第安人。哥伦布并没有看到真正的玛雅人。1502年，哥伦布又率领他的船队对美洲进行第四次勘察旅行，这是他最后一次远航美洲，距离他第一次发现"新大陆"已经过去了整整10年。

当哥伦布的船队行驶在洪都拉斯湾的时候，在海面上遇到了一队独木舟。哥伦布在自己的日记里记载说，独木舟上是一些印第安人。其独木舟上满载着货物，想必应该是一些商人。后来，船队停船上岸，哥伦布和船员们兴奋地踏上久违的陆地。在当地的市场上，一种制作精美的陶盆吸引了哥伦布的目光。卖主告诉他，这种陶盆来自"玛雅"，并用手指了指哥伦布他们来的方向。哥伦布明白了，刚才与自己相遇的那些印第安人，很有可能就是玛雅人。这些玛雅人在这里交换了货物，离开时与他们恰巧相遇。

虽然哥伦布对这次遭遇只是一笔带过，但它留给欧洲人一

哥伦布与印第安人相遇

个重要的信息：这些人来自一个被称之为"玛依雅"或"玛雅姆"的地方，这就是"玛雅"一词的来源。

然而，欧洲人真正抵达玛雅人所在的势力范围时，又有9年的时间过去了。

1511年，一批西班牙船员遭遇海难，几位幸存者漂到了尤卡坦半岛的海滩上。他们一登陆，就被很多玛雅人包围起来，其中5人被当做神送给玛雅人的礼物，成为祭坛上的牺牲品。

玛雅人为什么要把这些落难的西班牙人当做祭品呢？有可能他们恰巧赶上了玛雅人的献祭日。玛雅人一年中有很多节日，节日里最重要的一项活动就是祭神。这些西班牙人幸运地从大海中捡回了一条命，结果却又在陆地上遇到了另一场劫难。玛雅人认为这几个人是神送给他们的礼物，把他们用来祭祀神灵是最恰当不过了。对于玛雅人来说，"死亡"是一件异常神圣的事，并不是生命的终结，而是去往另一个世界，踏上新的旅途。

当然，这些遇难者中，最后至少有一人逃脱劫难幸存下来，否则上述这段故事就无人知晓了。

当幸存的西班牙人心有余悸地向同胞讲述自己的经历时，心里肯定想的是如何报复。果然，几年后，西班牙人带着军队开始了他们的征服之旅。

美洲遇到欧洲——玛雅之死

枪炮下的耻辱

1517年，为了劫掠黄金和奴隶，西班牙将领科尔多巴率领军队登陆尤卡坦半岛。他们掠夺当地玛雅神庙里的财物，而神的子孙当然不会容忍这些西班牙人的亵渎。于是，110名西班牙士兵遭到了成群结队的玛雅武士的突袭，但是西班牙人靠着先进的武器装备把玛雅人击退了。

　　西班牙士兵大肆炫耀他们缴获来的战利品，其中不乏黄金制成的饰物。

　　科尔多巴的冒险刺激了欧洲人的贪欲，更多渴望获得黄金的欧洲人满怀贪婪之心，带着发财的梦想漂洋过海来到美洲。想要获得财富，就要像科尔多巴那样，凭借枪炮去征服只有长矛和弓箭的美洲土著。

　　1519年，西班牙历史上著名的"征服者"赫尔南·科尔特斯率领庞大的船队出发了。不过这次兴师动众的军事行动针对的并不是玛雅人，而是阿兹特克人。

　　当时，玛雅各个城邦已经普遍衰落，阿兹特克是中美洲唯一强大的帝国，其势力范围包括墨西哥中部到中美洲的广大地区。科尔特斯认为，首先要对付阿兹特克人，虽然他对阿兹特克人并不了解，但是他相信这些土著人不是西班牙的先进武器的对手。结果证明，印第安人的武器确实远远落后于西方人的火枪火炮。

　　在仅仅两年的时间里，阿兹特克帝国就被科尔特斯的远征军队打得土崩瓦解。阿兹特克人虽然骁勇善战，但是原始的石制武器和弓箭怎么敌得过西班牙人的火枪火炮呢?！

　　而且，阿兹特克人在枪炮面前失了魂。他们认为这些会使用神奇武器的西班牙人，不是人类，而是神灵。结果阿兹特克的国王蒙哥祖马，把西班牙军队当成了东归天神克查尔科亚特尔，阿兹特克人完全失去了斗志。于是，具有很大威望的阿兹特克帝国，就这样被科尔特斯率领的远征军队轻而易举地征服了。

　　1521年，赫尔南·科尔特斯率军攻克了阿兹特克的中心城市特诺奇提特兰。之后，西班牙人迅速进入中美洲地区。

　　西班牙人的入侵给玛雅人带来了屈辱，同时也带来了恐怖的死亡。

　　由于玛雅人各自为战，没有一支统一的抵抗力量，而且武

1521年阿兹特克人和西班牙人在特诺奇提特兰城的战争图景

器装备极其落后，很快便被各个击破。还有一些部落的酋长为了暂时的安宁，主动向西班牙人求和，这更节省了西班牙人的力气。总之，西班牙军队对玛雅地区的征服没有遇到太大的困难。

1524年，赫尔南·科尔特斯的下属佩德罗·德·阿尔瓦拉多率领西班牙士兵和臣服于他们的印第安人向危地马拉进发。基切的统治者号召附近的玛雅人共同反抗西班牙人的侵略，但是卡克奇奎尔人已经与西班牙人达成同盟，帮助西班牙人对付基切人。据说当时基切玛雅人的军队多达3万人，可是在西班牙骑兵的火枪、刀剑之下，这么多的人数也没有占到什么优势。最后西班牙人在安提瓜建立了中心城市，南部玛雅地区成为了西班牙人的领地。

1527年，科尔特斯的另外一个下属弗朗西斯科·德·蒙特霍率军抵达尤卡坦半岛。据说，仅仅在一场战役中，西班牙人就屠杀了1 000多个玛雅人。邻近的城市随之投降。虽然玛雅人努力抗争，但他们不仅要和西班牙人作战，同时还要同室操戈。

1542年，西班牙人在玛雅城市提霍建立了另外一座城市梅里达。虽然玛雅人进行了多次反抗，但最终还是被彻底击败了。

1546年，尤卡坦北部最有威望的酋长图图尔·修向西班牙人臣服，这带动了整个尤卡坦半岛西部各个小邦的酋长纷纷向西班牙人求和。西班牙人于是可以专心致志地对付尤卡坦半岛东部的玛雅小邦了。不久，整个尤卡坦半岛都臣服在西班牙军队的铁骑之下。

精神的沦陷

玛雅文明在遭遇残酷的军事打击和疾病的摧残之后，很快又受到了另一场精神上的打击。并且，这一次似乎更加致命。

西班牙人对玛雅地区的征服，不仅仅是军事上的征服，更是文化上的征服。西班牙是重要的天主教国家。16世纪上半叶，欧洲正在经历一场宗教的大变革。新教势力开始崛起，天

西班牙殖民者掠夺和奴役阿兹特克人

主教会自然不甘心就此罢休，于是，西班牙开展了一场轰轰烈烈的反宗教改革运动。

天主教会为了扩展势力，一些传教士开始积极向海外输出天主教。他们跟着西班牙的军队来到中美洲，以上帝的名义，强迫玛雅人改信天主教，力图把他们从异教信仰中解救出来。这些传教士野蛮地破坏玛雅人的传统，毁坏玛雅人的神庙、雕像，焚烧玛雅人的书籍。他们还禁止玛雅人举行原来的宗教活动，代之以天主教的弥撒等仪式。若是哪个玛雅祭司还坚持原来的信仰，就会遭到严厉的惩罚，甚至被处死。

由于大量玛雅书籍被焚毁，掌握玛雅文明知识的少数祭司也被处死，玛雅文明遭到毁灭性的打击。如今，想要研究玛雅文明的人，只能从遗存下来的各种古建筑、陶器、雕刻、壁画以及仅存的几本典籍等，来推想玛雅人曾经灿烂辉煌的文明。

西班牙人入侵以后，一些村庄中的玛雅知识分子编了一套书籍，叫《契伦巴伦之书》。当时已经不允许用玛雅象形文字书写，所以这套书就用西班牙文拼出玛雅语来写作。这套书声称，西班牙人对玛雅人的统治是命中注定的，是神的意志。

这是玛雅人在精神上受到的摧残。

其实，在西班牙人来到玛雅地区以前，玛雅文明就已经出现了断裂。西班牙人入侵玛雅以后，发现玛雅人的城市遗址时，曾经向当地土著居民询问，但是当地居民对这些遗址的详细情况也并不了解。

这些迷雾重重的古代遗存不仅对西班牙人是个谜，即使是当时生活在这一区域的玛雅人后裔，心中也存在着太多的疑惑。从古典期到后古典期，玛雅的语言发生了巨大的变化，那些碑铭上的象形文字，有的玛雅居民还能拼出音来。但对于象形文字组成的一句话，其含义就很少有人明白了。

玛雅文明自身的衰落，使得天主教很轻易地就占领了玛雅人的思想和意识领域。

但是事情并未就此平静下来。

1622年，位于塔亚萨尔的一个玛雅部落宣称不再信仰天主教，他们要恢复以前的玛雅信仰，驱逐了当地的西班牙传教士。虽然西班牙教会曾几度派遣传教士去那里，想要重新建立天主教的信仰，但是都遭到当地人的反抗。直到1697年，一支西班牙军队前往塔亚萨尔，才依靠武力平息了当地的反抗。

这一事件标志着玛雅文明彻底被西班牙人征服。

西班牙人从开始侵略到彻底征服玛雅，只用了100多年的时间。

"为阉割太阳而来"

《契伦巴伦之书》是玛雅人的百科全书，也是玛雅文化中最为可靠的一部史籍。

祭司契伦巴伦曾在西班牙征服之前生活在马尼，《契伦巴伦之书》便是以他的名字来命名的。《契伦巴伦之书》成书于16世纪，一方面记录了玛雅人口头相传的人间百事，另一方面也记述了作者亲眼目睹的世事。全书共分16个部分，每一部分均由事件发生之地来命名，如丘马耶尔、马尼、蒂西明、卡乌阿、伊希尔等，其中"丘马耶尔之书"内容最为丰富。而《德苏尔人》一文，玛雅人以其独特的方式讲述了他们被外来人征服的历史，真实地记录了玛雅人所遭遇的不幸：

这是我记录下来的事情：1541年，德苏尔人从东方第一次来到了埃卡布。在德苏尔人到达之前，伊萨人却已经分崩离析。萨克拉通村被遗弃了，金奇尔科巴村也被丢弃了，奇琴·伊察被抛弃了，乌斯马尔的南部也被舍弃了，名叫卡巴的地方被放弃了，塞耶、帕坎、翁通、蒂斯卡隆金村和石头之门、阿凯也全都被毁弃了。

…………

强大的伊萨人离去了。追随他们一起离去的还有无数的信

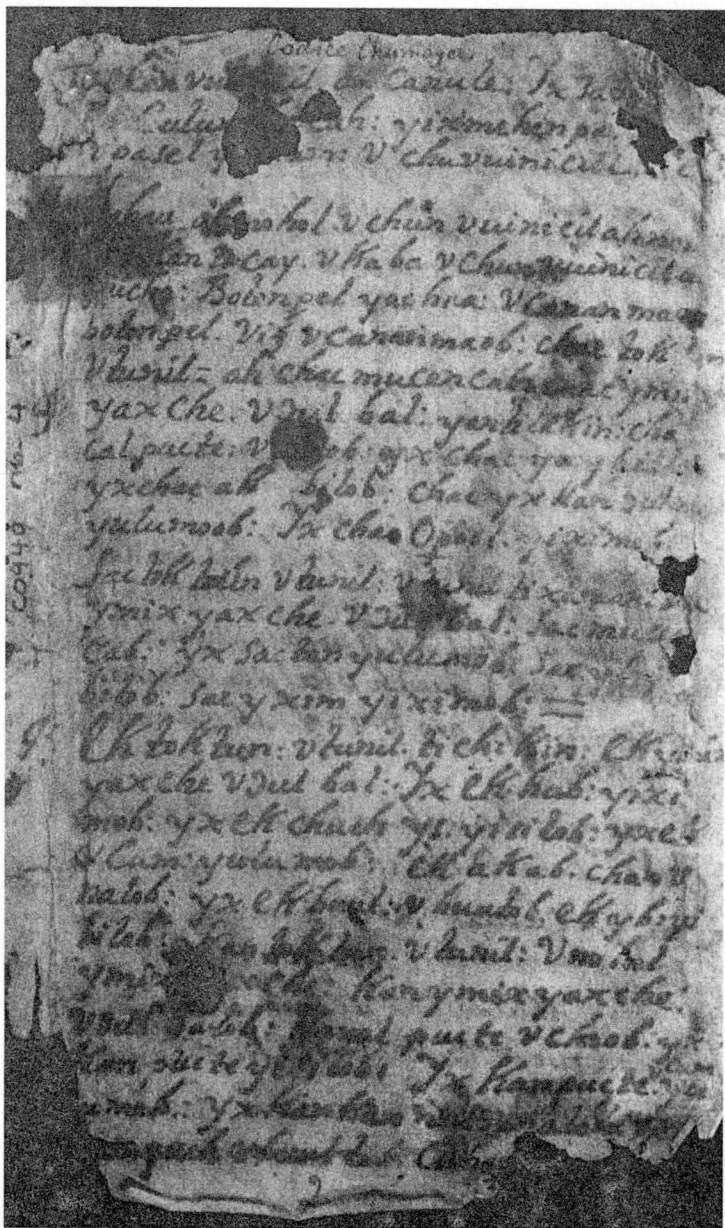

西班牙文《契伦巴伦之书》原稿书影

徒，村里的孩子们与他们的众神也一起走了。

伊萨人不喜欢德苏尔人，也不喜欢他们的基督教。他们不会献给他们贡品，也不给他们鸟的灵魂、宝石的灵魂、加工石头的灵魂以及保护他们的美洲豹的灵魂。在1600年或1300年的时候，他们的生命将会结束。他们知道计算时间，知道月亮、风、年、日在永恒地运行，但一切终将逝去。所有的血都到达它们的憩息之地，如同所有的权力都会到达它的宝座一样。伟大的时间被计算出来。形成星星的太阳，他的善良和嫉妒也被计算出来。众神们从星星那儿看着我们，星星君主们，他们都是善良的人。

他们智慧，神圣，没有邪恶；他们健康，虔诚，也没有疾病。他们挺着胸脯走路。

然而，德苏尔人破坏了这里的一切。他们使人恐惧，他们使鲜花凋零，他们吮吸着鲜花的血，直到它们死去。祭司没有了，没有人开导我们。就这样确定了第二时期，开始了他们的统治。

就这样，我们死去了。没有了祭司，没有了智慧，没有了价值，没有了羞耻；没有了聪颖的智慧，也没有了语言和君主的教诲。

来到这儿的众神们也无济于事，德苏尔人只是为阉割太阳而来！

我们儿子们的儿子，将世代受苦！

这里详细地记述了玛雅人在生死存亡瞬间的感受。玛雅人虔诚善良，健康勇敢，他们走起路来都"挺着胸脯"。他们聪明智慧，能计算出月亮、风、年、日的运行。但德苏尔人的到来，不仅毁掉了这一切，还带给他们恐惧和死亡。他们默默地承受着痛苦，因"德苏尔人只是为阉割太阳而来"。

据研究考证，文中所提的"德尔苏人"就是西班牙征服者。文中提到"不喜欢他们的基督教"，因为在当时的美洲大陆，只有入侵的西班牙人才信仰基督教。这里记录了西班牙征服者是如何到来，如何统治了玛雅人，使玛雅人世世代代承受着痛苦。

在《马尼祭司的话》一文中，则表达了玛雅人对西班牙征服者厌恶与憎恨的心情：

> 他将光临，想要照亮了大地，
> 指出原木在林中的所在地。
> 一切抚慰结束，
> 嫉妒已了，
> 因为这一天，
> 征兆的携带者已经到来。
> 神说："迎接你们的客人，有胡子的人
> ——神的征兆的携带者。"

玛雅社会因外族的入侵正在剧变，社会动荡，人心不安。"征兆的携带者"给他们带来了世界末日。神却指示他们：要迎接这些不速之客！

西班牙征服者贪婪地掠取玛雅人的财富，他们狰狞的面目暴露在世人面前：

西班牙殖民者入侵玛雅

他们（西班牙）向他们（玛雅人）扑去，乱成一团。

有些人拿得很多，有些人拿得不多。

他们抢去了女人和男人。

这一切发生在纳波蒂坎切的院子里。

村中的贵族、平民和犯有罪过的巴塔布纳昌卡努尔人目睹了整个事件。

他们躲在房中的一端，聚集在纳波蒂坎切的房子里。

他们被西班牙人捆绑着，这使他们的亲人痛不欲生。

这些文字都真实而直接地揭露了西班牙殖民者在美洲的滔天罪行，这是玛雅人的亲身经历，也是玛雅人的血泪史。

玛雅人弃城之谜

在玛雅文明史上，存在着诸多现代人无法解释的谜。玛雅人曾创造了高度发达的古典文明，西班牙人入侵时正值玛雅文明的衰落时期。从根本上来说，不是西班牙人摧毁了玛雅文明的持续发展。

早在9至10世纪，散居中美洲各地的玛雅人好像不约而同地接到某种指令，抛弃了世代为之奋斗追求、辛勤建筑起来的城市和神庙，离开了肥沃的耕地，向荒芜的深山迁移，不知所终。而那些废弃的城市则逐渐倾颓，热带植物卷土重来，草木爬上石阶和窗台，幼树在砖缝里发芽长大，以至把石块撑裂，再也没有人踏上过那些广场和金字塔的石阶。

玉米神

183

自那时起，玛雅人的睿智急速消失，开始变得无知与颓废。虽然新的城邦再度建立，但后古典期的玛雅文明再也没有达到昔日的高度。而现在，虽然仍有将近200万玛雅人生活在祖先的土地上，使用着近25种玛雅语，但他们对祖先的历史却几乎一无所知。他们和丛林深处的废墟一同缄默着，共同构成了失落文明的遥远背影。

在一个有文字的社会，人类进化的步伐居然戛然而止，只留下些零散的痕迹，这让人无比疑惑，更让人扼腕叹息。玛雅人走了，却把一个千古谜题留给了后世。

玛雅人为什么弃城而去？是出于自愿，还是另有其他原因？对此，史学界有着各种解释与猜测，诸如外族侵犯、气候骤变、地震破坏、瘟疫流行等等。各种各样的推测被提出，却又都没有充足的证据。

首先，在当时的情况下，南美大陆还不存在一个可以与玛雅对抗的强大民族，外族侵犯之说站不住脚。其次，气象专家几经努力，也拿不出9至10世纪间中美大陆有过灾难性气候骤变的证据。再次，玛雅人那些雄伟的石构建筑虽有些已倒塌，但仍有不少历经千年风雨保存完整，因此地震灾难之说也可以排除。

在这种情况下，有人试图从生态角度解开玛雅人大迁移之谜。

玛雅文明虽然是城市文明，却建立在玉米农业的根基之上。随着古典期文明的繁盛，人口大增，农业的压力越来越大，人们更多地毁林开荒，同时把休耕时间尽量缩短。但这样一来却使土壤肥力下降，玉米产量越来越少，玛雅人开始面临生态环境恶化、生活资源枯竭等严重问题。作为人口主体的农民食不果腹，社会状况一落千丈。

更为严重的是，在神权政治的体制下，玛雅王族和祭司将这种种"衰败之象"都归结为神的不满，他们更多地建神庙，更频繁、更隆重地祈祷，期盼能借神力扭转乾坤。当然，这样做的结果是浪费了更多的人力和已十分稀少的资源，直至陷入不可救药的恶性循环。随着农业生产供应的严重匮乏，玛雅古典期高度发达的文化也开始崩溃，当城市周围贫瘠的荒地连成一片，饥饿就迫使玛雅人弃城而去了。

这种"生态危机论"乍看上去，似乎很像这道谜题的最终答案，但科学家们也无法为这一"谜底"提供有力的证据。

醒来吧，玛雅

一个失落世界的再发现

西班牙人征服美洲以后的100多年里，玛雅文明陷入了沉寂。除了艺术家和探险家以外，没有什么人会去关注中美洲热带丛林地区那些伟大的建筑遗迹。

1746年，一位叫安东尼奥·德·索利斯的神父，偶然间发现了著名的帕伦克遗址。这位神父将自己的所见所闻记录了下来，成为欧洲人探访中美洲玛雅遗址的最早记录。

1784年，西班牙驻危地马拉总督派遣一名叫卡尔德隆的官员去帕伦克考察，卡尔德隆对遗址作了详细的报告。帕伦克于是名声大振，吸引了大批探险家前往猎奇。

1785年，危地马拉总督又派人去帕伦克遗址作调查，调查报告最后呈送到西班牙国王查理三世手里。查理三世对文明古迹很感兴趣，于是又命令一个叫德尔·里奥的人前往玛雅遗址作进一步调查。

1786年，德尔·里奥到帕伦克考察后发现，这座遗址坐落在丛林深处一个土堆上，表层覆盖着厚厚的树干和灌木丛。德尔·里奥雇佣了很多当地居民，花了16天的时间清理植物，焚烧遗址表面的枯枝烂叶，使丛林掩盖的帕伦克终于重见天日。

跟随德尔·里奥前往的一位画家，为遗迹的精彩部分绘制

帕伦克遗址

了草图。几个星期以后，他们整理出一份报告，把它递交给西班牙政府。但是这份报告在运送途中却下落不明。幸好这份报告的副本被保留了下来，后来落入一位伦敦书商的手中，并于1822年出版。虽然阅读它的人数不多，但是曾经湮没在丛林深处的玛雅世界终于开始引起世人的关注。

1804年，一位名叫基依埃莫·杜贝的荷兰人，受西班牙国王查理四世的派遣，前往调查墨西哥境内所有的文明遗址。

1805至1808年，杜贝和随行的一位画家卡斯塔内达游遍了整个墨西哥，探访了当地的古城遗址。杜贝对那些精美的建筑非常感兴趣，对各种艺术装饰非常着迷，他把自己的所见所闻写了下来。卡斯塔内达还对遗址的文物作了详细的临摹。

但是，杜贝的报告不知什么原因，最终也没有送到西班牙国王的手中。

还有一个西班牙上校叫加林多，他最重要的贡献就是发现了古典时期玛雅文明的政治中心——科潘的遗址。他的文章在欧洲的报纸上发表后，引起了很多人的关注。

在玛雅探险史上还有一位传奇人物，他就是鼎鼎大名的画家瓦尔德克。他对美洲艺术很感兴趣，看到德尔·里奥对帕伦克遗址的报告后，感到很不满意。在年近花甲的时候，为了实现自己的梦想，他搬到了墨西哥居住。

1832年，瓦尔德克到达了帕伦克遗址，开始临摹古迹上的图画和象形文字。1838年，他出版了《尤卡坦览胜记》。

唤醒玛雅

真正将玛雅文明的研究工作引领到科学轨道上来的，是一个叫约翰·劳埃德·斯蒂芬斯的美国人和他的英国同伴弗雷德里克·卡瑟伍德。

斯蒂芬斯曾经担任过律师，酷爱旅游和写作。他曾经把自己在希腊、俄国、巴勒斯坦、埃及等地的游记加以整理并出版，非常畅销。于是，他决定专职写作。

当时，人们早就知道在墨西哥南部、尤卡坦半岛、危地马拉和洪都拉斯存在着大量的废墟，但对于这些遗址文化的真正了解却几乎等于零。斯蒂芬斯觉得如果去中美洲进行一番探险，一定会非常吸引人。于是，他找到一个擅长画画的人——卡瑟伍德来作同伴。

卡瑟伍德画过建筑画，曾经在一个考古队待过。

他们决定一起去探询这些遗址，将那里的一切记录下来，然后出版一本有关中美洲热带丛林和古城遗址的书籍。

1839年，斯蒂芬斯和卡瑟伍德从纽约出发，经过一番艰难旅程，终于抵达中美洲那片神奇的土地。他们首先把自己的考察目标放在科潘———座消失的玛雅古城。

两位探险家经历千辛万苦，最终到达了科潘谷地，即位于今天洪都拉斯西部的科潘·瑞纳斯镇。一个巨大的玛雅文明遗址出现在他们面前：那里有深埋在泥土中的石碑，有宏伟的金字塔。他们欣喜若狂。

斯蒂芬斯后来在著作中这样描绘科潘："她躺在那里像大洋中一块折断的船板，立桅不知去向。船名被湮没了，船员们

科潘巨石祭坛

也无影无踪。谁也不能告诉我们她从何处驶来，谁是她的主人，航程有多远，她沉没的原因是什么……"

很快，斯蒂芬斯就不再过多考虑他的著作了——这里的一切都使他着迷。他说："语言不足以描述我探寻这些废墟的热忱。我们没有旅游指南，没有向导。呈现在我们面前的，是一片未发掘的处女地。"

在考察完科潘后，他们决定造访另一座遗址——帕伦克。

在行程中，斯蒂芬斯想知道是否还有其他废墟，结果，从当地人的口中得知还有很多废墟掩藏在丛林深处。于是，他们又踏上了探寻之旅。

斯蒂芬斯发现，沿途发现的遗址，其建筑和装饰在形式上都和科潘非常相似。最后他们来到帕伦克，这座遗址的象形文字、装饰图案和在科潘所见到的有着同样的风格。

斯蒂芬斯于是相信："整个地区一度居住过同一个民族，他们讲同一种语言——至少他们的书写形式是一样的。"

但是，究竟这是一个什么样的民族呢？经过一番分析和推理，斯蒂芬斯认为这个民族自成一体，与众不同。而当地的居民可能就是他们的后裔，或者是他们的近亲。

两人还探访了位于帕伦克东北部394千米以外的乌斯马尔城遗址。

斯蒂芬斯和卡瑟伍德探访过的遗址多达40余座。

1841年，返回纽约的斯蒂芬斯和卡瑟伍德出版了《中美洲恰帕斯及尤卡坦旅途见闻》一书。1843年，又出版了《尤卡坦旅途见闻》一书。由于卡瑟伍德是一名杰出的画家，所以书中有大量关于玛雅艺术品和遗址的插图。

这两本书受到读者极大欢迎，再版了几十次，玛雅遗址也因此再度受到人们关注。

斯蒂芬斯并不是首先发现玛雅遗址的人，他之所以被尊为"玛雅考古学的奠基人"，一方面是因为他的考察工作比前人更详细、更系统；另一方面是因为他出版了与考古相关的作品，并且具有较大的影响力。

斯蒂芬斯和卡瑟伍德的两部游记出版后，引起了巨大轰动。斯蒂芬斯生动细致的妙笔，卡瑟伍德栩栩如生的插图，一

卡瑟伍德笔下的帕伦克

科潘的玛雅纪念碑（部分）

下子把美丽神奇的玛雅真实地展现在了读者面前。

另外，斯蒂芬斯对玛雅文明的性质作了科学的定位。他宣称，在科潘、帕伦克、尤卡坦构成的三角形区域内，这些遗址属于同一种文明体系，这些伟大的遗址是由"西班牙人入侵时就居住在这一地区的民族或者他们的近亲建造的"。

这种独特新颖的观点，对当时标榜"欧洲中心论"的人来说，无疑是一次沉重的打击。因为当时许多西方人，根本不相信美洲曾经存在过发达的古代文明。

从此以后，对玛雅文明的讨论和研究开始正式步入科学轨道，玛雅文明再次呈现在世人面前。

1885年，美国文物保护协会和哈佛毕博蒂博物馆派遣了一位名叫爱德华·H.汤普森的年轻学者前往尤卡坦进行广泛的考古调查。他在那里一住就是40年。他选择以往造访者疏忽的遗址进行考古挖掘，发现了一条古老的交通干线，出土了有助于了解玛雅下层社会生活面貌的器具物品。他发现，几个世纪以来，这一地区的玛雅人食物结构没有什么太大的变化。他还为许多细小但关键的问题提供了答案。

与此同时，毕博蒂博物馆资助的一支由专家组成的考察队于1891年、1895年在科潘进行了一系列挖掘，挖掘出了广场和重要建筑的遗址，绘制了城市中心地图，并编制了纪念碑目录。

在随后的几十年中，对玛雅文明的研究受到越来越多的人的重视。

最初，有关古玛雅的一些重大问题，比如历史、风俗、社会和政治体系以及各城市间的关系等，研究进展非常缓慢。但是随着更多学者的加入，以及研究的进一步加深，学者们渐渐掌握了有助解开这些密码的一些材料。

但是，人们至今尚未完全打开玛雅文明的大门，因为钥匙还在已逝的玛雅人手中。

这钥匙，便是玛雅人奇妙莫测的象形文字。

有字天书
——诡异的玛雅

玛雅人创造了灿烂的文明，也留给我们太多的谜题。其中最让人伤脑筋的，便是他们那诡异的文字。玛雅的文字和汉字一样，属于象形文字，但构成更为复杂，这就增加了人们破解的难度。许多学者都致力于研究玛雅文字，希望能从仅存的几部玛雅典籍和一些陶器、石碑、壁画上的文字符号中，发现玛雅文明的奥秘。然而，玛雅文字是那样古怪、难懂，大多数人只能望而却步。如今，800多个玛雅文字仅仅破解了三分之一。

"魔鬼干的活儿"

16世纪中叶，西班牙殖民主义者沿着哥伦布的足迹踏上中美洲的土地，侵入玛雅人聚居的地区。天真的玛雅人派通译者佳觉向这些远方来客介绍自己的文明。随后，西班牙人不仅在军事上与玛雅人展开较量，在文化和意识形态上也与其发生了冲突。

西班牙人信奉的天主教教义与玛雅祭司集团所代表的玛雅信仰格格不入。了解到玛雅人的传统文化后，西班牙军队的随军主教迪戈·德·兰达被玛雅典籍中记载的事情吓坏了，认为这是"魔鬼干的活儿"。

1562年，兰达主教下令将所有玛雅书籍付之一炬，并将玛雅祭司全部处以火刑。而玛雅祭司掌握着用象形文字记录的玛雅历史和文化知识，他们是玛雅社会的知识分子。

　　这番浩劫之后，玛雅人一下子神奇地失踪了，他们灿烂的文化也随之成了难解之谜。

　　19世纪40年代，旅行归来的斯蒂芬斯出版了那本著名的游记——《中美洲恰帕斯及尤卡坦旅途见闻》，掀起了人们研究玛雅文化的热潮，促使不少人致力于研究仅存的3部玛雅典籍和一些石碑、壁画等。然而，玛雅的文字是那样古怪、复杂而又难懂。数百年来，这3部天书一般的玛雅典籍，令无数玛雅文化研究者一筹莫展。

　　第二次世界大战以后，为了研究玛雅文化，美国和苏联两个超级大国都投入了大量的人力和物力，甚至还使用了先进的电脑设备，终于获得一些对于玛雅文明的粗浅了解。

　　有关资料表明：公元前1100年，美洲的玛雅先民出于一种对离奇世界的幻觉，开始在各地修建大型城市，并像其他古代民族一样修建了一座座巨大的建筑。所不同的是，玛雅建筑散布在高山丛林中，而密林中也未修建连接都市与都市的道路。

玛雅书籍被焚毁

在殖民者入侵之前，大多数玛雅城市早已荒废几百年。所有的玛雅人似乎早已约好一般，各自放弃城中的一切，带上他们民族文化中最为神圣的东西，去了一个不为人知的地方。

玛雅异常璀璨的文化就这样突然中断了，给世界留下了巨大的困惑。

然而，更大的困惑还在后边。

据说1966年，有人在奎瑞瓜山顶上发现了一块玛雅石碑。文字学家根据已认出的玛雅文字，试译了这块石碑上的文字。出乎意料的是，这块石碑上居然镌刻着一部编年史。据说，编年史中记有发生于9 000万年前，甚至4亿年前的事情。可是4亿年前，地球还处在中生代，根本没有人类存在的痕迹！

难怪兰达主教把通译者佳觉介绍的玛雅文明称做"魔鬼干的活儿"了！

饱经苦难的文化珍品

劫后余生的古抄本

16世纪时，一位年轻的玛雅贵族已懂得如何运用古老的文字进行书写。他抄写了一本名为《波波尔·乌》的书籍。该书是南部玛雅地区记录当时状况最完备的图书之一，其中收集了玛雅人的宇宙起源学说、神话故事和传说、移民历史等。然而非常遗憾的是，这本用象形文字写成的原著后来遗失了。

不过，该书的西班牙语抄本却保留了下来，在19世纪中叶引起了学者的注意，并为了解古玛雅提供了有价值的线索。

另外，还有一本《科克奇奎尔编年史》，里面记录了这一地区的历史，也有小部分宇宙起源学说、神话故事和宗教典故。书中所涉及的时间比《波波尔·乌》更长，甚至描述了当时被西班牙人征服及以后的历史。

研究人员在尤卡坦还发现了一套西班牙时期的手抄本，用西班牙文字拼写而成。这套书被称为《契伦巴伦之书》，里面主要记载了玛雅人的民间传说、历法和医学知识。

学者们对这些抄本中的文化内涵心存感激，但这些手稿也让他们痛苦地意识到，所遗失的抄本数量更大。

在西班牙人首次登陆时，玛雅地区或许还存有成千上万本这样的书籍，它们像迪戈·德·兰达付之一炬的那些书一样，是用象形文字书写在树皮纸上的。玛雅人使用的是一种叫玛雅柯巴树的树皮，他们将树皮捣成糊状，再用天然橡胶作为黏合剂将它们黏合在一起，制成一个个长条，然后折叠起来，变成略显粗糙的纸张。玛雅人在上面写（准确地说叫画）下他们所熟悉的文字。

兰达主教在提及这些玛雅手稿时说：

这些人也使用一种字母符号，用来书写有关他们历史和科学知识的书籍。通过这些符号和绘画，以及在画中使用的标记符，他们之间可以相互理解和交流。我们发现了大量用这些符号书写的书籍，里面充满了迷信和邪恶的谎言。我们将这些书籍通通焚毁，这使他们感到极为懊恼和悲伤。

迪戈·德·兰达主教

结果，只有很少一部分手稿逃脱了厄运，它们或者在猎奇者之间被转手出卖，或者深埋在图书馆或私人收藏品中。已知的抄本有《德累斯顿古抄本》、《马德里古抄本》、《巴黎古抄本》、《格洛里尔古抄本》、《柏林古抄本》、《纽约古抄本》等，它们分别以被发现时所在的城市来命名。这些古抄本的内容涉及历史、宗教、传说、历法等等。其中发现最早、最著名的当属《德累斯顿古抄本》、《马德里古抄本》和《巴黎古抄本》。

《德累斯顿古抄本》是在维也纳发现的，现保存在德国德累斯顿的皇家图书馆内。它的封面和封底都用上好的白色莱姆树的树皮装帧，看上去较为精致。

《马德里古抄本》发现之初，已被分成两部分，流落于不同的地区，不过学者们还是辨别出它们来自同一手抄本。据说后一部分是一个名叫科尔特斯的人发现的，因此又叫《科尔特斯古抄本》。

最具传奇色彩的是《巴黎古抄本》。它被发现的时候，正藏在某个角落的一个破旧的竹篓里，被一张破纸包裹着，纸上写着"Perez"。正因如此，它也被命名为《佩雷斯抄本》。这个抄本只是原著的一小部分，保存的完好程度也远不及其他两部作品。

兰达主教的报告

从1880年起，德累斯顿皇家图书馆的首席图书管理员欧内斯特·福尔斯特曼，开始对《德累斯顿古抄本》进行研究。

福尔斯特曼在研究玛雅历法奥秘的过程中，借助了另外一份早已被发现、并于20年前出版的手稿，它就是著名的传教士迪戈·德·兰达在16世纪60年代写的相关报告。几个世纪以来，这份报告的副本一直躺在马德里历史学会里无人问津。

发现这份报告的人是一名叫波尔波尔的法国牧师。波尔波尔会多种印第安语言，由于博学，他成为不少学者和收藏家的密友。他在1846至1869年找到大量珍贵文本，其中最重要的三个文本是：兰达的报告副本、16世纪一位方济各会修道士编纂的玛雅文字巨型字典的一部分、《马德里古抄本》的片段。波尔波尔还出版了《波波尔·乌》的译本。

毫无疑问，波尔波尔最重要的贡献是他重新发现了兰达的

兰达主教玛雅文字手稿

报告，这份文献提供了大量有关玛雅文化的资料。其中最关键的部分，是兰达本人如何发现象形文字含义的过程。书中说，一天，他和一位通晓玛雅古老书写方式的印第安人坐在一起，经过努力，整理出不同语音相对应的20多个符号。

但是，现代研究学者用这些符号密码解读古抄本或石碑上的铭文时，却发现它们几乎毫无用处。这是因为兰达误入歧途，以为玛雅语跟西班牙语一样，也是一种字母组合而成的拼音文字。事实上，玛雅文字是一种表意文字。也就是说，这种象形文字代表的是概念而不是声音。文字本身根本不能用字母体系来一一对应，正如汉字中的大多数单字没办法用一个字母来对应一样，那样得到的顶多只能是发音，而无法从中理解其含义。

不过，不管怎么说，在严重缺乏研究资料的情况下，兰达的报告还是为研究玛雅文明的学者提供了不少帮助。

玛雅文字的玄机

发现兰达手稿后，只有为数不多的符号被解读成功，这些符号都和数字、记时方式、天文周期有关，这使得许多专家得出结论：玛雅文字只涉及以上几个方面的内容。

这种观点直到20世纪50年代还很盛行。持这种观点的代表人物是美国考古学家希尔瓦纳斯·G.莫莱，以及英国考古学家埃力克·S.汤普森。

汤普森认为玛雅人是一个爱好和平、勤于思考、对时间的流逝非常着迷，并由祭司操纵的民族。玛雅祭司观察天体的运行，并由此推断出诸神的意志。

汤普森相信，玛雅城市是举行仪式的中心。他于1956年写道："玛雅文明的主题是时间的移动。从广义上指的是永恒的神秘，从狭义上是把时间按照他们的定义划分成世纪、年、月、日。时间的节奏使玛雅人着迷，永不休止、日复一日的时间长河从永恒的未来延续至亘古的过去，这使他们充满了好奇之心。"

然而，只要无法读懂大部分象形文字，就很难对其他人的观点进行辩驳。1952年，一位苏联语言学家尤里·克诺罗索夫开始对玛雅文字进行研究。克诺罗索夫是埃及语和象形文字方面的专家。他仔细研究了玛雅文明现存的不同古抄本，随后发现，这些古抄本总共只包含了大约300个不同的文字符号。如果

在玛雅遗址考察的莫莱

所有这些符号都是表意的话，这个数量就显得太少了；如果它们是字母或音节之类的符号，又太多了一点。

克诺罗索夫于是假定，玛雅文字是一种混合语言，即一部分是表音文字，一部分是表意文字，这和美索不达米亚、埃及以及中国的许多早期文字有相似之处。

克诺罗索夫猜测，给兰达提供资料的当地人实际上是用辅音和元音的组合来代表西班牙字母的。例如，当兰达发出"b"这个字母的音时，他的玛雅人合作伙伴写下的可能是代表"bi"音节的符号。

后来其他学者也证实，玛雅文的句法和语法非常独特，表音和表意经常混合在一起。但是这种观点一直被许多学者怀疑。直到20世纪70年代，玛雅文字既有表音又有表意的观点才被广泛接受。

在此之前，玛雅研究有两个突破性的进展。碑铭研究者赫里克·伯林多年来一直在研究帕伦克以及南部低地其他玛雅遗址上的镶板。1958年，他注意到，分散在各地遗址上出现的几组象形文字有相同之处。这几组象形文字里的主要符号具有鉴别性，即它们的前缀相同，这意味着它们所处的语境也应相似。伯林推测，这些符号或是地名，或是统治这一地区家族的称谓。他把这些符号称为标志符号。

1960年，苏联的塔蒂安娜·普洛斯科里亚科夫在解读象形文字方面做出了一份令世人信服的答卷。她在一座玛雅小城的废墟上研究石碑时，辨认出一些和日期、重大事件有关的符号。这些日期记载的好像是人的寿命，56至64岁不

塔蒂安娜·普洛斯科里亚科夫

等。几组日期经常迭合，它们和女人、幼儿和年轻的玛雅君主的画像有某种联系。她得出结论：这些纪念碑记载的是历代统治者在位时发生的重大事件，如诞生、即位、战争胜利、死亡等。她提供了无可辩驳的证据，人们终于相信，玛雅人在这些石头上记载的是他们的历史。

在众多学者的努力下，玛雅研究进入了一个新的纪元。新一代考古学家受到巨大启发和鼓舞，潜心进行了新的发掘和探索。世人对玛雅世界的整体认识变得清晰起来。

那么，玛雅文字究竟在玛雅人的生活中起着什么样的作用呢？

艺术化的文字

文字是文明诸要素中最重要的一个组成部分。文字是记载文明发生、发展和衰落的符号和载体。通过对文字的解读，我们才能知道这个文明的历程。

玛雅的象形文字如同世界上其他民族的文字一样，是人们交流的工具，也体现着玛雅人深层的思维和意识，同时也证明玛雅社会曾经发展到了很高的层次。

这些刻在纪念碑、庙宇门楣、王宫墙壁以及日常用品上的象形文字，并非是对自然界的简单临摹，而是对事物进行了高度的抽象，表现了玛雅人思维的缜密与深邃。可以说，破解了玛雅人的象形文字，也就触摸到了玛雅文明的精髓。

玛雅人创造出了光辉灿烂的文化。他们独创的完整的象形表意文字体系，由850个图形和符号组成，既能表意又可标音。这850个符号构成了两万多个词汇。书写顺序通常是从左到右、自上而下。

神圣的文字加强了城邦的宗教权力，因为各种行为准则和教义都以文字的形式确定下来。文字书写作为一种占卜活动被发明出来，其目的是为人与神及灵魂之间的交流提供方便。写字就相当于祈祷。

殖民征服时期的三种伟大美洲文明中，玛雅人发明的这种符号系统最为复杂。印加人没有文字，他们使用一种称为"结绳文字"的计数系统和记事方法。阿兹特克人画的象形图也没有玛雅文字那么抽象，他们使用一种原始的表音文字。

玛雅文字类似于萨波特克人发明的文字系统。这些象形文字是

结绳记事

特殊符号组成的文字和图形语言的复杂系统，能够表达出任何一种意思。图案不仅需要精心绘制，而且还要画得非常精确，譬如说一个盒子的图案，不仅有圆边及内部的各个小平面，而且有盒子外面的一连串符号。他们认为这些图案和象形文字具有魔力，绘制它们是一种理解宇宙、现在、过去及想象中的生命本质的一种方式。他们使用各种书写材料，将各个朝代的故事刻在石头上，将预言、天文和日历写在纸上。他们还在贝壳、玉、木头、金属和骨头上写字，将神话故事写在陶器上。

每种书写材料都有不同的目的。在"树皮书"中，他们试图记下对时间的感觉。石柱和纪念碑是为了让国王向民众证明他们与祖先之间的联系，确立社会组织结构，并通过对历次伟大战役和征服的叙述来使他们的权力合法化。至于科潘庙里那些阶梯类的"象形文字阶梯"，每一级阶梯的竖板和台阶，都描述了某些死者的社会地位及世人祭拜他们的仪式。

神秘的缪斯之歌——玛雅文学

《契伦巴伦之书》

西班牙殖民者那次大规模的"焚书坑儒"运动，几乎完全

毁灭了玛雅的文字传统。有志于研究玛雅历史文化的学者不得不另辟蹊径，从西班牙语文献中捕捉玛雅的影子。这类文献为数众多，比如"焚书坑儒"的策划人兰达主教本人就写下了许多关于玛雅的见闻。而在这些文献中，《契伦巴伦之书》最具研究价值。

《契伦巴伦之书》，在西班牙语中为"Chilam Balam"，直译是"预言家·美洲豹"。预言家指玛雅祭司集团中的一群，他们能与神沟通，将神的启示或谕告传达给人们；他们还能占卜，预言未来的天上人间之事。美洲豹则是玛雅神的化身，它象征着神祇的神秘事物。"契伦巴伦之书"可以意译为"通神者讲解神秘知识"。

《契伦巴伦之书》是一部未经西班牙传教士改动过的书，完整地保持了原来的风貌。这部著作是用尤卡坦半岛玛雅人的语言创作的，世代相传。后来由学会西班牙语的祭司用拉丁文字记录了下来。

《契伦巴伦之书》的产生富于戏剧性。它起源于西班牙传教士的传教目的，最后却变成了保存玛雅文化的重要工具。当年，西班牙人入侵玛雅地区之后，天主教的传教士们就尝试用西班牙文教玛雅人认字，强迫玛雅人接受西班牙语。他们允许玛雅人说自己的语言，但书写时却只能采用西班牙的文字系统。他们希望以这种方式，强制玛雅人皈依天主教，让他们彻底摆脱那魔鬼一样的异教信仰。

开始实施这一计划时，西班牙人十分欣喜地发现，用西班牙语记录玛雅语言，在音系上只需添加极少的音素。就是说，只需在西班牙语音体系中加上两个音素，一个是葡萄牙语中的调，发音如同汉语的"西"；另一个采用创造的符号つ来表示，发音如同汉语的"兹"，现在这个古怪的符号被dz取代。加上这两个音，西班牙语的字母表就完全可以为玛雅语记音了。西班牙人的这一发现，更增添了他们改变玛雅文化的信心。

然后，那些原来希望用来宣扬天主教教义的西班牙字母，却被玛雅人巧妙地用以记录自己的历史和文化。很快，玛雅人就将它们变成了自己语言的新的记音符号系统，后来的事实证明，这实在是"曲线救国"的一个好办法。

《契伦巴伦之书》就是在这种情况下产生的。它的内容极为丰富，有预言、咒语、神话、宗教仪式，还有天文学资料、歌曲，还有处决、灾荒等时事记录。最重要的是，里面还有对玛雅古代历史的编年概述。

《契伦巴伦之书》有许多部，每部写一个村镇或城市。它们共同的特点是用欧洲人的纸张、西班牙文的字母，书写玛雅人的语言，记载玛雅人的历史和文化。

谎言与迷信

由于人们至今仍未能完全破解玛雅人的文字，因此对于玛雅的文学状况知之甚少。不过，通过西班牙传教士的多方搜集、整理和翻译，玛雅文学的一些作品得以公之于世，令世人有所了解。

《波波尔·乌》书名的原意为"咨询之书"，是美洲大陆现存最古老的书，大约成书于16世纪。

全书主要有三部分，分别叙述世界和人类的起源、英雄的故事、基切城建立和发展的历史。18世纪初，西班牙传教士弗朗西斯科·希梅内斯在危地马拉发现了这本书，并将它翻译成西班牙文。但原稿已下落不明，现在所见的《波波尔·乌》一书，是后来的学者根据希梅内斯最初抄录的基切语本重新翻译的。

居住在现在危地马拉索洛拉省的另一支玛雅部族卡克奇凯尔人，其编年史叫《索洛拉纪事》，也称为《卡克奇凯尔年鉴》，由17世纪初的印第安学者搜集汇编，用拉丁字母拼写而成。

　　戏剧在玛雅人的生活中占有重要地位，每天日落时广场上都会有戏剧演出。广场上有小块石料和泥土做成的舞台，宫廷和神庙也经常演出戏剧。演出的内容多是部落征战中的英雄事迹。《拉维纳尔武士》通过一位拉维纳尔战士出征、作战和被俘前后思想感情的表达，反映了基切部落和拉维纳尔部落之间发生的一次战争，结构完整，对话生动，演员演出时还穿插一些民族舞蹈。作品原是祭祀时候表演的剧目，经过19世纪中叶一个传教士的记录，宗教色彩大为减弱。

　　《契伦巴伦之书》是用居住在尤卡坦半岛的玛雅人文字创作的，这种语言通用于墨西哥的坎佩切州、尤卡坦州、金塔纳罗奥地区和伯利兹。

　　除了尤卡坦半岛的玛雅文学，墨西哥还有用另一种玛雅语言创作的恰帕斯玛雅文学。两者具有不同的特点。恰帕斯玛雅文学远没有尤卡坦半岛的玛雅文学题材广泛、内容丰富，许多作品以描写日常生活为主，宁静和谐，富有生活情趣。例如：

> 每当我抬起脚，
> 每当我举起手，
> 我摇着尾巴。
> 听到远处传来你的声音，
> 我几乎已入睡。

《波波尔·乌》古抄本插图书影

我寻找一棵倒下的大树，
将睡在这棵倒下的大树上。
我的皮肤、我的脚、我的手、
我的耳朵都被划破了。

诗人运用拟人化的手法，写得生动有趣又朴实无华，动静结合。

恰帕斯玛雅文学中也有不少描写生活中的起伏波澜的诗作。如《拉坎东之歌》：

我向您敬献树脂，它属于您，
我把玉米献给父亲，它属于您。
我将重新供奉煮熟的玉米，把它献给父亲，它属于您。
我将重新奉上我的煮玉米，它属于您，它属于您。
为了您的幸福，我将在您的面前，拿出我的才能。
我将幸福献给您，我的才能不会腐烂，并将完整永存。
头脑是我的才能，它属于您。
我为您贡献的才能不会折断！
我为您贡献的才能不会破碎！
噢！父亲，您瞧我正在为您献出我的才能！
我将不会沉入熊熊的烈火中！
我把您放在新的火盆里，
您瞧，为了您的幸福我将重新施展我的才能。
您瞧，为了儿子们的灵魂我将重新施展我的才能。
你们不要被疾病监禁，
寒风不要使你们的双脚失灵，
熊熊的烈火不要使你们无法行动！
进来，朝前走，看看我的儿子，
让我的儿子健康长寿。

这是一位父亲在向自己父亲的灵魂和神灵祈祷，祈求保佑他的儿子们健康长寿。诗中饱含激情，流露出对家人的炽爱，同时也反映了对有限生命的无可奈何。诗中的"我"是个富有牺牲精神的人，他把他的树脂、煮玉米供品，甚至他的才能都贡献给他的父亲和孩子们，只要他们能得到幸福。然而，依然肆虐成性的大自然并不为此感动，疾病、寒风和烈火威胁着他们的生命，"我"不得不向神祇祈祷，"让我的儿子健康长寿"。全诗充满了高昂的激情，热烈的爱，同时也反映了"我"对大自然无可奈何的心态。《拉坎东散文三十八篇》中也表现了相似的内容。

然而，不论是尤卡坦半岛的玛雅文学还是恰帕斯的玛雅文学，它们都关注人类的起源和最终的归宿。尤卡坦半岛的玛雅文学《伊萨人之初》中叙述了人类的起源：伊萨人降临到世界上的时候，与那些不恭的人混在了一起。因此神感到非常不高兴，于是就让伊萨人伴随着痛苦来到人间。

基切部落的《波波尔·乌》详细描述了三个神合作造人的传说。这三个神首先创造了动物，但动物不会说话。他们又用

《波波尔·乌》中记述的玛雅神话"众神造人"场景

泥巴捏成人，虽然会说话，却没有思想，头歪到一边不会动，一遇水就变成泥。于是，众神又用木头造人。木头人不但会说话，还能繁衍后代，但他们没有血液，容易干裂，而且他们还受到炊具和家畜的反对，最后绝大部分木头人被一场暴雨摧毁，其余幸存的木头人逃到山上变成了猿猴。众神又用玉米创造人。这些玉米人富有智慧，洞悉宇宙奥秘，懂得敬神，他们就是人类的始祖。

其中的另一则传说反映了玛雅人对未来的深切关注，并充满悲观和失望。作品中说，经过连续四次的创造，玛雅人的生命和宇宙走向了毁灭。侏儒们居住在创造的第一个世界里，在太阳和星星还未创造出来之前的黑暗中建造了城市。太阳出来后他们变成了石头，城市变成了废墟，最后这个世界被洪水淹没。在创造的第二个世界里，叛逆者们也成为洪水的牺牲品。马萨华洛奥布人生活在第三个世界里，最终也在洪水中消失了。第四个世界也是最后一个世界，持续的时间最长，但最终仍难脱被洪水吞噬的结局。

玛雅人的文学作品还体现出善与恶对立的二元宗教观。典籍中描述了这两种势力的斗争：雨神小心翼翼地照料着一棵小树，可是死神阿普却趁雨神不在的时候，把小树折成了两段，小树因此丧命。

这种善与恶的争斗在玛雅文学中同样有所反映。《契伦巴伦之书》中的德苏尔人便是恶的代表，给玛雅人带来了灾难。在《波波尔·乌》中，孪生兄弟乌纳普和伊斯巴兰克与力大无比的孪生恶人西巴克和卡普拉搏斗，用计谋夺取了恶人的性命，还杀死了他们的父亲武库布。然后兄弟两人一个飞向太阳，一个飞向月亮，从此昏暗的天空光辉灿烂。善终于战胜了恶。

许多文学作品都反映了玛雅人对善的向往和对未来的忧虑。

玉米帝国
——玛雅社会

在人类历史上，伟大的文明不一定完全来自闲暇，但维持温饱之外仍有余力无疑是文明发展的重要条件之一。所以，发达的农业对玛雅文明的发展具有重要意义。在玛雅，玉米种植几乎占了其农业的全部。这个依靠玉米而生存的民族，他们顺应自然进行劳作，将多余的东西用于交换，发展起原始的商业。玛雅人似乎也并不怎么在意政治和军事，没有建立强大而统一的政权。那个所谓的玛雅帝国，只是来自后人的溢美或误会。

玉米神的馈赠

玉米——玛雅人的社会基础

玛雅人食物的80%是玉米。玛雅农夫完成一年的玉米种植全过程，只需要190天，余下的175天都可以去从事生产食物以外的活动。不仅如此，这六七个月的农耕时间，可以收获两倍于全家人一年所需的粮食。多余的玉米除留少量作为种子外，更多的则用于交易。通过原始的物质交换，玛雅人可以获得自己无法生产或采集的物品。

玛雅人生活在热带雨林，这样的生存环境使得维持生活相对较为简单。首先他们不必为过冬而烦恼，因为即使在冬季也很温暖；其次广袤的原始森林为他们提供了充足的木材和纤维，可以用来建造房屋和制作生活用品；再次当地的石灰岩石可以用于建造牢固的建筑物，松软的泥土可以制造陶器。

一个民族要想发展，首要的条件是能够解决自身的温饱问题，因为这样才可以有足够的时间做其他事情。玛雅人生活在热带丛林之中，就像那些植物一样，可以生活得非常简单。如果一个家庭没有太多的奢求，光解决自身的温饱并不需要花太多的力气。其中"温"是天然保证的，只需要自己动手解决"饱"的问题。玛雅人学会了种植玉米，并利用剩余的时间进行其他劳动，这使得玛雅人能够把时间和精力投入到建筑、宗教、文化等方面。

除玉米以外，玛雅人还学会栽培辣椒、西红柿、菜豆、南瓜、葫芦、红薯等蔬菜，还有可可、烟草、棉花、龙舌兰和蓝靛草等经济作物。他们还在宅前屋后栽种各类果树。

另外，狩猎也是古玛雅人一项重要的谋生方式。他们猎获的动物包括鹿、貘、野猪、野兔、犰狳、猴子、豚鼠、大蜥、野火鸡、松鸡、鹌鹑以及各种蛇，还会用钓线、渔网来捕鱼。

为了对付飞鸟，玛雅人还发明了一种吹箭筒。一支长长的细管中装有泥弹，用嘴使劲一吹，泥弹射出就能击中目标。用

玛雅人的生活场景复原图

这种小巧的"暗器"在林中悄悄地射杀鸟雀，非常有效。

他们还懂得使用陷阱或机关来捕杀动物。玛雅人同时也采集各种昆虫，特别是它们的幼虫，不仅鲜美可口，而且营养价值颇高。

古玛雅人有着丰富的植物知识。他们对各种野生植物的性状了如指掌，他们采集十多种可食用的蘑菇，还懂得以芫荽（即香菜）等植物作调味品。他们采摘的野菜可以烹制成别具风味的佳肴。

玛雅人还会饲养火鸡和狗。而其养蜂技术更值得一提，蜂箱是空心圆木，旁开小孔，构造较为合理。所收获的蜂蜜是玛雅人酿制美酒的原料。

"落后"的耕种方式

如今的玛雅人，仍沿用着3 000年来基本不变的耕种方式。虽然如今铁制的工具取代了以前的石斧尖棒，但是玛雅人的耕种方式仍恪守着祖宗留下的老规矩：先伐木，后烧林，再播种，然后每隔几年换一个地方进行玉米种植。

玛雅人在建筑、雕刻、文字、历法等方面都有着辉煌的成就，为什么在农业发展上却特别落后呢？

其实，玛雅人之所以采用较为原始的种植方式是有原因的。第一，当地土层很浅，一般只有几英寸深。第二，当地天然石灰岩露出地表的情况很多，无论你用什么农具翻土，都无济于事。美国一些农业专家前去实地考察之后不得不承认，玛雅人的方法就是最佳选择，淬过火的尖头植种棒、石斧，还有用来装玉米种子的草袋也许就是最合适的工具。如果把现代农业机械开进这片丛林，那只能是杀鸡用牛刀，大而无当。

现在一个普通玛雅家庭，一般是开垦一块60至70亩大小的玉米地，连续种两年后就让它休耕10年。因为第三年的产量仅为新开地产量的一半。这样的话，要保证这个家庭每年都有地种，就需要有6块如此大的田地，确保在其他5块地都处于休耕状态时，至少有一块可以种植。

以一个村子平均有百户人家计，就需要有6 000至7 000亩的土地。如果再加上土壤差异等因素，在比较贫瘠的地区，所需的土地面积可能会更大。

美国华盛顿的卡内基学院曾于1933至1940年做了一个玉米种植实验，地点就选在奇琴·伊察附近。他们连续耕作了8年，头4年内用现代的砍刀式除草，后4年改用古老的连根拔草的办法。各年产量以磅计分别为：708.4，609.4，358.4，146.6，748.0，330.0，459.8，5.5。开始两年的产量比较稳定，但从第三年起大幅度下降。而第五年改用古老的拔草方法之后产量即刻上升，甚至略高于第一年的产量。第六年降至第五年产量的不到一半，第7年又有所回升。最后一年由于遭遇蝗灾而几乎一无所获。这项实验的结果表明，用传统方式除草，虽然不能保证年产量比现代高，但能够将玉米地的连续耕作周期延长至七八年。这样，维持一个古代玛雅家庭常年有地可种的土地量可能只需210亩左右。

造化待玛雅人不厚也不薄。在这片荆棘疯长、地力贫瘠的土地上，为了养活一个高度文明所必需的人口，玛雅人也有独特的创造。玛雅人种植玉米的生产活动，与其所处的自然环境可谓相得益彰。他们不辞劳苦地四处选田址、砍乔木、烧荒草、点种、除草，其播种方式居然到今天看来还是那么合理。为对付乱石密集、土层浅薄的自然条件，他们发明了朴实无华的掘土棍，其有效性使所有现代机械、半机械或人力农具都望尘莫及。

近代以来，玛雅后裔引进了一种新的农具——铁制砍刀，它彻底改变了玛雅人的除草方式。古代玛雅人是用手将草连根拔起，而现在，借助砍刀大大方便了劳作，却也带来了除草不尽的后果。

所以，玛雅人长期以来一直保持较为原始的耕种方式，这恰恰是顺应自然的最佳选择。玛雅人在这片多雨、土浅、草木丛生而又岩石裸露的土地上求生存，在没有牲畜、只有石器的条件下，不仅能以农耕获取足够的食物，而且还有余力进行建筑、雕刻和其他手工艺创造，这都应该归功于这种原始而有效的种植方式。

水利——农业之本

公元3至9世纪，正值玛雅文明的黄金时期，玛雅居民主要生活在危地马拉的低地，主要的农作物仍然是玉米。

玉米是旱地作物，低地玛雅人虽然不需引水浇灌，却需要排水排涝，才能保证收成，养活日益增多的人口。因此，对他们来说，大型水利工程是不可缺少的。规模宏大的灌溉沟渠系统纵横交错，广泛分布于危地马拉和伯利兹两国境内的低地热带雨林地区。沟渠宽1至3米，深0.5米，均是用石锄刨挖而成。

此外，玛雅人的邻居阿兹特克人发明了一种叫做"水中田畦"的人工地块。他们先是用树枝芦苇编成排筏，用淤泥掺上其他泥土敷在筏上，然后种植菜蔬花卉。排筏放到水域中，若干排筏连在一起，用木桩插入水底来固定。玛雅人于是仿照阿兹特克人的做法，也开辟了一种专门针对大雨淹涝的"高地花畦"。这样，无论雨水是否过多，都可照样耕种玉米了。

像排涝系统这样大规模的工程，关乎玛雅人的生计，其兴修与建造是玛雅人集体劳动的结晶。

可可豆之媒——玛雅的商业

"可可豆本位"

在玛雅，原始物物交换的交易方式相当普遍，其中劳动力也可以用货物来交换。玛雅人也有货币，这种货币非金非银，而是可可豆。比如说，一只兔子值10粒可可豆，一个奴隶约值100粒可可豆。用这种可年年收获的可可豆做"货币"会不会引起"通货膨胀"呢？

实际上，玛雅人的可可豆算不上真正意义上的货币，它很可能只是一个便于计数的交换单位。比如前边那个例子，由10粒可可豆与100粒可可豆之间的比例关系就可以准确获知一个奴隶等于多少只兔子。在西班牙殖民时期，可可豆仍然被当做计数单位使用。

玛雅地区自然资源的分布绝不是整齐划一的，不同地域间的物资交换始终十分重要。要是没有联结其各部分的货物交换网络，玛雅地区就不会作为一个整体而存在。经济上的巨大需要好似一股无形的力量，把不同地域分布、不同部族归属、不同文化渊源的人们拢到一起，形成共同的市场、共同的语言、共同的文化。

在整个低地地区，石灰石在建筑上无疑有很大用处，这种质地的石料易于切割开采，也易于雕刻装饰。许多地区蕴藏有可以制成砍削工具的玄武岩矿床，而高地则出产更为上等的黑曜石。这种打制石器的原料是高地火山喷出的熔岩，几乎全由玻璃质组成，一般为黑色或褐色，有明显的玻璃光泽和贝壳状断口，可用于制作工艺品和装饰品。

另外，用于制造碾磨工具的坚硬火山岩和火山矿物颜料，也只在玛雅山地和高地才有。一切材质中最贵重的玉石，则贮藏于危地马拉的莫塔嘎谷地。

在尤卡坦海岸地带和沿太平洋海岸以及危地马拉高地边缘的矿床中，盐可以很容易被发现并加以利用，但在中部低地地带却难以找到。

玛雅古陶器

不仅矿产如此，其他资源分布也不均衡。热带丛林的产物，包括取自各种树木的树脂（用于烧香敬神）、硬木和漂亮的鸟类羽毛，还有用做药材和香料的各种植物。

丰富多样的海产品，如贝壳、珊瑚、珍珠等，在玛雅仪式活动中不可或缺。

这份清单还不是全部，各地农业特产和制成品，如可可豆、蜂蜜、陶器、织物、玉雕、武器等等，都被用来交换。古代玛雅人之间进行着广泛而发达的贸易。

于是，玛雅社会出现了专门的商人阶层，甚至在宗教观念上也有像北极星这样的商人保护神。商人一部分是权贵，另一些则是普通社会成员。他们利用奴隶搬运货物——在各个重要城市之间，碎石道路相通，还有特制的商路图。而沿海居民则用木船从事贸易，每船可容40人。

通常，在玛雅城市中心里还有规模庞大的交易场所，甚至还有货栈，可供商旅往来。交易的举行有一定的日期。可以说，到了玛雅文明的后古典期，商业贸易已成为社会生活的重要组成部分。

贸易之路

早在古典期，玛雅人就已经与不同地区开展贸易活动了，西班牙人入侵以后，这些贸易仍在进行。

玛雅人的货物分为两种：一种是原材料，包括羽毛、食盐、陶器、草木灰和黑曜石等；另一种是成品，包括棉织品、彩饰花瓶和碧玉宝石等。

玛雅地区不同城邦之间会进行贸易，比如低地地区会以食盐和可可豆与高地地区交换黑曜石和碧玉。玛雅人还会同其他中美洲城市进行贸易，尤其是与墨西哥中部和沿海的城市进行交易。

贸易是玛雅经济活动中不可分割的一部分，是玛雅文明发展的重要因素。一些实力强大的城市控制着陆路和水路运输线。不同历史时期较大的高地城市，比如查尔丘阿帕、卡米纳尔胡尤、乌塔特兰等控制着黑曜石的产地，而北部较大的低地地区城市，如昆切、泽比查尔顿、奇琴·伊察和玛雅潘等则控制着盐沼。

一些玛雅大城的兴衰明显受到它们所掌控的商贸路线变化的影响。玛雅城邦会利用自身的地理位置，与北部的墨西哥文明和南部中美洲文明进行货物交易。通过长途贸易路线获得的物品使得王室占有更多的财富，同时，统治者也通过贸易所得的奢侈品展示其威望，巩固其地位。

玛雅人没有发明轮子，不懂得车轮技术。因此，他们从没用过带轮子的货车，这使他们运送货物费力费时。

玛雅人陆路运输最信得过的方式，似乎就是人力搬运。即使在今天，贫穷的玛雅人没有钱买驴子或自行车运送东西时，仍然选择背负肩挑。搬运夫将东西背在背上，用一根背带系牢，背带交叉着套在额头上，这样既可以分摊重量，又可以腾出双手进行其他活动。

除了陆路运输以外，玛雅人还通过水上运输路线运输货物。水路运输包括河运和海运。低地地区最早的聚落是沿河流与海岸分布的，因而借助独木舟很容易往返。

在古典期末期，水路运输占据着主要地位。这一时期的商用独木舟在奇琴·伊察的一些壁画中有所描绘。截至后古典期晚期，尤卡坦半岛沿岸就有150多个港口。玛雅人的独木舟是用一根掏空的树干制作而成，上面有棕榈叶顶篷遮蔽阳光，可以为妇女和儿童挡风避雨。

玛雅地区的一些大城市，比如蒂卡尔、埃尔·米拉多、卡拉克穆尔等，可能控制了当地主要的水、陆运输路线。奢侈品从中心城市被逐级运送到下级城市，而大多数商品可能直接在集市上进行物物交换。这种集市可能是在城市中心的广场上临时搭建的。

子虚乌有的帝国

种种证据表明，玛雅地区从未形成一个统一的国家政权。与古罗马和古埃及相比，玛雅没有形成一个强大的帝国，也没有形成高度集权的中央体制。因此，所谓的"玛雅帝国"，其实是子虚乌有的。

在玛雅地区，只是形成了数目众多的玛雅城市，而且许多城市在政治上是独立的。考古学家们并不清楚，到底这些玛雅城邦属于原始酋邦呢，还是属于较为发达的国家形态。由于玛雅处于热带丛林地区，这样的环境似乎不可能出现比较完备的国家形态。中央集权体制是国家形成的必要条件，但在玛雅地区似乎并未出现一个强大的中央集权机构。一些考古学家相信，在哥伦布发现美洲以前，玛雅人基本上还是一个农业民族。玛雅社会是由贵族和平民这两个社会阶层构成的。简单的社会结构、简单的社会制度似乎在向我们显示：玛雅地区确实没有形成一个真正意义上的国家。

因此，玛雅地区顶多是形成了众多规模较小、力量均衡的中心城市或酋邦。虽然玛雅地区曾经出现过地域比较广阔的政治领土，但是这个所谓的政治统治区，只不过是多个自治城邦组成的一种联盟形式。联盟可能只是为了对付共同的敌人而暂时形成的。

然而，奇琴·伊察一直被看做一个统治时间长达百年以上的区域性国家。这座城市在后古典期早期，就已经统治了尤卡坦大部分地区，并且控制了加勒比海沿岸长达100千米范围的许多港口城市。虽然在古典期中期，除了奇琴·伊察以外，尤卡坦半岛上还有许多实力雄厚的城邦，但是在10世纪末，奇琴·伊察在玛雅地区仍然最为强大。有些考古学家认为，奇琴·伊察在其称霸期间，采用了一种比较稳定的新型政府组织形式。它的霸权一部分建立在强大的军事力量上，另一部分由众多上等阶层家族被融入一个尤卡坦玛雅人联合的统治体系中。

金字塔状的玛雅社会结构图

玛雅潘是继奇琴·伊察之后又一个中心城市。但是已有的文献表明，玛雅潘的联合统治象征意义更大。玛雅潘衰落之后，在玛雅北部低地地区，再也没有出现权力那么集中的国家了。

大约在1450年左右，玛雅潘衰落之后，尤卡坦半岛上出现了众多独立的小型城邦。这些城邦都是由一个中心城市和周边的许多小型城镇和村庄构成的，不再有"帝国"的风貌了。

在后古典期晚期，玛雅再也没有出现过强大的国家。即使一些强大的城邦暂时控制了辽阔的区域，但它们又很快分裂成许多弱小的、相互敌对的城邦。

在哥伦布发现美洲大陆前，也就是玛雅文明的最后阶段，分散的玛雅政权依然控制在上等阶层的手中。玛雅潘周边地区是修家族的领地，而奇琴·伊察邻近的土地则属于库普尔家族。在危地马拉高地上，乌塔特兰的玛雅中心城市基切的情况则更加复杂，它包括24个贵族家族，有许多官职，特别是较高级别的宗教和政府官员都按照血缘世袭。每个城邦的政治统治都围绕着一个中心城市展开。

丛林明珠
——玛雅文明遗址

玛雅人在他们生存的土地上，曾建立了数以百计的城市。这些城市相对独立而又有联系，几乎一个城市就是一个国家，但这些城邦使用相同的象形文字和历法，城市规划、建筑风格、生产水平也大体一致。现存主要遗址，大多分布在中部热带丛林区。从这些大大小小的玛雅城市遗址中，我们为玛雅人卓越的创造力而倾倒：这里有蒂卡尔的玛雅广场和大美洲豹神庙，有奇琴·伊察的阶梯式金字塔、武士神庙和天文观测台；有科潘的象形文字阶梯和圆形大球场；有帕伦克的铭文神庙和波南帕克宫殿壁画；还有著名的乌斯马尔城的侏儒堂、魔法师金字塔等等。

祭祀中心——神灵佑护的城市

玛雅文化是在农业文明的基础上发展起来的，但它表现出的却是一种城市文化的特性。从巢居树穴、以渔猎为生的原始生活，到上百座分布于广阔区域内的城市，仿佛在不知不觉中，玛雅人一下子就在热带丛林中建成了一座又一座繁华的都市。

在欧亚大陆，城市是一个用城墙围起来的空间，有城门以供出入，目的在于保护城内人们的财富。城市里的房子被狭窄的道路分开，许多城市有广场、市场，用以进行集体活动和交易。城市既是财富的聚集地和商业贸易中心，也是人们安居的避难所。在玛雅，城市文化与宗教是分不开的。宗教对于强化统治者的威望、加强氏族或部落的凝聚力起着至关重要的作用。于是，宗教仪式成了玛雅社会生活中最重要的内容，每一个宗教节日都要举行盛大的宗教仪式，并且要在文献中完整地记录下来。

玛雅的城市就是玛雅人的祭祀中心。

玛雅的城市没有城墙，居民居住在城市周围分散的村子里。城市的中心是神庙和祭坛，城市的所有道路都通向这里。作为神职人员的祭司和王以及王的家族都住在城市中，而为神庙建造、雕刻的工匠和手工艺人则住在城市的边缘。另外，城市中还有数以万计的奴仆，他们都是为神庙的宗教活动和宫殿生活服务的。

玛雅文明形成的中后期，即前古典期，尤卡坦半岛中央的佩滕地区出现了具有玛雅特色的早期城市纳可布和埃尔·米拉多。

纳可布建于公元前600年，该城市有相当的规模，并出现了大型金字塔神庙建筑。发掘过程中，人们还发现了一座高达50

玛雅人的祭祀

多米的建筑。该建筑由石块砌成，轮廓挺拔、棱角分明，建筑的立面装饰有巨大的美洲豹面具浮雕。

埃尔·米拉多则建于公元前2世纪前后，公元150年左右衰落。但后来在古典时期，又曾再度繁荣。城市里的建筑和雕塑更是出人意料的成熟。

到了古典期，玛雅文明进入极盛，但各个城市都是独自为政的城邦小国，并没有形成统一的集权国家。其中较为重要的城市有蒂卡尔、科潘、帕伦克等。

蒂卡尔遗址位于危地马拉东北部，是玛雅地区中央低地古典期的主要文化中心。城区面积有50平方千米，居民4万人。在城中心建筑群附近，耸立着玛雅最高建筑物——金字塔式神庙。

科潘遗址位于洪都拉斯西部边境，城区面积也有数十平方千米。科潘的金字塔式神庙比蒂卡尔的更加精美，台顶神殿装饰有大量浮雕。此外，科潘也是玛雅文明学术中心，不少建筑遗迹同天文、历法等学术活动有着极为密切的关系。

帕伦克遗址位于墨西哥的恰帕斯州，主要建筑是1座王宫和5座神庙。帕伦克有"玛雅建筑明珠"的美誉。这里台庙顶部的神殿不仅规模宏大，而且墙面和屏板均饰有风格华丽的精美浮雕。1952年，在此地的碑铭庙塔基下发现了玛雅王墓，死者葬于石棺之中，头部覆盖玉质面具，墓穴外侧有5人殉葬。这一发现首次印证了，玛雅的金字塔式台庙同时也是国王的陵墓。

玛雅文明到了后古典期，则具有较为浓郁的墨西哥风格，托尔特克人以奇琴·伊察取代了尤卡坦。

奇琴·伊察位于尤卡坦半岛的中部，现存的建筑多完成于11至12世纪，其建筑以小巧玲珑取胜。建筑中出现了石廊、柱群和以活人为祭品的"圣井"以及球场，此外还有天文观象台、供奉库库尔坎神的金字塔式台庙、战士神庙等。

后来，奇琴·伊察又被尤卡坦半岛西北端的玛雅潘所替

科潘的玛雅纪念碑

蒂卡尔的玛雅金字塔

代。玛雅潘意为"玛雅人的旗帜"，城市建于1262至1283年间，后发展为玛雅各邦联盟的首府，1450年毁于内战。玛雅潘城分内外两城，内墙环绕部为内城，呈长方形；内城外另筑起了城墙，外墙与内墙之间即为外城。

玛雅潘的主要建筑均仿效奇琴·伊察，但规模较小，雕刻装饰亦简约粗糙，较古典期建筑大为逊色。

"美洲的雅典"——帕伦克

沉睡千年的古城

帕伦克是玛雅文明最著名的遗址之一，它的美丽让人赞叹。美国探险家斯蒂芬斯和他的同伴卡瑟伍德第一次踏入这座城市的时候，被眼前的景象惊呆了。斯蒂芬斯在他的著作中由衷地赞美道："我们所看到的一切，实在是太神奇了！它是如此辉煌壮观，无与伦比，我一点都没有夸张。这是一个独特的民族高雅堂皇的遗址……"

帕伦克遗址的建筑非常有艺术美感，而且具有古典气质，表现了玛雅人高超的建筑水平和雕刻工艺，令所有参观者为之陶醉，帕伦克因此被称为"美洲的雅典"。

帕伦克位于墨西哥境内东南部的恰帕斯州境内，在太平洋海岸的玛雅高地和墨西哥湾的尤卡坦低地之间。古城遗址坐落在崇山峻岭之间的一处山坡上，周围环绕着茂密的热带森林。古城自东向西沿河谷地带平缓地延伸11千米，奥托罗姆河从市中心缓缓流过。城内的神庙、宫殿、广场、民舍等依坡而建，错落有序，形成雄伟壮观的古代建筑群。

帕伦克的历史最早可以追溯到奥尔梅克文明时期，奥尔梅克文明可能在此建立过一个王朝。玛雅文明古典时期，帕伦克是玛雅西部地区的一个大邦。

公元599年和611年，帕伦克曾经两次被卡拉克穆尔打败，并因此遭到重大打击。公元615年，帕卡尔二世登基成为帕伦克国王。他在位期间，努力使帕伦克重新变得强大。从帕卡尔二世继位开始，此后一百多年的时间里，帕卡尔处于鼎盛时期。

斯蒂芬斯来到帕伦克

223

进入9世纪以后，帕伦克城迅速衰落。

早在西班牙人入侵以前好几个世纪，这座城市就不知什么原因被突然弃置了。一座座精美绝伦、高大宏伟的石头建筑，湮没在莽莽原始丛林之中，成为渺无人迹、无人知晓的废墟。

1502年，西班牙将领高戴斯带着一批西班牙征服者进入墨西哥东南部的尤卡坦时，曾在距帕伦克48千米的地方与其擦肩而过。实际上，当时西班牙人雇佣的本地土著人，也并不知道有这么一个弃城。直到18世纪，这座沉睡了近千年的古城才被重新发现。

大梦初醒

帕伦克是第一座被欧洲人重新发现的玛雅城邦。在此之前，整个玛雅文明被笼罩在云雾之中，不被外人所了解。

其实，早在1746年，一位叫安东尼奥·德·索利斯的西班牙神父，就偶然间发现了帕伦克遗址，但他的发现没有引起什么人的注意。

1784年，西班牙驻危地马拉总督派遣了一名叫卡尔德隆的官员，前往帕伦克遗址进行考察。卡尔德隆在调查后呈上了一份详细的报告。虽然这份报告曾经引起一些人的注意，但是很快又湮没于历史的尘埃。

1786年，一位叫德尔·里奥的西班牙将领再次被派往调查帕伦克遗址。虽然德尔·里奥没有任何考古方面的经验，但是他有着旺盛的精力和坚定的意志。他来到废墟后发现，这座古城的遗址坐落在丛林深处的一个山坡上，表面覆盖着厚厚的树枝和灌木丛。他雇佣了很多土著人帮他除去那些植物和垃圾。经过16天的清理，树枝和灌木丛被清除，厚厚的落叶也被焚烧成灰烬。于是，被丛林掩盖的帕伦克古城终于重见天日。

虽然帕伦克的许多建筑都已经坍塌，但一些幸存的建筑依然绽放着昔日的风采。德尔·里奥辛勤地挖掘和考察，跟随他前往的一位画家则为遗迹的精彩部分绘制了草图。后来他们整理出一份报告，并把它送往西班牙，但是这份报告在送交过程中遗失了。幸运的是，副本被保留了下来，并辗转于1822年出版。

1805年，德尔·里奥探寻帕伦克之后不到20年，一位叫杜贝的荷兰人也来到了帕伦克。虽然这座古城的遗址被好几个人报告过，但是它仍然处于未开发状态。当杜贝经过一番艰难的跋涉，终于到达帕伦克时，他发现自己的努力没有白费。他为自己眼前的景象欣喜若狂，那些精美的建筑让他倾倒，那些包含了鸟雀、花朵、水果等造型的浮雕装饰让他着迷。

虽然杜贝也对帕伦克遗址进行了一番详细的描述，但是他的报告同样没有引起足够的重视。

不过，前人的努力是不会白费的。

德尔·里奥和杜贝等人的报告引起了一位美国人的注意，他就是玛雅文明发现史上著名的探险家约翰·斯蒂芬斯。斯蒂芬斯对玛雅遗址非常感兴趣，他不仅读了德尔·里奥和杜贝关于帕伦克遗址的报告，而且还阅读了其他人关于玛雅各处遗址的报告。他制订了一个详细的探险计划，准备一一探访这些玛雅遗址。

1839年，斯蒂芬斯和合作伙伴卡瑟伍德前往中美洲探险。他们先来到科潘遗址，然后又来到帕伦克。在帕伦克，这座美丽的古城让斯蒂芬斯陶醉，他觉得帕伦克美丽得让人忧伤。

1841年，斯蒂芬斯出版了他的游记。由于他的文字优美，加上卡瑟伍德精美生动的插图，两者珠联璧合，吸引了一大批读者。

至此，帕伦克遗址和其他玛雅遗址才真正引起世人的注意。曾经湮没在茂密丛林中的城市废墟，终于揭开了神秘的面纱，重新展现在人们的眼前。

宫殿与神庙

帕伦克的主要建筑是一座宫殿和5座神庙，人们把这些建筑

帕伦克铭文神庙

称为帕伦克宫、太阳神庙、狮子神庙、铭文神庙等。实际上，这些名字都是考古学家取的，它们原来的名字早已湮没在厚重的历史尘埃中了。不仅仅是古老建筑的名字，古代玛雅人的思想、信仰和古老的技艺，大部分都已遗失，再也无法寻回。

帕伦克的建筑物，都是用石灰石建造的。帕伦克中心广场的东面是帕伦克宫，南面是铭文神殿（或神庙）金字塔，其余众多秀美的神庙和屋宅，则分布在帕伦克宫东面的山麓林莽之中。中心广场的西面和北面，是茂密的热带丛林，它们从广场边沿一直延伸到远方。

著名的帕伦克宫建造在一个梯形平台上，平台底边长100米，宽80米，高10米。宫殿四周有4座庭院环绕。王宫外墙用岩石垒砌，内部装饰华丽，四面都有精美的壁画和浮雕，做工非常精细，显示了玛雅人高超的技艺。宫殿通道的浮雕，有的描绘了帕伦克国王帕卡尔加冕的情景，有的描绘了其生平的一些事迹。在帕伦克宫殿的一角，有一座高15米的4层石塔，这是玛雅建筑中唯一的塔楼式建筑物。据考古学家猜测，这座塔可能是用来观测天象的，所以这座塔被称为"天文观测塔"。

帕伦克的大金字塔和宫殿建筑群

帕伦克遗址最雄伟的建筑，是一座用巨石砌成的金字塔。这座建筑物约于675年开始动工，经过8年的时间建成。金字塔的底部为正方形，边长65米。整座金字塔共有10层，最底下一层有9级台阶，其余9层则为7级台阶，总共有72级台阶。金字塔的台阶象征着通往宇宙的阶梯。金字塔的顶端是一座平台，著名的铭文神庙就建筑在这座平台上。整座金字塔连同铭文神庙高21米。

铭文神庙共有5个门，每个门的侧面都有壁画和浮雕，神庙的三面墙壁上共雕刻了617个象形文字，铭文神庙由此而得名。这些象形文字排列得十分整齐，有的像人脸，有的像动物，有的像怪兽。

铭文神庙的地板由大石板铺成，其中一块石板下面隐藏着一个直通地下的深深的隧道。这个隧道在很长的时间里都没有被发现。

金字塔底的秘密

帕伦克遗址被重新发现后的很长一段时间里，人们并不知道铭文神庙的金字塔底部藏着一个巨大的秘密。

帕卡尔王墓室通道

　　1949年，墨西哥考古学家阿尔伯托·鲁兹被任命为帕伦克考古项目的负责人。在最开始的挖掘过程中，一切都平淡无奇。但是，随着挖掘工作的深入，鲁兹发现神庙内部有些地方与众不同。铭文神庙的地板由石板铺成，一块石板上有两排人工凿出来的孔洞。后来他又注意到，神殿的墙壁一直延伸到地板之下，他一下子豁然开朗，他想：神庙下面一定隐藏着什么秘密。

　　鲁兹命人撬开那块带有孔眼的石板，一条塞满瓦砾的狭窄通道呈现在他的眼前。鲁兹和考察队其他成员经过3年辛苦的劳动，终于在1952年夏季清理出一条带有阶梯的通道，这条通道一直通往地下。

　　鲁兹和考察队员顺着阶梯来到底部，在清理掉堆积的碎石后，进到了一间密封的房间。房间里堆满了祭祀用品，包括玉石耳环、珠宝、陶器和装满朱砂的贝壳。

　　接着他们又发现一个地方被一块三角形的巨石堵住。他们费了九牛二虎之力，才把巨石移开，这时露出了一条刚够一人通过的狭窄通道。1952年7月15日，鲁兹侧身挤进了这个隐秘的内室。他走下最后5级台阶，便置身于一个与世隔绝了千年的房间。经过考证，考察队确认这就是帕伦克国王帕卡尔的墓室。

　　这真是一个令人震惊的发现，它是在中美洲发现的第一座类似埃及金字塔的陵墓。

　　在帕卡尔的陵墓被发现之前，人们一直认为玛雅文明没有强大的王权，金字塔式的神庙也仅仅是神庙而已，不像埃及金字塔那样是国王的陵墓。可是重见天日的帕卡尔陵墓却一下子扭转了人们的论断，它向世人证实，玛雅城邦确实存在过强大的王朝和著名的国王！

　　后来，鲁兹和同事经过进一步研究、分析发现，从铭文神庙通往帕卡尔墓室的拱形楼梯，共有67级台阶。玛雅工匠当初建造好这座墓室以后，墓门就被封闭了，阶梯通道也被数吨重的沙石填满。在此后1 200多年里，这座陵墓被深深隐藏在巨大的金字塔底部。如今要进入这座墓室，首先要从金字塔外部登上72层台阶，进入铭文神庙后，再沿着螺旋形的石阶下到墓室。在陵墓中发现的象形文字以及各种陪葬品，首次证实了帕伦克曾经是玛雅文明的政治中心。

同时，鲁兹等人的发现很自然地让人联想到：在玛雅遗址中，其他金字塔是否也同样存在着墓室呢？结果考古学家从其他玛雅金字塔中，真的又陆续发现了一些陵墓！

阿尔伯托·鲁兹和他的同事，不仅仅是发现了一座国王的陵墓，同时也把玛雅考古工作向前推动了一大步，他们为玛雅文明的研究做出了巨大的历史贡献。

帕伦克王的墓室

在墨西哥考古学家阿尔伯托·鲁兹及其同事的努力下，帕卡尔的墓室终于重见天日。

据考证，帕卡尔是615至683年的帕伦克统治者。"帕卡尔"一词在古玛雅语中的意思为"盾"。615年，12岁的帕卡尔登基成为帕伦克国王，被后人称为帕卡尔二世，也有的历史学家把他称做"帕卡尔大帝"。

帕卡尔在位时间长达68年。在他统治期间，帕伦克从衰弱中恢复过来，逐步走向强大，后来成为玛雅西部地区的霸主。

帕卡尔死后，他的儿子强·巴鲁姆二世继位，帕伦克王朝继续保持了40年的兴盛。从帕卡尔继位开始的100年间，是帕伦克的鼎盛时期，今天人们看到的帕伦克遗址，其中大部分建筑物都是在这个时期建成的。帕卡尔的陵墓是在强·巴鲁姆二世继位后修建的。

帕卡尔的墓室隐藏在铭文神庙巨大的金字塔台基底部。墓室的入口处放置着5具遗骸，他们可能是帕卡尔的殉葬者。进入墓室可以发现，整座墓室高7米，长9米，最宽处为4米。墓室的拱形屋顶用石柱支撑，四周的墙壁装饰着浮雕，描绘的是高视阔步的"九神",这是统治黑夜的9位玛雅神灵。

墓室中央,在"九神"的俯视下,是巨大的石棺。石棺长约2.8米,宽约2米,高约1.1米。棺盖厚达27厘米,重达5吨,这可能是为了防范盗墓者。棺盖上刻有精美的浮雕花纹,描绘的是死者坠入"死亡世界"的情景。在画面中,帕卡尔身上穿着一件玉米神的上衣——因为玉米神曾经死而复生,这象征着帕卡尔也会像神灵一样重生。在帕卡尔落入"死亡世界"的过程中,他佩戴着太阳神的标记。他的儿子期望他像太阳一样,在夜晚沉入下界,而在黎明时重生。

但是上面仅仅是其中一种描述。实际上,人们对棺盖上的浮雕画有着多种不同的解释。有的人认为,画面描述的是帕卡尔掉进一个阴间怪物嘴里的情景。也有人认为,画面描述的是帕卡尔以一种胎儿的姿势降入地下世界的情景。到了20世纪60年代,当人类乘坐宇宙飞船进入太空后,有人又提出了一种惊人的看法:石棺上的图案描述的是一幅外星人驾驶飞行器的画面!

这种惊世骇俗的观点引起了很多人的注意,一些人据此认为玛雅人与外星人有着某种联系。不过一般严肃的历史学家仍

帕卡尔二世棺盖浮雕

然认为，棺盖上刻画的只是一幅
普通的神话图案。

在石棺内的中央部位，有一
个向下凿空的石穴，石穴内涂满
红色。帕卡尔的遗骸就放置在这
个石穴中。遗骸的脸部盖有一个
碧玉面具，是用200片磨刻成各
种曲度的碧玉片拼接而成的。面
具的眼白部分由贝壳制成，瞳
孔与虹膜则是由黑曜石制成。另
外，遗骸的各个部位分别佩戴着

帕卡尔王的死亡面具

碧玉饰品和贝壳饰品。棺内还放有碧玉制成的神灵雕像。

石棺旁边有两具石灰石雕塑头像。这两个石雕作品，显示
了玛雅人高超的艺术技巧。雕像的面部不仅雕塑得十分逼真，
而且脸上的表情也刻画得细致入微、动人心魄。如今，这两具
雕塑头像保存在墨西哥国家博物馆内。

帕卡尔的墓室被发现后，人们开始研究这位国王以及他的
王朝的历史。从墓室中出土的众多文物为考古学家研究玛雅文
明提供了很大的帮助。同时，帕卡尔墓室的发现也大大提高了
帕伦克遗址的知名度。

"百声汇合之地"——蒂卡尔

丛林中的都市

蒂卡尔位于今危地马拉境内东北部，坐落在佩滕湖畔的一片
热带丛林之中。蒂卡尔是所有玛雅文明遗址中人们了解最多、规
模最大、保存最完整的一座城市，堪称玛雅文明遗址中最耀眼的
明珠，吸引了无数考古学者和参观者。

在古玛雅语中，蒂卡尔又被称为"百声汇合之地"，意思

是能听到圣灵之声的地方。整个遗址占地约130平方千米，中心区域占地约16平方千米。

迄今为止，蒂卡尔遗址共发掘出各类建筑物3 000多座，其中有宫殿、神庙、金字塔、球场、居民住宅、蒸汽浴室等，另外还有200多块刻着玛雅文字的石碑。

蒂卡尔遗址由9组建筑群和中心大广场组成，这些建筑之间以桥梁和堤道相连，巍峨庄严的金字塔环绕四周。金字塔气势雄伟，规模宏大，让人驻足忘返。

蒂卡尔遗址是玛雅文明遗留下来的宝贵财富，它为考古学家提供了丰富的研究材料。通过考察，考古学家得出结论：蒂卡尔曾经是玛雅文明古典时期最大的城邦之一，同时也是当时玛雅文明的中心。蒂卡尔的各种建筑物和雕刻充分体现了玛雅文明辉煌的文化成就和工艺水平。

考古学家研究表明，蒂卡尔古城建于公元前3世纪至公元9世纪，其中公元300年至900年这段时间是玛雅文化的黄金时代。蒂卡尔石碑上所刻的铭文中，最早的记录年份为公元292年，最晚的是公元889年。后来这座城市不知道什么原因走向衰落，人口慢慢减少，最终整个城市遭到遗弃。

17世纪末，隐藏在丛林中的蒂卡尔被西方人发现，并于1848年开始进行小规模发掘。1955年，部分遗址对外开放。从1963年开始，蒂卡尔被大规模发掘，周围576平方千米的地方被危地马拉政府划为国家公园，以保护玛雅古迹和附近的动植物。

已逝的辉煌

据考古学家研究，蒂卡尔的历史可以追溯到公元前1世纪。当时，蒂卡尔只是个较小的城邦。后来与当时的中美洲大国特奥蒂瓦坎结盟，并在其帮助下使国力得到很大提升。公元292年，"被装饰过的美洲豹"继位为蒂卡尔王，在他的统治下，蒂卡尔逐渐变得强大。

公元360年，·"美洲豹之爪一世"成为蒂卡尔的国王，蒂卡尔在这一时期空前强大。"美洲豹之爪一世"的弟弟"吸烟的青蛙"于公元378年1月16日征服邻邦乌瓦夏克吞，并成为乌瓦夏克吞的君主。

"美洲豹之爪一世"以后的蒂卡尔国王叫"卷鼻王"，他继续保持着蒂卡尔的强大与繁荣。在他之后，公元411年至456年，"暴风雨天空二世"成为蒂卡尔的国王。从"美洲豹之爪一世"到"暴风雨天空二世"的一百多年间，是蒂卡尔历史上第一个强大的时期。

6世纪，由于蒂卡尔北部的城邦卡拉克穆尔异常强大，蒂卡尔出现了一个衰落时期。蒂卡尔不仅受到外部城邦的入侵，而且内部又发生了权力之争，因此蒂卡尔在政治上一直动荡不安，王朝处于风雨飘摇之中，城市建设一度停歇。

直到公元682年，阿赫卡王（又称为"双月王"或"巧克力君主"）继位以后，蒂卡尔才又重新强大起来。蒂卡尔打败了卡拉克穆尔，重新成为玛雅中部地区的霸主。

在阿赫卡王之后又有两位强大的国王，他们分别是雅克金王和奇坦王。雅克金王于公元734年至766年在位，奇坦王于公元768年至790年在位。这一百多年是蒂卡尔第二次鼎盛时期。今天考古发掘所看到的蒂卡尔城遗迹，大部分就是这三位国王在位期间修建的。

在第二次鼎盛期，蒂卡尔的建筑面积在65平方千米以上，居民超过5万。蒂卡尔城内修建了各种建筑物，附近500平方千米的区域都受到它的影响。

仅在蒂卡尔中心区域，就建有大型金字塔十几座，小型神庙五十多座。它们以中心广场为核心分布四周，旁边还有装饰着浮雕彩画的王宫和繁华的市场。好几条高出地面的石砌大道，连接着各个宗教中心。

蒂卡尔所在的玛雅低地，经常发生战争。根据碑铭记载，蒂卡尔常和一些玛雅城邦结盟或打仗，其中包括乌瓦夏克吞、卡拉克穆尔、卡拉阔尔和纳兰永等。

在奇坦王之后，蒂卡尔不知什么原因迅速衰落。公元889年，正在建设的寺庙群工程突然中断。在这之后，蒂卡尔就没有再建造什么主要的建筑物，并且，一些宫殿也被焚毁，人们逐渐离开了这座城市。10世纪末，这座曾经无比辉煌的城邦成为一片荒芜的死城，被彻底遗弃在莽莽的热带丛林之中。

蒂卡尔被人遗忘了。

重放光彩

蒂卡尔遗址深藏在热带丛林之中，附近人烟稀少。当帕伦克、科潘等玛雅文明遗址相继被人发现以后，蒂卡尔仍然不为人所知。实际上，并不是从来就没有人接近过它。早在1525年，西班牙将领赫尔南·科尔特斯和他的部队在穿过佩滕去洪都拉斯时，就曾经与蒂卡尔擦身而过。1696年，几名西班牙传教士在丛林里迷了路，结果无意间在密林深处发现了蒂卡尔遗址，但是他们的发现没有引起多少人的注意。

在接下来的一百多年中，一些探险者陆陆续续来到蒂卡尔。但是他们的到来，仅仅是匆匆一瞥，并没有让世人对蒂卡尔有更多的了解。

1848年初，两名危地马拉官员率领一支探险队，走进了这座荒无人烟的古城。在这些神秘的建筑物面前，他们感到非常兴奋，随行的一名画家还画下许多遗迹的素描。随后，他们写了一份报告呈递给危地马拉政府，但是没有引起重视。1853年，这份图文并茂的报告在柏林科学院发表，然而也没有引起什么轰动。于是，蒂卡尔又重归沉寂。

1857年，一名叫夏尔奈的法国摄影师来到中美洲，准备用摄影的方式，拍下玛雅文明遗址，以此记录下玛雅文明的真实面貌。在此之前，夏尔奈曾经看过斯蒂芬斯对玛雅文明遗址的描述。他对玛雅文明遗址中那些雄伟壮观的建筑物非常神往。

蒂卡尔遗址附近迷路的传教士

由于当时摄影技术刚刚发明不久，一套摄影器材相当笨重，夏尔奈雇佣了好几个当地人帮他扛摄影器材。

夏尔奈的中美洲之旅一点都不轻松。中美洲恶劣的气候、复杂的地形和地势、遮蔽天日的森林让人望而却步。但是夏尔奈克服了重重困难，终于拍下帕伦克、蒂卡尔、奇琴·伊察、乌斯马尔等遗址的照片，并于1863年成书出版。

夏尔奈是历史上第一个拍下玛雅遗址的人。在他的书中，不仅有大量照片，还附有路线图和精心制作的遗址地图。栩栩如生的图片让人不容置疑，丰富的材料更为后来者提供了极大的帮助。

从此，蒂卡尔才真正进入人们的视野，蒂卡尔的面纱逐渐被揭开。但对蒂卡尔遗址大规模的挖掘，直到20世纪50年代才开始。1956年，美国宾夕尼亚大学先后派出一百多名考古学家，对蒂卡尔进行了长达15年的发掘和研究，其人数之众、时间之长、范围之广，在整个玛雅考古史上都非常罕见。

在考古学家的努力下，共有3 000多座建筑和200多座纪念碑被发掘出来，然而发掘范围仅仅是城区面积的一小部分。看来，要想了解蒂卡尔的全貌，还得等上一段时间。

如今，蒂卡尔已经成为一处旅游胜地，每年都有无数人前往参观。蒂卡尔，这座曾经无比辉煌的玛雅古城，在沉寂千年之后逐渐又焕发出耀眼的光芒。

穿越时空的建筑

近几十年来，考古学家在蒂卡尔发掘出数以千计的玛雅建筑，整个建筑群的布局错落有致，层次分明，在群山绿树的环抱之中，显得分外幽静雅致。这些屹立在热带丛林间的建筑物和刻有铭文的石碑，穿越了千年的岁月，让人感叹。

看着这些静静矗立的建筑物，难以想象当年这里曾经是一个拥有数万之众的繁华都市。在其鼎盛时期，蒂卡尔全邦人口多达50万，城区人口超过5万。在古典期，蒂卡尔在玛雅地区雄霸一方。10世纪末，蒂卡尔却盛极而衰。

和强盛的国势相匹配，蒂卡尔的建筑也彰显了大国之风。这里有中美洲最高大的金字塔，神庙的数量也居玛雅诸城之冠。

经过一代又一代考古工作者的努力，蒂卡尔城遗址已被清理出来。其中心是一个广场，学者们称之为"中央广场"。广场的旁边就是王宫，由6个宽敞的庭院组成，再辅以游龙般的走廊，奢华而不失优雅。

蒂卡尔最显赫的建筑物，当然是宏伟的金字塔。这些金字塔坡度达70°，外形就像欧洲的哥特式教堂，因而又有人称之为"丛林大教堂"。

每座金字塔的顶部，都建有一座神庙，这是玛雅建筑物的典型风格。沿着陡峭的石阶，祭司或者国王一步步登上金字塔顶端进入神庙之中。在神庙里，他们与神灵对话，向神灵祈祷。有的神庙还建有天文观测台，在那里，玛雅祭司们可以观测星象，预测未来。

蒂卡尔的金字塔都是由石灰石构筑而成的，它们雄伟的身姿，傲然耸立在丛林之中。让人在仰望中，心潮澎湃，感叹玛雅人的伟大成就。

　　中心广场的东西两侧，有两座金字塔相对而立，它们被称为"1号神庙"和"2号神庙"。学者们根据神庙内雕刻的画像，分别又把这两座神庙命名为"大美洲豹神庙"和"蒙面人神庙"。1961年，考古学家在"1号神庙"下面偶然挖出一间拱顶内室，并在里面发现了一具遗骸及大量陪葬品。经考察，这个神庙是阿赫卡王的陵墓。

　　广场的南侧也有一组建筑，人们称之为"南卫城"。与广场中心建筑相比，南卫城稍逊一筹。

　　广场的北面是北卫城，长100米，宽80米。北卫城的东、西、北面各有一座金字塔，神庙和小型金字塔分布四周，充满了宗教气息。这里曾是蒂卡尔早期的城中心，阿赫卡王修建了中心广场以后，这里仍然是蒂卡尔城最重要的宗教祭祀场所。虽然如今的北卫城已经破败不堪，不过从它那巨大的台基仍然可以想象出其当年的雄姿。

　　"3号神庙"是蒂卡尔人最后兴建的一座大型建筑物，它高为55米。

　　蒂卡尔最高的金字塔是"4号神庙"，位于城西，高达75米。它不仅是玛雅建筑物中最高的，而且也是美洲印第安人修建的建筑物中最高的。然而遗憾的是，这座曾经俯瞰全城的宏伟建筑已经坍塌多年，至今未修复。

　　除了在城中心发掘出的主建筑群以外，蒂卡尔还有数以千计的建筑，星散在周围广阔而茂密的森林里。

蒂卡尔大广场景观

另外，在蒂卡尔城的外围还零星地散布着许多小型砖石砌筑的棚屋。这些棚屋相当朴素简单，看来是普通居民的住宅。

看着蒂卡尔庞大的建筑群，参观者禁不住会感叹：古玛雅人能在缺乏车辆、滚轮和牛马等牲畜的情况下，建造如此辉煌壮丽的城市，实在是伟大的奇迹！

"伊察人的泉水"——奇琴·伊察

玛雅——托尔特克之都

奇琴·伊察遗址位于中美洲北部的尤卡坦半岛，行政区域上属于墨西哥东南部的尤卡坦州，在尤卡坦州首府梅里达东部120千米处。

奇琴·伊察的名字在玛雅语中的意思是"伊察人的泉水"，它源于该城的两眼泉水，玛雅人称其为"圣井"。这两眼泉水对这一地区有着重要的意义，城中居民的生活用水大部分都靠它们供给，同时它们也是重要的宗教场所，来自美洲各地的朝圣者源源不断地来到奇琴·伊察，把各种祭品扔到这两眼泉水中。

奇琴·伊察是玛雅文明最杰出的代表作，在玛雅后古典期，它曾经是尤卡坦东北部最大的城市和宗教中心。

奇琴·伊察始建于公元514年，于11至12世纪达到鼎盛期。它包括玛雅和托尔特克两种文明的建筑风格。

托尔特克人原是一支游牧民族，居住在墨西哥北部。在印第安语中，"托尔特克"的意思是"名匠和学者"。

大约在公元800年，托尔特克人已经进入阶级社会，并开始向南迁徙到中部高原地区。大约50年后，托尔特克国家出现了一位杰出的首领霍拉特，他后来不幸被敌人杀死。他的儿子继位后，自称"克沙尔柯脱尔"。

公元856年，克沙尔柯脱尔开始营建规模宏大的图拉城。公元967年，托尔特克人远征达金和奇琴·伊察，并在那里建立了新的玛雅—托尔特克城邦。

托尔特克人征服了奇琴·伊察之后，逐渐把奇琴·伊察奉为圣地。他们扩建了整座城市，使它成为当时最繁华的艺术文化中心之一。

托尔特克人在这里兴建了武士庙、金字塔、观象台、头颅墙、球场、市场等建筑。这些建筑同时兼具托尔特克人原有的风格和许多玛雅文化的特点。除此之外，他们还兴建了许多新的城市，从而形成了玛雅—托尔特克文化。

如今，奇琴·伊察遗留下来的建筑物，大部分都是融合了玛雅和托尔特克两种文化的综合体，其建筑特点既表现出玛雅人的节制、冷静，又不乏托尔特克人的彪悍、雄壮。

神秘的"圣井"

尤卡坦半岛没有多少地面河流，因此，奇琴·伊察由于是两眼能终年提供充足水源的泉水所在地，理所当然地成为当地的人口中心。

早在公元5、6世纪时，当地的玛雅人就在靠近两口泉水的地方定居。其中一口水井用来灌溉农田和饮用，另一口则被奉为"圣井"，用来祭祀神灵。这口圣井非常具有传奇色彩，由于被玛雅人用于献祭，因此又被称为"献祭之井"。

玛雅人对雨神极为崇拜，认为天气的变化、农作物收成的好坏都是由雨神决定的。每当饥荒、瘟疫、旱灾等情形出现时，他们都要举行盛大的献祭仪式。在献祭仪式上，祭司会把他们所认定的几乎一切好东西都投进"圣井"里，如各种玉器、陶器、珠宝、熏香、刀斧、贝雕等。不仅如此，为讨得雨神欢心，他们甚至还会以活人作为祭品，把精心装扮的少女投到井中献给雨神做新娘。

献祭当天清晨，人们停止一切其他活动，都涌向神殿。精挑细选的美丽新娘盛装打扮后，在身披铠甲、手提金刀、头戴

圣井献祭

插满羽毛的帽子的威武卫士守卫下，同自己的父母诀别。人们敲鼓吹笛，声音震耳。祭司引领新娘通向圣泉祭坛。在祭司祈祷结束之后，新娘和卫士立即被推入圣泉中，随即又把大量的金银财宝等也一起投入井中。玛雅人相信，这样做会感动雨神，保佑井水永不干涸。

这种残忍荒唐的祭祀方式，和中国古代的"河伯娶妻"有些类似。

不过奇特的是，被投入圣井的人牲居然还有生还的可能。通常，如果作为人祭的少女被投进井里后很快溺死，人们就会感到非常失望。他们会哭号着向水中投石头，认为神灵已经向他们昭示了不祥的预兆。但是有时候，从清晨到中午，井中的人可能还侥幸不死。这个时候，上面的人就会往井中放下一条长绳，把幸存者拉上来。这个死里逃生的人从此会受到玛雅人的崇敬，会被当做雨神派回来的"神使"受到顶礼膜拜。

12世纪后期，玛雅著名的领袖亨纳克·塞尔就是这样一个传奇人物。他后来成为玛雅潘的最高统治者，征服了许多地区。

这口圣井中的水从未干涸过。在很长的时间里，它一直是尤卡坦地区玛雅人的朝圣地。但是自从奇琴·伊察被玛雅人废弃以后，这口堆积着巨大宝藏的圣井也随之湮没在荒野丛林之中。

后来，西班牙人来到尤卡坦半岛，他们发现奇琴·伊察遗址后，对宏伟的建筑物感到非常吃惊，但这口井却没有被发现。

关于圣井的神话般的传说仍然吸引了许多外国侵略者、冒险家和探险者纷至沓来。一个名叫爱德华·H.汤普森的美国人在看了传教士迪戈·德·兰达写的一本书后，得知"玛雅帝国如果有金银财宝的话，肯定藏在圣泉的水底"。于是，他以研究玛雅文化为名，在奇琴·伊察居住了整整40年。

爱德华·H.汤普森购置了一台疏浚机，在圣井及其附近进行考古挖掘。直到1877年，他终于发现并打捞了这口圣井。他从井底臭气熏天的淤泥里，打捞出许多金银器皿和玉石，同时还捞出一些人的骸骨。经考证，这些人均是15至18岁之间的少男少女。这就证实了上面所述的关于用人牲献祭雨神的传说。汤普森还亲自穿着潜水服潜入井底，在圣井中打捞出40个金盘、5个金碗和金酒杯、20个金戒指、100个金铃铛和300多件其他金制品，还有许多金块。汤普森把这些文物卖给了美国的博物馆和一些私人收藏家。后来，墨西哥政府据理力争，收回了部分宝物。

1961年和1967年，墨西哥国家人类学与历史学研究所对圣井又进行了两次打捞。如今，这些打捞出来的珠宝饰物，存放在墨西哥和美国的博物馆里。

"羽蛇神"降临之地

在10世纪以前，奇琴·伊察是玛雅人的一个重要城邦。后来托尔特克人占领了奇琴·伊察，把它作为新的首都，并对奇琴·伊察城进行了扩建和改造。如今，在奇琴·伊察遗址中，许多建筑物既不完全属于玛雅风格，也不纯粹是托尔特克风格，而是两种风格的混合体。

其中，最为著名的建筑物之一是库库尔坎金字塔——羽蛇神金字塔。

"库库尔坎"在玛雅语中意为"带羽毛的蛇"，即"羽蛇神"。正因如此，玛雅人许多建筑物的周围均装饰着羽蛇神的图案。"羽蛇神"也是托尔特克传统文化中的主神，由奎特查尔凤鸟羽毛和响尾蛇组合而成。它被视为伟大的组织者，城市的建立者，数学、冶金学和天文学之父，传说是它给百姓带来了文明和教化。此外，它还掌管农业、丰收与降雨，这在干旱的尤卡坦半岛意义非凡。

库库尔坎金字塔矗立在奇琴·伊察遗址的中心位置，吸收

羽蛇神降临

了玛雅文化和托尔特克文化同类建筑的优点，是一座阶梯式金字塔。它由塔身和神庙两部分组成，塔高30米，底面为正方形，四方对称，底大上小，四边棱角分明。台基每边长55.5米，共9层，向上逐渐缩小至平台，平台上是羽蛇神庙。

塔的四面各有91级台阶，四面共有364级，加上最上层的平台，正好是一年的天数。

9层塔座的阶梯又分为18个部分，它正好又对应着玛雅历一年的月数。另外，在金字塔每个侧面都整整齐齐地排列着52片雕刻过的精美石板。这里的52，又恰好对应着玛雅人的一个历法周期。

羽蛇神庙高6米，内部羽蛇形状的石柱装饰，布满了飞檐和精美的壁画。庙门的两个圆形浮雕上刻满了象形文字和装饰图案。石阶两边，配有雕刻成巨蛇形的石砌栏杆。

库库尔坎金字塔台阶最下端的栏杆底部是一对长1.87米、宽1.07米、高1.43米的大蛇头。蛇身披着羽毛，张着大嘴，从蛇口

库库尔坎金字塔栏杆底部的羽蛇神头像

内还伸出一条1.6米长、0.35米宽的巨舌，长长的舌头从张开的嘴巴中伸出来，形象生动逼真，远远看去，犹如两条活的巨蛇正从塔顶羽蛇神庙向下游动。

蛇身隐在金字塔的阶梯断面内。每年3月21日（春分）和9月22日（秋分），太阳开始西落时，边墙受太阳照射的部分，从上至下，逐渐由笔直变为波浪形，直到蛇头，远望如一条巨蟒，从塔顶蜿蜒而下。边墙上因光照依次形成排成一列的7个等腰三角形，俨如蛇背花纹，使蛇形更加逼真。这时聚集在塔前广场上的尤卡坦艺术家们，立即奏起优美的音乐，跳起欢乐的民族舞蹈，纵情欢呼"蛇神"降临。

随着太阳的下落，蛇头上的阳光首先消失，接着7个等腰三角形由上而下，依次消失，直至蛇尾也消失不见。每一次，这个幻象都持续整整3小时22分钟。这种"光影蛇形"的神秘奇观，这种融天文、地理、物理和建筑学为一体的艺术幻觉，至今令人惊叹。

提到羽蛇神金字塔，就不能不提美国人爱德华·H.汤普森。当年汤普森在尤卡坦半岛进行探险，他在打扫金字塔塔顶的坛庙时，无意中发现地板中有一石块与众不同。于是，他小心谨慎地撬起这块石板，眼前顿时出现了一口竖井。他发现井里有一条巨蛇正盘在一堆人的骸骨上。汤普森想办法杀死了蛇，又在竖井底发现了与坛庙地板上相同的一块石板。他再次掀起石板，又出现了一口竖井，下面仍是通道。接着他又相继打开了第三口、第四口竖井，第四口竖井的下面有一道石阶，它的尽头是一间小石屋。汤普森挪动石屋地面的石板，一个深15米的洞穴露了出来，洞穴里面竟然都是价值连城的奇珍异宝和金银首饰，这些自然被发现者汤普森洗劫一空。

至于玛雅人为什么要在这里建造库库尔坎金字塔，为什么要将金银财宝、人、巨蛇投在神庙底下的竖井里，人们各执一词，众口不一。有的人认为金字塔与圣井一样，是为祭祀雨神建造的宗教建筑物。由于尤卡坦半岛地区气候干旱，终年缺少

爱德华·H.汤普森

雨水，所以无论是玛雅人还是托尔特克人，都把雨神作为主神加以供奉。每天早上、中午和晚上，祭司要三次登上91级台阶到达塔顶的祭坛进行祈祷，祈求雨神赐予人间雨水，滋润万物。但有的人却认为，这座金字塔与埃及法老的金字塔一样，是帝王或首领的陵墓。他们认为这座陵墓的主人就是当年率领玛雅人重返尤卡坦的库库尔坎，玛雅人把他奉为羽蛇神，并用他的名字命名神庙和金字塔。

蛇头武士庙

奇琴·伊察以其神庙闻名于世，其中比较著名的神庙除了库库尔坎神庙（即羽蛇神庙）以外，就是武士神庙了。

武士神庙位于奇琴·伊察城东部，建于11世纪，是玛雅神庙建筑中最美观的一座，台基共三层，有丰富的浮雕和雕刻装饰。武士庙的内部非常宽阔，大厅建有1 000根圆柱，被称为"千柱厅"。

在奇琴·伊察的建筑物中，能看到很多昂首吐舌的毒蛇形象，这是羽蛇神的标志。武士庙前就有两根雕刻成羽蛇神的柱子，蛇头上长角，紧贴地面，张着大嘴，蛇身有一小段平铺于地面，然后垂直竖立支撑庙顶。蛇头雕刻精美，两边墙面有龙头蛇身图案浮雕，梯道两边的顶端立有武士小雕像。

在武士庙通向圣殿的阶梯顶上，有座被称为"查克穆尔"的人像，这是一个典型的托尔特克圆雕作品。查克穆尔是托尔特克人崇拜的神，他的形象被大量制成雕塑作品。典型的查克穆尔的姿势非常奇怪，他的身体是躺着的，上身却仰起，双膝向上，头转向一侧，肚子像一个容器。考古发现，托尔特克人在尤卡坦半岛上留下了许多这种石刻人像。当时奇琴·伊察的祭司，可能把活人祭品的心脏摆在这个斜倚的人像上。

后来，托尔特克人开始废除用活人作为牺牲献祭的礼仪，而代之以禽鸟和蝴蝶。因此，查克穆尔雕像的胸前大都有样式固定的蝴蝶状装饰。这些雕像随着附属物的不同，被用于不同

查克穆尔雕像

的神的祭祀。

武士庙穹窿形的石房顶用木楣支持，木楣则置放在石柱之上。如今，房顶和木楣都已不见，只有石柱石墙仍然留存。武士庙刻有极其丰富的浮雕装饰。神庙的外侧墙壁上，有武士头部陷入蛇口的雕刻。神庙下面是通往金字塔内部的秘道，秘道和许多用于举行秘密仪式的房间相连接。这些房间都非常美观，在房间的柱子上，装饰着羽毛、护耳、首饰的祭司浮雕。

与玛雅人早先建造的那些古城相比，奇琴·伊察的建筑虽然年代稍晚，但是别具特色，而这座举世闻名的武士庙，则是当时世界上最伟大的杰作之一。

最早的天文台

在库库尔坎金字塔南面，是一个螺旋塔，由于它形似蜗牛壳，又被人称为"蜗牛塔"。玛雅人对天文学有着狂热的爱好和深厚的造诣。这座奇怪的建筑物实际上是玛雅人用来观测天象的，它是世界上最早的天文台。

这座螺旋塔式的天文台，高12.5米，塔身建在两层高台之上，高台上台阶的位置，是经过精心计算后才决定的，与重要的天象相配合。台阶和阶梯平台的数目分别代表了一年的天数和月数。52块雕刻图案的石板象征着玛雅历法52年为一轮回。建筑物的方向、定位也显然经过精心考虑，其阶梯朝着正北、正南、正东和正西。

这座天文观象台，是玛雅文化中唯一的圆形建筑物。螺旋塔的中心是空心的泥石结构，塔内有一道螺旋形楼梯直接通到位于塔顶的观测室，室中有一些位置准确的观察孔，供天文学家向外观测。通过这些孔，天文学家可以十分准确地算出星辰的角度。天文台的周围地势平坦，从北面窗口厚达3米的墙壁所形成的对角线望去，可以看到春分、秋分落日的半圆；而南面窗口的对角线，又正好指着地球的南极和北极。

奇怪的是，天文台的观察窗并不对准夜空中最明亮的星

奇琴·伊察的古天文台

星，却对准肉眼根本无法看见的天王星和海王星。在西方天文学历史上，天王星是于1781年发现的，海王星是于1846年发现的。难道说在一千多年前，玛雅人就已经知道它们的存在？

虽然我们今天看到的只是玛雅人的天文台残迹，但近代考古学家仍然可以核对玛雅人的计算结果。玛雅人测量的偏差角度，最多只有2°。古玛雅人在不依靠经纬仪等观测仪器的情况下，能获得如此准确的数据，真是不可思议。

峡谷明珠——科潘

荣辱兴衰话古城

科潘是玛雅文明古典期最重要的城市之一，遗址坐落在今洪都拉斯境内，位于尤卡坦半岛南端一个13千米长、2.5千米宽的峡谷地带。这一地区有3 500座草木覆盖的高冈，每一处都是一座文化遗址，还有其他千余座高冈沿着河谷地区零散地分布着。科潘城区位于峡谷地带的最低处。

科潘早在10世纪初期就被遗弃了，直到19世纪才被挖掘出来，而对科潘严肃正规的发掘工作则始于19世纪90年代。经过多年的考古研究，考古学家已对这座古城有了比较全面的了解。

早于公元前1100年，科潘所在的峡谷地带就有人居住。在其他玛雅城邦蓬勃发展之时，科潘却默默无闻，1 300多年来一直没有什么大的发展。直到公元200年左右，科潘城才开始走向兴盛。

考古学家在科潘发现一座圣坛，上面刻画有16位人物的形象。起先，考古学家觉得图上画的好像是16位祭司环坐一起讨论问题。后来研究表明，这是16位科潘国王的形象。

公元426年，在亚克库克毛的领导下，科潘王朝开始强大起来。亚克库克毛是圣坛上所刻画的第一位国王。在他的治理下，科潘有了第一座神庙，并且逐渐走向强盛。尽管他不是科潘第一个国王，但是深得后世诸王尊崇，考古学家把他喻为"科潘的华盛顿"。

到了公元628年，"烟豹王"即位，他是科潘历史上另一位声名显赫的国王，在位长达67年。他在位期间，科潘王朝处于鼎盛时期，周围控制的地区非常辽阔，俨然一个庞大的"帝国"。

"烟豹王"以后"十八兔王"即位，在位43年。"十八兔王"虽继续扩张与征服，但是科潘已成为强弩

"十八兔王"雕像

之末。玛雅小国基里瓜的统治者考阿克天，在即位后的第十三年打败了"十八兔王"，并于公元738年5月3日将其斩首。

"十八兔王"被斩首以后，科潘的王权受到很大影响，科潘开始走下坡路。到了公元763年，雅克斯潘继位，他试图通过炫耀祖先的功绩，通过把自己刻画成英勇武士的形象来挽回王朝，但是科潘王朝的兴盛已经一去不复返了。

10世纪，科潘被遗弃在丛林之中。

直到1576年，西班牙传教士迪戈·加西亚在从危地马拉去洪都拉斯的途中，才发现了这处湮没在草莽中的古城遗址。但是这次发现并没有引起西方人太多的兴趣。实际上，科潘后来能够闻名于世，还得归功于美国人斯蒂芬斯。当年他和卡瑟伍德探寻玛雅文明的遗址时，所到达的第一站就是科潘。他们对科潘详细的描述，使世人开始了解科潘，并对它产生了浓厚的兴趣。

"中美洲最大的拼图"

科潘的城市中心长约600米，宽约300米，遗址的核心部分是宗教建筑，主要有金字塔祭坛、中心广场、庙宇、石阶、石碑和雕刻等。

最接近宗教建筑的是玛雅祭司的住房，其次是部落首领、贵族及商人的住房，最远处则是一般平民的住房。这反映了阶级社会中等级制度的宗教特点和宗教祭祀的崇高地位，具有鲜明的等级特征。

科潘地狭人稠，建筑物多以精巧取胜。考古学家威廉·法史曾说："这里的每座神庙都别具一格，没有两座是一模一样的。"更为引人入胜的是，几乎所有的建筑上都刻有图像或文字。令人惋惜的是，由于科潘缺乏石灰石，建筑师们不得不用泥浆来黏合石料，这也使得这里的建筑更容易遭受破坏。正因如此，科潘建筑的保存状况远不如其他玛雅城市。考古学家用了将近10年的时间，才修复了4座建筑。他们把这里的修复工作戏称为"中美洲最大的拼图"。

在广场的山丘上有一座祭坛金字塔，这座大金字塔高达37米。当年斯蒂芬斯看到它时，立即为之倾倒，并对其大加赞誉。

这座金字塔共有63级台阶，是用2 500块刻着花纹及象形文字的方形石块垒成的，由一条宽约10米、长约60米的石梯直通塔顶。石阶两侧雕刻着两条倒悬着的花斑大蟒。每级石阶都刻着玛雅人的象形文字。石碑都是用整块山岩雕凿而成，上面刻满了象形文字。这些图案和文字记载了玛雅人的重大事件，所以又名为"象形文字石阶"。

这个石阶是祭司和部族首领在玛雅人的祭祀活动中，登上塔顶进行祭祀的通道，但因年代久远及建筑材料的缘故，早已变得残破不堪。到目前为止，被人们寄予破解厚望的"象形文字阶梯"仍在修复之中。

在科潘的中心广场中央，有两座由地道相通、分别祭祀太阳神和月亮神的庙宇，各长30米、宽10米。其墙壁和门框中有丰富多彩的人像浮雕。两座庙宇之间的空地上，耸立着14块石

科潘中心广场的金字塔

碑，这些石碑建于公元613年至783年。所有的石碑均由整块的石头雕刻而成，高低不一，上面刻满了具有象征意义的雕刻和数以千计的象形文字。

在广场附近，一座庙宇的台阶上立着一个非常硕大的、代表太阳神的人头石像，上面雕刻着金星。另一座庙宇的台阶上，有一尊玛雅雨神的石雕像，雨神手里握着具有降雨神通的火把。在山坡和庙宇的台阶上，耸立着一些巨大的、表情迥异的人头石像。

在科潘玛雅遗址中，还发现了一个面积约300平方米的长方形球场，地面铺着石砖，两边各有一个坡度较大的平台，台上有建筑物的痕迹。从玛雅文字的记载来看，科潘球场约建于公元775年。远处的边缘有石阶为界，每一边都有一道斜坡，斜坡上的房子都有拱形的屋顶。每一道斜坡的最高处都有三处记分石标。

金星之城——乌斯马尔

"三次修建"的城市

乌斯马尔玛雅古城遗址，位于墨西哥境内东南部的尤卡坦州，在尤卡坦半岛北部、梅里达以南80千米处，是公元600年至900年玛雅文化鼎盛时期的代表性城市。

早在公元前800年左右，就已经有人类在乌斯马尔居住。从7世纪开始，乌斯马尔成为尤卡坦半岛最大的城市和宗教中心，呈现出一片欣欣向荣的繁华景象。公元800年至1000年的玛雅文明后古典时期，乌斯马尔开始成为一座重要的玛雅中心城市。它达到鼎盛时，许多地处低地的玛雅文明已经开始走向了衰落。尽管在所有的玛雅古代遗址中，乌斯马尔古城是保存比较完好的一座，但遗憾的是，人们对它的起源却知之甚少。

乌斯马尔的原意是"三次修建"，这种多次修建的特征鲜明地反映于丰富多彩的建筑风格中。乌斯马尔古城东西长约600米，南北长约1 000米，建筑雄伟而富于变化。古城重要建筑物建在一条南北方向的中轴线上，从南向北依次是南神殿、鸽子宫以及一个由4座建筑围成的广场。鸽子宫东面是大金字塔，东北面是总督府。总督府基台上的西北角建有乌龟宫，北面是球场、祭司住所和魔术师金字塔。

10世纪末，乌斯马尔与奇琴·伊察、玛雅潘两城联盟，因而更加繁荣。1194年，玛雅潘占领乌斯马尔之后，乌斯马尔逐渐衰落，并于15世纪末被废弃。

金星是玛雅宇宙学中的主角，是玛雅史诗《波波尔·乌》中的双胞胎兄弟之一，另一个是太阳。金星与战争、死亡有联系，用于献祭的牺牲者在死前往往被涂成象征金星的蓝颜色。金星与玛雅人之间的这种联系，又进一步被乌斯马尔的总督府正立面上部的数百个石制镶嵌的"恰克"面具所强化：每个面具的下眼皮上都刻着一个代表金星的符号。

玛雅祭司拥有记载金星各个运行周期的历书，这些周期被做成图表，放到玛雅人的总历法之中。这样，他们就可以为举行宗教性格斗和献祭仪式确定吉利的时间。这是一项复杂的事务，5个需时584天的金星历周期恰好等于8个需时365天的太阳历周期。于是，一种为时8年的金星历便发明了。但是，金星历还必须与玛雅人为时260天的圣年历相协调。后者涉及两个将1至13的数字序列与20个具名日相结合的周期。以这种方法计算之后，便产生了大金星历，其中包括65个金星历周期和146个圣年历。

不可思议的"总督府"

乌斯马尔城的布局于均衡中求变化，气度非凡。整个城市布局非常特殊，其主要建筑是根据当时所知的行星的位置排列的，代表金星的建筑处于最显著的位置。马吉尔金字塔位于东方，它西面的梯道每当夏至的那一天，正好对准西沉的太阳。

乌斯马尔的大金字塔

这些表明古代美洲印第安人已懂得精确的天文历法，反映了他们高度的智慧。

玛雅古代文明的遗迹，很多已在时间的长河中湮没了。因现代人至今还无法弄清玛雅人的语言，所以对玛雅人的了解全靠他们遗留下来的古物，包括图画、石头雕像、陶器、玉器和建筑物的遗迹。人们相信，玛雅人在保存了那些谜样的石头雕像的同时，也许还保藏了一些更神秘、更奇妙的东西。

从大金字塔神殿居高临下鸟瞰整座乌斯马尔古城遗址及其周围的原始森林，游客们会感到恍如隔世，似乎游历于天地之间。从神殿向东北望去，便是气势磅礴举世闻名的古玛雅建筑杰作"总督府"了。有人认为，乌斯马尔的"总督府"是古代美洲建筑最美丽、最宏伟的代表，具有尤卡坦建筑所特有的蒲克式显著特征。

玛雅文明后古典时期，尤卡坦的玛雅建筑，采用了新的装饰方法，即把立面装饰完全用石砖镶嵌，先把石砖雕刻成石雕砖，然后镶嵌到墙面组成图案，把它们作为永久性的表层。乌斯马尔的总督府，长90多米，高10米，建筑在一座120米长、9米宽的基台上。

总督府外檐上部由一道3米多宽的石雕镶嵌带组成，围住整个府第。石雕上刻的是蒲克式图案，有150个蛇神形的面具，每个都有眼、耳、角和尖齿，一模一样。每个面具都由18块建筑用的石料组成。这些面具的图案完全一致，砌成一幅镶嵌图案。光是面具就用了2 700块有雕刻的石料，每一方码有30块，而整个镶嵌带由22 500块石雕拼成精心设计的图案。这些石块有一大半组成一个十字形图案，图案由同样的石块组成。每一石块的体积、形状大小都绝对相同，丝毫不差。如果有半寸之差，千千万万块拼起来，结果就不堪设想。所以在工厂里把石块预先修凿成形的工匠，技术都要达到很高的水平，其生产方法可与现代工厂相媲美。

总督府另外一个特征就是在装饰设计中不断重复使用简单

乌斯马尔总督府墙上的猫头鹰雕刻

的几何图案，这也是古玛雅文明中大规模生产的显著特征之一。还有，连接总督府主要部分和中央楼宇的短通道，也是用假穹隆顶或突拱的形式建造的，总督府的中央大厅外铺石片，房顶也是假穹隆顶。

有人猜想，当初这座总督府的建造者，可能先把石头凿削成千万块相同的石料，然后再完成下一道工序，按部就班，如同现在的流水作业。这种分工合作的多道工序，恐怕只有在强大统治集团领导下组织严密的社会里，才有能力完成。

不可思议的是，玛雅人要用45万立方米的建筑材科才能筑起总督府的平台。整个工程，需要将近100万吨建筑材料。而整座建筑物所需的内部填充物以及碎石和各种设备，都要完全依靠人力背负驮扛。考古发现，这么宏伟的巨型建筑，玛雅人在建筑时竟没有使用有轮的车子！

魔法师金字塔与女修道院

乌斯马尔遗址的中心耸立着"魔法师金字塔"。据说，这座金字塔是位魔法师在一夜之间神奇般建造的。传说毕竟是传说，据考证，魔法师金字塔的建造从6世纪开始到11世纪结束，大约用了500年的时间，融合了各个时期不同风格的建筑艺术。

魔法师金字塔底部呈椭圆形，而不是一般的正方形。其底部长径约73米，短径36.5米，塔身高耸在天地之间，达36.5米，俯瞰着周围一望无际的旷野。塔的正面从下往上共有89级陡峭的石头台阶，中间没有休息平台。越往上攀登，台阶就变得越狭窄，只能踏上半只脚掌。

有些研究中美洲台阶陡度的学者认为，因为这里是古玛雅人举行宗教仪式和献祭的中心场所，居民在广场上集合，可以仰视金字塔高台上由祭司主持的祭礼，而这些台阶也是为祭司们特别设计的，为的是祭司在塔顶上把活人当做祭品献祭后，易于处理尸体。台阶两旁装饰着华丽的图案，也有人把它称为"雕刻的镶嵌拼花图案"。

顺着台阶一直往上攀登，可来到矗立于塔顶端的神殿，神殿只有一间庙堂，拱形屋顶用石柱支撑。

玛雅人的建筑往往和他们的宗教有联系。通过建造魔法师金字塔和总督府，玛雅人多次把神秘莫测的天文知识表现得淋漓尽致。每逢夏至时分，魔法师金字塔西面的石阶正好对准西落的夕阳，极为准确地对着地平线在金星到达最南偏角的那一点。总督府立面镶嵌着数以万计的精美的图案，其中还包含许多代表金星的符号，以至于有人认为，这座金字塔具有神奇的导向功能。

乌斯马尔古城遗址的"总督府"、"魔法师金字塔"、"女修道院"等建筑物的名字，都是当初来到此地的西班牙人根据建筑的外形特点所起的，并不代表实际功能。比如"女修道院"，其命名仅仅是缘于它与西班牙的女修道院有类似之处。实际上，这座建筑当初可能是个学校。

考古发现，"女修道院"大约建于9至10世纪，有气派雄伟

乌斯马尔女修道院的雕刻

的拱门、宽敞的梯级，还有一个中央庭院，另外有四座宽而矮的宫殿式楼房，楼房外部由刻着几何图案的雕饰带围绕。里面的房间都用石块间隔，上面是拱形的房顶。

"女修道院"表现出典型的玛雅建筑的蒲克风格，石板上的图案彼此相连，十分精确。西侧雕饰带上的图案，有玛雅印第安平民的泥土住屋图样。这些住屋高置在其建筑物每一个房间的门上作为一种象征，清楚地说明玛雅贵人所使用的石建房子事实上就是他们的住所，而不只是举行典礼的地方。

强盛一时的卡拉克穆尔

蛇之都

卡拉克穆尔是玛雅文明古典时期最重要的城邦之一，遗址位于今墨西哥坎佩切州境内。在玛雅，卡拉克穆尔被称为"Kana"（玛雅语意为"蛇"），因此卡拉克穆尔的王朝也被称为"蛇之王朝"。

在诸多玛雅城市中，卡拉克穆尔是发现得较晚的一个，直到1931年，首先被美国生物学家赛勒斯·伦德尔在航天勘测时发现，后来墨西哥考古学家在丛林中找到了它。

卡拉克穆尔遗址面积约70平方千米，深藏在南坎佩切州的热带森林深处，是最大的玛雅遗址之一。在其强盛时期，卡拉克穆尔拥有人口5万，在这个地区的历史中扮演着极为关键的角色。至今，卡拉克穆尔雄伟的建筑结构及其独特的整体布局还保存得非常完好，给世人展现了一幅生动的古玛雅首都的生活画面。

卡拉克穆尔城中心的北方有坚固的城墙，大概是重要的政治防御建筑。整个城市布局合理，水陆交通便利，城中人工运河和天然河流纵横，这在玛雅古城中非常少见。和其他玛雅古城相同的是，卡拉克穆尔也有以中心广场为主体的祭祀场所。

隐藏在热带丛林中的卡拉克穆尔

中心广场的南侧是2号建筑，这个锥形的平台底部面积140平方米，高55米。考古学家研究发现，其水平的建筑可以追溯到前古典时期的晚期，由此可得出锥形建筑的最后建造阶段在古典时期后期的结论。

2号建筑的下面竖立着一组石雕纪念碑，还有一些纪念碑散落在平台的上面或内部。这些纪念碑是研究该地区玛雅文明的重要依据。

在2号建筑顶端，有一个古典时期建造的宫殿。考古学家发掘结果显示，这个宫殿有9个带有38个壁炉的房间，房间里有磨谷物用的磨盘，一个带有壁龛的高台，一个祭坛和一些坟墓，陪葬品有史前骨头、陶器和坏的磨盘。

6号金字塔神庙位于中心广场的西面，是前古典时期后期建造的，后来重新改造，与对面的4号金字塔构成中轴线。站在卡拉克穆尔4号金字塔神庙上，面向东方，在夏至日可以看到太阳在6号金字塔神庙A区后面升起，冬至在C区后升起，春分或秋分在中心点的B区后升起。

3号建筑位于中心广场的东南，是一座宫殿建筑，建于古典时期早期，很明显是围绕一个精致的坟墓建造的。建筑内带顶的坟墓现在被认为建于5世纪，上方通过一个小管道与宫殿相连。在坟墓内部，考古学家发现了一个成年男子的尸体，尸体上涂有一层红色颜料，脸上带着镶花的翡翠面具。此外还有3副玉耳塞，1个玉镯，32颗玉珠，8 252粒珍珠，还有5个做工复杂的陶瓷器皿。

卡拉克穆尔出土的玉石面具

考古学家得出结论：这个坟墓的主人肯定是卡拉克穆尔的早期统治者之一。

两雄争霸

卡拉克穆尔是玛雅中部地区的大国，与另一个大国蒂卡尔保持着竞争对立的关系。

卡拉克穆尔可能于5世纪时立国。但6世纪之前，蒂卡尔已经强大，成为中部玛雅地区的实际霸主。562年，卡拉克穆尔与邻国卡拉阔尔结成同盟，大败蒂卡尔，一跃成为中部玛雅地区新的霸主。599年和611年，卡拉克穆尔两次打败玛雅西部地区大邦帕伦克。但是不久以后，帕伦克在国王帕卡尔二世统治下，重新强大，限制了卡拉克穆尔向西的发展。

多斯皮拉斯和卡拉克穆尔相邻，本是蒂卡尔的一个军事前哨。7世纪起，蒂卡尔重新强大，卡拉克穆尔的霸主地位受到挑战。629年，多斯皮拉斯成为蒂卡尔控制下的玛雅城邦，蒂卡尔王派自己的弟弟统治这里。

多斯皮拉斯王与蒂卡尔王长年结盟，但后来卡拉克穆尔城邦从北方前来征服了多斯皮拉斯。多斯皮拉斯王向卡拉克穆尔变节投诚，并向蒂卡尔发动了一场历时10年的战争，并获得了最终的胜利。

多斯皮拉斯王率领军队洗劫了蒂卡尔王国，把自己的亲哥哥蒂卡尔王杀死祭神。此后，多斯皮拉斯以卡拉克穆尔为靠山，征战四方。695年，卡拉克穆尔被蒂卡尔的阿赫卡王打败，蒂卡尔重新成为中部玛雅地区的霸主。

此后，卡拉克穆尔政权迅速衰败。但作为一个玛雅城邦，直至10世纪，才与其他玛雅城邦一样，不知为什么被永远遗弃在丛林之中。

各领风骚

壮丽的埃尔·米拉多

埃尔·米拉多位于蒂卡尔西北部，是玛雅人早期建立的一座古老而壮丽的城市。在玛雅文明前古典期末段，其城市规模和建筑成就甚至超过了蒂卡尔。

埃尔·米拉多城内建筑物的特点是层层叠上，峻拔高耸。城中祭祀中心建有巨大的台基、密集的建筑群以及雄浑厚重的浮雕。

埃尔·米拉多有众多的金字塔神庙，其中最大的便是美洲豹金字塔。美洲豹在玛雅传统中象征着王的权威，进而代表着统治者超人的力量，是玛雅人最崇拜的动物。这里的美洲豹金字塔呈台阶式，共有18层，高达70米以上。底部占地1.8万平方米，相当于3个现代足球场那么大。其西侧立面装饰着巨大的半人半虎形的美洲豹浮雕，仅头部就有两米多高，张着大嘴，犬牙向外卷起，张开的耳朵像两个圆环，夸张的造型给人以恐怖感。

美洲豹金字塔的南面是莫诺斯建筑群。整个建筑群平均高40米，占地1.7万平方米。正东方向是大型的中央卫城和中心

埃尔·米拉多古城遗址

广场，这里是举行朝拜和进行宗教仪式的地方，也是米拉多城的中心。卫城的台阶上，矗立着12块石碑，石碑上没有装饰雕刻，只留有残余的色迹。

丹塔金字塔及其建筑群位于米拉多城的东部，是米拉多城最早的建筑。金字塔高45米，坐东朝西，与美洲豹金字塔相向而立。

玛雅人自称是"太阳的守护人"，美洲豹金字塔和丹塔金字塔便是他们在日出和日落时举行宗教仪式的场所。

乌瓦夏克吞——玛雅城市中的长者

玛雅人的纪念碑举世闻名，是研究玛雅文明的重要依据。迄今发现的年代最早的玛雅纪念碑之一，就出自乌瓦夏克吞。石碑背面刻有代表玛雅日期的象形文字，时间是公元328年。

乌瓦夏克吞位于佩滕盆地，距离玛雅名城蒂卡尔不远，如今属于危地马拉。除标明328年的9号石碑外，这座城里至少还有10座纪念碑。这些纪念碑上雕有许多人物形象，其线条极为粗糙，人物形象比例极不相称，大部分以柔和的左侧轮廓展现出来。两脚一前一后，左脚的大脚趾顶着右脚的脚后跟，上肢和躯干向着正前方。这种不雅的姿势是早期玛雅石刻的代表姿势。

乌瓦夏克吞遗址规模较大，大约公元前3世纪就建成了。在乌瓦夏克吞发现的最早的金字塔是标号E组建筑的E-VII-sub金字塔，它被E-VII金字塔所覆盖，而E-VII金字塔就是为了保护它而修建的。

E-VII-sub金字塔侧面粉饰掩体的风格表明，其建造时玛雅艺术风格刚刚开始成形。其顶部并不是一些石头建筑，四根石灰柱及灰泥地面表明，这个金字塔顶部的神庙当初可能是茅草屋顶，石质拱顶的建造技术还未发明。

在乌瓦夏克吞，人们还发现了玛雅人最早的用于天文观测的建筑。中心广场西侧的E-VII-sub大金字塔正对着东方，应该是为了确定春分和秋分点的位置。对面的台座上，自南向北有三座神庙，中间一座大，南北两座小。E-VII-sub大金字塔和大神庙之间有两座小石碑，中间形成中轴线。在E-VII-sub金字塔的阶梯上观测太阳，当日出点正好在E-II上时，这天就是春分

乌瓦夏克吞金字塔遗迹

265

（3月21日）；当日出点位于北边的小神庙E-I时，这天就是夏至（6月21日）；当日出点又位于E-II上时，这天就是秋分（9月23日）；当日出点位于南边的小神庙E-III时，这天就是冬至（12月21日）。

观察春分和秋分这两个与播种和收获密切相关的日子，不仅有农时的意义，还有文化的意义。在原始农业阶段，没有什么日子比春分和秋分对人们生活的影响更大。因此，在玛雅人心目中，春分是带来雨季的羽蛇神降临的日子，而秋分则是羽蛇神归天而去的时候。为此，在金字塔的南北台阶两端有石刻的蛇头。

乌瓦夏克吞不仅有最早的金字塔和天文观测台，还发现了许多精美的彩陶，其中许多是在其他玛雅遗址中从未发现的。此外，这里还发现了最古老的玛雅壁画，在白色的背景上饰以红、橙、黄、灰白和黑色，色彩鲜明，表现的是重要的宗教仪式。

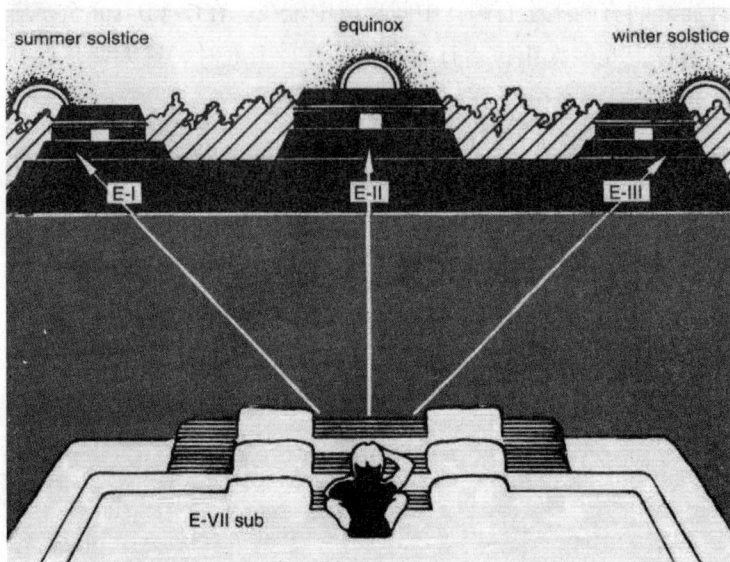

乌瓦夏克吞的天文观测台

雕刻之都——亚克斯切兰

亚克斯切兰位于帕伦克城东南方约110千米处，介于蒂卡尔与帕伦克城之间，尤苏梅辛塔河从它的旁边流过。因雨季河水上涨，部分沿河的建筑已不复存在，建在高出河面约100米的山坡上的大部分建筑被保留了下来。

帕伦克、亚克斯切兰和皮德拉斯·尼格拉斯是尤苏梅辛塔河流域最大的3个城市，同时也是雕刻艺术达到顶峰的3个城市。亚克斯切兰的城市规模仅次于帕伦克，城市的规划基本与河流平行，随地势的变化而变化。城内最大的两座建筑占地面积达60万平方米，且建筑群的中央都有大型的中心广场，从中可显出当年的恢弘与繁盛。

亚克斯切兰的建筑兼容了蒂卡尔与帕伦克两种风格，其雕刻艺术达到了顶峰。公元692年至726年，亚克斯切兰建造了4座壮观的金字塔神庙，每座神庙有3根雕刻精美的石头横梁，它们是亚克斯切兰雕刻艺术中最杰出的典范。此外，这里曾出土大

亚克斯切兰的玛雅遗迹

量雕刻过的石碑，也有高耸在神庙屋顶上的格状顶饰，上面装饰着各种大型灰泥雕塑，主要表现的是玉米神的形象。

奇琴·伊察的复制品玛雅潘

奇琴·伊察属于独特的玛雅—托尔特克文化。1224年，一个称做伊察的玛雅部落从墨西哥迁徙而来，攻陷了托尔特克人的都城奇琴·伊察。约在1250年前后，尤卡坦半岛北部地区发生了重要变化，虽然奇琴·伊察作为当时的一个政治中心并未被废弃，但在它的附近又建立了一座新的玛雅城邦玛雅潘，从此，玛雅潘取代了奇琴·伊察，成为北部尤卡坦的中心。

玛雅潘虽然人口众多，但由于经济力量的不足，其建筑已不再有奇琴·伊察当年的风采，粗糙的灰泥墙、狭窄的内部空间等缺陷暴露无遗。在某种程度上，玛雅潘遗址是玛雅早期历史的有意回归：石碑崇拜的复活，以及围绕密闭的院落布置的建筑。但是蛇柱和柱廊大厅则是奇琴·伊察遗址受托尔特克式建筑影响的表现。

玛雅潘的大金字塔

据玛雅文献记载，玛雅潘是一个集权统治的政治中心，其神庙的设计思想比较保守，规模较小，仿佛是奇琴·伊察遗址库库尔坎金字塔城堡的复制品。但这座礼仪中心的布局在玛雅地区仍然具有创新性和独特性，房屋鳞次栉比，低矮的界墙分隔了城内的礼仪区域和居住区域。因此，玛雅潘集祭祀和居住的功能于一身。

海边明珠图伦

图伦位于墨西哥尤卡坦半岛东侧，濒临加勒比海，是迄今为止发现的唯一位于海边的玛雅古迹。岛长38米，宽170米，城市三面环绕着5米高的围墙，另一面密布的棕榈树守卫着海岸的悬崖，构成天然的屏障。

"图伦"在玛雅语里的意思就是"围墙"，不过，原先的居民们把它称做"萨玛"，意思是"黎明之城"。

这种城市防御设施正反映了后古典时期玛雅世界的动荡不安，城市居民频频受到外来入侵者的骚扰，无时无刻不在戒备之中。然而，并非所有的图伦居民都住在围墙里面，而是只有祭祀用的神庙和贵族们的住宅才能享受这样的待遇。

1200至1524年，图伦曾是一座有相当规模的玛雅港口城市，也是附近地区土著玛雅人的商品集散地，主要建筑包括多个祭祀用的神庙和贵族居住的宫殿等。其中的"城堡"大金字塔建造在一个两层的大台基上，由一条主楼梯通往上面的石屋，石屋有一条横楣，两个巨型蛇柱将大门分为三个部分。图伦虽然在建筑的气势和模式上还保留着当年奇琴·伊察的遗风，但是其规模、建筑水平和装饰工艺要粗糙很多。

"壁画神庙"可算是玛雅世界最后的壁画遗迹。因受当时米克斯特克人的影响，壁画风格与之也十分相似。壁画描绘的是天神伊特萨姆纳之妻彩虹女神，背负着雨神恰克，手托另一个小神像的情景。雨神也是图伦城壁画中一个常见的主题，他通常会骑在一个四脚动物的背上。

　　1518年，西班牙殖民者胡安·德格利哈尔瓦率领的船队占领了图伦。1524年，玛雅人遗弃了这座城市。

雨神恰克雕像

人神之间
——玛雅的宗教

古代玛雅人对宇宙和自然万物的信仰遍及生活的方方面面，将人类所处的平淡无奇的现实世界与诸神、精灵和祖先所处的超自然世界融为一体。他们对自然的依赖和对自然现象的模糊认识，使得自然界的风啸雨骤、电闪雷鸣以及大地、天空、太阳、月亮等，都成为他们顶礼膜拜和信仰的对象。随着农业定居生活的发展，玛雅宗教的体制、仪式与组织逐渐完备，并形成了复杂的神学观和宇宙观。宗教及其衍生出来的迷信，逐步渗透到整个社会与政治生活中，支配着玛雅人生活的各个方面。

祭司掌控下的玛雅

现存的所有史料证明，玛雅宗教与玛雅人的宇宙观、天文学、数学等知识联系甚密。早在公元前4世纪，玛雅人古老的自然崇拜就发生了深刻的变化，形成了独特的宇宙观和哲学观。玛雅人认为世界经历了4个阶段，前3个世界皆因洪水泛滥而结束，今世即第四世界亦将如此；起初的世界处于黑暗之中，后来神创造了日月，用泥土造人；世界共有13重天与9层地，大地依存于巨鳄背上。

时间是玛雅人宇宙观的一个重要的组成部分，他们认为每个神代表一个时辰，并成为特定的崇拜对象。

玛雅人崇拜的神灵众多，主要有雨神恰克及玉米神余姆·卡虚、死神和战神等。最高神灵是天神伊特萨姆纳，它为祭司的保护神，也是文字和科学的创造者。宗教祭祀活动选择吉日举行，仪式隆重，献祭者要先禁食禁欲。通常的礼仪是焚香、呈献"巴克"（用蜂蜜

推算玛雅历法的祭司

与一种树皮酿制的饮料）、耳舌放血、献祭动物及献舞。以活人献祭只是到后期才盛行。

在古代玛雅社会，掌握数学和拥有崇高地位的是祭司。祭司为世袭，居住在城市的祭祀中心，分管献祭、解释经书、预告未来等。他们的首要职责就是当好人与神之间的桥梁，并告诉人们哪一天羽蛇神降临，给大地带来雨季；哪一天可以开始烧林，可以得到风神保佑；哪一天战神来临，将带来战事，甚至死亡。他们是玛雅世界的权威人士。他们说哪位神动了怒而需要活人献祭，人们只能照办。总之，玛雅人心目中的祭司是神游古今、通晓天文地理的人物，凡事都要求教于他们、依靠他们。

人类想了解自身，了解自然，了解自然力量甚至超自然力量与自身的关联，这种求知欲构成了人类的知识史。而促使人类摆脱物质文化拘囿、迈出这精神文化第一步的便是宗教中的祭司。玛雅祭司从完善宗教开始，专职地研究历史、文字、天文、地理、数学、医药和心理，开始从无到有地创造各种符号，并且用它们来记录过去，计算现在，推测将来。

通常，现代人对巫师、祭司们的活动不以为然。然而，在极度信奉神灵的远古时期，却借助他们诞生了璀璨伟大的哲

学、天文、历法、数学、建筑等文明。

总之，古代玛雅宗教的体制、仪式与组织都已相当完备，并发展出复杂的神学。神祇支撑下的宗教和宇宙哲学观渗透到整个社会与政治生活中，支配着玛雅文明的各个方面。一直到了16世纪20年代西班牙入侵之后，传统的玛雅宗教才与天主教的礼仪、信仰逐渐融为一体。

玛雅人的虚幻世界

人神共居的宇宙

不同的民族有着不同的智慧，不同的民族有着不同的世界观、宇宙哲学观。古代玛雅人的世界观充满着炽热的情感和丰富的想象。在他们眼里，世界并不能用我们所熟悉的气候、地质、植物、动物和诸如自然环境等此类术语来定义。

玛雅人是睿智的，他们用自己的心灵、头脑甚至双手，给宇宙排列了次序，诸神的位置一一停当，构筑成一个既满足他们自己，又满足于那个时代的宏大完美的思想体系。

在玛雅人的宇宙观中，人类社会介于魔鬼的下层世界和神的上层世界之间，随时都有可能遭受到毁灭性的打击，十分危险。所以，为了不让这些毁灭性的力量降临，他们诚惶诚恐，对神诚心侍奉，并不惜以鲜血祭祀。因为他们相信，只有让神感到满意，宇宙才能运转得井然有序。

这些信仰将玛雅人的世界观和道德观统一起来。他们构想出自己的宇宙空间结构、诸神的身份、世界的沉沦、圣城的至高无上、生命的轮回演变、死亡的不可逆转、贵族和国王的作用以及宗教仪式的目的等观念，并通过自己的艺术、建筑和手工艺品把超自然神灵、宇宙的神圣莫测以及统治者和贵族的崇高地位鲜活地展现了出来。

这样一来，玛雅人眼中的世界，便显得与众不同了。

在玛雅人的宇宙概念体系中，宇宙万物是一个统一的整体，物质世界与其他领域密不可分地交织在一起。那些超自然的、无法控制的、超感觉的神秘体验，原本就是玛雅人日常生活的一部分。玛雅人个人活动的空间不但没有被现实世界的界限所框定，甚至还延伸到了天堂和冥界。不仅如此，时间和空间还水乳交融地统一在一起。就连神灵也不是高高在上，而是现实世界的一个折射，是时间和空间的某个侧面。这就是玛雅人博大统一的神学和哲学观。

神秘的宇宙观

在古代玛雅人的宇宙观念中，宇宙到处充满了与诸神产生共鸣的神秘莫测的力量。祖先和众多神灵不仅存在于上界和下界，而且还与人类和其他动植物一起分享中界，即地球资源。诸神将中界的那些奇异神秘之所定为自己的领域，感召人们在那里生活并进行营建，举行各种宗教仪式。

古代玛雅人认为，众神所体现出来的神性，充满了这个由合理原则与和谐秩序共同构成的宇宙。所以他们在构想宇宙情形的时候，创造出一种由水平空间和垂直空间相互结合的空间模式。其中，垂直空间被分成三大领界，即上界、中界和下界。

上界：诸神活动的舞台

太阳和众多星座在天空所流经的区域构成了上界，是诸神活动的舞台，神灵的各种意志和神谕通过上界诸星座的变化体现出来。死者离开中间世界时，他们会沿着那条明亮的银河前行，进入上界。不过，有这种资格的只是那些在战争中阵亡的武士、在生育后代时死去的妇女，以及祭司、国王。金星闪闪发光，明亮耀眼，在天空中经常呈现出各种不同的形状，所以玛雅人将它同战争联系起来，认为它是某种权势和潜在危险来临的标志。当统治者对外征伐时，他们总要依据金星的变化预测吉凶之后才安排作战时间。另外，祭司也要时常记录金星的变化，以便指导他们频繁的战争。

星空中，太阳、月亮和地球等运行的水平轨道被称为"黄道"，而古代玛雅人则将其看成一条双头蛇。黄道面与双头蛇之间有一种隐喻关系，这在玛雅语中也有所体现，比如，他们所用的"天空"和"蛇"是同一单词。

中界：五片梅花瓣结构的空间

古代玛雅人认为，中界是一个呈五片梅花瓣结构的空间，由4个世界及其中心构成。这一概念在玛雅宇宙观中最为重要。玛雅人认为宇宙的中心轴是1棵枝叶茂盛的极大的木棉树，树枝上栖息着1只圣鸟。木棉树的树枝直刺天空，可达宇宙之顶，笔直的树干钻入大地，树根向下延伸。3个垂直世界所释放出来的超自然能量，沿着木棉树这条生命之轴上下流动，为死者灵魂进入下界提供了通道。另外，当人类乞求神灵帮助时，神灵也可借助这棵木棉树进入中界。世界的4个主要方向，也通过各自对应的树木和圣鸟形成各自的中心轴。

中界的这种五片梅花瓣的空间结构，在玛雅人的建筑、玉米地中都有所体现。

玛雅人居住的房屋用立柱和树枝搭建而成。一般为单间结构，屋顶铺上树叶挡雨避风。在房屋的四角分别立有4根支柱，这与天地间4个主要方向处的4棵木棉树相对应，而第五根支柱则立于房屋中心，它被视为世界中心的那棵木棉树。

除民居外，这种五片梅花瓣结构还体现在家庭用的炉膛上。由3块摆成三角形的石块搭建而成的炉膛，模仿了玛雅宇宙炉膛的结构。在玛雅人的宇宙观念中，宇宙炉膛就是夜空中那个排列成三角形的星座，正如宇宙炉膛的3颗星星包围着一团云状的星云一样，家内炉膛的3块石头也包围着一团散发着热量的焰火。

同样，玛雅人的玉米地也效仿了中界的五片梅花瓣空间结构。玉米地的四角立有4根支柱，这些支柱所形成的界线将中间一块种有玉米的田地包围起来。尤卡坦半岛上的现代玛雅人仍用"恰查克"仪式向古老的雨神祈雨，他们在仪式中所用的木制神坛仍以4根支柱支撑，这与古代玛雅人宇宙中的4根支柱的用法相同。神坛穹顶用弄弯的树枝铺成，代表星空，而其平坦的表面则象征着大地。

总之，这种将宇宙空间结构观念融入日常生活的古老做法，一直延伸到现代玛雅人的生活中。

下界：孕育生殖力量的潮湿之地

同上界一样，玛雅人认为下界也是一个存在着超自然力量的领域，下界从上到下共分为9层。在一些玛雅人有关宇宙的记载中，下界被称做"西巴尔巴"，是一个孕育着生殖力量的潮湿之地，并流淌着两条河流。

下界虽然孕育着生殖力量，但同时也是腐朽和疾病并存的恐怖之所，玛雅人对这里心存恐惧，认为那些自然死亡的人最后都将被分派到这里。玛雅人认为，通过岩洞或湖泊、井泉等便可进入下界。

玛雅人除运用地理模式的术语来构想宇宙空间外，还借用自然界中的一些隐喻来阐释宇宙空间结构。其中一个隐喻与荷花池中的一只大凯门鳄有关。凯门鳄粗糙的脊背象征崎岖不平的地球表面。因为地球表面不仅被农民犁成沟畦，而且太阳炽热的高温又将其烤得泛起皱褶。还有一个隐喻提到了一只在原始海洋中游泳的海龟。同凯门鳄粗糙的脊背一样，海龟凸凹不平的背壳也酷似地球表面。有些帕瓦吞神的形象，在背部也被添加了一个海龟壳，这显然也是将地球隐喻成海龟的例子。除此之外，海龟的形象还反映在夜空中，其中有个星座就被认为是一只海龟，这就是猎户座。

轮回循环的时间观

时间在现代人的哲学中似乎是线性的，但在玛雅人的观念中，时间却是一个轮回环转的圆。

玛雅人的循环时间观揭示了这样一个道理：时间不是静止的，是有方位和可测量的。时间能被分成用数学来处理的等级单位，用以统计已消逝的时间数量，并对未来做出设想。由于时间是个轮回环转的圆圈，因而时间轮回圈中的各个点位不再具有唯一性。当特定的时间单位循环回来重现时，从前与现在就被叠映再现，此时与彼时相互交错，今天同于过去。玛雅人的世界和哲学从而找到了一种一以贯之的完整结构。

由此来理解玛雅无所不在的超自然神灵，逻辑上顺理成章。玛雅人认为，每一天和每个数字都有自己的保护神，如太阳神是历日"阿豪"，玉米神是历日"坎"。这些崇拜与玛雅人的一种重要观念有关。汤普森曾说过："玛雅人认为各个时

用象形文字表示的玛雅人循环日历

间段可以作为重负，由神祇轮流背负着走向永恒。这种重负放在背上，通过套在前额上的宽背带来承受重量。在大多数精心雕刻的象形文字图案中，一位神祇把手伸向前额，要将宽背带摘下来，其他神祇已经卸下重负；白天过去之后，夜神将接过这个重负继续前行，他正背着重负慢慢站立起来——用左手帮助减轻宽背带承受的重量，右手撑在地上以稳定身体——这是印第安人负重者继续行程时的典型场景。"

科潘遗址有一块石碑背面的"初始系列"日期是玛雅人将时间作为重负的极好例证。在石碑上，"巴克吞年"、"卡吞年"、"吞年"、"维纳尔"（月）、"金"（日）等时间概念都被拟人化地表现出来。他们的重负表现为不同形式，包括大蟾蜍和豹皮包裹。某些神灵与其具体的时间片段相关，于是也就对此片段时间的各种事件，有了特别的影响力。

另外，过去是现在的暗示。而无论过去还是现在，都能用来预想将来。玛雅人这一循环轮回的时间观，自然就具备了可预卜和星占的性质。

第四世界的悲观人生

在玛雅人心目中有一种根深蒂固的宿命论，即该来的总要来，怎么也躲不过去。这种宿命论也许就源自于一种第四世界观。

玛雅人相信自己现在是生活于第四世界，在此之前曾经存在过三个世界。

第一世界的居民是一些矮人，他们曾建造了许多雄伟壮观的城市，这些城市废墟仍遗留在玛雅人目前居住的地方。但矮人们所有的建筑过程都是在夜幕掩盖下进行的，因为太阳一出来，他们就变成了石头。考古学家在一些石祭台上发现了玛雅人雕刻的矮人模样，这些祭台是现今发现的最古老的祭台。玛雅神话中所说的那些废墟中的石头人，也许就是这些石祭台上的石刻人形。

第一个世界最终为一场大洪水所灭。

第二世界的居住者是"侵略者"，结果他们也为大水所吞噬。

第三世界居住的是玛雅人自己，普通的百姓，最终也为大水所浸没。

前三个世界分别为洪水摧毁之后出现了现世，也就是第四世界。这一世界里的居民是混合体，包括前三个世界留下的后代以及这个世界自己的居民。眼前这个世界未来也要被第四次大洪水所毁灭。

过去的世界一次次被洪水无情地摧毁，留下的只有石头和遗迹。而今天的世界再美好，也会有被摧毁的那一天，这就表现出玛雅人在面对灾难时深深的悲哀和无助。

因而，第四世界观充满了玛雅人悲观主义的宿命论观念，死神也因此在玛雅神殿中占有突出的位置。玛雅人相信，死神对人类的诅咒始终存在着，它们拖着腐烂的身躯，和那些善良友好、保护人类的神一起注视着人间，随时准备把手伸向毫无准备和防范的人。无论面对好神还是坏神，人类总是完全处于被动的状态。这些神的意志主宰着人类，人的生命直接取决于好神和坏神较量的结果。

玛雅人的第四世界观，现代人可以从他们社会生活的许多细节中得以体会。玛雅人的许

玛雅人形石刻

279

多城市都有良好的水道系统，有些城市甚至建筑在半山腰上。玛雅人时时处处意识到毁灭性力量的来临，也时时处处防备着洪水的来临。

但玛雅人的第四世界观又不同于其他民族的一次毁灭的"世界末日"。第四世界观的说法还表达了玛雅人的一种积极的态度，他们对于命运的大灾变有着出奇开阔的胸襟和博大的气魄。洪水可以一次次地来，但人还是一次次地组成世界。玛雅人的伟大就在于这无奈背后的泰然，就在于面临灭顶之灾的同时仍然孜孜以求地顽强生存。

玛雅文明虽然是世界各文明中成熟较早的一个，但灾害却从未远离过他们。玛雅人的灾难意识，始终同建设意识交织在一起。新世界可以从无到有，促使玛雅人生存至今的，应该就是这种百折而不回的建设意识。到后来，重复突出的已不再是灾难的不可避免，而是人对它所采取的态度。传说中的灾难必定会来，在这样一种预知难免遭灾的心态里，他们不求无祸。而在灾难降临之前，他们又能知足常乐，既来之则安之。在每一次灾难过后，他们又都顽强地生存下去，创造更多的文明。

因此，普通玛雅人对生活很少奢求，他们总是恪守本分，种地吃饭，很少追求过分的奢侈品，这种安于天命的态度与第四世界的基调非常和谐。今天的玛雅人仍然保留着这种传统，玛雅老人在自知即将离世之际，会用安之若素的态度去迎接死神。正是这种坦然和平衡心态，伴随着玛雅人度过一次又一次突如其来的灾难，使他们艰难而又坚强地存活了下来。

玛雅文明中最发达的是天文学，玛雅人探究天文星象的道理，最直接的动力就是了解天气变化，掌握四时雨旱的规律。玛雅人精确的历法、先进的数学，都是在这一动力驱使之下获得的，它们只是天文学的副产物。玛雅人搭建的精美的石建筑，也许并没有想过要将它们流传万世，不过他们肯定考虑到了可能来自飓风、暴雨等的侵袭。那些有着巨大台基的石建筑，也许就是玛雅人为了在洪水到来时能逃离危险，也许那一级一级升高的金字塔就是他们坚不可移的"方舟"。

热血献祭

庄重繁冗的祭祀程序

宗教成为玛雅人生活中不可或缺的重要成分。有自虐倾向的放血仪式和残忍的人祭仪式，使玛雅人的宗教仪式充满血淋淋的神秘色彩。宗教意识和宗教崇拜让玛雅人觉得死比生具有更大的意义，因而面对死亡，玛雅人觉得并不是什么可怕的事，反而很坦然。若为宗教仪式而死，甚至会感到十分荣幸。

玛雅人为了维持人神之间的"等价交换"关系，无论个人还是整个部落，都发展演变出一套自认为非常适合自己需要、满足神灵要求的完整的祭祀仪式。

玛雅人日常生活中，在许多情况下都要举行宗教仪式，而且仪式非常庄重，复杂多样。例如，神庙里的浮雕大量描绘了国王举行仪式、参加球赛、主持血祭以及与祖先神灵交流的场景。

玛雅人的各种宗教仪式都有非常明确的目的，或是为了结束自然界对玛雅人的惩罚，或是为了解决社会的失调状况，或是为了维持现有的政治秩序，或是为了让社会接受由统治者推行的改革措施，或是为了治愈疾病、挺过灾难。

玛雅人的宗教仪式通常要经过6个阶段。

第一阶段：先行斋戒的节欲。包括主祭祭司在内所有要参加仪式的人都要提前禁止性生活，因为神灵需要洁净，而性生活在玛雅人心中是肮脏的。

第二阶段：预先通过祭司占卜择定吉日。玛雅宗教观念中，每一日都由特定的神灵专门分管，择定吉日至关重要。

第三阶段：预先驱逐参加祭祀仪式的人当中的邪恶精灵。

祭祀浮雕

祭祀前的准备

第四阶段：对着崇拜物焚香。

第五阶段：祈祷，向神灵提出要求。

第六阶段：献祭，最虔诚的做法，当然少不了鲜血。

玛雅宗教崇拜仪式大多以酒宴告终。参加仪式的人围在一起载歌载舞、纵酒狂欢是必不可少的节目。玛雅人认为，神灵听取了人们的诉求，自然会显示万能的神通，他们也就心满意足，不用为忧患担心了，自然要好好庆贺一番。

总之，玛雅人认为，遵守宗教仪式既定的程序，可以驱使自然界和超自然界的各方正义力量一起行动起来，与各种邪恶力量抗争，让颠倒的事物重归和谐与平衡。

活人献祭

人类历史上最血腥、最不可思议的事，大概就是拿活人献祭了。人类学家研究证明，这一恶俗的祭祀方式历史相当久远、普遍，许多民族史前甚至进入奴隶社会以后还采用这种做法。

玛雅人和整个新大陆的印第安人都采用过活人献祭仪式。

人祭的方式是多种多样的，最常见的是把人的心脏挖出来祭祀神灵。作为祭品的人，全身上下先被涂成蓝色，头上戴一尖顶头饰，然后就在庙宇前广场上的祭坛或金字塔之巅受死——祭祀的人希望神灵能够接受如此贵重的祭品。

祭祀时，用来献祭的人被仰面放在祭坛凸起的祭案上，这样使得他胸腹隆起而头和四肢下垂。接着4个祭司分别抓住他的四肢，尽量把他拉直，以便开膛剖胸，取出心脏。

"刽子手"是祭祀仪式的主角，他准确地在牺牲者的左胸肋骨处下刀，从伤口伸进手去，抓出跳动的心脏并放在盘子里，交给主持仪式的大祭司。大祭司则以娴熟的手法，把心脏上的鲜血涂在神灵偶像上。

如果是在金字塔之巅的神庙进行祭仪，那么牺牲的尸体就会被踢下，沿着台阶滚落到金字塔脚下。这时，职位较低的祭司就把尸体的皮肤剥下，而主持祭仪的大祭司则郑重其事地脱下自己的长袍，赤身钻到血淋淋的人皮中，与旁观者们一道跳起宗教祈福舞蹈。

根据需要，妇女和儿童也会被作为牺牲献祭。

人祭的另一种形式，是使用弓和箭射杀作为祭品的人。

太阳神庙下的祭祀活动

库库尔坎金字塔和圣井

举行这种仪式的时候，玛雅人先在牺牲者身上画上蛇的图案，接着把他的身体上下涂成蓝色，用白色在心脏处做好标记，并给他戴上一种特殊的帽子。然后，玛雅人背着弓和箭，依次走到牺牲者面前，和他一起围着木桩跳一种庄重而神秘的舞蹈。在跳舞的过程中，会有人把牺牲者带到木桩前用绳缚住。其他的人仔细观察牺牲者的行动和表情，一直不停地跳舞。

这时，主持祭祀的祭司身穿礼服走上台去，他先用箭射中人祭的羞处，然后拔出箭来，让血从伤口流出来，再将血涂在神像的面部。

此后，参加祭祀的玛雅人一手执弓，一手持箭，开始跳一种特殊而神秘的舞蹈。当他们踏着舞步快速在牺牲者面前滑过时，一个接一个朝着牺牲者的心脏射箭。

在蒂卡尔城出土的2号神庙的墙壁上，玛雅人的雕刻描绘了这种典型的人祭场景。墨西哥抄本中也描绘过同样的仪式。这种仪式，很可能就是后古典时期从墨西哥中部民族引进的。

在奇琴·伊察，还有一种不同寻常的人祭方式，这种活动是在圣井中进行的。

当饥荒、传染病流行和持续的干旱出现时，玛雅人就会在这里进行活人献祭。刽子手将长矛猛地投向站在圣井边的牺牲者，牺牲者中矛后就会倒在圣井里。朝拜者们从很远的地方赶来参加祭祀活动，随身携带的贵重物品或是他们引以为荣的东西，和牺牲者一起被投入井中，以此来抚慰愤怒的雨神。

圣井通过一条石头堤道与库库尔坎金字塔神庙相连，石头堤道长30.5米，宽6.1米，路面高于地面1至4.5米。奇琴·伊察的玛雅人常在库库尔坎金字塔神庙举行庄严的仪式，以敬奉库库尔坎（羽蛇神）。

16世纪中期，玛雅人还有一种祭祀方法，就是在因干旱祭祀雨神时，向这口井里投下活人。他们相信被投到井里的人并没有死，而是被神收留。

此外，牺牲者在祭祀过程中还能起到预测未来的作用。牺牲者，特别是孩子作为祭品被投入井中的时候，手脚并不被捆缚住。黎明的时候，祭司把他投入井中。中午的时候，如果有人能不被淹死，人们会放下去一条绳子把他拉上来。然后，统治者会询问他，神灵需要怎样的祭祀方式。如果作为牺牲的孩子没有经受住这可怕的考验，那么所有的人都向水中投掷大石头，然后大声哭喊着逃开。

血色契约

除血淋淋的人祭以外，玛雅人还崇尚自虐式的献祭仪式。

在玛雅人的自虐献祭仪式中，向神灵献祭的人需要割破自己身上的某个部位来取得鲜血，把自己的鲜血奉献给神灵——血在他们看来是通向永恒的桥梁。

鲜血献祭是玛雅人一种以自残的方法向大自然及其神灵表示服从和崇拜的过程。在这一过程中，国王是一个举足轻重的人物。在玛雅人看来，国王是一个高贵的人，国王的鲜血可以滋润玛雅宇宙中心的圣树，使圣树打开通往超自然世界的大门。

在古代玛雅人所举行的"自我牺牲"献祭仪式中，献祭鲜血的仪式可以说无处不在。

玛雅男子的自我献祭仪式

16世纪时，西班牙的迪戈·德·兰达主教在他的报告中记载了一些尤卡坦玛雅人所举行的自我献祭仪式，包括男人在双颊、嘴唇、舌头和阴茎上进行切割等仪式，并指出玛雅人是用草绳和草片来强行切割身体的。虽然"其间伴有剧痛"，但并不致命。作为玛雅人的一种重要宗教仪式，放血行为经常被玛雅人反映在雕刻、壁画和器皿上。现保存在美国费城宾夕法尼亚大学博物馆的一只陶瓶的瓶画上，有一排蹲着的男子，每人手持一件精致的锐器，正在刺穿自己的阴茎。在伯利兹河谷卡哈尔佩切遗址发掘的另一只陶瓶的瓶画上，有一名装扮成太阳神模样的男子正在做同样的事情，血从刺穿的阴茎喷射出来。

大多数情况下，只有男人才参加这种恐怖的仪式。但古典期的玛雅纪念碑上，显示妇女也可参加这种放血仪式。如在亚克斯切兰遗址极其精致的雕刻横楣上，一名女子正在拉动一根穿透她舌头的带刺绳索，血液滴在她身旁盘子里的树皮纸上——这张血迹斑斑的树皮纸将要献给神灵。

玛雅人认为，放血行为是为了履行他们与神签订的古老协议——神迫使人类用自己的鲜血来滋养诸神。而之所以有这种义务，就是因为诸神在创世阶段为创造人类自愿把鲜血滴到玉米上。通过这种自我献祭，玛雅统治者得以向众神偿还这种维持生命的神圣礼物。

在血祭时，玛雅统治者放出鲜血后，由于事前服食了某种药物，体内会分泌出一种激素，使其头脑中产生一种奇妙的幻影。玛雅人相信这种幻影能跨越宇宙各层间的界限，能打通同祖先和其他众神交流的渠道，这是刺激他们持续参加自我献祭的主要动力。借助这种交流，玛雅统治者更加彰显自己血统的高贵，更能证明自己对现世统治的合理性。所以虽然放血很痛苦，但玛雅上等阶层还是频繁地举行这种仪式，乐此不疲。

从玛雅艺术品和象形文字文献中看，由于放血仪式能够使统治者与众神、祖先沟通，所以这种仪式常在玛雅君主的不同统治时期举行，如王储出生、王位继承、周年庆典，还有历法中的特殊日子等。统治者希望通过与神的这种交流来祈求神灵与祖先保佑自己，协调人们生活，调整历法以保护统治者和他的子民。

另外，玛雅人的某些宗教仪式能使人感到舒适愉快和产生幻影。近年来，考古专家已经识别出一系列表现灌肠术的瓶画，有人认为玛雅人使用的是一种可以产生幻觉的液体，例如"巴尔奇"——一种浸泡蟾蜍（其皮肤含有强烈药力）的发酵蜂蜜饮料，可以用一种有喷嘴的挤压器（可能是橡皮囊）注入身体。这种挤压器或者放置在一个显然是装着灌肠液的有颈罐旁边，或者是拿在一名准备实施灌肠术的年轻女子手里。

因为放血仪式频繁举行，所以需要有适当的放血工具。古代玛雅上等阶层在举行放血仪式时，认为仅有锋利工具是不够的，还需要一些穿孔器，如黄貂鱼脊骨、黑曜石小刀、用骨头雕刻而成的锥子等，这些工具是用来切割阴茎、两腮、耳朵和舌头的。黄貂鱼脊骨上面有倒钩，一旦刺入肉体，上面的倒钩就会在皮肤表面形成更大的伤口，这样可使放血者顺利地完成穿刺任务。

典型的黄貂鱼脊骨穿刺器是用碧玉等珍贵材料雕刻而成的，制作成穿刺绳的形状，这也是常见的上等阶层的随葬品。一个打成3个结的树皮纸条或布条被用来止血，许多放血者身上都带有这种东西。

玛雅人的这种放血仪式一直延续到殖民期早期。后来，来自西班牙的天主教修士们将这种行为谴责为危险和异端，并且强行禁止，这种风俗才逐渐消失。

生死攸关的球戏

玛雅人喜欢进行一种球赛，称"球戏"。但他们并不真将其当做一种体育运动，而更多的是把这种球赛当成一场表演，一场生与死的较量。

玛雅球手对决浮雕

古代玛雅人的球戏，有点像现代人玩的篮球，但是比现代人的篮球赛残酷得多。这种球戏和活人献祭通常是联系在一起的。较大的玛雅城邦都建有球场，而且所有球场都建在神庙旁边，或者干脆与神庙融为一体——玛雅人的球戏始终是和宗教仪式紧密联系在一起的。

玛雅人的球场，很容易让人联想到角斗场。球场为长方形，球场两边筑有高台，目的是使球不至于飞出场外。球场的两端各有一堵巨大的石墙，相隔约27米。在这两面石墙中央，距离地面约6米高的地方，各有一个直径0.6米左右的石圈，将球顶进墙上的石圈就可以得分。

比赛所使用的球是橡胶做的，重2.5千克左右。比赛者不能用手或脚触球，而只能用前臂、膝部和臀部撞击球，在身体

玛雅人的球场

的这些地方都垫有羽毛垫。据说，玛雅武士在比赛时会戴着头盔，这是比赛装束的一部分。但也有人说，这是球赛队员为预防2.5千克重的橡胶球砸破脑袋而戴的保护用具，就像橄榄球运动员全身穿上富有弹性的头盔和衣服一样。

玛雅人的球戏有着浓厚的宗教意味，他们认为神主宰着比赛的胜负。与现代人的比赛思维尤其相悖的是，最终胜方的领队将被斩首或者被取出心脏献祭神灵，其头骨会被用做新球的球心。

若按照现代人的想法，这种比赛没有人希望赢得胜利。但是在玛雅人的信仰里，为伟大的神灵献身是最幸福、最光荣的事，也正是这种信念引领着他们在赛场上英勇拼杀。如此说来，玛雅人的球戏跟罗马角斗士在角斗场中的相互残杀有着天壤之别：玛雅人是自愿加入这场战斗的，而罗马角斗士是被迫的。不过，比赛一旦开始，双方拼得你死我活，自愿和被迫也就没有什么区别了。

有时球戏还发生在战胜者与战俘之间。这种球戏更像是一场表演，在比赛中，不用去做人祭的玛雅武士会故意输球给俘虏，让对方象征性地战胜自己，最后走上祭台受死。当然，失败的俘虏会被认为是懦夫，同样会被处死。

玛雅人的球戏，就像一场宗教仪式的表演，而对表演者的奖赏却是光荣的死亡。

不可理喻的固执

玛雅人所信奉的宗教，使他们深信有一种看不到的力量主宰一切。他们相信世界是由神灵掌管的，人类必须行为合宜，才能受到神灵的保护，并使神灵在灾难发生前给予神谕。因而，玛雅人在日常生活中逐渐形成各种各样的迷信，并相信那是神灵给予的提示。

随着时间的日积月累，迷信的玛雅人越来越固执，这种固执越来越不可理喻，并散发出愚昧、腐朽的气息。

玛雅人的婚姻观体现在房间里最不起眼的扫帚上。玛雅人认为，如果扫帚扫过男孩的脚，那么他就会娶进一个年老的妻子；扫帚扫过女孩的脚，那么她就会嫁给一个年老的丈夫。再比如，玛雅人认为火把掉到地下仍能继续烧，就是个好运的兆头；假如火把掉下后能一直烧完，那就表明它的主人一定长寿。猎人如果把打到的鹿的头、肝或肚卖掉，就必定会在日后遭厄运。另外，还有一些一般的征兆，比如看到蜻蜓飞进屋、猫咪洗脸、蝴蝶高飞，都表示有客人来。

玛雅人每家每户门前都会放上一些装食物的葫芦，家里几口人，门前就放几个葫芦，他们认为如此就能祛病消灾。看到红眼睛的绿蛇，看到大得出奇或小得出奇的鸡蛋，听到猫头鹰叫，都是凶兆。还比如，如果一个人梦到自己遭受拔牙之类的剧痛，那么他的一个近亲就快死了；如果梦中的痛楚较轻，那么将死的是他的一位远亲。梦到红色的土豆预示着婴儿的死亡，梦到黑牛冲进家里或梦中摔碎水罐，都预示着家人的去世。

玛雅人关于天气的许多征兆，则介于迷信与科学之间。比如，燕子低飞有雨，高飞则放晴；玉米叶薄预示冬天较暖和，叶厚预示寒冬。他们还把蝉看做是非常重要的天气预报专家，根据它们的活动来确定一年中最重要的烧田活动。这些做法与说法，和我国古代流传久远的农事谚语一样，其中确有人类观察思考、经验智慧的结晶。但玛雅宗教和迷信却更多的起到"麻醉人民的毒剂"的作用。

对神灵的信仰，对祭司预言能力的迷信，都曾是整合玛雅社会有效的文化手段。然而，当西班牙人已经把屠刀架在他们头上时，玛雅人却还在向祭司乞灵，相信了祭司们关于"雷电会击死敌人"的预言，于是他们失去了警觉，放弃了反抗，最终被西班牙殖民者击败，只得仓皇败逃，躲进未知的山林深处。

玛雅人不可理喻的固执和迷信，最后导致了这一灿烂文明的衰落。